X 3304.
Y.

à conserver

# COURS COMPLET

## DE

# RHÉTORIQUE.

Prix br. : 6 fr., et 7 fr. 5o c. franc de port.
Papier vélin le double.

••••••••••••

## Autres ouvrages nouveaux.

*Nouvel Atlas* universel-portatif de Géographie ancienne et moderne, contenant 38 cartes, dont 33 pour la partie moderne, par *Arrowsmith*, premier ingénieur-géographe de l'Angleterre; et 5 pour la partie ancienne, par d'Anville : bien gravé à neuf au burin, revu d'après les nouvelles divisions jusqu'à ce jour : 1 vol. petit in-folio, cartonné et enluminé avec soin. Prix pour Paris, 15 fr.; et franc de port, 16 fr. 5o c.

— Avec le texte de l'*Abrégé de Guthrie*, 7.ᵉ édition considérablement augmentée de plus de 25o pages, 21 fr.; et franc de port, 24 fr.

L'*Abrégé* sans l'Atlas, 1 vol. in-8.º de 95o pages, avec 9 cartes neuves, par Arrowsmith, pour Paris, 9 fr.; et franco, 12 fr.

*Nouveaux Élémens de Géographie universelle et moderne*, extraits de la septième édition de l'Abrégé de *Guthrie*, à l'usage des jeunes élèves des deux sexes ; un fort volume in-12, avec trois cartes enluminées. Prix pour Paris, 3 fr. 6o c. ; et franc de port, 4 fr. 6o c.

*Itinéraire complet de* l'EMPIRE FRANÇAIS, du Royaume d'*Italie*, de *Naples* et des provinces *Illyriennes* ; seconde édition, augmentée de deux volumes, contenant des observations sur la *Manière de voyager*, la Topographie détaillée des routes : le tout dressé et dessiné sur les lieux par plusieurs *ingénieurs-géomètres du cadastre* ; revu par l'AUTEUR DE L'ABRÉGÉ de la Géographie de Guthrie, 3 forts vol. in-12, avec une belle et grande carte donnant toutes les routes enluminées. Prix : 12 fr.

*Nouvel Atlas universel* de Géographie ancienne et moderne, gravé à neuf au burin pour la quatrième édition française de la Géographie de Guthrie, contenant 47 cartes, dont 39 par *Arrowsmith*, etc., pour la partie moderne, et 8 par *d'Anville*, pour la partie ancienne ; 1 vol. in-folio, enluminé et cartonné, 21 fr.

*Nouvelle carte* physique, politique et itinéraire de l'*Empire français* en 13o départemens, du *Royaume d'Italie* et des *Provinces illyriennes* ; comprenant la Suisse, l'Allemagne avec la Confédération du Rhin, le Grand-Duché de Varsovie, la Prusse, l'Empire d'Autriche ; dressée par J. B. Poirson, Ingénieur-Géographe, bien gravée au burin : 6 feuilles grand aigle, devant être assemblées pour n'en former qu'une seule de cinq pieds de largeur et quatre de hauteur. Prix en feuilles ou collée, bien enluminée, franc de port, 12 fr. — Collé sur toile, avec étui, 24 fr. — Montée sur gorge et rouleau, 24 fr.

*Nouvelle Description* géographique et pittoresque de la *Partie la plus intéressante de l'Europe*, contenant l'Empire français, la Suisse, l'Allemagne, avec la Confédération du Rhin, l'Empire d'Autriche, la Prusse, la Pologne, la Turquie, l'Italie et l'Espagne ; avec 10 belles cartes donnant toutes les nouvelles divisions ; 2 forts vol. in-8.º, 15 fr.

NOUVELLE GÉOGRAPHIE UNIVERSELLE de William *Guthrie*, quatrième édition française, *originale* par ses nombreuses améliorations et augmentations, 9 vol. in-8.º, avec le *Nouvel Atlas* de 47 cartes, par *Arrowsmith*, donnant toutes les nouvelles divisions jusqu'à ce jour. Prix br. 48 fr. — Le *Texte*, sans Atlas, 36 fr.

••••••••••••

LE MÊME LIBRAIRE envoie, franc de port, à ceux qui lui en font la demande, son Catalogue de 15oo articles, contenant un bon choix de livres dans tous les genres, notamment en *Sciences et Arts*, *Belles-Lettres*, *Géographie*, *Histoire*, etc.

*Nota*. Il faut affranchir les lettres et l'argent.

# COURS COMPLET,

## DE

# RHÉTORIQUE;

### Par M. J.-A. AMAR,

PROFESSEUR D'HUMANITÉS AU LYCÉE NAPOLÉON, ET L'UN DES CONSERVATEURS DE LA BIBLIOTHÈQUE MAZARINE.

### SECONDE ÉDITION,

AVEC DES CORRECTIONS ET DES ADDITIONS.

> Oratorem autem illum instituimus, qui esse, nisi vir bonus, non potest. (QUINTIL.)

## A PARIS,

Chez HYACINTHE LANGLOIS, Libraire pour la Géographie et l'Histoire, rue de Seine, N.º 6, Faub. St.-Germain.

M. D. CCC. XI.

La véritable Édition porte au dos du Frontispice la signature du Libraire-Éditeur.

# PRÉFACE.

Rappelé, après vingt ans d'interruption, dans une carrière que j'ai toujours aimée, que j'avois choisie de préférence à toute autre, et dont la force seule des événemens avoit pu m'éloigner, je n'ai pas cru pouvoir mieux témoigner ma reconnoissance au Chef suprême de l'Enseignement, qu'en donnant à cette nouvelle édition du *Cours complet de Rhétorique*, tous les soins dont je puis être capable.

Cet ouvrage, publié il y a quelques années sans nom d'auteur, et vaguement attribué à un *ancien professeur de la Flèche**, reçut du public un accueil assez favorable pour m'engager à le revoir avec cette inflexible sévérité qui ne se pardonne que les fautes nécessaire-

---

* J'eus en effet l'honneur d'appartenir quelque temps à la Congrégation de la *Doctrine chrétienne*. J'y entrai trop jeune et y restai trop peu, pour profiter, comme je l'eusse désiré, des vertus et des lumières que réunissoit ce corps généralement estimé; mais j'y puisai, du moins, l'amour du travail, le goût des bonnes études, et le désir sincère de les propager.

ment échappées à la foiblesse des lumières ou à l'insuffisance des moyens.

Il n'est aucune des parties différentes, dont ce Cours est composé, qui n'ait subi des corrections importantes ou reçu des additions considérables. Ce que le public avoit particulièrement distingué dans son accueil, a été retouché avec le plus grand soin ; ce qu'il avoit paru improuver, a été ou retranché tout à fait, ou sensiblement amélioré. On m'avoit, entr'autres choses, objecté l'espèce de bigarrure qui résultoit, dans les premiers livres, du mélange des citations angloises ou italiennes avec les exemples grecs et latins ; j'ai senti l'inconvénient, et j'ai renvoyé en notes tout ce qui pourroit distraire de l'objet principal les lecteurs peu familiarisés avec les idiômes étrangers. J'ai fait, en un mot, ce que j'ai dû, et tout ce que je pouvois, pour justifier l'estime dont on a honoré la première édition de mon ouvrage, et pour obtenir à celle-ci la même distinction. Je n'ai pas même un grand mérite à avoir fait peut-être un peu moins mal que la première fois. Les secours sont si multipliés aujourd'hui pour un pareil ouvrage, les sources où l'on peut puiser des préceptes et des exemples sont si riches et si fécondes, qu'il n'est guère possible de se méprendre au choix des uns ou des autres. Comment s'égarer, en effet, avec des guides tels que ceux qui, parmi les anciens et les modernes, ont écrit sur le bel art de l'éloquence, depuis Aristote jusqu'à La Harpe? Je dois beaucoup à chacun de ces grands critiques en particulier; formé par leurs leçons, et profondément imbu de leur doctrine, c'est leur esprit, ce sont leurs principes que je reproduis dans mon ouvrage : je me plais à les citer fréquemment; et, lors même que je ne les nomme pas, il sera facile de reconnoître ce que j'ai emprunté de leur commerce. Aristote, Hermogènes, Denys d'Halycarnasse, Longin, Cicéron, Quintilien, Rollin, Blair, La Harpe, etc., etc., ne sont pas toujours textuellement rappelés ici; mais des yeux exercés les y retrouveront à chaque page, et c'est surtout ce que je me suis proposé.

Voilà donc encore un livre nécessairement fait avec beaucoup d'autres livres. M. de La Harpe prétend quelque part * que c'est *l'ouvrage de ceux qui ne sont pas capables d'en faire*

---

* Cours de Littérature, tome xi, première partie, article Crébillon.

*d'autres*. Cela peut être ; mais j'ai cru cependant que de l'étude raisonnée de ces rhéteurs fameux, il pouvoit résulter, en matière de goût et d'éloquence, un cours complet de doctrine qui ne seroit ni sans intérêt ni sans utilité.

J'avois, pour me déterminer, une autorité plus imposante encore, celle de Fénélon :

« Une excellente rhétorique, dit-il, seroit
» bien au-dessus d'une grammaire et de tous les
» travaux bornés à perfectionner une langue.
» Celui qui entreprendroit cet ouvrage, y
» rassembleroit les plus beaux préceptes d'A-
» ristote, de Cicéron, de Quintilien, de
» Longin et des autres célèbres auteurs. Leurs
» textes qu'il citeroit, seroient les plus beaux
» ornemens du sien, etc. » (*Lettre à l'Acad. sur l'Éloq.*)

Ce que Fénélon conseille, j'ai essayé de le faire ; et si le succès ne justifie pas l'entreprise, ce ne sera pas faute d'avoir exactement suivi le plan indiqué par un grand maître pour faire un bon ouvrage.

Le difficile n'étoit donc pas de réunir en un seul et même corps ce que ces grands rhéteurs avoient pensé de plus sage et dit de mieux, sur un art qu'ils connoissoient si bien ; mais

## PRÉFACE.

l'essentiel consistoit à donner l'âme et la vie à ce corps de préceptes, naturellement secs et arides; et c'étoit le seul moyen de faire un ouvrage neuf sur une matière en apparence épuisée depuis si long-temps.

Oui, si les gens sensés, les seuls dont l'opinion puisse être de quelque poids à mes yeux, ont jugé cet ouvrage avec quelqu'indulgence; s'ils l'ont distingué des autres compilations du même genre, c'est que mon plan ne leur a point échappé; c'est qu'ils ont retrouvé, sans doute, à chaque page, à chaque ligne de ce Cours, l'intention bien prononcée de ramener les jeunes gens à la vertu, en les rappelant à l'étude et à l'admiration du beau et du vrai, et de leur prouver qu'il ne peut y avoir ni génie, ni sensibilité sans vertus, comme il ne peut y avoir rien de solide dans le talent, sans les mœurs et la conduite.

Les anciens, nos modèles en vertus, comme ils furent nos maîtres dans tous les arts; les anciens ne concevoient de véritablement grand en tout genre, que ce qui étoit éminemment vertueux. L'on peut voir dans les admirables Institutions de Quintilien, que s'il s'occupe de former avec soin et d'orner l'esprit de son jeune élève, il met bien plus d'attention encore et de sollicitude à ouvrir son âme à toutes les vertus, persuadé avec raison qu'il en fera aisément un orateur habile, quand il en aura fait un citoyen vertueux. Parcourons ce que Cicéron a écrit sur l'éloquence, et nous le verrons poser partout la probité pour base de ce bel art. Et ce qui prête au sentiment de ces grands hommes une autorité bien plus respectable encore, c'est que les détails de leur vie ne furent jamais en contradiction avec leurs discours : c'est qu'ils ne conseilloient rien qu'ils n'eussent d'avance pratiqué eux-mêmes, et que tout ce qu'ils disoient de la vertu n'étoit que le tableau de leurs pensées, et l'histoire fidèle de leurs actions.

Voilà les modèles que doit se proposer celui qui écrit pour la jeunesse, et qui écrit ( comme je le faisois en commençant cet ouvrage ) immédiatement après les jours de la corruption et de la barbarie; il doit s'élever au-dessus de toutes les petites considérations particulières, ne voir que le bien, le vouloir fortement, et prendre, pour l'opérer, tous les moyens qui sont en sa puissance. Ce qu'il eût suffi d'indiquer dans d'autres temps, il le faut clairement énoncer aujourd'hui; il faut attaquer sans crainte et combattre sans relâche toutes les erreurs du goût, parce qu'elles sont devenues des erreurs de morale ; toutes les hérésies littéraires, parce que l'esprit ne se trompe jamais qu'aux dépens du cœur, et que la corruption des mœurs est partout la conséquence inévitable de la dépravation du jugement. On ne tombe que parce qu'on ne voit plus où l'on marche.

Aussi me pardonnera-t-on volontiers, je l'espère, d'avoir sacrifié quelquefois au développement de pareilles vérités, les graves niaiseries de la *litote* et de la *catacrhèse*, et d'avoir mis en exemples, toujours tirés des plus grands maîtres, ce qui ne se trouve ailleurs que sous la forme aride et rebutante des préceptes. Il s'agissoit moins de faire une rhétorique nouvelle, je le répète, que de consacrer un ouvrage vraiment utile à démontrer l'accord indispensable et constant chez les véritables grands hommes, de la vertu et de l'éloquence, des mœurs et des talens.

FIN DE LA PRÉFACE.

# COURS COMPLET

DE

# RHÉTORIQUE.

## LIVRE PREMIER.

*Élémens généraux du Goût et du Style.*

### CHAPITRE PREMIER.

*Du Goût.*

O<small>N</small> peut définir le *goût*, la faculté de recevoir une impression de plaisir ou de peine des beautés ou des difformités de la nature. Cette faculté est, jusqu'à un certain point, commune à tous les hommes; et rien de plus général que l'espèce de plaisir qui résulte de tout ce qui est beau, grand, harmonieux, nouveau ou brillant. Les vices opposés, la rudesse, le défaut de justesse et d'harmonie dans les proportions, produisent également une impression générale de dégoût. Ce goût naturel se développe de bonne heure dans les enfans, et se manifeste par leur empressement et par leur attachement, au moins momentané, pour tout ce qui les frappe par sa nouveauté ou par son éclat. Le paysan le plus stupide trouve un certain plaisir aux contes qu'on lui fait, et n'est pas insensible aux grands effets de la nature, dans le ciel ou sur la terre. Dans les déserts même de l'Amérique, où la nature humaine s'offre dans toute sa nudité, les sauvages ont leurs parures, leurs ornemens, leurs chants guerriers, leurs hymnes funèbres, leurs harangues enfin, et leurs orateurs. Les principes généraux du goût sont donc profondément gravés dans l'homme, et le sentiment du *beau* lui est aussi naturel que la faculté de parler et de raisonner.

Quoiqu'il n'y ait personne d'entièrement privé de cette heureuse faculté, tous ne la possèdent cependant pas au même degré ; dans les uns, le goût ne laisse échapper que de légères étincelles : les beautés les plus communes sont celles qui les affectent le plus agréablement ; encore n'en conservent-ils qu'une impression légère, une idée confuse : dans les autres, au contraire, le goût s'élève au discernement le plus fin, et sa délicatesse n'est pleinement satisfaite, que de ce genre de beauté qui ne laisse rien à désirer.

Il faut attribuer, en grande partie, cette inégalité de goût parmi les hommes, à la différence de leur organisation respective, à la supériorité des organes ou des facultés intellectuelles. Mais c'est à la culture surtout, c'est à l'éducation, que le goût est redevable de ses plus grands progrès. De toutes les facultés qui ornent la nature de l'homme, le goût est celle, sans contredit, qui est la plus susceptible de perfectionnement. C'est une vérité dont nous serons aisément convaincus, en consultant l'incalculable supériorité que l'éducation donne à l'homme civilisé sur les peuples barbares, relativement au rafinement du goût ; et la distance prodigieuse qu'elle met, chez le même peuple, entre ceux qui ont étudié les beaux-arts, et l'ignorant et stupide vulgaire.

La raison et le bon sens ont, sur les opérations et sur les décisions du goût, une influence si directe, qu'un goût complètement pur peut et doit être regardé comme une faculté résultante de l'amour naturel de l'homme pour tout ce qui est beau, et de son entendement perfectionné. Réfléchissons, pour nous pénétrer de cette vérité, que les productions du génie ne sont, pour la plupart, que des imitations de la nature, des peintures du caractère, des actions ou des mœurs des hommes. Or, le plaisir que nous font ces imitations ou ces peintures, est uniquement fondé sur le goût. Mais s'agit-il de prononcer sur le mérite de l'exécution : ici commence la fonction du jugement, qui rapproche la copie de l'original.

En lisant, par exemple, l'Iliade et l'Énéide, une portion considérable du plaisir que nous font ces beaux poëmes, est fondée sur la sagesse du plan et sur la conduite de l'ouvrage; sur l'enchaînement admirable qui en lie toutes les parties, avec le degré de vraisemblance nécessaire à l'illusion; sur le choix des caractères fidèlement empruntés de la nature, et sur l'accord, enfin, des sentimens avec les caractères, du style avec les sentimens. Le plaisir qui résulte des ouvrages conduits de la sorte, est reçu et senti par le goût, comme sens interne; mais la découverte de cette conduite qui nous charme, est due à la raison; et plus la raison nous rend capables de découvrir le mérite d'un semblable plan, plus nous trouverons de plaisir à la lecture de l'ouvrage.

Les caractères distinctifs du goût amené à son plus haut point de perfection, se peuvent réduire à deux principaux : la délicatesse et la pureté.

La délicatesse du goût consiste principalement dans la perfection de cette sensibilité naturelle qui est la base du goût; elle suppose cette finesse d'organes qui nous rend capables de découvrir des beautés qui échappent à l'œil vulgaire; et l'on en juge par les mêmes signes admis pour apprécier celle d'un sens externe. Ce ne sont point les hauts goûts que l'on emploie pour s'assurer de la délicatesse du palais; mais un mélange d'ingrédiens, où nous devons, malgré leur confusion, distinguer le goût particulier de chacun d'eux. Il en est de même du goût interne : sa délicatesse se reconnaît à sa prompte et vive sensibilité pour les traits les plus délicats, les plus compliqués, les plus difficiles à saisir.

L'excellence du goût n'est autre chose que le degré de supériorité qu'il acquiert de sa liaison avec le jugement. Celui dont le goût est sûr, ne s'en laisse jamais imposer par des beautés factices ; il a sans cesse devant les yeux la règle invariable du bon sens, qui doit le guider dans tout ce qu'il veut juger ; il apprécie exactement le mérite relatif des diverses beautés que lui offrent les ouvrages du génie ; il les classe avec ordre, assigne, autant qu'il est possible de le faire, les sources d'où elles tirent le pouvoir de nous charmer, et n'en est lui-même touché que précisément autant qu'il le doit être.

Le goût n'est certainement pas un principe arbitraire, soumis à la fantaisie de chaque individu, et dénué d'une règle certaine qui serve à déterminer la justesse ou la fausseté de ses décisions. Sa base est absolument la même dans tous les esprits : ce sont les sentimens et les perceptions, inséparables de notre nature, et qui agissent généralement avec autant d'uniformité que nos autres principes intellectuels. Lorsque ces sentimens ont été pervertis par l'ignorance, ou dénaturés par le préjugé, la raison peut les rectifier ; et c'est en les comparant avec le goût général, que l'on peut juger s'ils sont ou ne sont pas dans leur état de pureté naturelle. Que l'on déclame donc, autant que l'on voudra, sur les caprices et l'incertitude du goût, l'expérience a prouvé depuis long-temps qu'il est un certain ordre de beautés qui, placées dans leur véritable jour, commandent une admiration universelle et durable. Dans toute espèce de composition, ce qui intéresse l'imagination, ou ce qui touche le cœur, est sûr de plaire dans tous les temps et dans tous les pays. Il y a dans le cœur de l'homme une certaine corde qui, frappée juste, ne manque jamais de rendre le son qui lui est propre.

De là, ces témoignages nombreux de l'estime générale que les peuples les plus éclairés ont accordée, depuis tant de siècles, à des chefs-d'œuvres de génie, tels que l'Iliade d'Homère et l'Énéide de Virgile. C'est ainsi que ces beaux ouvrages ont établi leur autorité, et sont devenus les modèles des compositions poétiques. Ce sont ces grands poëtes qui nous ont recueilli, dans l'immensité des siècles, les preuves de ce goût général pour les beautés qui procurent à l'homme le plus grand plaisir dont il puisse jouir. L'autorité, la prévention, peuvent, dans un temps ou dans un pays, donner un moment de réputation à un poëte insipide, à un artiste très-médiocre; mais lorsque les étrangers ou la postérité parcourent leurs ouvrages, leurs défauts paraissent au grand jour, et le goût naturel rentre dans ses droits. Le temps, en effet, détruit les illusions de l'opinion et les bizarreries du caprice; mais il confirme les décisions de la nature.

Nous allons interroger maintenant les sources d'où dérivent les plaisirs du goût. Ici s'ouvre devant nous un champ immense, qui renferme tous les plaisirs de l'imagination, soit qu'ils résultent des objets même que nous offre la nature, ou de l'imitation et de la description de ces mêmes objets. Il n'est pas nécessaire cependant, pour remplir le but que je me propose, de parcourir chacun d'eux dans le plus grand détail; je ne considère ici que les plaisirs qui résultent pour le goût, des productions littéraires. Je me bornerai donc à quelques notions sur les plaisirs du goût en général; mais j'insisterai particulièrement sur le beau et sur le sublime, dans les ouvrages de l'esprit.

Nous sommes bien loin encore d'un système quelconque sur cette matière importante. M. Addisson le premier essaya de la traiter avec quelque régularité, dans son Essai sur les Plaisirs de l'Imagination (6.ᵉ volume du Spectateur). Il donne à ces plaisirs trois sources principales : la beauté, la grandeur et la nouveauté. Ses réflexions, à ce sujet, ne sont peut-être pas très-profondes, mais elles sont ingénieuses et intéressantes, et l'on ne peut lui refuser le mérite d'avoir ouvert un sentier inconnu avant lui. On n'a pas fait, depuis cette époque, des progrès bien sensibles dans cette partie de la philosophie critique, ce qu'il faut sans doute attribuer à l'extrême subtilité de tous les sentimens du goût. Il est difficile de compter tous les divers objets qui peuvent procurer des plaisirs au goût ; il est plus difficile encore de définir ceux que l'expérience a decouverts, et de les mettre à leur véritable place ; et lorsque nous voulons faire un pas de plus, et rechercher la cause efficace du plaisir que nous procurent de tels objets, c'est là que notre insuffisance se fait le plus sentir. L'expérience nous apprend, par exemple, que certaines figures du corps nous paraissent plus belles que d'autres : en poussant plus loin l'examen, nous découvrons que la régularité de quelques figures et l'agréable variété des autres, sont le principe des beautés que nous y trouvons. Mais voulons-nous aller plus loin, et nous rendre compte des causes de cette régularité, de cette variété qui produisent en nous la sensation du beau ? toutes les raisons que nous en pouvons donner sont toujours très-imparfaites : la nature semble nous avoir fait de ces premiers principes du sens interne un mystère impénétrable.

Mais si la cause première de ces sensations est obscure pour nous, leur cause finale est généralement assez facile à saisir, et c'est une consolation ; c'est le cas de remarquer ici l'idée sublime que les pouvoirs du goût et de l'imagination doivent nous laisser de la bienveillance du créateur. En nous donnant cette faculté, il a prodigieusement étendu la sphère des jouissances de l'homme ici-bas ; jouissances toujours pures, toujours innocentes! Bornés seulement à distinguer les objets extérieurs, les sens de la vue et de l'ouïe auroient suffi à l'existence de l'homme ; il n'étoit pas nécessaire qu'ils lui procurassent pour cela ces sensations délicates de beauté et de grandeur, qui font aujourd'hui le charme de notre existence.

## CHAPITRE II.

*Du Sublime dans les Choses.*

LE plaisir qui résulte du *sublime* ou du *grand*, exige de notre part une attention particulière. Son caractère est, en effet, plus précis, plus facile à saisir que celui des autres plaisirs de l'imagination, et il a, avec notre objet, une liaison plus directe. La grandeur se présente à nous sous la forme la plus simple, dans le vaste, dans l'immense tableau que nous offre la nature. Telles sont ces plaines où l'œil ne rencontre point de limites; la voûte du ciel ou l'étendue sans bornes de l'Océan. Tout ce qui présente une grande étendue, produit en général l'idée du sublime; mais l'étendue en longueur ne produit pas, à beaucoup près, une impression aussi profonde que la hauteur ou la profondeur. Une plaine immense a sans doute quelque chose d'imposant; mais une montagne, dont nos yeux mesurent à peine la hauteur; mais un précipice, une tour élevée, d'où nous considérons les objets qu'elle domine, excitent une sensation bien plus vive. La grandeur du firmament résulte pour nous de son élévation à la fois et de son étendue; celle de l'Océan vient non-seulement de son étendue, mais du mouvement continuel et de l'irrésistible impétuosité de ses eaux. Dès qu'il est question d'espace, une sorte d'excès de son étendue, dans un sens quelconque, est inséparable de l'idée de grandeur qu'on y attache: figurez-vous un objet sans limites, et vous en ferez sur-le-champ un objet sublime. Voilà pourquoi l'immensité de l'espace, l'infini des nombres et la durée éternelle, remplissent l'âme de si grandes idées.

La source la plus féconde d'idées sublimes, dérive de l'action d'un grand pouvoir ou d'une force supérieure : de là, la grandeur des tremblemens de terre, des volcans, des grandes conflagrations, de l'Océan soulevé par la tempête, d'un choc quelconque entre les élémens. Un fleuve qui promène tranquillement ses ondes entre ses rives, est, sans doute, un beau spectacle ; mais qu'il se précipite avec l'impétuosité et le fracas d'un torrent, le tableau deviendra sublime.

Les ténèbres, la solitude, le silence, toutes les idées, enfin, qui ont quelque chose de solennel et de religieux, contribuent puissamment à produire le sublime. La voûte céleste qui étincelle d'étoiles semées avec une si riche profusion, nous donne une plus haute idée de la grandeur, que lorsqu'elle resplendit de tous les feux du soleil. Le son d'une grosse cloche, la sonnerie d'une grosse horloge, ont, dans tous les temps, quelque chose de vraiment imposant ; mais leur impression est bien plus profonde, quand ils troublent majestueusement le silence de la nuit. On emploie souvent les ténèbres pour ajouter au sublime de nos idées relatives à la Divinité. Ouvrez Milton :

. . . . . . Eh ! voyez l'Éternel
Prendre au sein de la nuit un air plus solennel :
Aux éclats de la foudre, à la voix des orages,
Grondant profondément dans le sein des nuages,
Invisible et présent, sans ternir sa splendeur,
La nuit majestueuse ajoute à sa grandeur. (DELILLE).

Nous remarquerons également que l'obscurité est très-favorable au sublime. Toutes les descriptions qui ont pour objet l'apparition des êtres surnaturels, ont quelque chose de majestueux, quoique nous n'en puissions avoir cependant qu'une idée très-confuse ; mais leur sublimité résulte de l'idée d'un pouvoir, d'une force supérieure, qui s'entoure d'une obscurité majestueuse. Rien de plus sublime, sans doute, que l'idée que nous nous formons de la Divinité ; et c'est le moins connu, quoique le plus grand de tous les objets. L'infini de sa

---

\* How oft, admist
Thick clouds and dark doth heav'n's all-ruling sire
Choose to reside, his glory unobscured, etc. (Book II. v. 263).

nature, l'éternité de sa durée, sa toute-puissance enfin, excèdent de beaucoup la portée de nos idées ; mais elles les élèvent au plus haut point qu'elles puissent atteindre.

Comme l'obscurité, le désordre est très-compatible avec la grandeur. Rarement les choses régulières et méthodiques nous paroissent sublimes; d'un coup d'œil, nous en apercevons les limites; nous nous y trouvons renfermés, et l'essor de l'imagination est captivé. L'exacte proportion des parties contribue souvent à la beauté d'un objet ; mais rarement elle entre pour quelque chose dans le sublime. Une masse de rochers jetés au hasard par la main de la nature, nous frappe bien plus d'une idée de grandeur, que si l'art les avoit arrangés avec une soigneuse symétrie.

Il me reste à parler encore d'une autre classe d'objets sublimes; c'est le moral ou le *sentimental* du sublime. Il a sa source dans certaines opérations de l'esprit humain, dans certaines affections ou actions de nos semblables. Ils appartiennent en général à ce que l'on est convenu d'appeler magnanimité, héroïsme, et produisent sur nous un effet absolument semblable à celui que produit le spectacle des grands objets de la nature. Ils remplissent l'âme d'admiration, et l'élèvent au-dessus d'elle-même. Toutes les fois que, dans une situation critique et dangereuse, nous voyons un homme déployer un courage extraordinaire, ne compter que sur lui-même, se montrer inaccessible à la crainte et plus grand que le danger; mépriser l'opinion du vulgaire, son intérêt personnel, et jusqu'à la mort qui le menace, l'élévation de son âme passe dans la nôtre, et nous éprouvons le sentiment du sublime. Porus est fait prisonnier par Alexandre, après s'être bravement défendu : le vainqueur lui demande comment il vouloit qu'il le traitât; *en roi*, répond Porus. Le pilote qui portoit César, tremble à l'aspect de la tempête. *Que crains-tu*, lui dit-il? *tu portes César.* Voilà des exemples du sublime de sentiment.

Un auteur très-ingénieux a imaginé que la terreur

est la source du sublime, et que les objets, pour avoir ce caractère, doivent produire une impression de douleur et de danger. Une foule d'objets terribles sont en effet sublimes, et l'idée de la grandeur n'exclut pas celle du danger. Mais le péril ou la douleur ne sauroient être la source unique du sublime. Il est un très-grand nombre d'objets sublimes, qui n'ont pas le moindre rapport avec la terreur : la perspective, par exemple, d'une plaine immense, l'aspect du ciel pendant une belle nuit, ou les sentimens moraux enfin, qui excitent en nous une si grande admiration. Il y a de même des objets douloureux et terribles, qui ne comportent aucune idée de grandeur, et n'ont rien de sublime. Il faut néanmoins convenir qu'une force ou un pouvoir quelconque, qu'il soit ou non accompagné de terreur, employé à nous défendre ou à nous épouvanter, a des titres mieux fondés au sublime que tous les objets que nous venons de passer en revue. Nous n'avons, en effet, rencontré jusqu'ici aucun objet vraiment sublime, qui n'ait une liaison directe, ou une association intime avec l'idée d'une grande puissance qui contribue à produire cet objet.

## CHAPITRE III.

### Du Sublime dans les Compositions littéraires.

C'est dans la nature du sujet décrit qu'il faut chercher la base du sublime dans les compositions littéraires. Quelqu'élégante qu'elle soit, votre description n'appartiendra point au genre sublime, si l'objet que vous décrivez n'est point capable de produire par lui-même des idées grandes et imposantes. Tout ce qui n'est que beau, agréable ou élégant, en est naturellement exclu. Il ne suffit pas d'ailleurs que le sujet soit sublime, il faut encore qu'il soit présenté de la manière la plus propre à faire une impression frappante : l'expression sera forte, concise et simple. Tout cela dépend principalement de l'impression plus ou moins forte qu'aura faite sur le poëte ou sur l'orateur l'objet qu'il décrit. S'il n'a senti que foiblement, il est impossible qu'il excite dans ses lecteurs une émotion bien profonde.

Des exemples prouveront clairement l'importance et la nécessité de tout ce que nous exigeons ici de l'écrivain.

C'est chez les anciens surtout qu'il faut chercher les exemples les plus frappans du sublime.

Les premiers siècles du monde, qui nous offrent la société dans toute sa rudesse primitive, étoient, sans doute, très-favorables aux émotions du sublime. L'esprit de l'homme étoit naturellement disposé alors à l'admiration, à la surprise. Rencontrant à chaque pas des objets nouveaux pour elle, l'imagination ne se refroidissoit jamais, et les passions étoient souvent et vivement excitées. Leurs expressions étoient hardies comme leurs pensées, et rien n'arrêtoit leur essor. A mesure que la société a fait des progrès en civilisation, le génie et les mœurs ont perdu en force et en sublimité ce qu'ils ont gagné en politesse et en correction.

De tous les écrivains anciens ou modernes, les auteurs des livres saints sont ceux qui nous offrent le plus d'exemples du vrai sublime. C'est là que les descriptions de l'Être-Suprême empruntent une noblesse réelle et du sujet lui-même, et de la manière dont il est représenté. Quelle magnifique réunion d'idées sublimes, dans ce beau passage du pseaume 11, où les prodiges de la création sont décrits avec une pompe digne du sujet !

Ainsi qu'un pavillon tissu d'or et de soie,
Le vaste azur des cieux sous sa main se déploie :
Il peuple leurs déserts d'astres étincelans.
Les eaux autour de lui demeurent suspendues,
   Il foule aux pieds les nues,
   Il marche sur les vents.

   Fait-il entendre sa parole ?
   Les cieux croulent, la mer gémit ;

> La foudre part, l'aquilon vole,
> La terre en silence frémit.
> Du seuil des portes éternelles
> Des légions d'esprits fidelles
> A sa voix s'élancent dans l'air.
> Un zèle dévorant les guide,
> Et leur essor est plus rapide
> Que le feu brûlant de l'éclair.
>
> Il remplit du chaos les abîmes funèbres;
> Il affermit la terre, il chassa les ténèbres.
> Les eaux couvroient au loin les rochers et les monts;
> Mais au bruit de sa voix, les ondes se troublèrent,
> Et soudain s'écoulèrent
> Dans des gouffres profonds.
>
> Les bornes qu'il leur a prescrites
> Sauront toujours les resserrer :
> Son doigt a tracé les limites
> Où leur fureur doit expirer.
> La mer, dans l'excès de sa rage,
> Se roule en vain sur le rivage
> Qu'elle épouvante de son bruit;
> Un grain de sable la divise,
> L'onde écume, le flot se brise,
> Reconnoît son maître et s'enfuit.
>
> (Lefranc de Pompignan) *

L'exemple fameux cité par Longin, et tiré de Moïse, *Que la lumière se fasse, et la lumière se fit!* porte tous les caractères du vrai sublime.

On ne tariroit pas sur les exemples de ce genre que nous offre la Bible, le plus beau monument de l'antiquité, à ne la considérer même que comme un ouvrage purement littéraire. Mais le moment n'est pas venu en-

---

* Je saisirai toutes les occasions de consacrer ou de réhabiliter, dans un ouvrage classique, la mémoire des hommes qui ont honoré les lettres françoises par leurs mœurs, leurs talens, et l'usage respectable qu'ils en ont fait. Personne n'a plus de droit que Lefranc de Pompignan à cette espèce de réparation publique : personne n'eut plus à se plaindre que lui des vengeances de l'esprit de parti; et, trop long-temps victime d'un zèle, indiscret peut-être, mais toujours estimable par son objet, il n'est guère connu de la jeunesse actuelle que par les pamphlets et les sarcasmes de Voltaire. Ses poésies sacrées surtout, la partie la plus recommandable de ses œuvres, devinrent, pour le patriarche de la secte, la source d'une foule de plaisanteries, plus dignes, pour la plupart, d'un bateleur de la foire, que d'un homme tel que Voltaire. On vient de voir, par les vers que j'ai cités, et l'on jugera mieux encore par ceux que je citerai dans la suite, de quel côté se trouvoient ici la justice et la raison.

core d'exploiter cette mine féconde ; et nous renvoyons à l'article de l'*Éloquence de l'Écriture Sainte*, ce que nous avons à dire à ce sujet.

Après les écrivains sacrés, Homère est de tous les poëtes celui qui renferme le plus d'exemples du sublime en tout genre ; et c'est une justice que lui a rendue jusqu'ici l'hommage constant de tous les siècles. Ses descriptions de combats, le feu dont il les anime, l'intérêt qu'il y répand, offrent au lecteur de l'Iliade une foule de traits et d'images sublimes. Nous citerons, entr'autres, ce passage du commencement du 20.ᵉ livre de l'Iliade. C'est le moment où Jupiter a rendu aux dieux la permission de se mêler de la querelle des Grecs et des Troyens.

"Ἔδδεισεν δ' ὑπένερθεν ἄναξ ἐνέρων, Ἀϊδωνεὺς,
Δείσας δ' ἐκ θρόνου ἆλτο, καὶ ἴαχε, μή οἱ ὕπερθε
Γαῖαν ἀναῤῥήξειε Ποσειδάων ἐνοσίχθων,
Οἰκία δὲ θνητοῖσι καὶ ἀθανάτοισι φανείη
Σμερδαλέ', εὐρώεντα, τά τε στυγέουσι θεοί περ.

(Ἰλ. Ψ. v. 61).

Voici le grec exactement traduit :

« Pluton lui-même, le roi des enfers, s'épouvante dans ses demeures souterraines ; il s'élance de son trône et jette un cri, tremblant que Neptune, dont les coups ébranlent la terre, ne vienne enfin à la briser, et que les régions des morts, hideuses, infectes, dont les dieux même ont horreur, ne se découvrent aux yeux des mortels et des immortels ».

Le tableau est complet ; il n'y a pas un trait foible ou inutile : tout est frappant, tout va en croissant. Voyons maintenant ce que ce beau morceau a pu perdre ou gagner entre les mains de deux fameux traducteurs, Boileau et Pope. Voici les vers de Boileau.

L'enfer s'émeut au bruit de Neptune en furie :
Pluton sort de son trône, il pâlit, il s'écrie ;
Il a peur que ce dieu, dans cet affreux séjour,
D'un coup de son trident, ne fasse entrer le jour ;
Et, par le centre ouvert de la terre ébranlée,
Ne fasse voir du Styx la rive désolée,

Ne découvre aux mortels cet empire odieux,
Abhorré des mortels, et craint même des dieux *.

Ces vers étincellent de beautés vraiment dignes d'Homère. *Au bruit de Neptune en furie*, est une de ces tournures heureuses, dit La Harpe, de ces figures de diction qui donnent au style la véritable élégance poétique. Mais *sort de son trône*, est foible, quand il s'agit de s'*élancer*, et quand le grec le disoit expressément. *Ne fasse voir, ne fasse entrer* en trois vers, est une négligence dans un morceau aussi important; et *fasse voir du Styx la rive désolée*, ne montre pas à l'imagination ces *régions hideuses, infectes*.

La Henriade, quoique toujours à une distance très-considérable, se rapproche quelquefois d'Homère lui-même, par le sublime des images et la richesse de l'expression. S'agit-il, par exemple, de rendre le choc de

---

* Voici la traduction anglaise :

Deep in the dismal regions of the dead,
The infernal monarch rear'd his horrid head,
Leapt from his throne, lest Neptun's arm should lay
His dark dominions open to the day :
And pour in light on Pluto's drear abodes.
Abhorr'd by men, and dreadful e'en to gods! ( Book 20. v. 85 ).

Il y a, en général, plus de mouvement dans ces vers, plus de cette précision énergique qui ajoute à l'effet général du tableau, que dans la traduction du poëte françois. La force de l'expression grecque se retrouve dans plusieurs endroits. *Leapt from his throne*, vaut assurément mieux que *sort de son trône*, qui est froid et languissant. Mais

Lest Neptune's arm should lay
His dark dominions open to the day,

ne vaut pas

Il a peur que ce Dieu, dans cet affreux séjour,
D'un coup de son trident ne fasse entrer le jour.

Ce dernier trait est admirable, et les deux traducteurs l'ont emprunté de Virgile, *trepidentque immisso lumine Manes*. Il est évident au surplus que Pope avoit, en traduisant ce morceau, les vers de Boileau sous les yeux. Son dernier vers est exactement celui du poëte françois :

Abhorr'd by men, and dreadful e'en to gods.

Abhorré des mortels, et craint même des dieux.

deux armées par une comparaison qui rappelle toute la grandeur de l'objet?

> Sur les pas des deux chefs alors en même temps
> On voit des deux partis voler les combattans.
> Ainsi lorsque des monts séparés par Alcide,
> Les aquilons fougueux fondent d'un vol rapide,
> Soudain les flots émus des deux profondes mers
> D'un choc impétueux s'élancent dans les airs.
> La terre au loin gémit, le jour fuit, le ciel gronde,
> Et l'Africain tremblant craint la chute du monde.

Ce dernier vers est sublime. Ces sortes d'oppositions qui terminent une comparaison par une circonstance plus grande que toutes les autres, sont imitées du chantre de l'Iliade, et l'on regrette, avec raison, que Voltaire n'ait pas pris plus souvent, dans sa Henriade, ce véritable ton de l'épopée.

La concision et la simplicité sont essentielles au sublime, et la raison en est évidente. L'émotion que la grandeur ou la noblesse d'un objet excite dans notre âme, l'élève au-dessus d'elle-même, et produit je ne sais quel enthousiasme qui nous charme tant qu'il existe; mais l'âme ne se maintient pas long-temps à ce haut point d'élévation, et elle tend naturellement à retomber dans son état ordinaire. Si l'auteur multiplie les mots sans nécessité, s'il surcharge d'ornemens parasites la description d'un objet sublime par lui-même, il relâche la tension de l'esprit, et énerve la force de l'émotion : la description peut être belle, mais elle n'a plus rien de sublime.

Cette grande image d'Homère, qui nous représente Jupiter ébranlant l'Olympe d'un signe de sa tête, a toujours été regardée comme sublime.

Ἦ, καὶ κυανέῃσιν ἐπ' ὀφρύσι νεῦσε Κρονίων·
Ἀμβρόσιαι δ' ἄρα χαῖται ἐπερρώσαντο ἄνακτος
Κρατὸς ἀπ' ἀθανάτοιο, μέγαν δ' ἐλέλιξεν Ὄλυμπον.

(Ἰλ. Ἀ. v. 528).

Il fronce un noir sourcil; ses immortels cheveux

Frémissent, hérissés sur sa tête divine ;
Et du ciel ébranlé la majesté s'incline *. (M. E. Aignan).

Virgile enchérit sur son modèle, par l'admirable précision de ce beau vers :

Annuit, et totum nutu tremefecit Olympum.

Milton, que son génie portoit singulièrement au sublime, nous en offre presque continuellement des exemples, dans les 1.er et 2.e livres de son Paradis Perdu.

Bornons-nous, pour le moment, à cette belle description de Satan, qui se montre, après sa chute, à la tête de son armée infernale :

Au-dessus de leur foule immense, mais docile,
Satan, comme une tour, élève un front tranquille :
Lui seul, ainsi qu'en force, il les passe en grandeur.
Son front, où s'entrevoit son antique splendeur,
D'ombres et de lumière offre un confus mélange ;
Et si c'est un débris, c'est celui d'un archange,
Qui, lumineux encor, n'est plus éblouissant.
Vers l'horizon obscur tel le soleil naissant
Jette à peine, au milieu des vapeurs nébuleuses,
De timides rayons et des lueurs douteuses ;
Ou tel, lorsque sa sœur offusque ses clartés,
Pâle, et portant le trouble aux rois épouvantés,
Il épanche à regret une triste lumière,
Des désastres fameux sinistre avant-courrière ;
Mais à travers la nuit qui nous glace d'effroi,
Tous les astres encor reconnoissent leur roi **. (M. Delille).

---

* Pope a voulu l'étendre, l'embellir, et il n'est parvenu qu'à l'affoiblir sensiblement.

He spoke, and awful bends his sable brows,
Shakes his ambrosial curls, and gives the nod,
The stamp of fate, and sanction of a God.
High heav'n with trembling the dread signal took,
And all Olympus to its center shook.

*The stamp of fate and sanction of a God*, est une répétition oiseuse, uniquement introduite pour la rime, et *gives the nod*, est foible en comparaison de l'idée et de l'expression d'Homère.

** He, above the rest,
In shape and gesture proudly eminent,
Stood like a tower : his form had not yet lost
All her original brightness, nor apeared

Indépendamment de la simplicité et de la concision, la force est une des qualités indispensables du sublime. La force d'une description consiste en grande partie dans sa concision ; mais elle comporte encore quelque chose de plus, et c'est principalement un choix judicieux de circonstances capables de mettre l'objet décrit dans son jour le plus favorable. C'est en quoi consistent le grand art de l'écrivain, et la grande difficulté d'une description sublime. Est-elle trop générale et dénuée de circonstances particulières; l'objet, à peine aperçu, ne fera que peu ou point d'impression sur le lecteur; si, au contraire, la description est surchargée de circonstances vagues et insignifiantes, elle n'offrira plus qu'un tout dégradé.

Une tempête, par exemple, est un objet naturellement sublime; mais, pour en faire une description sublime, suffira-t-il d'entasser au hasard et sans goût tous les effets qu'elle peut produire, toutes les circonstances qui l'accompagnent? Non, sans doute; mais il faut choisir dans cette foule de traits plus ou moins saillans, ceux qui peuvent faire sur les âmes une impression plus profonde. C'est ce que Virgile avoit parfaitement senti, et ce qu'il a exécuté avec tant de succès dans cette belle description d'un orage, au premier livre de ses admirables Géorgiques :

Sæpè etiam immensum cœlo venit agmen aquarum, etc.

et surtout dans le tableau magnifique qui la termine. C'est Homère lui-même, armé de la foudre de Jupiter :

Ipse Pater, mediâ nimborum in nocte, coruscâ
Fulmina molitur dextrâ, quo maxima motu

---

Less than an arch-angel ruined, and th' excess
Of glory obscured : as when the sun new risen
Looks trough the horizontal misty air
Shorn of his beams; or from behind the moon,
In dim eclipse disastrous twilight sheds
On half the nations, and with fear of change
Perplexes monarchs. Darken'd so, yet shone
Above then all th' arch-angel. ( Book 1. v. 590 ).

> Terra tremit : fugere feræ ; et mortalia corda
> Per gentes humilis stravit pavor. Ille flagranti
> Aut Athon, aut Rhodopen, aut alta Ceraunia telo
> Dejicit. (*Géorg.* L. 1. v. 328.)

> Dans cette nuit affreuse, environné d'éclairs,
> Le roi des dieux s'assied sur le trône des airs.
> La terre tremble au loin sous son maître qui tonne :
> Les animaux ont fui ; l'homme éperdu frissonne.
> L'univers ébranlé s'épouvante.... Le Dieu,
> D'un bras étincelant dardant un trait de feu,
> De Rhodope ou d'Athos met les rochers en poudre. (Delille).

Malgré tout le mérite de cette traduction (et elle en a beaucoup sans doute), que de choses elle laisse encore à désirer, rapprochée de l'original ! *La terre tremble au loin sous son maître qui tonne,* ne vaut pas *terra tremit,* qui dit tout, et qui est d'une expression imitative admirable. *L'homme éperdu frissonne,* est bien foible auprès de *mortalia corda humilis stravit pavor,* qui joint à la force et à la beauté de l'expression, le mérite de peindre par le mouvement et par la coupe du vers ; et cette belle chute *dejicit!* où le vers semble tomber avec le mont foudroyé, la traduction n'en donne pas même l'idée.

Au surplus, c'est toujours avec des armes très-inégales que les modernes voudront lutter contre des morceaux d'une perfection aussi achevée ; et Delille est très-excusable d'être resté ici au-dessous de Virgile, quand Dryden lui-même, Dryden qui écrivoit dans une langue plus riche et plus poétique que la nôtre, est sec, lâche et froid dans ce même morceau *.

---

\* The father of the gods his glory shrouds,
Involv'd in tempests, and a nigth of clouds;
And from the middle darkness flasking out,
By fits he deals his fiery bolts about.
Earth feels the motions of her angry god,
Her entra'ls tremble, and her mountains nod,
And flying beasts in forests seek abode.
Deep horror seizes ev'ry humare breast,
Their pride is humbled, and their fear confess'd :
While he from high his rowling thunder throws,
And fires the mountains with repeated blows :
The rocks are from their old foundations rent, etc.
(*Georg.* Book 1. v. 414).

La nature de l'émotion que l'on se propose d'exciter par une description sublime, ne souffre point de médiocrité : ou l'âme est transportée de plaisir, ou elle n'est pas même foiblement émue ; point de milieu. Notre imagination s'élève avec l'auteur ; c'est à lui de la soutenir dans son essor ; mais s'il l'abandonne brusquement, sa chute est aussi soudaine que désagréable pour elle.

Rien de plus imposant que l'idée d'une force surnaturelle, qui rend des êtres surnaturels capables d'arracher des montagnes et de les lancer dans les airs avec autant de facilité que de justesse ; mais plus cette idée est grande, plus elle deviendra puérile, basse et dégoûtante, si on l'accompagne de circonstances ridicules. C'est ce qu'a fait Claudien. Dans un fragment sur la guerre des dieux contre les géans, ce boursouflé déclamateur nous représente un de ces derniers faisant voler dans les airs l'île de Lemnos, avec tout l'attelier de Vulcain ; un autre arrachant le mont Ida avec ses forêts et ses fleuves ; et le poëte ne manque pas d'observer que, tandis que la montagne étoit sur les épaules du géant, une de ses rivières couloit le long de son dos, etc. — Milton a transporté cette même fiction dans son *Paradis Perdu*, mais en l'ennoblissant par les détails, et en la relevant par le choix des expressions.

> Aussi prompts que la foudre, ils volent ; et leurs bras
> Des monts déracinés emportent les éclats.
> Torrens, fleuves, rochers, forêt majestueuse,
> Arment de leurs débris leur rage impétueuse *. ( DELILLE ).

M. Addisson observe, avec raison, qu'il n'y a pas une circonstance ici qui ne soit sublime. Ces modèles de descriptions prouvent combien le sublime dépend

---

* From their foundations loos'ning to and fro
They pluck'd the seated hills with all their load,
Rocks, waters, woods, and by the shaggy tops
Up-lifting, bore them in their hands.
( Book vi. v. 642 ).

du choix des circonstances, et avec quel soin il faut éviter tout ce qui approche du bas ou du trivial.

Les défauts les plus opposés au sublime sont surtout la froideur et l'enflure, plus voisines qu'on ne croit.

L'enflure est le sublime outré, ou ce que nous appelons communément le gigantesque. Tout ce qui sort de la nature, tout ce que l'expression rend avec plus de fracas que de force véritable, voilà l'enflure. L'enflure est dans les mots ou dans la pensée; souvent dans l'un et l'autre à la fois. Sénèque dans ses tragédies, et Lucain dans sa Pharsale, en offrent de nombreux exemples.

Nous avons déjà cité le mot sublime de César au pilote que la tempête effrayoit : *Que crains-tu? tu portes César.* Il paroît sans doute difficile de rien ajouter à un trait de cette force; mais l'imagination déréglée de Lucain ne s'en contente pas, et voici de quelle manière il noie, dans un fatras de vers ampoulés, ce mot qui, placé sans prétention et cité littéralement, eût été du plus grand effet :

> Sperne minas, inquit, pelagi, ventoque furenti
> Trade sinum. Italiam, si, cœlo autore, recusas,
> Me, pete. Sola tibi causa hæc est juxta timoris
> Victorem non nosse tuum; quem numina nunquàm
> Destituunt; de quo male tunc fortuna meretur,
> Cùm post vota venit. Medias perrumpe procellas,
> Tutelà securè meâ. Cœli iste, fretique,
> Non puppis nostræ labor est. Hanc Cæsare pressam
> A fluctu defendet onus : nam proderit undis
> Ista ratis. — Quid tantâ strage paratur
> Ignoras? Quærit pelagi cœlique tumultu
> Quid præstet fortuna mihi. ( *Phars.* Lib. v. v. 578).

Écoutons Brébœuf :

> Quitte, quitte, dit-il, la terreur qui te presse.
> Le ciel à mes desseins plus que moi s'intéresse;
> Et s'il ne suffit pas à vaincre ton effroi,
> Tu peux, à son défaut, te reposer sur moi.
> Ton esprit qui se livre à des frayeurs si fortes,
> Se les reprocheroit s'il savoit qui tu portes.
> Abandonne ta barque aux vents les plus mutins :
> Sa charge lui promet le secours des destins.
> Que l'orage s'élève ou du Gange ou de l'Ourse,
> César et sa fortune accompagnent ta course :
> Toujours prompte et toujours souple à ce que je veux,
> Souvent elle auroit peur de me coûter des vœux.

S'il faut qu'elle consente au vent qui nous menace,
La tempête pour moi vaut mieux que la bonace :
Et ce courroux des flots, ce péril que tu crains,
Nuit à mes ennemis, et sert à mes desseins.

La confidente de *Médée* fait à sa maîtresse un tableau énergique de sa position, et le termine en lui disant :

Dans un si grand revers que vous reste-t-il ?

MÉDÉE.

Moi :

C'est là que le génie de Corneille devoit s'arrêter : mais, séduit par un mauvais modèle, il s'égare sur ses pas, et affoiblit, en la paraphrasant à son exemple, la simplicité sublime de ce grand trait de caractère. Médée poursuit :

Moi, dis-je ; et c'est assez.

NÉRINE.

Quoi ! vous seule, Madame !

MÉDÉE.

Oui, tu vois en moi seule et le fer et la flamme,
Et la terre et la mer, et l'enfer et les cieux,
Et le sceptre des rois et la foudre des dieux.

Tout cela, il faut en convenir, est d'un déclamateur de mauvais goût. Mais c'est Sénèque qu'il est juste d'en accuser, Sénèque, que Corneille traduit ici mot pour mot :

Nut. Abiere Colchi; conjugis nulla est fides ;
Nihilque superest opibus è tantis tibi.

Med. Medea superest. Hic mare et terras vides,
Ferrumque et ignes, et Deos et Fulmina.

(MED. v. 166).

Le même défaut se fait sentir dans cette exposition de la mort de Pompée, si belle et si imposante d'ailleurs. Mais si le goût y condamne avec raison des *fleuves rendus rapides par le débordement des parricides; des montagnes de morts qui se vengent eux-mêmes; des troncs qui exhalent de quoi faire la guerre aux vivans*, etc., cette description ne seroit-elle pas bien au-dessous de son sujet, renfermée, comme le vouloit Voltaire, dans ces deux vers secs et mesquins :

>Le destin se déclare, et le droit de l'épée,
>Justifiant César, a condamné à Pompée.

La froideur consiste à défigurer un objet ou un sentiment sublime, en le concevant foiblement ou en l'exprimant d'une manière ridicule. C'est la preuve la plus complète de l'absence totale, ou du moins de la stérilité du génie. Dans la poésie, dans l'éloquence, les grands mouvemens des passions deviennent froids quand ils sont rendus en termes communs et dénués d'imagination. Voilà pourquoi l'amour si vif, si brûlant dans Racine, est si froid et si languissant dans Campistron, son imitateur.

La froideur résulte tantôt de la stérilité, tantôt de l'intempérance des idées; souvent d'une diction trop commune, quelquefois d'une diction trop recherchée.

>Entre ces deux excès la route est difficile. (BOILEAU).

## CHAPITRE IV.

### *Du Beau et des Plaisirs du Goût.*

LE *beau* est, après le sublime, ce qui procure à l'imagination les plaisirs les plus vifs. L'émotion qu'il excite se distingue aisément de celle que produit le sublime. Elle est d'un genre plus doux, elle a quelque chose de plus aimable, de plus séduisant; elle n'élève point autant l'âme; mais elle y répand une satisfaisante sérénité. Le sublime fait naître des sensations trop fortes pour être durables; celles qui résultent du beau sont susceptibles d'une plus longue durée. Son domaine est beaucoup plus étendu que celui du sublime, et la variété des objets qu'il embrasse est si grande, que les sensations qu'il produit ont entr'elles des différences marquées, non-seulement dans le degré, mais encore dans l'espèce. Rien de plus vague aussi que l'acception du mot *beauté*. On l'applique à presque tous les objets qui flattent l'œil ou qui charment l'oreille; aux grâces du style, à plusieurs dispositions de l'esprit, à des choses même qui sont l'objet des sciences purement abstraites.

La couleur nous fournit, selon moi, le caractère le plus simple de la beauté. Il est probable que l'association des idées influe en quelque sorte sur le plaisir que nous font les couleurs. Le vert, par exemple, peut nous paroître beau, parce qu'il se lie dans notre imagination avec les idées de scènes champêtres, de perspectives, etc.; le blanc nous retrace l'innocence, le bleu la sérénité d'un beau ciel. Indépendamment de cette association d'idées, tout ce que nous pouvons remarquer de plus, à l'égard des couleurs, c'est que ce sont les plus délicates et non les plus éclatantes, qui passent généralement pour les plus belles. Tels sont les plumages de certains oiseaux, les feuilles des fleurs, et l'admirable variété que nous déploie le ciel au lever et au coucher du soleil.

Les figures nous présentent le beau sous des formes plus variées et plus compliquées. La régularité s'offre d'abord à l'observateur comme une des sources principales de la beauté. Une figure est régulière, quand toutes ses parties sont formées d'après une règle certaine, qui n'admet rien de vague, rien d'arbitraire, et ne connoît point d'exceptions. Ainsi, un cercle, un carré, un triangle, etc., flattent l'œil, parce que ces figures sont régulières; voilà leur beauté : cependant une heureuse variété est une source de beautés beaucoup plus féconde. La régularité même ne nous flatte en grande partie, que parce qu'elle se lie naturellement aux idées de justesse, de convenance et d'utilité, qui ont un rapport plus direct avec les figures exactement proportionnées, qu'avec celles dont l'assemblage n'a été assujéti à aucune règle certaine. Le plus habile des artistes, la nature a recherché la variété dans tous ses ornemens, et affecté une espèce de mépris pour la régularité. Quelle prodigieuse variété dans les plantes, dans les fleurs, dans les feuilles même! Un canal régulièrement tracé au cordeau sera quelque chose d'insipide, comparé aux sinuosités d'une rivière. Des cônes, des pyramides ont leur beauté; mais des arbres qui croissent librement sont infiniment plus beaux que ceux que l'on a taillés en cônes et en pyramides. Les appartemens d'une maison exigent de la régularité dans leur distribution, pour la commodité de ceux qui l'habitent; mais un jardin, qui ne doit être que beau, rempliroit bien mal son objet s'il avoit la méthodique uniformité d'une maison.

Le mouvement est une autre source du beau; il est agréable par lui-même, et, toutes choses d'ailleurs égales, les corps en mouvement sont généralement préférés à ceux qui restent en repos. Le mouvement doux appartient seul au beau : violent et rapide, comme seroit, par exemple, un torrent, il appartient au sublime. Le mouvement d'un oiseau qui plane dans les airs est très-beau; mais la rapidité de l'éclair qui sillonne les cieux est imposante et magnifique. Nous observerons ici que le sublime et le beau ne sont souvent séparés que par une nuance très-légère, et qu'ils se rapprochent quelquefois jusqu'au point de se rencontrer. L'aspect d'un jeune arbre flatte la vue; mais

>Qu'un chêne, un vieil érable,
>Patriarche des bois, lève un front vénérable,
>(DELILLE).

cet aspect a quelque chose de sublime, et qui imprime un sentiment de respect.

La couleur, la figure et le mouvement, considérés séparément, sont des sources de beauté; ils se rencontrent cependant dans une foule d'objets, qui empruntent de cette réunion le caractère de la beauté la plus parfaite. Les fleurs, par exemple, les arbres, les animaux, nous offrent à la fois la délicatesse des couleurs, la grâce des figures, souvent même le mouvement de l'objet. L'assemblage le plus complet de beautés que puisse nous présenter le spectacle de la nature, est sans doute un joli païsage enrichi d'une suffisante variété d'objets : ici, un tapis de verdure; plus loin, quelques arbres épars, un ruisseau qui serpente et des troupeaux qui paissent. Que l'art ajoute à cette belle scène quelques ornemens analogues au ton général du tableau, comme un pont jeté sur la rivière, la fumée qui s'élève du hameau, à travers les arbres, et la vue, dans l'éloignement, de quelque grand édifice, qui réfléchisse majestueusement les rayons du soleil naissant, nous éprouverons tout ce qu'ont de plus doux et de plus aimable les sensations qui caractérisent le beau.

La beauté de la physionomie humaine est plus variée, plus compliquée que toutes celles qui ont été jusqu'ici l'objet de notre examen.

> Regardez cette tête, où la Divinité
> Semble imprimer ses traits. Quelle variété!
> Des sentimens du cœur majestueux théâtre,
> Le front s'épanouit en ovale d'albâtre;
> Et doublant son éclat par un contraste heureux,
> S'entoure et s'embellit de l'ombre des cheveux.
> L'œil ardent réunit des faisceaux de lumière;
> Deux noirs sourcils en arc protégent sa paupière,
> Et la lèvre, où s'empreint la rougeur du corail,
> De la blancheur des dents relève encor l'émail.
> Le nez dans sa longueur dessinant le visage,
> Par une ligne adroite, avec art le partage :
> Tandis que, déployant son contour gracieux,
> La joue au teint vermeil s'arrondit à nos yeux.
>    ( *Poëme des Jardins*, nouv. édit. Chant II ).

Mais le charme principal de la physionomie consiste

dans cette expression fidèle des mouvemens de l'âme, du bon sens, de la vivacité, de la candeur, de la bienveillance et de toutes les autres qualités aimables. On peut observer qu'il est certaines qualités de l'âme, qui, exprimées par les traits du visage, ou par des mots, ou par des actions, nous font éprouver une sensation égale à celle de la beauté.

Les qualités morales peuvent se diviser en deux grandes classes. La première renferme ces hautes et éminentes vertus qui exigent de grands efforts, et qui exposent à de grands dangers ou à de grandes souffrances : tels sont l'héroïsme et la magnanimité, le dédain du plaisir ou le mépris de la mort. L'autre classe comprend les vertus sociales, la compassion, la douceur, l'amitié, la générosité, toutes les vertus douces, en un mot. Elles excitent dans l'âme de l'observateur une sensation de plaisir si semblable à celle de la beauté extérieure des objets, que, quoique d'un rang beaucoup plus élevé, on peut, sans la dégrader, la ranger dans la même classe.

Dans les compositions littéraires, le *beau* est un terme vague, et dont il est difficile de fixer l'acception. On l'applique indistinctement à tout ce qui plaît, soit dans le style, soit dans les pensées. C'est un genre particulier qui excite dans l'âme du lecteur une émotion douce et agréable, semblable à peu près à celle qui résulte de l'aspect de la beauté dans les ouvrages de la nature. Il n'élève point l'âme très-haut, il ne l'agite que foiblement ; mais il répand dans l'imagination la plus douce sérénité. Tel est le caractère des écrits d'Addisson, de l'auteur du Télémaque, et surtout de Racine, inimitable dans ce genre comme dans presque tous les autres. Virgile lui-même, quoique très-capable de s'élever quand il tend au sublime, doit son plus grand mérite à la beauté et aux grâces, qui font le caractère spécial de ses ouvrages. Parmi les orateurs, Cicéron doit plus au beau que Démosthène, dont le génie se portoit plus naturellement à la force et à la véhémence.

Le beau est donc, après le sublime, la source la plus féconde des plaisirs du goût; nous venons de le voir : mais ce n'est pas seulement parce qu'ils sont beaux ou sublimes que les objets nous flattent; ils empruntent, d'autres principes encore, l'heureuse faculté de nous charmer.

M. Addisson cite, par exemple, la nouveauté. Un objet qui n'a d'autre mérite que celui d'être nouveau ou peu commun, excite, par cela seul, une sensation aussi vive qu'agréable : de là, cette passion de la curiosité, qui est si naturelle à tous les hommes. Les objets, les idées avec lesquelles nous sommes familiarisés depuis long-temps, laissent après elles une impression trop foible pour donner à nos facultés un exercice bien agréable; mais des objets nouveaux ou extraordinaires tirent l'esprit de son état d'apathie, en lui donnant une impulsion subite et agréable en même temps. Voilà, en grande partie du moins, la source du plaisir que nous font les romans et les fictions. L'émotion que produit la nouveauté est plus vive, plus piquante que celle que produit le beau, mais elle dure beaucoup moins; car si l'objet n'a rien en lui-même qui puisse captiver notre attention, le charme que lui prête la nouveauté s'évanouit dans un moment.

L'imitation présente encore au goût une autre source de jouissance, et c'est ce que M. Addisson appelle les plaisirs secondaires de l'imagination, dont la classe est très-étendue. L'imitation entre dans tous les arts de l'esprit. Je ne parle point ici de l'imitation seulement du beau et du sublime, qui réveille en nous les idées primitives de beauté ou de grandeur, mais la peinture même des objets hideux ou terribles.

> Il n'est point de serpent, ni de monstre odieux,
> Qui, par l'art imité, ne puisse plaire aux yeux.
> D'un pinceau délicat l'artifice agréable,
> Du plus affreux objet, fait un objet aimable. (BOILEAU).

Les plaisirs de la mélodie et de l'harmonie appartiennent également au goût. Il n'est point de sensation délicieuse, résultante du beau et du sublime, qui ne soit susceptible de recevoir un charme de plus du pouvoir magique des sons : de là, le plaisir du nombre poétique et de cette espèce d'harmonie que l'on retrouve, quoique d'une manière moins sensible, dans la prose un peu soignée. L'esprit, les saillies, le ridicule et la malignité, ouvrent également au goût une source de plaisirs qui ne ressemblent en rien à ceux que nous venons de parcourir.

Il seroit inutile de rien ajouter à ce que nous venons de dire sur les plaisirs du goût. Nous avons établi quelques principes généraux; il est temps d'en faire l'application à l'objet qui nous occupe spécialement.

Si l'on demande, par exemple, à quelle classe de ces plaisirs dont nous avons fait l'énumération, doit se rapporter celui qui résulte d'un bel ouvrage de poésie ou d'éloquence : nous répondrons qu'il n'appartient point à telle ou telle classe en particulier, mais à toutes en général. Tel est l'avantage particulier des discours éloquens ou des compositions achevées : le champ qu'ils parcourent est aussi vaste que fécond ; ils présentent dans tout leur jour tous les objets capables de flatter le goût ou l'imagination, soit que son plaisir naisse du sublime ou d'un genre de beauté quelconque.

Les critiques ont regardé constamment le discours comme le premier ou le principal des arts d'imitation, et c'est avec raison qu'ils lui donnent, à certains égards, la préférence, lorsqu'ils le comparent à la peinture et à la sculpture. Observons cependant qu'il y a une différence sensible entre l'imitation et la description. Les mots n'ont point, en effet, une ressemblance naturelle avec les idées qu'ils représentent, tandis qu'une statue, un tableau offrent une ressemblance parfaite avec l'objet imité.

Cependant quand le poëte ou l'historien introduisent dans leurs ouvrages un personnage qui parle réellement; quand, par les discours qu'ils lui prêtent, ils lui font ire ce qu'il est supposé avoir dit en effet, l'art de écrivain peut être plus strictement regardé comme imition, et c'est le cas où se trouve l'art dramatique ; mais ette dénomination rigoureuse ne peut convenir ni aux arrations, ni aux descriptions *.

## CHAPITRE V.

### *Du Style en général, et de ses qualités.*

Ou sachez vous connoître, ou gardez-vous d'écrire. (VOLTAIRE).

LE style est la manière dont on exprime, par le moyen du langage, ce que l'on a conçu par le raisonnement : c'est le tableau fidèle de nos idées et de l'ordre dans lequel elles se sont liées dans notre entendement.

Quelque sujet que l'on traite, deux qualités constituent essentiellement l'excellence du style : la clarté et la pureté. On n'écrit que pour se faire entendre : il faut donc commencer par se bien entendre soi-même, et l'on deviendra clair et facile pour les autres.

> Avant donc que d'écrire apprenez à penser.
> Selon que notre idée est plus ou moins obscure,
> L'expression la suit ou moins nette ou plus pure ;
> Ce que l'on conçoit bien s'énonce clairement,
> Et les mots pour le dire arrivent aisément. (BOILEAU).

Ce principe est si naturel, et devient d'une exécution si indispensable, qu'il sembleroit presque inutile de le rappeler ici. Rien de plus ordinaire cependant que de le voir négliger aux jeunes gens : l'empressement de produire, l'avidité de jouir ou de faire jouir les autres de

---

* Le fonds de ces quatre premiers chapitres est emprunté du Cours de Rhétorique et de Belles-Lettres, du docteur Blair. Mais j'ai dû me borner à l'analyse rapide de ses idées, et laisser à la sagacité des professeurs le soin de leur donner le développement, et d'en faire les applications dont elles sont susceptibles.

ses productions, fait que l'on prend la plume avant d'avoir bien démêlé le fil de ses idées, d'avoir cherché et mis entr'elles cette liaison, cette harmonie sans lesquelles le style le plus chargé d'ornemens fatigue, au lieu d'intéresser le lecteur. S'il faut revenir sans cesse sur ses pas, relire vingt fois ce qu'on a déjà lu, pour parvenir à le comprendre,

> Mon esprit aussitôt commence à se détendre,
> Et, de vos vains discours prompt à se détacher,
> Ne suit point un auteur qu'il faut toujours chercher.
> ( BOILEAU ).

L'homme est naturellement trop indolent pour se charger volontiers d'une tâche aussi laborieuse; et quelques éloges que l'on donne à l'auteur profond, dont on a enfin percé les ténèbres, on seroit rarement tenté de le relire une seconde fois *.

L'obscurité du style naît le plus souvent de la confusion ou du vague des rapports entr'eux ; et c'est de tous les vices du style le plus inexcusable et le plus choquant dans toutes les langues, et dans la nôtre en particulier. L'entassement de mots et de circonstances inutiles, ou l'affectation d'une précision ridicule, contribuent également à l'obscurité du style. Tantôt on ne dit rien, parce qu'on a voulu trop dire ; tantôt, pour ne pas tout dire, on ne dit pas assez ; et de peur d'être trop simple, on se fait une étude de devenir obscur. Rien de plus mal entendu que cette affectation, dans les grandes choses ; rien de plus vain, dans les petites : cette réflexion est de Marmontel, qui devoit savoir mieux que personne à quoi s'en tenir à cet égard.

Nous n'en prétendons pas conclure qu'il faille renoncer à s'exprimer d'une manière ingénieuse, nouvelle et piquante, et s'interdire ce qu'on appelle les finesses du style ; non sans doute : nous voulons seulement prémunir les jeunes gens contre les écueils d'un genre qui les séduit aisément par son éclat passager, et auquel ils sont

---

* Prima est eloquentiæ virtus perspicuitas. ( QUINT. )

aturellement disposés à sacrifier tout le reste. Nous voulons leur apprendre que le grand point est de concilier la finesse du style avec sa clarté, et que tout ce qui brille aux dépens de cette qualité indispensable, ne peut briller long-temps et ne doit plaire qu'à des esprits faux et superficiels.

La clarté dépend du choix des mots, de la construction des phrases et de l'enchaînement des idées. Considérée sous le rapport des mots et des phrases, elle exige pureté et propriété dans les termes, et précision dans les phrases.

On confond souvent la pureté et la propriété grammaticales : ces deux qualités se touchent en effet de fort près ; il seroit possible cependant d'apercevoir entr'elles une différence. La pureté du langage consiste, par exemple, à n'employer que les termes et les constructions qui appartiennent à l'idiome que l'on parle, de préférence à ceux qu'il emprunte des autres langues, ou qui ont vieilli, ou qui sont trop nouveaux encore et employés sans autorité. La propriété consiste à choisir, pour nous exprimer, les termes les plus convenables et les plus généralement adaptés aux idées que nous nous proposons de rendre. Le style peut être pur, c'est-à-dire, rigoureusement français, et laisser cependant beaucoup à désirer, quant à la propriété. Les mots peuvent être mal choisis, mal adaptés au sujet, et présenter dans un faux jour la pensée de l'auteur. Il les a cependant puisés tous dans la masse générale des mots français ; mais il n'a été ni heureux ni habile dans son choix. Le style néanmoins manque de propriété, quand il pèche contre la pureté ; et c'est de la réunion précieuse de ces deux qualités, que résultent principalement ses grâces et sa clarté.

\* On peut blesser la pureté du langage de trois manières différentes : 1.° en employant des mots qui ne

---

\* Deprehendat quae barbara, quae impropria, quae contra legem loquendi composita. ( Quint. Lib. I. C. 5 ).

seroient pas françois, et c'est ce que les grammairiens ont appelé *barbarisme*. Il a lieu toutes les fois que l'on se sert de mots tombés en désuétude, ou trop nouveaux encore, et qui n'ont pas reçu du temps et de l'usage la sanction qui leur est nécessaire, pour être introduits avec succès dans le discours *.

2.° La construction de la phrase peut n'être pas françoise, quoique tous les mots qui la composent soient strictement françois : c'est ce que l'on nomme *solécisme* **. 3.° Enfin les mots et les phrases peuvent être choisis et arrangés de manière à ne point signifier ce

---

* Pope donne, à cet égard, un excellent conseil aux écrivains de tous les pays.

In words as fashions, the same rule will hold :
Alike fantastic, if too new or old ;
Be not the first by whom the new are try'd,
Not yet the last to lay the old aside.
(*Essay on Criticism*).

Montrez-vous circonspect dans le choix de vos mots ;
Ils plaisent rarement, trop vieux ou trop nouveaux.
Imitez sur ce point la prudente méthode
Dont le sage se sert à l'égard de la mode ;
Vous ne le verrez point ardent à l'inventer,
A la prendre trop prompt, trop lent à la quitter. (Du Resnel).

** Il y a, comme on voit, une différence entre le *barbarisme* et le *solécisme*, et c'est à tort qu'on les confond quelquefois. Le barbarisme est une locution étrangère, mal à propos introduite dans le discours ; et le solécisme est une faute contre la syntaxe de sa propre langue. Cicéron caractérise parfaitement ces deux espèces de fautes dans le passage suivant : « La » latinité consiste à parler purement, sans aucun vice dans l'élocution. Il y » a deux vices qui empêchent qu'une phrase ne soit latine, le *solécisme* » et le *barbarisme*. Le solécisme, c'est lorsqu'un mot n'est pas bien cons- » truit avec les autres mots de la phrase ; et le barbarisme, c'est quand on » trouve dans une phrase un mot qui ne devoit pas y paroître ».
(*Ad Herenn.* Lib. iv. Ch. 12).

Quant au solécisme, il tire son nom et son origine d'une certaine ville de l'île de Chypre, fondée par Solon, et appelée Σολοι. On accourut en foule pour la peupler, et les Athéniens surtout y vinrent en grand nombre : s'étant mêlés avec les anciens habitans, ils perdirent bientôt, dans leur commerce, la pureté et la politesse de leur langage, et parlèrent comme les barbares. De là, Σολοικοι les habitans de Σολοι et σολοικιζειν parler un *mauvais langage* : d'où l'on a fait *solécisme*.

(*Mém. de l'Acad. des Inscript.*)

qu'ils signifient ordinairement ; et ce troisième défaut est appelé impropriété.

> Surtout qu'en vos écrits la langue révérée,
> Dans vos plus grands excès, vous soit toujours sacrée.
> En vain vous me frappez d'un son mélodieux,
> Si le terme est impropre ou le tour vicieux ;
> Mon esprit n'admet point un pompeux barbarisme,
> Ni d'un vers ampoulé l'orgueilleux solécisme.
> Sans la langue, en un mot, l'auteur le plus divin
> Est toujours, quoi qu'il fasse, un mauvais écrivain.
> (BOILEAU).

Indépendamment de la pureté, qui est une qualité purement grammaticale, et qui appartient indistinctement à tous les genres d'écrire, le style peut être considéré comme ayant pour objet l'*entendement* qu'il veut éclairer, l'*imagination* qu'il doit frapper, les *passions* qu'il se propose d'exciter, l'*oreille* enfin qu'il ne doit jamais négliger ; et, sous ces divers rapports, il sera *clair* pour l'entendement, *vif* et *animé* pour l'imagination, *fort* ou *véhément* pour la passion, et *nombreux* pour l'oreille.

Mais c'est peu d'être clair, il faut être précis. Il y a plus : il est difficile de concevoir la clarté sans précision. Le grand art de l'écrivain est de les concilier, et l'on n'y parvient qu'au moyen de la pureté et de la justesse du langage.

La précision a deux écueils à craindre : la prolixité, qui dégénère en une abondance stérile de paroles vagues et insignifiantes ; et l'extrême concision, qui conduit souvent dans l'obscurité :

> J'évite d'être long, et je deviens obscur. (BOILEAU).

Il y a un milieu à prendre entre ces deux excès : émonder un bel arbre n'est pas le mutiler.

> Seulement de ta main éclaircis son feuillage. (DELILLE).

Voilà l'image et le devoir de la précision : ne rien dire de superflu, ne rien omettre de nécessaire ; voilà son secret et son mérite.

La précision est quelquefois dans la pensée, quelquefois dans l'expression. Quand César aperçoit Brutus au milieu de ses assassins, et qu'il s'écrie douloureusement: *Et toi, mon fils, aussi!* quand ce personnage de Térence dit, au sujet d'un jeune homme dont on vient de lui peindre les égaremens : *Il rougit; tout est gagné!* l'expression est simple, et la précision de la pensée a quelque chose de sublime.

> Rome ! si tu te plains que c'est là te trahir,
> Fais-toi des ennemis que je puisse haïr. (CORNEILLE).

> L'imbécille Ibrahim, sans craindre sa naissance,
> Traîne, exempt de péril, une éternelle enfance.
> Indigne également de vivre et de mourir,
> On l'abandonne aux mains qui daignent le nourrir. (RACINE).

Voilà des exemples où la précision de la pensée s'unit à celle de l'expression, et qui prouvent que, bien loin d'être ennemie de la clarté, la précision, telle que nous la considérons ici, en est la compagne la plus fidèle. Elle prête au discours un charme de plus, celui de graver aisément dans la mémoire ou dans le cœur de grandes pensées ou de beaux sentimens : ce qui deviendroit impossible sans son secours.

> Est brevitate opus, ut currat sententia, neu se
> Impediat verbis lassas onerantibus aures. (HORAT.)

Mais, nous le répéterons encore, la précision, soit dans la pensée, soit dans l'expression, ne peut produire un bon effet, qu'autant qu'elle est jointe à la plus grande clarté : les jeunes gens ne sauroient y faire trop d'attention. Horace dit beaucoup sans doute dans ce peu de mots :

> Paulùm sepultæ distat inertiæ
> Celata virtus.

Cette précision cependant devient inutile à celui qui a besoin qu'on lui explique ce que l'auteur a voulu dire. Il n'en est pas de même de ce vers de Virgile :

> Littora tum patriæ lacrymans, portusque relinquo,
> *Et campos ubi Troja fuit.* (*Énéid.* Lib. III).

Ici la précision rassemble en un seul et même trait tout ce qui pouvoit exprimer une grande idée ; et tous les détails possibles ne donneroient pas une idée plus vive et plus juste de la destruction totale d'une grande ville. Aussi Voltaire, en transportant ce trait dans sa Henriade, s'est-il bien gardé de l'affoiblir en voulant l'étendre :

> Dans sa course d'abord il ( l'Amour ) découvre avec joie
> Le foible Simoïs, et *les champs où fut Troie*.
> (*Henr.* Ch. 9).

Lucain, voulant peindre l'abattement muet et la consternation profonde qui régnoient dans Rome, aux approches de la guerre civile, n'emploie qu'un trait ; et ce trait est sublime par sa précision :

> Erravit sine voce dolor. ( *Ph.* Lib. 11 ).

Brébœuf paroît-il s'être douté du mérite d'une pareille concision, quand il la noie dans le fatras suivant ?

> De ces foibles Romains les premières alarmes
> Font parler seulement les soupirs et les larmes ;
> Et n'ont, pour accuser la vengeance des dieux,
> Que ce muet discours et du cœur et des yeux.

Peu d'écrivains modernes ont porté aussi loin que Pope cet art précieux d'unir la concision de la pensée à la rapidité d'une expression toujours poétique, toujours harmonieuse. C'est dans son admirable Essai sur l'Homme, que le mérite du poëte anglois se fait principalement sentir : c'est là que la précision morale étoit aussi indispensable que celle du style, et que l'une et l'autre se devoient fortifier et éclairer mutuellement. Quelle force elles empruntent l'une de l'autre dans le morceau suivant !

> Va, sublime ignorant, monte aux cieux, pèse l'air !
> Règle le vent, soulève et rabaisse la mer ;
> Apprends aux tourbillons leur route mesurée,
> Et fixe des vieux temps l'incertaine durée !
> Va, cours avec Platon et ses disciples vains,
> Chercher la vérité dans des rêves divins :

Pour t'égaler à Dieu, dépouille la matière!
Tel, croyant imiter l'astre de la lumière,
Un bramine insensé, dont l'orgueil s'applaudit,
Dans un cercle rapide en tournant s'étourdit.
Cours porter ton conseil dans le conseil suprême:
Du haut des cieux retombe, et rentre dans toi-même.
Compare à ton néant tes superbes discours *.

(M. DE FONTANES).

Ces caractères généraux du style sont indispensables à l'écrivain, quelque genre qu'il ait adopté et quelque sujet qu'il traite : il en est cependant une foule d'autres qui dépendent plus particulièrement de la nature même du sujet, et qu'il faut connoître et savoir distinguer.

C'est une vérité d'une évidence incontestable, que des sujets différens exigent un style différent, et que le style oratoire, par exemple, ne peut pas être celui d'un traité philosophique. Mais ce qui n'est pas également sensible pour les jeunes gens, et ce que nous nous proposons d'observer, c'est qu'à travers cette variété, nous devons reconnoître la manière d'un auteur dans toutes ses compositions. Les harangues de Tite-Live et celles de Tacite sont et devoient être d'un style bien différent du reste de l'ouvrage : elles portent cependant l'empreinte caractéristique de la manière particulière des deux écrivains; et l'on y retrouve la richesse et l'abondance de l'un, et la nerveuse concision de l'autre. Les Lettres Persannes et l'Esprit des Lois sont deux ouvrages du même auteur : ils exigeoient sans doute un

---

* Go, won'drous creature! mount where science guides;
Go, measure earth, weigh air, and state the tides;
Instruct the planets in what orbs to run¹,
Correct old time, and regulate the sun.
Go, soar with Plato to th'empyreal sphere,
To the first good, first perfect, and first fair;
Or tread the mazy round his followers trod,
And quitting sense, call imitating god;
As eastern priest in giddy circles run,
And turn their head, to imitate the sun.
Go; teach eternal wisdom how to rule;
Then drop into thyself, and be a fool. (*Epist.* II. v. 19).

¹ Pope corrigea, et mit :

Show by what laws the wand'ring planets stray
Correct old time, and teach the sun his way.

genre de composition fort différent, et tous deux sont supérieurement traités dans leur genre : il est facile cependant d'y reconnoître la même main. L'écrivain de génie a un style, une manière à lui, et on les retrouve dans toutes ses productions. Lorsqu'au contraire les compositions d'un auteur n'offrent point de caractère particulier et distinctif, on en peut conclure que c'est un écrivain médiocre, qui ne travaille que d'imitation, et n'éprouvera jamais l'impulsion du génie. Comme on reconnaît les peintres célèbres à la touche de leurs pinceaux, on distingue aussi les grands écrivains à leur style et à leur manière particulière. C'est une règle générale, dont on compte les exceptions.

Denys d'Halicarnasse divise en trois espèces les caractères généraux du style, et les nomme le style *austère*, le *fleuri* et le *mitoyen*. Cicéron et Quintilien établissent cette même division des styles, mais avec une distinction de leurs qualités respectives, et ces distinctions ont été adoptées et suivies par tous les rhéteurs modernes. Mais elles ont quelque chose de si vague, de si indéterminé, qu'il est impossible d'en rapporter des idées justes sur le style en général et ses nuances particulières. Nous allons essayer d'y suppléer.

La première, la plus frappante distinction des styles, résulte du plus ou moins de développement que l'auteur donne à sa pensée : de là, le style *concis* et le style *diffus*. L'écrivain concis resserre sa pensée dans le moins de mots possible, n'emploie que les plus expressifs, et rejette tout ce qui n'ajoute pas sensiblement à sa pensée. Se permet-il quelque ornement ? c'est pour fortifier, jamais pour embellir sa phrase. Jamais il ne représente deux fois la même idée ; tout tend chez lui à la plus grande précision, et il cherche plutôt à faire penser le lecteur, qu'à satisfaire complètement son imagination.

L'écrivain diffus, au contraire, ne croit jamais s'être assez expliqué : il semble se méfier tellement de l'intelligence de son lecteur, qu'il fatigue, qu'il retourne sa pensée, jusqu'à ce qu'il l'ait présentée sous tous les jours possibles. Il se met peu en peine de se faire entendre du premier coup, parce qu'il se propose de revenir sur son idée; et ce qu'il perd en force, il tâche de le regagner par l'abondance et la variété. Ses périodes sont naturellement longues, et il prodigue volontiers tous les ornemens qu'elles lui paraissent susceptibles de recevoir. Aussi le style diffus est-il nécessairement toujours lâche; mais il est lâche sans être diffus, lorsqu'il manque de nerf et de ressort. C'est le défaut que César reprochoit à l'éloquence de Cicéron : nous verrons bientôt jusqu'à quel point le reproche étoit fondé; et si dans les Verrines, dans les Catilinaires, dans les beaux plaidoyers pour Milon et pour Ligarius, elle manquoit de véhémence et d'énergie; et si, pour être élégant et harmonieux dans son style, Cicéron en avoit moins de force et de vigueur, quand il le falloit.

Le style prolixe n'est pas le style diffus : l'un s'étend sur la superficie des objets, s'arrête sur les idées accessoires; l'autre se traîne pesamment d'induction en induction, de conséquence en conséquence, fatigue notre pensée et rebute notre attention, en la voulant assujétir à sa pénible lenteur.

Le style foible et le style nerveux sont souvent confondus avec le style concis et le style diffus, et la nuance qui les sépare est en effet quelquefois difficile à saisir. On trouve cependant des écrivains aussi recommandables par la force que par l'abondance de leur style; et l'on peut citer, entr'autres, Platon, Plutarque et Tite-Live, chez les anciens, pour preuve de la vérité de cette assertion. La force ou la foiblesse du style dépend en effet de la manière dont un auteur voit son sujet. Le conçoit-il fortement ? il l'exprimera avec force. N'en a-t-il au contraire qu'une idée vague et confuse ? on s'en apercevra aisément à son style. Tout y sera décousu, ses épithètes vagues, l'expression indéterminée, la construction des phrases louche et embarrassée, et nous aurons autant de peine à le suivre qu'à le comprendre. Mais l'écrivain nerveux, que son style soit concis ou diffus, nous laissera toujours une impression profonde de ce qu'il a voulu nous dire. Toujours rempli de son sujet, ses expressions seront toutes également expressives; chaque phrase, chaque figure, contribueront à rendre le tableau plus frappant et plus complet. Tels sont, Corneille dans ses beaux morceaux, et Bossuet dans la plupart de ses oraisons funèbres.

Jusqu'ici nous avons parlé du style sous les rapports de l'expression de la pensée; nous allons le considérer maintenant relativement aux ornemens dont il peut être susceptible. Sous ce dernier point de vue, le style sera sec, simple, concis, élégant, fleuri.

Le style *sec* ne comporte aucune espèce d'ornement. Content de se voir entendu, l'écrivain ne cherche ici ni à captiver l'oreille, ni à flatter l'imagination. Ce genre n'est guère tolérable que dans les ouvrages didactiques, encore faut-il qu'il soit racheté par la solidité de la matière que l'on traite, et par la plus grande clarté dans l'expression. C'est le caractère de tous les écrits d'Aristote.

Le style *simple* n'admet qu'un très-petit nombre d'ornemens; il ne les rejette cependant pas tous, et s'il ne nous charme pas par les grâces et les finesses de la composition, il ne nous rebute pas du moins par la sécheresse et la dureté de sa manière. Indépendamment de la plus heureuse clarté, il se fait une loi sévère de la propriété, de la pureté et de la précision, et c'est un genre de beauté qui a son mérite. Il y a cette différence entre le style sec et le style simple, que le premier n'est pas susceptible de recevoir des ornemens, et que le second se les interdit volontairement.

L'auteur qui adopte le style *concis*, ne dédaigne pas les beautés du langage; mais il les fait consister seulement dans le choix et dans l'arrangement des mots. Rien de traînant, rien d'embarrassé dans le tour de sa phrase; il vise à la concision; ses périodes sont variées, sans affectation, sans la moindre apparence de recherche dans leur harmonie : ses figures, quand il en emploie, sont courtes et correctes, plutôt que hardies et brillantes. Il ne faut ni beaucoup de génie, ni beaucoup d'imagination, pour atteindre à ce style ; il suffit du travail et de l'attention : c'est celui qu'il faut étudier avec le plus de soin, parce qu'il n'est point de sujet auquel il ne convienne, et qu'il en est beaucoup où il est indispensable.

*L'élégance* du style suppose la correction, la justesse, la pureté de la diction. Tout cela contribue à l'élégance, mais n'y suffit pas ; elle exige encore une liberté noble, un air facile et naturel, qui, sans nuire à la correction, déguise l'étude et la gêne. Le point essentiel et difficile est de concilier l'élégance avec le naturel ; il y en a deux moyens : le choix des idées et des choses, et le talent de placer les mots. Quelquefois cependant le sujet présente inévitablement des objets rebutans à décrire, des circonstances basses ou triviales. Que faire alors, et quelle sera, pour être élégant, la ressource de l'écrivain ? Fléchier va nous l'apprendre. Il s'agit d'un hôpital, et voici comme il le décrit :

« Voyons-la ( la reine ) dans ces hôpitaux où elle pratique ses miséricordes publiques ; dans ces lieux où se ramassent toutes les infirmités et tous les accidens de la vie humaine ; où les gémissemens et les plaintes de ceux qui souffrent, remplissent l'âme d'une tristesse importune ; où l'odeur qui s'exhale de tant de corps languissans, porte dans le cœur de ceux qui les servent le dégoût et la défaillance ; où l'on voit la douleur et la pauvreté exercer à l'envi leur funeste empire ; et où l'image de la misère et de la mort entre presque par tous les sens ».

(*Oraison funèbre de la reine*).

La langueur et la mollesse du style sont les écueils voisins de l'élégance, et nous ne saurions trop insister, avec Cicéron, sur les soins que doit prendre un écrivain pour réunir, autant qu'il est possible et que son sujet le permet, la force des pensées à l'élégance continue du style.

« Le gladiateur et l'athlète, dit-il, ne s'exercent pas seulement à parer et à frapper avec adresse, mais à se mouvoir avec grâce. C'est ainsi que dans le discours il faut s'occuper en même temps à donner du poids aux pensées, de l'agrément et de la décence à l'élocution [*] ».

Le style *fleuri* est rempli de pensées plus agréables que fortes, d'images plus brillantes que sublimes, de termes plus recherchés qu'énergiques ; et la métaphore dont il emprunte son nom est justement prise des fleurs, qui offrent plus d'éclat que de solidité. Les beautés légères sont donc à leur place, quand on n'a rien de solide à dire ; mais le style fleuri seroit ridiculement employé dans un sermon, dans un plaidoyer, etc. Il ne convient qu'aux pièces de pur agrément, aux idylles, aux églogues, aux descriptions des saisons, des jardins, etc. C'est là que l'écrivain peut dire avec M. Delille :

Des couleurs du sujet je teindrai mon langage,

et s'efforcer surtout de remplir, comme lui, l'étendue de la promesse.

Le style fleuri est celui qui séduit le plus les jeunes gens, celui auquel ils se livrent le plus volontiers. Il est rare que les premières compositions des jeunes artistes ne pèchent par la profusion des ornemens, dont le choix et la distribution n'ont pu être réglés encore par la sagesse d'un goût sévère et éclairé. Heureux défaut (dit Quintilien)! car l'âge calmera cette fougue d'une imagination trop abondante ; le jugement la corrigera en se formant..... Il est bon que les jeunes gens aient un génie hardi et inventif, et qu'ils tirent vanité de leurs premiers essais, quelque incorrects qu'ils soient. On retranche aisément ce qu'il y a de vicieux dans cette première abondance ; mais la stérilité est un vice irrépa-

---

[*] Quemadmodum qui utuntur armis aut palestrâ, non solùm sibi vitandi aut feriendi rationem esse habendam putant, sed etiam ut cùm venustate moveantur ; sic verbis quidem ad aptam compositionem, sententiis verò ad gravitatem orationis utatur. ( De Orat. ).

rable. *Facile remedium est ubertatis : sterilia nullo labore vincuntur.*

~~~~~~~~~~~~~~~~~~~~~~~~~~~~~~

## CHAPITRE VI.

### *De l'Harmonie du Style.*

Il est un heureux choix de mots harmonieux. (Boileau).

INDÉPENDAMMENT de cette harmonie spécialement appelée *imitative,* parce qu'elle peint et qu'elle *imite* par la combinaison même des sons, comme nous le verrons dans le chapitre qui suivra celui-ci, il est une harmonie générale du style, qui embrasse toutes les parties du discours; qui ne s'attache pas à telle ou telle circonstance, mais qui tend à l'effet total du tableau : c'est une des plus grandes difficultés; mais c'est aussi l'un des premiers charmes de l'art d'écrire : *Duæ sunt res quæ permulcent aures; sonus et numerus.* (Cicéron).

Ce que les philosophes grammairiens ont dit de la formation et des principes physiques du langage, doit faire sentir que chaque langue est plus ou moins susceptible de l'espèce d'harmonie dont nous nous occupons ici. C'est au poëte, à l'historien, à l'orateur, de bien étudier les ressources et le génie de sa langue, et d'en tirer le meilleur parti possible. Mais cette étude ne doit point dégénérer en une recherche puérilement minutieuse; c'est le conseil de Cicéron, et l'on en peut croire, sur cet article, celui de tous les écrivains peut-être qui a donné le plus d'attention à cette partie essentielle du style. Cicéron veut donc que le jeune orateur donne à ses phrases un tour harmonieux : *fiat quasi structura quædam;* mais il ne veut pas que le travail et la recherche s'y laissent apercevoir: *nec tamen fiat* *operosè*, parce que ce seroit un travail aussi frivole qu'immense : *nàm esset, quàm infinitus, tùm puerilis labor* *.

Le premier organe que l'écrivain doit chercher à captiver, c'est l'oreille. Elle est naturellement sensible à l'harmonie : *naturâ ducimur ad modos*. Mais elle est fière, superbe et dédaigneuse : son jugement est sévère et sans appel. Le moindre son dur, une construction un peu équivoque, une chute peu heureuse choquent sa délicatesse ou révoltent sa sensibilité. La pensée la plus juste ou la plus agréable la blesse, si l'harmonie de la phrase ne la charme pas. *Quamvis enim suaves gravesque sententiæ, tamen si inconditis verbis efferuntur, offendunt aures, quarum superbissimum est judicium.* (Cicéron).

Tous les genres de littérature n'exigent pas un style également nombreux ; mais tous demandent un style satisfaisant pour l'oreille. Ces principes d'harmonie sont donc essentiellement dans la nature, qui n'est elle-même qu'harmonie, et qui ne pourroit subsister un moment sans l'accord admirable de toutes ses parties. Ses écarts apparens ne sont eux-mêmes que d'heureuses dissonances qui ajoutent à l'effet général. Ce que sont les couleurs dans un tableau, les lignes tracées dans un parterre, les sons dans la musique ; les pensées, les mots et le tour de la phrase le sont dans le discours. Viennent ensuite les nuances ; et c'est ici que commence l'ouvrage du goût, et que l'art peut offrir quelques conseils pour le diriger.

Chaque pensée a son étendue, chaque image son caractère, chaque mouvement de l'âme son degré de force et de rapidité. Tantôt la pensée demande le développe-

---

* Qui cependant a plus accordé que ce grand écrivain, à cette partie de l'art ? qui s'est complu davantage dans le luxe de ces belles périodes, que l'on blâme quelquefois, et que l'on seroit si fâché de ne pas trouver chez lui? Il porte, il est vrai, la richesse, en ce genre, jusqu'à la prodigalité ; mais qui pourroit lui faire un crime, ou même un reproche, d'un défaut qui devient à chaque instant pour nous la source d'un nouveau plaisir !

ment de la période ; tantôt les traits de lumière dont l'esprit est frappé, sont autant d'éclairs qui se succèdent rapidement. Le style *coupé* convient aux mouvemens tumultueux de l'âme : c'est le langage du pathétique véhément et passionné.

Toutes les langues ont des syllabes plus ou moins susceptibles de vitesse ou de lenteur, et cette variété suffit à l'harmonie de la prose. La gêne de notre syntaxe françoise est effrayante pour qui ne connoît pas encore toutes les souplesses et toutes les ressources de la langue. Mais les écrivains doués d'une oreille sensible, et d'un goût sûr et délicat, ont su trouver au besoin, dans cette même langue, si ingrate et si stérile pour les autres, des nombres analogues à la pensée, au sentiment, au mouvement de l'âme qu'ils vouloient exprimer. Ils se sont attachés, et ils sont parvenus avec succès à peindre la pensée dans les mots seulement, dont l'esprit et l'oreille devoient être vivement frappés. Les anciens eux-mêmes ne portoient pas plus loin leur ambition ; et combien cependant leurs ressources étoient, à cet égard, plus abondantes et plus variées que les nôtres !

Nos grands orateurs sacrés, Bossuet et Fléchier, offrent un grand nombre d'exemples des effets admirables d'une harmonie majestueuse et sombre, heureusement placés dans des discours où tout respire la douleur. Mais dans des momens plus tranquilles, dans la peinture des émotions de l'âme, l'éloquence françoise a prouvé mille fois le pouvoir et le charme de l'harmonie. Lisez, dans le Télémaque, les descriptions de la grotte de Calypso, des champs élysées, de la Bétique, etc. ; lisez en entier le Petit Carême de Massillon, et vous verrez combien la mélodie des paroles ajoute à l'éloquence de la vertu.

Mais cette harmonie est-elle toujours admissible, et seroit-elle toujours supportable dans la prose, et dans la nôtre en particulier? Vous venez d'entendre Cicéron proscrire toute espèce de recherche et d'affectation à ce sujet : Aristote va s'exprimer plus fortement encore. Il ne faut, dit-il, ni trop soigner, ni trop négliger l'harmonie du discours : Τὸ δὲ σχῆμα τῆς λέξεως δεῖ μήτε ἔμμετρον εἶναι, μήτε ἄῤῥυθμον. Et la raison qu'il en donne, c'est qu'un discours où cette partie accessoire paroîtroit évidemment trop travaillée, est une prévention nécessaire contre la bonne foi de l'auteur, qui semble avoir voulu nous surprendre par le vain prestige des sons, et qui détruit ainsi toute la confiance qu'il auroit pu nous inspirer : τὸ μὲν γὰρ, ἀπίθανον. Qui pourroit d'ailleurs supporter la lecture ou le débit d'un discours où toutes les phrases seroient également cadencées, symétrisées avec le même soin, dont toutes les chutes seroient ménagées avec le même art, et tomberoient avec la même harmonie? Ne seroit-ce pas, pour l'oreille, l'effet intolérable du tintement monotone d'une grosse cloche? Voilà pourquoi, en grande partie, le Claudien de la prose françoise, Thomas, est déchu si rapidement de la réputation collégiale dont il avoit joui un moment. Sans parler encore de tous les vices d'un style, dont nous ferons justice ailleurs, des ouvrages où l'on remarque à chaque pas les efforts pénibles et souvent malheureux de l'auteur, ne pouvoient tenir longtemps contre l'examen sévère d'une critique judicieuse.

> Un style trop égal, et toujours uniforme,
> En vain brille à nos yeux; il faut qu'il nous endorme.
> (BOILEAU).

Et l'on s'est endormi*. Fléchier lui-même (et il y a loin de Fléchier à Thomas) n'a pas toujours été assez en garde

---

*Je sais, comme un autre, qu'il se trouve de fort beaux vers dans Claudien; des morceaux même que l'on peut mettre sans danger sous les yeux de la jeunesse : je n'ignore point qu'il y a, dans Thomas, des choses aussi bien pensées que bien écrites ; que son Essai sur les Éloges est un ouvrage neuf, plein de recherches curieuses et qui fait honneur à notre littérature, qui compte peu de morceaux oratoires plus véritablement éloquens que l'Éloge de Marc-Aurèle. Mais comme les vices que je combats ici dominent également dans ces deux écrivains ; comme je les crois, en général, de fort mauvais modèles à proposer aux jeunes gens, j'ai dû les signaler au commencement d'un ouvrage qui n'a pour but, et ne sauroit avoir d'autre mérite, que de défendre les principes éternels du goût et de la raison.

contre ce défaut : c'est une des taches que le goût voudroit faire disparoître de ses Oraisons funèbres. Mais nous conviendrons aussi que ses admirateurs ont mis trop d'affectation à lui faire un mérite de prétendues beautés en ce genre, auxquelles il n'avoit sûrement pas songé.

Nous ne croyons pas, par exemple, que quand Fléchier nous représente Turenne *étendu sur ses propres trophées*; quand il nous peint *ce corps pâle et sanglant, auprès duquel fume encore la foudre qui l'a frappé*, il se soit arrêté à dessein à ce choix de syllabes longues et tristement sonores, pour terminer tout à coup par ces quatre brèves : *quĭ l'ă frăppĕ*.

Nous croyons bien moins encore que le grave, l'austère Bossuet, soit descendu de la sublimité de son génie à cette puérile recherche de longues et de brèves, et qu'il s'y soit asservi dans le magnifique tableau qui termine l'oraison funèbre du Grand Condé.

« Nobles rejetons de tant de rois, lumières de la France, mais aujourd'hui obscures et couvertes de votre douleur comme d'un nuage, venez voir le peu qui vous reste d'une si auguste naissance, de tant de grandeur, de tant de gloire. Jetez les yeux de toutes parts. Voilà tout ce qu'a pu faire la magnificence et la piété, pour honorer un héros. Des titres, des inscriptions, vaines marques de ce qui n'est plus; des figures qui semblent pleurer autour d'un tombeau, et de fragiles images d'une douleur que le temps emporte comme tout le reste; des colonnes qui semblent vouloir porter jusqu'au ciel le magnifique témoignage de votre néant ».

Ce dont nous sommes fortement persuadés, c'est que Bossuet, Fléchier, et tous les grands écrivains avoient de leur langue une connoisssance approfondie et raisonnée; c'est qu'ils n'écrivoient que dans l'inspiration du génie, et que les morceaux qu'on admire le plus, sont ceux quelquefois qui ont dû leur coûter le moins, et qui ne supposent nullement le calcul minutieux des brèves et des longues.

Buffon est, de tous nos bons auteurs, celui peut-être qui a donné à notre prose le plus d'harmonie, de nom-

…re et de coloris, quelquefois même trop poétique. Mais Buffon eût été bien étonné, si un rhéteur moderne lui eût appris que tout le secret de son style enchanteur consistoit dans le mélange des longues et des brèves.

Jeunes gens, prenez-y garde! on ne déprécie pas moins ces grands modèles en les louant mal-adroitement, qu'en les dénigrant mal à propos. N'outrons rien; mais admettons, avec Aristote, qu'une prose trop harmonieuse, trop rythmique seroit ridicule, par cela seul qu'elle passeroit les limites qui la séparent de la poésie: ποίημα γὰρ ἔςαι; mais qu'une prose totalement dénuée du charme de l'harmonie, seroit également défectueuse, parce qu'elle n'offriroit point à l'oreille le repos qu'elle attend et dont elle a besoin: τὸ δὲ ἄῤῥυθμον, ἀπέραντον. Que faire donc? Éviter les excès, se renfermer sagement dans les bornes du genre que l'on traite, lui accorder tout ce qu'il comporte, et lui refuser sévèrement le reste: τοῦτο δὲ ἔςαι, ἐὰν μέχρι τῦ ᾖ. (Rh. Γ).

Quant aux conseils que le goût peut offrir à ce sujet, pour éclairer l'inexpérience des jeunes gens dans leurs propres compositions et dans l'étude des orateurs, il nous semble que l'on peut les réduire aux observations suivantes.

Il y a harmonie dans le style, qui est rapide ou lent, coupé ou périodique, serré ou développé, selon qu'il s'agit de prouver ou de peindre, de toucher ou de raisonner.

*Style rapide, destiné à peindre l'effet d'un grand événement.*

« Turenne meurt; tout se confond; la fortune chancelle; la victoire se lasse; la paix s'éloigne: les bonnes intentions des alliés se rallentissent; le courage des troupes est abattu par la douleur, et ranimé par la vengeance: tout le camp demeure immobile; les blessés pensent à la perte qu'ils ont faite, et non aux blessures qu'ils ont reçues, etc. ».

(Fléchier).

*Harmonie grave et majestueuse, dans un tableau du même genre.*

« Au premier bruit de ce funeste accident (la mort de Machabée), toutes les villes de Judée furent émues ; des ruisseaux de larmes coulèrent des yeux de tous leurs habitans : ils furent quelque temps saisis, muets, immobiles. Un effort de douleur rompant enfin ce long et morne silence, d'une voix entrecoupée de sanglots, que formoient dans leurs cœurs la tristesse, la piété, la crainte, ils s'écrièrent : *Comment est mort cet homme puissant, qui sauvoit le peuple d'Israël!* A ces cris, Jérusalem redoubla ses pleurs ; les voûtes du temple s'ébranlèrent ; le Jourdain se troubla, et tous ses rivages retentirent du son de ces lugubres paroles : *Comment est mort,* etc. »

(Fléchier).

*Harmonie du Style périodique, dans un tableau imposant.*

« Celui qui règne dans les cieux, et de qui relèvent tous les empires; à qui seul appartiennent la gloire, la majesté et l'indépendance, est aussi le seul qui se glorifie de faire la loi aux rois, et de leur donner, quand il lui plait, de grandes et de terribles leçons. Soit qu'il élève les trônes, ou qu'il les abaisse ; soit qu'il communique sa puissance aux princes, ou qu'il la retire à lui-même, et ne leur laisse apercevoir que leur propre foiblesse, il leur apprend leurs devoirs d'une manière souveraine et digne de lui ». (Bossuet).

*Harmonie dans le développement des Périodes.*

« Tout marque à l'extérieur de l'homme sa supériorité sur tous les êtres vivans. Il se soutient droit et élevé ; son attitude est celle du commandement. Sa tête regarde le ciel, et présente une face auguste sur laquelle est imprimé le caractère de sa dignité : l'image de l'âme y est peinte par la physionomie ; l'excellence de sa nature perce à travers les organes matériels, et anime d'un feu divin les traits de son visage. Sa démarche ferme et hardie annonce sa noblesse et son rang ; il ne touche à la terre que par ses extrémités les plus éloignées ; les bras ne lui sont pas donnés pour servir d'appui à la masse de son corps ; sa main ne doit pas fouler la terre : elle est réservée à des usages plus nobles, pour exécuter les ordres de la volonté, saisir les objets éloignés, écarter les obstacles et tout ce qui pourroit nuire, retenir ce qui peut plaire, et le mettre à la portée des autres sens ». (Buffon).

*Harmonie du Style, dans un raisonnement vif et pressé.*

« Qui pourra se sauver? Vous, mon cher auditeur, si vous voulez suivre ces exemples; voilà les gens qui se sauveront. Or, ces gens-là ne forment point assurément le plus grand nombre; donc, tandis que vous vivez comme la multitude, il est de foi que vous ne devez pas prétendre au salut. Car, si en vivant ainsi vous pouviez vous sauver, tous les hommes presque se sauveroient; puisqu'à un petit nombre d'impies près, qui se livrent à des excès monstrueux, tous les hommes ne font que ce que vous faites. Or, que tous les hommes presque se sauvent, la foi nous défend de le croire. Il est donc de foi que vous ne devez rien prétendre au salut, tandis que vous ne pourrez vous sauver, si le plus grand nombre ne se sauve ».

(Massillon).

Il y a harmonie enfin dans les chutes qui sont soutenues ou adoucies, molles ou fermes, sourdes ou brillantes, variées enfin, comme la pensée ou le style, au gré de l'esprit et de l'oreille.

### Chutes pittoresques.

« Le juste regarde sa vie, tantôt comme la fumée qui s'élève, qui s'affoiblit en s'élevant, qui s'exhale et s'évanouit dans les airs; tantôt comme l'ombre qui s'étend, se rétrécit, se dissipe: sombre, vide et disparoissante figure »! (Fléchier).

« Au lieu de déplorer la mort des autres, je veux désormais apprendre de vous à rendre la mienne sainte; heureux si, averti par ces cheveux blancs du compte que je dois rendre de mon administration, je réserve au troupeau que je dois nourrir de la parole de vie, les restes d'une voix qui tombe, et d'une ardeur qui s'éteint ». (Bossuet).

### Chutes brillantes.

« Cet homme (Machabée) que Dieu avoit mis autour d'Israël comme un rempart d'airain, où se brisèrent tant de fois toutes les forces de l'Asie, venoit tous les ans, comme le moindre des Israélites, réparer, avec ses mains triomphantes, les ruines du sanctuaire ». (Fléchier).

« L'œil reçoit et réfléchit en même temps la lumière de la pensée et la chaleur du sentiment ; c'est le sens de l'esprit, et la chaleur de l'intelligence ». (BUFFON).

Ces citations et l'excellente théorie d'Aristote, sont plus que suffisantes pour donner une idée appréciable de l'espèce d'harmonie que comporte la prose, du charme qu'elle y répand, et des effets heureux qui en résultent dans le discours. Nous ne nous y arrêterons pas plus long-temps, et nous allons passer sur-le-champ à l'*harmonie imitative*.

## CHAPITRE VII.

### *De l'Harmonie imitative.*

Les sons, sans être figurés, peuvent fournir, et ont fourni à l'homme, soit par leur nature, soit par leur durée, une sorte de langage inarticulé pour exprimer, au moins jusqu'à un certain point, un certain nombre de choses. Les hommes, n'ayant d'abord que le geste pour se communiquer leurs idées, imitèrent la figure et le mouvement des objets qu'ils vouloient représenter. Mais lorsque ce langage des signes s'est trouvé insuffisant (et il a dû l'être dans une foule de circonstances), il a bien fallu recourir à un langage plus expressif; alors l'organe de la voix a nécessairement agi avec plus de force, et a fait entendre des sons rapides, perçans, sourds, éclatans, etc., tous figurés par les différentes impressions qu'ils recevoient de l'air diversement modifié par les organes de la parole.

Ces sons imitatifs se retrouvent dans toutes les langues, dont ils sont devenus, pour ainsi dire, la base fondamentale. C'est ainsi que nous disons en français: *gronder, murmurer, gazouiller, siffler, bourdonner*, etc. Mais la poésie, qui ne doit être autre chose que l'imitation fidèle de la nature, et qui s'attache à peindre tout ce qui est susceptible d'être peint par les sons ; la poésie a retenu et perfectionné la langue imitative : c'est un de ses caractères distinctifs ; et toute poésie qui ne peint rien par le mouvement du vers ou par la vérité de l'expression imitative, tombera bientôt dans un éternel oubli. C'est ce qu'on ne sauroit trop répéter à ceux qui aspirent à la réputation de poëtes, pour avoir rassemblé au hasard quelques lignes d'une prose mal conçue et mal écrite, et qui n'a rien de la poésie, que le refrein monotone d'une rime placée machinalement au bout d'un certain nombre de syllabes.

> Haud satis est illis utcùmque claudere versum,
> Et res verborum propriâ vi reddere claras.
> Omnia sed numeris vocum concordibus aptent;
> Atque *sono* quæcumque canant imitentur, et aptâ
> Verborum *facie* et quæsito carminis *ore*.
> Nam diversa opus est veluti dare versibus ora,
> Diversosque habitus : ne qualis primus et alter,
> Talis et indè alter, vultuque incedat eodem.
> Hic melior, motuque pedum et pernicibus alis,
> Molle viam tacito lapsu per levia radit.
> Ille autem membris ac mole ignavius, ingens
> Incedit tardo molimine *subsidendo*.
> Ecce aliquis subit egregio pulcherrimus ore ,
> Cui lætum membris Venus omnibus afflat honorem.
> Contra alius rudis informes ostendit et artus,
> Hirsutumque supercilium ac caudam *sinuosam*,
> Ingratus visu, et sonitu illætabilis ipso.
>
> (VIDA, *Poetic.* Lib. III).

Il étoit impossible de donner plus heureusement le précepte et l'exemple à la fois. Le poëte va plus loin, et prouve, par l'exemple et avec le style de Virgile, qu'il a suffi d'ouvrir les yeux et d'observer la nature, pour arriver à cette fidélité d'expression imitative.

> Nec verò hæ sine lege datæ, sine mente figuræ;
> Sed facies sua pro meritis, habitusque, sonusque
> Cunctis cuique suus, vocum discrimine certo.
> Ergo ubi jam nautæ spumas salis ære ruentes
> Incubuére mari, videas spumare reductis
> Convulsum remis, rostrisque stridentibus æquor.
> Tum longè sale saxa sonant, tunc et freta ventis
> Incipiunt agitata tumescere : littore fluctus

Illidunt rauco, atque refracta remurmurat unda
Ad scopulos; cumulo insequitur præruptus aquæ mons *.
(*Id. Ibid.*)

Mais autant il est indispensable de chercher et de saisir les grands effets de la nature, et de les rendre sensibles par une harmonie qui les peigne en les imitant, autant il seroit ridicule de prétendre tout caractériser par une harmonie particulière, et de sacrifier, dans aucun cas, le fonds des choses à la recherche puérile de quelques accords.

> Sed neque verborum causâ vis ulla canentem,
> Consilium præter, cogat res addere inanes;
> Nomina sed rebus semper servire jubeto,
> Omnia perpendens versûs resonantia membra. (Vida, *ibid.*)

C'est un écueil que les grands maîtres ont sagement évité. Chez eux, tout est grand, tout élève l'imagination, au lieu de la rapetisser ; et les détails les plus minutieux empruntent de leur pinceau une grâce qui les relève, une majesté qui les ennoblit. Chez eux, l'expression est d'autant plus heureusement imitative, qu'elle est plus vraie; rien qui sente la recherche, rien qui porte l'empreinte du travail. Il semble, en les lisant, qu'il leur

---

* Pope sans doute avoit sous les yeux les vers que nous venons de citer, quand il fit ceux-ci, où il a déployé tant de richesse et de vérité d'expression :

> Soft is the strain, when Zephyr gently blows,
> And the stream in smoother number flows;
> But when loud billows lash the sounding shore,
> The hoarse, rough verse should like the torrent roar.
> When Ajax strives some rock's vast weight to throw,
> The line too labours, and the words move slow;
> Not so, when swift Camilla scours the plain,
> Flies o'er th' unbending corn, and skims along the main.
> (*Essay on Criticism*).

> Peignez en vers légers l'amant léger de Flore.
> Qu'un doux ruisseau murmure en vers plus doux encore.
> Entend-on de la mer les ondes bouillonner ?
> Le vers, comme un torrent, en roulant doit tonner.
> Qu'Ajax soulève un roc et le lance avec peine ;
> Chaque syllabe pèse et chaque mot se traine.
> Mais vois d'un pied léger Camille effleurer l'eau ;
> Le vers vole et la suit, aussi prompt que l'oiseau. (Delille).

a été impossible de s'exprimer autrement. Dans les écrivains du second ordre, au contraire, tout présente les traces pénibles d'efforts rarement heureux; et ce rapprochement involontaire, mais perpétuel, de la nature, grande et belle sans effort, et de l'art qui se tourmente infructueusement pour l'imiter mal, altère sensiblement quelquefois le plaisir que pourroient nous faire les plus beaux morceaux de poésie moderne.

Ouvrez Homère, et vous lui rendrez partout la justice que lui rendoit Virgile lui-même, qui reconnut, après avoir bien étudié l'un et l'autre, qu'*Homère et la nature* étoient une seule et même chose. C'est la nature qui avoit appris à Homère que, pour peindre la beauté, il falloit choisir les voyelles les plus douces. Aussi rien alors n'est si aisé, si coulant que l'harmonie de ses vers, qui semblent caresser l'oreille, autant que l'occuper.

Ἡ δ' ἴεν ἐκ θαλάμοιο περίφρων Πηνελόπεια,
Ἀρτέμιδι ἰκέλη, ἠὲ χρυσῇ Ἀφροδίτῃ. (*Od.* T. 53).

Cependant pour le voir Pénélope s'avance;
De Vénus, de Diane elle a tous les appas. (Rochefort).

Ces deux vers secs, sans harmonie, sans élégance, feroient-ils soupçonner seulement l'espèce de beauté qui caractérise ceux d'Homère * ?

Faut-il peindre le bruit des vagues qui se brisent en courroux sur leurs rivages?

Ῥοχθεῖ γὰρ μέγα κῦμα ποτὶ ξερὸν ἠπείροιο. (*Od.* E. 402).

Le bruit de la mer au milieu du calme de la nuit?

Βῆ δ' ἀκέων παρὰ θῖνα πολυφλοίσβοιο θαλάσσης. (Il. Λ-34).

---

* Pope est plus diffus; mais il traduit en poëte:

Attendent nymphs in beauteous order wait
The queen, descending from her bow'r of state.
Her cheeks the warmer blush of Venus wear,
Chasten'd with coy Diana's pensive air.

Le cri et le vol rapide de l'aigle?

Αὐτὸς δὲ κλάγξας πέτετο πνοιῆσ' ἀνέμοιο. (Ιλ. Μ').

Ici, c'est Achille chargé de ses armes, que l'effort des flots entraîne, qui résiste et qui cède alternativement. Voyez comme le choix des syllabes, la marche des vers et le grand nombre des élisions concourent à la perfection du tableau :

Δεινόν δ' ἀμφ' Ἀχιλῆα κυκώμενον ἵςατο κῦμα,
Ὤθει δ' ἐν σάκεϊ πίπτων ῥόος, οὐδὲ πόδεσσιν
Εἶχε ςηρίξασθαι. (Ιλ. φ. v. 240).

Là, c'est l'affreux Polyphême brisant, contre les rochers de sa caverne, deux des malheureux compagnons d'Ulysse. L'oreille frémit : elle entend le craquement de leurs os.

Σὺν δὲ δύω μάρψας, ὥςε σκύλακας ποτὶ γαίῃ,
Κόπτ'· ἐκ δ' ἐγκέφαλος χαμάδις ῥέε, δεῦε δὲ γαῖαν.

(*Od.* I-289).

Virgile enchérit encore sur le tableau d'Homère :

Vidi egomet, duo de numero cùm corpora nostro
Prensa manu magnâ, medio resupinus in antro,
Frangeret ad saxum, sanieque aspersa natarent
Limina : vidi, atro cùm membra fluentia tabo
Manderet, et tepidi tremerent sub dentibus artus.

(*Eneïd.* Lib. III. v. 623).

Il est impossible d'ajouter à la vérité de cette description, et c'est avec la même supériorité que Virgile imite toujours Homère! Quelle profusion de beautés en si peu de vers! *Prensa manu magnâ;* il semble voir s'étendre la main du monstre, pour saisir ces infortunés. *Frangeret ad saxum;* le bruit des os fracassés est dans *frangeret,* et le vers s'arrête avec la masse qui reste immobile sur le pavé de l'antre. Mais, ce qui est au-dessus de tout, c'est le dernier trait de cette peinture;

ce sont ces membres palpitans encore sous les dents voraces de Polyphême. *Tepidi tremerent sub dentibus artus* : vers admirable, qui peint si bien, et l'avidité du monstre, et l'effroi de celui qui raconte cet horrible repas \*.

Un mérite particulier à la poésie d'Homère et de Virgile, c'est que l'harmonie imitative est presque continue dans leurs vers, sans jamais y être monotone, parce qu'elle y est toujours l'expression vraie et simple de la nature, bien observée et peinte avec des traits, et dans des langues dignes d'elle.

Voulez-vous entendre un vent orageux siffler dans les cordages et briser les voiles d'un vaisseau ? Qui peut vous en donner une idée plus juste que les vers d'Homère et de Virgile ?

ἰςία δέ σφιν
Τριχθά τε καὶ τετραχθὰ διέσχισεν ἲς ἀνέμοιο. (*Od.* I, v. 70).

. . . . Stridens aquilone procella
Velum adversa ferit.
Franguntur remi, etc. ( *Enéid.* 1 ).

Si Nestor se lève pour parler dans l'assemblée, son éloquence est un fleuve de miel, et le vers d'Homère

---

\* Rapprochons maintenant Dryden et Pope, comme nous venons de comparer Virgile et Homère. Voici les vers du Virgile anglais :

These eyes beheld, when with his spacious hand
He seiz'd two captives of our grecian band ;
Stretch'd on his back, he dash'd against the stones
Their broken bodies, and their crakling bones :
With spouting blood the purple pavement swims,
While the dire glutton grinds the trembling limbs. ( Book III, v. 818 ).

Il s'en faut beaucoup que Dryden ait ici sur Pope la supériorité que nous avons reconnue à Virgile sur Homère. Mais il est facile de s'apercevoir que le traducteur d'Homère n'a pas dédaigné d'enrichir ses vers de ce qu'offroient de bon ceux du traducteur de Virgile.

. . : . His bloody hand
Snatch'd two, unhappy ! of my martial band ;
And dasch'd, like dogs, against the stony floor ;
The pavement swims, with brains and mingled gore.
( Pope ).

coule aussi doux, aussi insinuant que le discours du sage vieillard *.

Τοῖσι δὲ Νέςωρ
Ἡδυεπὴς ἀνόρουσε, λιγὺς Πυλίων ἀγορευτὴς,
Τοῦ καὶ ἀπὸ γλώσσης μέλιτος γλυκίων ῥέεν αὐδή.
(Il. A. v. 247).

C'est surtout dans les morceaux d'une certaine étendue, et où plusieurs circonstances concourent à un effet général, que l'on peut remarquer avec quelle vérité, avec quelle scrupuleuse attention ces grands poëtes s'at-

---

* Le Tasse dit également, en parlant d'Alethes :

> . . . . Di sua bocca uscieno
> Più che mel dolci d' eloquenza i fiumi. ( Cant. ii. stanz. 61 ).

Cet endroit n'est pas le seul où le génie du Tasse ait lutté avec succès contre celui d'Homère et de Virgile, et ait donné à la langue italienne ce degré de force et d'harmonie imitative que nous admirons dans les langues grecque et latine. Tous les amateurs de la poésie savent par cœur, et ne se lassent point de répéter, ces beaux vers du quatrième chant :

> Chiama gli abitator dell' ombre eterne
> Il rauco suon de la tartarea tromba :
> Treman le spaziose atre caverne,
> E l' aer cieco a quel rumor rimbomba. ( Stanz. iii ).

Ne semble-t-il pas entendre Virgile lui-même, quand il fait retentir les profondes cavités du cheval de bois sous l'effort de la javeline lancée par Laocoon?

> . . . . Stetit illa tremens, uteroque recusso,
> Insonuére cavæ, gemitumque dedére cavernæ. ( *Eneïd*. Lib. ii. v. 52 ).

> Le trait part, siffle, vole, et s'arrête en tremblant;
> La masse est ébranlée; et, dans son vaste flanc,
> De ses concavités les profondeurs gémirent. ( Delille ).

Le traducteur anglois du Tasse est resté ici un peu au-dessous de son modèle :

> The trumpet now, with hoarse resounding breath,
> Convenes the spirits in the shades of death :
> The hollow caverns tremble at the sound :
> The air re-echoes to the noise around. ( Hool ).

Mais il ne s'en suit pas, comme l'a avancé Voltaire, que la langue anglaise soit essentiellement moins harmonieuse que l'italienne. Maniée avec art, elle s'élève aux plus grandes beautés en ce genre ; et il suffit, pour s'en convaincre, de parcourir les ouvrages de Pope, et surtout sa belle traduction d'Homère, la seule qui puisse, jusqu'ici, donner aux modernes une idée juste du plus grand génie qui ait jamais écrit dans la langue du monde la plus riche et la plus harmonieuse.

tachent à tout peindre, afin qu'il n'y ait pas, dans leur tableau, un seul trait qui ne contribue à faire ressortir les autres, en ressortant lui-même à propos. Nous nous arrêterons à quelques exemples seulement, car il faut mettre des bornes, même au plaisir de citer Homère et Virgile.

Ulysse a vu dans les enfers le supplice de plusieurs grands coupables, celui entre autres de Sysiphe ; et voici comme il le raconte :

Καὶ μὴν Σίσυφον εἰσεῖδον, κρατέρ᾽ ἄλγε᾽ ἔχοντα,
Λᾶαν βαστάζοντα πελώριον ἀμφοτέρῃσιν.
Ἦτοι ὁ μὲν, σκηριπτόμενος χερσίν τε ποσίν τε,
Λᾶαν ἄνω ὤθεσκε ποτὶ λόφον· ἀλλ᾽ ὅτε μέλλοι
Ἄκρον ὑπερβαλέειν, τότ᾽ ἀποστρέψασκε κραταιΐς·
Αὖτις, ἔπειτα πέδονδε κυλίνδετο λᾶας ἀναιδής,
Αὐτὰρ ὅγ᾽ ἂψ ὤσασκε τιταινόμενος. (*Od.* Λ. v. 592).

S'agit-il des efforts du malheureux Sysiphe ? Voyez avec quelle pesanteur le vers se traîne : Λᾶαν βαστάζοντα πελώριον ἀμφοτέρῃσιν. Avec quelle fatigue il porte le rocher au haut de la montagne ! Λᾶαν ἄνω ὤθεσκε ποτὶ λόφον. Et comme le vers s'arrête un moment avec la pierre, pour retomber ensuite avec plus de fracas ! αὖτις, ἔπειτα πέδονδε κυλίνδετο λᾶας ἀναιδής.

Le traducteur français a fait quelques efforts pour rendre cette harmonie ; on s'en aperçoit, et c'est déjà une preuve de son infériorité et un caractère de foiblesse.

> Mes yeux virent Sysiphe, et cette énorme pierre,
> Qu'avec de longs efforts il rouloit sur la terre ;
> Son corps demi-penché, ses bras forts et nerveux
> Poussoient au haut du mont ce rocher raboteux.
> Il alloit l'y porter ; mais la roche obstinée
> S'échappoit, et soudain vers l'abîme entraînée,
> Dans le fond du vallon rouloit en bondissant *. ( ROCHEFORT ).

---

\* Si, malgré les efforts de son zèle et sa profonde admiration pour Homère, Rochefort est évidemment foible ici, Pope s'y va montrer étonnant :

> I turn'd my eye, and as I turn'd swey'd,
> A mournful vision ! the Sysiphian shade ;
> With many a weary step, and many a groan,
> Up the high hill he heaves a huge round stone ;

Au reste, il n'est pas inutile d'observer ici que le premier poëte qui ait donné de l'harmonie à la versification latine, Lucrèce, a imité avec succès ce beau morceau d'Homère.

> . . . . . Adverso nixantem trudere monte
> Saxum; quod tamen à summo jam vertice rursùm
> Volvitur, et plani raptim petit æquora campi. (*Lib.* III).

Aussi grand peintre qu'Homère, Virgile a sur lui l'avantage d'une élégance continue, et d'une correction de style dont Racine et Pope ont seuls approché parmi les poëtes modernes. Virgile, toujours sage, au milieu même de ses écarts, ne donne à l'oreille que ce qu'exige la vérité, et l'harmonie est toujours chez lui l'accord juste du tact le plus exquis avec l'imagination la plus brillante. Voyez, dans cette description de l'approche d'un orage, comme toutes les circonstances en sont vraies, et puisées dans ce que l'on voit, dans ce que l'on éprouve tous les jours !

> Continuò, ventis surgentibus, aut freta ponti
> Incipiunt agitata tumescere; et aridus altis
> Montibus audiri fragor, aut resonantia longè
> Littora misceri, nemorumque increbrescere murmur. (*Georg. Lib.* I).

M. Delille se montre digne, dans ce morceau, de marcher à côté de son modèle.

> Au premier sifflement des vents impétueux,
> Tantôt au haut des monts d'un bruit tumultueux
> On entend les éclats ; tantôt les mers profondes
> Soulèvent en grondant et balancent leurs ondes :
> Tantôt court sur la plage un long mugissement,
> Et les noires forêts murmurent sourdement *.

---

> The huge round stone, resulting with a bound,
> Thunders impetuous down, and smoaks along the ground.

*Up the high hill he heaves a huge round stone*, vaut bien Λᾶαν ἄνω ὤθεσκε ποτὶ λόφον ; et *thunders impetuous down*, peint la chute et fait entendre le bruit de la pierre.

\* Dryden est plus précis, et aussi harmonieux au moins :

> For e'e the rising winds begin to roar,
> The working seas advance to wash the shore ;
> Soft whispers run along the leafy woods,
> And mountains whistle to the murm'ring floods.

# LIVRE I. 59

Les contrastes d'harmonie sont fréquens dans Virgile, et si sensibles, que l'oreille la moins exercée s'y éprendroit rarement.

> Pascitur in sylvâ magnâ formosa juvenca.

> Tranquille, elle s'égare en un gras pâturage. (Delille).

Voilà bien la paisible indolence de la génisse.

> Illi alternantes magnâ vi prælia miscent.

> Ses superbes amans s'élancent pleins de rage. (Id.)

Voilà bien la lutte terrible et le choc épouvantable des deux taureaux.

Les grands poëtes sont remplis d'exemples de ce genre :

> J'aime mieux un ruisseau qui sur la molle arène,
> Dans un pré plein de fleurs lentement se promène,
> Qu'un torrent débordé qui, d'un cours orageux,
> Roule, plein de gravier, sur un terrain fangeux. (Boileau).

Veut-on des exemples d'harmonie soutenue et caractérisée, d'un bout à l'autre, dans un morceau de longue haleine? Entendez-vous le son des trompettes et le cliquetis des armes? Voyez-vous tout un peuple s'apprêter à la guerre?

> Ut belli signum Laurenti Turnus ab arce
> Extulit, et rauco strepuerunt cornua cantu;
> Utque acres concussit equos, utque impulit arma,
> Extemplò turbati animi : simul omne tumultu
> Conjurat trepido Latium, sævitque juventus
> Effera. (Æneid. Lib. VIII).

> A peine a retenti la trompette éclatante,
> A peine sur les tours de l'antique Laurente
> Turnus a de la guerre arboré les drapeaux,
> Frappé son bouclier, animé ses chevaux;
> En tumulte à sa voix tous les Latins s'unissent,
> De leurs cris conjurés les champs au loin frémissent.
> Tout s'émeut, tout s'irrite ; et leurs cœurs enflammés
> Sont altérés de sang et de meurtre affamés. (Delille).

Didon veille seule dans toute la nature, seule, et en

proie à sa douleur! Quelle mélancolie douce et attendrissante dans la description du poëte!

>  Nox erat, et placidum carpebant fessa soporem
>  Corpora per terras, sylvæque et sæva quierant
>  Æquora: cùm medio volvuntur sydera lapsu,
>  Cùm tacet omnis ager, pecudes, pictæque volucres,
>  Quæque lacus liquidos, quæque aspera dumis
>  Rura tenent, somno positæ sub nocte silenti
>  Lenibant curas, et corda oblita laborum.
>  At non infelix animi Phœnissa! (*Enéid.* Lib. iv. v. 522).

>  La nuit avoit rempli la moitié de son cours;
>  Sur le monde assoupi régnoit un calme immense;
>  Les étoiles rouloient dans un profond silence;
>  L'aquilon se taisoit dans les bois, sur les mers;
>  Les habitans des eaux, les monstres des déserts,
>  Des oiseaux émaillés les troupes vagabondes,
>  Ceux qui peuplent les bois, ceux qui fendent les ondes;
>  Livrés nonchalamment aux langueurs du repos,
>  Endormoient leurs douleurs et suspendoient leurs maux:
>  Didon seule veilloit *. (DELILLE).

C'est ce genre de beautés qui caractérise spécialement les grands génies de la Grèce et de Rome, et dont on trouve si fréquemment des exemples dans Horace. Voyez, dans la belle ode *Æquam memento rebus in arduis*, avec quel art ce grand poëte sait amener de grandes vérités de morale, et les fondre dans les descriptions les plus riantes. Quel plaisir de nous arrêter un moment avec lui dans ce joli bocage:

---

* Le Tasse a emprunté de Virgile cette belle périphrase, et a fait passer dans ses vers l'harmonie enchanteresse du poëte latin.

>  Era la notte, alor ch'alto riposo
>  Han l' onde e i venti, et parea muto il mondo:
>  Gli animai lassi, e quei che'l mar ondoso
>  O de' liquidi laghi alberga il fondo;
>  E chi si giace in tana, o in mandra ascoso,
>  E i pinti augelli nell' oblio profondo,
>  Sotto il silenzio de' secretti ortosi,
>  Sopjian gli affanni, e radolciano i cori. (Cant. II. st. 96).

Mais ce qui n'est, dans le poëte italien, qu'une beauté de diction, qu'un simple ornement poétique, devient, dans Virgile, une beauté de sentiment, par ce contraste imposant et sublime du repos que la nuit donne à tout ce qui respire, avec la situation douloureuse de la reine de Carthage, qui veille et pleure, tandis que tout jouit autour d'elle des douceurs du sommeil.

Quà pinus ingens, albaque populus
Umbram hospitalem consociare amant
Ramis, et obliquo laborat
Lympha fugax trepidare rivo.

Comme tout est achevé dans ce petit tableau! Quel choix heureux, quelle justesse dans l'expression! Cette ombre *hospitalière* que le pin et le peuplier se plaisent à confondre; ce ruisseau surtout, dont on voit le cours, dont on entend le murmure excité par les obstacles qu'il rencontre et qu'il s'efforce de surmonter! Qui ne seroit tenté de s'écrier, avec un commentateur d'Horace (Lambin), que de pareils vers ne sont pas d'un homme, mais d'un dieu!

M. Delille a cherché à reproduire une partie de ces beautés dans les vers suivans:

> Oh! que plus varié, moins vague en sa peinture,
> Horace nous décrit en vers délicieux
> Ce pâle peuplier, ce pin audacieux,
> Ensemble mariant leurs rameaux frais et sombres,
> Et prêtant au buveur l'hospice de leurs ombres;
> Tandis qu'un clair ruisseau, se hâtant dans son cours,
> Fuit, roule, et de son lit abrège les détours!
>
> (*L'Homme des Champs*. Ch. 4).

Si nous n'écoutions que le plaisir de parcourir et de citer de beaux vers, il nous seroit aisé, sans doute, de multiplier les exemples. Mais nous en avons dit assez pour apprendre aux jeunes gens dans quel esprit ils doivent lire, comment il faut admirer les grands écrivains, et pour les ramener, s'il est possible, au goût et à l'étude raisonnés des anciens.

## CHAPITRE VIII.

### *Des Figures en général.*

De figures sans nombre égayez votre ouvrage. ( BOILEAU ).

CICÉRON, Quintilien, et le sage, l'estimable Rollin, qui pense et s'exprime souvent comme ces grands hommes, ont défini les figures, en général, *de certains tours, de certaines façons de s'exprimer qui s'éloignent de la manière commune de parler.* Cette définition, comme l'observe Dumarsais, ne prouve rien de plus, sinon que les figures sont des manières de parler qui s'éloignent de celles qui ne sont pas figurées, et qu'en un mot les figures sont des figures. Il y a plus, ajoute-t-il, bien loin que les figures soient des manières de parler éloignées du langage ordinaire, il n'y a rien de si naturel, de si commun dans le discours des hommes. L'expérience le prouve tous les jours, et un coup d'œil rapidement jeté sur l'origine du style figuré, rendra cette vérité encore plus sensible.

Lors de la première formation des langues, les hommes commencèrent par donner des noms aux objets qui frappoient le plus fréquemment leur vue ; et cette nomenclature fut sans doute long-temps bornée. Mais à mesure qu'ils acquirent la connoissance d'un plus grand nombre d'objets, et que leurs idées se multiplièrent par conséquent, le nombre des noms s'étendit dans la même proportion. Or il étoit, et il est peut-être impossible encore qu'une langue fournisse des termes différens pour toutes les idées et tous les objets. On chercha donc à s'éviter la peine de créer sans cesse de nouveaux mots ; et, pour alléger en même temps le travail de la mémoire, on se servit d'un mot déjà adapté à une chose connue, pour en exprimer une qui ne l'étoit pas encore, mais qui avoit avec la première une analogie sensible. Voilà l'origine des figures en général : elles la doivent, comme on voit, à la nécessité, à la pénurie, à la stérilité du langage; mais on continua de les employer dans la suite, parce qu'elles flattoient l'imagination *.

Il est facile de voir pourquoi le langage a été plus figuré dans les premiers temps de la formation des langues, et pourquoi il se retrouve si communément dans la bouche de ceux que leur condition ou leur naissance a placés le plus loin de toutes les sources de l'instruction. Il se fait plus de figures à la halle un jour de marché, qu'il ne s'en fait en plusieurs jours d'assemblées académiques, a dit Dumarsais; et Dumarsais a eu raison.

Marmontel s'est amusé à le prouver, en rassemblant à dessein, et sans s'écarter cependant du langage de la nature, toutes les figures possibles de diction et de pensées dans le discours d'un homme du peuple, en querelle avec sa femme.

A mesure que les langues se sont perfectionnées, les esprits observateurs ont remarqué quel avantage on pouvoit tirer du langage figuré, si commun dans les premiers temps. Ils ont vu que les figures contribuoient aux grâces et à la beauté du style, quand elles étoient placées à propos; qu'elles enrichissoient une langue, en la rendant plus abondante; qu'elles multiplioient les mots, les phrases, et facilitoient par conséquent l'expression d'un plus grand nombre d'idées. On s'occupa alors de la classification des figures; on leur donna des noms, on limita leurs emplois, et les rhéteurs distinguèrent des figures de *mots*, qui appartiennent plus spécialement à la grammaire, et des figures de *pensées*, qui sont du ressort spécial de l'éloquence.

Il y a une différence essentielle et facile à saisir, entre les figures de pensées et les figures de mots. Les figures

---

* « Modus transferendi verba late patet; quam necessitas primum genuit, coacta, inopia et angustia, post autem delectatio, jucunditasque celebravit ».
(Cic. de Orat.)

de pensées, dit Cicéron, dépendent uniquement du tour de l'imagination; elles ne consistent que dans la manière particulière de penser ou de sentir, en sorte que la figure reste toujours la même, quoique l'on change les mots qui l'expriment*. Un exemple confirmera la justesse de cette observation.

Fléchier, voulant faire voir à quel point il outrageroit la mémoire de M. de Montausier, en flattant son portrait, se sert de la figure suivante :

« Ce tombeau s'ouvriroit, ces ossemens se rejoindroient pour me dire : Pourquoi viens-tu mentir pour moi, qui ne mentis jamais pour personne ? Laisse-moi reposer dans le sein de la vérité, et ne viens pas troubler ma paix par la flatterie que j'ai toujours haïe ». ( *Oraison funèbre de Montausier* ).

Il est évident que les mots ne font rien ici à la figure, et que cette belle prosopopée subsisteroit de quelque manière que Fléchier eût fait parler M. de Montausier.

Il n'en est pas ainsi des figures de mots. Si vous changez les paroles, la figure s'évanouit. Si pour exprimer, par exemple, la population d'un village, je dis qu'il est composé de douze cents *feux*, la figure est dans le mot *feux*; et si je lui substitue le mot *familles*, la pensée est également exprimée, mais la figure a disparu.

### Des figures de Mots.

Parmi les figures de mots, les grammairiens distinguent :

1.° Les figures de *diction* : elles regardent les changemens qui arrivent dans les lettres ou dans les syllabes des mots : telle est la *syncope*, qui retranche une lettre ou une syllabe au milieu d'un mot.

2.° D'autres regardent uniquement la construction, telles que

---

* « Inter conformationem verborum et sententiarum hoc interest, quod verborum tollitur, si verba mutaris, sententiarum, permanet, quibuscumque verbis uti velis ». (Cic. de Orat.)

L'*ellipse*, qui supprime par goût des mots dont l'exactitude grammaticale auroit besoin :

> Je t'aimois inconstant, qu'aurois-je fait fidèle? (Racine).

Le *pléonasme*, qui ajoute ce que la grammaire rejetteroit comme superflu :

> Je l'ai vu, dis-je, vu, de mes propres yeux vu,
> Ce qu'on appelle vu. (Molière).

La *syllepse*, qui fait figurer le mot avec l'idée, plutôt qu'avec le mot auquel il se rapporte en effet. Ainsi lorsqu'Horace a dit :

> Ut daret catenis
> Fatale monstrum, *quæ* generosius
> Perire quærens, etc. ( Lib. 1. Ode. 37 ).

*quæ* se rapporte évidemment à Cléopâtre, tandis qu'il sembleroit devoir se rapporter à *monstrum*, auquel la construction le lie naturellement.

Et dans ces vers si touchans de *Joad* au jeune *Joas* :

> Entre le peuple et vous vous prendrez Dieu pour juge,
> Vous rappelant un jour que, caché sous ce lin,
> Comme eux vous fûtes pauvre et comme eux orphelin. (Racine).

La *répétition*, dont le nom seul donne la définition :

> Te, dulcis conjux, te solo in littore secum,
> Te, veniente die, te, decedente, canebat. (Virgile).

> Tendre épouse, c'est *toi* qu'appeloit son amour,
> *Toi* qu'il pleuroit la nuit, *toi* qu'il pleuroit le jour. (Delille).

Telle est la différence des langues, que, malgré les efforts et le talent rare du traducteur, cette répétition pleine de charme et de sensibilité dans le latin, n'est plus en françois qu'une recherche froidement élégante, un tour précieux et maniéré\*.

---

\* La traduction angloise de Dryden, si justement célèbre d'ailleurs, n'offre aucune trace de ce qui fait ici la beauté de l'original :

> His griefs with day begun,
> Nor were they finish'd, with the setting sun. (Dryden).

Le traducteur Warton a été plus heureux :

> To thee, sweet wife, still pour'd the piteous lay,
> Thee, sung at dawning, thee at closing day.

3.° Comme c'est en *détournant* les mots de leur acception primitive, que l'on est parvenu à leur donner une signification qui n'est pas précisément celle qu'ils avoient d'abord, on a appelé *tropes* * les figures destinées à remplir cet objet dans le discours.

Il y a autant de tropes, qu'il y a de manières différentes de *détourner* la signification première d'un mot. Nous nous bornerons à faire connoître les principaux, ceux qui sont d'un usage plus ordinaire, et qu'il est plus facile de confirmer par des exemples connus.

L'usage et l'effet le plus commun des tropes est 1.° de réveiller une idée principale par le moyen de quelque idée accessoire. Ainsi l'on dira : Il aime *la bouteille*, pour dire, il aime *le vin*; c'est *la meilleure épée* de France, pour dire *le plus habile tireur*; la *plume* de Voltaire, le *style* de Racine, pour désigner la *manière* d'écrire de ces deux grands poëtes.

2.° Quand nous sommes vivement frappés de quelque pensée, rarement nous nous exprimons avec simplicité. L'objet qui nous occupe se présente à nous avec les idées accessoires qui l'accompagnent, et nous prononçons le nom de celle de ces images qui nous frappe le plus. De là, ces façons de parler : *Il est enflammé de colère; il marche comme une tortue, il va comme le vent*, etc.

3.° Les tropes sont un des ornemens principaux du discours. Fléchier, au lieu de dire simplement que le duc de Montausier fit abjuration entre les mains des ministres de J. C., s'exprime ainsi :

« *Tombez, tombez*, voiles importuns qui lui couvrez la vérité de nos mystères; et vous, prêtres de J. C., prenez le glaive de la parole, et coupez sagement jusqu'aux racines de l'erreur ».

Indépendamment de l'apostrophe, figure de pensée,

---

* Du grec τρέπω.

combien de tropes différens contribuent à embellir ce morceau ! ce sont *les voiles, les ténèbres du mensonge, le glaive de la parole, les racines de l'erreur*, etc.

4.° Les tropes ennoblissent des idées ordinaires, qui n'exciteroient en nous ni surprise ni admiration, exprimées communément. *Tous les hommes meurent également* : voilà une idée bien commune. Voyez quelle noblesse elle emprunte de ces beaux vers d'Horace, imités par Malherbe :

*Pallida mors æquo pulsat pede pauperum tabernas,*
  *Regumque turres.* ( Lib. 1. Ode 4 ).

La mort a des rigueurs à nulle autre pareilles :
  On a beau la prier,
La cruelle qu'elle est se bouche les oreilles,
  Et nous laisse crier.
Le pauvre en sa cabane, où le chaume le couvre,
  Est sujet à ses lois ;
Et la garde qui veille aux barrières du Louvre
  N'en défend pas nos rois *.

Horace, voulant représenter cette même pensée dans un autre endroit de ses ouvrages, s'est servi d'un autre tour qui n'est ni moins riche ni moins élégant que le précédent :

Omnes eòdem cogimur ; omnium
Versatur urnâ, seriùs, ociùs,
Sors exitura, et nos in æternum
  Exilium impositura cymbæ. ( Lib. 11. Ode 3 ).

---

* Malgré la juste célébrité dont jouissent ces vers, il faut observer aux jeunes gens que les quatre premiers sont de la plus grande foiblesse, quant à l'expression poétique. En vain y chercheroit-on le *pallida mors*, et cette belle image qui nous représente la mort renversant également la cabane du pauvre et le palais des rois, *æquo pulsat pede !* Je ne retrouve point Horace dans les vers de Malherbe, et je n'y vois que la paraphrase froide et traînante de l'un des plus beaux morceaux du lyrique romain. Pourquoi, au contraire, ces deux derniers vers :

  Et la garde qui veille aux barrières du Louvre
    N'en défend pas nos rois,

remplissent-ils si heureusement toutes les conditions de la plus haute poésie ? c'est qu'ils réunissent la grandeur de la pensée à la beauté, à la justesse de l'image.

Le fonds de ces grandes idées et de ces belles images est emprunté de Pindare :

Αφνεὸς, πενιχρός τε, θανάτῳ
Παρα σαμᾷ νέονται.

« Le riche et le pauvre s'avancent d'un pas égal vers les sombres demeures de la mort ».

Pindare est, comme l'on voit, moraliste aussi profond qu'il se montre constamment poëte sublime.

*Le soleil se lève* : il seroit difficile de s'exprimer d'une manière plus commune, sans doute ; mais cette idée presque triviale va devenir magnifique dans les vers suivans :

Voyez-le s'avancer le roi puissant du jour,
Sur le trône des airs *.

Et dans ces vers de Roucher :

L'Orient va rouvrir son palais de vermeil :
Il l'ouvre ; et tout armé s'élance le soleil !

5.° Les tropes sont d'un grand usage pour déguiser les idées tristes, désagréables : c'est l'objet de l'euphémisme et de la périphrase.

6.° Enfin, les tropes enrichissent une langue, en multipliant l'emploi et la signification d'un même terme, soit en l'unissant avec d'autres mots, auxquels il ne peut se joindre dans le sens propre ; soit en lui donnant une extension ou une ressemblance qui supplée aux termes qui manquent dans la langue.

Mais, quel que soit l'usage ou l'effet des tropes, ils sont généralement fondés sur la relation et l'analogie des objets entre eux, et ces relations plus ou moins intimes produisent tous les tropes, parmi lesquels nous distinguerons :

---

* But yonder comes the powerful king of day,
Rejoicing in the east. ( THOMSON's SUMMER ).

1.° La *métonymie*, qui signifie transposition, changement de nom, nom pris pour un autre, etc. Les maîtres de l'art restreignent la métonymie aux usages suivans : 1.° la cause pour l'effet, *Bacchus* pour *le vin*, *Cérès* pour le *pain*.

> Implentur *veteris Bacchi*, pinguisque farinæ.
> (*Eneïd.* Lib. 1. v. 219).

*Veteris Bacchi* du vieux *Bacchus*, pour dire du vin vieux. Et dans un autre endroit du même livre, les Troyens épuisés de fatigue tirent de leurs vaisseaux *le blé* endommagé par la tempête, et les *instrumens nécessaires à faire du pain*. Voilà l'idée simple; voici le style figuré :

> Tum *Cererem* corruptam undis, *cerealiaque* arma
> Expediunt fessi rerum, (*Eneïd.* Lib. 1. v. 181).

où le *blé* est devenu *Cérès*, et les instrumens de la boulangerie *les armes de Cérès*, *cerealia arma*.

Ovide, dans une de ses élégies (*Trist.* lib. 4, eleg. 5), dit qu'*à la voix d'un ami, son âme mourante se ranime, comme la lampe prête à s'éteindre, quand on y verse Pallas*.

> Cujus ab alloquiis anima hæc moribunda revixit,
> Ut vigil *infusâ Pallade* flamma solet.

Il est facile de voir que le poëte prend ici pour l'huile, la déesse même à qui l'on est redevable de l'olivier qui donne l'huile. C'est ainsi que *Vulcain* se prend pour *le feu*, *Neptune* pour *la mer* et les eaux en général, *Mars* pour *la guerre*, etc.

2.° *L'effet pour la cause*. Nec habet Pelion umbras. Le *Pélion* n'a point d'*ombres*, c'est-à-dire, d'*arbres* qui sont la cause de l'ombre.

> Pallidamque Pyrenem. (Pers. *Prol.*)

> Pallentes habitant Morbi, tristisque Senectus. (Virg.)

> Pallida Mors. (Horace).

La fontaine Pyrène, consacrée aux Muses, la mort, les maladies, etc., ne sont point *pâles;* mais l'application au travail, les maladies et surtout la mort, produisent *la pâleur;* ainsi l'on donne à la cause l'épithète qui ne convient qu'à l'effet.

3.° *Le contenant, pour le contenu.* Didon présente à Bitias une coupe d'or pleine de vin. Bitias, dit Virgile, *s'arrosa de l'or* qui remplissait cette coupe.

Ille impiger *hausit*<br>
Spumantem pateram et *pleno* se proluit *auro*.<br>
(Lib. 1. v. 743).

*Auro* est pris ici pour la coupe, c'est la matière dont la chose est faite. *Il avala la coupe écumante,* c'est-à-dire *le vin* qui étoit dedans.

Sa main désespérée<br>
M'a fait *boire la mort* dans la coupe sacrée. (Marmontel).

*La mort,* c'est-à-dire, *le poison* qui me donne la mort.

Nous appuyons à dessein sur ces différences du sens propre au sens figuré, pour faire voir combien les figures de mots ont besoin d'être appropriées au génie particulier de la langue qui les emploie, et dans quelle erreur, par conséquent, s'exposent à tomber ceux qui s'obstinent à juger un auteur d'après une traduction qui se borne à travestir les mots, sans traduire la pensée.*

Lucrèce dit que les chiens de chasse *mettoient une forêt en mouvement,* c'est-à-dire, les animaux qu'elle renferme.

Igni prius est venarier ortum,<br>
Quàm sepire plagis, canibusque ciere. (Lib. v. v. 1250).

---

* C'est ce qu'a fait Voltaire à l'égard de Shakespeare, lorsque, lassé de l'avoir admiré pendant soixante ans comme un génie, il jugea à propos de ne plus voir en lui qu'un Gille de foire, et de lui en prêter le langage. De là, ces tournures triviales, ces expressions grossières et obscènes, prétendues littérales, et qui n'ont nui qu'à Voltaire aux yeux des gens instruits des deux nations.

4.° Le nom du lieu où une chose se fait, se prend pour la chose même. Ainsi l'on dit : le *portique* et le *lycée*, pour la philosophie de Zénon et d'Aristote, parce que ces deux grands hommes donnoient leurs leçons, l'un dans le Lycée, l'autre dans le Portique.

> C'est là que ce Romain, dont l'éloquente voix
> D'un joug presque certain sauva sa république,
> Fortifioit son cœur dans l'étude des lois,
> Et du lycée et du portique. ( ROUSSEAU ).

Cela veut dire tout simplement que Cicéron étudioit la philosophie de Zénon et d'Aristote.

5.° *Le signe pour la chose signifiée.* Le *sceptre* pour l'*autorité royale ;* le *chapeau* de cardinal pour le *cardinalat;* l'*épée* pour la *profession militaire ;* la *robe* pour la *magistrature*, etc.

> A la fin j'ai quitté la *robe* pour l'*épée*. (CORNEILLE).

*Cedant arma togæ,* que le *guerrier* le cède au *magistrat;* c'est-à-dire, comme Cicéron l'explique lui-même\*, que les vertus civiles et pacifiques l'emportent quelquefois sur les vertus militaires.

> En vain au *lion* belgique
> Il voit l'*aigle* germanique
> Uni sous les *léopards.* ( BOILEAU ).

> Regardez dans Denain l'audacieux Villars
> Disputant le tonnerre à l'*aigle* des Césars. ( VOLTAIRE ).

Le *lion*, l'*aigle*, les *léopards*, sont là pour les peuples même qu'ils désignent, c'est-à-dire, la *Flandre*, l'*Allemagne*, l'*Angleterre*.

Presque tous les tropes, à prendre ce mot dans son acception rigoureuse, sont des métonymies, puisque tous sont fondés sur un changement quelconque ou une transposition de mots, et sur une analogie, qui rentre plus ou moins essentiellement dans la figure dont nous venons de parler.

---

\* More poetarum locutus, hoc intelligi volui, bellum ac tumultum paci atque otio concessurum. ( *In Pison.* n.° 30 ).

Mais de tous les rapports qui peuvent exister entre les choses et les mots, il n'en est aucun qui soit plus fécond en tropes, que le rapport de ressemblance ou de similitude. — De là,

La *Métaphore*, figure par laquelle on transporte la signification propre d'un nom à une autre signification qui ne lui convient qu'en vertu d'une comparaison qui existe dans l'esprit. Il n'est point de figure qui soit d'un usage plus fréquent, et qui répande plus de charme et de grâces dans le discours, soit en vers, soit en prose.

La métaphore diffère de la comparaison par la forme seulement ; car le fond est évidemment le même. Si je dis, par exemple, en parlant d'un ministre, qu'il soutient l'état *comme une colonne*, je fais une *similitude*, parce que j'établis un rapport sensible entre le ministre et la colonne. Si je vais plus loin et que je dise : *Tel qu'une colonne inébranlable sur sa base, et qui soutient sans fléchir le poids d'un immense édifice, ce ministre*, etc., je fais une comparaison, parce que *j'exprime* tous les points de rapport des deux objets comparés. Mais si je dis simplement : Ce ministre est *la colonne de l'état*, voilà une métaphore qui n'est, comme on voit, qu'une comparaison abrégée qu'achève l'imagination. Cette figure, qui est la plus riche de toutes, doit son origine à notre disposition habituelle de rapporter nos affections morales à nos impressions physiques, et à faire servir les unes à fortifier l'expression des autres. C'est ainsi que nous sommes *ensevelis* dans le sommeil :

> Invadunt urbem *somno vinoque sepultam*.
> (*Enéid*. Lib. II. v. 265).

C'est par métaphore que nous sommes *embrasés d'amour, enivrés d'éloges, d'espoir*, etc.

> Ne vous *enivrez* point des éloges flatteurs
> Que vous donne un amas de vains admirateurs. (Boileau).

Cette figure et la métonymie, qui, comme on a pu

observer, est elle-même une métaphore, sont celles ont l'usage est le plus fréquent dans le discours, parce qu'elles sont naturellement à la portée du peuple, comme du poëte et de l'orateur le plus habile. Mais c'est précisément parce que la métaphore est commune par elle-même, qu'il faut savoir la choisir et la placer avec goût.

Rien de plus choquant qu'une figure incohérente; il faut donc que la métaphore soit adaptée au sujet, et qu'il n'y ait pas une disproportion trop sensible dans les idées qu'elle rapproche. On s'est, avec raison, moqué de ce vers, où l'on dit, en parlant d'un cocher :

> Qu'il soumet l'*attelage* à l'*empire* du mors.

Il y a beaucoup trop loin en effet de l'idée d'*empire* à celle du *mors* d'un cheval, et la métaphore est vicieuse.

Ce tour est également vicieux, quand la métaphore est tirée,

1.º D'objets bas et dégoûtans, comme quand Corneille dit que plus de la moitié des soldats de Pompée

> Piteusement étale
> Une indigne *curée* aux vautours de Pharsale.

Le mot *curée* présente une idée trop basse, pour être jamais admis dans le style noble.

2.º De circonstances triviales et familières qui avilissent l'objet comparé, comme ce vieux poëte français qui dit que le doux Zéphyr

> Refrise mollement la *perruque* des prés.

Dans un autre endroit, que le *doux Soleil poudre* les *cheveux* de sa femme, la Terre. Plus loin :

> Du beau soleil la *perruque* empourprée
> Redore de ses rais ( rayons ) cette basse contrée.

Il faut aussi avoir égard aux convenances des différens styles, et distinguer les métaphores qui conviennent au style poétique, et qui seroient déplacées dans la prose. Boileau a très-bien dit dans une ode :

> Des *sons* que ma *lyre enfante*
> Ces arbres sont réjouis.

On ne diroit pas dans le style familier de la prose qu'une *lyre enfante des sons*.

Il ne faut pas non plus qu'une métaphore soit tirée de trop loin, parce qu'alors la liaison des idées en souffre nécessairement\*.

Ce qu'il faut soigneusement éviter dans l'emploi de cette figure, c'est le passage trop brusque d'une métaphore à d'autres, qui n'ont point avec la première une analogie assez sensible, ou le retour inattendu de l'expression figurée à l'expression simple.

*Prends ta foudre, Louis*. Voilà Louis XIII pris métaphoriquement pour Jupiter ; et l'imagination s'attend à voir cette figure soutenue. Mais Malherbe ajoute : *et va comme un lion*. Il n'y a plus d'analogie entre ces deux métaphores, et la liaison des idées est interrompue. Il falloit nécessairement dire, *et va comme Jupiter*\*\*.

---

\* C'est le reproche que l'on peut faire à cet endroit de Shakespeare, qui d'ailleurs renferme un si grand sens :

> The growing feather pluck'd from Cæsar's wing,
> Will make him fly an ordinary pitch,
> Who else, would soar above the view of men,
> And keep us all in servile fearfulness. (*Jul. Cæs.* Act. 1. sc. 1 ).

« Ces plumes naissantes arrachées à l'ambition de César, son vol ne sera plus qu'un vol ordinaire : sans quoi, il va s'élever au-delà de la portée de la vue des hommes, et nous retenir dans le plus servile effroi ».

Toutes ces circonstances sont trop minutieuses, quand il s'agit d'un homme tel que César, et des projets que formoit son ambition.

\*\* On remarque la même incohérence d'images et d'idées dans ces deux vers d'Addisson :

> I bridle in my strugling muse with pain,
> That longs to launch into a bolder strain. ( *Letter from Italy* ).

« J'ai peine à *brider* ma muse rétive, qui brûle de *voguer* dans des *accords* plus hardis ».

On conçoit qu'un coursier puisse être pris pour la muse elle-même, par

Pollion s'occupoit d'une tragédie sur les guerres civiles dont Rome venoit d'être le théâtre. Horace lui dit à ce sujet :

> *Motum* ex Metello consule *civicum*
> Belliquc causas, et vitia, et modos,
> Ludumque fortunæ, gravesque
> Principum amicitias, et *arma*
> Nondùm expiatis uncta cruoribus,
> *Periculosæ plenum opus aleæ*
> *Tractas*, et incedis per ignes
> *Suppositos cineri doloso.* ( Lib. 11. Ode 1 ).

Quelque poétique que soit ce passage, dit le docteur Blair, il offre quelque chose d'obscur et de fatigant, résultat inévitable de trois métaphores qui n'ont entre elles aucune analogie. D'abord Pollion manie des armes encore souillées d'un sang qui n'est point expié : *tractas arma nondùm expiatis uncta cruoribus*. C'est tenter un coup bien hasardeux (métaphore empruntée du jeu.) : *periculosæ plenum opus aleæ*. Il marche enfin sur des feux cachés sous une cendre trompeuse : *incedis per ignes suppositos cineri doloso.* L'esprit a trop de peine à saisir une idée principale, présentée à la fois sous tant de rapports différens *.

---

allusion au cheval Pégase ; c'est le signe pour la chose signifiée. Mais qu'est-ce qu'une muse qui *vogue* dans des *accords* ?

* Le célèbre Young, dont l'imagination avoit plus de force que de grâce et de correction, nous étonne quelquefois par la hardiesse de ses métaphores et de ses images ; mais il se maintient rarement à ce point de hauteur, et sa chute est quelquefois aussi rapide que son vol a été prompt et sublime. Il dit, par exemple en parlant de la vieillesse, qu'elle doit *se promener pensive sur les bords silencieux de l'immense Océan qu'elle va bientôt franchir*,

> Walk thoughtful on the silent solemn shore
> Of that vast Ocean, it must sail so soon.

Jusque là tout est bien, l'image est grande comme la pensée. Mais il ajoute : *Poser ses bonnes actions dans la barque, et attendre le vent qui nous pousse rapidement vers des mondes inconnus*,

> And put good works on board, and wait the wind
> That shortly blows us into worlds unknown.

L'on sent combien cette circonstance de mettre son paquet dans le bateau et d'attendre le vent, affoiblit la première idée, et lui fait perdre de dignité.

C'est donc un point essentiel de n'arrêter l'esprit que sur des circonstances qui ennoblissent l'idée première, et de ne jamais surtout la perdre de vue, en s'égarant de métaphore en métaphore. C'est un précepte de goût, que les grands poëtes n'ont jamais négligé, et dont Voltaire fournit une foule d'exemples.

> Valois se *réveilla* du sein de son ivresse.
> Ce bruit, cet appareil, ce danger qui le presse,
> *Ouvrirent* un moment ses yeux appesantis.
> Mais du *jour importun* ses *regards éblouis*
> *Ne distinguèrent point*, au fort de la tempête,
> Les foudres menaçans qui grondoient sur sa tête ;
> Et bientôt, *fatigué d'un moment de réveil*,
> Las, et se rejetant dans les bras du sommeil,
> Entre ses favoris, et parmi les délices,
> Tranquille, *il s'endormit* au bord des précipices.
>
> (*Henriade*, ch. 3).

Tout est achevé dans ce tableau ; et à quoi doit-il principalement son éclat ? Au mérite d'une métaphore parfaitement juste, soutenue, et graduée avec tout l'art possible. Valois se *réveille*, ses *regards sont éblouis* du jour *importun* : ils ne distinguent rien ; et bientôt *fatigué* de ce moment de *réveil*, le prince se jette dans les bras du *sommeil*, et se *rendort*.

> Sur le *vaisseau public* ce *pilote* égaré (Cicéron)
> Présente à tous les *vents* un *flanc* mal assuré :
> Il s'agite au hasard, à l'*orage* il s'apprête,
> Sans savoir seulement d'où viendra *la tempête*.
>
> (VOLTAIRE. *Rome sauvée*).

Malgré la barbarie du siècle de Shakespeare, et le peu de goût que l'on remarque dans ses ouvrages en général, il offre plusieurs exemples de figures parfaitement adaptées à son sujet, et bien développées par leurs accessoires. Telle est la suivante :

« Les sept fils d'Édouard (et vous en êtes un) étoient sept belles branches sorties d'une seule et même racine. Quelques-unes de ces branches ont été abattues par les destinées. Mais Thomas, mon cher maître, ma vie, mon Glocestre, Thomas,

la plus belle de ces branches d'un tronc royal, a été coupée par la main de l'envie, et la hache sanglante de l'assassin * ».
( *Richard* III. Acte 1. sc. 2 ).

Coucy dit à Vendôme, dans Adélaïde du Guesclin, en parlant de la famille des Capets :

> Tôt ou tard il faudra que de ce tronc sacré
> Les rameaux divisés et courbés par l'orage,
> Plus unis et plus beaux, soient notre unique ombrage. (VOLTAIRE).

Quand la métaphore est continuée, comme dans les exemples qu'on vient de voir, elle devient ce que l'on appelle une *allégorie*, c'est-à-dire, une figure par laquelle on dit une chose pour en signifier une autre. C'est, comme on voit, toujours une métaphore ; mais la métaphore proprement dite ne s'occupe que d'une idée, tandis que l'allégorie en continue le développement complet, en présentant toujours le sens figuré au lieu du sens propre.

Il suffit d'ouvrir Cicéron, pour trouver des modèles accomplis de toutes les figures et de l'emploi judicieux que l'on en doit faire dans le discours ; et pour nous borner ici à l'allégorie, il n'est peut-être point d'orateur qui s'en soit plus heureusement servi que Cicéron.

« Equidem cæteras tempestates et procellas in illis duntaxat fluctibus concionum semper putavi Miloni esse subeundas ».
( *Pro Mil.*, n.° 5 ).

Étoit-il possible de caractériser par des images plus justes, par une métaphore mieux soutenue, les factions qui divisoient alors la république romaine ?

On trouvera encore d'autres exemples d'allégories dans les discours pour Marcellus, n.° 4 ; contre Pison, n.° 20 ; pour Muréna, n.° 35.

---

* Edward's sev'n sons, whereof thyself art one,
Were sev'n fair branches, springing from one root:
Some of those branches by the dest'nies cut:
But Thomas, my dear lord, my life, my Gloc'ster,
One flourishing branch, of his most royal root,
Is hack'd down, and his summer-leaves all faded,
By envy's hand, and murder's bloody ax.

Quand on commence une allégorie, on doit conserver dans la suite du discours l'image dont on a emprunté les expressions. C'est ce qu'a fait Horace dans l'ode 14 du livre premier, où il considère la république sous l'image d'un vaisseau. On va voir quel parti il tire de cette première idée, et comme tout le reste de l'allégorie s'y rapporte naturellement.

> *O navis*, referent *in mare* te novi
> *Fluctus?* O quid agis? Fortiter occupa
>   *Portum :* nonne vides ut
>     Nudum remigio latus,
> Et *malus* celeri saucius africo,
> Antennæque gemant? ac sine funibus
>   Vix durare carinæ
>     Possint imperiosius
> Æquor? Non tibi sunt integra lintea :
> Non Di, quos iterum pressa voces malo;
> Quamvis pontica Pinus,
>   Silvæ filia nobilis,
> Jactes et genus et nomen inutile;
> Nil pictis timidus navita puppibus
>   Fidit. Tu nisi ventis
>     Debes ludibrium, cave.
> Nuper sollicitum quæ mihi tædium,
> Nunc desiderium, curaque non levis,
>   Interfusa nitentes
>     Vites æquora Cycladas.

*O navis!* ô ma triste patrie! *novi fluctus*, de nouveaux troubles; *referent te*, vont-ils te replonger; *in mare*, dans les horreurs d'où tu sors à peine? *Fortiter occupa portum*, ah! ne sacrifie pas légèrement la paix dont tu commences à jouir. Considère l'état affreux où tes propres fureurs t'ont réduite. *Nonne vides ut*, etc.

Il est un moyen infaillible de s'assurer de la justesse d'une allégorie : c'est de traduire littéralement le sens figuré par le sens propre; et si toutes les circonstances se rapportent également, si toutes les images conviennent à la chose exprimée comme à celle que l'on a voulu faire entendre, c'est une preuve sans réplique de la justesse, et de la beauté par conséquent de l'allégorie.

> L'Allégorie habite un palais diaphane,

a dit Lemierre; et il l'a peinte en la définissant.

Il est probable que Voltaire avoit sous les yeux l'ode que nous venons d'analyser\*, lorsqu'il faisoit ces beaux vers :

> Les états sont égaux; mais les hommes diffèrent :
> Où l'imprudent périt, les habiles prospèrent.
> Le bonheur est le port où tendent les humains ;
> Les écueils sont fréquens, les vents sont incertains.
> Le ciel, pour aborder cette rive étrangère,
> Accorde à tout mortel une barque légère.
> Ainsi que les secours, les dangers son égaux :
> Qu'importe, quand l'orage a soulevé les flots,
> Que ta poupe soit peinte, et que ton mât déploie
> Une voile de pourpre et des câbles de soie?
> L'art du pilote est tout ; et, pour dompter les vents,
> Il faut la main du sage et non des ornemens.
>
> (*Discours sur l'inégalité des Conditions*).

La meilleure des allégories est celle, sans contredit, qui, ramenant sans effort le lecteur du sens figuré et poétique au sens propre et naturel, lui permet de saisir d'un coup d'œil toute la justesse des rapports que l'on vient d'établir. Telle est celle que j'ai déjà indiquée, dans le discours pour Muréna, n.º 35.

« Quod fretum, quem Euripum tot motus, tamque varias habere putatis fluctuum agitationes, quantas perturbationes et quantos æstus habet ratio comitiorum? Dies intermissus unus, aux nox interposita, sæpè perturbat omnia ; et totam opinionem parva nonunquam commutat aura rumoris ».

Presque tout étoit allégorique dans la mythologie des anciens ; et ces fictions étoient peut-être, dans leur nouveauté, ce que l'esprit humain a jamais produit de plus ingénieux. Aujourd'hui même encore elles nous plaisent, elles nous amusent, et prêtent à la lecture des

---

\* Cicéron, comme Horace, compare souvent la république à un vaisseau agité par la tempête. Voyez dans le discours contre Pison : *Alios ego vidi ventos, alias prospexi animo procellas : aliis impendentibus tempestatibus non cessi, sed his unum me pro omnium salute obtuli.* ( N.º 21 ).

Et dans une de ses épîtres familières : *Quamobrem, mi Quinte, conscende nobiscum : et quidem ad puppim. Una navis est jam bonorum omnium : quamquidem nos damus operam, ut rectam teneamus ; utinam prospero cursu ! sed quicumque venti erunt, ars nostra certè non deerit.*

( *Ad Cornific.* Lib. xii ).

poëmes d'Homère et de Virgile un charme et un intérêt de plus.

La plus ancienne et la plus heureuse peut-être de toutes les allégories est celle de la boîte de Pandore. Elle est trop célèbre, et les vers d'Hésiode trop beaux, pour que nous puissions nous dispenser de la rapporter ici.

Ἀλλὰ Ζεὺς ἔκρυψε χολωσάμενος φρεσὶν ᾗσιν,
Ὅττι μιν ἐξαπάτησε Προμηθεὺς ἀγκυλομήτης.
Τοὔνεκ᾽ ἀνθρώποισιν ἐμήσατο κήδεα λυγρὰ·
Κρύψε δὲ πῦρ. Τὸ μὲν αὖτις ἐὺς παῖς Ἰαπετοῖο,
Ἔκλεψ᾽ ἀνθρώποισι, Διὸς παρὰ μητιόεντος,
Ἐν κοίλῳ νάρθηκι, λαθὼν Δία τερπικέραυνον.
Τὸν δὲ χολωσάμενος προσέφη νεφεληγερέτα Ζεύς.
Ἰαπετιονίδη, πάντων πέρι μήδεα εἰδὼς,
Χαίρεις πῦρ κλέψας, καὶ ἐμὰς φρένας ἠπεροπεύσας,
Σοί τ᾽ αὐτῷ μέγα πῆμα καὶ ἀνδράσιν ἐσσομένοισι.
Τοῖς δ᾽ ἐγὼ ἀντὶ πυρὸς δώσω κακὸν, ᾧ κεν ἅπαντες
Τέρπωνται κατὰ θυμὸν, ἑὸν κακὸν ἀμφαγαπῶντες.
Ὣς ἔφατ᾽. Ἐκ δ᾽ ἐγέλασσε πατὴρ ἀνδρῶν τε θεῶν τε.
Ἥφαιστον δὲ ἐκέλευσε περικλυτὸν, ὅττι τάχιστα
Γαῖαν ὕδει φύρειν, ἐν δ᾽ ἀνθρώπου θέμεν αὐδὴν,
Καὶ σθένος, ἀθανάταις δὲ θεαῖς εἰς ὦπα ἐίσκειν
Παρθενικῆς, καλὸν εἶδος, ἐπήρατον· Αὐτὰρ Ἀθήνην
Ἔργα διδασκῆσαι, πολυδαίδαλον ἱστὸν ὑφαίνειν.
Καὶ χάριν ἀμφιχέαι κεφαλῇ χρυσῆν Ἀφροδίτην,
Καὶ πόθον ἀργαλέον, καὶ γυιοκόρους μελεδῶνας.
Ἐν δὲ θέμεν κύνεόν τε νόον, καὶ ἐπίκλοπον ἦθος
Ἑρμείην ἤνωγε, διάκτορον Ἀργειφόντην.
Ὣς ἔφατ᾽. Οἱ δ᾽ ἐπίθοντο Διὶ Κρονίωνι ἄνακτι.
Αὐτίκα δ᾽ ἐκ γαίης πλάσσε κλυτὸς ἀμφιγυήεις
Παρθένῳ αἰδοίῃ ἴκελον, Κρονίδεω διὰ βουλάς,
Ζῶσε δὲ καὶ κόσμησε θεὰ γλαυκῶπις Ἀθήνη.
Ἀμφὶ δέ οἱ χάριτές τε θεαὶ, καὶ πότνια Πειθὼ,
Ὅρμους χρυσείους ἔθεσαν χροΐ. Ἀμφὶ δὲ τήν γε
Ὧραι καλλίκομοι στέφον ἄνθεσιν εἰαρινοῖσι.
Πάντα δέ οἱ χροῒ κόσμον ἐφήρμοσε Παλλὰς Ἀθήνη.
Ἐν δ᾽ ἄρα οἱ στήθεσσι διάκτορος Ἀργειφόντης
Ψεύδεά τ᾽ αἱμυλίους τε λόγους, καὶ ἐπίκλοπον ἦθος
Τεῦξε, Διὸς βουλῇσι βαρυκτύπου. Ἐν δ᾽ ἄρα φωνὴν
Θῆκε θεῶν κῆρυξ, ὀνόμηνε δὲ τὴν δὲ γυναῖκα
Πανδώρην, ὅτι πάντες Ὀλύμπια δώματ᾽ ἔχοντες
Δῶρον ἐδώρησαν, πῆμ᾽ ἀνδράσιν ἀλφηστῇσιν.

Αὐτὰρ ἐπεὶ δόλον αἰπὺν ἀμήχανον ἐξετέλεσσεν,
Εἰς Ἐπιμηθέα πέμπε πατὴρ κλυτὸν ἀργειφόντην
Δῶρον ἄγοντα θεῶν ταχὺν ἄγγελον. Οὐδ᾽ Ἐπιμηθεὺς

Ἐφράσαθ᾽ ὡς οἱ ἔειπε Προμηθεύς, μήποτε δῶρον
Δέξασθαι πὰρ Ζηνὸς ὀλυμπίου, ἀλλ᾽ ἀποπέμπειν
Ἐξοπίσω, μήπου τι κακὸν θνητοῖσι γένηται.
Αὐτὰρ ὁ δεξάμενος, ὅτε δὴ κακὸν εἶχ᾽, ἐνόησε·
Πρὶν μὲν γὰρ ζώεσκον ἐπὶ χθονὶ φῦλ᾽ ἀνθρώπων,
Νόσφιν ἄτερ τε κακῶν, καὶ ἄτερ χαλεποῖο πόνοιο,
Νούσων τ᾽ ἀργαλέων, αἵ τ᾽ ἀνδράσι γῆρας ἔδωκαν.
Ἀλλὰ γυνὴ χείρεσσι πίθου μέγ᾽ ἀφελοῦσα,
Ἐσκέδασ᾽· ἀνθρώποισι δ᾽ ἐμήσατο κήδεα λυγρά.
Μούνη δ᾽ αὐτόθι Ἐλπὶς ἐν ἀρρήκτοισι δόμοισι
Ἔνδον ἔμιμνε.

(HÉSIODE, dans son poëme des Travaux et des Jours, depuis le vers 47 jusqu'à 97).

Voltaire s'amusa, dans sa vieillesse, à faire de ce beau morceau l'imitation suivante :

> Prométhée autrefois pénétra dans les cieux :
> Il prit le feu sacré qui n'appartient qu'aux dieux.
> Il en fit part à l'homme ; et la race mortelle
> De l'esprit qui meut tout obtint quelqu'étincelle.
> Perfide ! s'écria Jupiter irrité :
> Ils seront tous punis de ta témérité !...
> Il appela Vulcain ; Vulcain créa Pandore.
> De toutes les beautés qu'en Vénus on adore
> Il orna mollement ses membres délicats ;
> Les amours, les désirs forment ses premiers pas,
> Les trois Grâces et Flore arrangent sa coiffure,
> Et mieux qu'elles encore elle entend la parure.
> Minerve lui donna l'art de persuader ;
> La superbe Junon celui de commander.
> Du dangereux Mercure elle apprit à séduire,
> A trahir ses amans, à cabaler, à nuire ;
> Et par son écolière il se vit surpassé.
> Ce chef-d'œuvre fatal aux mortels fut laissé ;
> De Dieu sur les humains tel fut l'arrêt suprême :
> Voilà votre supplice ; et j'ordonne qu'on l'aime.
> Il envoie à Pandore un écrin précieux ;
> Sa forme et son éclat éblouissent les yeux.
> Quels biens doit renfermer cette boîte si belle !
> De la bonté des dieux c'est un gage fidèle ;
> C'est là qu'est renfermé le sort du genre humain :
> Nous serons tous des dieux.... Elle l'ouvre ; et soudain
> Tous les fléaux ensemble inondent la nature.
> Hélas ! avant ce temps, dans une vie obscure,
> Les mortels moins instruits étoient moins malheureux.
> Le vice et la douleur n'osoient approcher d'eux ;
> La pauvreté, les soins, la peur, la maladie,
> Ne précipitoient point le terme de leur vie.
> Tous les cœurs étoient purs, et tous les jours sereins, etc.

Quoi de plus touchant, de plus sublime et de plus moral, que cette belle allégorie des Prières personnifiées, dans le neuvième chant de l'Iliade ? et combien cette magnifique idée s'agrandit encore des circonstances qui l'environnent ! Ulysse a épuisé auprès d'Achille toutes les ressources de l'éloquence, lui a fait valoir le sacrifice de la fierté d'Agamemnon, a fait un étalage pompeux des présens qu'il lui destine ; mais le héros est toujours inflexible. C'est alors que Phénix prend la parole ; Phénix, l'ami, le compagnon de la jeunesse d'Achille ; et après lui avoir retracé avec bonté les soins qu'il prit de son enfance, il lui dit :

Ἀλλ' Ἀχιλεῦ, δάμασον θυμὸν μέγαν. Οὐδέ τί σε χρὴ
Νηλεὲς ἦτορ ἔχειν. ςρεπτοὶ δέ τε καὶ Θεοὶ αὐτοί,
Τῶν περ καὶ μείζων ἀρετὴ, τιμή τε βίη τε.
Καὶ μὲν τοὺς θυέεσσι καὶ εὐχωλῆς ἀγανῆσι,
Λοιβῇτε, κνίσσῃτε, παρατρωπῶσ' ἄνθρωποι,
Λισσόμενοι, ὅτε κέν τις ὑπερβήῃ καὶ ἁμάρτῃ.
Καὶ γὰρ τε Λιταί εἰσι Διὸς κοῦραι μεγάλοιο,
Χωλαί τε, ῥυσαί τε, παραβλῶπές τ' ὀφθαλμώ·
Αἵ ῥά τε καὶ μετόπισθ' Ἄτης ἀλέγουσι κιοῦσαι.
Ἡ δ' Ἄτη σθεναρή καὶ ἀρτίπος, οὕνεκα πάσας
Πολλὸν ὑπεκπροθέει, φθάνει τε πᾶσαν ἐπ' αἶαν,
Βλάπτουσ' ἀνθρώπους· Αἱ δ' ἐξακέονται ὀπίσσω·
Ὅς μέν τ' αἰδέσεται κούρας Διὸς, ἆσσον ἰούσας,
Τὸν δὲ μέγ' ὤνησαν, etc. (I. v. 496).

Les Prières, mon fils, ces vierges révérées,
Du père des humains sont les filles sacrées :
Boiteuses, baissant l'œil, promptes à s'incliner,
Sur les pas de l'Offense on les voit se traîner.
Quand, d'un pied vigoureux, l'Offense vagabonde
Frappe et détruit, parcourt et ravage le monde,
Des Prières soudain les modestes bienfaits
Viennent guérir les maux que la superbe a faits.
Heureux qui les écoute ! il est aidé par elles ;
Mais le Refus altier rend ces vierges cruelles.
Près du maître des dieux leur gémissante voix
Accuse l'insensé qui méconnut leurs droits.
Malheur au cœur d'airain qui jamais ne pardonne !
Au Refus, à son tour, Jupiter l'abandonne *. (M. E. Aignan).

Quelle morale et quelle peinture ! où rien trouver qui

---

\* Voici comme Pope a rendu ce morceau :

Pray'rs are Jove's daughters, of celestial race ;
Lame are their feet, and wrinkl's ther face;

en approche, si ce n'est dans les écrivains sacrés! car c'est toujours là qu'il en faut revenir, pour avoir en tout genre l'exemple et le modèle du vrai beau; et quoique de nos jours même on ait prostitué un talent enchanteur, et justement célèbre jusqu'alors, pour essayer d'avilir jusqu'au mérite poétique et littéraire des livres saints (*), il n'en reste pas moins vrai que c'est là, et là seulement que la poésie est constamment un langage céleste, quelque sujet qu'elle traite, et qu'Homère et Pindare sont les seuls qui puissent rivaliser Moïse et les prophètes, par l'élévation de leur génie et la majesté de l'expression. Et puisqu'il s'agit ici d'allégories, il seroit difficile sans doute d'en citer une plus touchante, mieux amenée et mieux soutenue que celle du pseaume 80, où le peuple d'Israël est représenté sous la figure d'une vigne; et la figure soutient jusqu'à la fin sa beauté et sa correction: pas un trait essentiel d'omis, pas une circonstance capable d'intéresser, qui ne soit mise dans tout son jour. Ajoutez à ce mérite du fonds des choses, celui d'un langage toujours noble dans sa belle simplicité, et riche encore, après avoir passé à travers deux ou trois traductions différentes, qui ont nécessairement affoibli le caractère de l'expression originale.

Nous pardonneroit-on d'avoir parlé de l'allégorie, sans citer ici la plus riante de toutes, celle de la ceinture de Vénus, l'une des plus belles inventions du génie d'Homère?

Ἦ, καὶ ἀπὸ στήθεσφιν ἐλύσατο κεστὸν ἱμάντα,
Ποικίλον· ἔνθα δέ οἱ θελκτήρια πάντα τέτυκτο·
Ἔνθ᾽ ἔνι μὲν φιλότης, ἐν δ᾽ ἵμερος, ἐν δ᾽ ὀαριστὺς,
Πάρφασις, ἥτ᾽ ἔκλεψε νόον πύκα περ φρονεόντων.

(IL. Ξ, v. 214.)

---

With humble mien, and dejected eyes,
Constant they follow where injustice flies:
Injustice swift, erect, and unconfin'd,
Sweeps the wide earth, and tramples o'er mankind,
While pray'rs, to heal her wrongs, move slow behind.
Who hears these daughters of almighty Jove,
For him they mediate to the throne above. (Book ix. v. 624).

* Dans la Guerre des Dieux anciens et modernes, poëme, où la poésie la

La Motte, qui mutile, étrangle et défigure si indécemment Homère, dans sa prétendue traduction de l'Iliade; La Motte qui croyoit avoir rendu la sublime allégorie des *Prières* par ces deux vers presque ridicules:

> On offense les dieux; mais par des sacrifices
> De ces dieux irrités on fait des dieux propices;

a cependant bien réussi dans ce morceau qui n'exigeoit que de la grâce, de l'esprit et de la galanterie moderne:

> Vénus lui donne alors sa divine ceinture,
> Ce chef-d'œuvre sorti des mains de la nature,
> Ce tissu, le symbole et la cause à la fois
> Du pouvoir de l'amour, du charme de ses lois.
> Elle enflamme les yeux de cette ardeur qui touche;
> D'un sourire enchanteur elle anime la bouche,
> Passionne la voix, en adoucit les sons,
> Prête ces tours heureux, plus forts que les raisons,
> Inspire, pour toucher, ces tendres stratagèmes,
> Ces refus attirans, l'écueil des sages mêmes;
> Et la nature enfin y voulut renfermer
> Tout ce qui persuade, et ce qui fait aimer *.

M. Delille a transporté bien ingénieusement cette

---

plus riche et les détails du style le plus heureusement poétique, sont prodigués sur un fonds que réprouvent également la morale et le goût.

> * In this was ev'ry art, and ev'ry charm,
> To win the wisest and the coldest to warm;
> Fond love, the gentle vow, the gay desire,
> The kind deceit, the still-reviving fire.
> Persuasive speck, and more persuasive sighs,
> Silence that spoke, and eloquence of eyes.
>
> ( POPE, Book xiv. v. 247 ).

Quelque harmonieux, quelque beaux que soient ces vers, qui prouvent à quel point de douceur et de flexibilité le grand poëte que nous venons de citer avoit su réduire l'âpreté naturelle de la langue angloise, qu'il y a loin encore de cette description à la molle facilité de ces vers du Tasse, où Homère est si heureusement imité! Il s'agit de la ceinture d'Armide, où l'art de l'enchanteur avoit su renfermer,

> Teneri sdegni, e placide e tranquille
> Repulse, e cari vezzi, e liete paci:
> Sorrisi, parolette, e dolci stille
> Di pianto, e sospir tronchi, e molli baci.
>
> ( Gierus. Lib. cant. 16 ).

charmante allégorie de la ceinture de Vénus, aux eaux qui environnent le globe terrestre:

> De Vénus, nous dit-on, l'écharpe enchanteresse
> Renfermoit les amours et les tendres désirs,
> Et la joie et l'espoir, précurseur des plaisirs.
> Les eaux sont ta ceinture, ô divine Cybèle!
> Non moins impérieuse, elle renferme en elle
> La gaité, la tristesse, et le trouble et l'effroi, etc.
>
> (DELILLE, *Jardins*, ch. 3).

Il y a cette différence, entre l'allégorie et l'allusion, que la première présente un sens et en fait entendre un autre, et que l'allusion est l'application personnelle d'un trait de louange ou de blâme. On fait allusion à l'histoire, à la fable, aux coutumes, etc.

> Ton roi, jeune Biron, te sauve enfin la vie.
> . . . . . . . . . . . . . . . . . . . . . . . .
> Tu vis ! songe, du moins, à lui rester fidèle.
>
> (*Henriade*, ch. 7).

C'est une allusion à la conduite postérieure de Biron.

> Et ce même Sénèque et ce même Burrhus,
> Qui depuis.... Rome alors estimoit leurs vertus.
>
> (RACINE. *Britannicus*).

C'est une allusion aux sujets de plainte que ces deux hommes avoient donnés à Agrippine.

C'est par allusion qu'Ajax reproche à Ulysse (liv. 13 des Métamorphoses) d'avoir eu dans sa famille un banni pour le crime de fratricide.

> Mihi Laertes pater est; *Arcesius*, illi,
> Jupiter, huic ; neque in his quisquam *damnatus et exul*.

C'est par allusion aussi qu'Achille dit à Agamemnon :

> Jamais vaisseaux, partis des rives du Scamandre,
> Aux champs thessaliens osèrent-ils descendre ?
> Et jamais dans Larisse un *lâche ravisseur*
> Me vint-il enlever ou ma femme ou *ma sœur?*
>
> (*Iphigénie*, Acte IV. sc. 6).

L'allusion est d'autant plus sanglante, qu'elle porte sur le fait même qui est l'objet de la vengeance des Grecs et du siége de Troye. Racine enchérit ici sur Homère lui-même, qui fait dire simplement à son Achille:

> Οὐ γὰρ πώποτ' ἐμὰς βοῦς ἤλασαν, οὐδὲ μὲν ἵππους,
> Οὐδὲ ποτ' ἐν Φθίῃ ἐριβώλακι βωτιανείρῃ,
> Καρπὸν ἐδηλήσαντ', etc. (Il. A. v. 154).

> Des Troyens envers moi quels sont les attentats?
> Jamais ont-ils franchi, pour piller mes domaines,
> Et les mers et les monts qui séparent nos plaines?
> M'ont-ils ravi mes chars, mes troupeaux, mes coursiers?
> (M. E. Aignan*).

Le trait le plus frappant de ce passage appartient, comme on voit, exclusivement à Racine; et c'est imiter Homère en homme digne de le sentir, et capable de l'égaler.

Souvent une allusion ingénieuse fait tout le prix de ce qu'on appelle un bon mot. Le cardinal de Richelieu, rencontrant le duc d'Epernon sur l'escalier du Louvre, lui demanda s'il n'y avoit *rien de nouveau*. *Non*, dit le duc, *sinon que vous montez, et que je descends*. Ce jeu de mot renfermoit une allusion frappante au crédit actuel de ces deux seigneurs.

Une dame de distinction attendoit dans l'antichambre d'un parvenu. Quelqu'un lui en témoignoit son étonnement: *Laissez-moi là*, dit-elle; *je serai bien avec eux, tant qu'ils ne seront que laquais*. On sent la force et le mérite de l'allusion.

Mais plus cette figure est séduisante, plus son effet est sûr, placée à propos, plus il faut en user sobrement. *Fuyez sur ce point un ridicule excès*, a dit *Boileau*; et ce conseil, généralement applicable à l'emploi de tous les *tropes*, l'est surtout à l'égard de l'*hyperbole* dont nous allons nous occuper.

---

* Il s'en faut de beaucoup que la traduction de M. Aignan soit ce qu'elle peut devenir entre ses mains; mais elle annonce assez de talent, et l'auteur montre assez de confiance dans la critique, pour que l'on puisse bien augurer de ses efforts et de son zèle. Il s'est déjà placé bien au-dessus de Rochefort; mais il lui reste du chemin à faire encore pour arriver auprès d'Homère; il le sent, et l'on s'en apercevra sans doute.

Quand nous sommes vivement frappés de quelque idée que nous voulons représenter, il est rare que nous n'allions pas au-delà de la vérité en cherchant à l'exprimer, parce que les termes ordinaires nous paroissent trop foibles pour peindre ce que nous sentons. Les autres rabattent ce qu'il leur plaît de notre exagération, et notre idée reste dans leur esprit à peu près ce qu'elle est en effet.

Quand Virgile a dit de la princesse Camille, qu'elle surpassoit les vents à la course, et qu'elle marcheroit sur des épis de blé sans les faire plier, ou sur les flots de la mer sans enfoncer, sans même se mouiller la plante des pieds :

> Illa vel intactæ segetis per summa volaret
> Gramina, nec teneras cursu læsisset aristas ;
> Vel mare per medium fluctu suspensa tumenti,
> Ferret iter, celeres nec tingeret æquore plantas.
>
> (*Eneïd.* Lib. VII. v. 808).

Virgile sans doute n'a prétendu le fait ni arrivé, ni possible ; mais, l'imagination fortement préoccupée de la légèreté de Camille, il a employé, pour la peindre, les tours et les expressions qu'il a jugées les plus propres à nous en donner l'idée qu'il en avoit lui-même.

Quand Cicéron s'écrie en s'adressant à César :

> « Nullius tantum est flumen ingenii, nulla dicendi aut scribendi tanta vis, tantaque copia, quæ non dicam exornare sed enarrare, C. Cæsar, res tuas gestas possit ».
>
> (*Pro Marcello*, n.° 4).

Quand il ajoute un peu plus loin :

> « Vereor, ut, hoc quod dicam non perinde intelligi auditu possit, atque ego ipse cogitans sentio ; ipsam victoriam vicisse videris, cum ea ipsa, quæ illa erat adepta, victis remisisti ».
>
> (*Ibid.* n.° 11).

Sans doute Cicéron exagéroit ses propres sentimens ; mais entraîné par l'admiration réelle que lui inspirent les exploits de César, enflammé par l'idée d'exciter cette grande âme à s'élever encore au-dessus de tant de gloire en pardonnant à Marcellus, il s'échauffe, il s'exalte, et passe les bornes, sans s'en apercevoir *.

L'hyperbole est propre à peindre le désordre d'un esprit à qui une grande passion exagère tout. Mais c'est ici surtout que l'abus touche de près à l'usage, et que le ridicule commence avec l'abus **.

Lucain est de tous les poëtes anciens celui qui a porté le plus loin l'abus de l'hyperbole. L'enflure et le ton guindé qui dominent dans son ouvrage, s'annoncent dès les premiers vers :

> *Bella* per Emathios *plusquàm civilia* campos, etc.

Qu'étoit-elle donc, si elle étoit *plus que civile?* Virgile, dans la dédicace de ses admirables Géorgiques, avoit déjà dit à Auguste :

> Tibi bracchia contrahit ingens
> Scorpius, et cœli mediâ plus parte relinquit. (*Georg.* 1. v. 34).

> Le scorpion brûlant, déjà loin d'Érigone,
> S'écarte avec respect et fait place à ton trône. (DELILLE).

---

* Le discours *pro lege Manilià*, n.° 28 ; la seconde *Philippique*, n.° 67, et la septième *Verrine*, n.° 144, offrent de beaux modèles de l'hyperbole.

** Quand Chimène dit, par exemple, *que le sang de son père lui traçoit son devoir sur la poussière, et lui parloit par sa plaie*, il est clair que ce n'est plus une fille désolée qui pleure son père, mais Corneille qui traduit un poëte espagnol : *Escrivió en este papel, con sangre, my obligacion; me hablo con la boca de la herida*, etc.

Quel amant vraiment passionné a jamais dit à sa maîtresse, comme le berger du Guarini :

> Se tutti gli alberi del mondo fossero penne,
> Il cielo fosse carta, il mare inchiostro,
> Non basteriano a descrivere la minima
> Parte delle vostre perfezzioni.

On seroit tenté de croire que le ridicule exagérateur va s'arrêter après cette fastueuse énumération : point du tout ; il ajoute :

> Se tante lingue avessi, e tante voci
> Quant' occhi il cielo, e quante arene il mare,
> Perderian tutto il suono, e la favella,
> Nel dire a pieno le vostri lodi immensi. (GUARINI).

et la dose d'encens étoit raisonnable : mais elle paroît trop foible encore au déclamateur Lucain, qui, non content de mettre son héros (et quel héros!) dans le ciel, lui recommande expressément de prendre sa place bien juste au milieu, de peur que son poids ne fasse incliner l'un ou l'autre pôle :

>  Ætheris immensi partem si presseris unam,
>  Sentiet axis onus. Librati pondera cœli
>  Orbe tene medio. (*Phars.* 1. v. 56).

> Si l'un ou l'autre pôle avoit rempli ton choix,
> Ses essieux trop chargés gémiroient sous le poids. (Brébeuf).

Que penser donc de Stace, qui accumule dans une seule et même dédicace, tout ce qu'il y a de ridiculement outré dans Virgile et dans Lucain, et qui adresse le tout à un Domitien, qui ne fut jamais qu'un monstre ?

Il arrive quelquefois que ces tournures éblouissent par leur hardiesse prétendue, et en imposent un moment ; mais l'illusion n'est pas longue, et elles ne résistent pas à l'examen réfléchi de la raison. Qui ne seroit pas frappé, au premier coup d'œil, de l'espèce de grandeur que présente cette pensée de Pitcairn, au sujet de la Hollande conquise sur la mer ?

> Tellurem fecere Dii ; sua littora Belgæ :
>   Atque opus immensæ molis utrumque fuit.
> Dii vacuo sparsas glomerarunt æquore terras ;
>   Nil ibi quod operi possit obesse, fuit.
> At Belgis maria et cœli, naturaque rerum
>   Obstitit : obstantes hi domuere Deos.

Tout le faux de cette pensée est facile à découvrir. Quel rapport entre les Dieux créant le monde, et les Belges opposant un rempart à la mer, et la repoussant dans ses limites ? C'est peu : le poëte entre dans le détail des obstacles, et trouve, comme de raison, que les Belges en avoient beaucoup plus à vaincre, pour rendre leur contrée habitable, que les Dieux pour créer l'univers!.... C'est se jouer sans pudeur de son talent, c'est insulter à l'esprit, que d'en faire un usage aussi déplorable. Voilà le cas où *l'on affoiblit ce que l'on exagère.* Ici le fait étoit si grand, si étonnant par lui-même, qu'il suffisoit de le peindre, et c'est ce qu'a fait M. Delille.

>Voyez le Batave
>Donner un frein puissant à l'Océan esclave.
>Là, le chêne, en son sein fixé profondément,
>Présente une barrière au fougueux élément.
>S'il n'a plus ces rameaux et ces pompeux feuillages,
>Qui paroient le printemps et bravoient les orages,
>Sa tige dans les mers soutient d'autres assauts,
>Et brise fièrement la colère des eaux.
>Là, d'un long mur de jonc l'ondoyante souplesse,
>Puissante par leur art, forte par sa foiblesse,
>Sur le bord qu'il menace attend le flot grondant,
>Trompe sa violence et résiste en cédant.
>De là, ce sol conquis et ces plaines fécondes, etc.
>
>( *L'Homme des Champs.* ch. 2 ).

## Des figures de pensées.

Outre les figures de mots destinées à orner le style, la rhétorique distingue aussi des figures de pensées; ce sont certaines formes que la passion ou l'artifice oratoire donne à la construction du discours. Quoique la plupart ne prouvent, comme l'observe fort bien M. de Laharpe, que l'envie qu'ont eue les rhéteurs de donner de grands noms aux procédés les plus simples de l'élocution, il falloit bien cependant caractériser le langage des passions, et assigner les nuances propres à le différencier. Si les rhéteurs ont été trop loin à cet égard, il est facile d'éviter l'abus, et de s'en tenir à un usage raisonnable.

L'homme fortement ému d'une passion quelconque sera nécessairement inégal dans son style. Quelquefois diffus, il fait de l'objet de sa passion une peinture exacte et minutieusement détaillée : ce qu'il a déjà dit, il le redit de cent façons différentes. D'autres fois son discours est coupé, les expressions en sont tronquées; cent choses y sont dites à la fois, et fréquemment interrompues par des interrogations, par des exclamations, etc. Ces tours et ces manières de parler sont aussi faciles à distinguer des façons de parler ordinaires, que les traits d'un visage irrité, d'avec ceux d'un visage paisible.

La passion anime tout à son gré,

Tout prend un corps, une âme, un esprit, un visage.
(Boileau).

De là, la prosopopée ou personnification, figure qui prête de l'action et du mouvement aux choses insensibles; qui fait parler les personnes, soit absentes, soit présentes, les choses inanimées, et quelquefois même les morts (*). Cette figure est tellement dans le langage de la nature, qu'il n'est point de genre de poésie qui ne lui doive beaucoup: la prose l'admet fréquemment, et elle n'est point exclue de la simple conversation.

Lorsque nous disons, par exemple, que *la terre a soif*, que *les champs sourient*, etc., nous ne trouvons rien d'extraordinaire, rien d'exagéré dans ces expressions, qui prouvent avec quelle facilité l'esprit voit, dans les êtres inanimés les propriétés des créatures vivantes. Rien de plus ordinaire aux poëtes, que de donner du sentiment aux arbres, aux fleuves, aux animaux, etc.

Ici, c'est la mer *indignée* qui *rugit* :

Atque *indignatum* magnis stridoribus æquor. ( Virgile ).

Plus loin, c'est

L'*Araxe mugissant* sous un pont qui l'outrage. ( Racine fils ).

. . . Pontem *indignatus Araxes*. ( Virgile ).

Ailleurs, un arbre *s'étonne* de se voir chargé de fruits étrangers :

---

* Voyez dans le discours de Cicéron pour Cœlius, n.° 33.

Aliquis mihi excitandus est ab inferis ex barbatis illis, non ex illâ barbulâ, quâ ista delectatur, sed illâ horridâ, quam in statuis antiquis et imaginibus videmus : qui objurget mulierem, et pro me loquatur, ne ista mihi forte succenseat... Mulier, quid tibi cum Cœlio? quid cum homine adolescentulo? quid cum alieno? etc., etc.

† cette belle prosopopée de Fabricius, dans le fameux discours de Jean-Jacques Rousseau contre les sciences et les lettres.

*Miraturque* novas frondes et non sua poma. ( VIRGILE ).

Et, se couvrant des fruits d'une race étrangère,
Admire ces enfans dont il n'est pas le père. ( DELILLE ).

Dans un autre endroit, un taureau *pleure* la mort de son compagnon :

It tristis arator,
*Mœrentem* abjungens fraternâ morte *juvencum*. ( VIRGILE ).

Il meurt ; l'autre, *affligé* de la mort de son frère,
Regagne *tristement* l'étable solitaire. ( DELILLE ).

J'entends déjà *frémir* les deux mers *étonnées*
De voir leurs flots unis aux pieds des Pyrénées. ( BOILEAU ).

La poésie ne se borne pas à donner aux plantes, aux animaux, le langage et les affections des hommes ; elle prête du sentiment aux choses même inanimées :

Ici, *la terre se réjouit de se voir cultivée par des mains victorieuses, et fendue avec un soc chargé de lauriers.* « Gaudente terrâ vomere laureato, et
» triumphali aratore ». ( *Plin. Maj. Lib.* XVIII, ch. 3).

Ailleurs, *les lois nous présentent elles-mêmes le glaive pour frapper notre ennemi.* « Aliquando
» nobis gladius ad occidendum hominem ab ipsis
» porrigitur legibus ». ( Cicéron. )

Homère, le père de la poésie, se distingue surtout par l'emploi de cette figure. La guerre, la paix, les dards, les fleuves, tout vit, tout respire dans ses ouvrages. Milton et Shakespeare s'en rapprochent quelquefois de très-près à cet égard. Nous en offrirons un exemple frappant dans ce morceau du Paradis perdu. C'est l'instant où la malheureuse Ève porte la main sur le fruit fatal.

Elle dit, et soudain, ô forfait lamentable !
Sur le fruit tentateur porte une main coupable,
Le saisit, le dévore ; à peine il est cueilli,
D'épouvante et d'horreur la terre a tressailli.
La nature en ressent la blessure profonde,
Et marque par son deuil la ruine du monde *. ( DELILLE ).

---

* So saying, her rash hand in evil hour
Forth reaching to the fruit, she pluck'd, she eat;
Earth felt the wound, and nature from her seat,
Sighing thro' all her works gave signs of woe,
That all was lost. ( Book IX, v. 780 ).

# LIVRE I.

Nos bons auteurs sont pleins de ces grands traits, de ces grands mouvemens qui frappent le lecteur d'étonnement et d'admiration:

« A ces cris, Jérusalem redoubla ses pleurs, les voûtes du temple s'ébranlèrent, le Jourdain se troubla, et tous ses rivages retentissent du son de ces lugubres paroles : *Comment est mort cet homme puissant, qui sauvait le peuple d'Israël* » ?
(FLÉCHIER).

« Sa beauté n'a-t-elle pas toujours été sous la garde de la plus scrupuleuse vertu » ? (BOSSUET).

« La *raison* conduit l'homme jusqu'à une entière conviction des preuves historiques de la religion chrétienne ; après quoi elle le livre et l'abandonne à une autre lumière, non pas contraire, mais toute différente et infiniment supérieure ».
(FONTENELLE).

Et dans nos grands poëtes :

Le *flot* qui l'apporta *recule* épouvanté. (RACINE.

Dissultant ripæ, refluitque exterritus amnis. ( VIRGILE ).

Quel est ce *glaive* enfin *qui marche* devant eux ? ( RACINE ).

Nos plus riches *trésors marcheront* devant nous. ( *Id.* )

Et de *David* éteint rallumé *le flambeau*. ( *Id.* )

Vous savez qu'on s'en peut reposer sur ma foi ;
Que *ces portes*, seigneur, *n'obéissent* qu'à moi. ( *Id.*)

C'est peu de faire agir, la prosopopée fait même parler les choses inanimées.

« Sicilia tota, si unâ voce loqueretur, hoc diceret : quod argenti, quod ornamentorum in meis urbibus, sedibus, delubris fuit, quod in unâquaque re beneficio senatûs, populique romani juris habui, id mihi tu, C. Verres, eripuisti atque abstulisti. Quo nomine abs te sestertium millies ex lege repeto ».
( *Verr.* 4, n.° 16 ).

Dans la première Catilinaire ( n.° 27 et 28 ), la Patrie personnifiée s'adresse à Cicéron, pour lui demander vengeance des attentats de Catilina.

L'un des plus grands plaisirs que nous procure la poésie, est de nous placer au milieu de nos semblables; de voir tout ce qui nous environne, penser, sentir et agir comme nous. C'est peut-être le charme principal du style figuré, qui nous met en relation avec la nature entière, qui nous intéresse même pour les êtres insensibles, en établissant une communication immédiate entre eux et nous, à la faveur de la sensibilité qu'il leur accorde. Témoin ce beau passage de Milton; c'est Adam qui parle :

> Sa docile pudeur m'abandonne sa main,
> Je la prends, je la mène au berceau de l'hymen,
> Fraîche comme l'Aurore et rougissant comme elle :
> Tout me félicitoit en la voyant si belle.
> Pour nous ces globes d'or qui roulent dans les cieux
> Épuroient leurs rayons et choisissoient leurs feux;
> Les oiseaux par leurs chants, l'onde par son murmure,
> A fêter ce beau jour invitoient la nature;
> Les coteaux, les vallons sembloient se réjouir,
> Les arbres s'incliner, les fleurs s'épanouir;
> Zéphyre nous portoit ses fleurs fraîches écloses;
> De son aile embaumée il secouoit les roses;
> Des plus douces vapeurs l'encens délicieux
> En nuage odorant s'élevoit vers les cieux *. ( DELILLE ).

Quel charme ajoute à cette belle description le sentiment si heureusement prêté à la terre, aux oiseaux, aux fleurs, etc., qui partagent le bonheur d'Adam ! Et avec quel intérêt nous partageons, à notre tour, un bonheur si bien senti et peint sous des images si enchanteresses ! Milton imite et surpasse ici Homère lui-même, qui prête ce même sentiment à la terre, lorsque le maître des dieux presse son auguste épouse entre ses bras :

---

*               To the nuptial bower
I led her blushing like the morn; all heaven
And happy constellations on that hour
Shed their selectest influence; the earth
Gave signs of gratulation, and each hill;
Joyous the birds, fresh gales and gentle airs
Whisper'd it to the woods, and from their wings
Flung roses, flung odors from the spicy shrub,
Disporting, etc. (Book VIII. v 510).

Τοῖσι δ' ὑπὸ χθὼν δῖα φύεν νεοθηλέα ποίην,
Λωτόν θ' ἑρσήεντα, ἰδὲ κρόκον, ἠδ' ὑάκινθον
Πυκνὸν καὶ μαλακόν, ὃς ἀπὸ χθονὸς ὑψόσ' ἔεργε, etc.
(Ἰλ. Ξ, v. 347).

La terre ouvre son sein sous le dieu qui la presse,
Autour du couple heureux sont mollement éclos
Le safran, l'hyacinthe et l'humide lotos.
Sur leur trône embaumé que la forêt couronne,
D'un nuage brillant l'azur les environne,
Et de ce dôme épais, vers le lit nuptial
S'épanche la rosée en larmes de cristal. ( M. E. AIGNAN.)

Il est une autre espèce de prosopopée plus vive encore et plus hardie que la première. Tantôt elle apostrophe les choses insensibles et inanimées, et les fait parler elles-mêmes ; tantôt, au lieu de rapporter indirectement les discours de ceux dont il s'agit, elle met ces discours dans leur propre bouche : elle va enfin jusqu'à faire parler les morts.

Cicéron, après avoir décrit la mort de Clodius, et l'avoir attribuée à une providence particulière, dit que la religion même et les dieux y ont été sensibles : *Religiones, mehercule, ipsæ, aræque, cùm illam belluam cadere viderunt, commovisse se videntur, et jus in illo suum retinuisse.* Cette tournure animée étoit déjà très-éloquente : Cicéron va cependant plus loin ; il s'adresse à ces temples, à ces tombeaux euxmêmes, et les conjure de rendre, avec lui, hommage à la vérité : *Vos enim jam, albani tumuli, atque luci, vos, inquam imploro atque testor ; vosque albanorum obrutæ aræ, sacrorum populi Romani sociæ et æquales.... Vestræ tùm aræ, vestræ religiones viguerunt, vestra vis valuit; quam ille omni scelere polluerat,* etc. (Cic. pro Mil. n. 31.)

« Sans cette paix, Flandre, théâtre sanglant où se passent tant de scènes tragiques, tu aurois accru le nombre de nos provinces ; et, au lieu d'être la source malheureuse de nos guerres, tu serois aujourd'hui le fruit paisible de nos victoires ».
( FLÉCHIER ).

Toutes les passions violentes font un usage fréquent

de cette figure, et la raison en est bien simple. Les passions cherchent naturellement à s'épancher au-dehors ; et, au défaut d'autres objets, elles s'adressent aux bois, aux rochers, etc., lors surtout que ces objets ont un rapport marqué avec ce qui les affecte. Ainsi le malheureux Philoctète, trompé par Pyrrhus, et désespérant de l'attendrir, s'adresse aux bois, aux rochers de Lemnos, les confidens habituels de sa douleur :

> Ὦ λιμένες, ὦ προβλῆτες, ὦ ξυνουσίαι
> Θηρῶν ὀρείων, ὦ καταρρῶγες πέτραι,
> Ὑμῖν τάδ᾽· οὐ γὰρ ἄλλον οἶδ᾽ ὅτῳ λέγω.
> Ἀνακλαίομαι παροῦσι τοῖς εἰωθόσιν,
> Οἷ᾽ ἔργ᾽ ὁ παῖς μ᾽ ἔδρασεν οὑξ Ἀχιλλέως. (Philoct. v. 959).

>         O rochers ! ô rivages !
> Vous, mes seuls compagnons, ô vous, monstres sauvages !
> ( Car je n'ai plus que vous à qui ma voix, hélas !
> Puisse adresser mes cris que l'on n'écoute pas ) !
> Témoins accoutumés de ma plainte inutile,
> Voyez ce que m'a fait le fils du grand Achille ? (LA HARPE).

Milton nous offre un bel exemple de cette figure, dans les adieux si touchans qu'Eve adresse aux fleurs d'Eden, au moment où l'arrêt et l'ange du ciel la forcent de les abandonner à jamais :

> O vous, objets chéris de mes soins assidus,
> Adieu, charmantes fleurs ! vous ne me verrez plus
> Aux rayons du soleil présenter vos calices,
> Du printemps près de vous épier les prémices,
> A vos jeunes tribus assigner leurs cantons,
> Cultiver votre enfance et vous donner vos noms !
> Qui viendra vous verser des eaux rafraîchissantes ?
> Quel autre soutiendra vos tiges languissantes ?
> Hélas ! chaque matin je courois vous revoir,
> Je vous soignois le jour, vous visitois le soir ;
> Des eaux du Paradis j'entretenois vos charmes,
> Et mes yeux maintenant vous arrosent de larmes * ! ( DELILLE ).

---

*         O flowers!
That never will in other climate grow,
My early visitation, and my last
At ev'n, wich I bred up with tender hand
From the first opening bud, and gave ye names,
Who now shall rear ye to the sun, or rank
Your tribes, and water from th' ambrosial fount!
                      ( Book xi. v. 274 ).

Il faut faire de cette belle figure un usage très-sobre dans les compositions en prose. Le prosateur n'a point, à cet égard, la liberté du poëte; et l'orateur lui-même ne doit pas prodiguer ces grands mouvemens, à moins qu'ils ne soient amenés par des circonstances qui en garantissent d'avance l'effet. Rien de plus froid qu'une chaleur factice, et c'est le défaut où tombe nécessairement l'écrivain, lorsqu'il nous laisse entrevoir les efforts qu'il fait, les peines qu'il se donne pour parler le langage d'une passion qu'il n'éprouve point, et qu'il ne peut nous faire éprouver. Il nous laisse froids, glacés, et frappés seulement du ridicule d'une figure déplacée.

C'est un reproche qu'encourent rarement Fléchier et surtout Bossuet, qui nous donnent, dans leurs belles oraisons funèbres, une foule d'exemples de la manière dont il faut employer la prosopopée. Plus cette figure est hardie, et plus elle produit d'effet, moins il faut la prodiguer. C'est un précepte que la nature nous trace, et qu'elle observe elle-même scrupuleusement : elle ménage les grands effets; et, soit dans le spectacle, soit dans le mouvement de ses ouvrages, elle laisse aux yeux le temps d'admirer, à l'âme celui de sentir, avant de les ébranler par de nouvelles secousses. Malgré le mérite reconnu des deux grands écrivains que nous venons de citer, ils ont besoin l'un et l'autre d'être lus avec précaution, pour l'être avec fruit. Fléchier abuse trop de son esprit, et devient souvent un guide d'autant plus dangereux pour les jeunes gens, qu'il les séduit plus agréablement, et que l'éclat qui entraîne, laisse moins de place à la réflexion qui juge. Presque tout le secret de son style consiste dans le jeu des contrastes, dans les recherches d'oppositions, quelquefois très-heureuses, mais en général trop étudiées. L'antithèse étoit sa figure favorite : il la place partout; il la prodigue jusqu'à la satiété, et elle est devenue enfin le caractère distinctif et inséparable de son style.

Il en est de l'antithèse, comme des figures dont nous avons parlé jusqu'ici : l'à-propos en fait souvent tout le mérite, avec cette différence cependant, que plus elle est brillante, plus elle fatigue en peu de temps; et rien de moins soutenable que ce cliquetis de mots opposés entr'eux, et dont il résulte un tintement monotone et assommant pour l'oreille, quand l'antithèse n'est que dans les mots, et une contrainte pénible pour l'esprit; quand c'est dans les pensées que se trouve l'opposition.

Comme la *comparaison* est fondée sur la ressemblance des objets comparés, l'*antithèse* consiste dans le contraste ou l'opposition des choses. C'est du contraste que les objets reçoivent leur véritable valeur: la beauté, par exemple, n'est jamais plus sûre de nous charmer, que quand on la met en contraste avec la laideur et la difformité. On peut donc employer avec succès l'antithèse, lorsqu'il s'agit de fortifier l'impression que l'on s'est proposé de faire. C'est ainsi que Cicéron, dans son beau plaidoyer pour Milon, voulant faire voir l'impossibilité du projet d'assassiner Clodius, fortifie cette improbabilité par l'usage ingénieux de cette figure: « *Quem igitur cum omnium gratiâ interficere noluit, hunc voluit cum aliquorum querelâ? Quem jure, quem loco, quem tempore, quem impunè non est ausus, hunc injuriâ, iniquo loco, alieno tempore, periculo capitis, non dubitavit occidere, etc.* »

On sent toute la force d'un pareil raisonnement, où les choses pressent les choses, où le rapprochement de circonstances si opposées prête tant de poids aux raisons de l'orateur, et d'énergie aux preuves qu'il apporte de l'innocence de son client.

Cicéron est plein d'exemples où l'antithèse joue le même rôle et produit le même effet:

« Est enim hæc non scripta, sed nata lex; quam non didicimus, accepimus, legimus; verùm ex naturâ ipsâ arripuimus, hausimus, expressimus: ad quam non docti, sed facti; non instituti, sed imbuti sumus ». (*Pro. Mil.* n.° 10).

« Ex hâc parte pudor pugnat, illinc petulantia; hinc pudi-

citia, illinc stuprum ; hinc honestas, illinc turpitudo, etc.
( *Catil.* II, n.° 10 et *ibid.* 25 ).

Voyez encore, *Philip.* VIII, n.° 10 ; *Verr.* III,
n.° 3 ; *Pro Font.* n.° 22.

Voilà les cas où l'antithèse est bien placée, parce
qu'elle y est nécessairement amenée par la nature même
des circonstances. Où se présentoit-elle plus naturellement encore, que dans le tableau moral de l'homme,
qui n'est, comme l'on sait, qu'un composé bizarre de
tous les extrêmes réunis ? Il n'y a donc rien à reprendre
dans le morceau suivant ; et quoique l'antithèse y paroisse prodiguée, on verra combien elle contribue à
l'énergie de la peinture, et à la fidélité de la ressemblance :

> Autant que son auteur l'homme est inconcevable.
> De deux êtres divers mélange invraisemblable,
> Son bizarre destin flotte indéterminé.
> Vil et grand, pauvre et riche, infini mais borné ;
> Rien par ses vains trésors, tout par ses espérances,
> De l'un et l'autre extrême il franchit les distances ;
> Il touche aux opposés dont il est le milieu,
> Et l'homme est la nuance entre l'atome et Dieu.
> Noble et brillant anneau de la chaîne inégale
> Qui du néant à l'être embrasse l'intervalle,
> De l'ange et de l'insecte il partage le sort.
> Foible immortel, blessé du glaive de la mort,
> Enfant de la poussière, héritier de la gloire ;
> Un ver ! un Dieu * ! ( Colardeau ).

L'antithèse n'est donc pas toujours une vaine affectation, un jeu de mots aussi froid que puéril ; et quelles
dissertations, quels raisonnemens nous auroient donné
de la nature et de l'état de l'homme une idée aussi juste,
que ce rapprochement sublime des idées les plus grandes
opposées aux idées du néant et de l'abjection la plus

---

\* How poor, how rich, how abject, how august,
How complicate, how wonderful is man !
From diff'rent natures marvellously mix'd,
Connexion exquisite of distant worlds :
Distinguish'd link in being's endless chain !
Midway from nothing to the deity !
A beam ethereal, sullied and absorpt !
Tho' sullied and dishonour'd, still divine !
Dim miniature of greatness absolute !
An heir of glory ! a frail child of dust !
Helpless immortal ! insect infinite !
A worm ! a God ! ( Young ).

complète; et tout cela est vrai, parce que l'homme est tel, en effet, qu'Young vient de le peindre.

Cet exemple suffiroit pour prouver que l'antithèse peut prendre le ton le plus haut, et que l'éloquence, la poésie héroïque et la tragédie elle-même peuvent l'admettre sans s'avilir. Ouvrez les grands poëtes :

*Flectere si nequeo superos, Acheronta movebo.* (VIRGILE).

*Si le ciel me trahit,* j'armerai *les enfers.*

*Servare* potui : *perdere* an possim rogas ? (OVIDE).

*Vous parlez* en soldat, *je dois agir* en roi. (RACINE).

*N'es-tu que roi ? condamne. Est-tu juge ? examine.* (VOLTAIRE).

*Et monté* sur le faîte, il aspire à *descendre.* (CORNEILLE).

*La crainte fit les dieux : l'audace a fait les rois.* (CRÉBILLON).

Et cette admirable conclusion de l'apologie de Socrate, qui termine en disant à ses juges : *Il est temps de nous en aller, moi pour mourir, et vous pour vivre* *. Quel sens profond renfermé dans ce dernier trait, et que de choses il retrace à l'esprit du lecteur ! La vie entière de Socrate, et les remords inévitables qui attendent ses bourreaux.

Mais, quand nous trouverons dans Fléchier des *soupirs contagieux* qui sortent du sein d'un mourant, pour faire *mourir* ceux qui *vivent;* quand il nous dira d'une grande princesse, qu'elle fut *admirée* dans un âge où les autres ne sont pas encore *connues;* qu'elle eut de la *sagesse,* dans un temps où l'on n'a presque pas encore de la *raison;* qu'on lui *confia* les secrets les plus importans, dès qu'elle fut en âge de les *entendre;* que son *naturel* heureux lui tint lieu d'*expérience,* et qu'elle fut capable de *donner* des conseils, dans un temps où les autres le sont à peine d'en *recevoir,* etc. ; qui ne voit dans tous ces exemples la vérité sacrifiée à la démangeaison de faire contraster les mots ? Que penser d'un écrivain dont un pareil style seroit la manière habituelle?

---

* Ἀλλὰ γὰρ ἤδη ὥρα ἀπιέναι, ἐμοὶ μὲν ἀποθανουμένῳ, ὑμῖν δὲ βιωσομένοις.
(*Plat.* Apol. Socr.)

# CHAPITRE IX.

*De quelques autres figures qui appartiennent plus particulièrement à l'éloquence oratoire.*

INDÉPENDAMMENT des figures que nous venons de parcourir, et qui appartiennent également à la poésie et à l'éloquence, il en est quelques autres qui semblent d'un usage plus nécessaire et plus fréquent aux orateurs qu'aux poëtes. Nous allons nous arrêter un moment aux principales.

1.° La *prolepse* * que les rhéteurs nomment aussi *antéoccupation*, se fait, pour les réfuter, les objections dont l'orateur ne se dissimule ni la force ni la vraisemblance. C'est ainsi qu'en plaidant pour le poëte Archias, Cicéron va au-devant de ce que pouvoient lui objecter ceux qui ne prenoient pas à la cause des lettres le même intérêt que lui :

Quæret quispiam : quid ? illi ipsi summi viri, quorum virtutes litteris proditæ sunt, istâne doctrinâ, quam tu laudibus effers, eruditi fuerunt ? difficile est hoc de omnibus confirmare. Sed tamen est certum quid respondeam. Ego multos homines excellenti animo ac virtute fuisse, et sine naturâ, naturæ ipsius habitu propè divino, per se ipsos et moderatos et graves extitisse fateor. Etiam illud adjungo, sæpius ad laudem atque virtutem naturam sine doctrinâ, quàm sine naturâ valuisse doctrinam. Atque idem ego contendo : quùm ad naturam eximiam atque illustrem accesserit ratio quædam, conformatioque doctrinæ, tum illud nescio quid præclarum atque singulare solere existere ». (*Pro Arch.* n.° 15).

C'est au barreau principalement que cette figure est d'un grand usage, parce que c'est là qu'il importe surtout de pressentir et de réfuter l'objection de l'adver-

---

* De πρὶ antè, et λαμβάνω, capi

saire : elle n'est plus alors entre ses mains qu'un trait impuissant, lorsqu'il veut s'en servir. Il n'est presque point de discours de Cicéron qui n'offre des exemples admirables de l'emploi de cette figure : j'indiquerai, entr'autres, les plaidoyers pour Cœlius, n. 39; pour la loi Manilia, n. 22; pour Quintius, n. 5; contre Verrès VI, n. 2.

La prolepse étoit la figure favorite de Massillon, et l'une de celles qui convenoient le mieux peut-être au caractère de son talent, et au genre de déclamation qu'il avoit adopté.

La *communication*, dont le nom seul indique l'objet et désigne les fonctions dans le discours, se propose de tirer, des principes mêmes de ceux à qui l'on parle, l'aveu des vérités que l'on veut établir contre eux. Son artifice consiste à paroître consulter ceux que l'on veut persuader, et à soumettre à leur propre décision des choses auxquelles il leur sera impossible de ne pas donner leur assentiment. C'est un des grands moyens de l'éloquence du barreau et de celle de la chaire. Avec quel avantage Cicéron s'en sert dans le morceau suivant !

« Si tu apud Persas, aut in extremâ Indiâ deprehensus, Verres, ad supplicium ducerère, quid aliud clamitares, nisi te civem esse romanum? Et, si tibi ignoto apud ignotos, apud barbaros, apud homines in extremis atque ultimis gentibus positos, nobile et illustre apud omnes, nomen tuæ civitatis profuisset; ille, quisquis erat, quem tu in crucem rapiebas, qui tibi esset ignotus, cùm civem se romanum esse diceret, apud te prætorem si non effugium, ne moram quidem mortis, mentione, atque usurpatione civitatis assequi potuit »!

(*Verr.* v, n.° 165).

Voyez aussi la seconde Verrine, n. 32, et le discours pour Rabirius, n. 22.

Voici maintenant un exemple emprunté de Massillon :

« Vous vous plaignez que votre ennemi vous a décrié en secret et en public..... Défiez-vous des rapports qu'on vous a faits de votre frère..... J'en appelle ici à vous-même : ne vous est-il jamais arrivé qu'on ait envenimé vos discours les plus innocens, et ajouté à vos récits des circonstances auxquelles vous n'aviez point pensé? Ne vous êtes-vous pas plaint alors de l'injustice et de la malignité des redites? Pourquoi ne pourriez-vous pas avoir été trompé à votre tour? Et si tout ce qui passe par tant de canaux, s'altère d'ordinaire, et ne revient jamais à nous comme il a été dit dans sa source; pourquoi voudriez-vous que les discours qui vous regardent vous seul, fussent exempts de cette destinée, et méritassent plus d'attention et de silence »?

C'est encore à cette figure que les rhéteurs rapportent l'honneur et l'effet de ce morceau célèbre de Massillon, dans son sermon *sur le petit nombre des Élus*, morceau si franchement loué par Voltaire lui-même, et dont M. le cardinal Maury a si bien développé toute la beauté.

« Je suppose que c'est ici votre dernière heure et la fin de l'univers; que les cieux vont s'ouvrir sur vos têtes; Jésus-Christ paroître dans sa gloire au milieu de ce temple.... je vous le demande donc : si Jésus-Christ paroissoit dans ce temple, au milieu de cette assemblée..... pour nous juger, pour faire le terrible discernement des boucs et des brebis; croyez-vous que le plus grand nombre de tout ce que nous sommes ici fût placé à la droite? croyez-vous que les choses du moins fussent égales? croyez-vous qu'il s'y trouvât seulement dix justes, que le Seigneur ne put trouver autrefois en cinq villes toutes entières? Je vous le demande; vous l'ignorez, et je l'ignore moi-même : vous seul, ô mon Dieu, connoissez ceux qui vous appartiennent! Mais si nous ne connoissons pas ceux qui lui appartiennent, nous savons du moins que les pécheurs ne lui appartiennent pas. Or qui sont les fidèles ici assemblés!..... Beaucoup de pécheurs qui ne veulent pas se convertir, encore plus qui le voudroient, mais qui diffèrent leur conversion; plusieurs autres qui ne se convertissent jamais que pour retomber; enfin un grand nombre qui croient n'avoir pas besoin de conversion : voilà le parti des réprouvés. Retranchez ces quatre sortes de pécheurs de cette assemblée sainte, car ils en seront retranchés au grand jour : paroissez maintenant, justes; où êtes-vous? Restes d'Israël, passez à la droite; froment de Jésus-Christ, démêlez-vous de cette paille destinée au feu : ô Dieu! où sont vos élus? et que reste-t-il pour votre partage »?

(*Lundi de la troisième semaine de Carême*).

La *correction*, ou plutôt l'*épanorthose* (\*) corrige d'une manière fine et délicate ce que l'orateur vient de dire, quoiqu'il ait eu, qu'il ait dû avoir l'intention de le dire formellement. C'est ainsi que Fléchier, après avoir loué la noblesse du sang dont sortoit M. de Turenne, ajoute sur-le-champ :

« Mais que dis-je? il ne faut pas l'en louer ici; il faut l'en plaindre. Quelque glorieuse que fût la source dont il sortoit, l'hérésie des derniers temps l'avoit infectée; il recevoit avec ce beau sang des principes d'erreur et de mensonge; et parmi ses exemples domestiques, il trouvoit celui d'ignorer et de combattre la vérité ».

La correction est dans les mots ou dans les pensées. Cicéron *corrige* les mots seulement, quand il s'écrie : *ô stultitiam! stultitiam ne dicam, an impudentiam singularem? etc.* ( *Pro Cœlio*, n.° 71 ) \*\*. Mais c'est la pensée qu'il *corrige*, en s'adressant aux Tubérons :

« *Veniebatis igitur in Africam provinciam, unam ex omnibus huic victoriæ maximè infestam, in quâ erat rex potentissimus, inimicus huic causæ, aliena voluntas, conventus firmi atque magni. Quæro quid facturi fuissetis? Quanquam quid facturi fueritis non dubitem, cùm videam quid feceritis* ».
( *Pro Lig.* n.° 24 ).

Nous terminerons ce qui regarde cette figure par ce bel exemple de Massillon, dans son oraison funèbre du Dauphin :

« Respectueux à l'égard du roi, il n'a pas été moins religieux envers Dieu. Ce n'est pas que je veuille envelopper ici sous l'artifice insipide des louanges, les foiblesses de ses premières

---

\* Composé des mots grecs ἐπί, διά et ὀρθόω. — *Refaire droit, remettre en ligne droite.*

\*\* Voyez d'autres exemples, dans les discours pour Rosc. d'Am, n.° 134; pour Ligarius, n.° 26; pour Sextius, n.° 110; et dans la seconde *Philip.*, n.° 10.

années. Ne louons en lui que les dons de Dieu, et déplorons les fragilités de l'homme; n'excusons pas ce qu'il a condamné, et dans le temps que l'église offre ici la victime de propitiation, et que ses chants lugubres demandent au Seigneur qu'il le purifie des infirmités attachées à la nature, ne craignons pas de parler comme elle prie, et d'avouer qu'il en a été capable. Hélas! Qu'est-ce que la jeunesse des princes? et les inclinations les plus heureuses et les plus louables, que peuvent-elles contre tout ce qui les environne? Moins exposés qu'eux, sommes-nous plus fidèles? Nos chutes se cachent sous l'obscurité de notre destinée; mais qu'offriroit notre vie aux yeux du public, si elle étoit en spectacle comme la leur? Ah! c'est un malheur de leur rang, que souvent avec plus d'innocence que nous, ils ne sauroient jouir, comme nous, de l'impunité d'un seul de leurs vices. S'il y a eu quelque dérangement dans les premières années de ce prince, l'âge y eut plus de part que le cœur: l'occasion put le trouver foible; elle ne le rendit jamais vicieux; et le reste de ses jours, passés depuis dans la règle, montrent assez que l'égarement n'avoit été qu'un oubli, et qu'en se rendant au devoir, il s'étoit rendu à lui-même ».

La *prétermission* feint de passer sous silence ce que l'orateur dit néanmoins très-clairement, ou de ne faire qu'effleurer les choses qu'il se propose d'inculquer avec le plus de force. C'est à la faveur de cette figure, que Cicéron fait, en passant, un portrait si affreux de Catilina :

« Quid verò ? nuper quùm, morte superioris uxoris, novis nuptiis domum vacuam fecisses, nonne alio incredibili scelere hoc scelus cumulasti ? quod ego prætermitto, et facile patior sileri, ne in hâc civitate tanti facinoris immanitas aut extitisse, aut non vindicata esse videatur. Prætermitto ruinas fortunarum tuarum, quas omnes impendere tibi proximis Idibus senties. Ad illa venio quæ non ad privatam ignominiam vitiorum tuorum, non ad domesticam tuam difficultatem ac turpitudinem, sed ad summam reipublicæ atque ad omnium nostrûm salutem pertinet ». ( *Catil.* 1. c vi. n.° 14 ).

Avec quelle véhémence le même orateur emploie cette même figure, dans cet endroit d'un autre de ses discours!

« Nihil dico nunc, P. C.; hominem ipsum ( Pisonem ) relinquo. Itaque omnia illa, quæ et sæpè audistis, et tenetis animis, etiamsi non audiatis, prætermitto. Nihil de hâc ejus urbanâ, quam ille præsens in oculis vestris, mentibusque defixit, audaciâ loquor: nihil de superbiâ, nihil de contumaciâ, nihil de crudelitate disputo. Lateant libidines ejus illæ tenebricosæ, quas fronte et supercilio, non pudore et temperantiâ contegebat; de provinciâ, quod agitur, id disputo ».

(*De Prov. cons.* n.º 8).

Nos orateurs français ont également bien connu tous les avantages de cette figure, heureusement amenée. Fléchier, par exemple, dans l'oraison funèbre de Turenne:

« N'attendez pas de moi, Messieurs, que j'ouvre à vos yeux une scène tragique; que je vous montre ce grand homme étendu sur ses propres trophées; que je vous découvre ce corps pâle et sanglant, auprès duquel fume encore la foudre qui l'a frappé; que je fasse crier son sang comme celui d'Abel; que je rassemble à vos yeux les tristes images de la Religion et de la Patrie éplorées. Dans les pertes médiocres, on surprend ainsi la pitié des auditeurs; mais on décrit sans art une mort qu'on déplore sans feinte, etc. »

Et Bossuet, dans celle du Grand-Condé:

« Ce seroit ici le lieu de faire voir notre Prince dans ses glorieuses campagnes qui ont été les miracles de notre siécle, et dont la postérité aura un jour droit de douter; et peut-être même ne les croira-t-elle pas, parce qu'elles sont bien plus vraies que vraisemblables. Je vous représenterois ce fidèle sujet marchant sur les traces de son maître, qui étoient des pas de géant, et le surpassant par la nouvelle ardeur que lui inspiroit l'exemple de ce monarque; vous le verriez dans un corps usé de travaux, rallumant tout le feu de ses premières années, combattre à la tête de nos troupes, défaire les trois formidables armées de l'Empereur, de l'Espagne et de la Hollande; partout s'immolant et se sacrifiant; mais partout triomphant, et remplissant la mesure de cette glorieuse réputation qu'il faisoit à la France......... Mais un objet plus intéressant m'oblige de me taire sur ses triomphes profanes, pour ne parler que de ses victoires sacrées ».

Je ne puis me résoudre à terminer ce qui regarde la

*prétermission*, sans citer encore l'exemple suivant que me fournit Massillon :

« Vous vous figurez des amertumes dans le parti de la vertu ! Mais, sans parler des divines consolations que Dieu prépare ici-bas même à ceux qui l'aiment ; sans parler de cette paix intérieure, fruit de la bonne conscience, qu'on peut appeler en même temps et un avant-goût, et le gage de la félicité qui est reservée dans le ciel aux âmes fidèles ; sans vous dire, avec l'apôtre, que tout ce qu'on peut souffrir sur la terre n'est pas digne d'être comparé avec la récompense qui vous attend : si vous étiez de bonne foi, et que vous voulussiez nous exposer ici naïvement tous les désagrémens qui accompagnent la vie du siècle, que ne diriez-vous pas, et que ne dit-on pas tous les jours là-dessus, dans le siècle » ?

De toutes les figures oratoires, dit M. le cardinal Maury, la plus dominante et la plus rapide, c'est l'*interrogation*. Quelle chaleur, en effet, et quel mouvement elle imprime au discours ! avec quelle énergie elle presse, frappe, poursuit et entraîne l'adversaire confondu, et l'auditeur subjugué par la véhémence de l'orateur !

« Quid tuus ille, Tubero, districtus in acie Pharsalicâ gladius agebat ? cujus latus ille mucro petebat ? qui sensus erat armorum tuorum ? quæ tua mens ? oculi ? manus ? ardor animi ? quid cupiebas ? quid optabas » ? ( *Pro Lig.* n.° 9 ).

Et dans cet exorde, si souvent cité, de la première Catilinaire :

« Quò usque tandem abutêre, Catilina, patientiâ nostrâ, etc. *

Les discours pour Plancius, n.° 48 ; — pour Cœlius,

---

* Quand on lit ces foudroyantes Catilinaires, on applique sans cesse à Cicéron ce qu'il a dit de Démosthène, ce que je me plais à répéter ici pour lui en faire hommage à lui-même.... « Il remplit l'idée que je me suis formée de l'éloquence, et il atteint ce beau idéal, ce haut degré de perfection que j'imagine, mais dont je n'ai jamais trouvé d'autre exemple ».

(M. le cardinal MAURY, *Essai sur l'Éloquence*).

n.° 71; — pour Cluentius, n.° 62; — pour Flaccus, n.° 79; — pour Sextius, n.° 78; — et contre Verrès, VII, n.° 15, 146; — I, n.° 21; V, n.° 160, offrent de beaux exemples de cette figure habilement placée.

La véhémence qui caractérise Bossuet ainsi que Démosthène, dit encore M. le cardinal Maury, me semble avoir sa principale source dans les interrogations accumulées qui leur sont si familières à l'un et à l'autre. Mais Bossuet n'est pas le seul de nos orateurs qui ait fait, de ce grand moyen oratoire, l'un des ressorts principaux de son éloquence: Massillon, Bourdaloue, et M. le cardinal lui-même, l'ont fréquemment employé avec succès. Elle se présente, d'ailleurs, si naturellement à l'imagination du poëte et de l'orateur; elle prête au langage de la passion tant de force et d'énergie, qu'il n'est pas surprenant que les exemples en soient aussi multipliés. Leur abondance même me dispense ici d'en citer aucun.

Mais l'effet de cette belle figure est peut-être plus sûr et plus frappant encore, quand l'orateur, se chargeant lui-même de la réponse, met en fait ce qu'il n'avoit posé d'abord qu'en question, et porte ainsi la conviction dans les esprits atterrés par la force victorieuse d'une logique qui ne laisse pas même le temps de la réflexion. Que pouvoient objecter, par exemple, les ennemis de Pompée à son éloquent panégyriste, lorsqu'il s'écrioit du haut de la tribune:

« Quid enim tam novum, quàm adolescentem, privatum, exercitum difficili reipublicæ tempore conficere? confecit. Huic præesse? præfuit. Rem optimè ductu suo gerere? gessit. Quid tam præter consuetudinem, quàm homini peradolescenti, cujus à senatorio gradu ætas longè abesset, imperium atque exercitum dari; Siciliam permitti atque Africam, bellumque in eâ administrandum? fuit in his provinciis singulari innocentiâ, gravitate, virtute: bellum in Africâ maximum confecit, victorem exercitum deportavit. Quid vero tam inauditum, quàm equitem romanum triumphare? at eam quoque rem populus romanus non modò vidit, sed etiam studio omni visendam putavit. Quid tam inusitatum, etc. »

(*Pro lege Manil.* n.° 61 et 62).

Que pouvoit opposer l'accusateur de Roscius d'Amérie aux vigoureuses apostrophes dont le presse Cicéron, sans lui laisser même le loisir de respirer ?

« Non quæro abs te quare patrem Sex. Roscius occiderit : quæro quomodo occiderit? Ita quæro abs te, C. Eruci, quomodo : et sic tecum agam, ut in eo loco vel respondendi, vel interpellandi tibi protestatem faciam, vel etiam, si quid voles, interrogandi. Quomodo occidit? ipse percussit, an aliis occidendum dedit? Si ipsum arguis, Romæ non fuit : si per alios fecisse dicis, quæro servos ne an liberos? quos homines? indidem ne Ameriâ? an hosce ex urbe sicarios? si Ameriâ, qui sunt hi? cur non nominantur? si Româ, undè eos noverat Roscius, qui Romam multis annis non venit, neque unquàm plus triduó fuit? ubi convenit? quicum locutus est? quomodo persuasit? pretium dedit? cui dedit? per quem dedit? undè aut quantùm dedit? nonne his vestigiis ad caput maleficii perveniri solet? et simul tibi in mentem veniat facito, quemadmodum vitam hujusce depinxeris, etc. etc. » (*Pro Rosc. Am.* n.° 73 et 74).

Massillon, qui a si bien connu et si heureusement employé toutes les ressources de l'éloquence, a surtout connu ce grand art de s'entretenir avec ses auditeurs, de descendre, pour ainsi dire, de la chaire, pour se mêler avec eux, afin de pénétrer plus avant dans leur âme, et d'y surprendre les réponses qu'ils préparent, les objections qu'ils voudroient faire. C'est alors que, fort de leur propre conscience qu'il a dévoilée, et dont il connoît tous les secrets, il prend hautement la parole pour eux, et multiplie ses réponses, qui les laissent sans réplique.

« Vous ne faites que ce que font les autres! mais ainsi périrent, du temps de Noé, tous ceux qui furent ensevelis sous les eaux du déluge; du temps de Nabuchodonosor, tous ceux qui se prosternèrent devant la statue sacrilège; du temps d'Élie, tous ceux qui fléchirent le genou devant Baal, etc. Vous ne faites que ce que font les autres! mais c'est ce que l'Écriture vous défend : *Ne vous conformez point à ce siècle corrompu*, etc. — Vous ne faites que ce que font les autres! Vous aurez donc le même sort qu'eux. Or, *malheur à toi*, s'écrioit autrefois saint Augustin, *torrent fatal des coutumes humaines! ne suspendras-tu jamais ton cours! entraîneras-tu jusqu'à la fin les enfans d'Adam dans l'abîme immense et terrible!*

Il me seroit facile de porter cette nomenclature beaucoup plus loin; mais je tomberois dans l'inconvénient nécessairement attaché au malheur de vouloir tout dire; je crois donc en avoir dit assez, et je m'arrête. Il n'est d'ailleurs guère de figures, parmi celles que je passe sous silence, qui ne rentrent plus ou moins dans celles que je viens d'analyser; et cette liste, qui peut s'étendre ou se resserrer, au gré de chaque rhéteur, me paroît avoir ici l'étendue convenable. Allons donc à l'économie des momens, et hâtons-nous d'arriver à l'*éloquence* elle-même: nous n'avons fait jusqu'ici que préparer les sentiers qui y conduisent.

*Fin du Premier Livre.*

# LIVRE SECOND.

*Définition et devoir de la Rhétorique. — Histoire abrégée de l'Éloquence chez les anciens et chez les modernes.*

## CHAPITRE PREMIER.

*Idée générale de l'Éloquence.*

L'ÉLOQUENCE est l'art de persuader, et la rhétorique est la théorie de cet art. L'une trace la méthode, et l'autre la suit ; l'une indique les sources, et l'autre y va puiser ; l'une enfin prépare les matériaux, et l'autre en fait le choix et les met en usage. Sans doute, c'est la nature qui fait les orateurs, comme l'on a dit qu'elle faisoit les poëtes, *nascuntur poetæ* ; c'est-à-dire que c'est elle qui donne aux uns et aux autres ce génie actif qui s'élance hors de la sphère commune ; cette âme de feu qui sent et qui s'exprime avec une vigueur qui étonne, et une chaleur qui entraîne l'auditeur. Voilà ce que fait la nature pour l'orateur, voilà les grands traits qui caractérisent son ouvrage ; et il est clair que celui qu'elle a si heureusement disposé, trouvera plus de ressources et de moyens qu'un autre dans les préceptes de l'art : mais il lui sera toujours indispensable de les connoître ; et plus il les approfondira, plus il les rapprochera des grands modèles, plus il se convaincra que ce qu'on appelle un art, n'est autre chose que le résultat de la raison et de l'expérience mis en pratique, et que son but est d'épargner, à ceux qui nous suivront, tout le chemin qu'ont fait ceux qui nous ont précédés. Et s'il est arrivé que l'on a fait quelquefois des choses louables sans le secours ou la connoissance des règles, c'est qu'on a fait alors comme ceux qui sont venus les premiers, on a deviné quelque partie par la réflexion et le talent; mais on n'a jamais été bien loin. Qui doute qu'un Shakespeare (le plus frappant exemple de ce que peut la nature toute seule) ait fait des pièces plus régulières, moins défigurées par le mélange continuel du bas et du trivial, avec ce que le génie peut concevoir de plus grand, s'il eût connu Aristote comme notre Corneille, et imité les anciens comme Racine!

Il n'y a donc que des charlatans en littérature, et des hérésiarques en matière de goût, qui puissent faire croire à la multitude ignorante que, soit en parlant, soit en écrivant, on a plus de force à proportion qu'on a moins d'art. « La vérité, dit Quintilien, est que l'art » ôte en effet quelque chose à la composition; mais » comme la lime au fer qu'elle polit, comme la pierre » au ciseau qu'elle aiguise, comme le temps au vin qu'il » mûrit ».

Quintilien se demande ensuite si l'art fait plus pour l'éloquence que la nature; et il résout la question par une comparaison aussi ingénieuse que décisive. « Si » Praxitèle, dit-il, avoit tiré une belle statue d'une » meule de moulin, je préférerois à sa statue un bloc » de Paros, tout brut. Mais que, de ce même marbre de » Paros, Praxitèle ait fait une statue, la richesse de la » matière acquerra, à mes yeux, un nouveau prix de » l'habileté de l'artiste. »

Il seroit difficile de raisonner plus juste, de mettre plus sensiblement la vérité à la portée du plus grand nombre, et de s'exprimer surtout avec plus de grâce.

Les qualités fondamentales de toute espèce d'éloquence, sont la solidité du raisonnement, la force des preuves, la clarté de la méthode, et une apparence au moins de sincérité dans l'orateur. Cela ne suffit cependant point encore; il faut que son style et son débit soient capables de captiver, de commander même quelquefois l'attention de ses auditeurs. Le grand, le premier but de l'orateur est de persuader; et Quintilien a tort, quand il condamne cette définition, et accorde à la beauté et aux larmes le don et le pouvoir de persuader aussi. La Harpe observe avec raison que la beauté touche et que les larmes attendrissent, mais que l'éloquence seule persuade. Or, pour persuader un auditoire composé d'hommes sensés, il faut d'abord commencer par le convaincre. Convaincre et persuader sont donc deux choses absolument distinctes. C'est au philosophe à nous convaincre de la vérité par le nombre et la force des preuves; mais c'est à l'orateur à entraîner notre volonté, à fixer toutes nos irrésolutions, à nous forcer enfin de vouloir ce qu'il veut, en rangeant nos cœurs de son parti. La conviction cependant est un moyen que l'orateur ne doit point négliger: c'est une des routes qui conduisent le plus sûrement au cœur; et l'on ne reste pas persuadé long-temps d'une vérité dont on n'étoit pas convaincu.

Il s'en suit donc que, pour être vraiment éloquent, il faut être philosophe à la fois et orateur. Aussi les anciens ne séparoient-ils point l'éloquence de la philosophie, et les véritables maîtres de l'éloquence furent chez eux des philosophes. C'est un hommage que Cicéron se plaisoit à leur rendre, en avouant que, s'il étoit orateur lui-même, il l'étoit devenu dans les promenades de l'académie, et non pas à l'école des rhéteurs.

Mais il est indispensable d'observer ici quelle idée les anciens attachoient à ce mot de philosophe. Chez eux, un philosophe étoit un ami vrai de la sagesse, un partisan naturel de l'ordre et des lois, et non point un empesé déclamateur de vérités triviales, et bien moins encore un frondeur cynique de tout ce qui étoit l'objet de la croyance ou du respect public. On sent bien qu'un tel homme n'auroit persuadé personne à Athènes ou à Rome, et qu'on n'y eût été convaincu que de son ineptie ou de sa perversité.

8

Mais c'est peu, pour l'orateur, de convaincre les esprits par la force et la justesse du raisonnement. L'éloquence a non-seulement l'opinion, mais les affections, les passions à combattre et à subjuguer. C'est-là son triomphe, et c'en est assez pour faire sentir aux jeunes gens que le caractère distinctif de l'éloquence est une action pleine de chaleur, plus ou moins véhémente, selon la nature et la force des obstacles que son sujet lui donne à renverser. De là, l'ingénieuse flexibilité avec laquelle elle se plie à tous les tons, embrasse tous les genres, et parle tous les langages qui peuvent se faire entendre du cœur humain.

Tantôt, elle se borne à charmer ses auditeurs par les grâces du style et le piquant des pensées. Telle est l'éloquence des panégyriques, des oraisons funèbres, des discours adressés aux personnes en place, ou prononcés dans les cérémonies publiques. Ce genre de composition offre à l'esprit un délassement agréable, et peut d'ailleurs laisser échapper, par intervalle, les traits d'une morale utile ou d'un sentiment agréable. Mais il a ses écueils : il est à craindre que l'orateur, séduit trop facilement par le désir de faire briller son esprit, ne fatigue bientôt l'auditeur par trop de recherche ou d'affectation.

Tantôt, l'orateur ne cherche pas uniquement à plaire, il s'efforce d'instruire et de convaincre; il emploie tout son art, il rassemble toutes ses forces pour détruire les préventions qui peuvent s'élever contre lui ou contre sa cause; pour réunir ses preuves et les disposer de la manière la plus favorable à sa défense. Le prestige du débit et les charmes de la diction sont encore des accessoires que ne néglige point ce genre d'éloquence, qui est spécialement celle du barreau.

Le troisième et le plus haut degré de la composition oratoire, est celui qui s'empare irrésistiblement de l'auditoire, qui porte la conviction dans les esprits, le trouble et l'agitation dans les âmes, et qui les entraîne au gré de l'orateur; qui nous fait partager ses passions, ses sentimens, aimer ou haïr avec lui, prendre les résolutions qu'il nous dicte, vouloir ce qu'il veut, et exécuter sans délai ce qu'il a voulu. Les débats des assemblées populaires ouvrent un vaste champ à ce genre d'éloquence, que la chaire admet également.

Nous observerons que ce dernier genre est du ressort immédiat de la passion ; et nous définirons la passion, cet état de l'âme fortement agitée par un objet qui l'occupe toute entière. De là, l'influence généralement reconnue de l'enthousiasme de l'orateur sur ceux qui l'écoutent. De là, l'incompatibilité évidente de tout ornement étudié, soit dans les choses, soit dans le style, avec l'éloquence de l'âme et du sentiment. De là enfin, la nécessité absolue d'être et de paroître persuadé, pour réussir à persuader les autres.

## CHAPITRE II.

### *De l'éloquence chez les Grecs.*

Telles sont les idées générales que nous nous sommes formées, et que nous avons cru devoir donner de l'éloquence. Nous allons maintenant suivre un moment ses progrès chez les peuples où elle a brillé avec le plus d'éclat, et qui nous offrent les modèles où nous pouvons l'étudier avec le plus de fruit.

Il ne s'agit point, pour trouver le berceau de l'éloquence, de remonter à celui des premiers temps, ou de le chercher parmi les monumens antiques de l'orient ou de l'Égypte. Il existoit sans doute dès-lors une espèce d'éloquence, mais elle tenoit plus de l'élan poétique, que de ce que nous appelons aujourd'hui le genre oratoire. Tant qu'il y eut peu de relations entre les humains, tant que la force et la violence décidèrent seules dans les discussions, il est tout simple que l'art qui concilie les esprits par le raisonnement et la persuasion, fût un art à peu près inconnu.

Les premiers empires dont l'histoire fasse mention, ceux des Assyriens et des Égyptiens, étoient des états despotiques : les rênes du gouvernement s'y trouvoient entre les mains d'un seul, ou d'un petit nombre ; accoutumée à une obéissance aveugle, la multitude étoit conduite, et jamais persuadée. De tels peuples ne pouvoient donc avoir aucun de ces grands motifs d'utilité politique ou d'amélioration sociale, qui donnent tant de poids et d'importance aux discours publics.

Il faut arriver à l'origine des républiques de la Grèce, pour rencontrer des traces sensibles de l'éloquence, devenue l'art de persuader. Mais il faut convenir aussi, qu'elle s'ouvrit dès-lors une carrière totalement inconnue aux siècles précédens, et où les âges postérieurs se sont vainement efforcés de l'atteindre. Tout favorisoit sa naissance ; tout accéléra ses progrès.

La Grèce étoit partagée en plusieurs petits états. Gouvernés dans le principe par des rois, qu'ils appeloient des tyrans, ces peuples, naturellement inquiets et remuans, chassèrent leurs petits despotes, et formèrent une multitude de gouvernemens démocratiques, basés sur le même plan, animés du même esprit de gloire et de liberté, mutuellement jaloux, et nécessairement rivaux les uns des autres.

Athènes ne tarda pas à se distinguer au milieu d'eux, par son goût pour tous les beaux-arts, et pour l'éloquence en particulier. Son peuple étoit remarquable par sa vivacité, son esprit et son intelligence pour les affaires. Son gouvernement étoit totalement démocratique, et l'assemblée du peuple décidoit de tout en dernier ressort. C'est là que les orateurs se formoient ; c'est là qu'ils apprenoient à émouvoir, à diriger à leur gré les passions ; c'est là que l'orateur le plus habile trembloit, lorsqu'il adressoit la parole au peuple assemblé, parce qu'il étoit responsable du conseil qu'il alloit donner. Aussi, observe judicieusement le docteur Blair à ce sujet, toute la puissance, tous les trésors du plus grand monarque ne suffiroient pas pour fonder une école d'éloquence semblable à celle que formoit naturellement la constitution d'Athènes. Ajoutons à cet avantage inappréciable, celui d'une langue, la plus féconde, la plus énergique et la plus harmonieuse que les hommes aient jamais parlée.

Faut-il s'étonner que le concours de tant de circonstances favorables aient porté l'éloquence grecque à ce degré d'élévation, dont rien n'a depuis approché; et que tant d'orateurs célèbres se soient disputés à l'envi la gloire de *bien dire*, dans un temps et chez un peuple où tout le monde se disputoit celle de *bien faire*? C'étoit dans les luttes perpétuelles des factions et de la liberté, dans le torrent d'une vie toujours active, au milieu enfin du tumulte des affaires, que l'éloquence des Athéniens acquéroit cette vigueur, cette énergie qui sont devenues son caractère distinctif, et qu'elle n'eût point contractées dans le calme de la retraite et de la méditation.

### Orateurs Grecs.

A la tête de cette foule de grands hommes qui ont illustré la tribune ou le barreau d'Athènes, se présente d'abord ce fameux Périclès, qui fut tout à la fois capitaine et orateur, élève d'Anaxagore et amant d'Aspasie, redoutable à la Grèce et corrupteur d'Athènes, et que son éloquence rendit quarante ans monarque d'une république. L'historien Thucydide nous a conservé un monument précieux de l'éloquence de Périclès; c'est l'éloge funèbre qu'il prononça des guerriers morts pendant l'expédition de Samos, où il avoit lui-même commandé et remporté plusieurs victoires [*].

Après Périclès, et durant la guerre du Péloponèse,

---

[*] Nous reviendrons sur ce beau morceau, et nous nous y arrêterons avec l'étendue convenable, à l'article des *Éloges funèbres*.

on vit s'élever successivement une foule de grands hommes, Cléon, Alcibiade, Critias et Théramène, qui tous se distinguèrent par leur éloquence. Ce n'étoient point des orateurs de profession : ce n'est point dans les écoles des rhéteurs qu'ils s'étoient formés à l'art de *bien dire ;* mais l'habitude et la nécessité de parler souvent en public, et surtout la disposition naturelle de ces âmes ardentes au grand et au sublime, en faisoient des hommes éloquens, dont Thucydide a recueilli des traits infiniment précieux.

Ces grands exemples ne pouvoient qu'ajouter à l'ardeur naturelle des Athéniens pour l'éloquence ; elle devint alors un art qui eut ses règles et ses professeurs. C'est ce qui donna naissance à une classe d'hommes absolument nouveaux, et qui, sous le nom de *rhéteurs* ou de *sophistes,* donnèrent les préceptes et quelquefois l'exemple de l'éloquence. Ce qui les distinguoit surtout, c'étoit l'art de parler, sur-le-champ, avec la plus grande facilité ; et ce genre de mérite convenoit à l'imagination ardente et légère d'un peuple que le sentiment et la pensée frappoient rapidement, et dont la langue féconde et facile sembloit courir au-devant des idées.

Celui qui, le premier, donna cet exemple à Athènes, fut le célèbre Gorgias, né en Sicile. Critias et Alcibiade encore jeunes, Thucydide et Périclès déjà vieux, venoient l'entendre et l'admirer. Eschine, que nous verrons bientôt le rival et l'ennemi de Démosthène, eut le même talent et déployoit, dans ces sortes de discours, tant de génie et tant de talent, qu'il sembloit inspiré comme le prêtre qui rendoit les oracles. On sent bien qu'entre les mains de pareils hommes, qui faisoient profession de discourir sur tous les sujets possibles, et de prouver tout ce qu'ils s'étoient engagés à prouver, l'art de l'éloquence ne tarda pas à devenir celui des subtilités sophistiques. On peut donc les regarder, avec quelque raison, comme les premiers corrupteurs de l'éloquence. Socrate se prononça contre eux, fit sentir l'absurdité de leur dialectique et le vide de leur prétendue éloquence, et tâcha de rappeler ses concitoyens à des idées plus justes sur l'art de raisonner. Il étoit tout simple que l'ami de la raison, le héros et le martyr de la morale, se déclarât l'antagoniste des sophistes de son temps.

Un homme qui contribua également, mais d'une autre manière, à corrompre la belle simplicité de l'éloquence des premiers temps, c'est Isocrate, dont les ouvrages subsistent encore aujourd'hui. Il professa la rhétorique avec succès, et eut l'art de concilier deux choses, devenues presque inconciliables depuis, la fortune et la réputation. Ses harangues n'ont d'autre mérite que celui de cette éloquence de diction, de cette pureté soutenue, mais trop étudiée, d'un style qui fatigue, parce qu'il est trop uniformément beau. Ce fut lui qui introduisit le premier la méthode de composer ces périodes régulières et harmonieusement cadencées, dont Cicéron fait un si bel éloge, et pour lesquelles il eut lui-même tant de propension. De tout temps les opinions ont été partagées sur le mérite d'Isocrate comme orateur. Si Platon en fait un grand éloge, Aristote dit, en propres termes, qu'il est honteux de se taire, lorsqu'Isocrate parle, etc. Mais, comme citoyen, sa conduite a été généralement admirée : après la mort de Socrate, dont il avoit été le disciple, il eut le courage de se montrer en deuil aux yeux même des lâches assassins de son maître. Aimé de Philippe, l'oppresseur de son pays, il s'en justifia en mourant; car sa douleur ne lui permit pas de survivre à la bataille de Chéronée. Voilà des traits qui honorent et font vivre la mémoire d'un homme, et qui ont fait dire avec raison d'Isocrate, qu'il fut digne d'avoir des talens, puisqu'il eut des vertus.

Lysias, dont on a conservé quelques harangues, appartient aussi à la même époque. Il n'a point la pompe harmonieuse, ni la richesse d'Isocrate; mais son style est toujours pur, parfaitement attique, simple et sans la moindre affectation. Son plus grand mérite cependant est d'avoir été le maître ou l'instituteur de Démosthène, le premier des hommes dans l'éloquence judiciaire et délibérative.

Le seul nom de Démosthène rappelle encore aujourd'hui les grandes idées de patrie, de courage et d'éloquence. Seul et sans secours, il fit trembler Philippe, combattit successivement trois oppresseurs, et fut, dans son exil même, plus grand encore que ses concitoyens n'étoient ingrats. Il pensa, parla et vécut toujours pour la liberté de son pays, et travailla quarante ans à ranimer la fierté d'un peuple devenu, par sa mollesse, le complice de ses tyrans. Dédaignant l'affectation et le style fleuri des rhéteurs de son temps, il choisit Périclès pour le modèle de son éloquence, et son caractère distinctif est la force et la véhémence.

On sait tous les obstacles qu'il eut à vaincre, et tous les efforts qu'il fit pour corriger, assouplir, perfectionner son organe, et pour rendre son action oratoire digne de sa composition. On sait qu'il s'enferma dans un souterrain, pour étudier avec moins de distraction; qu'il alloit déclamer sur le bord de la mer, pour s'exercer à haranguer ensuite devant le peuple. Peut-être, dit Laharpe, n'a-t-on point fait assez d'attention à cette singulière idée. C'étoit avoir saisi, ce me semble, sous un point de vue bien juste, le rapport qui se trouve entre ces deux puissances, également tumultueuses et imposantes, les flots de la mer et les flots d'un peuple assemblé.

Jamais orateur n'eut un champ plus vaste et plus beau que Démosthène dans ses Olynthiennes et dans ses Philippiques. Ces beaux discours doivent, sans doute, une partie de leur mérite à l'importance du sujet et à l'intégrité de l'esprit public qui y respire d'un bout à l'autre. Leur but étoit d'enflammer l'indignation des Athéniens contre la politique ambitieuse de Philippe, roi de Macédoine, l'ennemi déclaré de la liberté de la Grèce, et de les prémunir contre les mesures insidieuses dont ce prince se servoit pour leur dissimuler le danger qui les menaçoit. Pour atteindre ce but, le plus honorable, sans ontredit, que l'éloquence ait pu jamais se proposer, nous verrons l'orateur employer tous les moyens capables de faire sortir de sa léthargie un peuple si long-temps fameux par sa justice, son humanité et son courage, mais déjà corrompu et presque entièrement dégénéré. Tantôt il leur reproche hardiment leur vénalité, leur indolence, leur indifférence pour la cause commune; tantôt il leur remet sous les yeux, et leurs anciens exploits, et leurs ressources présentes. Il faut l'entendre tonner contre la bassesse des orateurs ses contemporains, indignement vendus au parti du roi de Macédoine. Il ne se borne point à conseiller des mesures vigoureuses, il entre dans tous les détails, présente tous les moyens possibles d'exécution.

Est-il étonnant que de pareilles harangues soient devenues, entre ses mains, des chefs-d'œuvres de force et de cette véritable énergie que donne et que soutient l'esprit public? Raisonnemens et mouvemens, voilà toute l'éloquence de Démosthène. Jamais homme n'a donné à la raison des armes plus pénétrantes, plus inévitables. La vérité est dans sa main un trait perçant qu'il manie avec autant d'agilité que de force, et dont il redouble sans cesse les atteintes. Il frappe, sans donner le temps de respirer; il pousse, presse, renverse, sans laisser à l'adversaire terrassé le moyen de nier sa chute. Son style est austère, robuste, et tel qu'il convient à une âme franche et impétueuse. Rarement il s'occupe à parer sa pensée; c'est un soin qui semble au-dessous de lui: il ne songe qu'à la porter toute entière au fond de votre cœur. Nul n'a moins employé les figures de diction, et s'il s'en sert quelquefois, elles semblent naître de son sujet. Mais, dans sa marche rapide, il subjugue, il entraîne l'auditeur à son gré; et ce qui le distingue de tous les orateurs, c'est que l'espèce de suffrage qu'il arrache est toujours pour l'affaire qu'il traite et jamais pour l'orateur.

Avec Démosthène disparurent les beaux jours de l'éloquence des Grecs: les rhéteurs et les sophistes achevèrent de corrompre le goût, et la Grèce esclave cessa de compter des grands hommes. Le seul Démétrius de Phalère retraça, dans le siècle suivant, une ombre des premiers temps. Mais, cette époque écoulée, nous ne trouvons plus chez les Grecs un seul orateur digne de ce nom.

## CHAPITRE III.

### *De l'Éloquence chez les Romains.*

SANS cesse occupés d'expéditions militaires, les Romains négligèrent long-temps tous les arts: chez eux, tout fut grave, lent et austère. Brigands disciplinés, plutôt qu'hommes de génie, ils n'eurent, pendant l'espace de cinq cents ans, ni goût, ni imagination, ni sensibilité, ni éloquence. A mesure qu'ils étendirent leurs conquêtes, ils ne surent que piller les monumens des arts, sans jamais savoir les imiter. Il fallut que les vaincus prissent le soin de polir et de former leurs vainqueurs; et les Romains durent tous les arts du génie à ces mêmes Grecs, dont ils furent en tout les disciples, les admirateurs et les tyrans. C'est à leur école qu'ils s'instruisirent; mais ils leur furent toujours fort inférieurs du côté du génie. Ils n'avoient ni la vivacité, ni la sensibilité des Grecs: leurs passions étoient plus difficiles à émouvoir, leurs conceptions moins vigoureuses, et leur langue portoit l'empreinte de leur caractère. Composée de sons âpres et rudes, elle n'eut d'abord ni variété ni précision: elle devint ensuite régulière et majestueuse; mais elle manqua toujours de cette simplicité expressive, de cette heureuse flexibilité qui se plie sans efforts à tous les genres de composition. Aussi, quand on compare les productions de la Grèce et de Rome, trouve-t-on dans les premières plus de génie et d'invention; dans les autres, plus de régularité et de perfection.

Comme le gouvernement fut populaire chez les Romains, tout le temps de la république, il est probable que les discours publics furent un des moyens dont les chefs se servoient pour influencer la multitude et la diriger à leur gré. Mais, malgré les orages de la liberté, les grands intérêts, et le plaisir de gouverner par la parole un peuple libre, il n'y eut pas, avant Caton, un orateur que l'on pût citer. Lui-même étoit encore hérissé et barbare ; *asperum et horridum dicendi genus.* Cic. de cl. orat.) Sur deux ou trois cents orateurs qui, en divers temps, parlèrent à Rome, à peine y en eut-il un ou deux, par siècle, qui pût passer pour éloquent : peu même eurent le mérite de parler avec pureté leur langue. Peut-être la facilité qu'eurent les Romains, de puiser chez les Grecs tout ce qui manquoit au système de leur langue ou de leurs idées, retarda les progrès qu'ils eussent pu faire d'eux-mêmes, et contribua à n'en faire qu'un peuple imitateur.

L'époque où les orateurs de Rome commencèrent à déployer des talens réels, ne précéda pas de beaucoup le siècle de Cicéron. Crassus et Antoine paroissent avoir été les plus célèbres. Cicéron décrit très-éloquemment les différences de leur style et de leur manière. Mais comme leurs productions sont perdues pour nous, ainsi que celles d'Hortensius, le contemporain et le rival de Cicéron, nous allons nous hâter de franchir les temps, et d'arriver à Cicéron lui-même.

### Cicéron.

Il est inutile de répéter ici tout ce qui a été dit sur ce grand homme. Né dans un rang obscur, on sait qu'il devint, par son génie, l'égal de Pompée, de César ou de Caton. Il gouverna et sauva Rome ; il fut vertueux dans un siècle de crimes, défenseur des lois dans l'anarchie, républicain parmi des grands qui se disputoient le droit d'être oppresseurs. Enfin, après avoir défendu soixante ans les particuliers et l'état, cultivé les lettres, la philosophie et l'éloquence, au milieu des orages, des succès et des malheurs, il périt victime des factions et d'un monstre à qui il avoit servi de protecteur et de père. Mais les détails qui concernent l'homme public et le philosophe, n'entrent point dans notre plan : il ne s'agit ici que de l'orateur, et nous allons tâcher de le faire connoître, en exposant ses qualités et les taches légères qui les déparent quelquefois.

La supériorité de ses talens est incontestable, et se manifeste dans tous ses discours. Son exorde est généralement régulier ; il prépare adroitement son auditoire et le dispose en sa faveur. Sa méthode est claire, ses preuves présentées dans le meilleur ordre possible ; c'est même un de ses principaux avantages sur Démosthène. Chaque chose occupe la place qui lui convient ; il s'efforce de convaincre, avant de songer à émouvoir ; c'est sur les passions douces qu'il a en général le plus d'empire. Personne n'a connu, comme lui, la force et le pouvoir des mots. Toujours abondant, toujours harmonieux, jamais brusque, son sujet s'étend à son gré sous sa plume ; ses périodes s'enchaînent, et sa phrase marche avec une pompe et une magnificence qui sent trop, quelquefois, la recherche et le travail. Quoique généralement trop diffus, il sait se varier avec art, et toujours d'une manière convenable à son sujet. Lorsqu'un objet important exaltoit son âme, et exigeoit de la force et de l'indignation, il abandonnoit le ton déclamatoire, et le remplaçoit par la force et la véhémence : et l'homme vraiment éloquent, qui foudroie Antoine, Verrès et Catilina, n'est plus l'orateur fleuri, l'écrivain élégant qui parloit pour Marcellus, pour Ligarius ou pour le poëte Archias.

Ce grand orateur n'est cependant point exempt de défauts ; et il est d'autant plus nécessaire de les indiquer, qu'il offre, dans tout le reste, un modèle parfait, qui entraîneroit aisément les jeunes gens dans une imitation fautive. L'art est trop sensible dans la plupart de ses discours : il y est même poussé quelquefois jusques

-tentation. Souvent il se montre plus jaloux de se faire admirer, que de se faire croire de ses auditeurs : aussi, est-il souvent plus brillant que solide, et diffus lorsqu'il devroit être serré et pressant. Ses phrases sont toujours harmonieusement cadencées, jamais monotones cependant, parce qu'il en sait habilement varier la cadence. Mais, trop curieux de charmer l'oreille, il sacrifie souvent la force à la richesse du nombre. Malgré l'importance réelle des services qu'il avoit rendus à son pays, malgré l'injustice qui le forçoit de les retracer quelquefois, on lui peut reprocher cependant d'avoir été trop souvent son propre panégyriste. C'est un tort, sans doute ; c'est même, si l'on veut, un petit ridicule dans un si grand homme. Pardonnons-lui pourtant, et surtout après son exil ; songeons qu'il eut sans cesse à combattre la jalousie et la haine, et rappelons-nous qu'un grand homme persécuté a des droits que n'a pas le reste des hommes. Chez les anciens, d'ailleurs, la liberté républicaine permettoit plus d'énergie aux sentimens, et laissoit plus de franchise au langage. Cet affoiblissement de caractère, que l'on nomme *politesse*, et qui craint tant d'offenser l'amour-propre, c'est-à-dire, la foiblesse inquiète et vaine, étoit alors plus inconnu. On aspiroit moins à être modeste, et plus à être grand.

### *Démosthène et Cicéron comparés.*

Les critiques de tous les temps ont beaucoup parlé, beaucoup écrit sur le mérite respectif de Démosthène et de Cicéron ; et le parallèle de ces deux grands orateurs est devenu l'un de ces lieux communs où le contraste puéril des mots et la manie des oppositions remplacent souvent la justesse des idées. Personne, parmi les anciens, n'a saisi, avec plus de finesse que Plutarque, les rapports qui existent entre ces deux orateurs, et aucun écrivain moderne ne les a plus clairement exposés que La Harpe.

« J'ai toujours cru, dit-il, que ce qui importoit le

plus n'étoit pas de décider une prééminence qui sera toujours un problème, attendu la valeur à peu près égale des motifs pour et contre, et la diversité des esprits; mais de bien saisir, de bien apprécier les caractères distinctifs et les mérites particuliers de chacun. Démosthène et Cicéron ne sont plus, à proprement parler, pour nous, que des écrivains : nous ne les entendons plus, nous les lisons; et cette différence de point de vue est grande. Tous deux ont eu les mêmes succès, ont exercé le même empire sur les âmes. Mais il est facile de concevoir aujourd'hui que Cicéron, qui a toutes les sortes d'esprit et toutes les sortes de style, doit être plus généralement goûté que Démosthène, qui n'a pas cet avantage. Cicéron peut l'emporter devant les lecteurs, parce qu'il leur donne plus de jouissances : mais devant les auditeurs, nul ne l'emportera sur Démosthène, parce qu'en l'écoutant, il est impossible de ne pas lui donner raison, et c'est là certainement le premier but de l'art oratoire.

Un homme bien fait pour juger les anciens, puisque c'est de tous les modernes celui qui s'en est approché le plus près, l'illustre auteur du Télémaque, ne balance pas à se décider en faveur de Démosthène.

Je proteste, dit Fénélon, que personne n'admire plus que moi Cicéron : il embellit tout ce qu'il touche; il fait des mots ce qu'un autre n'en sauroit faire; il a je ne sais combien de sortes d'esprit; il est même court et véhément, toutes les fois qu'il veut l'être, contre Catilina, contre Verrès, contre Antoine. Mais on remarque quelque parure dans son discours. L'art y est merveilleux, mais on l'entrevoit. L'orateur, en pensant au salut de la république, ne s'oublie pas, et ne se laisse pas oublier.

Démosthène paroît sortir de soi et ne voir que la patrie; il ne cherche point le beau, il le fait sans y penser; il est au-dessus de l'admiration; il se sert de la parole, comme un homme modeste de son habit, pour se couvrir. Il tonne, il foudroie; c'est un torrent qui entraîne

…ut. On ne peut le critiquer, parce qu'on est saisi. On pense aux choses qu'il dit, et non à ses paroles. On le perd de vue; on n'est occupé que de Philippe qui envahit tout. « Je suis charmé de ces deux orateurs, conclut Fénélon ; mais j'avoue que je suis moins touché de l'art infini et de la magnifique éloquence de Cicéron, que de la rapide simplicité de Démosthène ».

Le règne de la véritable éloquence fut très-court chez les Romains ; elle avoit pris naissance avec Cicéron, elle expira avec lui. Rien de moins surprenant : la liberté n'étoit plus, et l'empire romain devenoit la proie d'une longue suite de tyrans, l'opprobre tour à tour ou l'effroi, et toujours le fléau de l'humanité. On devoit naturellement s'attendre à voir, sous leur verge funeste, le goût se corrompre et le talent se décourager. Quelques-uns des beaux-arts, qui dépendent moins essentiellement de la liberté, se soutinrent quelque temps encore. Mais les discussions de la tribune républicaine, les débats du sénat et des assemblées populaires, cessèrent d'échauffer les esprits, et d'entretenir cette éloquence mâle et vigoureuse que le mouvement allume, et qui ne brille qu'en embrasant. Abandonnée dès-lors aux sophistes et aux déclamateurs romains, elle ne fut plus qu'un composé bizarre d'affectation, de pointes et d'antithèses. Cette dégradation commença à se faire sentir dans les écrits de Sénèque ; et il nous faut arriver ensuite jusqu'à Pline le Jeune, pour retrouver, dans son panégyrique de Trajan, quelques étincelles de l'ancienne éloquence. Encore ces étincelles sont-elles rares et foibles, et s'aperçoit-on, à chaque instant, des efforts que fait l'auteur pour s'éloigner de la façon de penser et de parler ordinaire, et se maintenir à une élévation forcée.

Cette décadence étoit trop sensible et trop déplorable en même temps, pour ne pas exciter le zèle de ceux qui, fidèles encore aux bons principes, et admirateurs constans des grands modèles, ne pouvoient voir sans douleur les progrès effrayans du mauvais goût, et l'entier oubli des règles tracées par la nature. De là, ce fameux dialogue sur les causes qui avoient corrompu l'éloquence, chef-d'œuvre de goût et de raison, successivement attribué à deux grands maîtres, Tacite et Quintilien, et à peu près reconnu aujourd'hui pour l'ouvrage du premier. C'est là, que la cause du goût et de la raison est plaidée avec une éloquence et une solidité dignes de l'un et de l'autre; que les limites qui séparent et doivent distinguer la poésie et l'éloquence, sont assignées avec autant de justesse que de sagacité; que la grande question de la prééminence des anciens sur les modernes est discutée et résolue, de manière à terminer toute espèce de dispute à cet égard.

Mais écoutons Messala, l'un des interlocuteurs, assigner et détailler les causes principales auxquelles il attribue la décadence totale de l'éloquence romaine. « Ce » n'est point, dit-il, la disette de talens qui augmen- » te chaque jour l'intervalle qui nous sépare des an- » ciens; c'est l'indolence de la jeunesse actuelle; c'est » l'insouciance des parens; c'est enfin l'oubli complet » des mœurs antiques ». Suit un parallèle énergiquement tracé des mœurs et de l'éducation anciennes, rapprochées de l'éducation et des exemples que les Romains donnoient alors à leurs enfans. « Pénétrons, dit- » il, dans l'intérieur des maisons: qu'y voit, qu'y en- » tend un enfant qui puisse ne pas faire, sur sa jeune » âme, l'impression la plus fâcheuse? Qui prendra la » peine de se contenir devant lui, quand les parens eux- » mêmes s'oublient assez pour lui ouvrir la route, et lui » donner des exemples journaliers de tous les genres de » corruption? De là, cette impudence, qui n'est d'abord » que ridicule, mais qui enfante bientôt le mépris de » soi et des autres, etc. »

De l'éducation domestique, Messala passe à celle que les jeunes gens recevoient à Rome des professeurs publics, et de nouveaux désordres, de nouveaux abus se présentent en foule à ses yeux. Il en conclut donc que, pour ramener les esprits aux vrais principes et pour faire renaître les beaux jours de l'éloquence, il faut en revenir à la simplicité des mœurs antiques, à l'étude des grands maîtres, et faire enfin ce qu'ils avoient fait eux-mêmes, si l'on veut parvenir à s'illustrer comme eux. Il appuie surtout, et avec raison, sur la nécessité de ne point énerver l'âme des jeunes gens, en traitant leur corps avec trop de mollesse. Ce sont des hommes que nous devons à la société; élevons-les donc comme des hommes, et sachons que jamais une âme forte et généreuse ne se rencontrera dans un cops amolli et efféminé.

## CHAPITRE IV.

*De l'éloquence chez les modernes.*

LE moyen âge ne nous offrant rien qui mérite de fixer notre attention, nous allons jeter un coup d'œil sur la situation de l'éloquence chez les modernes.

Il est une vérité incontestable, c'est qu'aucune des nations de l'Europe n'a attaché, jusqu'ici, autant d'importance aux discours publics, n'a accordé autant de considération aux orateurs, que les Grecs et les Romains. Il en devoit être ainsi : on a pu voir, dans le tableau rapide que nous venons d'esquisser de l'éloquence ancienne, qu'elle tenoit essentiellement au caractère et à la constitution d'un peuple; et qu'elle avoit rencontré, chez les Grecs et les Romains, un concours de circonstances qu'il lui étoit impossible de retrouver parmi les nations modernes.

Les ruines, dont la chute de l'empire romain couvrit l'Europe entière, achevèrent d'étouffer le peu qui restoit encore, dans un petit nombre d'âmes privilégiées, d'amour de la gloire et de la liberté. Des peuples vaincus d'avance, engourdis depuis long-temps dans les chaînes du despotisme, étoient incapables de sortir tout à coup de ce profond abattement, pour renaître à des sentimens dont leurs âmes flétries n'étoient plus susceptibles. Aussi des débris épars de la tyrannie qui venoit de succomber, vit-on se former, sur tous les points de l'Europe, une foule de petits états, tous gouvernés par de petits despotes, uniquement occupés du soin de se détruire mutuellement, et d'opprimer des peuples devenus assez stupides pour ne pas même s'apercevoir qu'ils avoient changé de joug et de maître.

La révolution qui s'opéra alors dans les esprits et dans les âmes, est si frappante; ses conséquences ont tellement influé sur la destinée des peuples de l'Europe, que nous avons cru nous y devoir arrêter un moment. Comme on peut dire qu'il n'y eut plus de Grecs ni de Romains, dès l'instant qu'il ne fut plus permis, à Athènes ou à Rome, d'exposer publiquement, et de défendre avec courage les intérêts de la liberté et la forme du gouvernement; on peut dire aussi que tout fut perdu pour l'éloquence, dès qu'il n'y eut plus de peuples essentiellement libres.

La servitude et l'ignorance, sa compagne nécessaire, consommèrent donc l'ouvrage que la corruption des mœurs avoit commencé depuis long-temps; et lorsqu'après des siècles de barbarie, la lumière voulut enfin se remontrer; lorsque les peuples, fatigués par tous les genres d'oppression, essayèrent enfin de sortir de ce long sommeil de l'esclavage, il fallut un choc terrible et des crises affreuses pour lutter contre tant d'obstacles réunis, et pour reconquérir une ombre au moins de l'ancienne liberté.

Aussi peut-on remarquer une conformité singulière entre toutes les époques où les arts ont fleuri, et cette conformité a quelque chose de bien affligeant. A Athènes et dans l'ancienne Rome, l'éloquence et les lettres n'eurent un grand éclat que dans les temps les plus orageux. En Italie, la renaissance des lettres fut précédée par les factions des Guelfes et des Gibelins. En Allemagne, les lettres ne commencèrent à fleurir, qu'après la guerre de trente ans ; en Angleterre, sous Charles II, après Cromwel ; en France enfin, après les troubles de la ligue et les agitations des guerres civiles. Il est triste, sans doute, pour les amis des lettres, d'être obligés d'avouer que ce qui trouble les états est ce qui favorise le plus, ou la seule chose plutôt qui favorise l'éloquence. Mais telle est la nature des choses humaines : l'éloquence peut servir, et n'a que trop servi les passions ; mais il faut de l'éloquence pour les combattre : et l'on sait que le bien et le mal se confondent dans tout ce qui est de l'homme.

À l'époque dont nous parlons, la religion ranima un moment l'éloquence, et le barreau s'en empara. Mais la vraie éloquence, l'éloquence politique, celle qui, dans les tribunes d'Athènes et de Rome, avoit exercé la censure de l'administration publique, cette éloquence, gardienne et protectrice du bien public, étoit destinée à ne reparoître jamais, ou à faire payer bien cher sa résurrection momentanée.

S'il est un pays qui, par la nature de ses localités, par la forme de son gouvernement et le caractère de ses habitans, dût faire revivre le premier l'éloquence populaire des anciens, c'est, sans doute, l'Angleterre. Parmi les nations civilisées, les Anglois ont long-temps possédé seuls un gouvernement populaire et des assemblées assez nombreuses pour offrir un champ libre à l'éloquence politique, qui y devoit être naturellement encouragée par la hardiesse du génie national. Malgré tant d'avantages, les Anglois sont restés très-inférieurs dans toutes les parties de ce bel art, non-seulement aux Grecs et aux Romains, mais même aux François dans quelques parties. Dans toutes les sciences, l'Angleterre a compté des hommes profondément instruits. Elle a des philosophes, des historiens, des poëtes du premier mérite ; et il seroit difficile aux autres nations de trouver beaucoup d'hommes à opposer aux Newton, aux Hume, aux Pope, etc. Mais elle est loin d'être riche en orateurs publics, et l'on trouveroit difficilement des monumens de leur génie. On a vu, de temps en temps, quelques personnages acquérir une sorte de célébrité dans les débats du parlement : mais c'étoit un hommage rendu plutôt à la profondeur des lumières ou à la sagesse des vues de l'homme d'état, qu'aux talens de l'orateur.

L'éloquence angloise ne fut pas plus heureuse au barreau, et les discours des plus habiles avocats ont été oubliés avec la cause qu'ils avoient pour objet. En France, au contraire, on se souvient encore des plaidoyers de Patru : et les discours de Cochin et de d'Aguesseau sont tous les jours cités parmi les modèles de notre éloquence.

Il en est de même de l'éloquence de la chaire. Rien de plus sage et de plus sensé que les productions des ecclésiastiques anglois. Leurs sermons sont remplis de piété, de saine morale et de bon sens; mais avec tout cela on n'est rien moins qu'éloquent. Aussi, celui de tous les arts qui est le plus éloigné de la perfection chez les Anglois, est, sans contredit, l'art de la prédication; tandis que, chez les François, nous verrons Bossuet, Bourdaloue, Massillon et Fléchier, tendre et arriver souvent à une supériorité d'éloquence, dont les prédicateurs anglois ne semblent pas même avoir eu l'idée.

Une des raisons principales de cette différence, c'est que les François ont, en général, conçu de plus grandes idées du pouvoir attaché à l'art oratoire, mais qu'ils ne les ont pas toujours remplies avec le même succès. Les Anglois n'ayant point entrepris de porter si haut l'éloquence, ont mis plus d'exactitude dans l'exécution, mais sont restés méthodiques et froids par conséquent. En France, le style des orateurs est orné de figures plus hardies; leur marche est plus variée, leur discours plus animé, et souvent plein de chaleur et d'élévation. L'Anglois, sage jusque dans ses écarts, se permet peu d'ornemens, tend directement au bon sens, à la raison, et s'embarrasse peu d'adoucir l'aspérité des sentiers qui y conduisent.

Quant aux causes générales qui ont dû retarder chez

les modernes les progrès de l'éloquence et en diminuer les effets, on peut les attribuer en partie à la correction du raisonnement, dont nous avons fait une étude particulière. Sans doute les Grecs et les Romains avoient plus de génie que nous; mais nous avons sur eux un avantage incontestable : c'est la justesse et l'exactitude du raisonnement. De là cette attention continuelle à nous prémunir contre l'influence et les charmes de l'élocution : de là, ce soin scrupuleux de nos orateurs modernes à se renfermer dans les bornes de la raison, à ne se rien permettre qui puisse la choquer ou la contredire, bien convaincus d'avance que le discours le plus éloquent manqueroit nécessairement son but, pour peu qu'il s'écartât de cette grande règle qui exige que tout tende au bon sens : *Scribendi rectè sapere est et principium et fons.* (Horace).

*Fin du Second Livre.*

# LIVRE TROISIÈME.

*Des Trois Genres principaux d'Éloquence.*

C'est sur la nature même du discours, que les anciens fondoient leur division de l'éloquence. Ils ont donc appelé *démonstratif*, le genre qui a pour objet la louange ou le blâme, parce qu'il faut *démontrer* en effet jusqu'à quel point l'un ou l'autre est fondé; *délibératif,* celui qui se propose d'amener l'assemblée devant laquelle on parle, à prendre la *délibération* qui convient le mieux aux circonstances, et qui entre le plus dans ses intérêts; *judiciaire* enfin, celui qui, d'après l'exposé des faits, l'ensemble et le résultat des preuves, met les *juges* en état de prononcer sur le fonds de l'affaire, et de faire une application juste de la loi.

Nous allons examiner chacun de ces trois genres en particulier, avec le soin et l'étendue nécessaires.

## SECTION PREMIÈRE.

*La Tribune politique.*

### CHAPITRE PREMIER.

Cicéron, en adoptant la distinction que nous venons d'établir, assigne à chacun des trois genres son caractère et son objet, et fait de *l'utilité* la base du genre

purement délibératif : *in deliberationibus utilitas.*
Quand il s'agit en effet de déterminer la volonté publique en faveur du projet qu'on lui propose, et de la détourner du dessein qu'elle a pris, il faut que l'utilité du nouveau plan frappe tous les esprits, pour entraîner tous les suffrages. Les grands objets dont s'occupe cette espèce d'éloquence, sont encore une raison de plus pour n'en jamais perdre de vue l'utilité. Ce n'est point à la légère que l'on doit *délibérer* sur les affaires publiques, sur la paix, sur la guerre, sur les négociations, sur tous les points enfin de législation et d'administration publique. L'orateur public doit avoir sans cesse devant les yeux les conséquences terribles qui suivent nécessairement les délibérations trop précipitées. Il ne doit donc rien hasarder qu'il n'ait mûrement pesé avec lui-même dans le silence des passions, et dont l'utilité générale ne lui soit d'avance clairement démontrée. Qu'il songe et qu'il se rappelle à chaque instant que ce peuple qui va l'entendre, est un torrent qu'il n'est plus possible d'arrêter, une fois que l'on a rompu la digue qui le retenoit, et que des regrets tardifs ne répareront point le mal dont il aura été la cause imprudente.

Avant donc de parler dans une assemblée populaire, il faut commencer par bien concevoir le sujet que l'on veut traiter; le considérer avec soin sous tous les rapports, saisir ceux qui seront le plus à la portée de la multitude; choisir et disposer les preuves, dont la solidité lumineuse doit faire la base de tout discours public. Quant aux ornemens, ils se présenteront d'eux-mêmes, si le sujet en est susceptible; et quoique l'orateur public ne doive en aucun cas négliger ce moyen de faire triompher la raison, il doit toujours, et avant tout, s'occuper des choses : *cura sit verborum, sollicitudo rerum.* C'est le conseil de Quintilien, le précepte de la nature et de la raison, et nous ne saurions le rappeler trop souvent aux jeunes orateurs.

Un précepte non moins essentiel, et que trace également la nature, c'est qu'il faut être fortement persuadé soi-même de la vérité que l'on veut faire adopter aux autres. Cela est vrai pour tous les genres d'éloquence; mais cela est indispensable pour celui dont il s'agit ici. On conçoit, par exemple, que l'orateur qui prononce un panégyrique ou une oraison funèbre, peut n'être pas profondément affecté en effet du mérite qu'il loue, ou dont il pleure la perte : il suffit, pour nous toucher, qu'il paroisse touché lui-même; l'illusion n'en demande pas plus. Mais qu'un orateur public, qu'un homme d'état, qu'un citoyen enfin, qui fait partie de l'assemblée devant laquelle il parle, et dont les intérêts lui sont par conséquent communs, ne soit et ne paroisse pas intimement convaincu que ce qu'il conseille est en effet ce qu'il y a de mieux à faire pour le moment, son but est manqué, et il laisse sur sa probité et sur son patriotisme des soupçons que le temps n'efface jamais complètement. Nous sentons bien, et l'on sentira comme nous, que cette dernière qualité exige et suppose plus que de l'éloquence ; qu'elle demande tout le courage de la vertu, toute l'énergie du vrai talent. Mais c'est à celui qu'un grand peuple charge de ses intérêts, à bien consulter son âme et ses forces, à se demander s'il saura s'élever au-dessus des petites passions, fronder l'opinion commune quand elle ne sera pas d'accord avec le bien général; braver les clameurs de ce même peuple, qu'il faut quelquefois servir malgré lui, et sacrifier jusqu'à sa vie s'il le faut, plutôt que de trahir la vérité et la confiance de ses concitoyens.

Le champ vaste et libre du genre *délibératif*, est ce que les Romains appeloient *concio*, la harangue directement adressée au peuple. Elle doit être imposante et variée, dit Cicéron: *gravitatem varietatemque desiderat.* Elle ne peut avoir que deux objets : ou il s'agit de conduire les hommes par le devoir, et c'est alors dans les principes du juste et de l'injuste qu'elle puise ses forces et ses moyens : ou il s'agit de les déterminer par leur intérêt, et c'est leur passion qu'il faut émouvoir. Ainsi, dans l'un et l'autre cas, l'alliance de la probité et du talent est indispensable dans l'orateur public. Voilà pourquoi sans doute les anciens, pour qui l'éloquence populaire étoit si importante, attachoient tant de prix et de mérite à la réunion des grands talens et des grandes vertus.

L'honneur, la gloire, la vertu, l'orgueil national, les principes de l'équité peuvent beaucoup sans doute sur l'esprit des hommes assemblés; mais rien ne les détermine plus puissamment que les motifs d'utilité publique. Aussi, l'éloquence populaire ne triomphe-t-elle jamais avec plus d'éclat, que lorsqu'elle peut mettre d'accord l'utilité publique et la dignité : c'étoient les deux grands moyens de Démosthène. Au reste, la grande et peut-être l'unique règle de l'éloquence populaire, est de s'accommoder au naturel, au génie, au goût du peuple à qui l'on parle : c'est ce que Démosthène et Cicéron avoient parfaitement senti, et ce qu'ils ont scrupuleusement observé.

Quant aux formes oratoires du discours populaire, elles sont les mêmes à peu près que pour les autres genres d'éloquence, avec cette différence cependant que le genre délibératif permet moins d'appareil, exige moins de recherche et de parure. Mais ce qu'il perd quelquefois en élégance et en correction, il le regagne abondamment par la force et la véhémence, qui le caractérisent essentiellement. Le seul aspect d'une assemblée nombreuse, occupée d'une discussion importante, et attentive au discours d'un seul, dont elle attend, et dont peut en effet dépendre son sort, suffit pour élever l'esprit de l'orateur, pour échauffer son imagination. La passion s'enflamme, les figures les plus hardies deviennent naturelles, parce qu'elles sont naturellement amenées : la chaleur du discours, l'élan du sentiment se communiquent de proche en proche, les esprits sont convaincus, les cœurs entraînés, et la vérité triomphe.

Il ne suffiroit cependant pas de s'abandonner inconsidérément à cette chaleur qui entraîne tout, et ne laisse aucune place à la réflexion. Elle a besoin d'être renfermée dans de certaines bornes, et elle exige des restrictions qu'il faut indiquer.

Elle doit être d'abord proportionnée au sujet et à la circonstance. On sent tout ce qu'il y auroit d'absurdité à s'exprimer avec véhémence sur un sujet peu important, ou qui demande par sa nature une discussion paisible. Le ton modéré est celui qui convient le plus souvent : c'est celui de la raison, et c'est la raison qui persuade.

Lors même que la véhémence est justifiée par le sujet, et secondée par le génie de l'orateur; lorsqu'elle est sentie et non pas feinte, il faut prendre garde encore qu'elle ne nous emporte trop loin, et ne nous fasse franchir les bornes de la prudence et la limite délicate des bienséances. L'influence de l'orateur cesse nécessairement, du moment qu'il ne sait plus se commander à lui-même.

Dans le cours de la harangue populaire la plus animée, il ne faut jamais perdre de vue ce qu'on doit de respect et de ménagement à l'oreille des auditeurs. Les anciens avoient, à cet égard, des priviléges que nous n'avons plus; et cette considération doit nous faire éviter avec soin de donner à la déclamation une latitude qui ne seroit plus que de l'extravagance devant un auditoire moderne.

Que le plaisir de nous entendre parler ne nous fasse jamais oublier que les auditeurs sont faciles à lasser; que l'inconstance et la légèreté du plus grand nombre ne leur permettent pas de donner, à rien de sérieux, une attention long-temps suivie; et lorsqu'une fois cette lassitude commence à se faire sentir, tout l'effet de notre éloquence devient absolument nul. Préférons donc en général l'inconvénient de ne pas dire assez, au danger de dire trop. Il vaut mieux placer sa pensée sous un jour frappant, et l'y laisser, que de la retourner, de la représenter de vingt manières différentes, et d'entasser une vaine profusion de mots au hasard, de fatiguer et d'épuiser enfin l'attention de ceux qui nous écoutent, et qui ont un intérêt réel à nous entendre.

## CHAPITRE II.

*Application des principes à la première Philippique de Démosthène, et à la seconde Catilinaire de Cicéron.*

AVANT de passer à l'analyse des discours, nous allons donner, en peu de mots, une idée de la forme des assemblées populaires chez les anciens, de la manière de les convoquer et d'y délibérer. Ces notions préliminaires nous ont semblé indispensables, pour mieux apprécier l'effet de l'éloquence et le mérite des orateurs.

A Athènes, le pouvoir absolu et la direction entière des grands intérêts étoient entre les mains du peuple. Lorsqu'il y avoit lieu à délibérer sur une affaire importante, le peuple s'assembloit dès le matin dans le Forum, ou sur une place nommée le *Pnyx*, mais le plus souvent dans le théâtre de *Bacchus*. Quelques jours avant l'assemblée, on affichoit un placard qui indiquoit l'objet de la convocation. Tous ceux qui avoient atteint l'âge compétent étoient forcés de se rendre à l'assemblée, et les plus diligens recevoient une petite rétribution pécuniaire.

Dans les cas ordinaires, les matières à discuter étoient préparées d'avance dans le conseil des cinq cents, composé de cinquante sénateurs choisis dans chacune des dix tribus. Les prytanes convoquoient l'assemblée, les proëdres en indiquoient l'objet, et l'épistate recueilloit les voix.

Les assemblées extraordinaires étoient indistinctement convoquées par les généraux ou par les prytanes : quelquefois le peuple s'assembloit de lui-même, sans attendre les formalités prescrites par la loi.

Lorsque tous les orateurs avoient parlé, le peuple

donnoit son suffrage en étendant les mains vers celui dont l'opinion le flattoit davantage. Xénophon rapporte que, la nuit ayant surpris le peuple au milieu d'une délibération importante, on fut obligé de remettre au jour suivant, pour éviter toute espèce de confusion au moment des suffrages. *Porrexerunt manus*, dit Cicéron, *et ψήφισμα natum est.* Ce pséphisma ou décret portoit le nom de celui qui l'avoit proposé, et étoit toujours cité par le nom de son auteur, et la date du jour où il avoit été rendu. Avant d'avoir reçu cette sanction, il portoit provisoirement le nom de προβύλευμα, et n'avoit force de loi que pendant un an.

Chez les Romains, les comices ou assemblées du peuple se tenoient dans le Champ-de-Mars, et étoient présidées par le consul. Pour déterminer l'ordre des votes, dans les élections, on se servoit de petites boules sur lesquelles étoit inscrit le nom de la tribu à laquelle appartenoit la centurie, et que le consul tiroit de l'urne. L'élection se faisoit au moyen de petites tablettes que l'on distribuoit à chaque citoyen, lequel sortoit de son rang, et les jetoit dans le vase placé pour les recevoir. On s'y prenoit de la même manière dans les délibérations sur une loi à porter, ou dans les décisions judiciaires.

### Sujet des Philippiques.

Philippe, dont l'ambition n'étoit point bornée par ses petits états, et dont les talens étoient fort au-dessus de sa puissance héréditaire, avoit formé le hardi projet de dominer dans la Grèce. C'étoit beaucoup entreprendre pour un roi des Macédoniens, nation jusque-là méprisée des Grecs, qui la traitoient de barbare. Mais il sut se créer un peuple, et le rendre formidable. Déjà sa politique astucieuse menaçoit la liberté d'Athènes; l'alarme commençoit à se répandre parmi ce peuple léger et frivole, qui ne songeoit aux moyens de détourner le danger que quand le danger étoit inévitable. De là, cette lenteur dans les délibérations, cette foiblesse dans les mesures, qui indignoient justement Démosthène. Prodigue de sermens, de caresses et d'argent, Philippe avoit partout des ministres et des orateurs à ses gages, et ils trompoient facilement la multitude, qui n'est jamais plus asservie, que quand elle croit commander. Ce fut dans ce moment de crise, au milieu d'un peuple dont une moitié étoit abattue par la crainte, et l'autre lâchement vendue aux agens de Philippe, que Démosthène, à peine encore âgé de trente ans, parut à la tribune, et fit entendre cette éloquence vraiment patriotique, dont nous allons admirer des exemples.

### Première Philippique.

*Exorde.* « Si le sujet qui nous rassemble avoit pour objet quelque nouveau débat, j'attendrois, Athéniens, que vos orateurs ordinaires eussent manifesté leur opinion; et si leurs propositions m'avoient paru sages, j'aurois continué de garder le silence : dans le cas contraire, j'aurois exposé mon sentiment : mais puisqu'il s'agit de choses sur lesquelles ils ont plus d'une fois déjà donné leur avis, vous me pardonnerez sans doute d'avoir pris le premier la parole; car s'ils avoient dans le temps indiqué les mesures convenables, vous n'auriez point à délibérer aujourd'hui ».

Ce court exorde suffit pour donner une idée de la manière de Démosthène : on ne voit rien là qui sente l'orateur, rien qui annonce la moindre recherche; tout va directement au but : on voit un homme rempli de l'importance de son sujet, et l'on sent qu'il va s'emparer invinciblement de l'attention des auditeurs. C'est une âme pleine qui cherche à s'épancher : c'est un vrai citoyen qu'afflige l'état de son pays et l'insouciance de ses concitoyens; il veut le bien et la gloire de tous, et il sent que pour faire l'un et l'autre, il faut exposer la vérité dans tout son jour, et sacrifier sans balancer tous ces vains ménagemens d'une fausse délicatesse.

Après ce peu de mots, il aborde directement l'état de la question.

« Athéniens ! la situation de nos affaires est dangereuse, mais elle n'est pas désespérée ».

Il faut être bien sûr de ses raisons et de la manière dont on les fera valoir, pour s'exprimer avec cette confiance devant un peuple d'avance persuadé qu'il n'y avoit plus rien à espérer, et qui croyoit voir déjà Philippe aux portes d'Athènes. Mais cette assurance même de l'orateur lui imposoit la nécessité de prouver, sans réplique, ce qu'il venoit d'avancer; et c'est ce que va faire Démosthène.

« Notre conduite passée est précisément ce qui doit nous donner, pour l'avenir, les plus grandes espérances ».

Quoi! les Athéniens n'avoient commis jusqu'à cette époque que des fautes en tout genre: ils avoient manqué de prévoyance et de politique dans vingt circonstances; ils avoient abandonné ou négligé leurs alliés, et c'est là précisément ce qui doit les rassurer pour l'avenir! Écoutez avec quel art l'orateur répond à l'objection, toute forte qu'elle paroît.

« Sans doute, tout seroit désespéré, si nous avions fait infructueusement tout ce que le devoir exigeoit de nous. Ce n'est pas les Athéniens que Philippe a vaincus, c'est leur mollesse, c'est leur insouciance. Non, vous n'avez point été vaincus, puisque vous n'avez rien fait encore pour vous défendre ».

Il étoit impossible de tirer avec plus d'adresse des motifs d'encouragement, de la cause même du désespoir général. L'orateur continue :

« Il fut un temps où nous possédions Pydna, Potidée, Methon et tous les pays adjacens; où une partie des états subjugués par Philippe étoient encore indépendans: si Philippe, foible alors et sans alliés, eût désespéré de ses succès contre nous, s'il se fût dit : Moi, attaquer les Athéniens, dont les garnisons commandent mon territoire, et les attaquer sans secours, sans alliés! — Jamais il n'eût fait ce qu'il a fait, jamais il ne fût parvenu au degré de puissance qu'il a atteint. Mais il savoit que les places les plus fortes sont des prix jetés au milieu des combattans, et la récompense du conquérant ; il savoit que les domaines de l'absent sont le butin naturel de ceux qui voudront armer pour les prendre. Fort de cette pensée, il saccage, il possède des provinces entières : il impose des lois et trouve des alliés, parce que les hommes aiment à s'unir d'intérêt avec ceux qu'ils voient disposés à tenter de grands efforts, quand les circonstances l'exigeront ».

Ce dernier trait est remarquable, en ce qu'il renferme implicitement un reproche bien capable de réveiller le courage et de piquer l'émulation des Athéniens. Tout ce morceau est plein de cette force de raisonnement qui, ne s'appuyant que sur des faits, porte nécessairement la conviction. Il étoit fort adroit de s'étayer de l'exemple même de Philippe. Passons à l'application de l'exemple, et voyons le parti que l'orateur en va tirer.

« O mes concitoyens ! si vous voulez adopter enfin des sentimens semblables, si chacun de vous est prêt à servir son pays autant qu'il le doit, et qu'il le peut ; si les riches sont disposés à contribuer de leur bourse, les jeunes gens à prendre les armes ; si vous voulez enfin redevenir vous-mêmes, vous pourrez encore, avec le secours des Dieux, retrouver et mettre à profit les occasions imprudemment négligées, et châtier l'insolence de cet homme qui vous épouvante aujourd'hui.

» Mais quand, ô mes concitoyens, quand ferez-vous ce qu'il est à propos de faire ? Attendez-vous que quelque nouveau désastre, que la nécessité vous y contraignent ? Faut-il un motif de plus que les circonstances qui vous pressent ? Selon moi, la plus urgente des nécessités est, pour des hommes libres, la tache qui résulte d'une conduite honteuse. Vous bornerez-vous, dites-moi, à parcourir les places publiques, en vous demandant mutuellement : *Qu'y a-t-il de nouveau ?* Eh ! qu'attendez-vous de plus nouveau, de plus étrange, que de voir le Macédonien subjuguer Athènes, et faire la loi à la Grèce ? *Philippe est-il mort ? Non, mais il est en danger.* Eh ! que vous importent ces vains bruits ? Supposez-le mort, en effet ; vous en aurez bientôt fait un autre, en continuant de négliger ainsi vos propres intérêts ».

Voilà bien ce qui s'appelle frapper fort, et frapper juste en même temps, comme le disoit Voltaire, à propos de l'effet théâtral. Après avoir convaincu les Athéniens de la nécessité de faire la guerre au roi de Macédoine, l'orateur leur représente celle d'équiper au plutôt une flotte, de lever une armée de terre et des subsides en conséquence. Il trace le plan d'exécution, et indique tous les moyens qui peuvent le faciliter et l'accélérer en même temps. Il revient ensuite à la conduite de Philippe, qu'il peint de couleurs encore plus énergiques. Il cite et fait lire la lettre insolente que ce prince avoit écrite aux habitans de l'île d'Eubée ; il en tire l'occasion de nouveaux reproches aux Athéniens, sur leur inconcevable indolence.

« Ce qui me surprend toujours, c'est que personne d'entre vous ne veuille considérer, en reportant ses yeux sur le passé, que la guerre actuelle n'a été entreprise de notre part, que pour réprimer l'insolence de Philippe, et qu'elle n'est plus aujourd'hui qu'une guerre défensive, pour nous mettre à l'abri de ses insultes : insultes qu'il ne manquera pas d'accumuler, à moins que l'on n'y mette un prompt obstacle ».

Ce rapprochement est naturel, et plein d'art cependant : cette manière d'argumenter par les faits, de fortifier les circonstances les unes par les autres, constitue essentiellement la logique de l'orateur public, et personne ne l'a possédée comme Démosthène. Pour achever de déterminer les Athéniens, il s'efforce de détruire l'impression que font nécessairement sur les esprits foibles, les bruits que les malveillans et les oisifs ne manquent jamais de fabriquer et de répandre dans les grandes villes, et aux grandes époques.

« Je sais que plusieurs d'entre vous se plaisent à faire circuler de faux bruits, qu'ils donnent pour des nouvelles authentiques. Les uns disent que Philippe s'est joint aux Lacédémoniens pour tramer de concert avec eux la perte des Thébains ; d'autres, qu'il a envoyé des ambassadeurs au roi de Perse ; d'autres enfin, qu'il se fortifie dans l'Illyrie. C'est ainsi que nous perdons des momens précieux à fabriquer des nouvelles. Une chose dont je suis bien persuadé, c'est qu'ivre de sa grandeur et de ses succès, Philippe a pu rêver tous ces grands projets, en voyant surtout que personne ne songe à le troubler dans ses conquêtes; mais qu'il ait pris ses mesures de manière à ce que les plus vides de sens d'entre nous ( car rien de moins sensé qu'un fabricateur de nouvelles) soient instruits de ses démarches ultérieures, c'est ce que je ne saurois jamais croire. Laissons donc ces contes frivoles, et pénétrons-nous seulement de cette grande vérité, que Philippe est notre ennemi, qu'il nous a dépouillés de nos possessions, qu'il nous outrage depuis long-temps, que notre espoir a été trompé jusqu'ici, que nous n'avons désormais de ressources qu'en nous-mêmes, et que si nous balançons à porter la guerre au-dehors, nous serons forcés de la faire chez nous. Voilà ce dont il faut nous persuader. Voilà les résultats qu'il faut sérieusement examiner, et non les vains discours dont on cherche à vous repaître. Pourquoi vous épuiser en conjectures inutiles, lorsqu'il suffit de vous convaincre que rien ne vous peut arriver d'heureux, tant que vous ne donnerez pas à vos affaires une attention plus suivie, et à vos projets une exécution plus rapide ».

L'intérêt seul de la patrie et l'espoir d'ouvrir un avis utile, avoient fait monter Démosthène à la tribune; nous l'avons vu dans son exorde. Ces mêmes motifs de patriotisme et de désintéressement se reproduisent avec noblesse dans la courte péroraison qui termine son discours.

« Pour moi, dit-il, je n'ai jamais brigué votre faveur par des discours étrangers à ce que je croyois vous devoir être utile; et j'ai alors déclaré mon sentiment sans art, comme sans réserve. Heureux si, comme il vous est salutaire de recevoir les meilleurs conseils, il l'étoit de même à l'orateur de vous les donner! Combien cette certitude eût ajouté à mon assurance! Quoi qu'il en puisse résulter pour moi, j'ai cru devoir parler, convaincu que ce que j'avois à dire, étoit ce qu'il y avoit de mieux à faire. Choisissez maintenant, et décidez-vous pour celui de tous les avis qui vous paroîtra le plus conforme au bien général ».

## La seconde Catilinaire.

Le sujet des Catilinaires est connu : on sait que Catilina, après avoir conspiré la perte de Rome et de tout ce qu'elle renfermoit de citoyens estimables, touchoit au moment de réaliser ses infâmes projets, quand la vigilance et le courage de Cicéron déjouèrent ses complots, et sauvèrent les Romains d'une ruine certaine. Des quatre discours que Cicéron prononça dans cette circonstance, la plus importante et la plus glorieuse de sa vie, deux surtout sont d'autant plus admirables, que tout nous porte à croire qu'ils furent improvisés; et quoique l'auteur les ait sans doute retouchés, lorsqu'il les publia dans la suite, le grand effet qu'ils produisirent alors est une preuve du mérite réel qu'ils avoient.

Catilina, que devoit foudroyer la première harangue, eut l'audace de répliquer à l'orateur *, et de conjurer le sénat, d'une voix suppliante, de ne pas recevoir trop facilement des impressions fâcheuses à son sujet; que sa naissance et sa conduite passée le mettoient à l'abri des inculpations alors dirigées contre lui, etc. Quelle apparence qu'un patricien, qui, marchant sur les traces de ses aïeux, avoit, comme eux, rendu de très-grands services à la république, eût intérêt à la renverser; tandis qu'un Cicéron, citoyen de Rome par emprunt, en seroit le conservateur? Il ajoutoit d'autres invectives, lorsque les clameurs du sénat, et les cris répétés de *parricide, ennemi de l'état*, le forcèrent enfin de s'arrêter. Il fallut alors jeter le masque : et n'étant plus maître de lui, il laissa pour adieux au sénat ces mots terribles, où respirent toute l'audace du crime, et l'espèce d'énergie qui le caractérise ** : *Mes ennemis me poussent à bout..... Eh bien! j'éteindrai sous des débris l'incendie qu'ils allument autour de moi.* La nuit suivante, Catilina

---

* Catilina, ut erat paratus ad dissimulandum omnia, demisso vultu, voce supplici postulare à patribus ne quid de se temerè crederent : eà familiâ ortum, ita ab adolescentiâ vitam instituisse, ut omnia bona in spe haberet; ne existimarent sibi patricio homini, cujus ipsius atque majorum plurima beneficia in plebem romanam essent, perditâ republicâ opus esse; cùm eam servaret M. Tullius, inquilinus civis urbis Romæ. (*Sall. in Cat.* c. 31).

** Quoniam quidem circumventus ab inimicis in præceps agor, incendium meum ruinâ restinguam. (*Sall. in Cat.* c. 31.).

sortit de Rome et alla se mettre à la tête des troupes de Manlius. Dès qu'il fut parti, Cicéron monta à la tribune aux harangues pour rendre compte au peuple romain de tout ce qui s'étoit passé. C'est le sujet de la seconde Catilinaire que nous allons analyser.

L'orateur s'y propose, 1.° de dissiper les fausses alarmes que les partisans secrets de Catilina s'efforçoient de répandre, en exagérant ses ressources et le danger où se trouvoit la république; 2.° il oppose à ces insinuations, aussi lâches que perfides, le tableau fidèle des forces des deux partis, et le contraste de la puissance romaine, et d'une armée de brigands; 3.° enfin il ranime le courage du peuple romain, par de nouvelles protestations de son dévouement à la chose publique, et par sa confiance surtout dans la protection déclarée des dieux.

*« Tandem aliquando, Quirites, L. Catilinam, furentem audaciâ, scelus anhelantem, pestem patriæ nefariè molientem, vobis atque huic urbi ferrum flammamque minitantem ex urbe, vel ejecimus, vel emisimus, vel ipsum egredientem verbis prosecuti sumus. Abiit, excessit, evasit, erupit. Nulla jam pernicies à monstro illo atque prodigio mœnibus ipsis intra mœnia comparabitur. Atque hunc quidem unum hujus belli domestici ducem sine controversiâ vicimus. Non enim jam inter latera nostra sica illa versabitur : non in campo, non in foro, non in curiâ, non denique intra domesticos parietes pertimescemus Loco ille motus est, cùm est ex urbe depulsus. Palam jam cun hoste, nullo impediente, bellum justum geremus ».

---

* *Exorde.* « Nous sommes enfin parvenus, Romains, à chasser, à éloigner, du moins, du milieu de vous ce prodige d'audace et de scélératesse, ce fougueux Catilina, qui tramoit la perte de sa patrie, qui menaçoit cette ville de l'incendie, et vous tous de son poignard. Mes discours accusateurs l'ont poursuivi jusqu'au dernier moment. Il est parti enfin, il s'est dérobé par une fuite précipitée à la honte qui l'attendoit dans nos murs. Ils n'ont plus rien à redouter du monstre qui, dans leur enceinte même, méditoit si lâchement leur ruine. Le voilà donc vaincu sans éclat, sans résistance, le chef de cette guerre intestine. Son poignard ne nous poursuivra plus au Champ-de-Mars, dans la place publique, dans l'enceinte même de nos maisons. Hors de Rome, Catilina cesse d'être à craindre pour nous : ce n'est plus qu'un ennemi déclaré, à qui nous ferons une guerre légitime, sans que personne s'y oppose. Il a été perdu, notre triomphe a été complet, du moment où nous l'avons forcé de renoncer à l'obscurité de ses intrigues, pour être ouvertement un brigand ».

* « Jacet ille nunc prostratus, Quirites, et se perculsum atque abjectum esse sentit, et retorquet oculos profectò sæpè ad hanc urbem, quam ex suis faucibus ereptam esse luget, quæ quidem lætari mihi videtur, quòd tantam pestem evomuerit, foràsque projecerit ».

Dès ce début, la différence des deux manières est sensible. Ce n'est plus cette énergique concision que nous venons d'admirer dans Démosthène, qui se fût borné à dire : *Athéniens, rassurez-vous, votre ennemi a pris la fuite.* Cette différence est fondée à la fois, et sur celle des langues, et sur celle du caractère des peuples à qui les deux orateurs avoient affaire. Le peuple athénien étoit volage, inappliqué : il falloit donc émouvoir fortement cette multitude inattentive, et Démosthène savoit bien que, s'il lui donnoit le temps de respirer, tout étoit perdu. L'insinuation et l'ornement sont, au contraire, les deux caractères dominans de l'éloquence de Cicéron. L'insinuation, parce qu'il avoit à ménager, soit dans le sénat, soit devant le peuple, soit dans les tribunaux, une foule de convenances étrangères à Démosthène : l'ornement, parce que la politesse du style étoit une sorte d'attrait qui se faisoit sentir plus vivement à Rome, à mesure que tous les arts du goût et du luxe y étoient plus accrédités. Cicéron s'attacha donc extrêmement à l'élégance et au nombre, sans cependant lui sacrifier jamais la force et les ressources que lui présentoient la suite et l'ensemble des raisonnemens. Nous allons en voir un exemple frappant.

Les ennemis de Cicéron avoient tâché de lui faire un crime dans l'opinion publique d'avoir pu arrêter Catilina, et de ne l'avoir point fait, et d'avoir ainsi exposé Rome au hasard d'une guerre. Ceux qui réfléchissent et raisonnent autrement que le vulgaire, sentoient parfai-

---

* « Il est accablé, il se sent lui-même anéanti, et jette des regards de désespoir sur cette ville, qu'il voit avec douleur échapper à sa rage, sur cette ville qui s'applaudit sans doute d'avoir rejeté loin d'elle le poison qu'elle portoit dans son sein ».

tement que ce parti étoit le seul qu'il y eût à prendre, le seul même qui fût avantageux dans la circonstance. Mais les sages sont partout le petit nombre, et partout la multitude est la même. Il fallut donc que Cicéron justifiât, devant le peuple, la conduite qu'il avoit tenue dans le sénat; il le fait en ces termes :

\* « At si quis est talis, quales esse omnes oportebat, qui in hoc ipso, in quo exultat et triumphat oratio mea, me vehementer accuset, quòd tam capitalem hostem non comprehenderim potiùs, quàm emiserim, non est ista mea culpa, Quirites, sed temporum. Interemptum esse L. Catilinam, et gravissimo supplicio affectum, jampridem oportebat : idque a me et mos majorum, et hujus imperii severitas, et respublica postulabat. Sed quàm multos fuisse putatis, qui, quæ ego deferrem, non crederent? Quàm multos, propter stultitiam non putarent? Quàm multos, qui etiam defenderent? Quàm multos, qui propter improbitatem faverent? Ac si, sublato illo, depelli à vobis omne periculum judicarem, jam pridem ego L. Catilinam non modo invidiæ meæ, verùm etiam vitæ periculo sustulissem. Sed cum viderem, ne vobis quidem omnibus re etiam tùm probatâ, si illum, ut erat meritus, morte multassem, fore ut ejus socios, invidiâ opressus, persequi non possem : rem huc deduxi, ut tum palàm pugnare possetis, cum hostem apertè videretis ».

Il s'agit maintenant de rassurer le peuple sur les suites de cette guerre devenue inévitable, et l'objet des alarmes du moment. Cicéron va lever tous les doutes à cet

---

\* « S'il se trouve cependant des citoyens qui, animés de ce zèle qui eût dû être général, me fassent un crime d'avoir laissé fuir Catilina, au lieu de l'arrêter, comme je le pouvois, qu'ils en accusent les circonstances et non pas moi. Oui sans doute, il y a long-temps que Catilina auroit dû périr du dernier supplice : l'exemple de nos ancêtres, l'inflexible sévérité de ma charge, le salut de la république, tout m'en faisoit un devoir. Mais vous figurez-vous le nombre de ceux qui n'en croyoient point mon rapport; qui, faute de lumières, traitoient mes soupçons de chimères; qui alloient même jusqu'à défendre Catilina; qui, aussi pervers que lui, s'efforçoient enfin de le favoriser? N'en doutez point cependant; si j'avois cru la mort du perfide capable de vous affranchir de toute espèce de danger, j'aurois sacrifié ma tranquillité personnelle, ma vie même, et Catilina eût péri. Mais, persuadé que, si je le condamnois à la mort qu'il n'avoit que trop méritée, avant que vous eussiez tous la conviction de son crime, je soulevois contre moi une foule de gens intéressés à m'empêcher de poursuivre ses complices, j'ai voulu amener les choses au point que vous pussiez combattre un ennemi ouvertement déclaré ».

égard. D'abord, quels hommes avez-vous à combattre ?
Quels hommes Catilina a-t-il à sa suite ? Écoutons la
description de son armée.

*« Quem quidem ego hostem, Quirites, quàm vehementer
foris esse timendum putem, licet hinc intelligatis, quòd illud
etiam molestè fero, quòd ex urbe parum comitatus exierit. Utinam ille omnes secum suas copias eduxisset ! Tongillum mihi
eduxit, quem amare in prætextâ cœperat : Publicium et
Munatium, quorum æs alienum contractum in popinâ nullum reipublicæ motum afferre poterat ; reliquit quos viros ?
Quanto alieno ære, quàm valentes, quàm nobiles ? etc. »

Voilà donc les ennemis que Rome doit redouter !
Voyons ce qu'elle peut leur opposer.

**« Instruite nunc, Quirites, contra has tam præclaras Catilinæ copias vestra præsidia, vestrosque exercitus ; et primum
gladiatori illi confecto et saucio consules imperatoresque vestros opponite : deinde contra illam naufragorum ejectam ac
debilitatam manum, florem totius Italiæ ac robur educite. Jam
verò urbes coloniarum ac municipiorum respondebunt Catilinæ
tumulis silvestribus. Neque verò cæteras copias, ornamenta,
præsidia vestra, cum illius latronis inopiâ atque egestate con-

---

*« Jugez, Romains, de l'effroi que m'inspire un pareil ennemi au dehors,
puisque tout mon regret est qu'il ne soit pas sorti en plus nombreuse compagnie. Plût aux Dieux qu'il eût emmené avec lui toute sa suite ! Qui l'a
suivi, en effet ? Un Tongillus à qui il s'étoit prostitué dès l'enfance ; un Publicius, un Munatius, dont les dettes contractées à la taverne, ne pouvoient
certainement occasionner aucun trouble dans l'état. Mais quels hommes
a-t-il laissés au milieu de nous ! Sont-ce leurs dettes, leur crédit ou leurs alliances qui peuvent nous effrayer ? C'est donc avec raison que j'ai le plus profond mépris pour une armée composée de vieillards réduits au désespoir, de
paysans conduits par l'espérance du pillage, de dissipateurs, de banqueroutiers enfin, à qui, je ne dis pas seulement la lueur de nos armes, mais
un simple édit du préteur, feroit prendre la fuite ».

**« Épuisez donc, Romains, épuisez toutes vos ressources, déployez toutes
vos forces pour résister à ces excellentes troupes de Catilina. Opposez d'abord
à ce vieux gladiateur estropié vos consuls et vos généraux ; armez et conduisez toute la fleur et la force de l'Italie contre cette misérable poignée de
gens échappés au naufrage de leurs propres fortunes. Vos colonies, vos villes
municipales valent bien quelques éminences qui servent de retranchement à
Catilina : car je me garderai bien de comparer toutes vos autres ressources
avec le dénûment absolu de ce brigand. Mais laissons de côté tous les avantages que nous avons, et qui lui manquent : ne parlons point ici du sénat,
des chevaliers romains, du peuple, du trésor public, des revenus de l'état,

ferre debeo. Sed si, omissis his rebus omnibus, quibus nos superamus, eget ille, senatu, equitibus romanis, populo, urbe, ærario, vectigalibus, cunctâ Italiâ, provinciis omnibus, exteris nationibus: si, inquam, his rebus omissis ipsas causas, quæ inter se confligunt, contendere velimus, ex eo ipso quàm valde illi jaceant intelligere possumus. Ex hac enim parte pudor pugnat, illinc petulantia; hinc pudicitia, illinc stuprum; hinc fides, illinc fraudatio; hinc pietas, illinc scelus; hinc constantia, illinc furor; hinc honestas, illinc turpitudo; hinc continentia, illinc libido; denique æquitas, temperantia, fortitudo, prudentia, virtutes omnes certant cum iniquitate, cum luxuriâ, cum ignaviâ, cum temeritate, cum vitiis omnibus; postremò copiæ cum egestate, bona ratio cum perditâ, mens sana cum amentiâ, bona denique spes cum omnium rerum desperatione confligit. In hujusmodi certamine ac prælio, nonne, etiam si hominum studia deficiant, Dii ipsi immortales cogent ab his præclarissimis virtutibus tot et tanta vitia superari »?

Ne croit-on pas entendre Démosthène, et tout ce morceau n'a-t-il pas la rapidité et la chaleur de diction qui caractérisent l'orateur grec? Ce qui prouve que Cicéron savoit se plier à tous les tons de l'éloquence, et donner, quand il le falloit, à son style, la force et la véhémence auxquelles il étoit cependant naturellement moins porté que Démosthène. Ce qui suit n'est ni moins fort, ni moins vigoureux.

* « Nunc illos, qui in urbe remanserunt, atque adeò qui contra urbis salutem, omniumque vestrûm, in urbe à Catilina re-

---

de l'Italie entière, de toutes les provinces et des nations étrangères; bornons-nous à mettre en parallèle les motifs qui nous font prendre mutuellement les armes, et la supériorité ne sera pas long-temps douteuse. D'un côté, combattent la pudeur; de l'autre, l'insolence : ici, le respect des mœurs; là, le libertinage le plus honteux : d'un côté, la bonne-foi; de l'autre, la perfidie la plus insigne : ici, la piété; là, le crime : ici, la fermeté; là, la fureur. D'un côté, l'honneur; de l'autre, l'infamie : c'est, en un mot, la droiture, la tempérance, le courage, la prudence, toutes les vertus, aux prises avec l'injustice, le luxe, la lâcheté, la témérité, tous les vices enfin. C'est l'abondance qui combat la détresse; la raison, l'aveuglement; la sagesse, la folie; l'espérance la mieux fondée, le désespoir le plus légitime. Dans une lutte, dans un combat semblable, les Dieux eux-mêmes ne sont-ils pas intéressés (quand le secours des hommes nous manqueroit) à faire triompher tant de vertus éclatantes, de tant de vices affreux »?

* « Revenons maintenant à ceux que Catilina a laissés dans nos murs, pour y travailler à notre perte commune. Quoique nos ennemis par le fait, ils sont

licti sunt, quamquam sunt hostes, tamen quia nati sunt cives, monitos etiam atque etiam volo. Mea lenitas adhuc, si cui solutior visa est, hoc expectavit, ut id, quod latebat, erumperet. Quod reliquum est, jam non possum oblivisci, meam hanc esse patriam, me horum esse consulem : mihi aut cum his vivendum, aut pro his esse moriendum. Nullus est portæ custos, nullus insidiator viæ; si qui exire volunt, consulere sibi possunt. Qui verò in urbe se commoverit, cujus ego non modò factum, sed inceptum ullum conatumve contra patriam deprehendero, sentiet in hac urbe esse consules vigilantes, esse egregios magistratus, esse fortem senatum, esse arma, esse carcerem, quem vindicem nefariorum ac manifestorum scelerum majores nostri esse voluerunt ».

L'orateur termine, en ranimant la confiance des Romains, par l'idée consolante que les dieux ne peuvent abandonner une cause devenue la leur.

\* « Quæ quidem ego neque meâ prudentiâ, neque humanis consiliis fretus polliceor vobis, Quirites : sed multis et non dubiis deorum immortalium significationibus : quibus ego ducibus in hanc spem sententiamque sum ingressus; qui jam non procul, ut quondam solebant, ab extero hoste, atque longinquo, sed hîc præsentes suo numine atque auxilio sua templa, atque urbis tecta defendunt : quos vos, Quirites, precari, venerari, atque implorare debetis, ut quam urbem pulcherrimam floren-

cependant nés citoyens, et c'est ce qui m'engage à leur donner un nouvel et dernier avis. Je les préviens donc que cette douceur, dont on a pu me reprocher l'excès, n'a ici d'autre but que de mettre leur perversité dans tout son jour; mais que rien ne me peut faire oublier que c'est ici ma patrie, que j'y suis consul, et que mon devoir est de vivre avec mes concitoyens, ou de mourir pour eux. Il n'y a point de gardes aux portes, les chemins sont libres ; ceux qui voudront sortir, le peuvent en toute assurance : mais que ceux qui resteront dans Rome se persuadent bien que, s'ils y excitent le moindre trouble, si je surprends le fil de la trame la plus légère, ils y trouveront des consuls vigilans, des magistrats intègres, un sénat plein d'énergie, des armes et une prison enfin, élevée par nos ancêtres, pour la punition des scélérats convaincus de leur crime ».

\* « Ce n'est point, Romains, sur la foiblesse de mes lumières, sur toutes les ressources de la prudence humaine, que je fonde l'espoir du succès, mais sur les preuves fréquemment renouvelées de la protection des Dieux. Ce sont eux qui m'ont conduit, ce sont eux qui m'inspirent cette confiance. Ce n'est plus pour nous défendre d'un ennemi éloigné qu'ils daignent agir aujourd'hui; ce sont leurs propres temples, ce sont vos asiles qu'ils honorent d'une protection spéciale et d'un secours assuré. Offrez-leur donc, Romains, vos prières, vos hommages, et conjurez-les de défendre, contre

ti...namque esse voluerunt, hanc omnibus hostium copiis, terrâ
m... que superatis, à perditissimorum civium nefario scelere
defendant ».

Un monument bien précieux, chez les anciens, du
genre d'éloquence que nous traitons actuellement, ce
sont les discours fameux prononcés dans le sénat romain, par César et par Caton, au sujet des complices
de Catilina. Salluste nous les a conservés, et nous allons les mettre en entier sous les yeux de nos lecteurs.
Rien de plus propre à former le goût et la raison des
jeunes gens, que ces discussions importantes, où le
pour et le contre sont présentés de part et d'autre avec
une égale supériorité.

On agitoit dans le sénat, convoqué par Cicéron, la
grande question du sort qu'il falloit faire subir aux complices de Catilina, alors détenus dans les prisons. Silanus, qui avoit parlé le premier, avoit voté pour la mort.
Quand le tour de César fut arrivé, il donna et motiva
son opinion en ces mots :

\* « Omnis homines, patres conscripti, qui de rebus dubiis
consultant, ab odio, amicitiâ, irâ, atque misericordiâ, vacuos
esse decet : haud facilè animus verum providet, ubi illa officiunt. Neque quisquam omnium lubidini simul et usui paruit.
Ubi intenderis ingenium, valet; si lubido possidet, ea dominatur, animus nihil valet. Magna mihi copia est memorandi,
P.C., qui reges atque populi, irâ aut misericordiâ impulsi,
malè consuluerint; sed ea malo dicere quæ majores nostri, con-

---

l'audace de quelques citoyens indignes de ce nom, cette ville dont l'éclat
égale la puissance, et qui, grâce à leur faveur signalée, ne connoit plus
d'ennemis ni sur terre ni sur mer ».

\* « Tous ceux, pères conscrits, qui ont à délibérer sur des affaires épineuses, doivent être absolument étrangers à la haine, à l'amitié, au ressentiment, à la compassion. Comment, en effet, distinguer la vérité à travers
tant de nuages; comment concilier l'intérêt général et sa passion particulière?
Laissez à l'esprit toute sa liberté, il aura toute son énergie : dominé par la
passion, il n'est plus qu'un esclave sans force et sans moyens. Il me seroit
facile de citer une foule de rois et de peuples que le ressentiment ou une
pitié mal entendue ont entraînés dans de fausses démarches; mais je choisis
de préférence les exemples où nos ancêtres ont su triompher de leurs propres

tra lubidinem animi, rectè atque ordine fecere. Bello macedonico, quod cum rege Perseo gessimus, Rhodiorum civitas magna atque magnifica, quæ populi romani opibus creverat, infida atque adversa nobis fuit : sed postquam, bello confecto, de Rhodiis consultum est, majores nostri, ne quis divitiarum magis quàm injuriæ causâ bellum inceptum diceret, impunitos dimisere. Item bellis Punicis omnibus, quùm sæpè Carthaginienses et in pace et per inducias multa nefaria facinora fecissent, numquam ipsi per occasionem talia fecere : magis, quid se dignum foret, quàm quid in illis jure fieri posset, quærebant. Hoc idem providendum est, P. C., ne plus valeat apud vos P. Lentuli et ceterorum scelus quàm vestra dignitas, neu magis iræ quam famæ consulatis. Nam si digna pœna pro factis eorum reperitur, novum concilium adprobo ; sin magnitudo sceleris omnium ingenia exsuperat, iis utendum censeo quæ legibus comparata sunt. Plerique eorum qui ante me sententias dixerunt, compositè atque magnificè casum reipublicæ miserati sunt : quæ belli sævitia, quæ victis acciderint, enumeravere : rapi virgines, pueros ; divelli liberos a parentium complexu; matres familiarum pati quæ victoribus collibuissent; fana atque domos exspoliari; cædem, incendia fieri; postremò armis, cadaveribus, cruore atque luctu, omnia compleri. Sed, per deos

---

penchans, pour n'écouter et ne suivre que la voix de la raison.

» Dans le cours de la guerre que nous fîmes à Persée, roi de Macédoine, Rhodes, qui devoit son éclat et sa richesse à la faveur signalée des Romains, ne rougit point de se déclarer contre nous. Quand la guerre fut terminée, et que l'on mit en discussion la conduite des infidèles Rhodiens, nos ancêtres ne balancèrent point à laisser leur trahison impunie, pour que l'on ne dît pas que l'avarice avoit armé leurs mains, plutôt que le ressentiment d'un outrage. Dans les guerres puniques, Carthage viola souvent la paix et les trèves : jamais cependant on n'usa de représailles à son égard, parce que nos aïeux considéroient plutôt ce qui étoit digne d'eux, que ce que le droit de la guerre pouvoit leur permettre contre leurs ennemis.

» Imitez leur exemple, pères conscrits, et prenez garde que le crime de Lentulus et de ses complices ne l'emporte sur ce que vous vous devez à vous-mêmes, et que votre ressentiment ne vous fasse oublier votre gloire. S'il est un supplice proportionné à l'énormité du crime, j'approuve l'innovation que l'on vous propose ; si au contraire la noirceur de l'attentat surpasse tout ce que l'esprit humain pourroit inventer pour les punir, je suis d'avis qu'il faut s'en tenir aux lois existantes.

» La plupart de ceux qui ont parlé avant moi, ont fait de la situation actuelle de la république des descriptions aussi touchantes que magnifiques. Ils ont fait une longue énumération de tout ce que la guerre entraîne de calamités : ils nous ont peint les jeunes filles, les jeunes garçons indignement enlevés ; les enfans arrachés des bras de leurs pères ; les mères de famille en proie à la brutalité d'un vainqueur forcené ; les temples des dieux, les maisons des particuliers abandonnés au pillage et aux flammes : partout enfin le carnage, la mort et le désespoir. Mais quel étoit, je vous prie, le but et

immortalis! quò illa oratio pertinuit? an uti vos infestos conjurationi faceret? scilicet, quem res tanta atque tam atrox non permovit, eum oratio accendet? Non ita est : neque cuiquam mortalium injuriæ suæ parvæ videntur : multi eas graviùs æquo habuere. Sed aliis alia licentia, patres conscripti. Qui demissi in obscuro vitam agunt, si quid iracundiâ deliquere, pauci sciunt ; fama atque fortuna pares sunt : qui magno imperio præditi in excelso ætatem agunt, eorum facta cuncti mortales novere. Ita in maxumâ fortunâ minuma licentia est. Neque studere, neque odisse, sed minumè irasci decet. Quæ apud alios iracundia dicitur, in imperio superbia atque crudelitas adpellatur. Equidem ego sic æstumo, patres conscripti, omnis cruciatus minores quàm facinora illorum esse. Sed plerique mortales postrema meminere, et, in hominibus impiis, sceleris eorum obliti, de pœnâ disserunt, si ea paullò severior fuerit. D. Silanum, virum fortem atque strenuum, certè scio, quæ dixerit, studio reipublicæ dixisse, neque illum in tantâ re gratiam aut inimicitias exercere : eos mores, eam modestiam viri cognovi. Verùm sententia non mihi crudelis, quid enim in talis homines crudele fieri potest? sed aliena a republicâ nostrâ videtur. Nam profectò aut metus, aut injuria te subegit, Silane, consulem designatum, genus pœnæ novum decernere. De ti-

---

le motif de ces discours? d'exciter votre indignation contre les conjurés ? Comme si ceux que tant d'atrocités laissent insensibles, pouvoient s'enflammer à la voix d'un orateur! Non, non ; personne ne regarde comme légères ses injures personnelles : beaucoup en ont même poussé le ressentiment trop loin. Mais on accorde aux uns ce qu'on interdit aux autres. Si la colère fait commettre quelque faute à ceux que leur sort condamne à l'obscurité, ces fautes sont presque insensibles, parce que leur renommée et leur fortune sont également bornées. Mais ceux qui, revêtus d'un grand pouvoir, se trouvent élevés au-dessus des autres, ont l'univers entier pour témoin et pour juge. C'est ainsi que, plus ils peuvent, moins ils doivent oser : faveur, haine, ressentiment, toutes les passions leur doivent être étrangères. Ce qui ne seroit dans un simple citoyen qu'un mouvement de colère, est traité, dans celui qui commande, d'arrogance et de cruauté. Je suis bien intimement convaincu que tous les supplices sont au-dessous de ce qu'ont mérité les conjurés; mais les dernières impressions sont les plus durables. On oublie le crime du scélérat, et l'on ne s'entretient que du châtiment, pour peu qu'il ait paru trop sévère.

» Je sais que Silanus, citoyen ferme et courageux, a dit ce que lui inspire l'intérêt de la république ; et je connois trop ses mœurs et le désintéressement de sa probité pour lui supposer ici, le moindre motif de faveur ou d'inimitié particulière. Son avis cependant me semble, je ne dirai pas cruel ( on ne sauroit l'être à l'égard de tels hommes ), mais trop peu conforme à l'esprit qui doit nous animer. Il n'y a que la crainte en effet, ou l'énormité de l'attentat qui aient pu vous déterminer, Silanus, vous consul désigné, à décerner un nouveau genre de supplice. On ne peut vous prêter le premier motif, lorsque la sage vigilance du consul a rassemblé des forces

more supervacaneum est disserere, quùm præsenti diligentiâ clarissumi viri consulis tanta præsidia sint in armis. De pœnâ possumus equidem dicere id quod res habet : in luctu atque miseriis mortem, ærumnarum requiem, non cruciatum esse; eam cuncta mortalium mala dissolvere; ultrà neque curæ neque gaudio locum esse. Sed, per deos immortalis! quamobrem in sententiam non addidisti utì priùs verberibus in eos animadverteretur? An quia lex Porcia vetat? at aliæ leges item condemnatis civibus animam non eripi, sed exilium permitti jubent. An quia gravius est verberari quàm necari? quid autem acerbum aut nimis grave est in homines tanti facinoris convictos? Sin quia levius est ; qui convenit in minore negotio legem timere, quum eam in majore neglexeris ! At enim quis reprehendet quod in parricidas reipublicæ decretum erit? tempus, dies, fortuna, cujus lubido gentibus moderatur. Illis meritò accidet, quidquid evenerit : ceterùm vos, patres conscripti, quid in alios statuatis, considerate. Omnia mala exempla ex bonis orta sunt; sed ubi imperium ad ignaros aut minùs bonos pervenit, novum illud exemplum ab dignis et idoneis ad indignos et non idoneos transfertur. Lacedemonii devictis Atheniensibus trigenta viros imposuere, qui rempublicam eorum tractarent. Ili primò cœpere pessumum quemque et omnibus invi-

---

plus que suffisantes. Quant à la sévérité du châtiment, je puis le dire ici : la mort est pour le malheureux qui gémit le terme seulement de ses douleurs, et non pas un supplice ; elle met fin à tous les maux des humains, qui ne voient au-delà ni peines à craindre ni plaisirs à espérer. Mais, au nom des dieux, pourquoi n'avez-vous pas ajouté qu'ils seroient auparavant battus de verges? Est-ce parce que la loi Porcia le défend? Mais d'autres lois portent qu'on ne fera point mourir les citoyens condamnés, et qu'on leur permettra de vivre dans l'exil. Est-ce parce qu'il est plus dur d'être frappé de verges que d'être mis à mort? Mais que peut-il y avoir de trop rigoureux contre des hommes convaincus d'un pareil forfait? Ce châtiment est-il plus léger? pourquoi ce respect scrupuleux de la loi pour une bagatelle, quand on la viole évidemment dans un point plus important ?

» Mais qui pourra s'élever, me direz-vous, contre un décret arraché au sénat par des citoyens parricides? Qui s'élevera? Le temps, les circonstances, la fortune dont le caprice règle celui des nations. Quelque chose qu'il arrive aux conjurés, ils l'ont mérité d'avance; mais pesez mûrement, pères conscrits, les suites de ce que vous allez résoudre à leur égard. Tous les abus ont eu un principe respectable; et lorsque l'autorité passe à des hommes inhabiles ou mal intentionnés, cette innovation, introduite par des hommes capables de l'appliquer à propos, devient bientôt une arme dangereuse entre des mains capables d'en abuser. Après la défaite des Athéniens, les Lacédémoniens confièrent à trente citoyens le gouvernement de l'état. Ils commencèrent par faire mourir, sans autres formalités, des scélérats chargés de la haine générale. Le peuple se réjouit et applaudit à leur sévère équité; mais insensiblement ils abusèrent de cette liberté, et firent indistinctement périr les bons et les mauvais citoyens au gré de leur caprice,

...um indemnatum necare. Eo populus lætari et meritò dicere ...eri. Pòst, ubi paullatim licentia crevit, juxtà bonos et malos ...ubidinosè interficere, ceteros metu terrere. Ita civitas, servi-...ute oppressa, stultæ lætitiæ gravis pœnas dedit. Nostrâ memo-...ià, victor Sulla, quum Damasippum et alios hujusmodi, qui ...nalo reipublicæ creverant, jugulari jussit, quis non factum ...jus laudabat? Homines scelestos et factiosos, qui seditionibus ...empublicam exagitaverant, meritò necatos aiebant. Sed ea ...es magnæ initium cladis fuit. Nam uti quisque domum, aut ...illam, postremo aut vas, aut vestimentum alicujus concupi-...erat, dabat operam uti in proscriptorum numero esset. Ita ...quibus Damasippi mors lætitiæ fuerat, paullo post ipsi trahe-...bantur : neque priùs finis jugulandi fuit, quàm Sulla omnis ...uos divitiis explevit. Atque ego hæc non in M. Tullio neque ...iis temporibus vereor ; sed in magnâ civitate multa et varia in-...enia sunt. Potest alio tempore, alio consule, cui item exercitus ...n manu sit, falsum aliquid pro vero credi. Ubi, hoc exemplo, ...er senatûs decretum consul gladium eduxerit, quis finem sta-...uet, aut quis moderabitur? Majores nostri, patres conscripti, ...eque consilii neque audaciæ unquam eguere; neque superbia ...bstabat, quò minùs aliena instituta, si modò proba, imitaren-...ur. Arma atque tela militaria ab Samnitibus, insignia magis-

...t frappèrent tout le reste de terreur. Alors Athènes, réduite à l'esclavage ...e plus honteux, expia sa folle joie par des pleurs bien cruels. Faut-il un ...xemple plus récent? Quand Sylla, vainqueur, livra au glaive des lois ...Damasippe, et quelques autres qui devoient leur élévation aux désastres ...ublics, qui n'applaudissoit pas à sa conduite? Il n'y avoit qu'une voix ...ur la légitimité d'un arrêt qui délivroit la république de scélérats, de fac-...ieux qui avoient passé leur vie à la troubler. Mais ce n'étoit que le pré-...ude du carnage le plus affreux. Bientôt après, une maison, une terre, ...n vase précieux, un vêtement enfin, tentèrent la cupidité et devinrent ...es titres de proscription. Ainsi, ceux qui avoient applaudi à la mort de ...Damasippe ne tardèrent pas à le suivre à l'échafaud, et le glaive des as-...assins ne s'arrêta que quand tous les partisans de Sylla furent gorgés des ...ichesses des malheureux proscrits.

» Je suis bien éloigné sans doute de craindre le retour de ces jours affreux ...ous le consulat de Cicéron, et dans les circonstances actuelles. Mais quelle ...ariété, quelle mobilité de caractère dans une grande ville! Ne peut-on ...as dans un autre temps, sous un autre consul, qui auroit à sa dispo-...ition les mêmes armées, ajouter foi trop légèrement à l'imposture? Et ...orsque, fort d'un pareil exemple et d'un décret du sénat, le consul aura ...iré le glaive, qui le fera rentrer dans le fourreau? qui mettra un terme à ses ...avages? Nos ancêtres, pères conscrits, ne manquoient ni de prudence, ...i de courage, et une présomption mal entendue ne les empêchoit pas ...'adopter les institutions étrangères, pour peu qu'elles leur parussent avan-...ageuses. Ils prirent des Samnites la manière d'armer leurs troupes; des ...oscans, le costume de leurs magistrats : en un mot, tout ce qu'ils trou-...voient de bon chez leurs alliés, ou même chez leurs ennemis, ils s'empres-

tratuum ab Tuscis pleraque sumserunt : postremò, quod ubique apud socios aut hostis idoneum videbatur, cum summo studio domi exsequebantur : imitari, quàm invidere bonis, malebant. Sed eodem illo tempore, Græciæ morem imitati, verberibus animadvertebant in civis, de condemnatis summum supplicium sumebant. Postquam respublica adolevit et multitudine civium factiones valuere, circumveniri innocentes, alia hujuscemodi fieri cœpere. Tum lex Porcia aliæque leges paratæ, quibus legibus exsilium damnatis permissum. Hanc ego caussam, patres conscripti, quò minus novum consilium capiamus, in primis magnam puto. Profectò virtus atque sapientia major in illis fuit qui ex parvis opibus tantum imperium fecere, quàm in nobis qui ea bene parta vix retinuimus. Placet igitur eos dimitti, et augeri exercitum Catilinæ? Minumè. Sed ita censeo : Publicandas eorum pecunias, ipsos in vinculis habendos per municipia quæ maxumè opibus valent : neu quis de his postea ad senatum referat, neve cum populo agat : qui aliter fecerit, senatum existumare eum contra rempublicam et salutem omnium facturum ».

*Discours de Caton.*

\* « Longè mihi alia mens est, patres conscripti, quum res atque pericula nostra considero, et quum sententias nonnullorum mecum ipse reputo. Illi mihi disseruisse videntur de pœnâ eorum qui patriæ, parentibus, aris atque focis suis bellum paravere : res autem monet cavere ab illis magis quàm quid in illis

---

soient de le transporter chez eux, préférant à la petitesse d'en être jaloux, la gloire d'imiter ce qui leur sembloit bien.

» Mais lorsque la république se fut accrue, lorsque les factions se fortifièrent par le nombre des factieux, l'innocence devint l'objet et souvent la victime de la calomnie. Voilà l'origine de la loi Porcia, et de plusieurs autres qui permettent l'exil aux citoyens condamnés. Cette considération me paroît d'un grand poids pour nous interdire toute espèce d'innovation. On ne peut refuser sans doute une supériorité marquée de sagesse et de lumière, à des hommes qui ont fait de si grandes choses avec de si petits moyens, sur ceux qui peuvent à peine conserver leur ouvrage.

» Conclura-t-on de tout ce que je viens de dire, que je veux renvoyer les conjurés grossir l'armée de Catilina? Ce n'est point ma pensée ; mais je veux que leurs biens soient confisqués, qu'ils soient détenus prisonniers dans nos villes municipales les plus fortes ; qu'il ne soit plus question d'eux ni dans le sénat ni auprès du peuple, sous peine d'être déclaré coupable d'attentat contre la république et le salut commun ».

---

\* « Pères conscrits, l'aspect des dangers qui nous environnent, les discours que je viens d'entendre, m'inspirent des pensées bien différentes. On a beaucoup parlé sur les peines à infliger à des monstres qui ont déclaré

statuamus consultare. Nam cetera maleficia tum persequare, ubi facta sunt : hoc nisi provideris ne accidat, ubi evenit frustra judicia implores. Captâ urbe, nihil fit reliqui victis. Sed, per deos immortalis ! vos ego adpello qui semper domos, villas, signa, tabulas vestras, pluris quàm rempublicam fecistis ; si ista, cujuscumque modi sint, quæ amplexamini, retinere, si voluptatibus vestris otium præbere vultis, expergiscimini aliquando, et capessite rempublicam. Non agitur de vectigalibus, non de sociorum injuriis; libertas et anima nostra in dubio est. Sæpenumero, patres conscripti, multa verba in hoc ordine feci; sæpe de luxuriâ atque avaritiâ nostrorum civium questus sum; multosque mortalis eâ caussâ adversos habeo. Qui mihi atque animo meo nullius umquam delicti gratiam fecissem, haud facilè alterius lubidini malefacta condonabam. Sed ea tametsi vos parvi pendebatis, tamen respublica firma erat; opulentia neglegentiam tolerabat. Nunc verò non id agitur, bonisne an malis moribus vivamus, neque quantùm aut quàm magnificum imperium populi romani sit, sed, cujus hæc cumque modi, nostra, an nobiscum unâ, hostium futura sint. Hic mihi quisquam mansuetudinem et misericordiam nominat. Jam pridem equidem nos vera rerum vocabula amisimus: quia bona aliena largiri, liberalitas; malarum rerum audacia, fortitudo vocatur : eò respublica in extremo sita est. Sint sanè, quoniam ita se mores habent, liberales ex sociorum fortunis, sint mise-

---

la guerre à leur patrie, à leurs parens, à leurs dieux et à leurs propres foyers. Mais il s'agit bien plutôt de se mettre en mesure que de prendre des délibérations contr'eux : voilà ce que commandent impérieusement les circonstances. Poursuivez les autres crimes quand ils sont commis, vous le pouvez ; mais prévenez l'exécution de celui-ci, ou il sera trop tard d'implorer l'insuffisance des lois. La ville prise, rien ne reste aux vaincus.

» C'est à vous que je m'adresse ici, vous qui avez toujours moins chéri l'état, que vos palais, vos maisons de campagne et vos tableaux : voulez-vous conserver ces objets de votre attachement; voulez-vous ménager la sûreté de vos plaisirs? Sortez, il en est temps, sortez de votre apathie, et prenez enfin les intérêts de la république. Il ne s'agit ici ni d'impôts à établir, ni d'alliés à venger : il s'agit de la liberté, il s'agit de nos jours menacés.

» J'ai souvent fait entendre ma voix au milieu de vous; j'y ai souvent tonné contre le luxe ou l'avarice de nos concitoyens, et je me suis fait par-là beaucoup d'ennemis, je le sais. Mais, sévère et inflexible pour moi, je ne pouvois avoir pour les excès des autres une molle complaisance. Malgré le peu de cas que vous faisiez de mes avis, la république opposoit ses propres forces à votre coupable indolence. Mais il n'est plus question de savoir aujourd'hui si nos mœurs sont bonnes ou mauvaises, si la gloire des Romains égale leur puissance : il s'agit de savoir si nos mœurs, si notre république, quelles qu'elles soient, doivent nous rester ou tomber, avec nos personnes, au pouvoir de nos ennemis. Et l'on ose parler de douceur et de commisération! Ah! il n'y a que trop long-temps que les

ricordes in furibus ærarii : ne illis sanguinem nostrum largiantur; et, dum paucis sceleratis parcunt, bonos omnis perditum eant. Bene et compositè C. Cæsar paullo antè in hoc ordine de vitâ et morte disseruit : falsa, credo, existumans, quæ de inferis memorantur : diverso itinere malos a bonis loca tetra, inculta, fœda, atque formidolosa habere. Itaque censuit *pecuniæ eorum publicandas, ipsos per municipia in custodiis habendos*; videlicet timens ne, si Romæ sint, aut a popularibus conjurationis, aut a multitudine conductâ per vim eripiantur. Quasi vero mali atque scelesti tantummodo in urbe, et non per totam Italiam sint, at non ibi plus possit audacia, ubi ad defendendum opes minores. Quare vanum equidem hoc consilium, si periculum ex illis metuit. Sin in tanto omnium metu solus non timet, eò magis refert mihi atque vobis timere. Quare quum de P. Lentulo ceterisque statuetis, pro certo habetote vos simul de exercitu Catilinæ et de omnibus conjuratis decernere. Quantò vos attentiùs ea agetis, tantò illis animus infirmior erit. Si paullulum modò vos languere viderint, jam omnes feroces aderunt. Nolite existumare majores nostros armis rempublicam ex parvâ magnam fecisse. Si ita res esset, multò pulcherrumam eam nos haberemus : quippe sociorum atque civium, præterea armorum atque equorum, major nobis copia

---

mots ont perdu parmi nous leur véritable acception ! Eh ! c'est précisément parce que la prodigalité des biens d'autrui s'est appelée libéralité, et l'audace du crime courage, que nous en sommes réduits à ce point déplorable de calamité. Qu'on soit donc, puisque c'est l'usage, qu'on soit libéral aux dépens des alliés ; qu'on voie d'un œil tranquille piller le trésor public ; mais que l'on épargne au moins notre propre sang, et qu'on n'aille pas perdre tous les gens de bien, pour épargner quelques scélérats.

» César vient de parler avec autant d'art que d'éloquence sur la vie et sur la mort : il regarde sans doute comme des chimères ce que l'on rapporte des enfers, où les méchans, à jamais séparés des bons, habitent un séjour d'horreur et de désespoir. Voilà pourquoi il a conclu à la confiscation des biens des conjurés, et à la détention dans les villes municipales, de peur que, s'ils restoient à Rome, leurs partisans secrets, ou la multitude soudoyée, ne les arrachassent de force à la rigueur des lois. Comme s'il n'y avoit en effet des pervers et des scélérats que dans Rome, et non dans l'Italie entière ; comme si leur audace n'aura pas plus d'avantage dans des lieux où elle trouvera moins d'obstacles à vaincre ? Ainsi de deux choses l'une : ou César craint quelque chose des conjurés, et alors son avis est inconséquent ; ou il est seul exempt de la terreur générale ; et c'est pour moi et pour vous une raison de plus de craindre davantage.

» Rappelez-vous donc bien que la résolution que vous allez prendre contre Lentulus et ses complices, va décider du sort de l'armée de Catilina. Plus vous y mettrez de vigueur, et moins vous leur laisserez d'audace ; qu'ils vous voient mollir un moment, et vous leur rendez toute la féro-

quàm illis. Sed alia fuere, quæ illos magnos fecere, quæ nobis
nulla sunt; domi industria, foris justum imperium, animus in
consulendo liber, neque delicto neque lubidini obnoxius. Pro
his, nos habemus luxuriam atque avaritiam; publicè egestatem,
privatim opulentiam; laudamus divitias, sequimur inertiam;
inter bonos et malos discrimen nullum; omnia virtutis præmia
ambitio possidet. Neque mirum, ubi vos separatim sibi quisque
consilium capitis, ubi domi voluptatibus, hîc pecuniæ aut gra-
tiæ servitis, eo fit ut impetus fiat in vacuam rempublicam. Sed
ego hæc omitto. Conjuravere nobilissumi cives patriam incen-
dere; Gallorum gentem infestissumam nomini romano ad bellum arcessunt; dux hostium cum exercitu supra caput est : vos
cunctamini etiam nunc et dubitatis quid intra mœnia adpre-
hensis hostibus faciatis! Misereamini, censeo; deliquere homines adolescentuli per ambitionem : atque etiam armatos dimit-
tatis. Ne ista vobis mansuetudo et misericordia, si illi arma ce-
perint, in miseriam vertet. Scilicet res aspera est : sed vos non
timetis eam? immo verò maxumè; sed inertiâ et mollitiâ animi, alius alium expectantes, cunctamini, videlicet dîs immortalibus confisi, qui hanc rempublicam in maxumis sæpè periculis servavere. Non votis neque suppliciis muliebribus auxilia
deorum parantur; vigilando, agendo, bene consulendo, pros-

---

de leur extravagance. Ce n'est point à la force des armes seulement que
nos ancêtres furent redevables de l'accroissement rapide de la république.
S'il en étoit ainsi, jamais elle n'eût été plus florissante qu'entre nos mains,
puisque nous avons plus d'alliés, de citoyens et de troupes en tout genre
qu'ils n'en eurent jamais; mais ils la durent, cette grandeur, à des avantages qui nous manquent totalement. Au dedans, une industrieuse activité; au dehors, un gouvernement juste, des délibérations dirigées par un
esprit toujours libre, et qui n'écoutoit ni la passion ni l'intérêt du crime.
Et nous! que pouvons-nous leur opposer à cet égard? Tous les extrêmes :
le luxe et l'avarice, la disette d'un état épuisé, l'opulence insolente de
quelques particuliers : on envie des trésors en s'abandonnant à la mollesse;
plus de distinction entre les bons et les méchans; toutes les récompenses
de la vertu sont la proie de l'ambition. Faut-il s'en étonner? chacun de
vous isole ses projets intéressés : chez lui, l'esclave de ses plaisirs; ici,
celui de l'or ou de la faveur. Il en résulte nécessairement que la république sans défense offre une proie facile à qui veut s'en saisir.

» Mais laissons ces reproches et venons au fait. Des citoyens distingués
par leur naissance ont conspiré l'incendie de Rome; ils appellent à leur
secours les Gaulois, ennemis déclarés du nom romain; le chef des conjurés s'avance à la tête d'une armée, il est à nos portes..... Et vous balancez encore! et vous délibérez sur ce qu'il faut faire à des ennemis surpris
dans vos murs! Croyez-en, je vous le conseille, une pitié généreuse : ce sont
de malheureux jeunes gens, égarés un moment par l'ambition : renvoyez-
les même tout armés; mais prenez garde de payer bien cher cette dangereuse clémence, s'ils prennent une fois les armes! J'entends, quelque grand
que soit le danger, vous êtes tranquilles! Que dis-je? vous tremblez; mais

pera omnia cedunt. Ubi socordiæ te atque ignaviæ tradideris, nequidquam deos implores ; irati infestique sunt. Apud majores nostros T. Manlius Torquatus bello gallico filium suum, quòd is contra imperium in hostem pugnaverat, necari jussit. Atque ille egregius adolescens immoderatæ fortitudinis morte pœnas dedit : vos de crudelissumis parricidis quid statuatis cunctamini ? Videlicet vita cetera eorum huic sceleri obstat. Verùm parcite dignitati Lentuli, si ipse pudicitiæ, si famæ suæ, si dîs aut hominibus unquam ullis pepercit : ignoscite Cethegi adolescentiæ, nisi iterum patriæ bellum fecit. Nam quid ego de Gabinio, Statilio, Cœpario loquar ? quibus si quidquam unquam pensi fuisset, non ea consilia de republicâ habuissent. Postremo, patres conscripti, si, mehercule ! peccato locus esset, facilè paterer vos ipsâ re corrigi, quoniam verba contemnitis. Sed undique circumventi sumus. Catilina cum exercitu faucibus urget ; alii intra mœnia, in sinu urbis, sunt hostes ; neque parari, neque consuli quidquam occultè potest : quò magis properandum. Quare ita ego censeo : quum nefario consilio sceleratorum civium respublica in maxuma pericula venerit, hique indicio T. Volturcii et legatorum Allobrogum convicti confessique sint, cædem, incendia, alia fœda atque crudelia facinora in civis patriamque paravisse ; de confessis, sicuti de

---

comptant mutuellement les uns sur les autres, vous négligez de prendre un parti, rassurés sans doute par votre confiance dans les dieux immortels, qui ont si souvent retiré la république des plus grands dangers. Ce n'est point par des vœux, par de timides supplications que l'on se rend les dieux propices ; c'est par la vigilance, par l'activité, par la sagesse vigoureuse des mesures que l'on arrive au succès. En vain réclamerez-vous l'appui des dieux ; si vous vous abandonnez à la mollesse, à la lâcheté, vous les trouverez irrités et inflexibles.

» Reportez-vous au temps de nos ancêtres : un Manlius Torquatus, pendant la guerre des Gaules, fit mettre à mort son propre fils, pour avoir combattu malgré sa défense ; et ce malheureux jeune homme expia de sa mort cet excès de courage. Et vous balancez sur le supplice à infliger aux plus cruels des parricides ! Peut-être leur conduite passée vous paroît-elle une excuse de ce dernier forfait. Eh bien ! respectez ce qu'on doit à la dignité de Lentulus, s'il a respecté lui-même ce qu'il se doit, ce qu'il doit aux dieux et à ses semblables : respectez la jeunesse de Céthégus, si ce n'est pas la seconde fois qu'il déclare la guerre à sa patrie. Quant à Gabinius, Statilius et Céparius, je vous le demande, eussent-ils formé jamais un pareil complot, s'ils avoient conservé le moindre sentiment d'honneur.

» Enfin, pères conscrits, s'il ne s'agissoit que d'une erreur sans conséquence, peut-être attendrois-je que l'événement vous désabusât, puisque mes discours ne paroissent pas vous émouvoir beaucoup. Mais nous sommes pressés de toutes parts : Catilina et son armée assiégent nos portes ; d'autres ennemis sont dans l'enceinte de nos murs ; nos mesures, nos délibérations,

manifestis rerum capitalium, more majorum, supplicium sumendum ».

Nous nous empressons de rapprocher du beau discours de Caton dans Salluste, celui que lui prête Crébillon, lorsque le sénat assemblé délibère au sujet de la conspiration. Cicéron lui demande son opinion : on va l'entendre.

>Eh ! que pourrois-je dire
En des lieux où l'honneur ne tient plus son empire;
Où l'intérêt, l'orgueil commandent tour à tour;
Où la vertu n'a plus qu'un timide séjour;
Où de tant de héros je vois flétrir la gloire?
Et comment l'univers pourra-t-il jamais croire
Que Rome eut un sénat et des législateurs,
Quand les Romains n'ont plus ni lois, ni sénateurs?
Où retrouver enfin les traces de nos pères
Dans des cœurs corrompus par des mœurs étrangères?
Moi-même, qui l'ai vu briller de tant d'éclat,
Puis-je me croire encore au milieu du sénat?
Ah ! de vos premiers temps rappelez la mémoire.
Mais ce n'est plus pour vous qu'une frivole histoire.
Vous imitez si mal vos illustres aïeux,
Que leurs noms sont pour vous des noms injurieux.
Mais de quoi se plaint-on ? Catilina conspire :
Est-il si criminel d'aspirer à l'empire,
Dès que vous renoncez vous-mêmes à régner?
Un trône, quel qu'il soit, n'est point à dédaigner.
Non, non, Catilina n'est pas le plus coupable.
Voyez de votre état la chute épouvantable;
Ce que fut le sénat, ce qu'il est aujourd'hui,
Et le profond mépris qu'il inspire pour lui.
Scipion, qui des dieux fut le plus digne ouvrage;
Scipion, ce vainqueur du héros de Carthage;
Scipion, des mortels qui fut le plus chéri,
Par un vil délateur se vit presque flétri.
Alors la liberté ne savoit pas dans Rome
Du simple citoyen distinguer le grand homme.
Malgré tous ses exploits, le vainqueur d'Annibal
Se soumit en tremblant à votre tribunal.

---

tout est divulgué d'avance. Nous n'avons donc pas un moment à perdre, et voici mon avis :

» Puisque des citoyens pervers ont mis par leurs complots la république dans le plus grand danger; puisque, sur la déposition de Vulturtius et des Allobroges, ils ont avoué qu'ils avoient médité le carnage, l'incendie et les cruautés les plus inouies contre leurs citoyens et contre leur patrie, il faut, suivant l'usage de nos ancêtres, leur faire subir le dernier supplice, comme à des scélérats convaincus de crimes capitaux ».

Sylla vient, qui remplit Rome de funérailles,
Du sang des sénateurs inonde nos murailles.
Il fait plus : ce tyran, las de régner enfin,
Abdique insolemment le pouvoir souverain,
Comme un bon citoyen meurt heureux et tranquille,
En bravant le courroux d'un sénat imbécille,
Qui, charmé d'hériter de son autorité,
Éleva jusqu'au ciel sa générosité,
Et nomma sans rougir père de la patrie,
Celui qui l'égorgeoit chaque jour de sa vie.
Si vous eussiez puni le barbare Sylla,
Vous ne trembleriez point devant Catilina.
Par-là vous étouffiez ce monstre en sa naissance,
Ce monstre qui n'est né que de votre indolence.

(*Cat.* Acte IV. sc. 1 ) *.

## CHAPITRE III.

*De la partie oratoire dans les Historiens anciens.*

### Historiens Grecs.

CE que nous venons de citer de Salluste, nous conduit naturellement à parler ici d'une des parties brillantes de l'art oratoire chez les anciens. Ce sont ces belles harangues que l'on rencontre si fréquemment, et toujours avec tant de plaisir, dans les historiens grecs et latins.

Les observateurs scrupuleux des limites qui séparent et doivent distinguer les genres divers de compositions littéraires, ont fait à ces harangues des reproches, fondés en apparence, mais qui cessent de l'être cependant, lorsqu'on se reporte au temps et au milieu des peuples

---

* Qui croiroit que l'homme capable de produire des tirades aussi fortes de choses et d'éloquence; que l'auteur d'Électre, d'Atrée et de Rhadamiste ait été traité de barbare par Voltaire; et que cette même tragédie de Catilina ait été présentée par M. de La Harpe, dans le Cours de Littérature, comme la conception la plus *inepte* qui ait jamais déshonoré la scène et les lettres françoises ! Crébillon n'est pas, sans doute, un modèle de style; mais c'étoit un génie d'une trempe ferme et vigoureuse, et vraiment né pour la tragédie.

où elles furent écrites. Ce sont, ont dit les uns, des morceaux de luxe, des ornemens parasites, où brille le talent de l'écrivain, mais où la vérité et les convenances historiques sont également violées. A quoi bon couper tout à coup le fil de la narration, suspendre la marche des événemens, pour nous faire entendre un long discours travaillé avec art, et qui, par cela même, est souvent en contre-sens avec la situation où se trouve le personnage qui parle?

D'autres ont donné à leurs reproches un caractère plus grave encore; ils ont prétendu que les acteurs introduits dans le grand drame de l'histoire, n'ayant pas tenu précisément le discours que leur prête l'historien, c'est se jouer mal à propos de la crédulité du lecteur, faire prendre le change à sa bonne-foi, et l'induire gratuitement en erreur.

Comme nous ne considérons pour le moment ces beaux discours que sous le rapport de l'art oratoire, nous pourrions nous dispenser de répondre à ces reproches; mais comme rien de ce qui tend à infirmer la confiance des jeunes gens dans les monumens qu'on leur cite pour des modèles, ne doit rester sans réponse, nous nous bornerons ici à quelques observations générales.

Ce seroit une carrière bien intéressante à parcourir pour le rhéteur philosophe, que de suivre la marche et les progrès de l'éloquence, depuis Hérodote jusqu'à Tacite. Peut-être seroit-ce là, et là seulement que l'on pourroit étudier avec fruit cette partie essentielle de l'histoire de l'homme en société. Quoiqu'en effet tous les grands hommes qui passent sous nos yeux, dans cette immense revue de tant de siècles, n'aient pas tenu peut-être le langage que leur prête l'historien, il est clair cependant qu'il a adapté leurs discours à leur caractère connu, et que, s'il a quelquefois substitué sa pensée à la leur, il en a si bien pris l'esprit et le style en général, que nous retrouvons facilement l'un et l'autre, et que nous oublions sans effort l'auteur qui écrit, pour n'entendre que le héros qui parle ; et ce qui le prouve d'une manière qui nous paroît sans réplique, c'est qu'à chacune de ces grandes époques qui divisent les temps, moins encore par le nombre des années, que par les progrès de la civilisation et le développement des connoissances, nous trouvons dans ces mêmes harangues un tableau fidèle et des mœurs du siècle et du caractère particulier du pays. Ce seroit encore des monumens précieux, sous ce seul et unique point de vue; car les discours ne contribuent pas moins que les actions à faire connoître les hommes. Il y a même une différence essentielle à observer ici : les actions ne mettent précisément en évidence que le personnage qui agit, tandis que ces discours adressés à tout un peuple, dans une circonstance importante pour lui, nous font d'autant mieux connoître l'esprit et les mœurs de ce peuple, que l'orateur, quel qu'il soit, a dû accommoder son style et ses pensées au langage et aux idées de ceux qui l'écoutoient.

Les grands historiens de la Grèce et de Rome n'ont jamais manqué à cette fidélité sévère de costume et de mœurs; et c'est ce qui nous attache et nous rappelle encore si puissamment à la lecture de leurs ouvrages; c'est ce qui sollicite et obtient si facilement de nous le pardon des fables qu'ils débitent et des erreurs nombreuses où il étoit impossible que le préjugé et l'ignorance ne les entraînassent pas fréquemment.

A leur tête se présente Hérodote, que l'on a nommé le père de l'histoire, parce qu'il a le premier rassemblé en corps d'ouvrage les traditions informes, conservées jusqu'à lui sur l'airain, la pierre, les tombeaux ou les médailles. Le nom de chacune des neuf muses, donné par acclamation aux neuf livres qui composent son histoire, prouve avec quel transport la lecture en fut entendue à l'assemblée des jeux olympiques, 445 ans avant J. C.; et il est probable que ce que lui avoit inspiré la muse de l'éloquence, ne fut pas ce qui charma le moins ses auditeurs. Ce témoignage unanime, ces honneurs solennellement rendus, par un peuple poli et déjà éclairé, à l'écrivain qui venoit d'enlever ses suffrages en enchantant ses oreilles, donnèrent aux ouvrages d'Hérodote un grand caractère d'autorité dans la Grèce, et auroient dû rendre les critiques modernes moins prompts à reléguer, sans examen, au nombre des fables, tout ce qui n'avoit pas avec nos petites idées la conformité la plus exacte. Ce qui fait à Hérodote, historien et observateur, autant d'honneur au moins que les éloges de ses propres concitoyens, c'est la vérification récemment faite sur les lieux, par des savans dignes de foi, de ce qu'il avoit écrit sur l'Egypte, et que l'on étoit convenu de regarder comme fabuleux.

Mais il n'est question ici que du peintre des mœurs et des caractères ; et c'est sous ce rapport que nous allons examiner quelques-unes des harangues d'Hérodote.

Le premier événement qui figure avec quelque intérêt dans son histoire, est la chute de ce fameux Crésus, qui soutint ce revers épouvantable avec une fermeté courageuse, que l'on ne sembloit pas devoir attendre d'un homme ébloui long-temps de ses richesses, et l'objet et la victime de tous les genres de corruption. Le commun des lecteurs ne connoît de lui que son opulence, et l'on ignore assez généralement que ce même monarque, si vil sur un trône, amolli par un luxe effréné, se montra grand dans l'adversité, et étonna son vainqueur même par sa constance. Nous en citerons, entre autres, le trait suivant. Les Perses pilloient la ville de Sardes, sa capitale, qui venoit de tomber entre leurs mains. « Grand roi, dit-il » à Cyrus, te dirai-je ce que je pense, ou mon état » présent me doit-il fermer la bouche » ? (Il étoit prisonnier, et à peine échappé au bûcher préparé pour lui). Cyrus lui ayant permis de parler librement : « Que » fait, lui demanda-t-il, toute cette multitude déchaî- » née » ?—Elle pille ta ville, répondit Cyrus, et enlève

tes richesses. — « Ce n'est ni ma ville ni mes ri-
» chesses qu'elle pille, reprit Crésus, puisqu'elles ne
» m'appartiennent plus : ce sont tes biens qu'elle prend
» et qu'elle emporte ».

Il est fâcheux qu'un prince capable d'une réflexion aussi
juste et aussi profonde, ne l'ait pas été de se rendre à
la sagesse des conseils que lui donnoit un de ses sujets,
dans le discours suivant, où il s'efforce de le détourner
du projet d'attaquer les Perses.

*Discours de Sandanis à Crésus.*

« Prince, tu vas attaquer des peuples qui ne sont vêtus que
de peaux, qui mangent ce qu'ils peuvent, la stérilité de leur
pays ne leur permettant pas de manger ce qu'ils veulent ; des
peuples qui ignorent l'usage du vin, et n'ont que de l'eau pour
boisson ; qui ne connoissent ni les figues, ni aucun autre fruit
agréable. Vainqueur, que peux-tu enlever à des hommes qui
n'ont rien ; vaincu, que ne risques-tu pas de perdre ? Dès qu'ils
auront commencé à goûter les délices de notre pays, ils n'y
renonceront pas aisément, et nous ne pourrons plus les chasser.
Pour moi, je rends grâces aux dieux de ce qu'ils n'ont pas inspiré aux Perses le dessein de venir attaquer la Lydie ». ( Hérodote, Liv. I ).

Si l'on réfléchit à l'immense intervalle que la vérité
devoit avoir à franchir pour parvenir, d'un simple sujet, jusqu'aux oreilles d'un monarque tel que Crésus,
on conviendra qu'il y avoit du courage à parler ainsi.
Ce ton de simplicité noble, qui ne dissimule, mais
n'exagère rien, et se borne à exposer la vérité sans
feinte et sans détours, a quelque chose de bien plus
éloquent que les figures les plus hardies et les tours les
plus recherchés. Il faut remarquer surtout ce qu'étoient
et ce que devinrent ensuite ces mêmes Perses : il suf-
fira, pour cela, de rapprocher de ce discours celui de
Charidème à Darius, où il fait précisément des Macédoniens opposés aux Perses, le tableau que Sandanis
fait ici des Perses et des Lydiens. Ces sortes de contrastes n'ont pas le mérite seulement de rapprocher des

emps, des lieux et des styles différens, ce qui pourtant
st déjà un avantage; ils familiarisent les jeunes gens
vec l'habitude de voir autre chose encore que des mots
lans les auteurs qu'on leur explique, de nourrir leur
sprit d'idées solides, et les forcent enfin de réfléchir
ur les conséquences funestes, mais inévitables, du
uxe et de la mollesse.

### Discours de Charidème à Darius.

\* « Verum et tu forsitan audire nolis; et ego, nisi nunc
ixero, aliàs nequidquam confitebor. Hic tanti apparatûs exer-
itus, hæc tot gentium et totius Orientis excita sedibus suis
noles, finitimis potest esse terribilis. Nitet purpurâ auroque;
ulget armis et opulentiâ, quantam qui oculis non subjecerint,
nimis concipere non possunt : sed Macedonum acies torva sane
t inculta, clypeis hastisque immobiles cuneos, et conserta ro-
oora virorum teget. Ipsi *phalangem* vocant peditum stabile agmen : vir viro, armis arma conserta sunt : ad nutum monen-
is intenti, sequi signa, ordines servare didicere. Quod impe-
atur, omnes exaudiunt : obsistere, circumire, discurrere in
ornu, mutare pugnam, non duces magis quàm milites callent.
t ne auri argentique studio teneri putes, adhuc illa disciplina
aupertate magistrâ stetit. Fatigatis humus cubile est : cibus
quem occupant, satiat : tempora somni arctiora quàm noctis
unt. Jam thessali equites, et acarnanes, ætolique, invicta bello

---

\* « La vérité te blessera peut-être; mais, si je la dissimule aujourd'hui,
en vain la dirois-je dans un autre temps. Cet appareil formidable, cette
masse de tous les peuples de l'orient arrachés avec effort de leurs foyers, peuvent en imposer sans doute à leurs voisins. Ils brillent sous l'or et la pourpre
qui les couvrent; et leurs armes répandent un éclat, étalent un luxe dont il
est impossible d'avoir l'idée, quand on n'en a pas eu le spectacle. Mais
l'extérieur farouche et grossier de l'armée macédonienne te montrera, dans
l'action, des hommes immobiles sous le poids de leurs armes. Ils ont donné
le nom de *Phalange* à un corps inébranlable de fantassins; le guerrier y
touche le guerrier, les armes y pressent les armes. Les yeux fixés sur celui
qui commande, ils savent tous se ranger sous leurs drapeaux et garder leurs
rangs. Le signal est entendu de tous; se présenter de front, tourner l'ennemi, se déployer sur deux ailes, changer à tout moment la face du combat,
est la science du simple soldat, comme des chefs eux-mêmes. Et ne te flatte
pas de séduire, par l'appât des richesses, des hommes formés jusqu'ici à
l'école de la pauvreté. Fatigués, la terre est leur lit; le premier met que le
hasard leur présente, est celui qui les rassasie; et les nuits sont toujours
plus longues que leur sommeil : et tu pourrois croire que des frondes et des
lances durcies au feu feront reculer devant toi cette fameuse cavalerie com-

manus, fundis, credo, et hastis igne duratis repellentur? pari robore opus est. In illâ terrâ, quæ hos genuit, auxilia quærenda sunt : argentum istud atque aurum ad conducendum militem mitte ».

Ce discours eut le sort de toutes les vérités désagréables; il blessa l'orgueil de Darius, et le généreux Charidème paya de sa vie la liberté courageuse qu'il avoit prise. Il est des gens auxquels l'on ne dit jamais impunément qu'ils ont tort.

Quant au mérite oratoire des deux discours, il est facile d'en montrer et d'en saisir la différence. Celui de Sandanis, dans Hérodote, est simple, sans apprêt, sans ornement; c'est le langage d'un homme prudemment courageux. Il y a, dans celui de Charidème, plus d'emphase, plus de prétention, et la recherche de l'expression y décèle à chaque instant l'auteur, mal caché derrière le personnage. Quinte-Curce n'est pas toujours sage dans son style; il est quelquefois tout prêt de l'enflure, et son expression cesse d'être naturelle à force de vouloir devenir élégante. Les maîtres ne sauroient mettre trop de soin à faire remarquer ces nuances légères, cette limite délicate où le trop de perfection commence à devenir un modèle d'autant plus dangereux, qu'il est plus aisé de s'en laisser séduire.

Au surplus, ces morceaux d'opposition ouvrent un champ si favorable à l'éloquence du style, que les grands écrivains n'ont jamais manqué de s'en emparer, quand leur sujet les présentoit naturellement. Voyez, dans la Henriade, le contraste si habilement saisi de l'armée de Joyeuse et de celle du grand Henri. C'est le héros qui parle :

> Les courtisans en foule attachés à son sort,
> Du sein des voluptés s'avançoient à la mort.

---

posée de l'élite des Thessaliens, des Arcananiens, des Œtoliens! Non, non: il faut leur opposer une force égale à la leur; c'est dans le pays qui les a vus naître qu'il faut leur chercher des rivaux. Crois-moi, consacre à te procurer des guerriers, tant d'or et d'argent inutilement prodigué ». (Quint. C. Liv. III. c. 15).

Des chiffres amoureux, gages de leurs tendresses,
Traçoient sur leurs habits les noms de leurs maîtresses.
Leurs armes éclatoient du feu des diamans,
De leurs bras énervés frivoles ornemens.
Ardens, tumultueux, privés d'expérience,
Ils portoient au combat leur superbe imprudence :
Orgueilleux de leur pompe, et fiers d'un camp nombreux,
Sans ordre ils s'avançoient d'un pas impétueux.
D'un éclat différent mon camp frappoit leur vue :
Mon armée en silence à leurs yeux étendue,
N'offroit de tous côtés que farouches soldats,
Endurcis aux travaux, vieillis dans les combats ;
Accoutumés au sang et couverts de blessures,
Leur fer et leurs mousquets composoient leurs parures.
Comme eux vêtu sans pompe, armé de fer comme eux,
Je conduisois aux coups leurs escadrons poudreux ;
Comme eux, de mille morts affrontant la tempête,
Je n'étois distingué qu'en marchant à leur tête.

(*Henriade*, Ch. 3).

Quelle différence entre ces deux tableaux, et comme le choix et l'arrangement des mots sont également vrais, également heureux dans l'un et dans l'autre ! Quelle pompe molle et efféminée dans le premier ; quelle aspérité guerrière dans le second ! Ce sont là de ces morceaux qui ont placé la Henriade, quant au style, au rang de ces bons livres classiques, que l'on ne rappelle jamais trop souvent.

Mais revenons à Hérodote, qui va nous fournir un second objet de comparaison avec Quinte-Curce.

Cyrus, vainqueur des Assyriens, et toujours plus avide de conquérir, attaque les Massagètes, peuples presque sauvages, mais belliqueux. Déjà le roi de Perse faisoit construire, sur l'Araxe, un pont pour le passage de ses troupes : instruite de son dessein, la reine Thomyris lui envoie un ambassadeur qui lui dit.

### *Discours de l'ambassadeur de Thomyris à Cyrus.*

« Roi des Mèdes, ne te jette pas avec une ardeur si téméraire dans une entreprise dont le succès est incertain. Renonce à ton projet ; et, content de régner sur tes peuples, souffre que nous régnions sur les nôtres. Mais, sourd sans doute à nos conseils, tu préféreras tout autre parti au repos. Eh bien ! si tu as une si grande envie d'éprouver tes forces contre celles des Massagètes, ne te donne pas tant de peine pour construire un pont ; nous nous retirerons à trois journées du fleuve, afin que tu puisses passer sur nos terres ; ou, si tu aimes mieux nous recevoir sur les tiennes, fais ce que nous te proposons de faire nous-mêmes ».

Cette dernière proposition respire bien franchement l'espèce de confiance qu'inspire au sauvage le sentiment de sa force ; et l'énergique concision de ce petit discours, où chaque mot est une pensée, et une grande pensée, caractérise parfaitement l'éloquence de la nature : on sent que c'est ainsi qu'un barbare a dû parler. Passons à Quinte-Curce.

Arrivé sur les bords du fleuve qui le sépare de la région des Scythes, Alexandre se dispose à le franchir ; une députation de ces peuples s'avance, et le plus ancien de la troupe lui parle en ces termes :

### Discours des Scythes à Alexandre.

\* « Si Dii habitum corporis tui aviditati animi parem esse voluissent, orbis te non caperet. Alterâ manu orientem, alterâ occidentem contingeres. Et hoc assequutus, scire velles ubi tanti numinis fulgor conderetur ».

Il étoit impossible de donner, dans le style figuré, une idée plus juste de l'ambition démesurée d'Alexandre. Cette métaphore, gigantesque partout ailleurs, n'est que simple et naturelle ici ; l'application va le prouver. Le barbare continue :

\*\* « Sic quoque concupiscis quæ non capis. Ab Europâ petis Asiam ; ex Asiâ transis in Europam. Deinde si humanum genus

---

\* « Si les Dieux avoient mesuré ta stature à ton ambition, le monde ne te contiendroit pas ; d'une main tu toucherois l'orient, de l'autre l'occident ; et tu voudrois savoir encore où vont s'ensevelir les feux du Dieu puissant qui nous éclaire ».

\*\* « C'est ainsi que tu désires toujours plus que tu ne peux embrasser ; tu passes d'Europe en Asie, tu repasses d'Asie en Europe ; et si tu avois sou-

# LIVRE III.

...ne superaveris, cum silvis et nivibus, et fluminibus, feris-
...ue bestiis gesturus es bellum.

» Quid tu ignoras arbores magnas diù crescere, unâ horâ
xstirpari? Stultus est qui fructus earum spectat, altitudinem
...on metitur. Vide ne, dum ad cacumen pervenire contendis,
...um ipsis ramis quos comprehenderis decidas. Leo quoque ali-
...uando minimarum avium pabulum fit, et ferrum rubigo con-
...umit ».

Voilà bien le style sentencieux et parabolique de
...ous les peuples de l'orient et du nord. Voici main-
...enant l'équité naturelle réclamant avec force ses
...roits, contre les droits imaginaires de la force et de
...usurpation :

* « Quid nobis tecum est? numquam terram tuam attigi-
...us. Qui sis, unde venias, licet-ne ignorare in vastis sylvis vi-
...entibus? Nec servire ulli possumus, nec imperare desideramus.
...ona nobis data sunt (ne Scytharum gentem ignores) jugum
...oum, aratrum, et sagitta et patera. His utimur et cum ami-
...is et adversùs inimicos. Fruges amicis damus, boum labore
...uæsitas; paterâ cùm his libamus : inimicos sagittâ eminùs,
...astâ cominùs petimus. Sic Syriæ regem, et posteà Persa-
...um, Medorumque superavimus, patuitque nobis iter usque in
...gyptum. At tu qui te gloriaris ad latrones persequendos veni-
...e, omnium gentium quos adisti, latro es ».

...is tout le genre humain, tu ferois la guerre aux forêts, aux montagnes,
...x fleuves et aux bêtes sauvages.
 » Ignores-tu donc que les grands arbres sont long-temps à croître, et qu'il
...e faut qu'un moment pour les déraciner? Insensé celui qui ne regarde que
...urs fruits, sans mesurer leur hauteur! Prends garde, en voulant parvenir
...sommet, de tomber avec la branche que tu auras saisie. Quelquefois le
...on a servi de pâture aux plus petits oiseaux, et la rouille consume le fer ».

* « Qu'y a-t-il entre toi et nous? Nous n'avons jamais approché de ton
...rritoire. Dans les vastes forêts où nous vivons, ne nous est-il pas permis
... ignorer qui tu es, d'où tu viens? Nous ne voulons point servir; mais nous
...' sommes pas jaloux de commander. Veux-tu connoître la nation des
...cythes? Un attelage de bœufs, une charrue, une flèche, une coupe, voilà
... qui nous a été donné, ce dont nous nous servons pour nos amis, et contre
...s ennemis. A nos amis, nous donnons les fruits de la terre, produits par
... travail de nos bœufs, etc.— Pour nos ennemis, nous les combattons de
...in avec la flèche, et de près avec la pique. C'est avec ces armes que nous
...ons battu le roi de Syrie, celui des Perses et des Mèdes, et que nous nous
...mmes ouvert un chemin jusqu'en Égypte. Mais toi, qui te vantes de faire
... guerre aux brigands, es-tu autre chose que le voleur de tant de pays
...urpés? etc. »

Suit l'énumération des pays conquis jusqu'alors par Alexandre, et l'orateur Scythe la termine par ces vérités énergiques :

* « Primus omnium satietate parasti famem, ut quò plura haberes, acriùs quæ non habes, cuperes. Proindè fortunam tuam pressis manibus tene ; lubrica est, nec invita teneri potest. Salubre consilium sequens, quod præsens tempus ostendit melius : impone felicitati tuæ frænos ; faciliùs illam reges. Nostri sine pedibus esse dicunt fortunam, quæ manus et pinnas tantùm habet. Quùm manus porrigit, pinnas quoque comprehendere non sinit. Denique, si Deus es, tribuere mortalibus beneficia debes ; sin autem homo es, id quod es, semper esse te cogita ».

Le barbare propose au roi de Macédoine l'alliance des Scythes, et son pacte est celui que la nature a établi : il ne devoit pas en connoître d'autre.

** « Jurando gratiam Scythas sancire ne credideris. Colendo fidem jurant. Græcorum ista cautio est, qui facta consignant et deos invocant : nos religionem in ipsâ fide novimus. Qui non reverentur homines, fallunt deos. Nec tibi amico opus est, de cujus benevolentiâ dubites. Cœterum nos Asiæ et Europæ custodes habes. Bactra, nisi dividat Tanais, contingimus : ultra Tanaim usque ad Thraciam colimus. Thracia Macedoniam con-

---

* « Tu es le premier pour qui la satiété ait produit la faim, puisqu'à mesure que tu as plus, tu désires davantage. — Serre à deux mains ta fortune ; elle glisse, et on ne la retient pas en dépit d'elle : c'est l'avenir plus que le présent qui donne un bon conseil. Mets un mors à ton bonheur, tu le maîtriseras plus aisément. On dit chez nous que la fortune est sans pieds ; elle n'a que des mains et des ailes, et quand elle nous présente les unes, elle ne laisse pas saisir les autres. Enfin, si tu es un dieu, tu dois faire du bien aux hommes, et non leur ravir le leur ; si tu n'es qu'un homme, songe toujours que tu es un homme ».

** « Au reste, ne crois pas que les Scythes jurent l'amitié : notre serment, c'est le respect pour notre parole. (Il est bien triste qu'il en faille d'autres) ! Nous laissons aux Grecs ces précautions de signer des pactes et d'attester les Dieux : pour nous, nous mettons notre religion dans notre fidélité. Ceux qui ne respectent pas les hommes, trompent les Dieux, et l'on n'a pas besoin de l'ami dont la volonté est suspecte. Il ne tient qu'à toi de nous avoir pour gardiens de tes limites d'Europe et d'Asie : nous ne sommes séparés des Bactriens que par le Tanaïs ; au-delà, du côté opposé, nous touchons à la Thrace, qui confine, dit-on, à la Macédoine

nctam esse fama est. Utrinque imperio tuo finitimos, hostes amicos velis esse, considera ». (Q. Curt., Lib. vii, c. 33).

Il est fâcheux que tant de véritable grandeur d'âme ait été en pure perte, et n'ait pas sauvé ces hommes généreux de la honte d'une défaite générale : c'est qu'il y a bien loin de l'aveugle impétuosité qui emporte et égare le courage, à l'art qui le dirige, parce qu'il l'a discipliné.

Après Hérodote parut Thucydide, historien de cette fameuse guerre du Péloponèse, qui divisa si long-temps Athènes et Lacédémone. Le seul nom de cette guerre réveille dans l'esprit du lecteur le souvenir de tous les grands hommes qui y jouèrent un rôle; et après avoir admiré leurs exploits ou leurs talens politiques, peut-être ne sera-t-on pas fâché de les entendre discuter eux-mêmes ces grands intérêts, ou plaider quelquefois leur propre cause devant un peuple léger, ingrat, qui méconnoissoit bientôt, et payoit souvent de l'exil ou même de la mort, les services les plus signalés. Nous avons eu occasion d'annoncer déjà Périclès comme orateur : nous allons l'entendre dans une des circonstances les plus importantes et les plus délicates de sa longue administration.

On sait que la seconde campagne de cette guerre célèbre devint funeste aux Athéniens, par les revers qu'ils y éprouvèrent, et surtout par cette effroyable contagion qui ravagea l'Attique, et dont Thucydide et Lucrèce, après lui, nous ont laissé des tableaux si tristement fidèles. Découragés, abattus par le double fléau de la guerre et de la peste, les Athéniens murmuroient hautement contre Périclès, qu'ils regardoient comme l'auteur de leurs maux, parce qu'il avoit conseillé la guerre. Ils envoyèrent donc à La-

---

placés aux deux extrémités de ton empire, nous veux-tu pour amis ou pour ennemis ? Choisis ».

cédémone, pour accepter les conditions qu'ils avoient d'abord refusées ; mais leurs députés revinrent sans avoir rien obtenu : le découragement et les murmures furent alors à leur comble ; et telle est la circonstance où Périclès se présente devant eux et leur adresse ce discours.

### Discours de Périclès aux Athéniens.

« Athéniens, je m'attendois à votre colère ; j'en conjecture aisément la cause, et c'est pour vous rappeler à vous-mêmes que je vous ai assemblés. Je viens me plaindre à vous de l'injustice de vos emportemens contre moi, et de la foiblesse avec laquelle vous cédez au malheur ».

Il faut bien connoître le peuple à qui l'on parle, et être bien sûr de son ascendant, pour tenir un pareil langage ; mais c'est précisément avec cette noble confiance, avec ce ton ferme et tranchant, que l'on établit cet ascendant, et que l'on commande, par le droit le mieux fondé et le moins humiliant pour ceux qui obéissent, la supériorité des lumières et le courage du génie. Suivons Périclès.

« Le grand intérêt de chaque citoyen consiste moins dans sa prospérité personnelle, que dans le bonheur de la cité dont il fait partie. Le citoyen le plus heureux, si sa patrie vient à tomber, tombe nécessairement avec elle ; tant qu'elle se soutient, il trouve dans le bonheur général les moyens de réparer ses propres disgrâces. Mais s'il est vrai que la république puisse soutenir le particulier dans sa chute, tandis que le particulier ne peut arrêter la ruine d'une république qui s'écroule, ne faut-il pas que tous se réunissent pour venir au secours de la mère commune, et déploient une fermeté d'âme.... dont vous êtes bien éloignés aujourd'hui ! Je vous vois perdre courage au premier revers ; désespérer du salut commun, vous reprocher à vous-même, aussi injustement qu'à moi, les malheurs d'une guerre que nous avons déterminée ensemble ».

C'étoit là le point important du discours. Comme le grand reproche des Athéniens à Périclès, étoit de les avoir entraînés dans cette même guerre, le meilleur moyen de s'en disculper étoit de leur prouver qu'il avoit seulement déféré à leur avis en l'entreprenant, et c'est ce qu'il va faire.

« Oui, vous vous en prenez à moi, qui me flatte de connaître vos affaires aussi bien que personne, et de savoir en parler; à moi qui suis l'ami de l'état, et au-dessus des petites considérations d'un vil intérêt. Celui qui sauroit beaucoup, sans pouvoir communiquer ce qu'il sait, seroit pour vous comme s'il ne savoit rien. Si celui qui joindroit au mérite des lumières le talent de les communiquer, avoit de mauvaises intentions, jamais il ne vous donneroit un bon conseil; et, en lui supposant même de bonnes intentions, s'il étoit susceptible de céder à l'appât de l'or, il seroit bientôt capable de trafiquer lâchement des intérêts de la patrie. Si vous m'avez, sous ces différens rapports, accordé quelque supériorité sur les autres, et si je dois à cette opinion flatteuse votre déférence à mes avis, pourquoi donc me faire un crime aujourd'hui d'une guerre que vous avez jugée indispensable?

» Il y auroit eu de la folie, sans doute, à prendre les armes, si, heureux d'ailleurs, le choix eût dépendu de vous; mais, s'il ne vous restoit qu'un parti à prendre, celui de céder et d'obéir, ou de combattre et de triompher de l'injustice, ne seroit-on pas plus blâmable d'avoir fui le péril, que de l'avoir bravé? Je suis, moi, ce que j'étois alors : je ne change pas, comme vous, au gré des circonstances. Vous avez adopté mes conseils avant que les maux soient venus vous assiéger, et vous vous en repentez à présent que vous souffrez. — Abattus par des disgrâces aussi funestes qu'imprévues, vous n'avez plus la force de maintenir vos résolutions; mais les citoyens d'une puissante république, des hommes élevés dans des sentimens dignes de leur patrie, devroient-ils succomber aussi facilement à l'infortune, et ternir, par tant de lâcheté, l'éclat de leur conduite passée? Oui, l'on blâme également la foiblesse qui soutient mal son rang, et l'orgueil qui aspire où il ne sauroit atteindre. Vous devez donc, ô Athéniens, étouffer vos douleurs particulières, pour ne voir et ne chercher que le bien général. Quant à la guerre actuelle, dont vous redoutez et la durée et l'issue, il suffit de vous rappeler ce que je vous ai cent fois répété, pour cesser d'en craindre les hasards.

» Je vais vous remettre sous les yeux la grandeur de votre empire, etc. »

L'orateur cherche et trouve, dans l'exposé rapide

des forces réelles des Athéniens, des moyens de ranimer leur constance et de soutenir leur espoir ; il achève de les enflammer par cette courte et énergique péroraison.

« Montrez en vous, ô Athéniens ! par votre fermeté au milieu des dangers qui vous pressent, et des maux qui vous accablent ; montrez en vous des hommes aussi jaloux de s'illustrer dans l'avenir, qu'attentifs à ne pas se déshonorer dans les circonstances présentes. N'envoyez plus de députés à Lacédémone, et ne faites pas annoncer à votre rivale que vous vous laissez abattre par le malheur. Parmi les peuples, comme parmi les particuliers, c'est la constance dans les revers, et l'intrépidité dans les périls, qui méritent et obtiennent l'estime et les éloges ». (THUCYDIDE, Liv. II).

Un homme aussi célèbre et plus étonnant encore que Périclès lui-même, Alcibiade, va paroître ici en qualité d'orateur. Peut-être entendra-t-on avec quelque plaisir à la tribune ce même homme aussi brave à la tête des armées, qu'aimable aux soupers d'Aspasie ; aussi grand dans ses revers et dans son exil, qu'il avoit été brillant dans le cours de ses succès, et qui semble avoir épuisé à lui seul tous les genres de célébrité.

Il s'agit ici de l'expédition de Sicile, conçue par le génie ardent d'Alcibiade, combattue et contrariée par le sang-froid de Nicias, qui en sentoit les inconvéniens, et s'étoit efforcé de les faire sentir aux Athéniens dans une longue harangue. C'est à ce discours que répond Alcibiade, avec le ton tranchant qui lui étoit familier, et cet excès de confiance qui ne seroit que ridicule dans une âme ordinaire, mais qui étonne et subjugue dans un Alcibiade.

### *Réponse d'Alcibiade à Nicias.*

« Pour répondre d'abord, Athéniens, aux injures de Nicias, qui m'a outragé sans me nommer, je dis que le commandement doit m'être déféré plus qu'à tout autre, et je me flatte d'en être digne. Ce qui m'a fait un nom dans le monde, est aussi glorieux pour mes ancêtres et pour moi-même, qu'avantageux pour ma patrie. L'éclat avec lequel je me suis annoncé dans les jeux olympiques, a relevé la gloire d'Athènes aux yeux des Grecs, qui croyoient cette république abattue. J'ai lancé dans la lice sept chars, ce que ne fit jamais aucun particulier; j'ai remporté les premiers, les seconds et les quatrièmes honneurs de la course ; j'ai montré partout une magnificence digne de mon triomphe. Ces victoires, accompagnées d'un faste noble, sont légitimes, et acquièrent à notre ville une réputation de force et de puissance.

» La manière dont je me suis signalé au milieu de vous dans les charges publiques et dans d'autres occasions, peut exciter la jalousie de quelques citoyens ; mais elle fait admirer aux étrangers la grandeur imposante d'Athènes ; et peut-être n'est-ce pas un projet si mal conçu, que d'être utile à soi-même et de servir son pays par un semblable emploi des richesses ».

Remarquez qu'Alcibiade, très-jeune encore alors, en avoit fait assez cependant pour qu'un tel langage ne fût point, dans sa bouche, une jactance puérile, mais un exposé simple et vrai, et commandé d'ailleurs par la nécessité de répondre à des inculpations vagues, que les faits réfutent toujours mieux que les meilleurs raisonnemens, parce qu'il n'y a rien à répondre à des faits, au lieu que le raisonnement du monde le plus solide peut avoir un côté foible, dont l'adversaire ne manque jamais de s'emparer.

Mais si l'effervescence du jeune homme perce peut-être un peu trop dans ce début, les réflexions suivantes ne peuvent que donner une bien grande idée de l'âme capable de les faire, dans l'âge de la frivolité et des plaisirs.

« Quand les succès élèvent nos sentimens, nous pouvons, sans injustice, nous élever au-dessus des autres, puisque celui que le malheur accable ne trouve personne qui partage ses disgrâces. On nous dédaigne dans l'adversité ; que l'on nous pardonne donc la fierté de notre âme dans la prospérité. — Ces hommes pleins d'un noble orgueil, et tous ceux, en général, qui ont brillé par des qualités supérieures, se sont vus en butte, pendant qu'ils vivoient, à l'injustice, et souvent aux persécutions de leurs contemporains. Mais telle est la célébrité qu'ils ont laissée après eux, que tout le monde a brigué l'honneur d'appartenir à leur race, et que la patrie elle-même, les regardant comme ses enfans les plus chers, se glorifioit de leur avoir donné la naissance, et s'applaudissoit de leurs actions, bien loin de songer à les désavouer.

» Jaloux de cette gloire, et distingué entre tous dans ma vie privée, voyez si je le cède à personne dans l'administration des affaires publiques. Après vous avoir acquis, à peu de frais et presque sans danger, l'amitié des villes les plus puissantes du Péloponèse, j'ai forcé les Lacédémoniens de risquer, à Mantinée, toute leur fortune dans une seule bataille, dont ils sont encore affoiblis, quoique la victoire se soit déclarée pour eux. Ma jeunesse et cette fougue impétueuse que l'on me reproche, ne vous ont pas été inutiles jusqu'ici. Eh bien! tandis que je brille par la vivacité de l'âge, et que Nicias jouit de la réputation d'un guerrier heureux, servez-vous de l'impétuosité de l'un et de la sagesse de l'autre, et ne renoncez pas à l'entreprise que vous avez résolue, comme si elle présentoit en effet des difficultés insurmontables ».

Ici l'orateur entre dans le détail de ces prétendues difficultés, répond aux objections faites, prévient celles que l'on pourroit faire, et termine le discours de la manière suivante :

« Ainsi, Athéniens, persuadés qu'en passant dans un pays étranger vous étendrez votre domination, suivez votre entreprise avec ardeur ; réprimez l'orgueil du Péloponèse ; apprenez à ses peuples qu'ils ne vous intimideront jamais, et que le repos surtout est indigne de vous. J'ajoute que vos conquêtes en Sicile vous promettent l'empire de la Grèce entière, et que le mal du moins que vous ferez aux Syracusains, tournera à votre avantage et à celui de vos alliés. — Fermez l'oreille aux avis pusillanimes de Nicias, qui vous conseille une honteuse inaction, et qui cherche à répandre la division entre les jeunes gens et les vieillards. Suivons l'exemple de nos braves aïeux, qui, par leur union invincible et leur inaltérable concorde, ont porté cet empire au point de force et de grandeur où nous l'avons trouvé. Pleins des mêmes sentimens, prenons les mêmes moyens, et travaillons comme eux à la prospérité publique. Croyez que la jeunesse et la vieillesse ne peuvent rien l'une sans l'autre, et que c'est dans la réunion de tous les âges et de tous les ordres que consiste la force principale de l'état. Croyez aussi que si les

Athéniens restent tranquilles, leurs talens s'affoibliront insensiblement dans une fatale oisiveté, et que l'inaction, ce poison lent de tout ce qui existe dans la nature, les forcera d'employer leurs propres forces contre eux-mêmes. Mais l'exercice perpétuel des combats ajoutera à leur habileté, et les convaincra que c'est par des effets, et non par des discours, que l'on repousse l'attaque de l'ennemi. En général, un peuple naturellement actif a besoin d'entretenir cette activité, le repos est son plus grand ennemi. Il faut l'abandonner à ses inclinations, à l'impulsion de ses maximes; c'est le gage du succès, et ce qu'il fera alors vaudra toujours mieux que ce qu'on lui conseille ».

(Thucydide, Liv. vi).

Il y auroit bien des choses à dire là-dessus; mais admirons cette impétuosité du génie, qui franchit les obstacles sans daigner presque les apercevoir; et dont la pensée rapide a atteint le but, avant que celle des autres ait songé seulement à mesurer la carrière.

Animés par ce discours d'Alcibiade, et attendris surtout par les supplications des exilés d'Egeste et de Léonte, qui les conjuroient de venir à leur secours, les Athéniens se portèrent avec ardeur à l'expédition résolue. Nicias, voyant que la raison ne pouvoit plus rien sur leurs esprits, essaya cependant encore de les détourner de leur projet, par le tableau raisonné des difficultés qu'elle présentoit.

### *Réplique de Nicias.*

« Puisque je vous vois, dit-il, absolument déterminés à l'expédition de Sicile, il ne me reste plus que des vœux à former pour son succès. Qu'il me soit permis cependant de vous dire, pour la dernière fois, ce que je pense à ce sujet.

» Les villes que nous allons attaquer sont puissantes, m'a-t-on dit; indépendantes les unes des autres, elles n'aspirent point à une révolution pour secouer le joug de la servitude, et passer à un état plus heureux; renfermées dans une seule île, et grecques pour la plupart, elles ne préféreront pas, sans doute, notre domination à leur liberté. — Ajoutez à ces premières considérations, ce qui donne à ces villes un avantage marqué sur nous: une cavalerie nombreuse; du grain en abondance, qu'elles trouvent dans leurs pays, et qu'elles ne sont pas obligées de faire venir, comme nous, de très-loin.

» Ce n'est pas seulement une armée de mer, une armée foible, qu'il faut conduire contre une telle puissance; il faut aussi des troupes de terre considérables, si nous voulons que l'exécution réponde au projet, et qu'une forte cavalerie ne nous arrête pas au débarquement. — Quelle honte pour nous, Athéniens, si nous étions contraints de nous retirer, ou de faire revenir des troupes, pour avoir mal calculé les obstacles, et mal pris nos mesures! Vous ne devez donc partir qu'avec un puissant armement, bien convaincus que vous allez porter la guerre loin de vos foyers, et dans un pays où votre tactique ordinaire se trouvera insuffisante. Ce ne sont pas des alliés que nous allons secourir dans un pays où nous puissions trouver aisément les secours nécessaires: nous partons pour une contrée absolument ennemie, où quatre mois suffiront à peine, en hiver, pour recevoir des nouvelles. — Si nous ne partons pas avec des forces capables de résister à la cavalerie sicilienne, et de tenir contre leur pesante infanterie, le succès est impossible, puisqu'en nous supposant même mieux équipés que nos ennemis, nous aurons encore de la peine à les vaincre et à défendre nos alliés. Quel est en effet le but de notre entreprise? D'assujétir une ville puissante, dans une contrée où tout nous est étranger, ou déclaré contre nous. Il faut donc que, dès le premier jour où nous aborderons dans l'île, nous soyons maîtres de la campagne; sans quoi, au premier échec, tout est perdu pour nous.

» D'après ces craintes motivées, et la persuasion où je suis que nous avons besoin d'une grande sagesse et d'un bonheur plus grand encore pour réussir, je ne veux laisser au hasard que le moins qu'il sera possible, et ne partir que bien muni de tous les secours que la prudence conseille pour assurer le succès de l'entreprise. C'est de là, sans doute, que dépendent et la gloire d'Athènes et le salut de l'armée. Si quelqu'un cependant croit pouvoir réussir avec de moindres préparatifs, je lui cède volontiers l'honneur..... ou le péril du commandement ».

(THUCYDIDE, Liv. VI).

Ce même Nicias qui savoit si habilement prévoir les dangers et aviser aux moyens de les prévenir, et qui montroit, à la tribune, tant de sagesse et de raison, ne déployoit pas moins de courage et d'énergie à la tête des armées. Son éloquence est aussi animée, aussi entraînante alors, qu'elle vient de vous paroître tranquille et raisonnée, il n'y a qu'un moment. Que l'on en juge par ce petit discours adressé à ses soldats, lorsque, postés avantageusement dans les environs de Syracuse, ils étoient près d'en venir aux mains avec les troupes siciliennes.

*Discours de Nicias à ses troupes.*

« Qu'est-il besoin, guerriers, d'un long discours pour animer des hommes déjà disposés à se conduire bravement? Ce sont les forces réelles d'une armée, et non les discours du chef qui la commande, qui sont vraiment capables d'inspirer de la confiance. Nos troupes sont composées de soldats d'Argos, de Mantinée, d'Athènes, des principales îles : comment, avec de si braves compagnons, douter un moment de la victoire? Eh! quels ennemis avons-nous à combattre? Des hommes ramassés au hasard parmi le peuple, et qui ne sont pas, comme nous, des guerriers d'élite; des Siciliens qui affectent de nous mépriser, mais qui ne pourront soutenir nos efforts, parce qu'ils ont moins d'habileté que d'audace. Pensons à la distance qui nous sépare maintenant de la Grèce; songeons que nous n'aurons de terrain à nous, que celui que nous emporterons à la pointe de l'épée. Nos ennemis peuvent se dire, pour s'animer mutuellement, qu'ils combattent dans le sein et pour les intérêts de leur patrie; vous combattez, vous, dans un pays d'où vous ne pouvez sortir désormais que par une victoire. Songez à vos exploits passés; chargez vos ennemis avec ardeur, et croyez que la nécessité présente et votre position critique, sont ce que vous avez de plus redoutable à combattre ». ( *Id. ibid.* )

## CHAPITRE IV.

*Continuation du même sujet.*

*Historiens latins.*

L'ESTIMABLE et laborieux écrivain à qui nous devons la traduction de presque tous les orateurs anciens, l'abbé Auger, remarque avec raison qu'il y a, entre les harangues des historiens grecs et celles des historiens latins, une différence qui tourne toute entière à l'avantage des premiers. Rarement la vraisemblance est blessée dans la partie oratoire de leurs ouvrages, et les discours qu'ils mettent dans la bouche de leurs personnages s'accordent si bien avec le caractère, la situation et l'objet de celui qui parle, que l'on se persuade sans effort que ces harangues ont été prononcées en effet telles que l'historien les rapporte.

Il n'en est pas de même des historiens latins : leurs harangues sont des morceaux si achevés, dans leur genre, qu'il est impossible de s'y prêter à la moindre illusion, et de ne pas y reconnoître, à chaque mot, l'art étudié de l'orateur, et la correction élégante de l'écrivain qui a mûri toutes ses pensées par la réflexion, choisi et pesé chacune de ses expressions, et donné à ses phrases le tour et l'harmonie qui sont le fruit du travail, et ne se présentent guère à celui qui ne s'est pas fait une étude de les rechercher et de les placer à propos.

Mais ce défaut (si c'en est un) est si heureusement compensé par des beautés du premier ordre, par ces développemens profonds du cœur humain, par cette abondance de pensées fortes ou sublimes qui mettent le héros tout entier sous les yeux du lecteur, que l'on pardonne volontiers à l'historien de prendre la parole, et de se mettre à la place d'un personnage qui n'eût pas toujours été capable de parler aussi bien.

Qui doute, par exemple, que Catilina n'ait pas tenu à peu près aux conjurés le langage que lui prête Salluste, quant à l'objet même du discours et au fond des choses? Mais qui ne voit que tout le reste appartient exclusivement à l'écrivain, et que cette énergique concision, ces rapprochemens éloquens, ces tours hardis et vigoureux, qui sont le caractère particulier du style de Salluste, ne peuvent l'avoir été précisément de celui de Catilina? Il n'en résulte pas moins que ce discours, plein de force et de vérité, est un des plus beaux monumens de l'éloquence historique, et fait peut-être mieux connoître ce hardi conspirateur, que vingt pages de l'histoire la plus scrupuleusement fidèle. Mais il est temps de l'entendre lui-même.

### Discours de Catilina aux conjurés.

\* « Ni virtus fidesque vestra satis spectatata mihi forent, nequicquam opportuna res cecidisset; spes magna dominationis in manibus frustra fuisset; neque per ignaviam, aut vana ingenia, incerta pro certis captarem. Sed, quia multis et magnis tempestatibus vos cognovi fortes, fidosque mihi, eo animus ausus est maxumum atque pulcherrumum facinus incipere. Simul quia vobis eadem, quæ mihi, bona malaque esse intellexi; nam idem velle atque idem nolle, ea demum firma amicitia est. Sed ego quæ mente agitavi, omnes jam antea diversi audistis; ceterùm mihi in dies magis animus accenditur, quum considero quæ conditio vitæ futura sit, nisi nosmetipsos vindicamus in libertatem. Nam postquam respublica in paucorum potentium jus atque ditionem concessit, semper illis reges, tetrarchæ vectigales esse; populi, nationes stipendia pendere: ceteri omnes, strenui, boni, nobiles atque ignobiles, vulgus fuimus, sine gratiâ, sine auctoritate; his obnoxii, quibus, si respublica valeret, formidini essemus: itaque omnis gratia, potentia, honos, divitiæ

---

\* « Si je ne connoissois votre courage et votre fidélité, en vain l'occasion favoriseroit-elle mes projets ; en vain l'espérance d'un vaste pouvoir s'offriroit-elle à mes vœux ; je ne hasarderois pas follement le certain pour l'incertain, si votre valeur ou votre constance étoit douteuse pour moi.

» Mais, convaincu de votre courage et de votre invincible attachement, j'ai formé sans balancer le plus grand et le plus beau des desseins. Craintes, espérances, tout nous est commun, tout nous rapproche; et cette conformité de vœux et de projets est la base la plus solide, le nœud le plus ferme de l'amitié.

» J'ai précédemment exposé à chacun de vous en particulier mon plan et mes moyens d'exécution : chaque jour, chaque instant m'enflamme d'une ardeur nouvelle, à l'aspect du sort qui nous attend, si nous ne nous hâtons de sortir d'esclavage. Depuis que quelques particuliers se sont asservi la république, c'est pour eux seuls que les rois et les tétrarques paient le tribut ; c'est pour eux que les nations et les peuples versent leurs contributions dans le trésor public. La valeur, la vertu, la naissance ne sont plus comptées pour rien ; et, populace méprisée, nous rampons devant des hommes que nous ferions trembler, si la république étoit autre chose qu'un vain nom. Richesses, honneurs, distinctions de tous les genres, voilà leur partage et celui de leurs dignes amis : pour nous, les dangers, les affronts, la flétrissure des jugemens et l'indigence, voilà ce qui nous

apud illos sunt aut ubi illi volunt : nobis reliquerunt pericula, repulsas, judicia, egestatem.

» Quæ quousque tandem patiemini, fortissumi viri? Nonne emori per virtutem præstat, quàm vitam miseram atque inhonestam, ubi alienæ superbiæ ludibrio fueris, per dedecus amittere? Verùm enimvero, prô deûm atque hominum fidem! victoria in manu nobis est : viget ætas : animus valet : contra illis, annis atque divitiis omnia consenuerunt. Tantummodo incœpto opus est : cetera res expediet. Etenim quis mortalium, cui virile ingenium est, tolerare potest, illis divitias superare, quas profundant in exstruendo mari, et montibus coæquandis : nobis rem familiarem etiam ad necessarium deesse : illos binas aut amplius domos continuare ; nobis larem familiarem nusquam ullum esse ? Quum tabulas, signa, toreumata emunt, nova diruunt, alia ædificant, postremò omnibus modis pecuniam trahunt, vexant, tamen summâ lubidine divitias suas vincere nequeunt : at nobis est domi inopia, foris æs alienum ; mala res, spes multò asperior. Denique quid reliqui habemus præter miseram animam? Quin igitur expergiscimini? En illa, illa quam sæpe optastis, libertas; præterea divitiæ, decus, gloria, in oculis sita sunt : fortuna ea omnia victoribus præmia posuit. Res, tempus, pericula, egestas, belli spolia magnifica magis quàm oratio mea vos hortentur. Vel imperatore, vel milite me ute-

---

reste !..... Jusques à quand, braves amis, le souffrirez-vous? Un trépas généreux n'est-il pas préférable mille fois à l'opprobre d'une existence qui nous rend les jouets éternels de l'orgueil et du caprice des autres? Mais, j'en atteste et les Dieux et les hommes, la victoire est à nous. Jeunes et courageux, quels ennemis avons-nous à combattre? Des hommes accablés d'années ou amollis par le luxe. Commençons seulement ; les choses marcheront ensuite d'elles-mêmes. Peut-on en effet, pour peu que l'on pense en homme, souffrir sans indignation que leurs richesses excèdent la folie de leurs dépenses, qu'ils rendent la mer habitable, que les montagnes s'applanissent pour eux, tandis que nous avons à peine le nécessaire? qu'ils enchaînent une suite de plusieurs palais, et que nous ayons à peine un asile pour nos Dieux domestiques? Ils achètent des tableaux, des statues, des vases précieux ; ils détruisent ce qu'ils viennent de construire, pour construire de nouveau ; ils fatiguent, ils tourmentent enfin leur argent de toute manière, sans que leurs vastes caprices puissent parvenir encore à absorber l'immensité de leurs richesses. Pour nous, l'indigence au-dedans, des dettes au-dehors, voilà notre sort : le présent est affreux, l'avenir plus effrayant encore. Que nous reste-t-il enfin que le souffle malheureux qui nous anime? Qu'attendez-vous donc pour sortir de ce honteux assoupissement? Elle vous sourit enfin, cette liberté que vos vœux appellent depuis si long-temps, et avec elle, s'offrent à vous les richesses, l'honneur et la gloire : ce sont les prix que la fortune promet aux vainqueurs. Le moment est favorable, les dangers, l'indigence vous pressent de toutes parts, et les riches dépouilles que vous promet le succès de l'entreprise, doivent

ni; neque animus, neque corpus à vobis aberit. Hæc ipsa, spero, vobiscum unà consul agam; nisi fortè me animus fallet vos servire magis quàm imperare parati estis ».

Voltaire, qui s'étoit surtout proposé, dans son Catilina, de faire connoître les personnages principaux de Rome, à l'époque de la conspiration, a fait parler le langage, et jouer à chacun d'eux le rôle que leur prête l'histoire. C'est un des principaux mérites de ce bel ouvrage. Voici, par exemple, la harangue de Catilina à ses complices:

> Venez, noble Pison, vaillant Autronius,
> Intrépide Vargonte, ardent Statilius;
> Vous tous, braves guerriers, de tout rang, de tout âge,
> Des plus grands des humains redoutable assemblage;
> Venez, vainqueurs des rois, vengeurs des citoyens,
> Vous tous, mes vrais amis, mes égaux, mes soutiens.
> Encore quelques momens, un Dieu qui vous seconde
> Va mettre entre vos mains la maîtresse du monde.
> De trente nations malheureux conquérans,
> La peine étoit pour vous, le fruit pour vos tyrans.
> Vos mains n'ont subjugué Tigrane et Mithridate,
> Votre sang n'a rougi les ondes de l'Euphrate,
> Que pour enorgueillir d'indignes sénateurs,
> De leurs propres appuis lâches persécuteurs,
> Grands, par vos travaux seuls; et qui, pour récompense,
> Vous permettoient de loin d'adorer leur puissance.
> Le jour de la vengeance est arrivé pour vous.
> Je ne propose point à votre fier courroux
> Des travaux sans péril, et des meurtres sans gloire :
> Vous pourriez dédaigner une telle victoire ;
> A vos cœurs généreux je promets des combats :
> Je vois vos ennemis expirans sous vos bras.
> Entrez dans leurs palais; frappez, mettez en cendre
> Tout ce qui prétendra l'honneur de se défendre.
> Mais surtout qu'un concert unanime et parfait
> De nos vastes desseins assure en tout l'effet.
> A l'heure où je vous parle on doit saisir Préneste.
> Des soldats de Sylla le redoutable reste,
> Par des chemins divers et des sentiers obscurs,
> Du fond de la Toscane avance vers ses murs.
> Ils arrivent; je sors et je marche à leur tête.
> Au dehors, au dedans, Rome est votre conquête.

vous parler plus éloquemment que mes discours. Chef ou soldat, je suis à vous: disposez de mon bras ou de mes conseils. C'est en qualité de consul que j'agirai bientôt de concert avec vous, à moins que je ne m'abuse d'une vaine espérance, et que vous ne préfériez à la gloire de commander, la honte de ramper sous des tyrans méprisables ».

Je combats Pétréius, et je m'ouvre en ces lieux,
Au pied du Capitole, un chemin glorieux.
C'est là que, par les droits que vous donne la guerre,
Nous montons en triomphe au trône de la terre,
A ce trône souillé par d'indignes Romains,
Mais lavé dans leur sang, et vengé par vos mains.

(*Rome sauvée*, Act. II).

Voilà le modèle de l'éloquence entraînante de la tragédie, comme nous venons de voir, dans Salluste, le modèle de la précision que commande l'éloquence historique. Dans l'un et l'autre écrivain, Catilina dit ce qu'il doit dire; la manière seule de le dire devoit offrir les différences relatives du genre; et c'est parce que l'historien et le poëte les ont si heureusement saisies, que ces deux discours sont, chacun à sa place, un modèle parfait de l'éloquence de la chose, et du style de l'histoire et de la tragédie.

Les secours mutuels que se prêtent des genres, en apparence si opposés, et les grandes beautés qui résultent, pour la tragédie, de la connoissance raisonnée des anciens, devroient bien convaincre les jeunes écrivains de l'importante nécessité de remonter à ces sources du vrai beau, de se pénétrer de l'esprit qui anime ces magnifiques compositions, avant de hasarder si légèrement d'informes essais, dont le mépris public ne tarde pas à faire une justice qui devroit être plus utile pour le goût. Un coup d'œil plus réfléchi sur les productions vraiment estimables de nos grands maîtres, leur apprendroit que c'est en se formant à l'école des anciens, qu'ils se sont rendus dignes de former à leur tour des élèves, et des rivaux de leur gloire et de leurs succès. Les traces de l'imitation ne sont pas toujours aussi sensibles que nous venons de le voir; mais c'est en général la même fidélité à l'expression de la nature. Leur génie s'enflamme avec le leur, leurs pensées s'élèvent; et de ce concours admirable, de ce choc sublime de deux grandes âmes, résultent ces traits qui frappent, qui atraînent, qui n'excitent et ne laissent après eux qu'un sentiment, celui de l'admiration la plus profonde.

Quelquefois un mot a suffi pour indiquer une situation, ou pour inspirer une scène du plus grand effet. Voyez quel parti le génie du grand Corneille su tirer d'une seule phrase de Tite-Live. Il s'agit de la sœur d'Horace, qui, à l'aspect des dépouilles de son amant tué par son frère, s'abandonne à l'excès de son désespoir : *solvit crines, et flebiliter nomine sponsum adpellat.* ( TIT. LIV. Lib. 1. c. 26 ). Voilà ce qu'a dit l'auteur latin, et tout le monde sait par cœur l'imprécation sublime :

Rome! l'unique objet de mon ressentiment!
Rome, à qui vient ton bras d'immoler mon amant!
Rome qui t'a vu naître et que ton cœur adore!
Rome enfin que je hais, parce qu'elle t'honore!
Puissent tous ses voisins, ensemble conjurés,
Saper ses fondemens encor mal assurés!
Et, si ce n'est assez de toute l'Italie,
Que l'orient contr'elle à l'occident s'allie;
Que cent peuples, unis des bouts de l'univers,
Passent, pour la détruire, et les monts et les mers :
Qu'elle-même sur soi renverse ses murailles,
Et de ses propres mains déchire ses entrailles;
Que le courroux du ciel, allumé par mes vœux,
Fasse pleuvoir sur elle un déluge de feux!
Puissé-je de mes yeux y voir tomber la foudre,
Voir ses maisons en cendre, et tes lauriers en poudre,
Voir le dernier Romain à son dernier soupir,
Moi seule en être cause, et mourir de plaisir!
( *Les Horaces*, Act IV. sc. 5 ).

Mais où ce grand homme s'est vraiment surpassé lui-même, c'est dans le personnage héroïque du vieil Horace défendant son fils; et pour cela il a suffi au poëte de mettre en beaux vers la prose magnifique de Tite-Live. Commençons par en donner une idée dans l'auteur original. C'est le vieil Horace qui parle :

* « Hunccine, quem modò decoratum ovantemque victoriâ

* « Ainsi, Romains! celui que vous venez de voir rentrer vainqueur dans

incedentem vidistis, Quirites, eum sub furcâ vinctum inter verbera et cruciatus videre potestis? quod vix Albanorum oculi tam deforme spectaculum ferre possent. I, lictor, colliga manus quæ, paulo ante armatæ, imperium populo romano pepererunt. I, caput obnube liberatoris urbis hujus. Arbori infelici suspende, verbera vel intra pomœrium, modò inter illa pila et spolia hostium : vel extra pomœrium, modò inter sepulcra Curiatiorum. Quò enim ducere hunc juvenem potestis, ubi non sua decora eum à tantâ fœditate supplicii vindicent » ?

Écoutons maintenant Corneille, ou plutôt le vieil Horace lui-même : il s'adresse à Valère qui poursuivoit avec acharnement l'exécution d'Horace.

> Dis, Valère, dis-nous, si tu veux qu'il périsse,
> Où penses-tu choisir un lieu pour son supplice?
> Sera-ce entre ces murs, que mille et mille voix
> Font résonner encor du bruit de ses exploits?
> Sera-ce hors des murs, et dans ces mêmes places
> Qu'on voit fumer encor du sang des Curiaces?
> Entre leurs trois tombeaux, et dans ces champs d'honneur,
> Témoins de sa vaillance et de notre bonheur?
> Tu ne saurois cacher sa peine à sa victoire;
> Dans les murs, hors des murs, tout parle de sa gloire,
> Tout s'oppose à l'effort de ton injuste amour,
> Qui veut d'un si beau sang souiller un si beau jour.
> Albe ne pourra pas souffrir un tel spectacle;
> Et Rome, par ses pleurs, y mettra trop d'obstacle.
>
> ( Acte v. sc. dernière ).

Tite-Live est plein de morceaux où respire cette éloquence vraiment dramatique, qui identifie le lecteur avec le personnage, et lui fait éprouver tout ce qu'il a senti. C'est l'éloge surtout que lui donnoit Quintilien : « Ses harangues, dit-il, sont d'une élo-

---

ces murs, couvert des dépouilles de l'ennemi, vous pourriez le voir périr dans les horreurs du dernier supplice! et vous le soutiendriez, ce spectacle affreux pour les Albains eux-mêmes! Approche, licteur! charge de fers ces mêmes mains, qui, armées il n'y a qu'un moment, ont acquis à Rome le droit de commander : voile la tête du libérateur de ces remparts; attache le vainqueur à l'arbre fatal; frappe, au-dedans des murs, au milieu des dépouilles des ennemis qu'il a vaincus, ou hors des murs, parmi les tombeaux des Curiaces. Dans quels lieux, en effet, conduirez-vous ce jeune guerrier, où les trophées de sa gloire ne s'élèvent contre l'opprobre d'un pareil supplice »!

quence au-dessus de toute expression. Tout y est parfaitement adapté aux personnes et aux circonstances. Il excelle surtout à exprimer les sentimens doux et touchans, et nul historien n'est plus pathétique ». *Sed affectus quidem, præcipuèque eos ui sunt dulciores, ut parcissimè dicam, nemo historicorum commendavit magis.* ( Quint. Lib. x ). Cet éloge est grand, sans doute; mais il est justi[fié] à chaque page. Voyez, entre autres, le beau discours de Pacuvius à son fils Perolla, qui avoit formé [le] projet de tuer Annibal dans un festin que lui [don]noit le général carthaginois. Voyez comme, dès [les] premiers mots, l'historien poëte se transporte avec [ses] personnages et son lecteur au milieu même de [l'ac]tion : *Velut si jam agendis, quæ audiebat interesset.* Quelle explosion de sentimens vraiment pa[ter]nels, dans le début de ce discours; comme tout annonce une âme révoltée de l'horreur du forfait, pénétrée en même temps de tendresse pour un [fil]s qu'égare son admiration fanatique pour les Ro[m]ains! Cette confusion de sentimens divers qui se [pr]écipitent à la fois, ce désordre qu'ils jettent néces[sa]irement dans les idées, comportent nécessairement [au]ssi un désordre dans les mots, qui ajoute à l'effet [du] discours, mais que l'on ne peut qu'indiquer dans la [tra]duction.

### Discours de Pacuvius à Pérolla.

*« Per ego te, fili, quæcumque jura liberos jungunt paren[t]us, precor quæsoque, ne ante oculos patris facere et pati [n]ia infanda velis. Paucæ horæ sunt, intra quas jurantes per [qu]idquid deorum est, dextræ dextras jungentes, fidem obstrinxi[mu]s; ut sacratas fide manus, digressi ab colloquio, extemplò

---

« Mon fils, au nom des nœuds sacrés qui unissent les pères et les en[fan]s, je t'en conjure, mon cher fils! ne souille point, ne laisse point [sou]iller les yeux de ton père d'un pareil spectacle! Il n'y a qu'un moment [que] nous avons juré, par tout ce qu'il y a de plus saint, que nous avons [tou]ché la main d'Annibal, pour être admis à ce banquet sacré; et à peine

in eum armaremus? Surgis ab hospitali mensâ, ad quam tertius Campanorum adhibitus ab Annibale es; ut eam ipsam mensam cruentares hospitis sanguine? Annibalem pater meo potui placare, filium Annibali non possum? Sed si nihil sancti, non fides, non religio, non pietas : audeantur infanda, si non perniciem nobis cum scelere afferunt. Unus aggressurus es Annibalem? quid illa turba tot liberorum servorumque? quid in unum intenti omnium oculi? quid tot dextræ? torpescentne in amentiâ illâ? Vultum ipsius Annibalis, quem armati exercitus sustinere nequeunt, quem horret populus romanus, tu sustinebis? Et, alia auxilia desint, meipsum ferire, corpus meum opponentem pro corpore Anibalis, sustinebis? Atqui per meum pectus petendus ille tibi transfigendusque est. Deterrari hic sine te potius quàm illic vinci. Valeant preces apud te meæ, sicut pro te hodie valuerunt ».

Ce discours étoit trop beau, pour échapper à l'admiration de Silius Italicus qui l'a transporté tout entier dans son poëme de la *Seconde Guerre punique*.

Cet écrivain, dont la diction est habituellement foible et médiocre, et qui imitoit Virgile, dit La Harpe, comme Duché et Lafosse ont depuis imité Racine, doit ses plus beaux vers à la prose de Tite-Live, dont il emprunte souvent les expressions heureuses et les tours hardis. Mais il seroit difficile, malgré cela, de trouver, dans sa longue gazette en vers, un morceau comparable au discours dont il est ques-

---

sortis de cette conférence, nous nous armerions contre lui! Tu quittes cette table où l'hospitalité vient de t'accueillir, pour la souiller du sang de celui qui t'y reçoit? Eh quoi! j'ai pu rendre Annibal favorable à mon fils, et je ne pourrai rien sur mon fils pour Annibal! — Mais si la foi du serment, si la religion, si la piété sont sans force auprès de toi, poursuis ton projet, mais tremble de te perdre en l'exécutant. — Insensé! tu prétends seul attaquer Annibal! As-tu donc oublié ces esclaves nombreux qui l'environnent; tous ces regards fixés sur lui seul; ton audace aveugle désarmera-t-elle tout à coup tant de bras levés pour le défendre! Ce front terrible qui jette l'épouvante dans des armées entières; ce front que les Romains eux-mêmes ne peuvent soutenir, tu en pourras braver l'aspect? Mais que tout l'abandonne; l'oseras-tu percer, ce sein dont je lui veux faire un rempart? Voilà, voilà cependant le chemin par où tes coups doivent passer pour aller jusqu'à lui. Ah! laisse-toi fléchir, il en est temps encore; ne me force pas à une victoire dont je rougirois; et que mes prières puissent sur mon fils ce qu'elles ont pu aujourd'hui sur d'autres en sa faveur »!

(Tite-Live, Liv. xxiii, c. 9).

tion ici. On voit que, soutenu par un grand modèle, il a fait des efforts pour s'élever même au-dessus de lui, s'il étoit possible, et ses efforts n'on pas été malheureux pour cette fois. Les amateurs en vont juger; et, pour les mettre à portée de le faire avec moins de difficulté et plus de fruit, nous comparerons exactement la prose de l'historien et les vers du poëte, en accompagnant l'un et l'autre texte de quelques observations.

> Per si quid superest vitæ, per jura parentis,
> Perque tuam nostrâ potiorem, nate, salutem,
> Absiste incœptis, oro.

Il s'en faut bien que ce début vaille celui de Tite-Live; et cet arrangement symétrique est bien loin du défaut sublime de construction qui peint si heureusement le trouble de l'âme, et le désordre des idées dans un pareil moment : « *Per ego te, fili, quæcumque jura liberos jungunt parentibus, precor, quæsoque, ne ante oculos patris facere et pati omnia infanda velis* » !

> . . . . . Ne sanguine cernam
> Polluta hospitia.

Voilà où le goût devoit s'arrêter ; le reste n'est plus qu'un remplissage inutile en vers foibles et prosaïques,

> Ac tabo repleta cruento
> Pocula, et eversas pugnæ certamine mensas.

L'imitateur a mieux réussi dans le passage suivant : « *Vultum ipsius Annibalis, quem armati exercitus sustinere nequeunt, quem horret populus Romanus, tu sustinebis* » ?

> Tune illum, quem non acies, neque mœnia et urbes
> Ferre valent, cùm frons propior, lumenque corusco
> Igne micat ; tune illa viri, quæ vertice fundit
> Fulmina pertuleris ?

Mais où Silius Italicus s'est montré vraiment digne

de son modèle, c'est dans cette belle pensée rendue par une image si imposante :

> Fallit te mensas inter quòd credis inermem :
> Tot bellis quæsita viro, tot cædibus armat
> Majestas æterna ducem. Si admoveris ora,
> Cannas, et Trebiam ante oculos, Thrasymenaque busta,
> Et Pauli stare ingentem miraberis umbram!

Cette idée sublime de donner à un grand homme ses exploits pour cortége, a été reproduite avec autant d'éclat que de noblesse par Fléchier, dans ce morceau déjà cité.

« On compte, en le voyant, les ennemis qu'il a vaincus, non pas les serviteurs qui le suivent : tout seul qu'il est on se figure autour de lui ses vertus et ses victoires qui l'accompagnent : il y a je ne sais quoi de noble dans cette simplicité ; et moins il est superbe, plus il devient vénérable ».

(*Oraison funèbre de Turenne*).

Silius ne se soutient pas long-temps à la hauteur où nous venons de l'admirer ; et la fin de ce même discours, si nerveuse et si énergique dans Tite-Live, est foible et traînante dans son imitateur.

> . . . . Non jàm tibi pectora pubis
> Sidoniæ fodienda manu, tutantia regem,
> Hoc jugulo dextram explora ; namque hoc tibi ferrum,
> Si Pœnum invasisse paras, per viscera lenta
> Nostra est ducendum, tardam ne sperne senectam,
> Opponam membra, atque ensem extorquere negatum
> Morte meâ eripiam. (Sil. Ital. Lib. xi, v. 333 et seq.)

Quelle différence entre des vers qui se traînent sans force et sans vigueur, et la prose que l'on va lire ! « *Et alia auxilia desint, me ipsum ferire, corpus meum opponentem pro corpore Annibalis, sustinebis? Atqui per meum pectus petendus ille tibi, transfigendusque est* ».

Voilà ce dont notre grand Racine étoit plein, quand il faisoit dire à son Achille avec tant de force et de vérité :

Pour aller jusqu'au cœur que vous voulez percer,
Voilà par quel chemin vos coups doivent passer.

(*Iphig.* Acte IV).

Mais celui des historiens anciens que Racine paroît avoir affectionné le plus, et qu'il a étudié, du moins avec le plus d'avantage, c'est Tacite; et peut-être le suffrage d'un homme tel que Racine, et surtout la belle tragédie de Britannicus, à laquelle Tacite eut tant de part, ne contribuèrent pas médiocrement à accélérer la justice rendue enfin, par les modernes, au mérite supérieur de ce grand écrivain. S'il n'est pas encore généralement goûté; si son obscurité prétendue rebute encore une grande quantité de lecteurs, c'est à eux qu'ils doivent s'en prendre; et comme l'observe judicieusement La Harpe, la pensée de Tacite est d'une telle étendue, que chacun y pénètre plus ou moins, selon le degré de ses forces. Mais ce qui rend surtout son style si intéressant et si animé; ce qui attache si puissamment à sa lecture les âmes faites pour l'apprécier, c'est qu'il ne se borne point à parler de la vertu; il la fait respecter à ses lecteurs, parce qu'il paroît la sentir lui-même : il ne déclame jamais contre le vice; il en est profondément affecté; et il épanche sur le papier l'émotion douloureuse de son âme. On voit avec quel plaisir il s'arrête au tableau de l'homme vertueux, avec quelle horreur il glisse sur celui du méchant. Mais ces traits, pour être rapides, n'en sont pas moins d'une vérité effrayante, et gravés à une profondeur ineffaçable. Partout sa diction est forte, et sa pensée grande comme son âme.

Ses harangues sont moins des discours travaillés avec prétention, que l'expression vraie de ses propres sentimens; et c'est là surtout qu'il est facile et satisfaisant d'apliquer la remarque que nous faisions il n'y a qu'un instant. Tacite fait-il parler un honnête homme, un Germanicus, par exemple, un Thraséas, un Agricola; on reconnoît, à leurs discours, l'écrivain dont l'âme n'a eu qu'à traduire ses propres pensées, pour faire parler à ces grands hommes un langage digne d'eux. Nous allons le prouver par quelques exemples.

### *Discours de Germanicus aux légions révoltées.*

Dans une émeute de quelques légions en Germanie, Germanicus se voit forcé de soustraire son épouse et sa famille à l'insolence d'une troupe de furieux, pour qui rien n'étoit plus sacré. Agrippine quitte donc l'armée de son époux, portant dans ses bras son fils encore en bas âge, et traînant à sa suite les femmes de ses amis, éplorées comme elle. Attendris malgré eux du spectacle de ce départ, ou plutôt de cette fuite douloureuse, les soldats courent, les uns au-devant d'Agrippine, pour lui fermer le passage, et la conjurer de rester au milieu d'eux; les autres, auprès de Germanicus, pour l'engager, par leurs instances, à rappeler son épouse. Encore ému de douleur et d'indignation, ce grand homme leur adresse le discours suivant :

\* « Non mihi uxor aut filius patre et republicâ cariores sunt : sed illum quidem sua majestas, imperium romanum ceteri exercitus defendent : conjugem et liberos meos, quos pro gloriâ vestrâ libens ad exitium offerrem, nunc procul a furentibus summoveo, ut quidquid istuc sceleris imminet, meo tantum sanguine pietur ; neve occisus Augusti pronepos, interfecta Tiberii nurus, nocentiores vos faciat : quid enim per hos dies inausum, intemeratumve vobis ? Quod nomen huic coetui dabo ? *milites* ne appellem ? qui filium imperatoris vestri vallo et armis circumsedistis : an *cives* ? quibus tam projecta senatûs auctoritas : hostium quoque jus, et

---

\* « Mon épouse et mon fils ne me sont pas plus chers que mon père et la république ; mais sa propre grandeur soutiendra mon père, et les autres armées défendront la république. Quant à mon épouse et à mes enfans, je les exposerois volontiers à la mort, s'il y alloit de votre gloire ; mais je les soustrais à des forcenés, afin que, quelque excès nouveau que se permette leur fureur, mon sang seul l'expie, et qu'ils n'ajoutent pas à leurs crimes le meurtre du petit-fils d'Auguste et de la belle-fille de Tibère. Que n'avez-vous pas en effet osé ou profané dans ces derniers jours ? Quel nom donnerai-je à cette multitude qui m'environne ? Vous appellerai-je *soldats* ? vous qui avez assiégé le fils de votre empereur dans son propre camp : *citoyens* ?

sacra legationis, et fas gentium rupistis. Divus Julius seditionem exercitûs verbo uno compescuit, *Quirites* vocando, qui sacramentum ejus detrectabant. Divus Augustus vultu et adspectu actiacas legiones exterruit: nos, ut nondum eosdem, ita ex illis ortos, si Hispaniæ Syriæve miles aspernaretur, tamen mirum et indignum erat: primane et vicesima legiones, illa signis a Tiberio acceptis, tu tot prœliorum socia, tot præmiis aucta, egregiam duci vestro gratiam refertis? Hunc ego nuntium patri, læta omnia aliis è provinciis audienti, feram? ipsius tirones, ipsius veteranos, non missione, non pecuniâ satiatos: hic tantùm interfici centuriones, ejici tribunos, includi legatos: infecta sanguine castra, flumina: meque precariam animam inter infensos trahere?

» Cur enim primo concionis die ferrum illud quod pectori meo indigere parabam, detraxistis, o improvidi amici? meliùs et amantiùs ille qui gladium offerebat: cecidissem certè nondum tot flagitiorum exercitui meo conscius: legissetis ducem, qui meam quidem mortem impunitam sineret, Vari tamen et trium legionum ulcisceretur. Neque enim dii sinant ut Belgarum quamquam offerentium, decus istud et claritudo sit, subvenisse romano nomini, compressisse Germaniæ populos. Tua, dive Auguste, cœlo recepta mens; tua, pater Druse, imago, tui memoria iisdem istis cum militibus, quos jam pudor et glo-

---

vous qui foulez aux pieds l'autorité du sénat. Ce que respectent les ennemis même, le droit des gens et des ambassadeurs, vous l'avez indignement violé. D'un mot le divin Jules arrêta la sédition de son armée: il nomma *Quirites* ceux qui se révoltoient contre leur serment. La présence d'Auguste et un seul de ses regards suffirent pour ramener à l'obéissance les légions d'Actium. Nous sommes encore loin, sans doute, de ces grands hommes: mais leur sang coule dans nos veines, mais nous ne laisserions pas un soldat d'Espagne ou de Syrie se jouer insolemment de notre autorité!

» Et vous, première légion, qui avez reçu vos étendards de Tibère; vous, vingtième, compagne de ses nombreux exploits, et comblée de ses bienfaits, voilà donc la reconnoissance dont vous payez votre général? Il me faudra donc mander à mon père, qui ne reçoit de tous côtés que d'heureuses nouvelles, que ses nouveaux soldats, que ses vétérans, sont insatiables d'argent et de congés? qu'ils ne savent que massacrer les centurions, chasser les tribuns, assiéger les lieutenans; que le camp et les fleuves sont teints de sang, et que je ne vis moi-même, qu'autant qu'il plaît à leur fureur de m'épargner?

» Pourquoi, le premier jour que je vous assemblai, pourquoi m'avoir arraché le fer dont j'allois me percer? Imprudens amis! celui qui m'offroit son épée me servoit mieux que vous. J'expirois, du moins, avant qu'une armée coupable eût fait rejaillir sur moi la honte de ses forfaits. Vous eussiez choisi un chef qui, sans doute, auroit laissé ma mort impunie, mais qui auroit vengé du moins celle de Varus et de ses trois légions. Car aux Dieux ne plaise que les Belges, malgré l'offre qu'ils en font, aient

ria intrat, eluant hanc maculam, irasque civiles in exitium
hostibus vertant. Vos quoque quorum alia nunc ora, alia pec-
tora contueor, si legatos senatui, obsequium imperatori, si
mihi conjugem ac filium redditis, discedite a contactu, dividite
turbidos : id stabile ad pœnitentiam, id fidei vinculum erit ».

L'effet de ce discours ne fut point douteux. Les
soldats tombent aux pieds de Germanicus, le supplient
de punir le crime, de pardonner à la foiblesse et de les
conduire à l'ennemi : *orabant puniret noxios, ig-
nosceret lapsis, et duceret in hostem.* ( Ibid. c. 44).
On sent qu'un pareil discours n'a pu sortir que d'une
âme capable de s'élever à la hauteur de celle de Germanicus lui-même. Mais cet écrivain, qui sait prêter
à ses héros tant de noblesse et de dignité, et nous inspirer tant de vénération pour eux, sait aussi nous attendrir sur leurs revers et pleurer avec nous sur leurs
tombeaux. Quel tableau que celui de la mort de ce même
Germanicus ! Quel charme attendrissant dans les plus
petits détails, devenus si intéressans sous la plume de
Tacite ! Mais ce qui est au-dessus de tout, ce qui suffiroit pour donner une idée du génie de Tacite, puisque le génie n'est autre chose que la sensibilité, c'est
le discours du prince mourant aux amis qui l'environnent.

*Discours de Germanicus mourant à ses amis.*

\* « Si fato concederem, justus mihi dolor etiam adversùs
deos esset, quòd me parentibus, liberis, patriæ, intra juventam

---

jamais la gloire d'effacer la tache imprimée au nom romain, et d'humilier
l'orgueil de la Germanie.
« Ame du divin Auguste, reçue maintenant parmi les Dieux ! Mânes
de Drusus, mon père, dont tout rappelle ici la mémoire, n'employez,
pour laver cet affront, que ces mêmes soldats, déjà pénétrés de repentir,
et enflammés de l'amour de la gloire.
« Et vous, dont le cœur est changé, je le lis sur votre visage, si vous
rendez au sénat ses députés, à l'empereur votre obéissance, à Germanicus sa femme et ses enfans, éloignez-vous de la contagion de l'exemple;
séparez-vous des rebelles : c'est le seul moyen de me garantir la sincérité,
et la durée surtout de votre repentir ».

\* « En supposant même ma mort naturelle, j'aurois encore sujet de me
plaindre des Dieux, dont la sentence prématurée m'enlèveroit, dans la

præmaturo exitu raperent : nunc scelere Pisonis et Plancinæ interceptus, ultimas preces pectoribus vestris relinquo : referatis patri ac fratri, quibus acerbitatibus dilaceratus, quibus insidiis circumventus miserrimam vitam pessimâ morte finierim. Si quos spes meæ, si quos propinquus sanguis, etiam quos invidia erga viventem movebat, inlacrymabunt, quondam florentem, et tot bellorum superstitem, muliebri fraude cecidisse. Erit vobis locus querendi apud senatum, invocandi leges. Non hoc præcipuum amicorum munus est, prosequi defunctum ignavo questu : sed quæ voluerit meminisse ; quæ mandaverit exsequi : flebunt Germanicum etiam ignoti : vindicabitis vos, si me potius quàm fortunam meam fovebatis. Ostendite populo romano divi Augusti neptem, eamdemque conjugem meam : numerate sex liberos. Misericordia cum accusantibus erit : fingentibusque scelesta mandata, aut non credent homines, aut non ignoscent ».

On peut juger avec quelle ardeur les amis de Germanicus lui promirent d'embrasser sa défense. Mais un siècle et des hommes capables de persécuter la vertu, ne l'étoient pas d'écouter la voix de l'amitié ; et ce n'est pas sous les Tibères et avec les Pisons, que les Germanicus obtiennent justice.

Un autre morceau du même genre, mais dont le plan et l'exécution devoient offrir des différences marquées, c'est le discours que prête Xénophon à

---

force de l'âge, à mes parens, à mes enfans, à ma patrie. Mais, victime de la perfidie de Pison et de Plancine, c'est dans vos cœurs que je dépose mes derniers vœux. Racontez à mon père et à mon frère quelles amertumes ont empoisonné, quels piéges ont assiégé mes jours, et terminé enfin, par la mort la plus affreuse, la plus déplorable des existences. Ceux que mes espérances, que les liens du sang, ou la jalousie même, intéressoient à mon sort, donneront des pleurs à la fin malheureuse d'un prince jadis comblé de gloire, et tant de fois échappé à la fureur des combats, pour succomber sous les intrigues d'une femme ! Portez hardiment vos plaintes au sénat, et réclamez la justice des lois : vous le pouvez. Le premier devoir de l'amitié n'est pas de répandre des larmes stériles sur le cercueil d'un ami, mais de se rappeler, mais d'exécuter ses dernières volontés. Ceux même qui ne le connoissoient pas pleureront Germanicus : vous le vengerez, vous ! si sa personne vous étoit plus chère que sa fortune. Montrez au peuple romain la petite-fille d'Auguste, la veuve de Germanicus ; présentez-lui nos six enfans : le cri de la pitié publique s'élèvera avec la voix des accusateurs ; et ceux qui supposeront des ordres coupables ne trouveront ni croyance ni pardon ». (TACIT. ANN. Liv. II, c. 71).

Cyrus mourant. Ces derniers avis d'un père à ses enfans, ces réflexions si sages d'un grand conquérant sur le néant de la gloire et la réalité de la seule vertu, sont un des plus précieux monumens de la philosophie des anciens. On y remarque, entre autres, un passage sur l'immortalité de l'âme, qui prouve que les belles âmes et les esprits bien faits n'ont eu, dans tous les temps, qu'un sentiment à cet égard; et qu'il n'appartenoit qu'à la frivolité moderne de traiter ces grands principes de la morale universelle, avec une légéreté qui est du moins ridicule, quand elle ne devient pas dangereusement exemplaire.

Cyrus, dit Xénophon, sentant sa fin approcher, fit appeler ses deux fils, avec ses amis, et les principaux magistrats des Perses; et les voyant tous rassemblés, il leur tint ce discours :

« Mes enfans, et vous tous, mes amis, qui êtes ici présens, je reconnois à plusieurs signes que je touche au terme de ma vie. Comptez-moi, quand je ne serai plus, au nombre des heureux; et faites voir, par vos actions, comme par vos discours, que vous croyez que je le suis en effet. Dès mon enfance, je me suis vu entouré des honneurs dont ce premier âge peut être susceptible; et cet avantage (si c'en est un) m'a suivi dans l'adolescence et dans l'âge mûr. J'ai toujours cru voir mes forces augmenter avec le nombre de mes années, en sorte que, dans ma vieillesse même, je ne me suis senti ni moins fort, ni moins vigoureux qu'aux jours même de ma jeunesse. Tous les projets que j'ai conçus, toutes les entreprises que j'ai formées, m'ont réussi au gré de mes désirs. J'ai vu mes amis heureux par mes bienfaits, et mes ennemis assujétis par mes armes. Avant moi, ma patrie étoit une province obscure de l'Asie, et je la laisse souveraine de l'Asie entière. Ce que mon bras avoit conquis, mon bonheur et ma prudence ont su le conserver. Cependant, quoique ma vie ait été un enchaînement continuel de prospérités, j'ai toujours craint que l'avenir ne me réservât quelque revers funeste : et cette idée m'a sauvé des séductions de l'orgueil, et des excès d'une joie immodérée. Dans ce moment où je vais cesser d'être, j'ai la consolation de voir que vous me survivrez, vous que le ciel m'a donnés pour fils. Je laisse mon pays florissant, et mes amis dans l'abondance.

La postérité la plus reculée pourroit-elle, après cela, ne pas me regarder comme parfaitement heureux ?

» Il faut maintenant, mes enfans, que je nomme mon successeur à l'empire, afin de prévenir entre vous toute espèce de dissension. Je vous aime l'un et l'autre avec une égale tendresse; je veux néanmoins que l'administration des affaires et l'autorité suprême appartiennent à celui qui, ayant plus vécu, est raisonnablement supposé avoir plus d'expérience. — Que la couronne soit donc à vous, Cambyse, les dieux vous la défèrent; et, autant qu'il est en mon pouvoir, je vous la donne. Vous, Tanaoxare, vous aurez le gouvernement de la Médie, de l'Arménie, et du pays des Cadusiens. Si je lègue à votre frère une autorité plus étendue, avec le titre de roi, je crois vous assurer une position plus douce et plus tranquille. Que manquera-t-il à votre félicité? Vous jouirez de tous les biens qui peuvent rendre les hommes heureux, et vous en jouirez sans trouble. L'ambition d'exécuter des entreprises difficiles; la multiplicité fatigante des affaires; un genre de vie ennemi du repos; l'ardeur inquiète d'imiter mes actions, ou même de les surpasser; des embûches à dresser ou à éviter; voilà le partage de celui qui règnera : vous serez exempt de tous ces soins, qui sont autant d'obstacles au bonheur.

» Vous, Cambyse, apprenez que ce n'est pas le sceptre d'or que je remets en vos mains, qui conservera votre empire : les amis fidèles sont le véritable sceptre des rois, et leur plus ferme appui. Mais ne vous figurez pas que les hommes naissent fidèles : si cette vertu leur étoit naturelle, elle se manifesteroit en eux à l'égard de tous, ainsi que certains sentimens que la nature donne à l'espèce humaine. Il faut que chacun travaille à se faire de vrais amis; et c'est par la bienfaisance et non par la contrainte qu'on y parvient.

» Ne relâchez point, mes enfans, les doux nœuds dont le ciel a voulu lier ensemble les fils d'un même père : resserrez-les plutôt, par les actes répétés d'une amitié mutuelle. Songez qu'on travaille pour ses propres intérêts, en s'occupant de ceux de son frère : l'illustration d'un frère devient pour nous une décoration personnelle, et nulle autre n'en sauroit être autant honoré. Par qui un homme constitué en dignité sera-t-il plus révéré que par son frère? Est-il quelqu'un qu'on craigne plus d'offenser, que celui dont le frère est puissant? Que personne donc ne soit disposé plus que vous, Cambyse, à servir le vôtre, et ne vole plus promptement à son secours, puisque sa bonne et sa mauvaise fortunes vous touchent de plus près que personne. — Voyez s'il est quelque autre homme qu'il vous soit plus honteux de ne pas aimer, et plus louable d'honorer. Enfin, Cambyse, votre frère est le seul qui puisse occuper la première place auprès de vous, sans que l'envie ait droit de se plaindre.

» Je vous conjure donc, mes enfans, au nom des dieux, de votre patrie, d'avoir des égards l'un pour l'autre, si vous conservez quelque désir de me plaire. Car vous ne croyez pas, sans doute, que tout mon être sera anéanti, au moment où je cesserai de vivre. Jusqu'ici, mon âme a été cachée à vos yeux; mais à ses opérations, vous reconnoissiez qu'elle existoit. Non, mes enfans, jamais je n'ai pu me persuader que l'âme, qui vit lorsqu'elle est renfermée dans un corps mortel, s'éteigne dès qu'elle en sera délivrée. C'est elle au contraire qui vivifie les corps destructibles, tant qu'elle les habite. Je n'ai jamais pu croire non plus qu'elle perde sa faculté de raisonner, lorsqu'elle vient à se séparer d'un être incapable de raisonnement. Il me paraît bien plus naturel de dire que l'âme, plus pure alors, et totalement dégagée de la matière, jouit pleinement de son intelligence.

» Quand l'homme a fini, et que sa machine se dissout, on voit les différentes parties qui la composoient, se rejoindre aux élémens auxquels elles appartiennent: l'âme seule échape aux regards, soit lorsqu'elle anime le corps, soit lorsqu'elle le quitte. Le sommeil n'est-il pas l'image la plus parfaite de la mort? Eh bien! c'est pendant ce temps même du sommeil, que l'âme donne les signes les moins équivoques de son existence, et de son essence toute divine. Si donc les choses sont comme je le pense, si l'âme survit en effet au corps qu'elle abandonne, faites, par respect pour la mienne, ce que vous recommande aujourd'hui ma tendresse : si je suis dans l'erreur, si l'âme reste et périt avec le corps, craignez, du moins, craignez les dieux qui ne meurent point, qui voient tout, qui peuvent tout, qui entretiennent dans l'univers un ordre immuable dont la magnificence et la majesté sont au-dessus de l'expression; craignez, dis-je, les immortels, et que cette crainte vous empêche de rien faire, de rien dire, de rien penser même qui puisse blesser la piété et la justice Après les dieux, craignez les hommes en général, et les races futures.

» Mais je sens que mon âme commence à m'abandonner; je le reconnois aux symptômes qui annoncent notre prochaine dissolution. Si quelqu'un d'entre vous désire de toucher encore ma main, ou de voir encore dans mes yeux un reste de vie, qu'il approche. — Invitez les Perses et nos alliés à se réunir autour de mon tombeau, pour me féliciter tous ensemble de ce que je serai désormais dans un état sûr, à l'abri de tout événement fâcheux. Que tous ceux qui se rendront à votre invitation, reçoivent de vous les dons que l'on a coutume de distribuer aux funérailles de l'homme opulent. Enfin, n'ou-

liez jamais ce dernier conseil que je vais vous donner : si vous
oulez être toujours en état de réprimer vos ennemis, attachez-
ous vos amis par votre bienfaisance. Adieu, mes enfans ! Por-
ez mes adieux à votre mère.... Adieu »!

A ces mots, Cyrus présenta affectueusement la main
tous ceux qui l'entouroient ; et, s'étant couvert le
isage, il expira. (Xénoph. *Cyrop.* viii).

Cicéron, qui faisoit de Xénophon le plus grand cas,
comme écrivain et comme philosophe, a traduit du
iscours de Cyrus tout ce magnifique passage sur l'im-
nortalité de l'âme. C'est Caton l'ancien qui le cite,
ans ce petit traité si précieux, si philosophique, où
a vieillesse est peinte de couleurs si aimables et si in-
éressantes ! Voici ses propres réflexions sur un sujet
lont il étoit bien capable de parler avec l'éloquence et
a dignité convenables.

\* « Nemo unquam mihi, Scipio, persuadebit, aut parem tuum Paullum, aut duos avos Paullum et Africanum,
ut Africani patrem, aut patruum, aut multos præstantes
iros, quos enumerare non est necesse, tanta esse conatos,
uæ ad posteritatis memoriam pertinerent, nisi animo cer-
erent posteritatem ad se pertinere. An censes ( ut de me
pso aliquid more senum glorier ) me tantos labores diurnos,
octurnosque domi, militiæque suscepturum fuisse, si iisdem
nibus gloriam meam, quibus vitam, essem terminaturus ?
onne melius multo fuisset, otiosam ætatem et quietam, sine
illo labore et contentione traducere ? Sed nescio quomodo ani-
us erigens se, posteritatem semper ita prospiciebat, quasi cùm
excessisset è vitâ, tum denique victurus esset ? — Quid, quod

---

' « Jamais, mon cher Scipion, jamais on ne me persuadera que Paul
Émile, votre père, que tant de grands hommes, dont l'énumération seroit
inutile ici, eussent fait tant de choses dignes de la postérité, s'ils n'eussent
pressenti que cette postérité leur appartenoit! Et moi-même ( car il faut
bien me vanter un peu, à la manière des vieillards), pensez-vous que j'eusse
ntrepris tant de travaux, consacré tant de veilles laborieuses à la politique
u à l'art militaire, si le terme de ma vie devoit être celui de ma gloire ?
N'eût-il pas bien mieux valu cent fois abandonner mon existence aux douceurs
du loisir et aux charmes du repos, que de la vouer tout entière au travail
t à la fatigue ? Mais mon âme prenant sans cesse un nouvel essor, s'élan-
oit avidement vers la postérité, persuadée qu'elle ne vivroit en effet que
u moment où elle s'échapperoit de ce qu'on appelle si improprement la vie!

sapientissimus quisque æquissimo animo moritur, stultissimus, iniquissimo? Nonne vobis videtur animus is, qui plus cernat et longius, videre se ad meliora proficisci : ille autem cujus obtusior sit acies, non videre? (*De Senect*. c. 23).

## CHAPITRE V.

*De l'Éloquence politique chez les Français.*

JUSQU'EN 1789, la carrière de l'éloquence fut nécessairement très-bornée en France\*. Les orateurs n'avoient que le barreau ou la chaire; et les formes judiciaires modernes n'offroient point à l'éloquence un champ aussi vaste, aussi libre que le barreau d'Athènes et de Rome. La chaire évangélique avoit été illustrée par des hommes du plus grand talent, et continuoit de s'enrichir tous les jours de productions aussi estimables par leur objet que par le mérite de l'exécution. L'éloquence politique seule étoit et devoit être nulle encore pour nous. Si l'on en excepte quelques discours prononcés dans les divers parlemens, et quelques écrits éloquens où l'on discutoit des questions de politique, nous n'avions absolument rien en ce genre. Mais il se formoit insensiblement, dans le silence du cabinet, des hommes qui devoient bientôt honorer leur pays et étonner l'Europe, par la profondeur de leurs vues et l'éclat d'une éloquence qui ne nous laisse presque plus rien à envier aux anciens, à cet égard. Déjà la nécessité reconnue, depuis long-temps, de réformer des abus

---

Pourquoi les derniers momens du philosophe vertueux sont-ils si calmes, si tranquilles; et ceux de l'insensé, agités de tant de trouble? N'est-ce pas parce qu'une âme exercée à voir plus et mieux, sent parfaitement qu'elle s'avance vers un meilleur ordre de choses, tandis que cette perspective constante échappe à celle dont les sens ont émoussé les facultés »?

\* Nec enim in regum dominatione devinctis dicendi cupiditas nasci solet.
(Cic. *in Brut.* n.° 45).

rtifiés par des siècles d'oubli du devoir des uns et des
roits des autres; déjà ce besoin inquiet d'un changement quelconque, avoient fait éclore une foule d'ou-
rages où l'on étoit surpris de trouver autant d'es-
rit que de raison, et qui annonçoient d'avance les
eaux jours de l'éloquence françoise.

Enfin, les États-généraux, sollicités par tant de
œux, ouvrirent au génie et à l'éloquence cette carrière
i vivement désirée, et où les esprits ne tardèrent pas
s'élever à la hauteur des circonstances et des choses.

A peine le champ fut-il libre, que l'on y vit s'élancer
la fois une foule d'hommes, inconnus la plupart, ou
qui l'on étoit loin de supposer le genre et la mesure
e talens qu'on les vit bientôt déployer; d'autres s'avan-
oient escortés d'une réputation que les uns n'ont pas
ıstifiée, que les autres ont surpassée de beaucoup. Tous
nt été mutuellement étonnés les uns des autres, et
uelques-uns ont dû l'être de leur propre ouvrage. C'est
ue les matières devinrent bientôt si intéressantes, les
énemens se pressèrent tellement, tous les intérêts,
utes les passions froissées se heurtèrent avec une telle
npétuosité, qu'il devoit résulter de grandes choses et
e grandes fautes, de grandes vérités et de tristes er-
eurs, d'un choc d'autant plus violent, qu'il avoit été
lus long-temps comprimé.

On sent bien qu'il ne peut être question ici d'opinions
ıgées, ni d'hommes mis à leur place depuis long-temps:
s'agit seulement de la marche et des progrès de l'élo-
uence politique, pendant cette période si brillante, et
evenue ensuite si flétrissante pour elle. On la vit s'é-
ver tout à coup à une hauteur de pensées, et à une
agnificence de diction proportionnées aux objets qu'elle
aitoit; la langue françoise acquit, dans la bouche des
irabeau, des Maury, des Lally-Tolendal, etc.,
ne force d'expression, un caractère d'énergie oratoire,
ont elle n'offroit pas encore de modèle, et dont nous
ultiplierions volontiers les exemples, si ces matières,
mplètement étrangères, d'ailleurs, aux études des

jeunes gens, n'avoient de plus l'inconvénient de rappeler des souvenirs auxquels il est difficile de toucher, sans réveiller des passions.

A peine les états-généraux furent-ils assemblés, que l'on vit éclater une funeste mésintelligence entre les trois ordres convoqués pour travailler de concert au bien commun, et à la régénération de toutes les parties de l'administration publique. Trop d'avidité d'une part à tout détruire, trop d'obstination peut-être de l'autre à vouloir tout conserver, firent éclore, entre les deux premiers ordres de l'état et les représentans des communes, une lutte qui affligea sensiblement le monarque, et déconcerta, dès cet instant, toutes les espérances d'amélioration que l'on avoit cru pouvoir raisonnablement fonder sur cette célèbre convocation.

Mais cette lutte même, quelqu'affligeante qu'elle fût pour les vrais amis de l'ordre et du repos des états, n'en servit que mieux la cause de l'éloquence, en mettant toutes les passions, tous les intérêts aux prises, dans le sein d'une assemblée, qui n'offrit plus qu'un champ de bataille, et dont chaque séance étoit un combat opiniâtre, au lieu d'une discussion sage et paisible des opinions contraires; et la nation vit avec douleur ses représentans partagés en deux corps d'armée, également décidés à ne rien rabattre de leurs prétentions, à ne rien abandonner de leurs droits.

A la tête des uns, se distinguoit ce fougueux Mirabeau, dont la vie entière n'avoit été qu'un long combat contre tous les genres d'autorités, qui n'étoient pour lui que des *variétés* du despotisme ; contre toutes les lois, qui, pour peu qu'elles blessassent ses intérêts ou ses passions, n'étoient que le code de la tyrannie régularisée. Mirabeau, dit un écrivain qui l'a bien connu, avoit un grand caractère, des talens rares, quelquefois sublimes; un choix unique d'expressions, une connoissance profonde du cœur humain : mais il étoit despote par essence, et, s'il eût gouverné un empire, il eût surpassé Richelieu en orgueil, Mazarin en politique.

rand comédien, son organe et son geste ajoutoient un nouvel intérêt à tout ce qu'il disoit. Son goût pour intrigue étoit excessif, et l'on ne doit en chercher la cause que dans ses besoins pécuniaires; de sorte que ces éclairs brillans de génie, ces expressions de sentiment qui auroient honoré l'homme le plus vertueux, étoient pour ce profond machiavéliste qu'une simple spéculation. Il n'eut jamais de système fixe, si ce n'est celui de servir son intérêt et sa passion, aux dépens de tous les partis. « Son esprit (dit l'abbé Sicard) étoit brûlant comme le soleil qui éclaira son berceau, sa tête remplie de principes justes et sains; homme étonnant, qui mieux que lui les eût fait triompher, si d'anciens ressentimens ne l'avoient jeté dans un parti dont il faisoit la force, dont il étoit la gloire, et dont il étoit sur le point de déserter les drapeaux, quand la mort vint empêcher cette réparation solennelle à la cause qu'il avoit combattue jusqu'alors avec tant de courage, de talent et de persévérance.

Cependant cet athlète si redoutable, dont la seule apparition à la tribune sembloit en devoir écarter tous ceux qui n'y monteroient pas pour soutenir ou défendre ses opinions; ce turbulent tribun du peuple, qui jouissoit et abusoit même insolemment de toute influence que donne une grande popularité, trouva un adversaire digne de son talent, dans un homme qui, célèbre jusque-là par des succès dans la chaire évangélique, et par de pacifiques triomphes d'académie, ne laissoit pas soupçonner en lui le publiciste profond, l'homme d'état complètement familiarisé avec tous les ressorts et tous les secrets de l'administration. A peine le Démosthène françois eut-il rencontré, dans ce nouvel Eschine, un rival de génie et d'éloquence, que la tribune, presque sans cesse occupée par ces deux illustres antagonistes, présenta le spectacle le plus imposant dont les fastes de l'éloquence françoise puissent garder la mémoire. Dèslors, ces grands débats fixèrent sur l'assemblée les regards de l'Europe incertaine, qui voyoit son sort présent et ses destinées futures entre les mains de deux orateurs, dont l'un dirigeoit à son gré l'opinion publique, et dont l'autre s'efforçoit en vain de la ramener à des idées plus saines, à des principes plus judicieux. Jamais et chez aucun peuple, il faut l'avouer, les droits respectifs des peuples et des souverains ; jamais tout ce qui intéresse la religion, les mœurs et la politique n'avoit été discuté, approfondi, avec cette éloquence des choses si supérieure à celle des mots ; avec cette logique des faits qui ne laisse lieu ni au doute, ni même à la réplique. Telles furent constamment les armes dont se servit M. le cardinal Maury, heureusement secondé d'un petit nombre d'hommes demeurés fidèles à la cause de l'état, et restés debout, au milieu des ruines que chaque jour entassait autour d'eux. La plupart ont trouvé, dans la confiance du monarque actuel, et dans les premières dignités de l'empire, la noble récompense de leur zèle et de leur courage. Puissent-ils en jouir long-temps encore ! Il étoit trop juste qu'ils obtinssent un abri salutaire, à l'ombre des autels qu'ils ont relevées, et de cette monarchie qu'ils ont généreusement défendue.

Mais quelle idée se fera la postérité, de ce prodigieux Mirabeau, de ce géant politique qui pesa un moment sur la France entière, et qui l'eût peut-être écrasée du poids de son ascendant populaire, si la providence n'eût brisé tout à coup l'instrument qu'elle avoit daigné employer pour donner de grandes et terribles leçons aux princes et aux peuples de la terre ? Que penseront nos neveux de cet homme qui soutint presque seul les assauts multipliés d'un si puissant adversaire ; et qui, vaincu même, et accablé malgré lui de toutes les forces réunies de l'éloquence et de la raison, trouvoit encore, dans son inépuisable génie, les ressources nécessaires pour pallier sa défaite, ou la tourner au profit de la cause qu'il défendoit ? Quel Tacite nouveau pénétrera dans les profondeurs d'une pareille âme, pour en sonder, pour en développer tous les replis, en expliquer tous les ressorts, et frapper sans doute la postérité d'un salutaire effroi, en félicitant les nations de ce que de tels hommes ne viennent qu'à de longs intervalles étonner la terre par l'assemblage inouï de tous les extrêmes, et l'abus déplorable de tous les talens.

A l'époque mémorable que nous venons de parcourir, l'on eut plus d'une fois, sans doute, à gémir sur cet abus des talens; le règne du sophisme, et l'esprit de chicane et de subtilité avoient déjà, plus d'une fois, dénaturé les meilleures causes, et obscurci, dès leur aurore, les beaux jours de notre éloquence politique : mais la raison, du moins, élevoit encore la voix de temps en temps, pour la défense et le maintien de la vérité ; mais l'ascendant victorieux des vrais talens reprenoit encore ses droits sur l'insolente médiocrité. Le succès, il est vrai, n'a pas toujours égalé le courage des orateurs; il n'a pas toujours suffi d'avoir raison, pour obtenir gain de cause; c'est que le nombre des sophistes l'emportoit déjà sur celui des sages, et que le génie du mal, à qui le choix des armes est indifférent, triomphe trop aisément du génie du bien, qui n'est que franchement courageux. Mais le sentiment de la justice n'étoit pas tellement éteint encore, qu'il ne se ranimât fréquemment dans les cœurs; toutes les idées les plus simples n'étoient pas encore arrivées à ce point de renversement total, où rien de ce qui a été ne sauroit plus être, où tout se confond, où il faut absolument un nouveau langage, pour exprimer des choses inouies.

Telle fut, pour notre patrie, l'époque du régime révolutionnaire ; le coup le plus mortel qu'il ait porté à la langue et à l'éloquence françoises, n'est pas seulement d'avoir introduit une foule de mots barbares déjà oubliés, et qui ne pouvoient survivre aux choses qui les avoient introduits dans le discours, mais d'avoir accoutumé les esprits à déraisonner sans cesse, par l'affectation même de vouloir toujours raisonner, et de rester sans cesse à côté de la vérité, en disant autre chose que ce qu'on vouloit dire, ou en le disant autrement qu'on ne le devoit. Il ne nous seroit que trop facile de le prouver par des citations; mais nous en avons dit assez pour indiquer ce qu'étoient devenus alors le langage de la tribune, et l'éloquence des Mirabeau et des Maury ; nous nous hâtons d'arriver à une époque où l'importance de la cause et le talent de l'orateur ramenèrent, pour un moment, le langage de la raison et la véritable éloquence, dans une assemblée qui comptoit encore quelques hommes capables d'entendre l'un et d'apprécier l'autre.

Il faut, dans les causes ordinaires, de l'éloquence et du talent, une connoissance profonde de la jurisprudence, un zèle et une probité également irréprochables. Il falloit plus pour défendre Louis XVI ; il falloit tout le courage que donne la vertu, et l'héroïsme que n'intimident ni les cris de la fureur aveugle, ni la certitude que la mort étoit l'infaillible prix de ce dévouement généreux à la cause d'un monarque proscrit d'avance, et pour qui l'on alloit braver toutes les formes de la justice, comme on avoit déjà violé toutes les lois de l'humanité. Rien n'épouvanta, rien ne découragea le zèle de M. De Sèze ; son discours est resté, et sera cité par nos neveux, comme un monument des derniers efforts de l'éloquence en faveur de la justice et de la vertu; et si ses efforts ont été impuissans, c'est qu'il n'étoit pas donné à l'éloquence humaine d'émouvoir alors ce qui n'avoit plus rien d'humain.

Si quelque chose pouvoit ajouter au mérite de ce beau discours, c'est la pensée que l'orateur, entravé de toutes parts et de toutes manières, n'eut que quatre nuits pour rédiger une pareille défense ; mais il falloit un prodige, et son courage l'a fait : son courage l'a élevé à la dignité de son sujet ; et c'eût été quelque chose encore de ne pas rester infiniment au-dessous.

L'éloquence politique devoit trouver nécessairement son terme dans celui des assemblées qui lui avoient ouvert une carrière, qu'elle eût fournie avec plus d'honneur encore, si elle en eût mieux connu, et plus sagement respecté les bornes. Tels sont, en effet, le caractère et le sort de cette portion de l'art oratoire, qu'il lui faut de grandes passions à émouvoir, de grands intérêts à démêler, pour qu'elle brille de tout son éclat, pour qu'elle déploie toute son énergie. Aussi, rentre-t-elle insensiblement dans le silence, à proportion que se calme l'effervescence des passions, que les choses rentrent dans l'ordre, et que les hommes reprennent leur place. Renfermée alors dans les paisibles fonctions de la magistrature, et réduite à ne plus se montrer que dans les jours d'apparat, elle ne parle plus qu'un langage étudié, étranger aux beaux mouvemens de la véritable éloquence, et froidement subordonné aux convenances, qui glacent à tout moment son enthousiasme, et viennent arrêter son essor. Heureuse toutefois, lorsqu'à la faveur d'un grand talent, elle rappelle encore quelques souvenirs de ses beaux jours, quelques traces de ses anciens triomphes! Mais ces circonstances sont rares, et il faut, pour en profiter, autant d'habileté au moins que de vrai talent.

## SECTION DEUXIÈME.

*La Tribune du Barreau.*

## CHAPITRE PREMIER.

*Objet du genre judiciaire.*

L'objet de l'éloquence du barreau est bien différent de celui que se propose l'éloquence populaire.

Dans les assemblées politiques, le but de l'orateur est surtout de déterminer ses auditeurs à faire le choix, à prendre le parti qui lui semble le meilleur, le plus convenable et le plus utile par conséquent. Il s'attache donc essentiellement à tout ce qui peut devenir dans l'homme le mobile d'une action; il parle aux passions; il cherche à toucher le cœur, autant qu'à convaincre le jugement. Nous l'avons vu.

Au barreau, au contraire, la conviction est le grand objet de l'orateur. Son devoir n'est pas de persuader aux juges que ce qu'il dit est bon et utile; mais de les convaincre que ce qu'il avance est juste et vrai. C'est donc à l'entendement que s'adresse spécialement cette espèce d'éloquence. Ici l'orateur a affaire à un petit nombre de juges, qui sont en général des hommes vénérables et par la gravité de l'âge, et par la dignité du caractère et des fonctions. Ici, l'orateur n'a plus l'avantage de déployer toutes les ressources de l'éloquence, comme dans une assemblée nombreuse et essentiellement composée de toutes sortes d'élémens. Ici, les passions sont plus difficiles à émouvoir; l'orateur est entendu avec plus de calme, jugé avec plus de sévérité. Il s'exposeroit nécessairement au ridicule, en adoptant la véhémence et le ton animé qui ne conviennent qu'en parlant à la multitude. Au barreau enfin, le champ de l'éloquence est essentiellement borné. La loi et la coutume présentent sans cesse et de toutes parts des limites qu'il n'est ni permis ni possible de franchir : l'imagination est sans cesse arrêtée dans son vol; et l'avocat ne peut jamais perdre de vue la ligne, l'équerre et le compas : son devoir principal est d'en faire constamment un emploi judicieux.

L'éloquence du barreau est donc plus restreinte, et renfermée dans des bornes infiniment plus étroites que l'éloquence politique; et le genre judiciaire des anciens ne peut, sous aucun rapport, se comparer à l'état actuel du barreau moderne, qui ne ressemble en rien à celui des Grecs et des Romains. Chez nous, les particuliers ne sont point accusateurs, il n'y a point d'affaires contentieuses portées au tribunal du peuple. Ajoutez à cette différence, qui résulte de la diversité des mœurs, celle de la législation civile, qui n'étoit, chez les anciens, ni aussi obscure, ni aussi compliquée que chez les modernes. La loi n'étoit pas pour eux un objet aussi strictement sévère que pour nous ; et du temps de Démosthène et de Cicéron, les lois municipales étoient simples, générales, et surtout en petit nombre. La décision des causes dépendoit en grande partie de l'équité et du bon sens des juges, et la jurisprudence étoit, bien moins que l'éloquence, l'objet des études et du travail de ceux qui se destinoient à la profession d'avocats. Au rapport de Cicéron lui-même, trois mois suffisoient pour l'étude du droit ; il étoit reçu même que l'on pouvoit briller au barreau, sans études préliminaires de la jurisprudence. Il y avoit chez les Romains une classe d'hommes appelés *Pragmatici*, qui se chargeoient de donner à l'orateur tous les renseignemens nécessaires sur la loi intéressée dans la cause qu'il entreprenoit de défendre. C'étoit à l'orateur à en faire ensuite l'application, à la développer sous les formes les plus éloquentes, et les plus capables de faire sur les juges l'impression désirable.

Observons encore que les juges civils et criminels de la Grèce et de Rome, étoient beaucoup plus nombreux que dans nos tribunaux modernes, et qu'ils formoient une espèce d'assemblée populaire. Dans le fameux aréopage d'Athènes, le nombre des juges n'étoit jamais au-dessous de cinquante. Socrate, jugé par une cour dont l'histoire ne nous a pas appris le nom, eut contre lui deux cent quatre-vingts juges : dans la cause de Milon, Cicéron parloit à cinquante-un juges ; et le succès de ces causes ne dépendoit point en général de quelques juges versés dans la connoissance des lois, mais d'une assemblée de citoyens romains. De là, ces moyens de l'éloquence populaire, si souvent et si heureusement employés par ce grand orateur dans des circonstances purement judiciaires ; de là, ces moyens pathétiques, que nous renverrions avec raison au théâtre, où ils nous sembleroient à leur place naturelle ; ressources que les anciens avocats ont prodiguées, au point qu'elles ne produisoient plus aucun effet, ce qui arrive nécessairement à tous les grands moyens, quand ils sont trop multipliés.

Aujourd'hui la réputation et les succès de l'avocat dépendent absolument d'une connoissance profonde et raisonnée des lois et de sa profession. Quel que soit son talent, comme orateur, il trouvera peu de cliens disposés à lui confier leurs intérêts, si l'on ne lui suppose qu'une connoissance superficielle des lois. Il faut donc qu'il joigne à un grand fonds de connoissance, le talent de donner une attention particulière aux moindres détails de la cause dont il se charge; qu'il étudie soigneusement tous les faits, toutes les circonstances qui peuvent avoir avec elle le rapport le plus éloigné. C'est l'unique moyen de préparer d'avance des réponses victorieuses aux raisons de ses adversaires ; et cette connoissance préliminaire et indispensable des endroits foibles de sa cause, lui fournit les moyens de les fortifier et de les rendre inaccessibles aux attaques de la partie adverse.

Malgré la différence que nous venons d'établir, et qui existe réellement entre notre barreau et celui des anciens, il ne faut pas croire cependant que l'éloquence y doive être constamment étrangère : il y a long-temps que les Patru, les Cochin et d'autres avocats célèbres, ont su prouver le contraire. Il y a plus : de tous les genres de discours publics, il n'en existe peut-être pas qui demande plus rigoureusement les charmes de l'élocution ; et la raison en est bien simple. La sécheresse et l'aridité des matières ordinairement traitées dans les plaidoyers, exigent plus que toute autre que les choses soient présentées de manière à fixer l'attention, à fortifier les preuves, à faire valoir, en un mot, tout ce qui peut servir la cause. Une bonne élocution est d'un effet toujours sûr. Il n'y a pas de comparaison à faire entre l'impression que produit sur nous un orateur sec, obscur et froid, et celle qui résulte de la même cause présentée avec la clarté, l'élégance et l'énergie convenables.

L'avocat doit s'occuper surtout de la pureté et de la justesse de l'expression : son style doit être clair, sa diction toujours soignée, et jamais surchargée d'un étalage pédantesque des termes de la chicane, qu'il ne doit pas cependant écarter avec trop d'affectation.

La verbosité est un défaut souvent reproché aux avocats, et dans lequel les entraînent fréquemment la nécessité et l'habitude de parler ou d'écrire précipitamment, et presque sans préparation. Nous ne saurions donc recommander trop scrupuleusement aux jeunes gens qui se destinent à la carrière du barreau, de se mettre de bonne heure en garde contre un défaut que rien ne rachète auprès d'un auditeur fatigué par un torrent de paroles inutiles, qui ne lui apprennent rien, qui lassent sa patience, lui font perdre de vue l'objet intéressant de la cause, et détruisent nécessairement tout l'effet que l'on se proposerait de produire. Répétons-le donc encore ici, puisque l'occasion s'en présente naturellement, et ne craignons jamais de revenir souvent sur des vérités utiles : Ce n'est pas au barreau, ce n'est pas dans l'homme public seulement, que cette verbosité est condamnable ; elle est déplacée partout, ridicule partout, lors toutefois qu'elle ne finit pas par être odieuse. Elle est essentiellement la marque d'un esprit irréfléchi ; car il est impossible de parler beaucoup, sans dire nécessairement beaucoup de riens ; et un vieux proverbe a dit il y a long-temps, qu'il vaut infiniment mieux *ne rien dire*, que de *dire des riens*. Cette insatiable avidité de parler s'exerce indifféremment sur tout, dévore tout comme un vaste incendie, et fait contracter à un jeune homme la déplorable habitude de parler de tout avec une légèreté dont on ne sent ni ne veut sentir les conséquences ; de sacrifier les ridicules des personnes présentes, la réputation et l'honneur des absens, avec une précipitation dont on seroit soi-même effrayé, si une réflexion solide pouvoit trouver sa place dans une tête vide d'idées, et étourdie du bruit qu'elle-même excite autour d'elle. Que seroit-ce donc, si nous mettions ici sous les yeux de la jeunesse les suites fâcheuses que peut entraîner une seule indiscrétion, et le prix dont il a fallu payer quelquefois un discours trop légèrement hasardé? Mais ce n'est ni le cas, ni la place de tout dire à ce sujet ; et nous nous bornerons à conclure, avec le poëte Martial, que c'est quelque chose que de savoir se taire : *res est magna tacere, Matho.*

Quant à l'espèce de verbosité dont il est question ici, les jeunes praticiens peuvent s'en garantir, en se formant de bonne heure l'habitude d'un style précis et correct, qui deviendra leur manière naturelle de s'exprimer, quand la multitude des affaires les forcera de travailler avec une précipitation involontaire. S'ils contractent, au contraire, l'habitude d'un style lâche, diffus et incorrect, il leur deviendra impossible de s'énoncer jamais avec élégance et énergie, quand les circonstances l'exigeront.

La clarté est une qualité indispensable dans l'éloquence du barreau. C'est avec la plus grande clarté qu'il faut établir la question, fixer le point de la contestation, ce que l'on admet, ce que l'on récuse, et où commence, entre les deux parties, la ligne de démarcation qui les sépare : cette même clarté doit présider encore à l'ordre, à l'arrangement de toutes les parties du plaidoyer. Cette qualité précieuse est nécessaire dans tous les genres d'éloquence : elle est indispensable au barreau, par la nature même des objets qui s'y traitent, et qui sont le plus souvent hérissés de difficultés, et assujétis à des discussions très-compliquées.

L'exposé des faits sera aussi concis que leur nature pourra le permettre. Il est de la plus grande importance que les faits restent présens à l'esprit des juges et des auditeurs, pendant tout le cours du plaidoyer; il faut donc écarter avec soin toutes les petites circonstances, les détails trop minutieux, et tout ce dont une prolixité fastidieuse surcharge inutilement la mémoire. En élaguant toutes les superfluités, on fortifie les faits principaux, on les met dans un jour plus avantageux, et ils font une impression plus durable. Cicéron est un modèle parfait en ce genre, comme dans toutes les autres parties de l'art oratoire. Il n'a pas un seul plaidoyer, peut-être, où la narration ne soit traitée avec une supériorité qu'on ne sauroit trop admirer.

Mais si la narration exige ici plus de concision, l'argumentation y devient nécessairement plus diffuse. Dans les assemblées populaires, l'objet de la délibération étant presque toujours d'une clarté très-facile à saisir, les raisonnemens acquièrent de la force en raison de leur concision. Mais au barreau, l'obscurité de quelques points de la loi, la difficulté de trouver et d'en faire toujours l'application convenable, entraînent dans une foule de raisonnemens qui se fortifient ou s'éclaircissent mutuellement, et concourent à présenter l'objet de la question sous un point de vue généralement accessible à tous les esprits.

## CHAPITRE II.

*Qualités et devoirs de l'Orateur du Barreau.*

L'AVOCAT ne sauroit mettre jamais trop de bonne foi dans l'exposition des moyens de son adversaire. Pour peu qu'il les dénature, ou qu'il les place sous un faux jour, la supercherie ne tarde pas à être découverte; et les juges en concluent, ainsi que les auditeurs, qu'il a manqué ou d'intelligence pour les sentir, ou de courage pour les admettre, ou de force enfin pour y répondre. Mais s'il établit avec autant de soin que de candeur les raisons de son adversaire, avant d'en entreprendre la réfutation, il prévient heureusement l'audience en sa faveur. Sa franchise annonce, dans la bonté de sa cause, une confiance qui en inspire aux autres; et l'on ne suppose pas même douteux un droit qu'il se propose de défendre sans artifice et sans détours. Le tribunal se trouvera conséquemment plus disposé à céder à l'impression que va faire sur lui un orateur qui montre autant de droiture que d'intelligence.

Ce qu'on appelle esprit peut être de quelque usage au barreau, lorsqu'il ne consiste toutefois que dans une réplique vive et animée, dans une saillie du moment, dans une de ces réponses qui portent des coups d'autant plus sûrs, qu'ils sont plus imprévus, et que l'adversaire, frappé comme de la foudre, a laissé à l'audience tout le temps d'apprécier la réponse, avant qu'il ait eu celui de lui trouver une réplique. Tel est ce mot fameux de Cicéron à Hortensius, qui, en plaidant pour Verrès, et feignant de ne pas entendre la réponse d'un témoin, lui dit : *Je ne me pique point d'entendre les énigmes. J'en suis surpris,* répliqua vivement Cicéron, *car vous avez chez vous le sphynx.* Il faut savoir qu'Hortensius avoit reçu de Verrès un sphynx d'airain très-précieux. On voit que l'allusion étoit forte, et que ce n'étoit pas-là un simple jeu de mots. Mais, à l'exception de ces cas qui sont très-rares, et de ces exemples, qu'il ne faudroit pas multiplier, les jeunes avocats doivent résister courageusement à cette dangereuse démangeaison de montrer de l'esprit où il ne faut que de la raison, et de jouer sur les mots, quand il ne faut combattre que par la solidité des raisonnemens. C'est dégrader la noblesse de sa profession, c'est avilir la majesté d'un tribunal; c'est manquer enfin au respect que commande la loi. Le devoir de l'orateur, au barreau, est de porter la conviction dans les esprits, et non pas d'exciter autour de lui un rire, qui n'est pas toujours l'expression d'un applaudissement. Tout ce qui appartient aux fonctions austères de la justice; tout ce qui a pour objet l'interprétation ou l'application de la loi, porte nécessairement un caractère de gravité, dont on ne s'écarte jamais qu'aux dépens de la bienséance qui est de rigueur ici. Nous concevons enfin, difficilement, qu'une plaisanterie, quelle que soit sa nature, puisse trouver aisément sa place dans un lieu et dans des circonstances où l'on décide de l'honneur et de la fortune de nos concitoyens.

Si les plaisanteries, si les railleries dures et offensantes sont et doivent être sévèrement interdites à l'orateur du barreau, à combien plus forte raison ne doit-il pas se défendre la grossièreté des injures et l'odieux des personnalités? C'est un plaisir inhumain, dit Quintilien (liv. XII, chap. 9), c'est une jouissance bien indigne d'un honnête homme, et qui ne peut que révolter un sage auditeur. Souvent néanmoins des plaideurs, qui cherchent bien plus à se venger qu'à se défendre, exigent impérieusement de l'orateur que sa plume soit trempée dans le fiel le plus amer. Mais quel est l'avocat, en lui supposant encore quelque sentiment d'honneur et de probité, qui voulût se charger ainsi d'une haine étrangère, se rendre l'instrument méprisable du ressentiment de son client, et devenir à son gré, violent, emporté, sans d'autre motif que celui de servir, pour un vil intérêt, la passion d'un ennemi qui n'a ni les moyens, ni le courage de se venger lui-même? C'est, selon nous, le dernier degré de l'avilissement.

Que les anciens avoient une idée bien différente de l'avocat, et de l'importance attachée à sa réputation morale! Quintilien, que nous nous plaisons à citer, parce qu'il seroit difficile de trouver une autorité plus respectable sous tous les rapports; Quintilien établit partout comme un principe incontestable, que le talent de bien parler exige celui de bien vivre; et Caton définissoit l'orateur *un homme vertueux, doué du talent de la parole* : *orator vir bonus, dicendi peritus*. Sans cela, en effet, l'éloquence, qui est le plus beau don que la nature ait fait à l'homme, deviendroit pour lui le présent le plus funeste, et l'arme la plus dangereuse. Il ne faut qu'un moment de l'attention la plus légère, pour s'en convaincre et pour reconnoître combien la probité est nécessaire à l'avocat. Son but unique est de persuader : et comment se flatter d'y parvenir, si le juge qui va l'entendre n'est prévenu d'avance en sa faveur ; s'il a le doute le plus léger sur sa probité, sur sa candeur, sur sa bonne foi ? L'orateur doit apporter ici, non pas le zèle seulement d'un avocat, mais l'autorité d'un témoin. Sa réputation d'intégrité ajoutera nécessairement du poids à ses raisons ; tandis que l'homme décrié dans l'esprit des juges et dans l'opinion du public, est toujours pour la cause un préjugé très-fâcheux.

Puisque nous ne concevons pas la véritable éloquence sans la probité, et que nous ne séparons pas l'orateur de l'homme de bien, il est clair que l'avocat ne peut jamais se charger d'une cause dont l'équité lui semblera seulement équivoque. C'est à la justice, c'est à la vérité qu'il est comptable du secours de sa voix et de ses talens ; et le crime, quel que soit l'éclat qui l'environne ou le crédit dont il s'appuie, le crime n'y sauroit avoir aucun droit. L'éloquence est un asile qui ne doit s'ouvrir que pour la vertu : c'est un port salutaire, mais qui doit être constamment fermé aux pirates (QUINT. liv. XII, chap. 7). Que l'avocat se constitue donc le juge de la cause, avant d'en entreprendre la défense ; qu'il s'érige, dans son cabinet, comme un tribunal domestique, où il pèse, où il examine avec soin, et sans prévention, les raisons de ses parties, et où il prononce sévèrement contre elles, si la force de la vérité l'y contraint. Quintilien pousse plus loin encore la délicatesse et le scrupule. Si, dans le cours de l'affaire, un examen plus approfondi des pièces lui démontre que la cause qu'il croyoit bonne est injuste ou douteuse, il veut que l'avocat lui-même conseille à sa partie de ne pas poursuivre plus long-temps un procès dont le gain même ne lui peut devenir que très-funeste.

Nous allons justifier maintenant, par des exemples, les principes que nous venons d'établir; et nous commencerons par l'analyse raisonnée des plaidoyers fameux de Démosthène et d'Eschine, au sujet de la couronne d'or accordée au premier par un décret rendu sur la propostion de Ctésiphon.

## CHAPITRE III.

*Analyse et extraits des Harangues d'Eschine et de Démosthène, pour et contre Ctésiphon.*

Eschine qui avoit un très-grand talent et un fort bel organe, ne devoit voir qu'avec peine un orateur tel que Démosthène, sans lequel il auroit primé dans sa ville, et par la supériorité de son éloquence, et par son influence dans le ministère public. Rival d'abord, et bientôt l'irréconciliable ennemi de Démosthène, il épioit depuis long-temps l'occasion, et cherchoit les moyens de perdre son adversaire. Sa haine crut avoir enfin trouvé une circonstance favorable dans la perte de la fatale bataille de Chéronée, qui avoit abattu la puissance d'Athènes, et rendu Philippe l'arbitre de la Grèce. A cette époque malheureuse, les Athéniens, craignant d'être assiégés, firent réparer leurs murailles. Démosthène en avoit donné le conseil, et fut chargé de l'exécution. La somme consacrée à cet objet ne s'étant pas trouvée assez forte, il suppléa généreusement de son bien, sans se faire tenir compte de ce qu'il avoit ajouté. Ctésiphon, son ami, proposa de lui décerner une couronne d'or, en reconnoissance du bien qu'il avoit fait, et qu'il continuoit de faire à son pays. Le décret fut reçu avec enthousiasme par le peuple d'Athènes, et attaqué avec acharnement par Eschine, qui basa son plan d'accusation sur trois infractions formelles faites aux lois.

1.° Une loi défend de couronner aucun citoyen chargé d'une administration quelconque, avant qu'il ait rendu ses comptes, et Démosthène se trouve dans le cas de la loi; Ctésiphon a donc évidemment violé la loi;

2.° Une autre loi ordonne que le décret de couronnement soit proclamé dans le sénat, et jamais ailleurs; et le décret de Ctésiphon devoit l'être au théâtre, seconde infraction;

3.° Enfin, et c'est ici le vrai but d'Eschine, et le fond de toute la cause: le décret porte que la couronne est décernée à Démosthène, pour prix des services qu'il a rendus à l'état, et Eschine s'engage à prouver qu'il n'a jamais fait que du mal à la république.

L'accusation fut intentée quatre ans avant la mort de Philippe, et l'on ne procéda au jugement que la sixième année du règne d'Alexandre, lorsque ce prince étoit déjà maître de l'Asie.

On accourut à cette cause de tous les pays de la Grèce, comme à un spectacle extraordinaire; et c'en étoit un en effet, de voir aux prises les deux plus grands orateurs de leur siècle, ministres tous deux, et souvent employés l'un et l'autre dans les affaires de leur ville et de leur nation; animés tous deux par leur intérêt personnel, et par l'animosité la plus vive. La célébrité de la cause et l'importance de son objet, l'attente d'un nombreux auditoire, leur firent épuiser toutes les ressources, tous les moyens de l'éloquence, dans ces deux harangues qui sont le chef-d'œuvre du genre judiciaire.

Qu'on ne s'y trompe cependant pas, et disons ici ce que n'ont point dit les rhéteurs, qui n'ont vu et cherché à faire sentir, dans ces discours, que le mérite de la perfection oratoire: le véritable motif de ce concours général de toute la Grèce, étoit bien moins encore la grande réputation des deux orateurs, que la nature même du débat qui alloit dévoiler les ressorts politiques qui avoient dirigé la Grèce dans des circonstances décisives pour elle. On est bien aise, long-temps même après l'évènement, de savoir de quoi il a dépendu, et de connoître tôt ou tard les hommes qui ont justifié ou trompé notre confiance. Cet empressement unanime nous prouve encore quel intérêt les Grecs attachoient à tout ce qui avoit une influence plus ou moins directe sur les révolutions successives dont ils avoient été les témoins, et dont ils finissoient par être les victimes. Ce dernier hommage rendu par eux à l'objet du plaidoyer et à la réputation des deux orateurs, est un trait précieux du caractère instinctif des Grecs, également enthousiastes des grandes choses et des grands talens. Mais il est temps de voir lutter ces deux redoutables athlètes, armés, l'un, de toute la force de la vérité et de l'éloquence ; l'autre, de toutes les subtilités des sophismes les plus ingénieux, et tous les artifices de la mauvaise foi la plus insigne.

*Exorde d'Eschine.*

« Vous avez vu, Athéniens, les cabales et les intrigues de mes adversaires, cette armée de factieux rangés en bataille, les sollicitations employées dans la place publique, à dessein d'abolir nos règles et nos usages. Pour moi, je viens ici, n'ayant confiance que dans les dieux, dans mes juges et dans nos lois, convaincu d'avance qu'auprès de vous la cabale et l'intrigue ne prévalent pas sur les lois et la justice ».

Ce début n'est qu'adroit : ce qui suit est insidieux et perfide.

« Je désirerois sincèrement que tout fût sagement réglé par les magistrats et dans le conseil des cinq-cents, et dans les assemblées du peuple ; que l'on remît en vigueur les lois de Solon, qui concernent les orateurs ; que d'abord, sans trouble et sans tumulte, le plus âgé pût jouir de son privilége, monter le premier à la tribune, y donner modestement l'avis qu'il croit le plus utile ; qu'ensuite celui qui le voudroit pût à son tour, et suivant son âge, exposer son sentiment sur le sujet de la délibération. Par ce moyen la république seroit, selon moi, beaucoup mieux gouvernée, et les accusations bien moins fréquentes ».

Avec quelle adresse l'orateur amène ici son premier chef d'accusation! Que de perfidie dans ce respect hypocrite qu'il annonce d'avance pour les lois, afin de rendre plus odieux ceux qu'il va bientôt accuser de les avoir ouvertement violées! Il poursuit :

« Vous le savez, Athéniens, il est parmi les peuples trois sortes de gouvernemens. La monarchie, l'olygarchie et la démocratie. Les deux premiers soumettent les hommes aux volontés de ceux qui commandent : dans la démocratie on est soumis à la loi seulement. Qu'aucun de vous n'ignore donc, qu'il se convainque avant tout, que lorsqu'il monte au tribunal pour juger un infracteur de la loi, il va prononcer sur sa propre liberté : aussi le législateur a-t-il placé ces mots à la tête du serment des juges : *Je jugerai suivant la loi*, etc., parce que ce grand homme avoit senti que l'observation de la loi est le maintien de notre indépendance ».

Voilà sans doute les esprits suffisamment aigris, et disposés avec tout l'art possible à regarder et à traiter comme ennemi déclaré du bien public un infracteur quelconque de la loi. Voilà Ctésiphon assez odieux d'avance, pour que tout ce que l'orateur va dire trouve un accès facile dans la croyance des auditeurs. On voit que le style et la marche des calomniateurs ont été les mêmes dans tous les temps, et que ce n'est pas de nos jours seulement que l'on a eu au besoin de *grandes conspirations* à dévoiler au peuple, quand on a voulu le faire servir d'instrument à des haines ou à des vengeances particulières. Ces moyens, qui ne sont ceux ni de la raison ni de la justice, devoient être ceux d'Eschine ; et l'on ne peut que le plaindre d'avoir déployé tant de vrai talent dans une si mauvaise cause. Il donne à toutes les lois qu'il cite une interprétation fausse, à toutes les actions de Démosthène une tournure ou une interprétation maligne. Il faut se rappeler surtout qu'il parloit devant un peuple léger par caractère, injuste par conséquent, et qui avoit déjà payé plus d'une fois par l'exil et même par la mort, les services d'une foule de grands hommes. Quant à Démosthène, tout ce qui servoit la cause de son rival, se tournoit nécessairement contre lui. Inculpé dans toutes ses actions, dans toutes les parties de son administration, il se trouvoit réduit à la nécessité toujours dangereuse de parler beaucoup de lui, et de rappeler le bien qu'il avoit fait. Mais il avoit pour lui le plus grand de tous les avantages, celui d'appuyer de preuves sans réplique tous les faits qu'il rapporte, et toutes ses assertions de la lecture d'un acte public, qui les confirmoit authentiquement. Autant nous avons remarqué d'art et de perfidie dans l'exorde d'Eschine, autant nous allons admirer de noblesse et de dignité dans celui de Démosthène. Le voici :

« Je commence, Athéniens, par conjurer tous les dieux et toutes les déesses de vous inspirer pour moi, dans cette circonstance, les sentimens de bienveillance dont je suis moi-même animé pour l'état : je leur demande aussi (et je parle ici pour votre propre gloire) qu'ils vous inspirent de consulter pour la manière dont vous devez m'entendre, non pas moi adversaire, l'injustice seroit criante, mais les lois et votre serment : ce serment solennel, dont un des premiers articles est qu'il faut également écouter les deux parties, ce qui signifie bien positivement que vous devez vous depouiller ici non-seulement de toute espèce de prévention, et accorder aux deux parties une faveur égale, mais permettre à chacune d'elles d'adopter et de suivre le plan de défense qu'elle aura jugé le plus favorable à sa cause.

« Parmi tous les avantages qu'Eschine a sur moi, dans cette circonstance, il en est deux surtout qui sont de la dernière importance. D'abord, nous ne combattons point avec des armes égales : je perdrois infiniment plus en perdant votre amitié, que lui en ne gagnant point sa cause. Si je perds votre amitié, il y a pour moi...... Mais j'évite, en commençant, toute parole sinistre : lui, au contraire, il m'accuse, sans avoir rien à perdre. En second lieu, on aime naturellement à écouter des accusations et des invectives ; et l'on n'entend qu'avec peine ceux qui font eux-mêmes leur éloge. Eschine avoit donc pour lui ce qui captive l'attention des hommes ; et il ne me reste que ce qui choque généralement. Si dans la crainte, en effet, d'indisposer ceux qui m'écoutent, je ne parle pas de ce que j'ai fait, c'est avouer à la fois et que je n'ai rien à opposer aux inculpations, et que je me juge moi-même indigne du prix dont on veut m'honorer. Si, pour l'intérêt de ma cause, j'entre dans le détail de ce que j'ai fait pour l'état et pour les particuliers, je me vois réduit à la nécessité de parler souvent de moi. Je tâcherai de le faire, du moins, avec toute la modération possible ; et ce que la nécessité me forcera de dire, votre équité ne l'imputera qu'à celui qui a établi cette lutte entre nous ».

Cet exorde est un chef-d'œuvre d'adresse pour se concilier la faveur des juges, pour les engager à laisser parler Démosthène dans une cause qui lui est si personnelle, à entendre ses raisons, comme ils ont écouté celles de l'accusateur. Cet exorde est sublime dans sa simplicité ; c'est le langage de la vérité et de l'innocence ; l'invocation aux Dieux, qui le commence et le termine, devoit produire le plus grand effet auprès d'un peuple qui comptoit pour quelque chose le respect des choses respectables, et qui ne pensoit pas que l'on pût se jouer impunément de la majesté des Dieux.

Eschine, après avoir prouvé, comme on prouve en ne présentant les choses que sous le jour favorable à nos passions, que Ctésiphon avoit violé les lois, et attenté par conséquent à la sûreté générale, passe à l'examen de l'administration de Démosthène, qu'il divise en quatre époques principales, qu'il parcourt successivement. La première renferme la guerre contre Philippe jusqu'à la paix, et à l'alliance décrétée par Philocrate; et Eschine prouve que Démosthène a rendu, de concert avec Philocrate, une foule de décrets contraires au bien public, et qu'il a lâchement vendu et livré ses concitoyens au roi de Macédoine.

Démosthène répond à cette inculpation par un tableau énergique de la conduite odieuse de Philippe, e de la nécessité urgente de s'opposer à ses desseins et d contrarier son plan d'invasion. Il entre ensuite dans l détail des services réels qu'il a rendus, et les faits sou si positifs, si généralement connus, qu'il lui suffit de les rappeler. Cette partie de son discours est traitée avec la supériorité d'un grand talent qui défend une bonne cause.

Eschine avoit commencé par l'exposé des infractions prétendues faites à la loi : c'étoit le fort de sa cause, et la partie foible de Démosthène, qui, trop adroit pour adopter le plan de défense que lui traçoit son adversaire, commence par occuper les esprits de ce qu'il a fait de vraiment grand, de vraiment utile. On sent bien, d'après cela, qu'il lui devient presque superflu de réfuter des inculpations, que les auditeurs ont déjà perdues de vue, et dont l'impression est effacée. Il répond cependant à ces infractions, et justifie la conduite de Ctésiphon, et par les exemples de ce qui s'est fait par le passé, et par le texte même des lois invoquées par Eschine.

Arrivé à la troisième époque de l'administration de Démosthène, l'antagoniste l'accuse sans ménagement de tous les désastres qui ont affligé la république ; il fait voir tous les inconvéniens qui ont résulté de l'alliance avec les Thébains, ce chef-d'œuvre de la politique de Démosthène. Il parvient enfin à la journée fatale de Chéronée ; et comme il a à déplorer ici une calamité réelle, une époque d'où datoient, en effet, tous les maux de la Grèce, il est difficile de rien imaginer de plus fort et de plus éloquent que ce qu'on va lire.

« C'est ici le lieu de vous dire un mot de ces braves citoyens, qu'il a envoyés à un péril manifeste, quoique les sacrifices ne fussent point favorables ; de payer un juste tribut de regrets et d'éloges à ces illustres morts, dont il a osé louer la bravoure, en foulant leurs tombeaux de ces mêmes pieds qui ont si lâchement abandonné le poste qui leur étoit confié. O le plus foible, le plus inutile de tous les hommes, dès qu'il est question d'agir, mais le plus confiant, le plus admirable, quand il ne faut que parler, oseras-tu réclamer devant cette assemblée la couronne que tu crois mériter ! Et s'il l'ose, Athéniens, le souffrirez-vous ? et laisserez-vous s'éteindre avec eux la mémoire de tant de braves guerriers morts pour notre défense? Sortez pour un moment de cette enceinte, et transportez-vous au théâtre : figurez-vous le héraut s'avançant et faisant la proclamation du décret. Pensez-vous que les parens de nos malheureux guerriers versent plus de larmes pendant les tragédies, sur les infortunes des héros qui paroîtront ensuite, que sur l'ingratitude de la république ! Quel est, parmi les Grecs qui ont reçu quelque éducation, quel est l'homme qui ne gémira pas, en se rappelant ce qui se passoit autrefois sur ce même théâtre, dans des temps plus heureux, et lorsque la république avoit à sa tête de meilleurs magistrats? Le héraut s'avançoit, et présentant au peuple assemblé les orphelins dont les pères étoient morts à la guerre, et qui étoient tous revêtus d'une armure complète, il faisoit cette proclamation, si belle et si capable d'exciter à la vertu : *Ces enfans, dont les pères sont morts à la guerre, en combattant avec courage, le peuple les a élevés pendant leur enfance : il les revêt aujourd'hui de cette armure complète, les renvoie, sous d'heureux auspices, à leurs affaires domestiques, et les invite à mériter un jour les premières places.* Voilà ce que proclamoit autrefois le héraut : mais aujourd'hui, aujourd'hui, hélas ! que dira-t-il, qu'osera-t-il dire, en présentant aux Grecs celui même qui a rendu nos enfans orphelins? S'il ose proférer la teneur du décret, la voix toute-puissante de la vérité ne s'élevera-t-elle point pour étouffer celle du héraut, et pour publier la honte du décret? Quoi ! l'on proclamera en plein théâtre, que le peuple d'Athènes couronne, pour sa vertu, le plus méchant des hommes ; et pour son courage, celui qui a lâchement abandonné son poste ! Au nom de Jupiter, au nom de tous les dieux, je vous en conjure, Athéniens, n'érigez point sur le théâtre de Bacchus un trophée contre vous-mêmes ; ne faites point passer, aux yeux de tous les Grecs, les Athéniens pour des insensés; gardez-vous de rappeler aux malheureux Thébains les maux sans nombre, les maux sans remède qu'ils ont éprouvés : ces infortunés, à qui vous avez ouvert votre ville, quand ils fuyoient la leur, grâce à Démosthène ; ces généreux alliés, dont la vénalité de Démosthène et l'or du roi de Perse ont brûlé les temples, tué les enfans, et détruit les tombeaux. Mais, puisque vous n'avez point vu tous ces maux, que la pensée vous les représente : figurez-vous une ville prise d'assaut, des murs renversés, des maisons livrées aux flammes, des vieillards, des femmes âgées, condamnés à oublier désormais qu'ils ont été libres, justement indignés, moins contre les instrumens que contre les auteurs de leur désastre, et vous conjurant avec larmes de ne point couronner le fléau de la Grèce, de ne vous point exposer à la fatalité malheureuse attachée à sa personne.

car ses conseils, quand on les a suivis, ont été aussi funestes aux simples particuliers qu'aux états qu'il a voulu diriger.

Quoi! vous avez porté une loi par laquelle un nautonnier de Salamine ne peut plus exercer sa profession, lorsqu'il a renversé sa barque dans le trajet, sans même qu'il y ait de sa faute, afin d'apprendre combien on doit ménager la vie des Grecs; et vous ne rougissez pas de laisser au timon de l'état un homme qui a causé le naufrage général de la Grèce »!

On ne peut nier, comme l'observe judicieusement M. de La Harpe, que ce morceau ne présente un contraste habilement imaginé. L'orateur s'y prend aussi bien qu'il est possible pour rendre son adversaire odieux. Il assemble autour de la tribune les ombres de ces infortunés citoyens; il les place entre le peuple et Démosthène; il l'investit de ces mânes vengeurs, et en forme autour de lui un rempart dont il semble lui défendre de sortir. Eh bien! c'est précisément en cet endroit que Démosthène va l'accabler, et renverser d'une seule phrase tout cet appareil de deuil et de vengeance, que son rival avoit élevé contre lui. Il est temps de l'entendre lui-même.

« Si toi seul, Eschine, devinois alors l'avenir, que ne l'as-tu révélé? si tu ne l'as pas prévu, tu n'es, comme nous, coupable que d'ignorance : et pourquoi m'accuses-tu, quand je ne t'accuse pas? Mais puisqu'il me presse de répondre, Athéniens, je dirai quelque chose de plus fort, et je le dirai sans présomption, je vous conjure de le croire, mais avec l'âme d'un Athénien. Je le dirai donc : quand même nous aurions tout prévu, quand toi-même, Eschine, toi qui n'osas pas alors ouvrir la bouche, devenu tout à coup prophète, tu nous aurois prédit l'avenir, il eût fallu faire encore ce que nous avons fait, pour peu que nous eussions eu sous les yeux la gloire de nos ancêtres et le jugement de la postérité. Que dit-on de nous aujourd'hui? Que nos efforts ont été trompés par la fortune qui décide de tout. Mais devant qui oserions-nous lever les yeux, si nous avions laissé à d'autres le soin de défendre la liberté des Grecs contre Philippe? Et qui donc, parmi les Grecs ou les barbares, ignore que jamais, dans les siècles passés, Athènes n'a préféré une sécurité honteuse à des périls glorieux? que jamais elle n'a consenti à s'unir avec la puissance injuste; mais que dans tous les temps elle a combattu pour la prééminence et pour la gloire? — Si je me vantois de vous avoir inspiré cette élévation de sentimens, ce seroit de ma part un orgueil insupportable; mais en faisant voir que tels ont été toujours vos principes et sans moi, et avant moi, je me fais un honneur de pouvoir affirmer que dans cette partie des fonctions publiques, qui m'a été confiée, j'ai été pour quelque chose aussi dans ce que votre conduite a eu d'honorable et de généreux. Mon accusateur, au contraire, en voulant m'ôter la récompense que vous m'avez décernée, ne s'aperçoit pas qu'il veut aussi vous priver du juste tribut d'éloges que vous doit la postérité; car, si vous me condamnez pour le conseil que j'ai donné, vous paroîtrez vous-mêmes avoir failli en le suivant. Mais non! vous n'avez point failli, en bravant tous les dangers pour le salut et la liberté de tous les Grecs; non, vous n'avez point failli! j'en jure et par les mânes de vos ancêtres qui ont péri dans les champs de Marathon, et par ceux qui ont combattu à Platée, à Salamine, à Artémise; j'en jure par cette foule de grands citoyens, dont les cendres reposent dans des monumens publics. Oui, la Grèce leur accorde à tous la même sépulture, et leur rend les mêmes honneurs; oui, Eschine, à tous, parce que tous eurent la même vertu, quoique la destinée ne leur ait pas accordé à tous le même succès ».

Voilà ce serment si célèbre dans l'antiquité, cité avec tant d'éloges par Longin, et si souvent rappelé de nos jours. Il semble, quand on l'entend, que toutes les ombres qu'Eschine vient d'évoquer, accourent pour se ranger autour de la tribune de Démosthène, et le prennent sous leur protection.

Eschine, dans un autre endroit de son discours, s'arrête, avec une complaisance maligne, sur l'abus des récompenses prodiguées et sur la nécessité de les restreindre, pour les rendre honorables. C'est un morceau brillant, mais qui ne pose que sur un sophisme, et où l'art oratoire devient malheureusement celui de la calomnie.

« Thémistocle qui commandoit votre flotte, quand vous vainquîtes le roi de Perse à Salamine, vous paroît-il un plus grand homme que Démosthène qui a abandonné son poste

Celui-ci vous paroît-il l'emporter sur Miltiade, qui vainquit les barbares à Marathon? — Eh bien! que Démosthène nous montre s'il est dit quelque part qu'on ait couronné quelqu'un de ces grands hommes. Le peuple étoit-il donc ingrat? Non, mais il étoit magnanime; et les citoyens auxquels il n'accordoit pas cet honneur, étoient vraiment dignes de la république.

» Voulez-vous savoir ce qu'ont obtenu de vos ancêtres ceux qui vainquirent les Mèdes au bord du Strymon? Trois statues de pierre, placées sous le portique de Mercure: mais il fut défendu d'y mettre leurs noms, afin sans doute que l'inscription parût être faite pour le peuple, et non pour les généraux. Transportez-vous en esprit dans la galerie des peintures : on y a représenté le combat de Marathon. Quel étoit le général? C'étoit Miltiade, répondriez-vous, si on vous le demandoit. Son nom cependant n'y est pas. Pourquoi? n'avoit-il pas demandé cet honneur? Oui, mais on le lui a refusé: on lui a permis seulement de se faire peindre à la tête de l'armée, exhortant ses troupes. Que décerna-t-on aux libérateurs de Pyle? Une couronne d'olivier. Que propose-t-on pour Démosthène? Une couronne d'or. Prenez-y garde, Athéniens, ce dernier décret efface la gloire du premier : il est flétrissant pour vous, si l'autre est honorable; et si nos libérateurs méritoient une récompense, Démosthène est indigne d'une couronne ».

Démosthène prétend le contraire, et voici comme il le prouve.

« Tu me demandes, Eschine, à quel titre je prétends mériter une couronne? Le voici : c'est que chez tous les Grecs, tous les ministres, à commencer par toi, s'étant laissé corrompre d'abord par Philippe, ensuite par Alexandre, je n'ai jamais été, moi, tenté ou engagé, ni par l'occasion, ni par la douceur des paroles, ni par la grandeur des promesses, ni par l'espérance, ni par la crainte, ni par aucun autre motif, à trahir ce que je regardai toujours comme les droits et les intérêts de ma patrie; c'est que tous les conseils que je donnai, je ne les donnai jamais, ainsi que vous autres, penchant comme la balance, du côté qui reçoit davantage, mais que je montrai partout une âme droite et incorruptible; c'est qu'ayant été plus que personne à la tête des plus grandes affaires, je me conduisis dans toutes avec une probité irréprochable. Voilà, Eschine, voilà pourquoi je prétends mériter une couronne ».

Nous ferons volontiers grâce à nos lecteurs des invectives grossières, des personnalités odieuses que se prodiguent mutuellement les deux orateurs, et qui sont la seule tache de ces belles harangues. Mais, comme le remarque M. de La Harpe, d'après le judicieux Rollin, qui l'avoit observé avant lui, les mœurs républicaines autorisoient cette licence; et ni Démosthène ni Eschine n'ont manqué par conséquent au précepte de l'art, qui défend de violer les convenances reçues. Hâtous-nous d'arriver à la péroraison du discours d'Eschine : elle est noble et belle, et eût fait honneur au talent de Démosthène lui-même.

« Lorsqu'à la fin de son discours, il invitera les complices de ses brigandages à se ranger autour de lui pour sa défense, imaginez-vous voir rangés autour de cette tribune où je parle, et opposés à l'impudence de ce traître, les bienfaiteurs de la république. Imaginez-vous entendre Solon, ce grand philosophe, ce législateur fameux, dont les excellentes lois ont affermi chez nous la démocratie; et Aristide, cet homme juste et désintéressé, qui a réglé les contributions de la Grèce, et dont le peuple, après sa mort, a doté les filles : l'un, vous conjurer avec cette douceur qui lui étoit si naturelle, de ne point préférer aux lois et à votre serment, les phrases éloquentes de Démosthène; l'autre, se plaindre du mépris de la justice, vous demander si vous ne rougissez pas, en voyant que vos pères ont presque fait mourir, ont banni d'Athènes et de toute l'Attique Arthénius de Zélie, qui avoit apporté chez les Grecs l'or des Perses; Arthenius qui ne faisoit que passer dans Athènes, qui étoit uni aux Athéniens par le droit de l'hospitalité; et que vous, vous allez honorer d'une couronne d'or Démosthène, qui n'a pas apporté de l'or des Perses, mais qui en a reçu, et qui en possède encore pour prix de ses trahisons. Croyez-vous que Thémistocle, que nos braves citoyens morts à Marathon et à Platée, que les tombeaux même de nos ancêtres ne gémiront pas, si l'on couronne celui qui avoue lui-même avoir conspiré avec les barbares contre les Grecs.

» Pour moi, ô terre! ô soleil! ô vertu! et vous intelligence, science, qui nous faites discerner le bien et le mal, je vous en atteste! j'ai secouru l'état de tout mon pouvoir; et si mon accusation a répondu aux crimes qu'elle attaque, j'ai rempli mon objet : si je suis resté au-dessous de ma cause, j'ai tâché du moins de la remplir. Pour vous, qui êtes nos juges, éclairés et par les raisons que l'orateur a exposées, et par d'autres qui lui sont échappées, ne prononcez rien qui ne soit conforme à la justice et aux intérêts de la république ».

Une prière adressée aux Dieux, prière simple, mais sublime, termine la harangue de Démosthène.

« Qu'aucun de vous, Dieux puissans, ne favorise leurs désirs (des mauvais citoyens)! mais rectifiez, s'il est possible, leur esprit et leur cœur. Si leur malice est incurable, poursuivez-les seuls, exterminez-les sur terre et sur mer. Pour nous, qu'auront épargné vos soins, délivrez-nous au plutôt des périls qui nous menacent, accordez-nous le salut et la tranquillité ».

Une sage loi d'Athènes vouloit que l'accusateur eût au moins la cinquième partie des suffrages, sans quoi il étoit condamné au bannissement. C'est ce qui arriva à Eschine : il paya donc d'un exil bien involontaire l'accusation qu'il avoit si témérairement intentée. Il alla s'établir dans l'île de Rhodes, où il ouvrit une école de rhétorique, dont la gloire se soutint pendant plusieurs siècles. Sa première leçon fut la lecture des deux harangues qui avoient causé son bannissement. On donna de grands éloges à la sienne ; mais quand il passa à celle de Démosthène, les acclamations et les battemens de mains ne finissoient plus. Ce fut alors que lui échappa ce mot célèbre, et si louable dans la bouche d'un ennemi et d'un rival : *Eh! que seroit-ce donc, si vous aviez entendu ce lion lui-même rugir son discours?* Τι δἳ, ει αυτῦ τῦ θηριῦ τ' αυτα ῥηματα βοῶντος ἀκηκόοιτε.

Au reste, si Démosthène avoit triomphé avec éclat, il sut user de sa victoire avec générosité. Il courut, la bourse à la main, après Eschine, au moment où il sortoit d'Athènes, et le força d'accepter un secours inespéré et une consolation solide. Ce trait lui fait, sans doute, aux yeux de l'homme qui pense, autant d'honneur que les plus beaux morceaux de sa harangue.

## CHAPITRE IV.

*Analyse et Extraits du plaidoyer de Cicéron pour Sextius.*

L'AUDACE et la fureur de Clodius et de ses partisans avoient enfin obtenu l'exil de Cicéron. Pendant son absence, le tribun Sextius, de concert avec Pompée, et tous les bons citoyens, s'occupèrent si efficacement de son retour, qu'il fut en effet rappelé par un décret du sénat, et reçu par toutes les classes de citoyens, avec les démonstrations de la joie la plus vive et la plus sincère. Mais Clodius et les deux consuls Pison et Gabinius, voulant se rendre maîtres des suffrages, et empêcher le décret de passer à l'assemblée du peuple, remplirent le Forum de gens armés : Sextius et Milon rassemblèrent de leur côté des forces pour s'opposer à Clodius et à sa faction. Le combat s'engagea sur la place publique, et le sang coula en abondance. Dix mois environ après le retour de Cicéron dans sa patrie, la faction de Clodius accusa Sextius de violence publique, d'après la loi Lutatia. On peut juger avec quelle chaleur Cicéron se porta à sa défense : c'étoit sa propre cause qu'il plaidoit, et il satisfaisoit à la fois et sa haine pour Clodius, le plus fougueux de ses ennemis, et sa reconnoissance envers Sextius, le plus zélé de ses défenseurs. Aussi ce beau plaidoyer n'est-il, à proprement parler, qu'une histoire éloquente de l'exil et du rappel de Cicéron. Nous nous y sommes arrêtés de préférence, parce qu'il offre des rapprochemens précieux, des vérités de tous les temps, et qu'il montre à la fois, dans Cicéron, l'homme d'état, le grand orateur et le vrai citoyen.

EXORDE. Cicéron commence son discours par des

proches à la classe, nombreuse dans tous les temps
t dans tous les pays, de ces égoïstes, d'autant plus
vères pour les autres, et d'autant plus exigeans,
ue plus jaloux d'un repos, pour lequel cependant
s ne veulent rien faire, ils ne pardonnent rien de
e qui peut le troubler, et trouvent toujours que
on n'en a point fait assez pour le leur conserver.

\* « Si quis antea, judices, mirabatur, quid esset, quòd pro
ntis opibus reipublicæ tantaque dignitate imperii, nequaquàm
tis multi cives forti et magno animo invenirentur, qui aude-
nt se et salutem suam in discrimen offerre pro statu civitatis,
 pro communi libertate : ex hoc tempore miretur potiùs, si
uem bonum et fortem civem viderit, quàm si quem aut timi-
um, aut sibi potiùs, quàm reipublicæ consulentem.
» Nam ut omittatis de uniuscujusque casu cogitando recordari,
no adspectu intueri potestis eos, qui cum senatu, cum bonis
nibus, rempublicam afflictam excitarint, et latrocinio do-
estico liberarint, mœstos, sordidatos, reos, de capite, de
má, de civitate, de fortunis, de liberis dimicantes : eos au-
m, qui omnia divina et humana violarint, vexarint, pertur-
rint, everterint, non solùm alacres lætosque volitare, sed
iam voluntarios fortissimis atque optimis civibus periculum
oliri, de se nihil timere. In quo cùm multa sunt indigna, tum
hil minùs est ferendum, quàm quod jam non per latrones

---

\* « Si l'on s'étonnoit, par le passé, que dans une république aussi
issante, et dans un aussi illustre empire, il se rencontrât si peu de ci-
yens assez fermes, assez intrépides, pour oser dévouer leur personne et
r vie au salut de l'état et au maintien de la liberté commune ; que l'on
onne bien plus aujourd'hui de rencontrer encore de braves et généreux
yens, que de trouver des hommes timides et plus occupés d'eux-mêmes
e des intérêts de la patrie.
» En effet, Romains, sans qu'il soit nécessaire de vous rappeler ici le
t de chacun en particulier, vous pouvez, d'un coup d'œil, voir ceux
i, de concert avec le sénat, ont relevé la république abattue, l'ont
ivrée d'un brigandage domestique ; vous pouvez, dis-je, les voir plon-
s dans la tristesse, revêtus d'habits de deuil, traduits en justice, exposés
ivre loin de leur patrie, de leurs enfans ; à rester privés de leur ville,
leur réputation, de toute leur existence : tandis que ceux qui ont atta-
é, confondu, violé, détruit tous les droits divins et humains, ne se
ntentent pas de paroître en public avec un air satisfait, triomphant ;
is, sans y être forcés, absolument tranquilles pour eux-mêmes, ils se
sent à précipiter dans le péril les citoyens les plus fermes et les plus
geux. Ce qui m'indigne, ce qui me révolte le plus dans leur con-
; c'est que ce n'est plus à leurs brigands, ce n'est plus à des hommes

suos, non per homines egestate et scelere perditos, sed per vos, nobis, per optimos viros optimis civibus periculum inferre conantur : et, quos lapidibus, quos ferro, quos facibus, quos vi, manu, copiis delere non potuerunt, hos vestrâ auctoritate, vestrâ religione, vestris sententiis se opressuros arbitrantur. Ego autem, judices, quâ voce mihi in agendis gratiis commemorandoque eorum, qui de me optime sunt meriti, beneficia, esse utendum putabam, eâ nunc uti cogor in eorum periculis depellendis. Iis potissimùm vox hæc serviat, quorum operâ et mihi, et vobis, et populo romano restituta est ». ( N.os 1, 2).

Sous quels traits il va vous présenter deux consuls, ses ennemis, et ceux de tous les gens de bien !

* « Alter unguentis affluens, calamistratâ comâ, despiciens conscios stuprorum, ac veteres vexatores ætatulæ suæ, puteali et fœneratorum gregibus inflatus atque perculsus, olim ne Scyllæo illo æris alieni in freto ad columnam adhæresceret, in tribunatûs portum perfugerat. Contemnebat equites romanos, minitabatur senatui, venditabat se operis, atque ab iis se ereptum, ne de ambitu causam diceret, prædicabat, ab iisdem se etiam invito senatu, provinciam sperare dicebat : eamque nisi adeptus esset, se incolumen nullo modo fore arbitrabatur.

» Alter, ô dii boni ! quàm teter incedebat ! quàm truculentus !

---

abimés de dettes et souillés de forfaits, c'est à vous qu'ils s'adressent ; c'est par le ministère de ce qu'il y a de plus vertueux qu'ils veulent perdre les amis de la vertu. Et ceux qu'ils n'ont pu renverser par la violence, par la force des armes, avec des pierres, avec le fer et la flamme, ils se flattent de les opprimer par vos décisions, par des arrêts surpris à votre équité. Et moi, Romains, cette même voix qui ne devoit plus être désormais que l'organe de la reconnoissance envers ceux qui m'ont si bien servi, je suis forcé de l'employer aujourd'hui pour les arracher au péril. Qu'elle se fasse donc entendre, cette voix, pour la défense surtout de ceux qui ont si heureusement travaillé à me la rendre à moi-même, à vous et au peuple romain ».

*« L'un (Gabinius) tout dégoûtant de parfums, avec sa chevelure artistement arrangée, dédaignant les complices de ses débauches, les anciens corrupteurs de sa tendre jeunesse ; fier d'abord, et bientôt effrayé de sommes immenses empruntées aux usuriers ; pressé par ses dettes énormes, et comme enfermé dans le détroit de Scylla et de Carybde ; craignant d'aller enfin échouer contre la colonne Ménia, s'étoit réfugié dans le tribunat comme dans un port. Il méprisoit les chevaliers romains, menaçoit les sénateurs, se vendoit à la populace de Rome : il se vantoit d'avoir échappé par son secours à une accusation de brigue, se flattoit de pouvoir

tam terribilis adspectu! unum aliquem te ex barbatis illis, exemplum imperii veteris, imaginem antiquitatis, columen reipublicæ diceres intueri. Vestitus asperè nostrâ hac purpurâ plebeiâ ac penè fuscâ : capillo ita horrido, ut Capuâ, in qua ipse tum imaginis ornandæ causâ duumviratum gerebat, seplasiam sublaturus videretur. Nam quid ego de supercilio dicam? quod tum hominibus non supercilium, sed pignus reipublicæ videbatur : tanta erat gravitas in oculo, tanta contractio frontis, ut illo supercilio respublica tanquam Atlante cœlum niti videretur ». ( N.os 18, 19 ).

A ces portraits si fièrement dessinés, et si frappans d'une hideuse vérité, succède un tableau non moins énergique, celui des troubles excités dans Rome par Clodius et sa faction, pour empêcher que le décret qui rappeloit Cicéron ne passât à l'assemblée du peuple.

*« Quid illi, quorum consilio P. Sextius in judicium vocatur? quo se pacto gerunt? cùm forum, comitium, curiam multâ de nocte armatis hominibus ac servis plerisque occupavissent, impetum faciunt in Fabricium, manus afferunt, occidunt nonnullos, vulnerant multos. Venientem in forum, virum optimum et constantissimum, M. Cispium, tribunum plebis, vi depel-

___

pour elle obtenir une province, même contre le gré du sénat; et s'il ne l'obtenoit pas il se croyoit absolument perdu.

» Quant à l'autre ( Pison ), bons Dieux! quelle démarche triste et sérieuse! quel air sombre et farouche! quel regard terrible! On auroit cru voir un de ces anciens Romains, un de ces vieux républicains, un modèle des premiers temps de Rome, une image fidèle des vieilles mœurs, une colonne de la république. Grossièrement vêtu de la pourpre la plus brune et la plus vulgaire, sa chevelure étoit si hérissée, que dans Capoue, où il étoit décemvir, pour acquérir sans doute un nouveau titre de noblesse, il sembloit annoncer la suppression du quartier des parfumeurs. Que dirai-je de ces sourcils épais, où nous pensions tous voir un gage et des arrhes pour la république? Tels étoient son œil austère et son front nébuleux, que tout l'état sembloit reposer sur le froncement de son sourcil, comme le ciel sur les épaules d'Atlas ».

*« Que font cependant ceux à l'instigation desquels Sextius est accusé? comment se comportent-ils? Avec des gens armés, dont la plupart étoient des esclaves, ils s'emparent, bien avant dans la nuit, de tout le Forum, de la salle du sénat et du comice; ils se jettent sur Fabricius, le frappent, tuent quelques-uns de ceux qui l'accompagnoient, en blessent un grand nombre; ils repoussent avec violence M. Cispius, tribun du

lunt : cædem in foro maximam faciunt : universique destrictis gladiis et cruentis in omnibus fori partibus fratrem meum, virum optimum, fortissimum, meique amantissimum, oculis quærebant, voce poscebant. Quorum ille telis libenter in tanto luctu ac desiderio mei, non repugnandi, sed moriendi causâ, suum corpus obtulisset, nisi suam vitam ad spem mei reditûs reservasset. Subiit tamen vim illam nefariam conscereratorum latronum : et, cùm ad fratris salutem à populo Romano deprecandam venisset : pulsus è rostris in comitio jacuit, seque servorum et libertorum corporibus obtexit, vitamque suam tum noctis et fugæ præsidio, non juris judiciorumque defendit. Meministis tum, judices, corporibus civium Tiberim compleri, cloacas referciri, è foro spongiis effingi sanguinem, ut omnes tantam illam copiam, et tam magnificum apparatum, non privatum, aut plebeium, sed patricium et prætorium esse arbitrarentur ». ( N.os 75, 76 ).

## Quelle a été cependant la conduite de Sextius ?

\* « Venit in templum Castoris, obnuntiavit consuli : cùm subito manus illa Clodiana, in cæde civium sæpe jam victrix, exclamat, incitatur, invadit : inermem atque imparatum tribunum alii gladiis adoriuntur, alii fragmentis septorum et fus-

---

peuple, bon citoyen, homme ferme, qui se rendoit au Forum : ils font un horrible carnage. Tous, avec des épées nues et ensanglantées, dans toutes les parties du Forum, vouloient se jeter sur mon frère, sur un frère rempli de vertus, de courage et d'attachement pour ma personne. Ils le cherchoient des yeux, le demandoient de la voix. Dans l'extrême douleur de mon absence, il se seroit présenté lui-même à leurs traits, non pour les repousser, mais pour recevoir la mort s'il ne s'étoit ménagé dans l'espoir de mon retour. Il essuya cependant la violence odieuse de ces abominables brigands ; et s'étant présenté pour supplier le peuple romain de lui accorder mon retour, il fut précipité de la tribune, terrassé dans le comice, et resta caché sous des corps morts d'esclaves et d'affranchis. Il s'échappe enfin à la faveur des ténèbres, et sauve par la fuite une vie que la foiblesse des lois et des juges n'avoit pu protéger. Faut-il vous retracer le Tibre rempli des corps de vos concitoyens, les égouts qui en regorgeoient, et le sang étanché sur la place publique avec des éponges ? Tout le monde se disoit que cette troupe nombreuse de gladiateurs rangés autour de Clodius ; que cet appareil si magnifique n'étoit pas celui d'un particulier ou d'un plébéien, mais d'un patricien et d'un préteur ».

\* « Il se rendit au temple de Castor ; il annonça au consul des auspices contraires, quand tout à coup cette troupe de Clodius, qui avoit déjà triomphé plus d'une fois dans le massacre des citoyens, pousse un cri, s'anime, se jette sur le tribun désarmé et sans défense ; les uns l'attaquent

bus : à quibus hic, multis vulneribus acceptis, ac debilitato
rpore et contrucidato, se abjecit examinatus : neque ullâ aliâ
ab se mortem nisi opinione mortis depulit. Quem cùm ja-
ntem et concisum plurimis vulneribus, extremo spiritu ex-
nguem et confectum viderent : defatigatione magis et
rrore, quàm misericordiâ et modo, aliquando cædere des-
'terunt.

» Et causam dicit Sextius de vi ? quid ita ? quia vivit. At
non suâ culpâ. Plaga una illa extrema defuit : quæ si acces-
sset, reliquum spiritum exhausisset : accusa Lentidium, non
ercusssit locum : maledicito Sabinio, homini Reatino, cur tam
upori exclamarit occisum. Ipsum verò quid accusas? num
fuit gladiis ? num, ut gladiatoribus imperari solet, ferrum
on recepit ?

» An hæc ipsa vis est, non posse emori ? an illa, quòd tri-
unus plebis templum cruentavit ? an, quòd, cùm esset abla-
is, primùmque resipisset, non se referri jussit ? ubi est cri-
nen, quod reprehenditis » ? ( N.ᵒˢ 79, 80 ).

Nous venons d'entendre le grand orateur : écoutons
aintenant le publiciste consommé établir avec au-
nt de justesse que de profondeur les principes cons-
titutifs des états ; et que les jeunes gens, qui ont si
ong-temps entendu déraisonner sur ces grandes ques-
ons de politique, apprennent enfin à fixer leurs

---

ec des épées, les autres avec des bâtons et des débris de barrières. Ac-
blé de coups, le corps tout meurtri et criblé de blessures, il tomba pres-
ue expirant, et n'évita la mort que parce qu'on le croyoit déjà tué.
omme ses ennemis le voyoient étendu par terre, percé de coups et res-
irant à peine, ils s'arrêtèrent enfin, moins par pitié et par modération
ue par erreur, et parce qu'ils étoient las de frapper.

» Et Sextius est accusé de violence ! Pourquoi ? parce qu'il respire.
lais ce n'est pas sa faute ; il ne lui a manqué que le dernier coup, le
up qui auroit épuisé le reste de son sang et de sa vie. Prenez-vous-
à Lentidius ; il n'a pas frappé où il le falloit : maudissez cet assassin de
éat, Sabinius, qui s'est trop tôt écrié que Sextius étoit tué. Mais pour-
oi accuser Sextius ? S'est-il soustrait au fer de ses ennemis ? s'est-il op-
sé à la violence ? n'a-t-il pas présenté sa gorge au glaive, comme on
xige des gladiateurs ? Est-ce une violence de ne pouvoir achever de mou-
r ? d'avoir ensanglanté un temple, lui tribun du peuple ? Est-ce une
olence de ne s'être pas fait reporter, lorsqu'il eut repris ses sens, à
place d'où on l'avoit enlevé ? Où est ici la matière de l'accusa-
on, etc. » ?

idées, non d'après les sophistes modernes, mais d'après l'homme de l'antiquité qui a su le mieux, peut être, joindre le grand art de bien écrire à l'art non moins difficile de penser toujours juste.

\* « Quis enim vestrûm, judices, ignorat, ita naturam rerum tulisse, ut quodam tempore homines, nondum neque naturali neque civili jure descripto, fusi per agros ac dispersi vagarentur, tantumque haberent, quantum manu ac viribus per cædem ac vulnera aut eripere aut retinere potuissent? Qui igitur primi virtute et consilio præstanti exstiterunt, ii perspecto genere humanæ docilitatis atque ingenii, dissipatos unum in locum congregarunt, eosque ex feritate illâ ad justitiam atque mansuetudinem transduxerunt. Tum res ad communem utilitatem, quas publicas appellamus, tum conventicula hominum, quæ postea civitates nominatæ sunt, tum domicilia conjuncta quas urbes dicimus, invento et divino et humano jure, mœnibus sepserunt. Atque inter hanc vitam perpolitam humanitate, et illam immanem nihil tam interest, quàm jus atque vis: horum utro uti nolimus, altero est utendum. Vim volumus exstingui? jus valeat necesse est, id est, judicia, quibus omne jus continetur ». (N.ᵒˢ 91, 92).

Plus loin, Cicéron parle de la tranquillité des états et indique les moyens de la maintenir.

\*\* « Hujus autem otiosæ dignitatis hæc fundamenta sunt,

---

\* « Qui de vous, Romains, ignore que, dans l'origine des choses, les hommes, avant de connoître le droit civil et naturel, erroient à l'aventure, dispersés dans les campagnes, et ne possédoient que ce qu'ils pouvoient ravir ou conserver par la force et par la violence, par les coups et par les meurtres? Les premiers donc que distinguèrent leur vertu et leur sagesse, ayant étudié la nature de l'esprit humain et remarqué son aptitude pour l'instruction, rassemblèrent dans un seul lieu les hommes épars, et les firent passer de leur férocité primitive à des sentimens de justice et de sociabilité. Alors s'établit, pour l'utilité de tous, ce que nous appelons la chose publique; alors il se forma des associations d'hommes, qui furent nommés des cités; alors on bâtit l'une près de l'autre des maisons que l'on appela des villes, qui, entourées de murs, reconnurent des lois et un culte religieux. Or, rien ne marque mieux la différence entre notre vie actuelle civilisée et la vie sauvage des premiers hommes que la loi et la violence. Si nous ne voulons pas user de l'une, il faut faire usage de l'autre. Voulons-nous abolir la violence? il faut nécessairement que la loi règne, c'est-à-dire, les tribunaux qui maintiennent la loi ».

\*\* « Voici, dit-il, les fondemens de cette tranquillité glorieuse; voici les

hæc membra, quæ tuenda principibus, et vel capitis periculo defendenda sunt : religiones, auspicia, potestates magistratuum, senatûs auctoritas, leges, mos majorum, judicia, jurisdictio, fides, provinciæ, socii, imperii laus, res militaris, ærarium. Harum rerum tot atque tantarum esse defensorem et patronum magni animi est, magni ingenii, magnæque constantiæ. Etenim in tanto civium numero magna multitudo est eorum, qui aut propter metum pœnæ, peccatorum suorum conscii novos motus conversionesque reipublicæ quærant, aut qui propter insitum quemdam animi furorem discordiis civium ac seditione pascantur : aut qui propter implicationem rei familiaris communi incendio malint, quàm suo deflagrare. Qui cùm auctores sunt et duces suorum studiorum vitiorumque nacti, in republicâ fluctus excitantur : ut vigilandum sit iis, qui sibi gubernacula patriæ depoposcerunt : enitendumque omni scientiâ ac diligentiâ, ut, conservatis his, quæ ego paulo antè fundamenta ac membra esse dixi, tenere cursum possint, et capere otii illum portum et dignitatis ». ( N.° 99 ).

Vous l'entendez, jeunes gens! C'est donc la religion qu'il faut respecter d'abord et faire respecter aux autres, si l'on veut contribuer efficacement au maintien de l'ordre et de la tranquillité publique ; c'est donc la religion qui est la base et la garantie du bonheur public et particulier. Vérité incontestable, vérité de tous les temps; vérité si sensible, enfin,

---

objets que les principaux de l'état doivent défendre, au péril même de leur vie: la religion, le pouvoir des magistrats, l'autorité du sénat, les usages de nos ancêtres, les lois, les tribunaux, les formes judiciaires, le crédit public, les provinces, les alliés, la gloire de cet empire, la discipline militaire, le trésor. Pour se constituer le protecteur, le défenseur de tous ces objets importans, il faut un grand courage, un grand génie, une grande fermeté. Dans une si prodigieuse multitude de citoyens, il en est beaucoup, ou, qui se sentant coupables de crimes et appréhendant la peine qui les suit, ne soupirent qu'après les troubles et les révolutions ; ou qui, par un certain esprit naturellement fougueux, se repaissent de séditions et de discordes ; ou qui, dans le désastre de leur fortune, aiment mieux être ensevelis sous les ruines de l'état, que sous les leurs propres. Lorsque de tels hommes ont trouvé des chefs de leur parti, il se forme dans la république des orages, lesquels obligent ceux qui ont pris en main le gouvernail de la patrie, à se tenir sur leurs gardes , à employer tous leurs soins, à déployer toute leur habileté, pour conserver les grands objets dont je viens de parler, pour se mettre en état de naviguer sûrement, et d'arriver enfin au port d'une heureuse tranquillité ».

qu'il sembleroit inutile de s'y arrêter, s'il n'étoit devenu nécessaire de ne perdre aucune des occasions qui peuvent y ramener; si nous ne frémissions encore de la dissolution affreuse qui a été la conséquence indispensable de l'oubli des ses droits, du mépris et de la négligence de ses maximes. Pourquoi faut-il qu'il y ait des gens qui demandent encore de nouvelles preuves, après ce qui s'est passé sous leurs yeux? Pourquoi les sophistes comptent-ils, peuvent-ils compter encore tant de partisans, lorsque leur doctrine désastreuse a dû disparoître pour jamais sous les ruines même qu'elle avoit entassées?

Gravez également dans vos cœurs, et gravez-y pour toujours, ces grandes leçons, ces vérités d'une morale qui n'a point varié depuis Cicéron, et qu'il adresse ici aux jeunes Romains qui l'environnent.

* « Vosque, adolescentes, et, qui nobiles estis, ad majorum vestrûm imitationem excitabo, et qui ingenio et virtute nobilitatem potestis consequi, ad eam rationem, in quâ multi homines novi et honore et gloriâ floruerunt, cohortabor. Hæc est una via, mihi credite, et laudis, et dignitatis, et honoris : à bonis viris, sapientibus, et bene naturâ constitutis laudari et diligi: nosse descriptionem civitatis à majoribus nostris sapientissimè constitutam : qui, cùm regum potestatem non tulissent, ita magistratus annuos creaverunt, ut consilium senatûs reipublicæ proponerent sempiternum : deligerentur autem in id consilium ab universo populo, aditusque in illum summum ordinem omnium civium industriæ ac virtuti pateret. Senatum reipublicæ custodem, præsidem, propugnatorem collocaverunt : hujus ordinis auctoritate uti magistratus, et quasi ministros gravissimi consilii esse voluerunt : senatum autem ipsum, proximorum ordinum splendore confirmari : plebis libertatem et commoda tueri atque augere voluerunt ». (N.ᵒˢ 136, 137).

---

* « C'est à vous que je m'adresse, jeunes Romains! Vous qui êtes nobles, je vous exciterai à imiter vos ancêtres; vous qui, par votre génie et par votre courage, pouvez vous élever à la noblesse, je vous exhorterai à suivre une route qui a conduit tant d'hommes nouveaux à la gloire et aux honneurs. Le seul moyen, croyez-moi, d'acquérir de la distinction, des honneurs et de la gloire, c'est d'être estimé et chéri des gens de bien, des hommes sages, des caractères solides; c'est de connoître le vrai système de notre gouvernement, etc. »

Qui ne voit percer, dans tous ces morceaux, l'âme d'un vrai patriote, c'est-à-dire, d'un homme fortement pénétré de l'amour et du désir du bien; qui ne voit, ne cherche et ne veut que le bonheur de ses concitoyens? Ces patriotes-là, sans doute, ne prêchent point l'athéisme avec une grossière impudeur; ils savent trop ce qu'on doit de respect à la religion du pays; ils ne gravent point sur la pierre sépulcrale que *la mort est un sommeil éternel*, persuadés qu'avec cette morale-là on ne fait que des brigands: ils ne proscrivent point par milliers leurs propres concitoyens. Mais on conviendra cependant que leur patriotisme en vaut bien un autre, et l'on croit sans peine à leur sincérité, quand ils s'écrient, comme Cicéron, à la fin du plaidoyer que nous analysons :

*  « Amemus patriam, pareamus senatui, consulamus bonis: præsentes fructus negligamus, posteritatis gloriæ serviamus: id esse optimum putemus, quod erit rectissimum: speremus quæ volumus, sed quod acciderit feramus: cogitemus denique, corpus virorum fortium magnorumque hominum esse mortale: animi verò motus, et virtutis gloriam sempiternam: eque hanc opinionem si in illo sanctissimo Hercule consecratam videmus, cujus corpore ambusto, vitam ejus et virtutem immortalitas excepisse dicitur, minùs existimemus, eos, qui hanc tantam rempublicam suis consiliis aut laboribus aut auxe-int, aut defenderint, aut servarint, esse immortalem gloriam consecutos ». ( N.° 143 ).

---

* « Aimons donc la patrie, soyons soumis au sénat, prenons les intérêts des gens de bien; oublions les avantages présens, pour ne nous occuper que de la gloire à venir ; regardons comme le plus utile ce qui sera le plus juste; espérons tout ce que nous voudrons, mais supportons tout ce qui nous arrivera; pensons enfin que, dans les grands hommes, le corps seul est mortel, que les conceptions de leur âme et la gloire de la vertu sont éternelles; et si nous voyons cette opinion consacrée dans la personne d'Hercule, ce héros vénérable, dont l'immortalité même vint, dit-on, recueillir l'âme et les vertus, dès que les flammes du bûcher eurent consumé son corps, nous devons croire aussi que ceux qui, par leurs conseils ou par leurs travaux, ont défendu, accru, sauvé une république aussi florissante, sont parvenus à une gloire qui ne mourra jamais ».

## CHAPITRE V.

*Barreau françois. — Le Normant et Cochin.*

Nous avons dit, au commencement de cet article, pourquoi, et démontré comment les formes actuelles de notre jurisprudence avoient dû changer nécessairement celles de l'éloquence judiciaire : de là, cette différence entre les avocats anciens, qui étoient et devoient être de vrais orateurs, et les nôtres, qui ne peuvent guère être que des avocats. Ce n'est pas que des hommes d'un mérite distingué n'aient illustré le barreau françois, par l'accord précieux des lumières de l'avocat et du talent de l'orateur. Le siècle de Louis XIV compta, entre autres, Lemaître et Patru, qui jouirent d'une grande réputation alors, et qui la méritoient par rapport à leurs contemporains. Tous deux eurent assez de talent pour l'emporter de beaucoup sur les autres ; mais tous deux étoient loin encore de ce bon goût qui est de tous les temps, et qui fait vivre les productions de l'esprit.

Que l'on cesse donc de s'étonner d'avoir vu, et de voir tous les jours encore, insensiblement tomber des réputations, d'abord élevées si haut, mais qui manquoient de ce qui les devoit soutenir à jamais. Patru, par exemple, étoit consulté par Vaugelas comme l'oracle de la langue françoise : Racine et Boileau s'empressoient de lui lire leurs ouvrages, et son jugement déterminoit le leur. Pourquoi donc cet homme, regardé au barreau comme un des orateurs les plus éloquens, est-il aujourd'hui totalement oublié ? C'est que la foiblesse de ses ouvrages n'a pu soutenir l'analyse du temps, qui dévore tout ce qui n'est pas marqué au coin du génie. Malgré la pureté de langage qui caractérise ses plaidoyers et ses lettres, on a cessé depuis long-temps de les lire, parce qu'on y chercheroit en vain cette chaleur de style et cette force de raison qui donnent seules la vie aux écrits, de quelque nature qu'ils soient. Mais ce qui contribua le plus à effacer la réputation de Patru, et à le reléguer dans la classe des écrivains estimés, mais peu lus, ce fut le célèbre Cochin, à qui il sembloit réservé d'offrir aux François le modèle le plus accompli de l'éloquence du barreau, et l'exemple, en même temps, de toutes les vertus qui doivent constituer l'avocat. Personne n'a plus que lui réuni l'abondance des idées et des raisonnemens, la plénitude du savoir et de la raison, aux richesses de l'expression, à la vérité des tours, et surtout à ce sentiment intime qui sait mettre la justice et la vérité dans tout leur jour, pour les faire aimer de ceux même qu'il combat. Partout le naturel, la force, l'érudition, la solidité s'adaptent et se fondent heureusement dans les sujets qu'il traite. On croit y voir la probité s'exprimer par la bouche de Cicéron, et combattre l'injustice avec les armes de Démosthène. Dès qu'il parut au parlement, il fut nommé l'*aigle du barreau,* et balança la réputation du fameux Le Normant.

Ce grand orateur joignoit à beaucoup d'élévation d'esprit, à un grand discernement, à un amour sincère du vrai, le talent de la parole, la beauté de l'organe, et les grâces de la représentation. Son mérite distinctif étoit l'art de discuter avec autant de fermeté que de noblesse; et le barreau devenoit une arène vraiment intéressante, par le contraste des deux athlètes, lorsque Le Normant et Cochin y luttoient ensemble. L'un plus vigoureux et plus ferme; l'autre plus souple et plus adroit. Cochin, avec un air austère et imposant, qui lui donnoit quelque ressemblance avec Démosthène; Le Normant, avec un air noble, intéressant, qui rappeloit la dignité de Cicéron. Le premier redoutable, mais suspect à ses juges, qui, à force de le croire habile, le regardoient comme dangereux : le second, précédé au barreau par cette réputation d'honnête homme, qui est la plus forte recommandation d'une cause, la première qualité de l'avocat, et peut-être la première éloquence de l'orateur.

Cochin avoit autant de modestie que de talent; et les éloges qu'on lui donnoit étoient constamment suivis de réponses qui annonçoient combien peu sa grande âme étoit accessible aux petitesses de la vanité et aux illusions de l'amour-propre. Un homme, dont le suffrage étoit bien capable de flatter son orgueil, ce fameux Le Normant dont nous venons de parler, lui dit, après sa première cause, qu'il n'avoit jamais rien entendu de si éloquent. *On voit bien,* lui dit Cochin, *que vous n'êtes pas de ceux qui s'écoutent.* Une dame de qualité lui disoit un jour: *Vous êtes si supérieur aux autres hommes, que, si l'on étoit dans le temps du paganisme, je vous adorerois comme le dieu de l'éloquence.* — *Dans la vérité du christianisme,* répondit le sage orateur, *l'homme n'a rien dont il puisse s'approprier la gloire.*

Le Normant couvroit la science d'un avocat de toutes les grâces d'un homme du monde, et de l'attrait bien plus puissant encore des sentimens généreux. Il suffisoit d'avoir du mérite ou des besoins pour avoir des droits sur son cœur. Il observoit à la lettre le précepte de Quintilien, que nous avons rapporté: avant que de se charger d'une cause, il l'examinoit avec une inflexible sévérité: et, pour peu qu'il en sentît l'injustice, aucune considération n'étoit capable de l'engager à s'en charger. Nous citerons de lui une de ces preuves de probité scrupuleuse qu'il est beau de donner à ses semblables, et qui devroient exciter plus que de l'admiration. Une dame de ses clientes avoit, d'après le conseil de Le Normant, placé une somme de vingt mille livres sur une personne qui, quelques années après, devint insolvable. Le Normant se crut obligé à la restitution de la somme, et il la restitua.

Quelle est douce la tâche de l'écrivain qui recueille et qui transmet de pareilles anecdotes! Il est si consolant de pouvoir estimer ses modèles, et de ne jamais séparer de l'admiration qu'inspirent les grands talens, l'hommage que réclament les grandes vertus !

## CHAPITRE VI.

### D'Aguesseau et Séguier.

Quel homme mérita jamais mieux et justifia plus pleinement un pareil éloge, que l'illustre chancelier d'Aguesseau, qui seroit encore un de nos plus célèbres écrivains, quand même il n'auroit pas été un de nos plus grands, de nos plus vertueux magistrats. Il sut allier à l'étendue du savoir une profonde sagesse ; aux charmes de l'éloquence, l'empire de la vertu ; à l'élévation des dignités, un amour aussi éclairé qu'intrépide pour le bien.

On admire dans ses discours une éloquence naturellement proportionnée aux sujets : sublime dans les plus élevés ; communicative et intéressante dans les plus simples; une érudition choisie, une profondeur de raisonnement, parées de toutes les grâces de l'élocution. Les ornemens se présentent d'eux-mêmes sous la plume de l'écrivain sagement philosophe, sans qu'il ait besoin de les chercher ; jamais la raison ne s'exprima avec plus de noblesse et de candeur : c'est Démosthène parlant le langage de Platon. On va en juger.

Nous avons, d'après Cicéron et Quintilien, établi pour principe la nécessité d'unir la philosophie à l'éloquence, pour former le parfait orateur, et nous nous sommes expliqués sur cette philosophie. D'Aguesseau a consacré un discours à développer cette vérité, et il l'a fait en orateur vraiment philosophe.

« C'est en vain, dit-il, que l'orateur se flatte d'avoir le talent de persuader les hommes, s'il n'a acquis celui de les connoître. »

» L'étude de la morale et celle de l'éloquence sont nées en même temps, et leur union est aussi ancienne dans le monde que celle de la pensée et de la parole.

» On ne séparoit point autrefois deux sciences qui, par leur nature, sont inséparables : le philosophe et l'orateur possédoient en commun l'empire de la sagesse; ils entretenoient un heureux commerce, une parfaite intelligence entre l'art de bien penser et celui de bien parler; et l'on n'avoit pas encore imaginé cette distinction injurieuse aux orateurs, ce divorce funeste à l'éloquence, des expressions et du sentiment, de l'orateur et du philosophe ».

Plus loin, il trace le portrait de Démosthène; et c'est avec des couleurs dignes du peintre et du modèle.

« Ce fut dans le premier âge de l'éloquence que la Grèce vit autrefois le plus grand de ses orateurs jeter les fondemens de l'empire de la parole sur la connoissance de l'homme et sur les principes de la morale.

» En vain la nature, jalouse de sa gloire, lui refuse ces talens extérieurs, cette éloquence muette, cette autorité visible qui surprend l'âme des auditeurs, et qui attire leurs vœux avant que l'orateur ait mérité leurs suffrages. La sublimité de son discours ne laissera pas à l'auditeur transporté hors de lui-même, le temps et la liberté de remarquer ses défauts : ils seront cachés dans l'éclat de ses vertus; on sentira son impétuosité, mais on ne verra point ses démarches : on le suivra comme un aigle dans les airs, sans savoir comment il a quitté la terre ».

L'orateur se demande ensuite :

« D'où sont sortis ces effets surprenans d'une éloquence plus qu'humaine? Quelle est la source de tant de prodiges, dont le simple récit fait encore, après tant de siècles, l'objet de notre admiration »?

Voici sa réponse : elle est digne d'attention.

« Ce ne sont point des armes préparées dans l'école d'un déclamateur : ces foudres, ces éclairs sont formés dans une région supérieure. C'est dans le sein de la sagesse qu'il avoit puisé cette politique hardie et généreuse, cette politique constante et intrépide, cet amour invincible de la patrie; c'est dans l'étude de la morale qu'il avoit reçu des mains de la raison même cet empire absolu, cette puissance souveraine sur l'âme des auditeurs. Il a fallu un Platon pour former un Démosthène, afin que le plus grand des orateurs fît hommage de toute sa réputation au plus grand des philosophes ».

Pourquoi ces grands modèles sont-ils devenus si rares? Le voici :

« Livrés, dès notre enfance, aux préjugés de l'éducation et de la coutume, le désir d'une fausse gloire nous empêche de parvenir à la véritable ; et, par une ambition qui se précipite en voulant s'élever, on veut agir avant que d'avoir appris à se conduire, juger avant que d'avoir connu ; et, si nous osons même le dire, parler avant que d'avoir pensé ».

Dans un autre discours sur la décadence du barreau, il parle des vices de style qui défiguroient alors l'éloquence, et trace, à ce sujet, les règles du goût le plus sûr, et de la critique la plus exercée.

« Heureuse, s'écrie-t-il, l'utile défiance de l'orateur sagement timide, qui, dans le choix et dans le partage de ses occupations, a perpétuellement devant les yeux ce qu'il doit à ses parties, à la justice, à lui-même ! Toujours environné de ces censeurs rigoureux, et plein d'un saint respect pour le tribunal devant lequel il doit paroître, il voudroit, suivant le souhait d'un ancien orateur, qu'il lui fût permis non-seulement d'écrire avec soin, mais de graver avec effort les paroles qu'il y doit prononcer. Si quelquefois il n'a pas la liberté de mesurer le style et les expressions de ses discours, il en médite toujours l'ordre et les pensées ; et souvent même la méditation simple prenant la place d'une exacte composition, et la justesse des idées produisant celle des paroles, l'auditeur surpris croit que l'orateur a travaillé long-temps à perfectionner un édifice, dont il a eu à peine le loisir de tracer le premier plan. Mais, bien loin de se laisser éblouir par l'heureux succès d'une éloquence subite, il reprend toujours avec une nouvelle ardeur le pénible travail de la composition. C'est là qu'il pèse scrupuleusement jusques aux moindres expressions, dans la balance exacte d'une juste et savante critique : c'est là qu'il ose retrancher tout ce qui ne présente pas à l'esprit une image vive et lumineuse ; qu'il développe tout ce qui peut paroître obscur à un auditeur médiocrement attentif ; qu'il joint les grâces et les ornemens à la clarté et à la pureté du dicours ; qu'en évitant la négligence, il ne suit pas moins l'écueil également dangereux de l'affectation ; et que, prenant en main une lime savante, il ajoute autant de force à son discours, qu'il en retranche de paroles inutiles ; imitant l'adresse de ces habiles sculpteurs qui, travaillant sur les matières les plus précieuses, en augmentent le prix à mesure qu'ils les diminuent, et ne forment les chefs-d'œuvres les plus parfaits de leur art, que par le simple retranchement d'une riche superfluité ».

C'est à d'Aguesseau qu'il appartenoit de parler de la grandeur d'âme, et de tracer le portrait du véritable magistrat. Il a donné si long-temps des preuves de l'une, et si heureusement réalisé ce qu'il va dire de l'autre, que l'on croiroit lire sa propre histoire tracée par la main impartiale de l'équité.

« Né pour la patrie beaucoup plus que pour lui-même, depuis le moment solennel où, comme un esclave volontaire, la république l'a chargé de chaînes honorables, le vrai magistrat ne s'est plus considéré que comme une victime dévouée, non-seulement à l'utilité, mais à l'injustice du public. Il regarde son siècle comme un adversaire redoutable contre lequel il sera obligé de combattre pendant tout le cours de sa vie : pour le servir, il aura le courage de l'offenser ; et s'il s'attire quelquefois sa haine, il méritera toujours son estime ».

Trop philosophe pour ne pas chercher la vraie philosophie où elle se trouve réellement, ce grand homme rendit à la religion un hommage constant par sa conduite et dans ses écrits. *Les préceptes qu'elle renferme*, dit-il quelque part, *sont la route assurée pour parvenir à ce souverain bien que les anciens philosophes ont tant cherché, et qu'elle seule peut nous faire trouver.* (Tom. I. Inst. 1). C'est elle, dit-il ailleurs, *qui doit animer tous nos travaux, qui en adoucit la peine, et qui seule les rendra vraiment utiles.* (Ibid. Instruct. IV). D'où il tire cette conclusion, que *la religion est la vraie philosophie.* (Tom. II. Instruct. 1).

Si la religion avoit besoin de suffrages pour relever sa

…toire et pour assurer son triomphe, on conviendra que celui d'un homme tel que d'Aguesseau seroit bien propre à confondre la présomption aveugle qui l'attaque, et à faire rougir les vices honteux qui la déshonorent.

Les Réquisitoires de d'Aguesseau sont, en ce genre, les modèles achevés, dont rien n'approche davantage que ceux d'un de ses plus illustres successeurs dans les fonctions d'avocat-général, M. Séguier. Nous en citerons, pour preuve, quelques fragmens du discours prophétique, où, vingt ans avant la révolution, l'orateur-magistrat la dénonçoit au roi, à la France, à l'Europe entière; en exposoit le but, le plan, les moyens, les auteurs, de manière à ne pas laisser l'ombre d'un doute sur l'existence de cette effrayante conspiration contre le bonheur et la moralité de tous les peuples.

« Il s'est élevé au milieu de nous une secte impie et audacieuse ; elle a décoré sa fausse sagesse du nom de philosophie : sous ce titre imposant, elle a prétendu posséder toutes les connoissances. Ses partisans se sont érigés en précepteurs du genre humain. Liberté de penser, voilà leur cri, et ce cri s'est fait entendre d'une extrémité du monde à l'autre. D'une main, ils ont tenté d'ébranler le trône ; et de l'autre, ils ont voulu renverser les autels. Leur objet étoit d'éteindre la croyance, de faire prendre un autre cours aux esprits sur les institutions religieuses et civiles ; et la révolution s'est, pour ainsi dire, opérée ; les prosélytes se sont multipliés ; leurs maximes se sont répandues ; les royaumes ont senti chanceler leurs antiques fondemens ; et les nations, étonnées de trouver leurs principes anéantis, se sont demandé par quelle fatalité elles étoient devenues si différentes d'elles-mêmes.

» Ceux qui étoient les plus faits pour éclairer leurs contemporains, se sont mis à la tête des incrédules ; ils ont déployé l'étendard de la révolte ; et, par cet esprit d'indépendance, ils ont cru ajouter à leur célébrité. Une foule d'écrivains obscurs, ne pouvant s'illustrer par l'éclat des mêmes talens, a fait paroître la même audace.... Enfin, la religion compte aujourd'hui presque autant d'ennemis déclarés, que la littérature se glorifie d'avoir produit de prétendus philosophes. Et le gouvernement doit trembler de tolérer dans son sein une secte ardente, qui semble ne chercher qu'à soulever les peuples, sous prétexte de les éclairer ». (*Réquisitoire* du 18 août 1770).

Il s'agissoit, dans ce réquisitoire, d'une foule d'ouvrages, dont le goût et la morale ont fait justice depuis long-temps.

« En réunissant toutes ces productions, continuoit l'éloquent magistrat, on en peut former un corps de doctrine corrompue, dont l'assemblage prouve invinciblement que l'objet qu'on s'est proposé n'est pas seulement de détruire la religion chrétienne. L'impiété ne borne pas ses projets d'innovation à dominer sur les esprits. — Son génie inquiet, entreprenant, et ennemi de toute dépendance, aspire à bouleverser toutes les constitutions politiques ; et ses vœux ne seront remplis, que quand elle aura mis la puissance législative et exécutrice entre les mains de la multitude ; lorsqu'elle aura détruit cette inégalité nécessaire des rangs et des conditions ; lorsqu'elle aura avili la majesté des rois, rendu leur autorité précaire et subordonnée aux caprices d'une foule aveugle ; et lorsqu'enfin, à la faveur de ces étranges changemens, elle aura précipité le monde entier dans l'anarchie, et dans tous les maux qui en sont inséparables ».

# SECTION TROISIÈME.

## *La Tribune sacrée.*

## CHAPITRE PREMIER.

### *Objet de l'Éloquence de la Chaire.*

LE rhéteur chrétien avoit autrefois rempli sa tâche quand il avoit tracé les règles et proposé les modèles de l'éloquence de la chaire. Les grandes vérités qu'elle annonce trouvoient des esprits disposés à les accueillir, et des cœurs pénétrés d'avance de leur utilité. Moins heureux aujourd'hui, l'écrivain qui lie essentiellement un cours de littérature à un cours de morale, trouve à chaque pas une erreur à réfuter, ou un obstacle quelonque à vaincre. Malgré le retour si désiré et si nécessaire du culte que professoient nos pères, malgré la protection éclatante solennellement accordée à la religion par un gouvernement qui en a senti le besoin et consacré le rétablissement, il faut tous les efforts du zèle le plus constant pour ramener à des principes si long-temps méconnus des cœurs emportés loin d'eux-mêmes par ce torrent qui a tout entraîné, tout ravagé, et dont la désolation et la mort ont marqué le passage d'une manière si désespérante.

Quoique le mérite de l'orateur et de l'écrivain, dit J. de La Harpe, en traitant ce même sujet, soit particulièrement ce qui doit nous occuper ici, on ne peut se dissimuler, cependant, que le degré d'attention et l'intérêt pour le talent lui-même dépend surtout du degré de respect pour les choses, et, pour tout dire en un mot, du degré de croyance ou d'incrédulité. Combien de gens, en effet, qui, avec du goût et des lumières, et tout ce qu'il faut enfin pour apprécier le génie des grands hommes, ne se font point à l'idée de trouver de l'éloquence et de voir de grands orateurs dans un Bossuet, dans un Massillon ; et qui, tout en en demandant un ironique pardon à ces hommes illustres, ont peine à ne pas s'endormir en les lisant ! De là cet impérieux dédain qui voudroit détourner nos yeux des plus beaux monumens de notre langue, par cela seul que la religion les a marqués de son sceau.

Laissons de côté les opinions : personne n'a le droit de les forcer ; mais réclamons, et réclamons avec courage, contre une proscription qui tient au défaut de mœurs plus qu'au défaut de goût ; et rappelons à la lecture et à l'admiration de ces chefs-d'œuvres ceux que le fond même des choses n'intéresseroit que foiblement. Peut-être que, familiarisés davantage avec le style de ceux de tous les hommes qui ont parlé de la religion et de la morale de la manière la plus digne d'elles, ils concevront mieux qu'un grand prédicateur, qu'un véritable apôtre de l'Évangile, peut devenir un homme utile à la société ;

et que celui qui, du haut de la tribune sacrée, annonce au peuple les paroles de la sagesse, contribue plus efficacement qu'ils ne le pensent à la félicité commune.

Qu'il est grand en effet, qu'il est beau, le ministère de l'orateur évangélique, lorsque, pénétré de l'importance de ses devoirs, il les remplit dans toute leur auguste étendue ! Mais pour le faire dignement, il faut que cet orateur pense qu'il a pour juges Dieu et les hommes : Dieu, dont il ne doit ni trahir la cause, ni négliger les intérêts par de frivoles égards, ou par de lâches complaisances ; les hommes, en qui il ne doit voir que des frères égarés, que l'indulgence ramènera, et que trop de sévérité aigriroit peut-être pour toujours. Ce n'est pas qu'il doive jamais composer avec les passions, ou ménager les foiblesses ; il doit tonner contre les unes, et exposer avec force les conséquences funestes des autres. Mais il doit s'accommoder à la foiblesse de l'entendement de ses auditeurs, quand il vient pour les instruire ; à la trempe de leur esprit, quand il veut les persuader ; au naturel enfin de leur âme, quand il cherche à les émouvoir. Ainsi l'éloquence de la chaire est *divine* par la sublimité de ses motifs, et *humaine* par ses moyens.

1.° *Divine par ses motifs.* Quel plus grand objet s'est jamais offert au génie de l'homme ; quelle carrière plus noble s'est jamais ouverte devant l'orateur ! Il ne s'agit plus ici, comme dans l'éloquence politique, de quelques discussions à établir sur des points d'administration civile ou militaire ; il ne s'agit plus, comme au barreau, de défendre l'honneur, la fortune ou la vie de tel ou tel particulier : l'orateur, sa cause, ses titres, ses cliens, tout va prendre un caractère de dignité qui n'est comparable à rien de ce que nous avons vu jusqu'ici.

L'homme qui parle est l'envoyé du ciel : la cause qu'il défend est celle de la vérité et de la vertu : ses titres, la loi de la nature empreinte dans tous les cœurs, et la loi révélée, écrite et consignée dans le dépôt des livres

# LIVRE III.

…nts : ses cliens, la nature, dont il défend les droits; …humanité, dont il venge l'injure; la foiblesse, dont il …rotège le repos et la sûreté; l'innocence, à laquelle il …rête une voix suppliante pour désarmer la calomnie, …u des accens terribles pour l'effrayer; l'enfance aban-…onnée, pour qui il cherche dans son auditoire des cœurs …aternels; la vieillesse souffrante, l'indigence timide, …a grande famille de J.-C., les malheureux, en faveur …esquels il émeut les entrailles du riche et du puissant.

Que l'on se transporte maintenant dans un temple, …u pied des autels, sous les yeux de Dieu même, et en …résence de tout un peuple; que l'on se figure une lice …uverte où l'éloquence et le zèle divin, aux prises avec …s passions, les vices, les foiblesses, les erreurs de l'hu-…manité, les provoquent les unes après les autres, quel-…uefois toutes ensemble, les attaquent, les combattent, …s terrassent avec les armes de la foi, du sentiment et …e la raison. Voilà l'idée juste et le tableau fidèle de …éloquence de la chaire, considérée sous les rapports …e la sublimité de ses motifs. (*Marmontel*).

Mais ce but estimable est quelquefois difficile à at-…eindre; et ce qui le prouve évidemment, c'est que l'on …ompte les orateurs sacrés qui se sont fait un nom jus-…ement célèbre. Il ne suffit pas, en effet, d'un zèle que …en n'intimide, d'une âme brûlante et consumée du …ésir vrai d'opérer le bien; il faut que la raison dirige …et enthousiasme divin : et, ici plus qu'ailleurs, c'est la …onviction qui doit amener la persuasion et le triom-…he de l'orateur.

2.° *Humaine par ses moyens.* Sous ce dernier …apport, l'éloquence de la chaire est un art, et un art …lus difficile, peut-être, que l'éloquence de la tribune …t du barreau. Elle a plus d'obstacles à surmonter, et …ien moins de ressources pour y parvenir. L'éloquence …rofane emploie des armes presque toujours victorieu-…es, dont l'éloquence sacrée s'interdit sévèrement l'usage.

Comme l'orateur du barreau, l'orateur de la chaire …ouve un auditoire difficile et injuste. Ses juges sont non-seulement des hommes, mais des hommes prévenus d'opinions, de sentimens et de maximes absolument opposées aux siennes; mais des parties intéressées, qu'il faut réduire à prononcer contre les affections les plus intimes de leur âme, contre leurs penchans les plus chers.

Au barreau, l'orateur peut recourir à tous les moyens capables d'émouvoir ceux qui l'écoutent, intéresser toutes leurs passions au succès de sa cause, entrer dans leurs sentimens, leur accorder même quelquefois en apparence plus qu'ils ne semblent exiger, afin d'en triompher plus sûrement encore le moment d'après. L'éloquence sacrée se renferme dans des limites beaucoup plus étroites. Comme celle du barreau, elle peut, à la vérité, employer une action variée et véhémente, pleine de chaleur, d'enthousiasme et de sensibilité; mais il est indigne d'elle et de la majesté de son objet, d'opposer le vice au vice, les passions aux passions; de faire agir en sa faveur la vanité, l'orgueil, l'ambition, l'envie, la colère ou la vengeance. Tous ces moyens sont petits, et les siens doivent être grands et vertueux comme .. motifs.

Si, comme nous nous sommes efforcés de le démontrer déjà, l'orateur est rarement pathétique, rarement très-éloquent, lorsque sa langue et son cœur ne sont point d'intelligence; et si ce principe est rigoureusement vrai, par rapport aux genres d'éloquence que nous avons examinés, à combien plus forte raison ne doit-il pas l'être pour la prédication? Plus les principes que l'orateur veut faire adopter sont vrais et importans, plus il doit être persuadé fortement de leur importance et de leur vérité. Le docteur Blair va plus loin encore. Il ne suffit pas même, dit-il, qu'il ait à cet égard une foi spéculative, il faut qu'il soit vivement et profondément pénétré. Il lui est impossible, sans cela, de prétendre à des succès durables : dépourvu de la chaleur vivifiante du sentiment, l'art ne fera jamais qu'un pompeux déclamateur.

On peut considérer la chaleur et la gravité comme les deux attributs caractéristiques de l'éloquence qui convient à la chaire : mais il n'est ni commun ni facile de réunir ces deux caractères d'éloquence. Si la gravité domine, elle peut devenir trop sombre et trop monotone ; si la chaleur manque de gravité, ce n'est plus qu'une déclamation théâtrale, au moins déplacée, quand elle n'est pas ridicule dans la chaire. C'est à balancer l'une par l'autre ces deux qualités précieuses, que les prédicateurs se doivent attacher principalement dans leurs discours et dans la manière de les prononcer. De la chaleur et de la gravité réunies, résulte ce qu'on appelle l'*onction*, c'est-à-dire, la manière touchante d'un prédicateur vivement pénétré du désir ardent de communiquer à ses auditeurs la pureté de sa foi et la chaleur de son zèle.

## CHAPITRE II.

### *Études du Prédicateur.*

L'ÉLOQUENCE de la chaire demande une étude méditée et suivie des écrivains sacrés. Le champ qu'elle cultive est trop précieux, les objets qu'elle embrasse trop élevés, trop importans, trop graves, pour y semer les bluettes et le faux clinquant du bel-esprit. La vérité est belle par elle-même, et suffit à l'orateur évangélique. Ce n'est pas néanmoins qu'il doive exclure de ses études les bons auteurs profanes ; les pères de l'église les avoient étudiés : ainsi, plus ses connaissances seront multipliées, plus son éloquence sera parfaite. Mais s'il veut porter la conviction dans les esprits, la persuasion dans les cœurs, la consolation dans les âmes, qu'il ouvre les saintes écritures, qu'il se nourrisse, qu'il enrichisse, qu'il fortifie son éloquence de leur lecture : il sera sûr alors de toucher, de persuader et de convaincre. Où l'orateur sacré doit-il, en effet, allumer son génie si ce n'est au flambeau du génie des prophètes ? Dans quelles sources plus abondantes et plus riches peut-il puiser la force et l'onction, la grandeur et l'élévation des idées, la magnificence de l'expression, le pittoresque et l'éclat du style ?

Il est tout simple que nous devons exciter ici la pitié, ou soulever l'indignation de ceux qui ne connoissent et ne jugent les prophètes que d'après les parodies absurdes ou les sarcasmes grossiers de certains critiques. Mais, en attendant que nous opposions des raisons solides aux subterfuges de la mauvaise foi, nous observerons, en passant, qu'il n'est rien que ne puisse dénaturer et avilir la platitude d'une version littérale ou la malignité d'un commentaire perfide.

Sans compter les ressources immenses que les livres saints offrent au prédicateur qui sait en faire usage, pour donner du poids et de la solidité à son discours, combien l'art oratoire ne leur a-t-il pas d'obligations, à ne le considérer même ici que sous les rapports humains ? Combien de traits de sentiment, de pensées sublimes, de mouvemens pathétiques l'éloquence ne leur doit-elle pas ? Quelquefois un discours entier a dû son mérite et son succès au choix heureux du passage qui lui sert de texte.

Bossuet avoit à déplorer la mort d'une reine célèbre par de grands revers et de grandes vertus ; l'orateur ne voit dans ce long enchaînement de revers et de prospérités qu'une leçon éclatante que le ciel donne aux grands de la terre ; et le Psalmiste lui fournit cette grande idée, qui se féconde entre ses mains et devient le germe d'un des plus beaux discours dont s'honore l'éloquence évangélique : *et nunc reges intelligite ; erudimini qui judicatis terram.* (Ps. 2). Quel parti sublime le même orateur a tiré, dans un autre discours, de ces mots si simples, si vrais et si profonds en même temps : *vanitas vanitatum, et omnia vanitas.* (Eccles. 1).

Avant Bossuet, saint Jean-Chrysostôme s'étoit servi

avec le même succès, de ce même texte, dans le discours adressé à l'eunuque Eutrope, au sujet de sa disgrâce : Δεὶ μὲν, μάλιϛα δὲ νῦν ἐκαιρον εἰπεῖν. Ματαιότης ματαιοτήτων, καὶ πάντα ματαιότης· Πῦ ὖν, etc.

Voyez quel exorde magnifique Fléchier a su tirer de la rare conformité que lui offroient les livres saints entre le héros des Machabées, et le grand homme (Turenne) qu'il alloit célébrer : nous ne taririons pas sur ces exemples, et nous nous sommes arrêtés à quelques-uns des plus marquans, pour convaincre les jeunes orateurs de la nécessité de se familiariser de bonne heure avec ces sources inépuisables de tous les genres de beautés.

A l'étude suivie des saintes écritures, il est essentiel de joindre la lecture raisonnée de ces orateurs que leurs vertus et leur éloquence vraiment apostoliques ont fait nommer à si juste titre les *pères*, c'est-à-dire, les fondateurs et les soutiens de l'église. C'est à eux que l'éloquence sacrée doit son origine et ses modèles en même temps : ce nouveau genre d'éloquence étoit absolument inconnu aux anciens ; et saint Augustin les défie de montrer aucun temple, aucune assemblée, où, par l'ordre et au nom de leurs Dieux, on fît un devoir aux hommes du mépris des richesses, de la fuite des honneurs et de l'horreur du luxe. L'empereur Julien s'étoit proposé d'établir, dans ses temples, un cours de prédications, formé sur le plan des chaires chrétiennes ; mais la mort l'empêcha d'accomplir ce projet.

## CHAPITRE III.

*Idée de l'Éloquence des Saints-Pères.*

On peut considérer les apôtres comme les premiers orateurs chrétiens ; saint Jean Chrysostôme avance, et prouve que saint Paul fit plus de conversions par le talent de la parole, que par le don des miracles, et il en donne pour preuves l'étonnement de l'aréopage, et l'admiration des prêtres de Lystres en Lycaonie, qui voulurent lui offrir des victimes, comme au Dieu de l'éloquence. Le célèbre Longin, que l'on ne peut accuser ici de partialité, ne balance pas à compter Saint-Paul au nombre des grands orateurs de la Grèce.

L'éloquence des premiers disciples des apôtres fut simple et sans art. Ils ne songeoient point à parer leurs discours d'ornemens étrangers : mais bientôt l'église compta ses orateurs, et il se forma des écoles où l'on enseigna publiquement l'éloquence sacrée.

Parmi les orateurs qui consacrèrent les premiers leurs talens et leur courage à l'apologie de la religion chrétienne, nous distinguons d'abord saint Justin, qui combattit les philosophes de son temps par leurs propres principes, et les réfuta par leurs seuls raisonnemens. Il paroît que ces philosophes-là ressembloient à beaucoup d'autres, et qu'il suffisoit, pour les réduire au silence, de les opposer à eux-mêmes. Content d'exposer le vrai, saint Justin dédaigna les ressources et le fard de l'éloquence : mais son style rachète, par la force et la précision, le défaut total d'ornemens.

Instruit dans les sciences de la Grèce, de l'Italie et de l'orient, où il avoit beaucoup voyagé, Clément d'Alexandrie faisoit entrer dans ses compositions cette masse de connoissances souvent mal digérées. Quoiqu'en général élégant et fleuri, son style est trop chargé de métaphores et d'allégories. La supériorité de ses talens et l'étendue prodigieuse de ses connoissances lui avoient attiré un grand nombre de disciples, et les écoles d'Alexandrie ont consacré à jamais son nom et sa gloire.

A l'âge de dix-huit ans, Origène succéda au grand homme dont nous venons de parler, dans la place de maître des écoles d'Alexandrie : c'étoit alors la fonction la plus importante et la plus glorieuse de l'église. Origène ne se bornoit point à instruire de vive voix ses disciples : il composoit des ouvrages qui ont assuré l'immortalité à son nom, et à la religion, des partisans de sa morale, dans tout les temps. Le caractère dominant de son éloquence est la force, la profondeur des idées, la vivacité du raisonnement, et la noblesse soutenue du style.

Saint Basile, dit Fénélon, est grave, sentencieux, austère même dans sa morale. Il avoit profondément médité l'évangile, connoissoit bien le cœur humain, et savoit concilier la force et la douceur. Une supériorité de génie, une manière énergique dans sa composition, des mouvemens impétueux, un style toujours noble, persuadèrent enfin aux sophistes grecs que les chrétiens avoient leur Platon et leur Démosthène.

Sans condamner la manière serrée et austère de saint Basile, son ami, Saint-Grégoire de Nazianze crut devoir accorder quelque chose à la délicatesse de son siècle. Brillant dans ses pensées, riche dans ses expressions, élégant dans ses tours, subtil, ingénieux dans ses réflexions, lumineux dans ses raisonnemens, il n'a été surpassé que par saint Jean-Chrysostôme, auquel il ne faut songer à rien comparer.

Jamais homme, dit l'abbé Auger, n'a peut-être plus réuni les talens de l'orateur. Quelle élévation dans les pensées ! quelle richesse dans l'élocution ! quelle abondance de figures et d'images ! quelle force et souvent quelle rapidité dans le style ! quelle simplicité et quelle pureté dans l'expression ! c'est vraiment l'Homère des orateurs. Il ressembloit beaucoup à Démosthène et à Cicéron, et n'étoit cependant ni l'un ni l'autre. Il tenoit de la force du premier, et avoit la facilité, l'heureuse abondance, le nombre et la majesté du second. Il semble avoir fondu dans son style les différens styles des plus célèbres orateurs, pour se former une manière unique, et qui est devenue son caractère distinctif. Chez lui, tout tend à la persuasion ; il place chaque chose avec dessein. A une connoissance profonde du cœur de l'homme, il joint l'art de s'en rendre maître quand il veut, et d'imprimer à tous ses mouvemens le degré de force et de chaleur nécessaire.

Les orateurs de l'église latine sont en général inférieurs à ceux de l'église grecque. Ils paroissent s'être ressentis davantage de la corruption du goût qui régnoit à l'époque où ils ont écrit. Déjà, dit Fénélon, les raffinemens d'esprit avoient prévalu. Instruits par les mauvais rhéteurs de leur temps, les pères étoient entraînés par le préjugé universel. On ne croyoit pas qu'il fût permis de parler d'une manière simple et naturelle. Pour bien apprécier jusqu'à quel point ces grands orateurs ont su s'élever au-dessus d'un siècle de décadence, il faut se rappeler sans cesse le pays et l'époque où ils ont vécu, et les comparer à ceux de leurs contemporains qui ont joui alors de quelque célébrité.

Le nom de Tertullien retentit souvent dans la chaire; il est peu de discours sacrés où l'orateur ne fortifie souvent ses raisonnemens et ses preuves des preuves et des raisonnemens de Tertullien. Il ne faut pas croire cependant que cet Africain fameux soit un guide toujours sûr, un oracle toujours infaillible. Son imagination, ardente comme le ciel sous lequel il étoit né, et l'excessive austérité de son caractère, l'ont jeté dans des écarts qui pourroient égarer l'inexpérience des jeunes orateurs. On admire souvent, dans ses écrits, la grandeur et la force des sentimens et des idées; mais on y rencontre aussi des pensées fausses, des raisonnemens tirés de trop loin, et péniblement amenés à une conclusion peu satisfaisante. Son style a quelque chose d'extraordinaire, est hérissé de métaphores, et chargé d'un faste qui devroit être toujours étranger au langage de la vérité.

C'est ce que n'avoit peut-être point assez senti saint Ambroise. L'éclat et la pompe de son éloquence tournèrent sur lui tous les regards de l'occident, et le firent admirer comme un prodige. On lui reproche cependant d'avoir trop prodigué quelquefois les idées subtiles, les métaphores recherchées et les allégories. Mais ces défauts sont rachetés en partie par la douceur, la noblesse et la gravité qui règnent dans ses discours.

Ce grand homme ne s'est point garanti des défauts

de son siècle, auxquels sa vivacité naturelle lui donnoit peut-être trop de pente. Il prodigue les saillies et les jeux de mots; il s'abandonne trop souvent à l'impétuosité de son imagination; mais quand il sait s'en rendre maître, et la captiver dans les limites convenables, personne ne raisonne avec plus de force, ne connoît mieux le cœur humain, n'observe plus scrupuleusement les bienséances. Il est tout ensemble sublime et populaire, et s'exprime presque toujours d'une manière tendre, affectueuse et insinuante.

Voilà les vrais, les grands modèles qu'il faut étudier avec soin, qu'il faut avoir sans cesse sous les yeux, si l'on veut remplir avec succès la carrière imposante de l'éloquence sacrée. Voilà à quelle école respectable s'étoient formés les hommes qui ont le plus contribué parmi nous à la gloire de la chaire, au triomphe des vérités évangéliques, et par conséquent à la félicité du genre humain : deux choses qui sont l'une de l'autre une conséquence immédiate, et que l'on n'a jamais séparées impunément.

Ce n'est pas que ce bel art de convaincre les hommes des vérités les plus consolantes et les plus essentielles à l'harmonie sociale, et au bonheur de chacun en particulier, n'ait eu, comme tous les autres, son état d'enfance, ses momens de foiblesse, et ses époques de décadence. Mais comme nous ne cherchons ici que des vérités toujours utiles à présenter à toutes les classes de lecteurs, et des modèles à offrir à nos jeunes rhétoriciens, passons sur l'ordre des temps, et hâtons-nous d'arriver au règne de la véritable éloquence chrétienne chez les François.

## CHAPITRE IV.

*Prédicateurs françois.*

Bourdaloue, dit Voltaire, fut le premier qui fit entendre dans la chaire une raison toujours éloquente. Peut-être, ajoute M. de Laharpe, faut-il restreindre cet éloge en l'expliquant. Bourdaloue fut le premier qui eut toujours dans la chaire l'éloquence de la raison : il sut la substituer à tous les défauts de ses contemporains. Il leur apprit le ton convenable à la gravité d'un saint ministère, et le soutint constamment dans ses nombreuses prédications. Uniquement pénétré de l'esprit de l'évangile et de la substance des livres saints, il traite solidement un sujet, le dispose avec méthode, l'approfondit avec vigueur. Ce qu'on admire principalement dans Bourdaloue, dit M. Maury, c'est la fécondité inépuisable de ses plans, qui ne se ressemblent jamais; c'est cette abondance de génie, qui ne laisse rien à imaginer au-delà de chacun de ses discours, quoiqu'il en ait composé plusieurs sur la même matière; c'est l'enchaînement qui règne entre toutes ses idées; c'est l'art avec lequel il fonde nos devoirs sur nos intérêts; c'est enfin la connoissance la plus profonde de la religion, et l'usage admirable qu'il fait de l'écriture et des pères. Plus profond dialecticien qu'orateur disert, Bourdaloue sait mieux dégager la vérité des chaînes tortueuses du sophisme, que trouver le chemin du cœur. Toujours conséquent, toujours nerveux, préférant aux mouvemens passagers de l'onction, des preuves frappantes que le temps grave toujours plus avant dans les esprits: appelant le système entier de la religion au secours de chacun de ses sujets : raisonneur éloquent, moraliste sublime, il sera éternellement le désespoir des prédicateurs. La première partie de sa fameuse *Passion,* dans laquelle il prouve que la mort du fils de Dieu est le triomphe de sa puissance, est regardée comme le chef-d'œuvre de l'éloquence chrétienne. Rien ne tient à côté de cette première partie, pas même la seconde, qui seroit belle partout ailleurs.

Mais plus occupé de prouver, que jaloux d'émouvoir et d'attendrir, rarement Bourdaloue s'abandonne à ces grands mouvemens qui surprennent, agitent et remuent l'auditeur. La pénible uniformité de ses raisonnemens n'est presque jamais interrompue par les mouvemens de l'âme, et rarement son expression reçoit de la couleur. C'est un excellent théologien, plutôt qu'un puissant prédicateur.

Ses plus beaux sermons, ceux que l'on n'a jamais assez lus, et dans lesquels on rencontre toujours de nouvelles beautés, sont ceux sur la *Conception*, la *Passion* et la *Résurrection*. Nous regrettons bien sincèrement que la nature et les bornes de notre ouvrage ne nous permettent pas d'offrir en entier de pareils morceaux à l'admiration de nos lecteurs. Mais il n'en est pas d'un sermon de Bourdaloue, comme d'un autre ouvrage d'éloquence. Ici toute la beauté est souvent dans la force, et la force est dans l'ensemble du discours. Nous ne pouvons donc qu'indiquer ceux qui peuvent devenir l'objet d'une étude plus utile et d'une instruction plus générale.

Les sermons de Cheminais ne sont pas sans quelque mérite, et le charme qu'il mettoit dans son débit lui procura une vogue passagère, dont l'impression fut le terme, comme elle l'a été de la réputation de Bretonneau, et de quelques autres sermonaires leurs contemporains, qui, depuis long-temps, ne sont plus guère lus.

C'est une opinion assez généralement reçue, que Bossuet, qui devoit à la chaire une partie de sa célébrité, effrayé de la grande réputation de Bourdaloue, n'osa pas lutter contre ce fameux jésuite, et aima mieux être le premier dans la controverse, que le second dans la chaire. Mais il en est de cette opinion, comme de beaucoup d'autres qui s'accréditent faute de réflexion, et qui ne tiennent pas à l'examen. Bossuet et Bourdaloue ont parcouru ensemble la même carrière; ils ont été par conséquent rivaux; ils ont été comparés et jugés par leurs auditeurs. Ce n'est donc pas dans la prétendue vanité de Bossuet, qu'il faut juger les motifs de sa retraite de la chaire, et de l'oubli complet où il laissa ses sermons pendant les vingt-cinq dernières années de sa vie. Il est bien plus vraisemblable que les soins importans de l'épiscopat, la nécessité et le désir de s'y livrer tout entier, déterminèrent Bossuet à renoncer à la chaire, où il ne reparut plus que de temps en temps, pour l'illustrer à jamais par ses belles oraisons funèbres.

## CHAPITRE V.

### *Des sermons de Bossuet.*

M. le cardinal Maury les regarde comme la véritable rhétorique des prédicateurs. En effet, dit-il, le jeune orateur qui saura se pénétrer du génie de Bossuet, sentir, penser, s'élever avec lui, n'aura pas besoin de se dessécher sur les préceptes des rhéteurs, pour se former à l'éloquence. Ce qui frappe le plus dans ses sermons, c'est cette vigueur soutenue qui caractérise le style de Bossuet, et qui vaut bien, sans doute, l'élégance continue tant vantée dans nos écrits modernes. Dès son exorde, dès sa première phrase, vous voyez son génie en action : il ne marche pas, il court dans un sentier nouveau que son imagination lui ouvre ; il se précipite vers son but, et vous emporte avec lui.

En veut-on un exemple frappant? Ouvrons son sermon sur la mort et l'immortalité de l'âme.

*Veni et vide. Venez et voyez.* A qui s'adressent ces paroles? A Jésus-Christ. Que l'engage-t-on à aller voir? U

ombeau qui renferme le corps de Lazare. *Veni et vide;
venez et voyez !* voilà le sujet et le texte qui fournissent
à Bossuet l'occasion de développer avec toute l'éloquence du génie les plus grandes vérités de la morale
de tous les temps et de tous les pays; de cette morale
qui a été celle de Platon, de Socrate et de Cicéron,
comme de Bourdaloue et de Bossuet, et qui doit être
celle de tous les hommes qui ne sont ni dans le délire
ni dans l'enfance.

Quelle idée Bossuet nous donne d'abord de son
sujet !

« C'est un étrange foiblesse de l'esprit humain, que jamais
la mort ne lui soit présente, quoiqu'elle se mette en vue de
tous côtés, et en mille formes diverses. On n'entend dans les
funérailles que des paroles d'étonnement de ce que ce mortel est
mort. Chacun rappelle en son souvenir depuis quel temps il lui a
parlé, et de quoi le défunt l'a entretenu ; et tout d'un coup il
est mort. Voilà, dit-on, ce que c'est que l'homme ; et celui qui
dit, c'est un homme ; et cet homme ne s'applique rien, ou
peux de sa destinée ; ou s'il passe dans son esprit quelque désir volage de s'y préparer, il dissipe bientôt ces noires idées :
et je puis dire que les mortels n'ont pas moins soin d'ensevelir
ses pensées de la mort, que d'enterrer les morts eux-mêmes ».

Quelle profondeur dans cette dernière pensée, et
quelle énergie dans la manière dont elle est exprimée!
Tout ce début a quelque chose de religieux et d'imposant qui commande le respect et s'empare d'abord de
l'attention. Quelle simplicité vraiment sublime dans
cette autre phrase : « On n'entend dans les funérailles
que des paroles d'étonnement de ce que ce *mortel est
mort* ». Ce ne sont point là de ces froids jeux de mots,
de ces antithèses puériles où l'esprit s'est mis à la torture pour faire contraster quelques mots, ou donner
par l'opposition un moment d'éclat à des pensées communes : c'est un rapprochement naturel commandé par
la force du sujet, et qui frappe d'autant plus, qu'il s'est
offert avec plus de facilité.

Tout est marqué, dans Bossuet, au coin de cette heureuse originalité qui caractérise le génie, et qui vaut bien, sans doute, la régularité froide et monotone du bel esprit. Voyez avec quelle audace l'orateur aborde la première partie de son discours.

« C'est une entreprise hardie, que d'aller dire aux hommes qu'ils sont peu de chose ». A quelle assemblée Bossuet parloit-il ce langage austère? à quels hommes se proposoit-il d'annoncer qu'ils étoient peu de chose, qu'ils n'étoient rien? A la cour de Louis XIV, au monarque lui-même, c'est-à-dire, à la réunion brillante de tout ce que la France offroit alors de plus grand et de plus distingué par l'éclat de la naissance ou par la faveur signalée du prince. C'est devant ces hommes, si avides de tous les genres de gloire, et qui attachoient une si grande importance à tout ce qui en peut procurer ici-bas, que l'orateur trace en ces mots le tableau du néant de l'homme.

« Qu'est-ce que cent ans, qu'est-ce que mille ans, puisqu'un seul moment les efface? Multipliez vos jours, comme les cerfs et les corbeaux que la fable ou l'histoire de la nature fait vivre durant tant de siècles; durez autant que ces grands chênes sous lesquels nos ancêtres se sont reposés, et qui donneront encore de l'ombre à notre postérité; entassez dans cet espace qui paroît immense, honneurs, richesses, plaisirs : que vous profitera cet amas, puisque le dernier souffle de la mort, tout foible, tout languissant, abattra tout à coup cette vaine pompe avec la même facilité qu'un château de cartes, vain amusement des enfans? Et que vous servira d'avoir tant écrit dans ce livre, d'en avoir rempli toutes les pages de beaux caractères, puisqu'enfin une seule rature doit tout effacer? Encore une rature laisseroit-elle quelques traces du moins d'elle-même, au lieu que ce dernier moment qui effacera d'un seul trait toute votre vie, s'ira perdre lui-même avec tout le reste dans ce grand gouffre du néant; il n'y aura plus sur la terre aucuns vestiges de ce que nous sommes. La chair changera de nature, le corps prendra un autre nom; même celui de cadavre ne lui demeurera pas long-temps : il deviendra, dit Tertullien, un je ne sais quoi qui n'a plus de nom dans aucune langue. Tant il est vrai que tout meurt en lui, jusqu'à ces termes funèbres par lesquels on exprimoit ses malheureux restes ».

Nous ne connoissons qu'Young qui ait reproduit, de nos jours, ces grandes idées de mort et de destruction avec la pompe terrible, la majesté sombre qui leur convient, et que Bossuet vient de déployer si heureusement. Voilà, par exemple, une pensée qui est bien dans le style et dans la manière du chantre sublime de la douleur.

« Si je jette la vue devant moi, quel espace infini où je ne suis pas ! si je la retourne en arrière, quelle suite effroyable où je ne suis plus » !

Ailleurs, Bossuet appelle la naissance des enfans, « cette recrue continuelle du genre humain ».

Mais, qu'est-ce donc que ce corps, que cette machine si vile et si méprisable par sa nature, et qui cependant a tenté et opéré de si grandes choses ? quel est donc le principe qui l'anime ? le ressort puissant qui la meut ? Bossuet va nous l'apprendre.

Après avoir rapidement esquissé le tableau de nos connoissances et des découvertes qui honorent le plus l'esprit de l'homme, l'orateur continue.

« Pensez, maintenant, comment auroit pu prendre un tel ascendant une créature si foible, et si exposée, selon le corps, aux insultes de toutes les autres, si elle n'avoit en son esprit une force supérieure à toute la nature visible, un souffle immortel de l'esprit de Dieu, un rayon de sa face, un trait de sa ressemblance : non, non, il ne se peut autrement. Si un excellent ouvrier a fait quelque rare machine, aucun ne peut s'en servir que par les lumières qu'il donne. Dieu a fabriqué le monde comme une grande machine que sa seule sagesse pouvoit inventer, que sa seule puissance pouvoit construire. O homme ! il t'a établi pour t'en servir : il a mis, pour ainsi dire, en tes mains toute la nature, pour l'appliquer à tes usages ; il t'a même permis de l'orner et de l'embellir par ton art ; car, qu'est-ce autre chose que l'art, sinon l'embellissement de la nature ? Tu peux ajouter quelques couleurs pour orner cet admirable tableau. Mais comment pourrois-tu faire remuer tant soit peu une machine si forte et si délicate, ou de quelle sorte pourrois-tu faire seulement un trait convenable dans une peinture si riche, s'il n'y avoit en toi-même, et dans quelque partie de ton être, quelque art dérivé de ce premier art, quelques secondes idées tirées de ces idées originales; en un mot, quelque ressemblance, quelque écoulement, quelque portion de cet esprit ouvrier qui a fait le monde? Que s'il est ainsi, qui ne voit que toute la nature conjurée ensemble n'est pas capable d'éteindre un si beau rayon; et qu'ainsi notre âme, supérieure au monde et à toutes les vertus qui le composent, n'a rien à craindre que de son auteur »?

Ce qui donne le plus de plénitude et de substance aux sermons de Bossuet, dit encore M. Maury, c'est l'usage admirable qu'il fait de l'écriture : au lieu de citer les livres saints en fastidieux érudit, il s'en sert en orateur plein de verve. Il ne rapporte pas séchement des passages, mais des traits qui forment des tableaux; et il fond si bien les pensées de l'écriture avec les siennes, qu'on croiroit qu'il les crée, ou du moins qu'elles ont été conçues exprès pour l'usage qu'il en fait.

Voici comme il débute dans un discours consacré à justifier aux yeux de l'homme la conduite de la providence.

« Nous lisons dans l'histoire sainte que le roi de Samarie ayant voulu bâtir une place forte, qui tînt en crainte et en alarmes toutes les places du roi de Judée, ce prince assembla son peuple, et fit un tel effort, que non-seulement il ruina cette forteresse, mais qu'il en fit servir les matériaux pour construire deux grands châteaux, par lesquels il fortifia sa frontière ».

Quel rapport, en apparence, avec ce trait de l'écriture et l'objet que se propose l'orateur? Vous allez le sentir, et il vous paroîtra si simple et si naturel, que vous penserez qu'il a dû s'offrir de lui-même.

« Je médite aujourd'hui, continue Bossuet, de faire quelque chose de semblable; et dans cet exercice pacifique, je me propose l'exemple de cette entreprise militaire. Les libertins déclarent la guerre à la providence divine, et ils ne trouvent rien de plus fort contre elle, que la distribution des biens et des maux, qui paroît injuste, irrégulière, sans aucune distinction entre les bons et les méchans. C'est là que les impies se retranchent comme dans une forteresse imprenable : c'est de là qu'ils jettent hardiment des traits contre la sagesse qui régit le monde, se persuadant faussement que le désordre apparent des choses humaines rend témoignage contre elle. Assemblons-nous pour combattre les ennemis du Dieu vivant; renversons les remparts superbes de ces nouveaux Samaritains, etc. »

Ces morceaux, et tous les sermons de Bossuet, en général, ne sont point sans doute exempts d'incorrections; mais il n'y auroit pas plus de mérite que de difficulté à les relever. Le goût qui aperçoit les beautés est plus rare et plus utile mille fois, que le misérable métier de borner ses découvertes à indiquer quelques fautes de grammaire. Celui qui auroit étudié, ajoute M. Maury, celui qui auroit même composé toutes les poétiques, seroit beaucoup moins avancé dans la carrière de l'éloquence, que l'orateur qui auroit profondément senti une seule page de ces discours. Peut-être le zèle pour la gloire de Bossuet a-t-il entraîné un peu trop loin ici son illustre panégyriste : mais nous ne pouvons qu'applaudir à la justesse de la réflexion suivante. La lecture des grands modèles est autant au-dessus de l'étude des règles, que le talent de créer des beautés de génie est supérieur à l'art d'éviter les fautes de goût.

Voilà pourquoi nous avons multiplié les citations, et prouvé partout, par l'exemple des grands maîtres, la solidité des principes que nous avions établis; voilà pourquoi nous n'avons dissimulé ni les défauts ni les endroits foibles de ceux que nous proposons d'ailleurs comme des modèles. Eloignés du culte fanatique que de certaines gens ont voué à une certaine classe d'écrivains, mais incapables en même temps des vains ménagemens dont les grands hommes n'ont pas besoin, nous avons dit sur des matières de goût et de morale ce que nous avons cru la vérité, et nous continuerons de la dire, sans crainte, parce que nous nous y sommes consacrés sans réserve.

## CHAPITRE VI.

### *Massillon.*

Ce qui peut manquer aux sermons de Bossuet du côté de l'élégance et de la correction soutenue du style, ceux de Massillon le réunissent à un point qu'il n'est guère probable que l'on surpasse jamais. C'est le Racine des prosateurs ; et nous ne connoissons rien au-dessus d'un pareil éloge, quand il est aussi bien mérité. Ce jugement est celui de tous les bons juges en littérature, et de M. de Laharpe entr'autres, que nous nous faisons d'autant plus un mérite de suivre ici, qu'il seroit difficile de penser plus juste et de s'exprimer mieux.

« Un charme d'élocution continuel, dit-il, en parlant de Massillon, une harmonie enchanteresse, un choix de mots qui vont tous au cœur ou qui parlent à l'imagination ; un assemblage de force et de douceur, de dignité et de grâce, de sévérité et d'onction ; une intarissable fécondité de moyens se fortifiant tous les uns par les autres ; une surprenante richesse de développemens ; un art de pénétrer dans les plus secrets replis du cœur humain ; de l'effrayer et de le consoler tour à tour ; de tonner dans les consciences et de les rassurer ; de tempérer ce que l'évangile a d'austère par tout ce que la pratique des vertus a de plus attrayant : c'est à ces traits que tous les juges éclairés ont reconnu dans Massillon un homme du très-petit nombre de ceux que la nature fit éloquens ».

Tout en rendant à Massillon la même justice, M. Maury observe cependant qu'il abuse quelquefois de la fécondité de son style, qu'il commente et paraphrase trop ses idées. « Prenez-le à l'ouverture du livre, dit-il, vous verrez qu'on ne trouve souvent dans chaque alinéa qu'une seule pensée énoncée avec autant d'élégance que de variété : mais ses sermons sont si supérieurement écrits, si touchans, si affectueux, qu'on les trouve trop courts : c'est un ami qui vous embrasse en vous reprochant vos fautes ; et, malgré cette stérilité d'idées, dont l'esprit murmure quelquefois, le cœur est tellement satisfait, que Massillon vivra autant que la langue française ». Aussi a-t-il trouvé des admirateurs dans tous les temps ; et ceux même qui ne croyoient pas à sa doctrine, ont cru à son talent, par respect pour leurs propres lumières, qu'ils eussent craint de compromettre en pensant autrement. Mais c'est surtout pour les âmes sensibles et aimantes que Massillon est le livre chéri, qu'elles recherchent avec le plus de soin, auquel elles reviennent avec le plus de plaisir. C'est pour elles qu'il est cet ami, dont parloit il n'y a qu'un instant M. Maury, qui sonde et qui guérit les plaies du cœur, qui calme les troubles de l'imagination, et qui met à la place des chimères qui l'abusent, des vérités douces qui la consolent. S'il est de ces écrivains privilégiés qu'on ne lit point sans être plus content de soi, et sans se trouver meilleur, Massillon est du nombre, plus rare encore, de ceux qu'on n'a jamais quittés sans se sentir plus heureux.

A quoi tient donc chez lui ce charme irrésistible, dont l'effet est aussi sûr que général ? Sacrifie-t-il quelquefois la dignité de son ministère à la vaine ambition de faire briller son esprit ? flatte-t-il les passions aux dépens de la vérité ? compose-t-il avec la sévérité du dogme, avec les faiblesses de l'humanité ? Jamais. Pourquoi donc ce triomphe si constant, si universel, dans le cours de sa carrière oratoire ? pourquoi donc cette place toujours réservée pour lui dans les bibliothèques de tous ceux qui ont une âme et du goût ? Ah ! c'est que la religion est dans Massillon ce qu'elle devroit être partout, et ce qu'on la trouve en effet, quand on la considère dans le véritable esprit de ses maximes ; c'est qu'il n'est pas une classe de la société, pas une circonstance dans la vie, où l'on ne puisse faire ce que nous prescrit cette religion par la bouche de l'orateur : tous les devoirs qu'il nous impose, en son nom, se trouvent si essentiellement liés à notre félicité temporelle, que l'on court volontiers au-devant d'un joug qui n'a rien d'effrayant dans la perspective, rien de pénible dans la pratique.

Qui pourroit se refuser, par exemple, à l'obligation si simple et si générale de la prière, quand elle nous est présentée comme le plus naturel, comme le plus facile des devoirs, et environnée de tout ce qui doit et peut nous la faire chérir ? Comment ne pas en croire un ami qui nous dit :

« Ah ! mes frères, si nous sentions les misères de notre âme, comme nous sentons celles de notre corps ; si notre salut éternel nous intéressoit autant qu'une fortune de boue, ou une santé fragile et périssable, nous serions habiles dans l'art divin de la prière ; nous ne nous plaindrions pas que nous n'avons rien à dire en la présence d'un Dieu à qui nous avons tant à demander ; il ne faudroit pas donner la gêne à notre esprit, pour trouver de quoi nous entretenir avec lui ; nos maux parleroient tout seuls ; notre cœur s'échapperoit malgré nous-mêmes en saintes effusions, comme celui de la mère de Samuël devant l'arche du Seigneur ; nous ne serions plus maîtres de notre douleur et de nos larmes ; et la plus sûre marque que nous n'avons point de foi, et que nous ne nous connoissons pas nous-mêmes, c'est que nous ne savons que dire au Seigneur dans le court intervalle d'une prière. — Faut-il apprendre à un malade à demander sa guérison ; à un homme pressé de la faim, à solliciter de la nourriture ; à un infortuné battu de la tempête, et sur le point d'un triste naufrage, à implorer du secours ? Hélas ! la nécessité toute seule ne fournit-elle pas alors des expressions ? ne trouve-t-on pas dans le sentiment tout seul des maux qu'on endure, cette éloquence vive, ces mouvemens persuasifs, ces remontrances pressantes qui en sollicitent le remède ? Un cœur qui souffre a-t-il besoin de maître pour savoir comment il faut se plaindre ! Tout parle en lui ; tout exprime sa douleur ; tout annonce sa peine ; tout sollicite son soulagement : son silence même est éloquent. — Dès qu'une infirmité fâcheuse menace votre vie, qu'un événement inattendu met vos biens et votre fortune en péril, qu'une mort prochaine est sur le point de vous enlever une personne ou chère ou nécessaire ; alors vous levez les mains au ciel, vous y faites monter des gémissemens et des prières ; vous vous adressez au Dieu qui frappe et qui guérit ; vous savez prier alors ; vous n'allez pas chercher hors de votre cœur des leçons et des règles pour apprendre à lui exposer votre peine, ni consulter des maîtres habiles pour savoir ce qu'il faut lui dire ; vous n'avez besoin que de votre douleur : vos maux tout seuls ont su vous instruire. — Si vous priez rarement, le Seigneur sera toujours pour vous un Dieu étranger et inconnu, pour ainsi dire, devant qui vous serez dans une espèce de gêne et de contrainte ; avec qui vous n'aurez jamais ces effusions de cœur, cette douce confiance, cette sainte liberté que la familiarité toute seule donne, et qui fait tout le plaisir de ce commerce divin. Dieu veut être connu pour être aimé. Le monde perd à être approfondi ; il n'a rien de riant que sa surface et le premier coup d'œil. Entrez plus avant ; ce n'est plus que vide, vanité, chagrin, agitation et misère Mais, le Seigneur ! il faut le connoître et le goûter à loisir, pour sentir tout ce qu'il a d'aimable. Plus vous le connoissez, plus vous l'aimez ; plus vous vous unissez à lui, plus vous sentez qu'il n'y a de véritable bonheur sur la terre, que celui de le connoître et de l'aimer ». (*Sermon sur la prière*).

C'est avec un pareil langage que l'on touche, que l'on pénètre les cœurs les plus indifférens, et que l'on porte la persuasion dans les moins disposés à se laisser persuader ; parce qu'avec un léger retour sur soi-même, il est impossible qu'on ne trouve pas sa conscience d'accord avec l'orateur, et que l'on ne se rende pas à sa voix. Un homme, dont la belle âme avoit plus d'un rapport avec celle de Massillon, et à qui la religion, les mœurs et les lettres doivent tant, Fénélon, a parlé aussi de la prière, et en a donné la définition la plus juste, la plus conforme au génie du christianisme et à l'esprit de son divin auteur.

« Être en prière, c'est lui demander (à Dieu) que sa volonté se fasse ; c'est former quelque bon désir ; c'est élever son cœur à Dieu ; c'est soupirer après les biens qu'il nous promet ; c'est gémir à la vue de nos misères et des dangers où nous sommes de lui déplaire et de violer sa loi. Or, cette prière ne demande ni science ni méthode, ni raisonnement ; ce ne doit point être un travail de tête ; il ne faut qu'un instant de notre temps et un bon mouvement de notre cœur. On peut prier sans aucune pensée distincte ; il ne faut qu'un retour du cœur d'un moment; encore ce moment peut-il être employé à quelque autre chose. La condescendance de Dieu à notre foiblesse est si grande, qu'il nous permet de partager pour le besoin ce moment entre lui et les créatures. Oui, dans ce moment occupez-vous selon vos emplois : il suffit que vous offriez à Dieu, ou que vous fassiez, avec une intention générale de le glorifier, les choses les plus communes que vous êtes engagés à faire.

» C'est cette prière sans interruption que demande saint Paul: prière que beaucoup de gens de piété s'imaginent être impraticable, mais dont la pratique sera très-facile à quiconque saura que la meilleure de toutes les prières est d'agir avec une intention pure, en se renouvelant souvent dans le désir de faire tout selon Dieu et pour Dieu ». (*Entretien sur la prière*).

Est-il possible maintenant de trouver des objections plausibles contre la pratique d'un devoir rendu aussi facile ? N'est-ce pas là réduire bien complètement la mauvaise foi à l'impuissance de répondre ? Comment ne pas suivre, ne pas aimer une religion qui descend à la foiblesse de l'homme, pour lui donner la force de s'élever jusqu'à elle; qui compatit à ses infirmités, et ne lui impose rien qui excède la portée de ses moyens? Si elle lui fait un devoir quelquefois de sacrifices en apparence plus pénibles, ou réellement coûteux pour l'amour-propre, que l'on y réfléchisse un moment, et l'on verra bientôt que l'ordre social et l'intérêt du bonheur individuel commandent impérieusement ces sacrifices; et l'on sera forcé de se prosterner devant ce chef-d'œuvre de la législation morale.

Partout Massillon persuade, parce que l'intérêt de ses auditeurs est le seul qui l'occupe; parce qu'il semble n'être monté en chaire que pour les prévenir du danger qui les menace; et ce danger, il en est lui-même si pénétré, il le peint de couleurs si vraies, soutenues de preuves si convaincantes, toujours puisées dans la nature et dans le cœur de l'homme, que l'on ne peut pas ne pas rester convaincu avec lui de la réalité et de l'importance des vérités qu'il annonce. S'agit-il de prouver la nécessité qu'impose la religion de pardonner à nos ennemis les plus déclarés ; il sait quel obstacle il va trouver dans la fierté du cœur de l'homme, eh bien! c'est ce même cœur qu'il va forcer de pardonner pour l'intérêt de sa propre tranquillité. Écoutons-le.

« Rien n'est plus ordinaire que de vous entendre justifier vos animosités, en nous disant que cet homme n'a rien oublié pour vous perdre; qu'il a fait échouer votre fortune; qu'il vous suscite tous les jours des affaires injustes; que vous le trouvez partout sur votre chemin, et qu'il est difficile d'aimer un ennemi acharné à vous nuire.

» Mais je suppose que vous dites vrai, et je vous réponds : Pourquoi voulez-vous ajouter à tous les autres maux que votre frère vous a faits, celui de le haïr, et qui est le plus grand de tous? — Votre haine envers votre frère vous restitue-t-elle les avantages qu'il vous a ravis? rend-elle votre condition meilleure? Que vous revient-il de votre animosité et de votre amertume? Vous vous consolez, dites-vous, en le haïssant, et c'est la seule consolation qui vous reste. Quelle consolation, grand Dieu! que celle de la haine, c'est-à-dire, d'une passion noire et violente, qui déchire le cœur, qui répand le trouble et la tristesse au-dedans de nous-mêmes, et qui commence par nous punir et nous rendre malheureux! Quel plaisir cruel que celui de haïr, c'est-à-dire, de porter sur le cœur le poids d'amertume qui empoisonne tout le reste de la vie! Quelle manière barbare de se consoler! et n'êtes-vous pas malheureux de chercher à vos maux une ressource qui ne fait qu'éterniser par la haine une offense passagère »! (*Sermon du pardon des offenses*).

Sans doute les gens qui se piquent de répondre à tout, et qui ont surtout une objection toujours prête pour tout ce qu'on leur présente au nom de la religion, ne manqueront pas de nous dire ici que rien de tout cela n'est bien nouveau, quant au fonds; que les philosophes de tous les temps et de tous les lieux leur ont appris cela depuis long-temps. Voilà donc la religion d'accord avec la philosophie; et il faut convenir que cela doit être quelque chose pour des philosophes. Il y a cependant quelque différence à observer : Massillon va nous la faire sentir, et les philosophes la jugeront.

« La morale des philosophes, dit-il, avoit mis le pardon des offenses au nombre des vertus; mais c'étoit un prétexte de vanité plutôt qu'une règle de discipline. C'est que la vengeance leur sembloit traîner après elle je ne sais quoi de bas et d'emporté, qui eût défiguré le portrait et l'orgueilleuse tranquillité de leur sage; c'est qu'il leur paroissoit honteux de ne pouvoir se mettre au-dessus d'une offense. Le pardon des ennemis n'étoit donc fondé que sur le mépris qu'on avoit pour eux. On se vengeoit en dédaignant la vengeance; et l'orgueil se relâchoit sans peine du plaisir de nuire à ceux qui nous ont nui, par le plaisir qu'on trouvoit à les mépriser ».

Voilà bien l'esprit de la morgue philosophique qui respire, en général, dans les anciens, qui sont ou beaucoup trop relâchés, ou infiniment trop austères dans leurs principes: stoïques ou épicuriens, et toujours hors des limites du vrai. C'est donc à l'évangile, et à l'évangile seul, qu'il appartenoit d'épurer cette morale; et l'évangile l'a fait, parce que lui seul pouvoit le faire.

« Mais la loi de l'évangile sur l'amour des ennemis ne flatte pas l'orgueil et ne ménage point l'amour-propre. Rien ne doit dédommager le chrétien dans le pardon des offenses, que la consolation d'imiter Jésus-Christ, et de lui obéir; que les titres qui, dans un ennemi, lui découvrent un frère; que l'espérance de retrouver devant le juge éternel la même indulgence dont il aura usé envers les hommes. Rien ne doit le borner dans sa charité que la charité elle-même, qui n'a point de bornes, qui n'excepte ni lieux, ni temps, ni personnes; qui ne doit jamais s'éteindre. Et quand la religion des chrétiens n'auroit point d'autre preuves contre l'incrédulité, que l'élévation de cette maxime, elle auroit toujours ce degré de sainteté, et par conséquent de vraisemblance, sur toutes les sectes qui ont jamais paru sur la terre ». (*Ibid.*)

Comme Bourdaloue et Bossuet, Massillon a consacré des discours entiers à prouver les dogmes, sur la certitude et la croyance desquels repose essentiellement le bonheur de l'homme. Mais c'est ici que la différence des manières va devenir plus sensible encore. Au lieu de cette logique vigoureuse, de cette dialectique pressante de Bourdaloue, et de la foudroyante énergie de Bossuet, Massillon va nous présenter la raison dans sa grave et touchante simplicité, triomphant avec modestie des sophismes de l'impiété et du libertinage; plaignant ses ennemis, et cherchant à les éclairer, à les encourager dans la recherche de la vérité, bien plutôt qu'à les accabler par la masse des preuves qui font sa force. Dans presque tous les discours de Massillon, c'est une espèce de dialogue entre lui et ses auditeurs : il interroge, il répond, il se met à la place des autres, fait ou prévient les objections; et sa réponse est toujours celle que ceux qui l'écoutent avoient dans leur cœur.

Prenons pour exemple le beau discours *sur la vérité d'un avenir*, et suivons la marche de l'orateur dans l'ordre et le développement de ses preuves.

Il commence par gémir de la nécessité que lui impose la corruption des mœurs, de venir prouver à des hommes, à des chrétiens, la certitude d'une vérité qui n'excitoit pas même de doutes chez les philosophes payens, et qui étoit l'âme de tout ce qui se faisoit alors de grand ou d'estimable.

« Il est triste, sans doute, dit-il, de venir prouver à des hommes à qui l'on a annoncé Jésus-Christ, que leur être n'est pas un assemblage bizarre et le fruit du hasard; qu'un ouvrier sage et tout-puissant a présidé à notre formation et à notre naissance; qu'un souffle d'immortalité anime notre boue; qu'une portion de nous-mêmes nous survivra, etc. »

Il est triste en effet, que de pareilles idées aient besoin d'être rappelées au souvenir des hommes; plus triste encore qu'elles aient besoin de preuves! Mais ce qui est plus déplorable cent fois que le reste, c'est que ces mêmes vérités, appuyées de leurs preuves, ne laissent souvent aucune trace dans les cœurs; et que les sophistes, qui ne prouvent rien, l'emportent si aisément sur le philosophe religieux, qui raisonne et qui prouve. Revenons à Massillon, et poursuivons l'analyse de son discours.

Les simples lumières de la raison ont convaincu dans tous les temps les hommes de l'immortalité de leur âme; et s'il s'en est trouvé quelquefois d'assez malheureux pour en douter, d'assez imprudens pour afficher ce doute, le mépris de leurs propres contemporains les a dénoncés d'avance à la postérité qui en a fait justice. Puisque l'âme est immortelle, puisque c'est un ridicule pour le vrai philosophe, et un blasphème pour le chrétien que d'en douter, il n'est pas moins certain qu'un sort quelconque attend dans l'avenir cette âme, quand elle aura brisé les liens qui l'arrêtent ici-bas : l'un est une conséquence indispensable de l'autre.

Mais voilà précisément ce que ne veulent point admettre ceux pour qui cet avenir auroit nécessairement quelque chose d'effrayant; et, comme il n'y a plus de terme à la folie de l'homme abandonné à lui-même, ils ne rougissent pas de se ravaler à la condition de la brute, et ils commencent par se persuader qu'ils n'ont point d'âme, pour se dispenser de songer à son état futur. Remontons ici à la cause de ce philosophisme impudent, qui doute sans cause et rejette sans examen tout ce qui contrarie, non pas ses principes, il n'en connoît qu'un, et c'est de n'en point avoir, mais ses penchans, qui lui sont plus chers, à proportion qu'ils sont plus déréglés.

« L'impie apporta en naissant les principes de religion naturelle communs à tous les hommes : il trouva écrite dans son cœur une loi qui défendoit la violence, l'injustice, la perfidie, et tout ce qu'on ne peut pas souffrir soi-même. L'éducation fortifia ces sentimens de la nature : on lui apprit à connoître un Dieu, à l'aimer, à le craindre; on lui montra la vertu dans les règles; on la lui rendit aimable par des exemples; et quoiqu'il trouvât en lui des penchans opposés au devoir, lorsqu'il lui arrivoit de s'y laisser emporter, son cœur prenoit en secret le parti de sa vertu contre sa propre foiblesse.

» Ainsi vécut d'abord l'impie sur la terre : il adora avec le reste des hommes un être suprême; il redouta ses châtimens, il attendit ses promesses. D'où vient donc qu'il n'a plus connu de Dieu; que le crime lui a paru des polices humaines; l'avenir, une chimère; l'âme, un souffle qui s'éteint avec le corps?

» A mesure que ses mœurs se sont déréglées, les règles lui ont paru suspectes; à mesure qu'il s'est abruti, il a tâché de se persuader que l'homme étoit semblable à la brute. Il n'est devenu impie qu'en se fermant toutes les voies qui pouvoient le conduire à la vérité; en ne faisant plus de la religion une affaire sérieuse ; en ne l'examinant plus que pour la déshonorer par des blasphèmes et des plaisanteries sacriléges; il n'est devenu impie qu'en cherchant à s'endurcir contre les cris de sa conscience, et se livrant aux plus infâmes voluptés. C'est par cette voie qu'il est parvenu aux connoissances rares et sublimes de l'incrédulité; c'est à ces grands efforts qu'il doit la découverte d'une vérité, que le reste des hommes, jusqu'à lui, avoit ignorée ou détestée ».

Les raisonnemens de cette espèce de philosophie sont en conséquence de ses principes : cela est naturel; et en voici la preuve :

« On ne sait ( dit le philosophe ) ce qui se passe dans cet autre monde dont on nous parle. Le juste meurt comme l'impie, l'homme comme la bête; et nul ne revient pour nous dire lequel des deux avoit eu tort. — Des discours vagues, des doutes usés, des incertitudes éternelles, des suppositions chimériques, sur lesquels on ne voudroit pas risquer le malheur ou le bonheur d'un seul de ses jours, et sur lesquels on hasarde une éternité toute entière! Voilà les raisons insurmontables que l'impie oppose à la foi de tout l'univers ; voilà cette évidence qui l'emporte, dans son esprit, sur tout ce qu'il y a de plus évident et de mieux établi sur la terre » !

Après avoir démontré la futilité de ces sortes de raisonnemens, l'orateur en prouve le danger; et c'est là qu'abandonnant, comme il le dit lui-même, les grandes raisons de doctrine, il ne s'adresse qu'à la conscience de l'incrédule, et s'en tient aux preuves de sentiment.

« Si tout doit finir avec nous, si l'homme ne doit rien attendre après cette vie, et que ce soit ici notre patrie, notre origine, et la seule félicité que nous pouvons nous promettre, pourquoi n'y sommes-nous pas heureux? Si nous ne naissons que pour les plaisirs des sens, pourquoi ne peuvent-ils nous satisfaire, et laissent-ils toujours un fonds d'ennui et de tristesse dans notre cœur? Si l'homme n'a rien au-dessus de la bête, que ne coule-t-il ses jours comme elle, sans souci, sans inquiétude, sans dégoût, sans tristesse, dans la félicité des sens et de la chair? Si l'homme n'a point d'autre bonheur à espérer, qu'un bonheur temporel, pourquoi ne le trouve-t-il nulle part sur la terre? D'où vient que les richesses l'inquiètent, que les honneurs le fatiguent, que les plaisirs le lassent, que les sciences le confondent et irritent sa curiosité, loin de la satisfaire; que tout cela ensemble ne peut remplir l'immensité de son cœur, et lui laisse encore quelque chose à désirer? — Si tout meurt avec le corps, qui est-ce qui a pu persuader à tous les hommes de tous les siècles et de tous les pays, que leur âme étoit immortelle? D'où a pu venir au genre humain cette idée étrange d'immortalité? Un sentiment si éloigné de la nature de l'homme, puisqu'il ne seroit né que pour les fonctions des sens, auroit-il pu prévaloir sur la terre? — Cependant cette idée si extraordinaire est devenue l'idée de tous les hommes : ce sentiment, qui n'auroit pas dû même trouver un inventeur dans l'univers, a trouvé une docilité universelle parmi tous les peuples. — Ce n'est pas ici une collusion; car comment ferez-vous convenir ensemble les hommes de tous les pays et de tous les siècles? Ce n'est pas un préjugé de l'éducation; car les mœurs, les usages, le culte, qui d'ordinaire sont la suite des préjugés, ne sont pas les mêmes parmi tous les peuples : le sentiment de l'immortalité leur est commun à tous. Ce n'est pas une secte; car, outre que c'est la religion universelle du monde, ce dogme n'a point eu de chef et de protecteur. Les hommes se le sont persuadés eux-mêmes, ou plutôt la nature le leur a appris sans le secours des maîtres; et seul, depuis le commencement des choses, il a passé des pères aux enfans, et s'est toujours maintenu sur la terre.

» O vous, qui croyez être un amas de boue, sortez donc du monde, où vous vous trouvez seul de votre avis; allez donc chercher dans une autre terre des hommes d'une autre espèce, et semblables à la bête; ou plutôt, ayez horreur de vous-même, de vous trouver comme seul dans l'univers, de vous révolter contre toute la nature, de désavouer votre propre cœur; et reconnoissez, dans un sentiment commun à tous les hommes, l'impression commune de l'auteur qui les a tous formés ».

A la certitude démontrée de l'avenir succède sa nécessité; et Massillon la prouve par sa conformité avec l'idée d'un Dieu sage, et par le sentiment de la propre conscience. Il tire ensuite de toutes les vérités qu'il vient d'établir, la conclusion suivante :

« Que conclure de ce discours? Que l'impie est à plaindre de chercher dans une affreuse incertitude sur les vérités de la foi, la plus douce espérance de sa destinée : qu'il est à plaindre de ne pouvoir vivre tranquille, qu'en vivant sans foi, sans culte, sans Dieu, sans confiance : qu'il est à plaindre, s'il faut que l'évangile soit une fable; la foi de tous les siècles, une crédulité; le sentiment de tous les hommes, une erreur populaire; les premiers principes de la nature et de la raison, des préjugés de l'enfance; en un mot, s'il faut que tout ce qu'il y a de mieux établi dans l'univers se trouve faux, pour qu'il ne soit pas éternellement malheureux.

» O homme! je vous montrerai une voie plus sûre de vous calmer. Craignez cet avenir que vous vous efforcez de ne pas croire : ne nous demandez plus ce qui se passe dans cette autre vie dont on vous parle; mais demandez-vous sans cesse à vousmême ce que vous faites dans celle-ci : calmez votre conscience par l'innocence de vos mœurs, et non par l'impiété de vos sentimens : mettez votre cœur en repos, en y appelant Dieu, et non pas en doutant s'il vous regarde. La paix de l'impie n'est qu'un affreux désespoir : cherchez votre bonheur, non en secouant le joug de la foi, mais en goûtant combien il est doux : pratiquez les maximes qu'elle vous prescrit, et votre raison ne refusera plus de se soumettre aux mystères qu'elle vous ordonne de croire. L'avenir cessera de vous paroître incroyable, dès que vous cesserez de vivre comme ceux qui bornent toute leur félicité dans le court espace de cette vie ».

Rapprochons un moment de Masillon un homme dont les philosophes récuseront peut-être l'autorité, par cela seul qu'il a raison ici, et qu'il a eu raison surtout de mépriser certains philosophes, qu'il connoissoit bien, et qu'il a peints, comme il peignoit tout ce qu'il sentoit fortement.

« Plus je rentre en moi, dit-il, plus je me consulte, et plus je lis ces mots écrits dans mon âme : Sois juste, et tu seras heureux. Il n'en est rien pourtant, à considérer l'état présent des choses. Le méchant prospère, et le juste reste opprimé. Voyez aussi quelle indignation s'allume en nous, quand cette attente est frustrée ! La conscience s'élève et murmure contre son auteur; elle lui crie, en gémissant : tu m'as trompée! Je t'ai trompée, téméraire! et qui te l'a dit? Ton âme est-elle anéantie? as-tu cessé d'exister? O Brutus! ô mon fils! ne souille point ta noble vie, en la finissant; ne laisse point ton espoir et ta gloire aux champs de Philippes. Pourquoi dis-tu : La vertu n'est rien, quand tu vas jouir du prix de la tienne? Tu vas mourir, penses-tu? Non, tu vas vivre ; et c'est alors que je tiendrai tout ce que je t'ai promis.

» Si l'âme est immatérielle, elle peut survivre au corps; et si elle lui survit, la providence est justifiée. Quand je n'aurois d'autre preuve de l'immortalité de l'âme, que le triomphe du méchant, et l'oppression du juste en ce monde, cela seul m'empêcheroit d'en douter. Une si choquante dissonnance dans l'harmonie universelle me feroit chercher à la résoudre. Je me dirois : Tout ne finit pas pour nous avec la vie, tout rentre dans l'ordre à la mort ». ( J.-J. ROUSSEAU, *Émile*).

La richesse et l'élégance ne sont pas les seuls caractères de l'éloquence et du style de Massillon : ses discours offrent aussi de la grandeur et de l'énergie, et s'élèvent, quand il le faut, à l'éloquence la plus sublime. Voyez ce tableau du pécheur mourant :

« Alors le pécheur mourant ne trouvant plus dans le souvenir du passé que des regrets qui l'accablent ; dans tout ce qui se passe à ses yeux, que des images qui l'affligent ; dans la pensée de l'avenir, que des horreurs qui l'épouvantent : ne sachant plus à quoi avoir recours, ni aux créatures qui lui échappent, ni au monde qui s'évanouit, ni aux hommes qui ne sauroient le délivrer de la mort, ni au Dieu juste qu'il regarde comme un ennemi déclaré, dont il ne doit plus attendre d'indulgence, il se roule dans ses propres horreurs ; il se tourmente, il s'agite pour fuir la mort qui le saisit, ou du moins pour se fuir lui-même. Il sort de ses yeux mourans je ne sais quoi de sombre et de farouche qui exprime les fureurs de son âme ; il pousse, du fond de sa tristesse, des paroles entrecoupées de sanglots, qu'on n'entend qu'à demi, et qu'on ne sait si c'est le désespoir ou le repentir qui les a formées; il jette sur un Dieu crucifié des regards affreux, et qui laissent douter si c'est la crainte ou l'espérance, la haine ou l'amour qu'ils expriment: il entre dans des saisissemens où l'on ignore si c'est le corps qui se dissout, ou l'âme qui sent l'approche de son juge : il soupire profondément, et l'on ne sait si c'est le souvenir de ses crimes qui lui arrache ces soupirs, ou le désespoir de quitter la vie. Enfin, au milieu de ces tristes efforts, ses yeux se fixent, ses traits changent, son visage se défigure, sa bouche livide s'entr'ouvre d'elle-même, tout son esprit frémit ; et, par ce dernier effort, son âme infortunée s'arrache comme à regret de ce corps de boue, tombe entre les mains de Dieu, et se trouve seule au pied du tribunal redoutable ».

# SECTION QUATRIÈME.

*Genre Démonstratif. Les Panégyriques.*

## CHAPITRE PREMIER.

*Apologie de Socrate par Platon.*

PLATON, qui a répandu sur tout ce qu'il a traité les fleurs de sa brillante imagination, et qui ne concevoit rien de beau que les formes intellectuelles, exige, entre autres choses, de l'orateur une diction presque poétique. *In Gorg.*) Si l'on entend, avec Platon, par diction poétique, l'expression fidèle et l'image sensible de la pensée, présentée pour ainsi dire en relief, il est certain que cette manière d'écrire appartient à l'éloquence, comme à tous les autres genres de poésie ou de littérature. Mais si, en restreignant ce mot au sens où il se prend pour l'ordinaire, on l'abandonne exclusivement à la poésie proprement dite, on ne concevra plus ce qu'il peut avoir de commun avec l'éloquence de la chaire, par exemple, ou avec celle du barreau. Il faut donc nous en tenir à l'idée du philosophe grec; et, en la renfermant dans ses bornes naturelles, nous verrons que Platon n'a rien dit de trop, et que cette diction presque poétique est le plus ordinairement celle du genre d'éloquence qui nous occupe pour le moment; et c'est Platon lui-même qui va nous le prouver.

Il étoit juste que le plus vertueux des hommes trouvât dans Platon le plus éloquent des panégyristes; et la forme, le ton et le style de l'éloge, tout est aussi neuf ici, que les vertus mêmes qui l'inspiroient. Disciple et ami (deux titres alors inséparables) du plus grand philosophe de la Grèce, Platon a fait de la doctrine de Socrate, son maître, l'âme, le fonds et le mérite de ses ouvrages. Cette manière de louer étoit digne du maître et de l'élève; mais, peu content de cet hommage tacite rendu partout à la vertu sublime de Socrate, Platon crut devoir à sa mémoire un monument plus éclatant encore, où Socrate lui-même figurât, dans les circonstances les plus intéressantes pour nous, et les plus glorieuses pour lui, son jugement et sa mort. De là, ces trois fameux Dialogues qui contiennent les derniers momens de Socrate, depuis celui où il est traîné aux pieds d'un tribunal qui l'avoit condamné d'avance, jusqu'à l'instant fatal où la ciguë lui est présentée. Ces trois discours forment un véritable drame, dont chaque scène est une leçon de courage et de grandeur d'âme; et le dénoûment, ce que l'on pouvoit offrir de plus pathétique et de plus attendrissant, la mort du juste assassiné juridiquement, et avalant le breuvage mortel, en pardonnant à ses ennemis, en formant des vœux pour la prospérité de ses concitoyens.

Le premier de ces discours, intitulé l'*Apologie*, contient la défense de Socrate, et fut prononcé par lui-même devant ses juges. Obligé de parler de lui et de justifier ses principes, puisque c'est sur ses principes qu'on l'attaquoit, ce grand homme le fait avec cette dignité noble et tranquille, cette force et cette simplicité de l'innocence qui confond la calomnie, et de la sagesse qui daigne répondre à la superstition. Partout on voit l'homme certain du sort qu'on lui prépare, et peu jaloux de s'y dérober; mais défendant jusqu'aux derniers momens les principes qu'il avoit professés, parce qu'il les croyoit utiles, et que le bonheur des hommes y sembloit essentiellement attaché.

Après avoir réfuté complètement les accusations absurdes intentées contre lui, en avoir clairement démontré l'origine et les motifs, Socrate s'adresse à ses juges

« Souvenez-vous de votre serment, et prononcez selon ce
qui conviendra le plus à votre intérêt et au mien ».

Les juges vont aux voix, l'arrêt se prononce, l'injustice triomphe, et le sage est condamné. Il s'y attendait : aussi reprend-t-il son discours avec le calme d'un homme absolument étranger à l'arrêt qui vient d'être rendu.

Après quelques mots d'étonnement sur le nombre de suffrages en sa faveur, et sur lesquels il étoit loin de compter ; après une courte récapitulation de sa vie privée et publique, il adresse à ses juges ces paroles remarquables, où respire cette belle et noble simplicité de la belle éloquence :

« Athéniens ! vous venez de donner aux ennemis d'Athènes un sujet éternel de la blâmer. Ils diront que vous avez condamné le sage Socrate ; car ils me donneront ce nom, quoique je ne le mérite pas, pour avoir le droit de vous reprocher ma mort. Que n'attendiez-vous un moment de plus ? Je mourois, sans qu'Athènes se déshonorât. Considérez mon âge ; il ne me reste qu'un pas à faire pour entrer dans la tombe. Ce n'est point à vous tous que je m'adresse ici ; mais à ceux seulement qui m'ont condamné ; c'est à eux que je dirai donc : Ne pensez pas, Athéniens, que j'aie succombé dans cette accusation, faute des moyens nécessaires pour vous convaincre, si j'avois cru devoir faire et dire ce qui pouvoit me dérober au supplice. Non, non, il n'en est point ainsi. Ce qui me perd aujourd'hui, ce n'est pas le défaut de moyens, mais le manque d'audace et d'impudence, indispensables pour s'en servir : c'est de n'avoir pas flatté vos oreilles par des choses agréables, de ne vous avoir pas offert le spectacle de Socrate pleurant et gémissant à vos pieds..... Que d'autres accusés emploient ces moyens : ils sont dignes de moi. J'ai toujours pensé que l'on ne devoit se permettre rien de honteux pour échapper au péril ; et dans cet instant même, je ne me repens pas de mes moyens de défense : j'aime mieux mourir pour m'être mal défendu, que de devoir la vie à une défense indigne de moi.

» Au tribunal, comme sur le champ de bataille, les moyens de salut ne peuvent être indifférens. Quoi de plus facile dans un combat que de jeter ses armes, et de demander la vie à l'ennemi qui vous poursuit ? Il n'est pas un danger auquel on puisse échapper, quand on peut dire ou faire, sans rougir, ce qui peut nous y dérober. Mais prenez-y garde, Athénien, ce n'est pas la mort, c'est l'infamie qu'il est difficile d'éviter.

Peut-être eût-il fallu s'en tenir là, et passer immédiatement au morceau sublime qui termine ce beau discours. Mais Socrate continue, il s'élance dans l'avenir, prédit à ceux qui l'ont condamné, comme à ceux qui l'ont absous, le sort qui les attend dans la postérité, décrit ensuite le plaisir qu'il aura de converser, dans un autre univers, avec les grands hommes de tous les temps, avec ceux qui ont été, comme lui, victimes d'un jugement injuste, etc. Il y a, dans ces divers morceaux, de la force, de l'élévation, de la vraie philosophie; et, qui distingue partout le style de Platon, une noblesse et une dignité soutenues dans la pensée et dans l'expression. Socrate conclut :

« Ayez donc des idées plus justes sur la mort, et soyez bien convaincus d'une vérité : c'est que l'homme de bien n'a rien à redouter pendant sa vie, ni après sa mort; l'œil des immortels est constamment ouvert sur lui. — Il ne me reste qu'une grâce à demander à mes accusateurs, c'est de traiter un jour mes fils comme moi, s'ils vous donnent les mêmes sujets de plainte; c'est de ne les point épargner, si vous les voyez préférer à la vertu les richesses ou quelque chose au monde que ce soit. C'est un trait de justice que Socrate et ses enfans ont peut-être quelque droit d'attendre de vous. Mais il est temps de nous en aller, moi pour mourir, et vous pour vivre. Lequel des deux vaut le mieux ? C'est Dieu seul qui le sait ».

Dans le second discours, Criton, l'ami de Socrate, vient le trouver dans sa prison, lui annonce que c'est le lendemain qu'il doit être condamné à mourir. Il lui apprend qu'il a gagné les gardes, que tout est prêt, et qu'il ne tient qu'à lui d'échapper à ses persécuteurs.

« Ami, lui répond Socrate, mon sort est changé; mes principes ne le sont pas. Voyons; et, si nous n'en trouvons pas de meilleurs, vous savez bien que je ne m'écarterai pas de ceux qui ont fait jusqu'ici la règle de ma conduite ».

Alors s'ouvre entre eux la grande question s'il

permis de désobéir aux lois pour éviter la mort. C'est là que Socrate, élevé au-dessus de lui-même, et par l'importance de l'objet, et par la grandeur des idées qu'elle lui suggère, personnifie tout à coup les lois, et les introduit elles-mêmes sur la scène. Il suppose qu'au moment où il va sortir de la prison, elles se présentent à lui, et lui disent :

« Que fais-tu, Socrate! Ne vois-tu pas que tu anéantis, autant qu'il est en toi, et les lois et la patrie? Crois-tu donc qu'une ville puisse subsister, si les jugemens publics y perdent leur force, si chaque citoyen peut les enfreindre à son gré? — Eh quoi! si la patrie t'offense par un jugement injuste, as-tu droit de lui nuire? Tu lui dois ta naissance, celle de ton père, le lien sacré qui a uni ton père à la femme qui t'a donné le jour. Ton éducation, ta vie, ton âme, tout lui appartient. Tu es son fils, son esclave. Qu'elle arme contre toi des bourreaux, qu'elle te jette dans les fers, qu'elle t'envoie aux combats, ton devoir est d'obéir. Dans les tribunaux, dans les prisons, sur le champ de bataille, partout les ordres de la patrie sont sacrés ».

De ces motifs généraux, les lois personnifiées passent des considérations particulières à Socrate.

« Quelle honte, continuent-elles, d'entendre Socrate raconter sous quel déguisement ridicule il s'est enfui de sa prison! Et si l'on lui demande, comment, déjà vieux, et n'ayant qu'un instant à passer sur la terre, il a pu se résoudre à traîner les restes d'une vieillesse honteuse, après avoir enfreint les lois de son pays, que répondra-t-il? O Socrate! tu serois souvent forcé de rougir. — Est-ce pour tes enfans que tu voudrois vivre? Tes enfans! Ah! Socrate, crois en ces lois qui t'ont élevé, qui t'ont nourri; et ne préfère à la justice ni tes fils, ni ta vie, ni rien au monde. — Ce n'est pas nous qui te condamnons, c'est la perversité des hommes qui te poursuit. Si tu cèdes lâchement au malheur, si tu violes ton pacte solennel avec nous, tu outrages ceux qui l'ont le moins mérité, toi, tes amis, ta patrie, et nous surtout, nous qui deviendrons tes ennemies implacables pendant ta vie et qui te dénoncerons d'avance à l'animadversion de nos sœurs, chez les morts ».

Criton ne trouve rien à répondre à la solidité véhémente de ces raisons ; il cède, et Socrate termine ce dialogue, comme le précédent, par un trait sublime :

« Cesse donc, ô mon cher Criton ! et marchons par où Dieu nous conduit ».

Le troisième discours est ce *Phédon* si fameux, qui contient le récit des derniers entretiens de Socrate. A part quelques subtilités erronées qu'il seroit facile de retrancher de ce chef-d'œuvre, jamais la philosophie ancienne ne s'est élevée plus haut, et n'a pris, pour instruire les hommes, un ton plus propre à s'en faire écouter avec respect. Les discours de Socrate, dans le Phédon, seroient admirables partout, mais le sont plus encore là où ils se trouvent ; car si Platon les a écrits, il n'est pas douteux que Socrate les a tenus : et il ne paroît pas qu'il ait été donné à aucun homme de voir plus loin par ses propres lumières, ni de monter plus haut par l'essor de son âme. Socrate a fait et dit, en matière de morale, tout ce qu'il étoit possible de dire et de faire, avant que la révélation eût donné à l'homme le complément de perfection, qu'il ne pouvoit recevoir que d'elle. Et la meilleure preuve de l'indispensable nécessité de cette révélation, c'est que le héros et le martyr de la sagesse qui n'étoit qu'humaine, laisse encore quelque chose à désirer à celle qui est divine.

Bornons-nous à une citation ; et vous, jeunes gens, pesez ces paroles, les premières de ce genre qu'on trouve dans toute l'antiquité.

« Voulez-vous savoir pourquoi le vrai philosophe voit l'approche de la mort de l'œil de l'espérance ? Sur quoi il se fonde quand il la regarde comme le principe pour lui d'une immense félicité ? Le grand nombre l'ignore, et je vais vous l'apprendre. C'est que la vraie philosophie n'est autre chose que l'étude de la mort : c'est que le sage apprend sans cesse dans cette vie non-seulement à mourir, mais à être déjà mort. Qu'est-ce en effet que la mort ? N'est-ce pas la séparation de l'âme d'avec le corps ? Et ne sommes-nous pas convenus que la perfection de l'âme consiste surtout à s'affranchir le plus qu'il est possible de commerce des sens et des soins du corps pour contempler la vérité dans Dieu? Ne sommes-nous pas d'accord que le plus grand obstacle à cet exercice de l'âme est dans les objets terrestres et dans les séductions des sens ? N'est-il pas clairement montré pour nous, que le seul moyen d'avoir quelque foible notion du vrai, est de le considérer avec les yeux de l'esprit, et en fermant les yeux du corps et les portes des sens ? Ce n'est donc qu'après la mort seulement que nous pouvons parvenir à cette pure compréhension du vrai ; et vous avez reconnu avec moi qu'il n'y a, qu'il ne peut y avoir de félicité réelle pour l'homme, que dans la connoissance de ce vrai : que Dieu seul en est le principe et la source, et que la connoissance n'en peut être parfaite qu'en lui.

» Espérons donc (et nous en avons sans doute le droit), espérons que celui qui a fait de cette recherche son grand objet sur terre, pourra s'approcher après la mort de cette vérité éternelle et céleste : celui surtout dont le cœur aura été pur ; car rien d'impur ne sauroit approcher de ce qui est la pureté par excellence.

» Voilà pourquoi le sage vit pour méditer la mort, et pourquoi son approche n'a rien d'effrayant pour lui : voilà le motif et les fondemens de cette confiance qui m'accompagne aujourd'hui dans le passage qui m'est prescrit; et cette confiance si désirable, on l'aura comme moi, si l'on a soin de préparer, comme moi, et de purifier son âme ».

C'est sans doute après la lecture de pareils morceaux, que l'un des plus spirituels écrivains du seizième siècle, Érasme, étoit tenté de s'écrier : *Saint Socrate, priez pour nous!* Saillie singulière, mais que l'on est bien porté à excuser, quand on entend le langage que nous venons de rapporter.

Il étoit dans la destinée de Socrate de faire des élèves, et de trouver des panégyristes dignes de lui. Xénophon, son disciple ainsi que Platon, a fait aussi une apologie de Socrate, et de plus, quatre livres, sur l'esprit, le caractère et les principes de son maître : c'est un véritable éloge, éloge d'autant plus éloquent, qu'il n'a rien qui semble prétendre à l'éloquence : c'est un exposé pur et simple de la doctrine de son maître, quelques détails toujours précieux, quand il s'agit d'un homme tel que Socrate, et qu'ils sont présentés sans affectation,

et sans autres ornemens que ceux naturellement inséparables d'une diction enchanteresse.

Qu'ils sont petits, froids et mesquins, en comparaison de ces grands traits de la véritable éloquence, louant
des vertus réelles, les éloges trop vantés et si peu lus
d'Isocrate! Que le rhéteur est loin ici du moraliste, et
quelle distance d'Isocrate à Platon! elle est aussi grande
que de Socrate à Évagoras. L'éloge de ce roi de l'île de
Chypre est pourtant, de tous les ouvrages d'Isocrate,
celui qui annonce le plus de mérite. Le sujet y est sans
doute pour quelque chose; et c'est par la même raison
que les éloges d'Hélène et de Busiris, du même auteur,
ne sont que de misérables jeux d'esprit où il n'y a rien,
absolument rien à recueillir, que cette grande leçon,
que toute la pompe du style le plus harmonieux, les
périodes les plus heureusement enchaînées, les chutes
les plus laborieusement étudiées, le choix même des
expressions et des tournures, ne rachèteront jamais,
auprès du lecteur judicieux, la sécheresse du sujet et la
stérilité des idées.

## CHAPITRE II.

### Eloge de Démosthène par Lucien.

Un écrivain que la tournure habituelle de son esprit
portoit plus volontiers à la satire et même au sarcasme
qu'à l'éloge; qui a semé partout le sel de cet enjouement
et de cette gaîté, dont Swift a donné depuis l'idée et le
modèle à la littérature angloise, Lucien va figurer ici
comme panégyriste de Démosthène. L'éloge qu'il nous
a laissé de ce grand orateur est surtout remarquable par
l'originalité piquante, qui fait le caractère spécial des
ouvrages du sage de Samosate.

Lucien se promène, en rêvant à l'éloge de Démosthène : il rencontre le poëte Thersagoras qui, de son

côté, méditoit l'éloge d'Homère. La conversation s'engage sur le mérite poétique et littéraire de ces deux grands hommes; c'est à qui élèvera plus haut la gloire de son héros. La discussion s'anime, et l'éloge en sort naturellement. Thersagoras sent et peint en poëte le mérite de Démosthène, et la difficulté de le louer d'une manière digne de lui.

« Comment vous y prendre, dit-il à son ami, et par où commencer un pareil éloge? A quoi vous arrêterez-vous d'abord; et ne vous vois-je pas hésiter, incertain et embarrassé par l'abondance même de la matière? Naturel heureux, génie ardent, sagesse dans les conseils, vigueur dans l'exécution, désintéressement dans les circonstances les plus délicates, justice, humanité, prudence, il a tout réuni à un degré éminent; et il n'est pas un de ces points où le panégyriste ne coure le danger de rester au-dessous de son sujet ».

Mais si sa vie n'a été qu'une suite non interrompue de belles actions et de beaux ouvrages, de grandes vertus et de talens supérieurs, les circonstances de sa mort sont encore au-dessus; et pour le prouver, Thersagoras propose à Lucien de lui communiquer un ouvrage que lui seul possède, et qui renferme le récit des exploits d'Antipater, et les derniers momens de Démosthène. La proposition est acceptée, et Lucien se retire chez lui avec cet ouvrage; il le parcourt avec avidité, et la seconde partie de l'éloge de Démosthène n'est que le texte prétendu de ce livre précieux, dont Lucien veut bien faire part à ses lecteurs.

C'est un dialogue entre Antipater et l'officier qu'il avoit envoyé pour s'assurer de Démosthène. L'officier lui apprend que Démosthène s'est empoisonné dans un temple de Neptune, pour échapper au vainqueur. Rien de plus beau que ses derniers discours à l'officier qui le presse de se rendre à la cour de son maître :

« Tu me proposes de vivre, de la part de ton maître ! Ah ! si je dois vivre encore, si les jours de Démosthène doivent être conservés, que mes conservateurs soient mon pays, les flottes que j'ai armées à mes dépens, les fortifications que j'ai élevées, l'or que j'ai fourni à mes concitoyens, leur liberté que j'ai défendue, leurs lois que j'ai rétablies, le génie sacré de nos législateurs, les vertus de nos ancêtres, l'amour de mes concitoyens qui m'ont tant de fois couronné, la Grèce entière que j'ai vengée jusqu'à mon dernier soupir ; voilà quels doivent être mes défenseurs : et si dans ma vieillesse je suis condamné à traîner une vie importune aux dépens des autres, que ce soit aux dépens des prisonniers que j'ai rachetés, des pères dont j'ai doté les filles, des citoyens indigens dont j'ai acquitté les dettes. Ce n'est qu'à ceux-là que Démosthène veut devoir ; s'ils ne peuvent rien pour moi, que Neptune que j'implore, que cet autel, que la sainteté des lois me protègent aujourd'hui : et si Neptune lui-même ne peut défendre son temple contre toi, s'il ne rougit pas de livrer Démosthène au ministre d'Antipater, je saurai mourir, et jamais l'oppresseur de mon pays ne sera un dieu pour moi. — Non, je ne déshonorerai point Athènes ; je ne servirai point : je mourrai libre ; c'est la plus belle des destinées ».

Archias insiste ; on va pour saisir Démosthène :

« Arrête, dit-il, et ne profane pas la demeure des Dieux : laisse-moi remercier Neptune de l'asyle qu'il m'a accordé, et je te suis ».

Il s'approche alors de l'autel, et s'empoisonne. L'effet du poison ne tarde pas à se manifester : Démosthène rassemble ce qu'il lui reste de forces pour se traîner vers Archias, et il lui dit :

« Traîne maintenant ce cadavre à ton maître ; pour Démosthène, jamais tu ne l'y conduiras. J'en atteste.......... » Il alloit sans doute jurer par les mânes des guerriers morts à Marathon ; mais la douleur lui coupe la voix, et il expire *.

---

* Ce n'est pas, comme l'on voit, de l'Éloge de Marc-Aurèle, que date la méthode, si vantée depuis, d'allier les formes dramatiques aux formes oratoires, et de faire d'un discours un petit drame, où tout est en action, en mouvement, et en dialogue. On sait d'ailleurs que l'idée première et le plan dramatique de l'éloge de Marc-Aurèle, furent soumis à Thomas par Diderot, dont la tête ardente concevoit et communiquoit avec chaleur aux autres des idées infiniment heureuses, qu'il n'eût eu ni la patience, ni peut-être le talent de mettre lui-même en œuvre.

Il faut convenir qu'il y a dans cette dernière partie de l'éloge, un ton de grandeur et une élévation d'idées qui nous reportent aux beaux jours d'Athènes; et que Lucien prend ici le style de Démosthène en le faisant parler. Telle est donc l'heureuse influence des hommes supérieurs, que lors même que les siècles ont dégénéré, leur seule idée réveille et ranime pour un moment quelques étincelles, du moins, des vertus ou des talens qui les ont immortalisés !

## CHAPITRE III.

*Eloges de Pompée et de César, par Cicéron.*

Après l'éloge de Socrate par Platon, celui de Caton par Cicéron eût été ce que nous eussions pu voir de plus intéressant. Mais l'ouvrage n'est point parvenu jusqu'à nous, et tout ce que nous en savons, c'est que Caton y étoit porté jusqu'aux cieux : *Catonem cœlo æquavit.* (Tacit.) Mais il nous reste de Cicéron plusieurs morceaux oratoires célèbres, dans le genre du panégyrique : ce sont les éloges de Pompée, dans le discours pour la loi *Manilia*, et celui de César, dans le remercîment que lui adresse l'orateur, au sujet du rappel de Marcellus.

Nous commencerons par le premier de ces discours. Après plusieurs victoires remportées sur Mithridate, Lucullus venoit d'être rappelé par le sénat, et il s'agissoit du général que l'on enverroit à sa place. Le tribun Manilius avoit porté une loi pour choisir Pompée, qui terminoit alors la guerre contre les pirates. D'illustres personnages s'opposoient à la loi du tribun : Cicéron, alors préteur, monte, pour la première fois, à la tribune aux harangues, pour appuyer la loi Manilia, et faire donner à Pompée le commandement de la guerre contre Mithridate.

La nature de cette guerre, la nécessité de n'en confier la conduite qu'à un général habile, et le choix de ce général; voilà le plan et la division naturelle de ce discours, l'un des plus beaux de Cicéron.

La troisième partie est la plus brillante et la plus étendue: c'est là que l'orateur déploie toutes les richesses de la plus magnifique éloquence. La science des armes, les vertus guerrières, la réputation et le bonheur, telles sont les qualités qui forment un général parfait, et Cicéron va nous prouver que Pompée les réunit.

* « Utinam, Quirites, virorum fortium atque innocentium copiam tantam haberetis, ut hæc vobis deliberatio difficilis esset, quemnam potissimum tantis rebus ac tanto bello præficiendum putaretis. Nunc verò quùm sit meus C. Pompeius qui non modò eorum hominum, qui nunc sunt, gloriam, sed etiam antiquitatis memoriam virtute superarit : quæ res est, quæ cujusquam animum in hâc causâ dubium facere possit? Ego enim sic existimo, in summo imperatore quatuor has res inesse oportere, scientiam rei militaris, virtutem, auctoritatem, felicitatem. Quis igitur hoc homine scientior unquam aut fuit, aut esse debuit? qui è ludo, atque pueritiæ disciplinâ, bello maximo atque acerrimis hostibus, ad patris exercitum, atque in militiæ disciplinam profectus est, qui extremâ pueritiâ miles fuit summi imperatoris, ineunte adolescentiâ, maximi ipse exercitûs imperator. Quod denique genus belli esse potest, in quo illum non exercuit fortuna reipublicæ? civile, Africanum, Transalpinum, Hispanense, mixtum ex civitatibus, atque

---

* « Plût aux Dieux que Rome eût assez de braves et intègres citoyens, pour que vous fussiez embarrassés sur le choix de celui qu'il faut mettre à la tête d'une pareille guerre! Mais puisque Pompée est le seul dont la vertu ait effacé la gloire des plus grands capitaines de nos jours, et même de tous les siècles passés, comment pourriez-vous balancer dans une circonstance aussi importante!

» Science des armes, vertus guerrières, réputation et bonheur : voilà ce qui, selon moi, constitue essentiellement le grand général.

» Or, qui fut, ou dut être jamais plus habile, qu'un homme qui, des études et des exercices du premier âge, est passé dans le camp de son père, pour faire l'apprentissage des armes dans une guerre difficile, et contre des ennemis belliqueux? un homme qui, à peine sorti de l'enfance, s'est vu lieutenant d'un grand général; et, à peine entré dans la jeunesse, lui-même général d'une grande armée? — Est-il une espèce de guerre où la fortune de la république n'ait exercé ses talens et son courage? La guerre civile, celle d'Afrique, celle au-delà des Alpes, celle d'Espagne, où des villes révoltées

bellicosissimis nationibus servile, navale bellum, varia et
versa genera et bellorum et hostium, non solum gesta ab hoc
no, sed etiam confecta, nullam rem esse declarant in usu mi-
tari positam, quæ hujus viri scientiam fugere possit ».

(N.<sup>os</sup> 27, 28).

* « Jam verò virtuti Cn. Pompeii quæ potest par oratio in-
veniri? Quid est quod quisquam aut dignum illo aut vobis novum, aut cuiquam inauditum possit afferre? Non enim illæ
sunt solæ virtutes imperatoriæ, quæ vulgò existimantur, labor
in negotiis, fortitudo in periculis, industria in agendo, celeri-
tas in conficiendo, consilium in providendo : quæ tanta sunt in
hoc uno, quanta in omnibus reliquis imperatoribus, quos aut
vidimus aut audivimus, non fuerunt. Testis est Italia, quam
ille victor L. Sulla hujus virtute et consilio confessus est libe-
ratam : testis est Sicilia, quam multis undique cinctam periculis, non terrore belli, sed celeritate consilii explicavit : testis
est Africa, quæ magnis oppressa hostium copiis, eorum ipso-
rum sanguine redundavit : testis est Gallia, per quam legioni-
bus nostris in Hispaniam iter Gallorum internecione patefac-
tum est : testis est Hispania, quæ sæpissimè plurimos hostes ab
eo superatos, prostratosque conspexit : testis est iterùm, et
sæpius Italia, quæ cùm servili bello tetro, periculosoque pre-
meretur, ab hoc auxilium absente expetivit : quod bellum ex-
spectatione Pompeii attenuatum atque imminutum est ; adventu

---

sient unies à des nations belliqueuses; celle des esclaves, celle des pirates ;
de ces guerres différentes, contre tant d'ennemis divers, je ne dis pas
conduites, mais terminées par le seul Pompée, prouvent qu'il n'est pas une
partie de l'art militaire qui ait pu échapper à ses connoissances ».

* « Quant à ses vertus guerrières, quel discours pourroit les célébrer
comme elles le méritent? Que peut-on dire, à cet égard, qui soit ou digne de
lui, ou nouveau pour vous, ou inconnu pour qui que ce soit? Les
vertus d'un grand général ne se bornent pas à celles qu'on leur attribue pour
l'ordinaire : application aux affaires, courage dans les périls, ardeur dans
l'action, sagesse dans les mesures, promptitude dans l'exécution ; vertus
que Pompée réunit seul dans un plus haut degré qu'aucun des généraux
que nous ayons vus, ou dont nous ayons entendu parler. Témoin l'Italie,
qui, de l'aveu même de Sylla vainqueur, ne fut pacifiée que par le courage et la sagesse de Pompée: témoin la Sicile, que le même Pompée affran-
chit des périls qui la menaçoient de si près : témoin l'Afrique, inondée du
sang des innombrables ennemis qui la fouloient et la dévoroient : témoin
l'Espagne, qui vit si souvent des milliers d'ennemis vaincus et terrassés par
l'effort de son bras : témoin une seconde fois, et d'autres fois encore l'Italie,
qui implora le secours de Pompée absent, pour la guerre dangereuse et sanglante qu'elle avoit à soutenir contre les esclaves, guerre dont la fureur,

sublatum ac sepultum. Testes vero jam omnes oræ, atque omnes exteræ gentes ac nationes, etc., denique maria omnia, etc. » ( N°s. 29, 30, 31 et 32 ).

Cette transition amène naturellement la description de la guerre des pirates; et de quelles couleurs l'orateur se sert pour la peindre!

\* « Quis enim toto mari locus per hos annos, aut tam firmum habuit præsidium, ut tutus esset, aut tàm fuit abditus ut lateret? Quis navigavit, qui non se aut mortis, aut servitutis periculo committeret, cùm aut hyeme, aut referto prædonum mari navigaret? Hoc tantum bellum, tam turpe, tam vetus, tam latè divisum atque dispersum, quos unquam arbitraretur aut ab omnibus imperatoribus uno anno, aut omnibus annis ab uno imperatore confici posse? Quam provinciam tenuistis à prædonibus liberam per hosce annos? Quod vectigal vobis tutum fuit? Quem socium defendistis? Cui præsidio classibus vestris fuistis? Quàm multas existimatis insulas esse desertas! Quàm multas aut metu relictas, aut à prædonibus captas urbes esse sociorum? Sed quid ego longinqua commemoro? — Nam quid ego ostiense incommodum, atque illam labem atque ignominiam reipublicæ querar, cùm prope inspectantibus vobis, classis ea, cui consul populi Romani præpositus esset, à prædonibus capta atque oppressa est? Pro

---

ralentie par la seule terreur du nom de Pompée, fut entièrement étouffée par sa présence : témoins toutes les contrées, toutes les nations étrangères, les mers enfin, etc. ».

\* « Pendant ces dernières années, quel endroit, dans toute l'étendue de la mer, a été assez fortifié par l'art, pour qu'on y fût en sûreté; assez défendu par la nature, pour qu'on y échappât à la violence? Qui a pu naviguer, sans s'exposer au péril de la mort ou de l'esclavage, parce qu'il fallait nécessairement ou mettre à la voile pendant l'hiver, ou voguer sur une mer infestée de pirates? Qui eût osé se flatter qu'une guerre si invétérée, si honteuse pour nous, pût être terminée ou en une seule année par plusieurs généraux, ou par un seul général, en une longue suite d'années? Quelle province, dans ces temps malheureux, s'est vue à l'abri des incursions des brigands? Est-il un de vos revenus sur lequel vous ayez pu compter? Quel allié avez-vous pu défendre? A qui vos flottes ont-elles été de quelque secours? Que d'îles abandonnées! que de villes alliées désertées par crainte, ou emportées par les Pirates! Mais pourquoi chercher au loin des exemples? — Faut-il vous rappeler la descente d'Ostie, cette entreprise si honteuse, si infamante pour le nom romain, où une flotte, commandée par un consul en personne, fut prise et coulée à fond par des pirates, presque

immortales ! Tantamne unius hominis incredibilis ac divina
virtus tam brevi tempore lucem afferre reipublicæ potuit, ut
is, qui modò antè ostium tiberinum classem hostium videba-
tis, ii nunc nullam intra oceani ostium prædonum navem esse
audiatis » ? ( N.ᵒˢ. 31 et 33 ).

Des talens militaires de Pompée, Cicéron passe à
l'éloge de ses vertus domestiques.

* « Jam verò ita faciles aditus ad eum privatorum, ita li-
beræ querimoniæ de aliorum injuriis esse dicuntur, ut is, qui
dignitate principibus excellit, facilitate par infimis esse videatur.
Jam quantum consilio, quantum dicendi gravitate et copiâ
valeat, in quo ipso inest quædam dignitas imperatoria, vos,
quirites, hoc ipso in loco sæpè cognostis. Fidem verò ejus inter
eos quantam existimari putatis, quam hostes omnium gentium sanctissimam judicarint ? etc. ». ( N.ᵒˢ 41, 42 ).

Toutes les autres parties de l'éloge sont parcourues
et traitées avec la même supériorité de raison et la même
beauté de style, de sorte que tout le monde est de l'avis
de Cicéron, quand il dit :

** « Quare cum et bellum ita necessarium sit, ut negligi non
possit : ita magnum, ut accuratissimè sit administrandum : et
cum ei imperatorem præficere possitis, in quo sit eximia belli
scientia, singularis virtus, clarissima autoritas, egregia for-

* « yeux ? Dieux immortels ! la valeur rare et divine d'un seul homme a-t-
elle bien pu, en si peu de temps ( en quarante-neuf jours ), changer tellement la face de nos affaires, qu'après avoir vu une flotte ennemie à l'em-
bouchure du Tibre, vous n'entendiez plus aujourd'hui parler d'un seul
vaisseau pirate dans l'étendue de la Méditerrannée » !

* « Pompée est d'un accès si facile pour les particuliers même, il écoute
avec tant de bonté les plaintes de chacun, que, supérieur par sa dignité
aux plus grands personnages, on le diroit, par son affabilité, l'égal du
dernier des hommes. Quant à la sagesse de ses conseils, à la force et à la
solidité de son éloquence, qualités qui relèvent si avantageusement le mérite d'un général, vous les connoissez, Romains, vous qui l'avez si souvent
admiré à cette tribune, etc. »

** « Puis donc que la guerre actuelle est tellement indispensable, qu'il
est impossible d'y renoncer ; puisqu'elle est si importante, que rien n'en
doit détourner notre attention ; puisqu'enfin nous en pouvons remettre le
commandement à un général qui réunit à une connoissance profonde de

tuna; dubitatis, Quirites, quin hoc tantum boni, quod vobis à Diis immortalibus oblatum et datum est, in rempublicam conservandam atque amplificandam conferatis?

» Quod si Romæ Cn. Pompeius privatus esset hoc tempore tamen ad tantum bellum is erat deligendus atque mittendus. Nunc, cùm ad cœteras summas utilitates hæc quoque opportunitas adjungatur, ut in iis ipsis locis adsit, ut habeat exercitum, ut ab iis qui habent, accipere statim possit : qui expectemus? Aut cur non, ducibus Diis immortalibus, eidem cui cætera, summâ cùm salute reipublicæ commissa sunt, hoc quoque bellum regium committimus »? ( Nos. 49 et 50 ).

On sent, à chaque ligne de ce discours, que l'âme de Cicéron y étoit à son aise, et au niveau de son sujet il étoit tout simple qu'il trouvât du plaisir à louer Pompée. Mais Cicéron louant César; mais un républicain louant la tyrannie, a quelque chose d'extraordinaire et qui ne s'explique que par les circonstances. Aussi le discours pour Marcellus a-t-il été long-temps aux yeux de bien des gens, une tache pour la mémoire de Cicéron. Peut-être n'a-t-on pas fait assez d'attention à la conduite de Cicéron dans cette circonstance : avec un peu de réflexion, on auroit vu que louer la clémence de César à l'égard de Marcellus, c'étoit lui faire, pour ainsi dire, une loi de ne plus se démentir de ses principes; que mettre cette même clémence au-dessus de tous les exploits du vainqueur du monde, c'étoit lui dire bien formellement, que s'il avoit conquis Rome par la force des armes, il ne régneroit sur les Romains que par

---

l'art militaire, toutes les vertus d'un guerrier, une brillante réputation, et le bonheur le plus constant, balancerez-vous, Romains, à consacrer au salut et à l'agrandissement de la république, le bien inestimable qui nous est offert et accordé par les Dieux immortels!

» Quand Pompée seroit aujourd'hui dans Rome, sans aucun commandement, il faudroit toujours le choisir pour une guerre si importante, et l'envoyer en Asie : mais puisqu'à tous les avantages que je viens d'exposer se joint encore cette circonstance favorable, que Pompée est actuellement sur les lieux, qu'il y est avec une armée, et qu'il peut recevoir sur-le-champ le reste de nos troupes des mains de ceux qui les commandent, qu'attendons-nous? Pourquoi, sous les auspices des immortels, ne pas confier la guerre présente au même homme à qui nous en avons confié tant d'autres pour le salut de la république »?

douceur et la bienveillance. Sans doute l'éloge est prodigué à César dans cette harangue : mais il falloit préparer le chemin aux vérités qui la terminent ; et peut-être y eut-il autant de mérite et de hardiesse à adresser de pareilles vérités à un maître (et César l'étoit.), qu'il n'avoit eu de courage autrefois à dénoncer, à convaincre Catilina, et à faire punir ses complices. Bien loin donc que ce discours puisse nuire à la gloire de Cicéron, nous le regardons au contraire comme un de ses titres les mieux fondés à la célébrité. Comme orateur, c'est son chef-d'œuvre ; comme citoyen, c'est une de ses plus belles actions.

Après un très-beau lieu commun sur le fracas et la gloire bruyante des conquêtes, Cicéron en vient au véritable sujet du discours, l'éloge de la clémence du vainqueur.

\* « Domuisti gentes immanitate barbaras, multitudine innumerabiles, locis infinitas, omni copiarum genere abundantes ; sed tamen ea vicisti, quæ et naturam, et conditionem, ut vinci possent, habebant : nulla est enim tanta vis, quæ non ferro ac viribus debilitari, frangique possit. Animum vincere, iracundiam cohibere, victoriam temperare, adversarium nobilitate, ingenio, virtute præstantem, non modò extollere jacentem, sed etiam amplificare ejus pristinam dignitatem ; hæc qui faciat, non ego eum cum summis viris comparo, sed simillimum deo judico.

» Itaque, C. Cæsar, bellicæ tuæ laudes celebrabuntur illæ quidem non solùm nostris, sed penè omnium gentium litteris,

---

\* « Vous avez soumis, César, des nations redoutables par la férocité de leurs mœurs, formidables par la multitude de leurs soldats, inépuisables par la variété de leurs ressources, et presque inabordables par l'immensité des distances : mais vous n'avez vaincu pourtant que ce qui étoit susceptible de l'être. Car il n'est point de puissance et de force, que la force et le fer ne viennent à bout de briser et de détruire. Mais se vaincre soi-même, étouffer son ressentiment, modérer sa victoire, relever de sa chute un adversaire distingué par sa naissance, son génie et son courage ; ne pas le relever seulement, mais se plaire à rehausser sa dignité et son rang, c'est un trait d'héroïsme qui vous place au-dessus des plus grands hommes, ou plutôt qui vous assimile aux Dieux mêmes.

« Ainsi donc, César, vos exploits seront, il est vrai, célébrés noblement dans notre langue et dans nos annales, mais dans les langues et

atque linguis; neque ulla umquam ætas de tuis laudibus conticescet. Sed tamen ejusmodi res, nescio quo modo, etiam quum leguntur, obstrepi clamore militum videntur, et tubarum sono. At verò quum aliquid clementer, mansuetè, justè, moderatè, sapienter factum, in iracundiâ præsertim, quæ est inimica consilio, et in victoriâ, quæ naturâ insolens et superba est, aut audimus, aut legimus; quo studio incendimur, non modò in gestis rebus, sed etiam in fictis, ut eos sæpe, quos numquam vidimus, diligamus »?

César s'étoit plaint que l'on en vouloit à sa vie, et avoit manifesté des soupçons : l'orateur s'efforce de le tranquilliser.

\* « Nunc verò venio ad gravissimam querelam et atrocissimam suspicionem tuam, quæ non tibi ipsi magis, quàm quum omnibus civibus tum maximè nobis, qui a te conservati sumus, providenda est : quam etsi spero esse falsam, numquam tamen verbis extenuabo. Tua enim cautio, nostra cautio est; ut, si in alterutro peccandum sit, malim videri nimis timidus, quàm parùm prudens. Sed quisnam est iste tam demens? de tuis ne? tametsi qui magis sunt tui, quam quibus tu salutem insperantibus reddidisti? an ex eo numero, qui una tecum fuerunt? non est credibilis tantus in ullo furor; ut, quo duce omnia summa sit adeptus, hujus vitam non anteponat suæ. At si tui nihil cogitant sceleris, cavendum est, ne quid inimici. Qui? omnes enim qui fuerunt, aut suâ pertinaciâ vitam amiserunt, aut tuâ misericordiâ retinuerunt; ut aut nulli supersint de inimicis, aut, qui superfuerunt, amicissimi sint.

» Sed tamen, quùm in animis hominum tantæ latebræ sint,

---

dans les annales de tous les peuples; et vos louanges seront à jamais répétées par les âges futurs. Cependant les clameurs des soldats, les sons de la trompette se mêlent involontairement au récit ou à la lecture des exploits guerriers, et en altèrent le charme. Mais que l'on nous raconte, ou que nous lisions nous-mêmes un trait de clémence, d'humanité, de justice ou de modération; si ces vertus se sont signalées surtout dans la colère, ennemie de la raison, ou après la victoire, naturellement insolente et superbe, de quel transport nous nous sentons enflammés, et comme nous chérissons, sans même les avoir vus jamais, ceux qui ont donné ces grands exemples à la terre »!

\* « Je passe maintenant à vos plaintes amères, à ces soupçons si douloureux pour nous. Tous les citoyens de Rome, ceux surtout qui vous doivent la vie, ont-ils donc moins d'intérêt que vous-même à empêcher l'effet de ces soupçons? Je les crois sans fondement; je ne chercherai point cependant

tanti recessus, augeamus sane suspicionem tuam; simul enim augebimus et diligentiam : nam quis est omnium tam ignarus rerum, tam rudis in republicâ, tam nihil umquam nec de suâ, nec de communi salute cogitans, qui non intelligat, tuâ salute contineri suam? et ex unius tuâ vitâ pendere omnium? Equidem de te dies noctesque, ut debeo, cogitans, casus dumtaxat humanos, et incertos eventus valetudinis, et naturæ communis fragilitatem extimesco; doleoque, quum respublica immortalis esse debeat, eam in unius mortalis animâ consistere. Si verò ad humanos casus, incertosque eventus valetudinis, sceleris etiam accedat, insidiarumque consensio, quem deum, si cupiat, opitulari posse reipublicæ credamus ».

Que cette transition est heureuse, pour amener le morceau important qui suit, et qui étoit le grand sujet du discours! Oui, César doit veiller à sa propre conservation, parce qu'il est indispensable qu'il existe pour réparer les maux que la guerre civile a faits à la patrie. Avec quelle énergie courageuse l'orateur va lui prescrire ses devoirs à cet égard!

* « Omnia sunt excitanda tibi, C. Cæsar, uni, quæ jacere sentis, belli ipsius impetu, quod necesse fuit, perculsa, atque prostrata : constituenda judicia, revocanda fides; comprimen-

s'affoiblir. Le gage de votre sûreté est dans la nôtre, César; et s'il faut tomber dans un extrême, j'aime mieux paroître trop timide, que trop insouciant.

» Mais quel insensé voudroit attenter à vos jours? Un de vos amis? Pouvez-vous donc avoir de meilleurs amis que ceux d'entre nous à qui vous avez confié la vie, contre toute espérance? Seroit-ce un de ceux qui ont suivi vos étendards? Non, cet excès de fureur n'est pas concevable; et jamais un soldat ne préférera sa propre vie à celle du chef à qui il doit tous ses avantages. Mais, rassuré sur le compte de vos amis, peut-être vous objectera-t-on ce qu'il faut craindre de vos ennemis. Vos ennemis! où sont-ils? Tous ceux qui le furent ont perdu la vie par leur folle opiniâtreté, ou la doivent à votre clémence. Ainsi vos ennemis sont restés sur le champ de bataille, ou sont devenus vos amis les plus fidèles. Comme il est cependant dans le cœur de l'homme mille replis secrets, mille détours cachés, augmentons, j'y consens, vos soupçons, etc. »

* « Vous seul, César, pouvez réparer les maux inévitables que la guerre a causés à l'état, et qui en ont ruiné la sage constitution. C'est à vous à rappeler la confiance, à rétablir la justice, à réprimer la licence, à favoriser la population : c'est à vous à raffermir, par des lois sévères, toutes les parties

dæ libidines, propaganda soboles; omnia, quæ dilapsa jam defluxerunt, severis legibus vincienda sunt.

» Non fuit recusandum in tanto civili bello, tantoque animorum ardore et armorum, quin quassata respublica, quicumque belli eventus fuisset, multa perderet, et ornamenta dignitatis, et præsidia stabilitatis suæ, multaque uterque dux faceret armatus, quæ idem togatus fieri prohibuisset : quæ quidem nunc tibi omnia belli vulnera curanda sunt; quibus præter te, mederi nemo potest ».

Il étoit plus d'une fois échappé à César de dire : *J'ai assez vécu pour ma gloire*. Quel parti Cicéron v[a] tirer de cette exclamation d'un grand homme, et avec quel art il va s'en servir pour lui en faire une leçon importante !

\* « Itaque illam tuam præclarissimam et sapientissimam vocem invitus audivi : *Satis diu vel naturæ vixi, vel gloriæ.* Satis, si ita vis, naturæ fortasse; addo etiam, si placet, gloriæ : at, quod maximum est, patriæ certe parum. Quare omitte, quæso, istam doctorum hominum in contemnendâ morte prudentiam : noli nostro periculo sapiens esse. Sæpe enim venit ad

---

du corps politique ébranlées. Au milieu des horreurs de la guerre, dans la fermentation des esprits, dans le tumulte des armes, on devoit s'attendre que la république, agitée par de violentes secousses, quel que fût l'événement, perdroit beaucoup de sa splendeur, de sa stabilité et de sa force : on devoit s'attendre que les deux chefs, les armes à la main, se permettroient bien des excès qu'ils auroient condamnés au sein de la paix. Vous devez à présent, César, fermer ces plaies que la guerre nous a faites : vous seul pouvez les guérir ».

\* « C'est avec regret, César, que j'ai entendu souvent de votre bouche ce mot qui par lui-même est plein de sagesse et de grandeur : *J'ai assez vécu, soit pour la nature, soit pour la gloire.* Assez pour la nature, si vous voulez, assez même pour la gloire, j'y consens; mais non pas pour la patrie, qui est avant tout. Laissez donc ce langage aux philosophes qui ont mis leur gloire à mépriser la mort : cette sagesse ne doit point être la vôtre; elle coûteroit trop cher à la république. Sans doute vous auriez assez vécu, si vous étiez né pour vous seul. Mais aujourd'hui que le salut de tous les citoyens et le sort de la république dépendent de la conduite que vous tiendrez, vous êtes loin d'avoir achevé le grand édifice qui doit être votre ouvrage; vous n'en avez pas même jeté les fondemens. Est-ce donc à vous à mesurer la durée de vos jours sur le peu de prix que peut y ajouter votre grandeur d'âme, et non pas sur l'intérêt commun ? Et si je vous disois que ce n'est pas assez pour cette gloire même, que, de votre propre aveu, et malgré tous vos principes de philosophie, vous préférez à tout ? Quoi donc!

# LIVRE III.

aures meas, te idem istud nimis crebrò dicere? satis te tibi vixisse. Credo : sed tum id audirem, si tibi soli viveres, aut si tibi etiam soli natus esses : nunc, quum omnium salutem civium, cunctamque Rempublicam res tuæ gestæ complexæ sint; tantum abes a perfectione maximorum operum, ut fundamenta, quæ cogitas, nondum jeceris. Hic tu modum tuæ vitæ, non salute Reipublicæ, sed æquitate animi definies? quid, si istud ne gloriæ quidem tuæ satis est? cujus te esse avidissimum, quamvis sis sapiens, non negabis.

» Parumne igitur, inquies, gloriam magnam relinquemus? immo verò aliis, quamvis multis, satis; tibi uni parum : quidquid enim est, quamvis amplum sit, id certè parum est tum, quum est aliquid amplius. Quòd si rerum tuarum immortalium, C. Cæsar, hic exitus futurus fuit, ut, devictis adversariis, Rempublicam in eo statu relinqueres, in quo nunc est; vide, quæso, ne tua divina virtus admirationis plus sit habitura, quàm gloriæ : si quidem gloria est, illustris ac pervagata multorum, et magnorum, vel in suos, vel in patriam, vel in omne genus hominum, fama meritorum ».

Nous le demanderons maintenant à ceux qui ont fait à Cicéron un crime des louanges données à César :

---

me direz-vous, en laisserai-je si peu après moi? Beaucoup, César, et même assez pour tout autre : trop peu pour vous seul; car à vos yeux, rien ne doit être assez grand, s'il reste quelque chose au-dessus.

» Or, prenez garde que si toutes vos grandes actions doivent aboutir à laisser la république dans l'état où elle est, vous n'ayez plutôt excité l'admiration, que mérité la véritable gloire, s'il est vrai que celle-ci consiste à laisser après soi le souvenir du bien qu'on a fait aux siens, à la patrie et au genre humain. Voilà ce qui vous reste à faire ; voilà le grand travail qui doit vous occuper. Donnez une forme stable à la république, et jouissez vous-même de la paix et de la tranquillité que vous aurez procurées à l'état.

» N'appelez pas votre vie, celle dont la condition humaine a marqué les bornes, mais celle qui s'étendra dans tous les âges, et qui appartiendra à la postérité. Elle a déjà dans vous ce qui peut être admiré ; mais elle attend ce qui peut être approuvé et estimé. On entendra, on lira avec étonnement vos triomphes sur le Rhin, sur le Nil, sur l'Océan. Mais si la république n'est pas affermie sur une base solide par vos soins et votre sagesse, votre nom se répandra au loin, mais ne vous donnera pas dans l'avenir un rang assuré et incontestable. Vous serez pour nos neveux, comme vous l'avez été pour nous, un sujet éternel de division : les uns vous élèveront jusqu'au ciel ; les autres diront qu'il vous a manqué ce qu'il y a de plus glorieux, de guérir les maux de la patrie ; ils diront que vos grands exploits peuvent appartenir à la fortune, et que vous n'avez pas fait ce qui n'auroit appartenu qu'à vous. Ayez donc devant les yeux ces juges sévères qui prononceront un jour sur vous, et dont le jugement, si j'ose le dire, aura plus de poids que le nôtre, parce qu'ils seront sans intérêt, sans haine et sans envie ».

n'est-ce pas là le langage d'un homme également sensible aux vertus de César et aux intérêts de la patrie, et qui rend justice à l'un, mais qui aime l'autre; qui, en louant l'usurpateur de l'usage qu'il fait de sa puissance, l'avertit que son premier devoir est de la soumettre aux lois? Quant au talent de l'exécution, c'est la manière habituelle de l'orateur, portée à son plus haut point de perfection. Il n'y a, pour louer de pareils morceaux, que le transport de l'admiration : nous ne le répéterons plus; car il est clair que ceux que leur âme n'a point avertis avant nous du mérite d'une semblable composition, ne le sentiront pas davantage, quand nous nous récrirons sur la beauté de chaque phrase.

De pareils chefs-d'œuvres sont rares, il en faut convenir; et ceux qui, après les jours de la décadence et le triomphe du faux goût, ont le mérite du moins de sentir celui des autres, et de s'apercevoir que ce sont-là les modèles qu'il faut se proposer, forment une nouvelle classe, une espèce de second ordre en littérature, qu'on n'étudie pas sans fruit, après avoir admiré le premier.

## CHAPITRE IV.

### *Éloge de Trajan, par Pline le jeune.*

Tels furent, chez les Romains, Tacite, Sénèque quelquefois, et les deux Pline, dont le jeune appartient à ce chapitre de notre ouvrage, par son panégyrique de Trajan, que nous allons examiner.

On a dit et répété long-temps, que pour mériter un tel panégyrique, il n'avoit manqué à Trajan que de ne le pas entendre. Mais il faut savoir, et Pline nous l'apprend lui-même, que le discours réellement prononcé en présence du prince, n'étoit qu'un simple remercîment très-court, adapté au lieu et à la circons-

# LIVRE III.

tance : ce ne fut qu'au bout de quelques années qu'il le publia tel qu'il nous est parvenu. C'est, malgré tous ses défauts, l'une des productions les plus estimables de l'antiquité. Il y a des traits d'une grande force, des pensées pleines de grâce ou de finesse, et des morceaux entiers qui respirent le ton de la véritable éloquence. Tel est entr'autres ce tableau de l'affabilité de Trajan, opposée à la sombre férocité de Domitien, son prédécesseur.

* « Ipse autem ut excipis omnes ! ut expectas ! ut magnam partem dierum inter tot imperii curas quasi per otium transigis ! Itaque non ut alias attoniti, nec in periculum capitis adituri tarditate, sed securi et hilares, quum commodum est, convenimus; et, admittente principe, interdum est aliquid, quod nos domi quasi magis necessarium teneat, excusati semper tibi, nec unquam magis excusandi sumus. Scis enim sibi quemque præstare quòd te videat, quòd te frequentet, ac tantò liberalius ac diutius voluptatis hujus copiam præbes. Nec salutationes tua toga et vastitas sequitur : remoramur, resistimus ut in communi domo, quam nuper illa immanissima bellua plurimo terrore munierat, quum, velut quodam specu inclusa, nunc proximorum sanguinem lamberet, nunc se ad clarissimorum civium strages cædesque proferret. Obversabantur foribus horror et minæ, et par metus admissis et exclusis. Ad hoc ipse occursu quoque visuque terribilis superbia in fronte, iræ in oculis, fe-

---

* « Avec quelle bonté vous accueillez, vous entendez tout le monde ! Comme au milieu de tant de travaux vous semblez presque toujours être de loisir ! Nous venons dans votre palais, non plus, comme autrefois, tremblans d'être venus trop tard aux ordres de l'empereur, mais joyeux et tranquilles, et à l'heure qui nous convient. Il nous est permis, même quand vous êtes prêt à nous recevoir, de nous refuser à cet honneur, si nous avons quelque chose à faire. Nous sommes toujours excusés à vos yeux, et nous devons l'être sans doute; car vous savez assez que chacun de nous s'estime d'autant plus qu'il vous voit et vous fréquente davantage; et c'est encore une bonté pour vous de vous prêter avec une nouvelle indulgence à ce plaisir toujours nouveau. Ce n'est pas un instant d'audience, suivi bientôt de la désertion et de la solitude : nous restons, nous vivons avec vous dans votre palais.

» Peu auparavant, une bête féroce l'environnoit de terreur, ce même palais, lorsque retirée là comme dans sa caverne, elle s'abreuvoit du sang de ses proches, ou n'en sortoit que pour dévorer nos plus illustres citoyens. Nous veilloient aux portes la menace et l'épouvante ; alors trembloient également et ceux qui étoient admis, et ceux que l'on écartoit. Lui-même ne se présentoit que sous un aspect formidable, l'orgueil sur le front, la fureur

mineus pallor in corpore, in ore impudentia multo robore suf-
fusa. Non adire quisquam, non alloqui audebat, tenebras semper, secretumque captantem ; nec unquam ex solitudine sua
prodeuntem, nisi ut solitudinem faceret ». ( N.ᵒˢ 48—49).

Quelques pensées détachées achèveront de faire connoître le caractère et le genre d'éloquence de Pline.

\* « Unum ille se ex nobis, et hoc magis excellit atque emi-
net, quòd unum ex nobis putat ; nec nimius hominem se, quàm
hominibus præesse meminit ». ( N.° 2 ).

Ailleurs :

\*\* « Nescio an plus moribus conferat princeps, qui bonos
esse partitur, quàm qui cogit ». ( N.° 45 ).

« Habes amicos, quia amicus ipse es. Neque enim, ut
alia subjectis, ita amor imperatur : neque est ullus affectus
tàm erectus et liber, et dominationis impatiens, nec qui magis vices exigat. Potest fortasse princeps iniquè, potest tamen
odio esse nonnullis, etiamsi ipse non oderit : amari, nisi amet,
non potest ». ( N.° 85 ).

« Cui nihil ad augendum fastigium superest, hic uno
modo crescere potest, si se ipse submittat, securus magnitu-
dinis suæ ». ( N.° 71 ).

---

dans les yeux, la pâleur d'une femme sur tout son corps : personne n'osoit
l'aborder, ni percer les ténèbres où il se retranchoit. — Cependant dans ces
mêmes murailles, dont il s'étoit fait un rempart, il enferme avec lui la vengeance et la mort ; et le dieu qui punit le crime l'y poursuivit et l'y atteignit
enfin ».

\* « Notre empereur est d'autant plus grand, qu'il croit n'être qu'un
citoyen comme nous. Il se souvient qu'il est homme, et qu'il commande
à des hommes ».

\*\* « Le prince qui permet d'être vertueux, fait peut-être plus pour les
mœurs, que celui qui l'ordonne ».

« Vous avez des amis, parce que vous l'êtes vous-même ; car on commande tout aux sujets, excepté l'amour. De tous les sentimens, l'amour
est le plus fier, le plus indépendant et le plus libre. Un prince peut-être
peut inspirer la haine, sans la mériter et la sentir ; mais il ne peut être
aimé, s'il n'aime lui-même ». ( N.° 85 ).

« Quand on est dans la première place du monde, on ne peut plus
s'élever qu'en abaissant sa propre grandeur ».

Il justifie ainsi, dans un autre endroit, la manière dont il avoit parlé des tyrans, oppresseurs de Rome, avant que Trajan la rendît heureuse :

* « Omnia patres conscripti, quæ de aliis principibus à me dicuntur aut dicta sunt, eò pertinent, ut ostendam quàm longâ consuetudine corruptos depravatosque mores principatûs parens noster reformet et corrigat : alioqui nihil non parùm gratè sine comparatione laudatur. Præbereà, etc. ». (N.° 53).

Cela a été vrai de tous les temps; et il seroit bon que l'on se rappelât généralement que cela n'a pas cessé de l'être aujourd'hui.

Il y a, comme on voit, de très-belles choses dans le panégyrique de Trajan; mais il s'en faut beaucoup qu'il soit en tout un bel ouvrge. Le ton déclamateur, la manie des antithèses et de l'amplification le déparent trop souvent, et lui ôtent le caractère principal de toute véritable grandeur, la simplicité noble.

## CHAPITRE V.

*Panégyrique de Louis XV, par Voltaire.*

Veut-on un exemple frappant de ce genre de beauté? Notre littérature va nous l'offrir, dans le Panégyrique de Louis XV, par Voltaire.

Le ton de noblesse et de dignité qui y règne d'un bout à l'autre, s'annonce dès le début :

« Une voix foible et inconnue s'élève; mais elle sera l'interprète de tous les cœurs. Si elle ne l'est pas, elle est téméraire:

---

* « Tout ce que j'ai dit des autres princes que nous avons eus, n'a pour but que de vous faire voir combien notre père commun a changé et corrigé l'esprit du gouvernement, si long-temps corrompu et dépravé. Cette comparaison sert à mieux marquer et le mérite et la reconnoissance ».

si elle flatte, elle est coupable; car c'est outrager le trône et la patrie, que de louer son prince des vertus qu'il n'a pas ».

Quelle simplicité harmonieuse et élégante! quelle douceur de style! C'est la perfection de celui de Racine transportée dans la prose. A ce rare talent de s'exprimer ainsi, l'auteur joint dans ce discours un mérite qui est devenu l'un de ses caractères distinctifs, l'art de donner de grandes leçons de morale ou d'humanité, et de les donner sans ce faste ridicule, sans cette morgue arrogante qui les décréditent d'avance, et qui n'en imposent depuis long-temps à personne. Quelle sensibilité douce dans ce tableau de la maladie et de la convalescence du roi à Metz!

« On se souvient de ces cris de douleur, de cette désolation, de ces larmes de toute la France; de cette foule consternée qui, se précipitant dans les temples, interrompoit par ses sanglots les prières publiques, tandis que le prêtre pleuroit en les prononçant, et pouvoit les achever à peine.

» Au bruit de sa convalescence, avec quel transport nous passâmes de l'excès du désespoir à l'ivresse de la joie! Jamais les courriers qui ont apporté les nouvelles des plus grandes victoires, ont-ils été reçus comme celui qui vint nous dire: *Il est hors de danger!* Les témoignages de cet amour venoient de tous côtés au monarque; il se souleva soudain par un effort dans ce lit de douleur où il languissoit encore: *Qu'ai-je donc fait, s'écria-t-il, pour être ainsi aimé?* Ce fut l'expression naïve de ce caractère simple, qui, n'ayant de faste ni dans la vertu ni dans la gloire, savoit à peine que sa grande âme étoit connue ».

Ce qui ne seroit qu'un lieu commun pour un autre écrivain, ce qui a été dit et répété cent fois, prend sous la plume de Voltaire, une tournure qui n'appartient qu'à lui; et l'étonnante magie de son style prête aux choses même les plus usées pour le fond, les charmes et les grâces de la nouveauté.

« On peut se tromper dans l'admiration; on peut trop se hâter d'élever des monumens de gloire; on peut prendre de la fortune pour du mérite: mais quand un peuple entier aime éperdument, peut-il errer? Le cœur du prince sentit ce que vouloit dire ce cri de la nation ; la crainte universelle de perdre un bon roi, lui imposoit la nécessité d'être le meilleur des rois. Après un triomphe si rare, il ne falloit pas une vertu commune ».

Cet éloge, entièrement fondé sur des faits racontés avec cette belle simplicité qui se contente d'exposer ce qui n'a pas besoin d'être orné, renferme les événemens les plus remarquables du règne de Louis xv, jusqu'à l'époque où l'auteur écrivoit. La bataille de Fontenoy y devoit tenir et y occupe une place distinguée. Heureux le panégyriste, quand il lui suffit d'être historien exact pour tracer l'éloge de son héros!

« L'histoire déposera que, sans la présence du roi, la bataille de Fontenoy étoit perdue. On ramenoit de tous côtés les canons : tous les corps avoient été repoussés les uns après les autres ; le poste important d'Antonin avoit commencé d'être évacué ; la colonne angloise s'avançoit à pas lents, toujours ferme, toujours inébranlable, coupant en deux notre armée, faisant de tous côtés un feu continu qu'on ne pouvoit ni ralentir ni soutenir. Si le roi eût cédé aux prières de tant de serviteurs, qui ne craignoient que pour ses jours ; s'il n'eût demeuré sur le champ de bataille ; s'il n'eût fait revenir ses canons dispersés, qu'on retrouva avec tant de peine, auroit-on fait les efforts réunis qui décidèrent du sort de cette journée? Qui ne sait à quel excès la présence du souverain enflamme notre nation, et avec quelle ardeur on se dispute l'honneur de mourir ou de vaincre à ses yeux? Ce moment en fut un grand exemple. On proposoit la retraite ; le roi regardoit ses guerriers, et ils vainquirent ».

Voilà bien le ton, les couleurs et la fidélité de l'histoire décrivant un grand événement. Écoutez maintenant le langage de la vraie philosophie, c'est-à-dire, de la raison et de la sensibilité.

« On ne sait que trop quelles funestes horreurs suivent les batailles ; combien de blessés restent confondus parmi les morts ; combien de soldats, élevant une voix expirante pour demander du secours, reçoivent le dernier coup de la main de leurs propres compagnons, qui leur arrachent de misérables dépouilles, couvertes de sang et de fange ; ceux mêmes qui sont secourus, le sont souvent d'une manière si précipitée, si inattentive, si dure, que le secours même est funeste : ils perdent la vie dans de nouveaux tourmens, en accusant la mort de n'avoir pas été assez prompte. Mais après la bataille de Fontenoy, on vit un père qui avoit soin de la vie de ses enfans, et tous les blessés furent secourus comme s'ils l'avoient été par leurs frères. L'ordre, la prévoyance, l'attention, la propreté, l'abondance de ces maisons que la charité élève avec tant de frais, et qu'elle entretient dans le sein de nos villes tranquilles et opulentes, n'étoient pas au-dessus de ce qu'on vit dans les établissemens préparés à la hâte pour ce jour de sang. Les ennemis prisonniers et blessés devenoient nos compatriotes, nos frères. Jamais tant d'humanité ne succéda si promptement à tant de valeur ».

Le même charme se retrouve dans le morceau suivant, sur l'amitié :

« Quel préjugé s'est répandu sur la terre, que cette amitié, cette précieuse consolation de la vie, est exilée dans les cabanes, qu'elle se plaît chez les malheureux ? O erreur ! l'amitié est également inconnue, et chez les infortunés uniquement occupés de leurs travaux et chez les heureux souvent endurcis, et dans le travail des campagnes, et dans les occupations des villes, et dans les intrigues des cours. Partout elle est étrangère ; elle est, comme la vertu, le partage de quelques âmes privilégiées ; et lorsqu'une de ces belles âmes se trouve sur le trône, ô Providence, qu'il faut vous bénir ! Puissent ceux qui croient que dans les cours l'intrigue ou le hasard distribue toujours les récompenses, lire quelques-unes de ces lettres que le monarque écrivoit après sa victoire ! *J'ai perdu*, dit-il dans un de ces billets où le cœur parle, et où le héros se peint, *j'ai perdu un honnête homme et un brave officier, que j'estimois et que j'aimois. Je sais qu'il a un frère dans l'état ecclésiastique ; donnez-lui le premier bénéfice, s'il en est digne, comme je le crois* ».

Que la fonction si souvent pénible de louer, devient douce et consolante, quand l'orateur peut se dire avec Voltaire, en terminant son discours :

« Dans tout ce qu'on vient de dire, a-t-on avancé un seul fait que la malignité puisse seulement couvrir du moindre doute ? On s'étoit proposé un panégyrique, on n'a fait qu'un récit simple. O force de la vérité ! les éloges ne peuvent venir que de vous. Et qu'importe encore des éloges? nous devons des actions de grâces. Quel est le citoyen, qui, en voyant cet homme si grand et si simple, ne doive s'écrier du fond de son cœur : Si la frontière de ma province est en sûreté, si la ville où je suis né est tranquille, si ma famille jouit en paix de son patrimoine, si le commerce et tous les arts viennent en foule rendre mes jours plus heureux, c'est à vous, c'est à vos travaux, c'est à votre grand cœur que je le dois » *.

## CHAPITRE VI.

### DES ÉLOGES FUNÈBRES.

*Éloge des Athéniens morts dans la guerre du Péloponèse.*

LE respect pour les morts, et les regrets donnés à la cendre de ce qui nous fut cher, sont de tous les temps, et se retrouvent dans tous les pays et dans toutes les religions ; c'est le culte du sentiment : il est universel. Mais ce dont l'antiquité nous avoit également donné l'exemple, et ce que la forme de nos institutions poli-

---

* « Il ne peut être que fort dangereux pour moi, sans doute, de me trouver, en fait d'éloquence, d'un autre avis que M. le cardinal Maury : mais il ne me paroît pas avoir rendu à ce *Panégyrique* et à l'*Éloge funèbre des officiers*, toute la justice que méritent ces deux productions. Le président Hénault trouvoit le panégyriste de Louis XV d'autant plus éloquent, qu'il paroît ne pas prétendre à l'éloquence, et cela est vrai. Cette manière simple et franche de louer étoit nouvelle, sans doute, et n'en doit avoir que plus de prix aux yeux des jeunes orateurs, trop naturellement portés à prendre l'exagéré pour le vrai, et l'emphase pour la véritable éloquence. Familiarisé avec les mouvemens de la grande éloquence, et avec l'action impétueuse de la tribune politique, M. le cardinal a dû moins goûter l'éloquence tranquille du cabinet, et trouver froid, par conséquent, ce qui est que simple et médiocrement orné. L'effet de ces deux discours seroit presque nul à la tribune, et cela est tout simple ; ils n'ont point été composés pour elle ; mais ils sont lus et relus avec un nouvel intérêt, depuis plus de soixante ans ; et c'est un avantage que n'ont point toujours les discours les plus applaudis dans la bouche de l'orateur.

tiques ne nous a probablement pas permis d'imiter long-temps, c'est la coutume de consacrer des éloges funèbres à la mémoire de ceux qui avoient répandu leur sang pour la patrie.

L'historien Thucydide nous a conservé un monument précieux de ce genre d'éloquence : c'est l'éloge funèbre que prononça Périclès en l'honneur des guerriers morts pendant l'expédidition de Samos, où il avoit lui-même commandé et remporté plusieurs victoires. Voici le début de l'orateur :

« Plusieurs des orateurs que vous venez d'entendre à cette tribune, n'ont pas manqué de préconiser le législateur qui, en consacrant l'ancienne loi sur la sépulture des citoyens moissonnés dans les combats, crut devoir y ajouter celle qui ordonne de prononcer leur éloge : sans doute ils pensoient que c'est une belle institution de louer en public les héros morts pour la patrie.

» Pour moi, plutôt que de compromettre la gloire d'une foule de guerriers en la faisant dépendre du plus ou du moins de talent d'un seul orateur, je croirois suffisant de décerner aux citoyens que des vertus réelles ont rendus recommandables, des honneurs non moins réels, tels ceux dont la république accompagne cette pompe funèbre. Comment en effet garder un juste milieu, en louant des actions sur la vérité desquelles il est difficile d'établir une opinion constante ? Les auditeurs sont-ils instruits des faits ou disposés à les croire ? l'orateur ne remplit jamais leur attente. Les faits leur paroissent-ils nouveaux ou supérieurs à l'idée qu'ils ont de leurs propres forces ? l'envie leur dit que la louange est exagérée. L'homme supporte l'éloge de la vertu d'autrui, tant qu'il se croit au niveau des belles actions qu'il entend raconter ; le récit qu'on en fait l'a-t-il convaincu de sa foiblesse ? envieux, il devient aussitôt incrédule. Mais puisque cette institution est consacrée par l'approbation de nos ancêtres, m'y conformer est un devoir que je vais m'efforcer de remplir, en me rapprochant, autant qu'il me sera possible, de ce que pense et veut chacun de vous ».

Un magnifique éloge d'Athènes, de sa constitution de ses lois, de ses avantages physiques et politiques, de caractère, des mœurs et de la conduite des Athéniens remplit la première partie de ce beau discours ; et ce qu' ne nous sembleroit qu'un brillant hors-d'œuvre, entre parfaitement ici dans les vues de l'orateur politique, qui, en remettant sous les yeux du peuple qui l'entend le tableau de la gloire et de la prospérité passées d'Athènes, se propose à la fois et de les attacher fortement à la défense d'un pays si digne de leur amour, et de les engager à honorer, à imiter le dévouement de ceux qui n'ont pas craint de mourir pour une si belle cause.

*Deuxième Partie.*

« C'est donc avec raison que nos guerriers ont préféré la mort à l'esclavage qui les auroit séparés d'une patrie si digne de leur amour ; c'est avec raison que nous recevons d'eux l'exemple de tout sacrifier pour la défense d'une si belle cause.

» Si je me suis étendu sur les louanges de notre république, c'est que je voulois faire concevoir que le combat n'est pas égal entre nous et des hommes à qui la fortune n'offre aucun avantage pareil à défendre. Il falloit d'ailleurs fortifier par d'incontestables preuves l'éloge des héros dont nous honorons la tombe. Que dis-je ? il est presqu'entièrement achevé. En effet tout ce que je dis à la gloire de la république, à qui le devons-nous, sinon à leurs vertus et à celles de leurs semblables ?

» Sur quelque contrée de la Grèce que vous tourniez vos regards, vous trouverez peu d'hommes au niveau de leur renommée. Mais ici l'orateur n'a point à craindre la comparaison de l'austère vérité. La mort qu'ils ont affrontée pour la patrie, ne semble placer au grand jour la vertu de chacun d'eux. C'est par la mort qu'il faut commencer l'examen, c'est en elle que la preuve se consomme.

» Si quelqu'un d'entr'eux mérita un reproche, quels yeux seront percer le voile dont elle a couvert leurs foiblesses ? Une fin glorieuse, en effaçant les taches de leur vie, n'a-t-elle pas plus servi la république que leurs défauts particuliers n'auroient pu lui être nuisibles ?

» Parmi eux on n'a vu ni le riche amolli préférer les jouissances à ses devoirs, ni le pauvre tenté de fuir, cédant à cet espoir que conserve le malheureux d'échapper à l'infortune et de s'enrichir un jour. Tous unanimement, préférant à des charmes illusoires l'honneur de vaincre l'ennemi, regardant le péril même qui se montroit à leurs yeux comme une faveur de la fortune, tous ils se hâtoient de s'en saisir, et pour se venger, et pour couronner à la fois tous leurs vœux. Abandonnant à l'imagination l'incertitude de l'avenir, mais ne consultant que leur cœur sur la certitude du présent, persuadés d'ailleurs que le vrai salut du soldat est plutôt dans la mort qu'il trouve au sein de la vengeance que dans la fuite qui ne sauve que sa vie, ils ont évité la honte attachée au titre humiliant de vaincus; ils se sont en quelque sorte identifiés avec la victoire, et leur âme, exempte de crainte, est sortie du combat avec toute sa gloire, sans avoir même senti pencher la balance du destin ».

### *Troisième Partie.*

« C'est ainsi qu'il convenoit à de tels hommes de s'offrir en victimes à la patrie. O vous qui leur avez survécu, demandez, vous le pouvez sans doute, demandez aux dieux une victoire que ne suive point le trépas; mais jamais n'opposez à l'ennemi une valeur moins audacieuse. Faudroit-il donc vous retracer tous les biens qui sont les fruits du courage? Vous les connoissez comme moi, et la grandeur de la patrie qui arme votre bras, n'est pas un tableau qu'il suffise de contempler sous le pinceau de l'orateur. C'est une beauté réelle. Que le cœur en soit épris; que l'amour en devienne plus actif, à mesure que la connoissance en devient plus parfaite; que la mémoire vous redise tous les jours : ceux qui nous l'ont acquise, sensibles au cri de l'honneur, à la voix de l'opinion, savoient braver les dangers. Quelquefois la fortune trompa leurs projets; mais jamais ils ne crurent qu'un revers dût priver la patrie de leur vertu. Aussi lui ont-ils payé la plus magnifique des contributions; car, en lui donnant tout leur sang, ils ont obtenu pour eux-mêmes un honneur immortel et le plus glorieux des tombeaux; non pas ce tombeau qui renferme aujourd'hui leurs cendres, mais celui que leur élèvera la main du temps, toutes les fois que l'on parlera de bravoure, ou qu'on en donnera l'exemple. La terre, oui, la terre entière est la tombe des grands hommes, et ce n'est pas seulement dans leur patrie que des colonnes et des inscriptions publient leur gloire : gravé dans tous les cœurs, bien mieux que sur la pierre, leur nom pénètre jusque dans les contrées étrangères.

Animez-vous, Athéniens, par de si grands exemples, et convaincus que le bonheur est dans la liberté, la liberté dans le courage, ne refusez jamais des périls glorieux. Eh! qui doit prodiguer sa vie dans les combats? Sera-ce l'infortuné qui n'a point d'avantage à s'en promettre, ou celui qu'un jour de plus peut soumettre à la plus affreuse révolution? Ah! combien l'avilissement qui suivroit un moment de foiblesse, est-il plus insupportable à des cœurs généreux qu'une mort, oserai-je dire, insensible, qui surprend le guerrier à l'instant où il n'est pénéné que de la conscience de ses forces et du sentiment de la félicité publique ?

» Aussi ne sont-ce pas des pleurs, mais des consolations et une leçon que j'offre maintenant aux pères des guerriers dont nous célébrons la mémoire : ils savent que leurs fils naquirent soumis aux viscissitudes de la fortune.

» Heureux donc ceux qui, ou comme vos enfans, ont trouvé dans la mort, ou comme vous, dans le chagrin de leur perte, une glorieuse indemnité! Heureux ceux pour qui la main des dieux plaça la prospérité aux bornes mêmes de la vie ! Je le sens néanmoins, il sera difficile à vos cœurs de rester pénétrés de cette vérité, lorsque vous verrez vos concitoyens heureux de la possession de ces mêmes objets qui faisoient auparavant toute votre joie. Car la vraie privation n'est point dans l'absence des biens qu'on ne connoît pas, mais dans la séparation des jouissances dont on a long-temps savouré la douceur. C'est donc ici qu'il faut rappeler toute votre constance. Ceux à qui l'âge laisse encore l'espoir d'être pères, trouveront dans de nouveaux enfans un adoucissement aux larmes qu'ils répandent aujourd'hui, et la république en retirera le double avantage d'une population plus nombreuse et d'un concours unanime au bien général. Ceux en effet qui, n'ayant point d'enfans à offrir à la patrie, n'ont pas les mêmes risques à courir, peuvent-ils apporter la même justice, la même égalité d'âme aux délibérations publiques ?

» Quant à ceux que la vieillesse a déjà blanchis, et qui ne voient que des jours sereins sur la route laissée derrière eux, le court espace qui leur reste à parcourir, leur paroîtra moins fâcheux lorsqu'ils y verront, empreinte à chaque pas, la gloire de leurs fils : la gloire ! le seul sentiment qui jamais ne vieillisse ; car dans la ruine universelle de l'homme périssant sous le poids des années, ce n'est pas, comme quelques-uns le prétendent, la passion des richesses qui survit, mais c'est la passion de l'honneur.

» Et vous, enfans, vous, frères des guerriers que je célèbre, quelle laborieuse carrière je vois s'ouvrir à vos efforts ! On prodigue volontiers les éloges à ceux qui ne sont plus. Un jour peut-être vous les surpasserez, mais vous n'obtiendrez que difficilement d'être placés, non pas à leur niveau, mais quelques degrés au-dessous d'eux ; car tout être vivant voit un concurrent avec peine. Cessez-vous d'alarmer ses prétentions ? Vous êtes sûr de sa bienveillance, mais elle est au prix de la mort, qui seule détruit la rivalité.

» Peut-être faut-il, avant de finir, m'arrêter un instant sur les devoirs des femmes réduites au veuvage.

» Voici ce qu'en peu de mots leur intérêt m'ordonne de leur dire : Femmes, votre gloire est de vous ressembler à vous-mêmes, d'obéir au vœu de la nature ; d'être ce qu'elle vous fit, d'éviter dans les assemblées des hommes la publicité des censures, même la publicité des éloges.

» J'ai satisfait à la loi ; j'ai développé les idées que les circonstances exigeoient de l'orateur. Une partie de la dette publique est déjà réellement acquittée par les honneurs rendus à la tombe des héros que nous pleurons. Le reste sera payé par la reconnoissance à leurs enfans, devenus dès ce moment les vôtres, devenus les enfans de la république qui les nourrira jusqu'à ce que l'âge leur permette de la défendre, utile récompense pour eux-mêmes, utile objet d'émulation pour ceux qui doivent entrer dans la même lice ; en effet la république qui honore magnifiquement la vertu, doit être aussi la patrie des cœurs vertueux. Allez et retirez-vous après avoir donné à la nature, à l'amitié les pleurs qu'elles réclament » *.

L'effet de ce discours fut si prodigieux, que les mères et les épouses des guerriers coururent avec transport embrasser l'orateur, quand il descendit de la tribune, et le reconduisirent en triomphe jusque dans sa maison. On le surnomma l'Olympien, parce qu'en parlant il tonnoit, disoit-on, comme Jupiter.

## CHAPITRE VII.

*Éloge funèbre des officiers morts dans la guerre de 1744, par Voltaire.*

VOLTAIRE nous a laissé un beau modèle de ce genre d'éloquence, du ton et du style qui lui conviennent, dans son *Éloge funèbre des officiers morts dans la guerre de 1744*. C'est un des ouvrages, en prose, qui font le plus d'honneur à sa plume et à notre langue. C'est là que l'on trouve ce fameux morceau sur la

---

* Cette traduction est de M. Gail.

« Des bords du Pô jusqu'à ceux du Danube, on bénit de [deux] côtés, au nom du même Dieu, ces drapeaux sous lesquels [mar]chent des milliers de meurtriers mercenaires, à qui l'esprit [de dé]bauche, de libertinage et de rapine ont fait quitter leurs [cam]pagnes; ils vont, ils changent de maîtres; ils s'exposent à [un] supplice infâme pour un léger intérêt; le jour du combat [vi]ent, et souvent le soldat qui s'étoit rangé naguères sous les [en]seignes de sa patrie, répand sans remords le sang de ses pro- [p]res concitoyens; il attend avec avidité le moment où il pour[ra], dans le champ du carnage, arracher aux mourans quelques [m]alheureuses dépouilles qui lui sont enlevées par d'autres [ma]ins. Tel est trop souvent le soldat ; telle est cette multitude [av]eugle et féroce dont on se sert pour changer la destinée des [em]pires, et pour élever les monumens de la gloire. Considérés [en] ensemble, marchant avec ordre sous un grand capitaine, [ils] forment le spectacle le plus fier et le plus imposant qui [soi]t dans l'univers. Pris chacun à part, dans l'enivrement de [leu]r frénésie brutale ( si on en excepte un petit nombre ), c'est [la lie] des nations ».

Tels ont été les progrès des lumières, depuis que [V]oltaire écrivoit ce morceau, et leur influence sur [l'art] militaire en particulier, qu'il n'est plus guère de [peu]ple en Europe que l'on puisse retrouver dans cette [des]cription. Ce n'est pas en France, surtout, qu'elle [p]ût rencontrer l'ombre d'une application ; et le soldat [fran]çois ne ressemble pas plus à celui dont parle ici [V]oltaire, que les hordes les plus barbares ne ressemblent [au]x nations les plus civilisées.

Quant à l'officier, il fut et sera le même dans tous les [te]mps parmi nous, et partout on le reconnoîtra sans [pe]ine dans le portrait suivant:

« Idolâtre de son honneur et de son pays, bravant de sang-froid [la] mort, avec toutes les raisons d'aimer la vie, quittant gaîment [les] délices de la société pour des fatigues qui font frémir la na[tu]re; humain, généreux, compatissant, tandis que la barbarie étincelle de rage partout autour de lui ; né pour les douceurs de la société, comme pour les dangers de la guerre ; aussi peu que fier, orné souvent par la culture des lettres, et plus encore par les grâces de l'esprit. A ce portrait, les nations étrangères reconnoissent nos officiers ; elles avouent surtout que lorsque le premier feu de leur jeunesse est tempéré par un peu d'expérience, ils se font aimer même de leurs ennemis. Mais si leurs grâces et leur franchise adoucit quelquefois les esprits les plus barbares, que n'a point fait leur valeur ? etc. »

Rapprochons de ce morceau une autre définition d'une armée, citée partout comme un chef-d'œuvre, et mise, dans toutes les rhétoriques, au premier rang des lieux communs traités avec une supériorité dont rien n'approche.

« Qu'est-ce qu'une armée ? C'est un corps animé d'une infinité de passions différentes, qu'un homme habile fait mouvoir pour la défense de la patrie : c'est une troupe d'hommes armés qui suivent aveuglément les ordres d'un chef, dont ils ne savent pas les intentions : c'est une multitude d'âmes, pour la plupart viles et mercenaires, qui, sans songer à *leur propre réputation* travaillent à *celle* des rois et des conquérans : c'est un assemblage confus de *libertins*, qu'il faut assujétir à *l'obéissance* ; de *lâches*, qu'il faut mener au *combat* ; de *téméraires*, qu'il faut retenir ; d'*impatiens*, qu'il faut accoutumer à la *confiance* etc. »

Malgré le respect dû au nom de Fléchier, et surtout à l'oraison funèbre de Turenne, son plus bel ouvrage, qui ne voit, dans le premier de ces deux morceaux, le véritable orateur, l'écrivain plein de son sujet ; et, dans le second, le rhéteur presque uniquement occupé du soin d'assembler et de faire contraster des mots ?

Au tableau de la guerre et de ses fatigues, Voltaire oppose l'oisive opulence et la vie molle et tranquille de l'habitant des villes. On sait que l'art des contrastes habilement saisis et rendus heureusement, est un des grands moyens du style de Voltaire, et que personne n'a tiré parti comme lui de cette ressource, également ouverte cependant à tous les écrivains. Nous allons en donner une preuve frappante.

« Sybarites tranquilles dans le sein de nos cités florissantes, occupés des raffinemens de la mollesse, devenus insensibles à tout, et au plaisir même, pour avoir tout épuisé; fatigués de ces spectacles journaliers, dont le moindre eût été une fête pour nos pères, et de ces repas continuels plus délicats que les festins des rois; au milieu de tant de voluptés si accumulées et si peu senties, de tant d'arts, de tant de chefs-d'œuvres si perfectionnés et si peu considérés; enivrés et assoupis dans la sécurité et dans le dédain, nous apprenons la nouvelle d'une bataille : on se réveille de sa douce léthargie, pour demander avec empressement des détails, dont on parle au hasard, pour censurer le général, pour diminuer la perte des ennemis, pour enfler la nôtre. Cependant cinq ou six cents familles du royaume sont ou dans les larmes ou dans la crainte : elles gémissent, retirées dans l'intérieur de leurs maisons, et redemandent au ciel des frères, des époux, des enfans. Les paisibles habitans de Paris se rendent le soir au spectacle, où l'habitude les entraîne plus que le goût ! »

Le poëme de Fontenoy présentoit le même contraste, le même fonds d'idées; rapprochons un moment le poëte de l'orateur.

> O combien de vertus que la tombe dévore !
> Combien de jours brillans éclipsés à l'aurore !
> Que nos lauriers sanglans doivent coûter de pleurs !
> Ils tombent ces héros, ils tombent ces vengeurs ;
> Ils meurent, et nos jours sont heureux et tranquilles !
> La molle volupté, le luxe de nos villes,
> Filent ces jours sereins, ces jours que nous devons
> Au sang de nos guerriers, aux périls des Bourbons.
> Couvrons du moins de fleurs ces tombes glorieuses;
> Arrachons à l'oubli ces ombres vertueuses, etc.

Le discours éloquent que nous parcourons est terminé par un morceau de la sensibilité la plus vraie sur la mort de M. de Vauvenargues, jeune homme qui annonçoit une âme forte, et qui, bien dirigé, eût donné peut-être aux lettres et à la philosophie un second Pascal.

« Tu n'es plus, s'écrie l'orateur ; tu n'es plus, ô douce espérance du reste de mes jours ! Ô tendre ami ! la retraite de ragues, pendant trente lieues de glace, jeta dans ton sein le semences de la mort, que mes yeux ont vues depuis se développer. Familiarisé avec le trépas, tu le vis approcher avec cette indifférence que les philosophes s'efforçoient jadis d'acquérir ou de montrer. Accablé de souffrances, privé de la vue, perdant chaque jour une partie de toi-même, ce n'étoit que par un excès de vertu que tu n'étois point malheureux ; et cette vertu ne te coûtoit point d'efforts. Je t'ai toujours vu le plus infortuné des hommes et le plus tranquille, etc. »

## CHAPITRE VIII.

### De l'Oraison funèbre.

L'EXEMPLE de Voltaire méritoit de trouver des imitateurs, et le modèle qu'il venoit de donner étoit bien capable d'en former. Les choses cependant restèrent dans leur état ordinaire, et les éloges funèbres continuèrent de se renfermer dans l'enceinte des temples, où la religion les avoit consacrés, et où Bossuet, Fléchier et d'autres orateurs venoient d'en faire une des parties les plus brillantes de notre littérature. Cette espèce de panégyrique religieux, dont l'origine est très-ancienne, a chez les peuples chrétiens un double objet : celui de proposer à l'admiration, à l'émulation, à la reconnoissance les vertus et les talens qui ont honoré l'humanité, et de faire sentir en même temps le néant de tout ce qui a brillé dans ce monde, au moment où il faut passer dans l'autre.

La philosophie de nos jours a réprouvé ce genre d'éloquence, sous prétexte que la vérité y est quelquefois blessée, comme si cette vérité étoit plus scrupuleusement respectée dans les autres genres que cette même philosophie autorise ou fait valoir. On n'exige pas de l'orateur qui loue la fidélité de l'historien qui raconte. Tout ce que l'on demande au panégyriste, c'est qu'il ne loue que ce qui est vraiment louable, et que son art, qui est celui de faire aimer la vertu, ne soit jamais celui d'excuser le vice. La philosophie faisoit encore à l'oraison funèbre un autre reproche : celui de n'être réservée que pour les rois et les grands de la terre, etc. De là, ces éternelles et fastidieuses déclamations contre la distinction indispensable des rangs dans un état monarchique, et en faveur d'un système d'égalité prétendue, qui n'a pu tenir contre l'expérience. Mais dans le temps même où l'on accordoit trop peut-être au rang et à la dignité, on comptoit déjà quelques exemples d'oraisons funèbres, consacrées par la piété reconnoissante à des vertus qui n'avoient pas pour elles l'éclat du nom ou la splendeur de la dignité. De tout temps il y eut des hommes privilégiés, pour qui le monde même a cru pouvoir déroger à ses usages ; et il est beau que ce soit pour la vertu modeste et ignorée.

Le genre de l'oraison funèbre tient beaucoup de celui du sermon ; mais plus variée, plus étendue, plus élevée, elle offre plus de ressources à l'imagination, et un champ bien plus fécond en leçons utiles pour les auditeurs. Mais aussi qu'elle doit être imposante et majestueuse, la voix qui se fait entendre aux hommes, entre la tombe de l'homme et l'autel du Dieu qui juge et le héros et le panégyriste !

« La tribune sainte, dit M. de Laharpe, est pour l'éloquence un théâtre auguste, d'où elle peut de toute manière dominer sur les hommes ; mais il faut que l'orateur sache y tenir sa place. S'il vous laisse trop vous souvenir que ce n'est qu'un homme qui parle, si Dieu n'est pas toujours à côté de lui, on ne verra plus qu'un rhéteur mondain, qui adresse à des cendres les derniers mensonges de la flatterie. Au contraire, s'il est capable d'avoir toujours l'œil vers les cieux, même en louant les héros de la terre ; si, en célébrant ce qui passe, il porte toujours sa pensée et la nôtre vers ce qui ne passe point ; s'il ne perd jamais de vue ce mélange heureux, qui est à la fois le comble de l'art et de la force, alors ce sera en effet l'orateur de l'évangile, le juge des puissances, l'interprète des révélations divines ; ce sera en un mot Bossuet ».

Nous avons donné, en parlant des sermons de Bossuet, une idée du génie de ce grand homme. Nous allons examiner maintenant ses oraisons funèbres, dont quatre surtout sont des chefs-d'œuvres d'une éloquence qui ne pouvoit avoir de modèle dans l'antiquité, et que l'on n'a point égalée depuis.

L'oraison funèbre de la reine d'Angleterre est assez connue : toutes les rhétoriques en ont cité les endroits marquans ; tout le monde les a répétés, et la supériorité de ce discours sur tous les autres s'est établie d'une manière incontestable. Quel sujet en effet, et quelles sources il ouvroit à l'éloquence des choses et au sublime de la pensée ! Quel fracas d'événemens sinistres à peindre, de révolutions désastreuses à retracer, de grandes scènes d'infortunes à déployer ! Un roi puissant précipité du trône dans les fers, et traîné des fers à l'échafaud ; une reine illustre par ses vertus et par son courage, contrainte de fuir à travers les mers et les orages le ressentiment injuste de ses propres sujets, et échappant comme par miracle à leurs fureurs rebelles : quelle matière pour le génie de Bossuet, et pour l'instruction des peuples et des rois ! Il n'est donc pas étonnant que ce magnifique sujet soit devenu, entre ses mains, l'un des plus beaux monumens de notre langue. Mais où ce grand homme nous paroît vraiment étonnant, c'est dans l'oraison funèbre de la duchesse d'Orléans, fille infortunée de cette même reine qu'il avoit si dignement célébrée peu de mois auparavant.

### *Oraison funèbre de la duchesse d'Orléans.*

Ici l'orateur n'avoit plus, pour soutenir et pour animer sa marche, le tableau toujours intéressant des troubles des nations, des révolutions des empires : ici, tout l'intérêt repose sur une princesse aimable, qui réunissoit toutes les qualités du cœur aux talens de l'esprit le plus cultivé, et qui ne mit entre la santé la plus florissante et la mort la plus affreuse, que l'intervalle de quelques heures !

Quel exorde l'orateur tire de cette circonstance, et quel dut être, sur son auditoire, l'effet de ces premières paroles!

« J'étois donc encore destiné à rendre ce devoir funèbre à très-haute et très-puissante princesse, Henriette-Anne d'Angleterre, duchesse d'Orléans! Elle que j'avois vue si attentive pendant que je rendois le même devoir à sa mère, devoit être sitôt après le sujet d'un discours semblable! et ma triste voix étoit réservée à ce déplorable ministère! O vanité! ô néant! ô mortels ignorans de leurs destinées! l'eût-elle cru il y a dix mois? Et vous, Messieurs, eussiez-vous pensé, pendant qu'elle versoit tant de larmes en ce lieu, qu'elle dût sitôt vous y rassembler pour la pleurer elle-même! Princesse, le digne objet de l'admiration de deux grands royaumes, n'étoit-ce pas assez que l'Angleterre pleurât votre absence, sans être encore réduite à pleurer votre mort? Et la France, qui vous revit avec tant de joie, environnée d'un nouvel éclat, n'avoit-elle plus d'autres pompes et d'autres triomphes pour vous au retour de ce voyage fameux, d'où vous aviez emporté tant de gloire et de si belles espérances! *Vanité des vanités, et tout est vanité!* c'est la seule parole qui me reste, c'est la seule réflexion que me permet, dans un accident si étrange, une si juste et si sensible douleur. Aussi n'ai-je point parcouru les livres sacrés, pour y trouver quelque texte que je pusse appliquer à cette princesse. J'ai pris sans étude et sans choix les premières paroles que me présente l'Ecclésiaste, où, quoique la vanité ait été si souvent nommée, elle ne l'est pas encore assez à mon gré pour le dessein que je me propose. Je veux dans un seul malheur déplorer toutes les calamités du genre humain; et, dans une seule mort, faire voir la mort et le néant de toutes les grandeurs humaines. Ce texte, qui convient à tous les états, à tous les événemens de notre vie, par une raison particulière devient propre à mon lamentable sujet, puisque jamais les vanités de la terre n'ont été si clairement découvertes, et si hautement confondues. Non, après ce que nous venons de voir, la santé n'est qu'un nom, la vie n'est qu'un songe, la gloire n'est qu'une apparence, les grâces et les plaisirs ne sont qu'un dangereux amusement : tout est vain en nous, excepté le sincère aveu que nous faisons devant Dieu de nos vanités, et le jugement arrêté qui nous fait mépriser tout ce que nous sommes ».

Mais s'il est à propos de réduire à sa juste valeur le

néant de l'homme et de tout ce qui l'environne, il est à craindre cependant que le découragement ne résulte bientôt de cette première idée, et que la conviction profonde de cette vérité que nous ne sommes rien ici-bas, ne nous fasse perdre de vue ce que nous devons être un jour dans une autre patrie. Bossuet l'a senti : voyez aussi avec quelle énergie il relève les destinées et les espérances de l'homme, que la première partie de ce bel exorde venoit d'accabler de l'idée de son néant.

« Mais dis – je la vérité ? L'homme que Dieu a fait à son image, n'est-il qu'un ombre ? Ce que Jésus-Christ est venu chercher du ciel en la terre, ce qu'il a cru pouvoir, sans se ravilir, racheter de tout son sang, n'est-ce qu'un rien ? Reconnoissons notre erreur. Sans doute ce triste spectacle des vanités humaines nous imposoit ; et l'espérance publique, frustrée tout à coup par la mort de cette princesse, nous poussoit trop loin. Il ne faut point permettre à l'homme de se mépriser tout entier, de peur que, croyant avec les impies que notre vie n'est qu'un jeu où règne le hasard, il ne marche sans règle et sans dessein au gré de ses aveugles désirs.

» Ainsi, tout est vain dans l'homme, si nous regardons le cours de sa vie mortelle ; mais tout est précieux, tout est important, si nous contemplons le terme où elle aboutit, et le compte qu'il en faut rendre ».

C'est sur cette distinction, aussi chrétienne que philosophique, qu'est fondé tout le discours.

La première partie, destinée toute entière à prouver le néant de tout ce que l'homme admire ici-bas, débute par ce morceau sur la frivolité des distinctions passagères.

« De quelque superbe distinction que se flattent les hommes, ils ont tous une même origine ; et cette origine est petite. Leurs années se poussent successivement comme des flots : ils ne cessent de s'écouler ; tant qu'enfin, après avoir fait un peu plus de bruit, et traversé un peu plus de pays les uns que les autres, ils vont tous ensemble se confondre dans un abîme, où l'on ne reconnoit plus ni princes, ni rois, ni toutes ces autres qualités superbes qui distinguent les hommes ; de même que ces fleuves tant vantés demeurent sans nom et sans gloire, mêlés dans l'océan avec les rivières les plus inconnues ».

Quelle pompe dans cette figure, et quelle vérité en même temps! Ce n'est point là un vain luxe de mots mal à propos prodigués : c'est une grande pensée rendue sensible par une grande image ; et c'est ainsi qu'on est vraiment éloquent.

Bossuet est si pénétré de la perte qu'il déplore, elle le convainc si pleinement de la fragilité des grandeurs humaines, qu'il se reproche et voudroit s'interdire jusqu'aux expressions qui en rappellent l'idée.

« La grandeur et la gloire! (s'écrie-t-il). Pouvons-nous encore entendre ces noms, dans ce triomphe de la mort ? Non, messieurs; je ne puis plus soutenir ces grandes paroles, par lesquelles l'arrogance humaine tâche de s'étourdir elle-même, pour ne pas s'apercevoir de son néant. Il est temps de faire voir que tout ce qui est mortel, quoi qu'on ajoute par le dehors pour le faire paroître grand, est par son fond incapable d'élévation ».

On connoît cette célèbre exclamation, dont les cœurs retentissent encore aujourd'hui :

« O nuit désastreuse! ô nuit effroyable, où retentit tout à coup comme un éclat de tonnerre, cette étonnante nouvelle: Madame se meurt, Madame est morte! »

Voilà ce qu'on trouve partout, ce que l'on cite, ce que l'on fait admirer aux jeunes gens comme un modèle de figure : mais ce qui suit, mais ce tableau où le désordre de la douleur est si bien exprimé, étoit-il donc moins digne d'être cité, et moins fait pour exciter l'admiration?

« Au premier bruit d'un mal si étrange, on accourt à Saint-Cloud de toutes parts; on trouve tout consterné, excepté le cœur de cette princesse. Partout on entend des cris; partout on voit la douleur, et le désespoir, et l'image de la mort. Le roi, la reine, Monsieur, toute la cour, tout le peuple, tout est abattu, tout est désespéré, etc. »

Enfin le dénoûment terrible approche; le trait le plus frappant manque encore à cet éloquent tableau du néant de tout ce que notre erreur appelle et croit grand :

« Enfin, la voilà malgré ce grand cœur, cette princesse si admirée et si chérie! la voilà telle que la mort nous l'a faite! encore ce reste, tel quel, va-t-il disparoître : cette ombre de gloire va s'évanouir, et nous l'allons voir dépouillée même de cette triste décoration. Elle va descendre à ces demeures souterraines, pour y dormir dans la poussière avec les grands de la terre, comme parle Job : avec ces rois et ces princes anéantis, parmi lesquels à peine peut-on la placer, tant les rangs y sont pressés, tant la mort est prompte à remplir les places ».

Que cette dernière idée est sublime! et avec quel génie les grands écrivains ont tiré parti de tout ce que présente d'imposant la pensée de la mort! Voyez dans J.-B. Rousseau :

Sous leurs pas cependant se creusent des abîmes,
Où la cruelle Mort les prenant pour victimes,
Frappe ces vils troupeaux dont elle est le pasteur.
(Ode 3, Liv. 1).

Quelle conclusion l'orateur tirera-t-il maintenant des vérités établies dans ce discours, sur les faits les plus propres à en inspirer la conviction?

« C'est ainsi que la puissance divine, justement irritée contre notre orgueil, le pousse jusqu'au néant; et que, pour égaler à jamais les conditions, elle ne fait de nous tous qu'une même cendre. Peut-on bâtir sur ces ruines? Peut-on appuyer quelque grand dessein sur ce débris inévitable des choses humaines? Mais quoi, messieurs, tout est-il donc désespéré pour nous? etc. »

Cette transition amène naturellement la seconde partie, où l'orateur développe les motifs qui doivent nous donner une idée juste des espérances de l'homme, et de la destinée qui lui est promise.

« Il faut donc penser qu'outre le rapport que nous avons

à côté du corps, avec la nature changeante et mortelle, nous ayons d'un autre côté un rapport intime avec Dieu, parce que Dieu même a mis quelque chose en nous qui peut confesser la vérité de son être, en adorer la perfection, en admirer la plénitude; quelque chose qui peut se soumettre à sa toute-puissance, s'abandonner à sa haute et incompréhensible sagesse, se confier en sa bonté, craindre sa justice, espérer en son éternité. — Il faut, par la suite du même raisonnement, que ce qui porte en nous sa marque divine, ce qui est capable de s'unir à Dieu, y soit aussi rappelé. Or, ce qui doit retourner à Dieu, qui est la grandeur primitive et essentielle, n'est-il pas grand et élevé? C'est pourquoi, quand je vous ai dit que la grandeur et la gloire n'étoient parmi nous que des noms pompeux, vides de sens et de choses, je regardois le mauvais usage que nous faisons de ces termes, etc. »

Toute cette seconde partie n'est qu'une suite de raisonnemens toujours fortifiés de leurs preuves, et appuyés partout du témoignage irréfragable des livres saints. Mais la marche nécessairement froide de la dialectique y est fréquemment interrompue par quelques-uns de ces traits qui caractérisent d'autant mieux le génie, qu'ils lui échappent plus facilement, et, pour ainsi dire, à son insu. Souvent son raisonnement n'est qu'un trait de sentiment, et sa preuve, une image brillante. Cette manière d'argumenter a son mérite, mais n'est pas celle de tous les orateurs.

« Tant que nous sommes détenus dans cette demeure mortelle, nous vivons assujétis aux changemens, parce que, si vous me permettez de parler ainsi, c'est la loi du pays que nous habitons. — Mais aussitôt qu'on cesse pour nous de compter les heures, et de mesurer notre vie par les jours et par les années, sortis des figures qui passent et des ombres qui disparoissent, nous arrivons au règne de la vérité, où nous sommes affranchis de la loi des changemens ».

On connoît le talent de Bossuet pour les portraits; on sait de quelles couleurs il a peint celui de Cromwel, et combien sa nerveuse concision et la vérité énergique de son pinceau se rapprochent, en général, de la manière de Tacite, c'est-à-dire, de ce qu'il y a de plus parfait dans ce genre. Etudions le grand peintre dans un tableau d'un caractère tout opposé, et nous allons y trouver le même génie, malgré les différences essentielles du ton, des nuances et des détails. Il s'agit de la princesse qui est l'objet de l'oraison funèbre que nous analysons :

« Affable à tous avec dignité, elle savoit estimer les uns sans fâcher les autres; et quoique le mérite fût distingué, la foiblesse ne se sentoit point dédaignée. Quand quelqu'un traitoit avec elle, il sembloit qu'elle eût oublié son rang, pour ne se soutenir que par sa raison. On ne s'apercevoit presque pas qu'on parlât à une personne si élevée : on sentoit seulement au fond de son cœur qu'on eût voulu lui rendre au centuple la grandeur dont elle se dépouilloit si obligeamment. Fidèle en ses paroles, incapable de déguisement, sûre à ses amis, par la lumière et la droiture de son esprit, elle les mettoit à couvert des vains ombrages, et ne leur laissoit à craindre que leurs propres fautes. Très-reconnoissante des services, elle aimoit à prévenir les injures par sa bonté; vive à les sentir, facile à les pardonner. Que dirai-je de sa sensibilité? Elle donnoit non-seulement avec joie, mais avec une hauteur d'âme qui marquoit tout ensemble et le mépris du don et l'estime de la personne. Tantôt par des paroles touchantes, tantôt même par son silence, elle relevoit ses présens; et cet art de donner agréablement qu'elle a si bien pratiqué durant sa vie, l'a suivie, je le sais, jusque dans les bras de la mort ».

Comme rien n'établit et n'assure mieux la supériorité réelle d'un écrivain sur ses concurrens, que le parallèle raisonné de ses productions et des leurs, nous allons comparer ici Fléchier à Bossuet, et rapprocher le portrait de la dauphine de celui de la duchesse d'Orléans.

Applaudie de tous (la dauphine), mais à son tour affable et civile à tous, elle prévenoit ceux-ci, répondoit honnêtement à ceux-là, donnant au rang et au mérite des préférences d'inclination et de justice, sans faire des mécontens ni des envieux; conservant de sa dignité ce que lui en faisoit garder la bienséance, et ne comptant pour rien ce que sa bonté lui en faisoit perdre. — Vous dirai-je avec quel discernement elle jugeoit des ouvrages d'esprit? Quelle justesse, mais aussi quelle circonspection étoit la sienne! Exacte sans critique, indulgente sans

…tterie, louant par connoissance, excusant par inclination, et … blâmant que par nécessité, etc. »

Nous laissons aux jeunes gens qui nous liront, le …in de faire ici la différence des deux manières, de …eser avec réflexion et d'examiner avec soin ce que l'un …e ces deux morceaux peut avoir d'avantage sur l'autre. …'est par ces sortes d'exercices que l'on forme son ju-…ement et son goût : le devoir du maître est rempli, …uand il a posé et développé les principes généraux; …application doit être l'ouvrage de l'élève, sans quoi …un et l'autre ont perdu leur temps.

Passons à la péroraison de Bossuet. Ce n'est autre …hose que la conséquence générale, naturellement dé-…uite des vérités qu'il vient de prouver, des grandes …eçons que nous donne le spectacle fréquent de la vanité …es grandeurs fragiles de ce monde, et une exhortation …athétique à ne pas laisser inutile le fruit que nous en pouvons retirer.

« La providence divine pouvoit-elle nous mettre en vue, ni de plus près, ni plus fortement, la vanité des choses humaines ? — Qu'y a-t-il donc qui puisse nous empêcher de recevoir sans différer ces inspirations ? Quoi ! le charme de sentir est-il si fort que nous ne puissions rien prévoir ? Les adorateurs des grandeurs humaines seront-ils satisfaits de leur fortune, quand ils verront que dans un moment leur gloire passera à leur nom, leurs titres à leurs tombeaux, leurs biens à des ingrats, et leurs dignités peut-être à des envieux ? Que si nous sommes assurés qu'il viendra un dernier jour, où la mort nous forcera de confesser toutes nos erreurs, pourquoi ne pas mépriser par raison, ce qu'il faudra un jour mépriser par force ? Et quel est notre aveuglement, si toujours avançant vers notre fin, et plutôt mourans que vivans, nous attendons les derniers soupirs pour prendre les sentimens que la seule pensée de la mort nous devroit inspirer à tous les momens de notre vie ? Commencez aujourd'hui à mépriser les faveurs du monde ; et toutes les fois que vous serez dans ces lieux augustes, dans …s superbes palais à qui Madame donnoit un éclat que vos yeux cherchent encore ; toute les fois que regardant cette grande place qu'elle remplissoit si bien, vous sentirez qu'elle y manque, …ngez que cette gloire que vous admirez, faisoit son péril en cette vie, et que dans l'autre elle est devenue le sujet d'un examen rigoureux, où rien n'a été capable de la rassurer, que cette sincère résignation qu'elle a eue aux ordres de Dieu, et les saintes humiliations de la pénitence ».

## CHAPITRE IX.

*Parallèle des Oraisons funèbres de Condé, par Bossuet; et de Turenne, par Fléchier et Mascaron.*

Turenne et Condé offroient à l'historien des points de rapport et des termes de comparaison que l'orateur a dû saisir, et qui se trouvent nécessairement dans l'éloge de ces grands hommes. Et quand de pareils sujets ont été traités par les maîtres de l'art, leurs ouvrages sont ou des monumens à admirer, ou des leçons importantes à étudier, pour les mettre un jour en pratique. Nous allons donc terminer cet article par l'examen détaillé des trois éloges funèbres consacrés à la mémoire de Condé et de Turenne, par les trois plus grands orateurs de leur siècle, et peut-être de tous les siècles, Bossuet, Fléchier et Mascaron.

Mais avant d'entrer dans le détail de ces discours, il est indispensable de faire connoître les héros qui en étoient l'objet, et c'est Bossuet lui-même qui va nous en tracer le parallèle.

« Ça été, dit-il, dans notre siècle, un grand spectacle, de voir dans le même temps et dans les mêmes campagnes, ces deux hommes que la voix commune de toute l'Europe égaloit aux plus grands capitaines des siècles passés, tantôt à la tête de corps séparés, tantôt unis, plus encore par le concours des mêmes pensées, que par les ordres que l'inférieur recevoit de l'autre; tantôt opposés front à front, et redoublant l'un dans l'autre l'activité et la vigilance. Que de campemens, que de belles marches, que de hardiesse, que de précautions, que de périls, que de ressources! Vit-on jamais en deux hommes les

# LIVRE III.

... vertus, avec des caractères si divers, pour ne pas dire contraires? L'un paroît agir par des réflexions profondes, et l'autre par de soudaines illuminations; celui-ci, par conséquent plus vif, mais sans que son feu eût rien de précipité; celui-là, d'un air plus froid, sans avoir jamais rien de lent, plus hardi à faire qu'à parler, résolu et déterminé au-dedans, lors même qu'il paroissoit embarrassé au-dehors. L'un, dès qu'il parut dans les armées, donne une haute idée de sa valeur, et fait attendre quelque chose d'extraordinaire : l'autre, comme un homme inspiré, dès sa première bataille, s'égale aux maîtres les plus consommés. L'un, par de vifs et continuels efforts, emporte l'admiration du genre humain, et fait taire l'envie : l'autre jette d'abord une si vive lumière qu'elle n'ose l'attaquer. Et afin que l'on vît toujours dans ces deux hommes de grands caractères, mais divers, l'un emporté d'un coup soudain, meurt pour son pays comme un Judas Machabée; l'autre, élevé par les armes au comble de la gloire, comme un David, comme lui meurt dans son lit, en publiant les louanges de Dieu et instruisant sa famille, et laisse tous les cœurs remplis tant de l'éclat de sa vie que de la douleur de sa mort ».

Rien de plus célèbre, de plus fréquemment cité parmi les rhéteurs, que l'exorde magnifique de Fléchier, dans l'oraison funèbre de Turenne : il est partout, et c'est ce qui nous dispense de le placer ici. Celui de Bossuet dans l'éloge du grand Condé, est d'un caractère tout différent.

« Au moment que j'ouvre la bouche pour célébrer la gloire immortelle de Louis de Bourbon, prince de Condé, je me sens également confondu et par la grandeur du sujet, et, s'il m'est permis de l'avouer, par l'inutilité du travail. Quelle partie du monde habitable n'a pas ouï les victoires du prince de Condé et les merveilles de sa vie? On les raconte partout : le Français qui les vante n'apprend rien à l'étranger; et quoique je puisse aujourd'hui vous en rapporter, toujours prévenu par vos pensées, j'aurai encore à répondre au secret reproche que vous me ferez d'être demeuré beaucoup au-dessous. Nous ne pouvons rien, faibles orateurs, etc. »

Il s'en faut de beaucoup que cet exorde vaille celui de Fléchier : la différence même est trop sensible pour n'être pas aisément remarquée; mais ce qui peut-être

ne le seroit pas de même, c'est que cette supériorité momentanée de Fléchier sur Bossuet est précisément ce
qui distingue essentiellement ici l'esprit du génie. L'
exorde, en général, est un morceau d'apparat, un morceau étudié; et tout ce qui suppose et exige de l'art, de
l'étude et du travail, répugne à la marche libre et indépendante du génie, qui s'élève ou tombe, selon que so
sujet monte ou descend. Voilà pourquoi l'homme d'esprit se tire à merveille d'une foule de morceaux de détails, de petites circonstances qu'il a le talent d'embelli
et où l'homme qui n'a que du génie échoue assez ordinairement.

Condé et Turenne avoient été l'un et l'autre rebell
un moment : cette circonstance délicate, et trop mar-
quante cependant pour être écartée d'un éloge historique, présentoit à leurs panégyristes un endroit di-
ficile à traiter. Fléchier y a mis toute l'adresse de l'o-
rateur le plus habile et le plus versé dans la connoissance des ressources de son art.

« Souvenez-vous, messieurs, dit-il, de ce temps de désord
et de trouble, où l'esprit ténébreux de discorde confondoit
devoir avec la passion, le droit avec l'intérêt, la bonne cau
avec la mauvaise : où les astres les plus brillans souffrirent presq
tous quelque éclipse, et les plus fidèles sujets se virent entrain
malgré eux par le torrent des partis, comme ces pilotes qui,
trouvent surpris de l'orage en pleine mer, sont contraints
quitter la route qu'ils veulent tenir, et de s'abandonner po
un temps au gré des vents et de la tempête. Telle est la justi.
de Dieu : telle est l'infirmité naturelle des hommes. Mais le sa
revient aisément à soi; et il y a dans la politique, comme dans
religion, une espèce de pénitence plus glorieuse que l'innocen
même, qui répare avantageusement un peu de fragilité par d
vertus extraordinaires, et par une ferveur continuelle ».

Bossuet met, dans l'aveu de la même faute, cett
franchise courageuse qui ne cherche point à déguis
la foiblesse d'un moment, quand on lui peut oppos
une vie entière de vertus.

« On ressentoit dans ses paroles (du grand Condé) un r

ret sincère d'avoir été poussé si loin par ses malheurs. Mais, ans vouloir excuser ce qu'il a si hautement condamné lui-même, isons, pour n'en parler jamais, que, comme dans la gloire éter-elle, les fautes, des saints pénitens, couvertes de ce qu'ils ont ait pour les réparer, et de l'éclat infini de la divine miséri-orde, ne paroissent plus; ainsi, dans des fautes si sincèrement econnues, et dans la suite si glorieusement réparées par de dèles services, il ne faut plus regarder que l'humble recon-oissance du prince qui s'en repentit, et la clémence du grand oi qui les oublia ».

Mascaron ne fait qu'indiquer en passant, et se borne présenter dans l'éloignement le tableau affligeant de guerre civile. Il y a autant d'art que dans Fléchier; ais il le déguise moins, par cela seul qu'il met trop appareil et de prétention à le cacher.

« Hélas ! malheureuse France ! quelle fatale influence te orta à répandre tant de sang, et à perdre tant de vaillans ommes, qui eussent pu te rendre maîtresse de l'Europe ! ue ne peut-on effacer ces tristes années de la suite de ton istoire, et les dérober à la connoissance de nos neveux ! Mais isqu'il est impossible de passer sur des choses que tant de ang répandu a trop vivement marquées, montrons-les du oins avec l'artifice de ce peintre, qui, pour cacher la diffor-ité d'un visage, inventa l'art du profil. Dérobons à notre ue ce défaut de lumière et cette nuit funeste (*phrase mau-aise de tout point : comment dérober à la vue un défaut de mière et une nuit ?*) cette nuit funeste, qui, formée dans a confusion des affaires (*une nuit funeste, formée dans la onfusion des affaires !*) par tant de divers intérêts, fit égarer eux même qui cherchoient le bon chemin ».

Rien n'égale l'impétuosité et la chaleur du style de ossuet, quand il décrit les exploits de son héros. Il s'é-ance avec lui, il le suit à travers tous les dangers : c'est vol et la rapidité de l'aigle.

« Quel objet se présente à mes yeux ? Ce ne sont pas seu-ment des hommes à combattre : ce sont des montagnes inac-ssibles, ce sont des ravines et des précipices, d'un côté; c'est, e l'autre, un bois impénétrable, dont le fond est un marais, derrière, des ruisseaux, de prodigieux retranchemens : ce nt partout des forts élevés et des forêts abattues qui traversent des chemins affreux; et au-dedans, c'est Merci avec ses braves Bavarois, enflés de tant de succès et de la prise de Fribourg : Merci, qu'on ne vit jamais reculer dans les combats; Merci, que le prince de Condé et le vigilant Turenne n'ont jamais supris dans un mouvement irrégulier, et à qui ils ont rendu ce grand témoignage, que jamais il n'avoit perdu un seul moment favorable, ni manqué de prévenir leurs desseins, comme s'il eût assisté à leurs conseils. Ici donc, et quatre attaques différentes, on vit tout ce qu'on peut soutenir et entreprendre à la guerre. — Voyez comme tout s'ébranle : Philisbourg est aux abois en dix jours, malgré l'hiver qui approche : Philisbourg qui tint si long-temps le Rhin captif sous nos lois, et dont le plus grand des rois a si glorieusement réparé la perte; Worms, Spire, Mayence, Landau, vingt autres places de nom ouvrent leurs portes; Merci ne peut les défendre, et ne paroit plus devant son vainqueur : ce n'est pas assez, il faut qu'il tombe à ses pieds, digne victime de sa valeur; Nordlingue en verra la chute : il y sera décidé qu'on ne tient non plus devant les Français en Allemagne qu'en Flandre ».

La modestie qui distinguoit Turenne et Condé comme elle distingue, en général, tous les hommes véritablement supérieurs, offroit aux panégyristes un contraste qu'ils ont saisi tous les trois avec habileté.

Nous venons de voir Condé à la tête de ses troupes victorieuses; suivons-le maintenant, avec Bossuet, dans sa retraite de Chantilly.

« Avec lui, la vertu eut toujours son prix ; il la louoit même dans ses ennemis. Toutes les fois qu'il avoit à parler de ses actions, et même dans les relations qu'il envoyoit à la cour, il vantoit les conseils de l'un, la hardiesse de l'autre ; chacun avoit son rang dans ses discours ; et par ce qu'il donnoit à tout le monde, on ne savoit où placer ce qu'il avoit fait lui-même. Sans envie, sans fard, sans ostentation, toujours grand dans l'action et dans le repos, il paru à Chantilly comme à la tête des troupes. — Qu'il est beau après les combats et le tumulte des armes, de savoir encore goûter ces vertus paisibles et cette gloire tranquille qu'on n'a point à partager avec le soldat, non plus qu'avec la fortune où tout charme et rien n'éblouit; qu'on regarde sans être étourdi ni par le son des trompettes, ni par le bruit des canons ni par les cris des blessés; où l'homme paroît tout seul aussi grand, aussi respecté que lorsqu'il donne des ordres, et que tout marche à sa parole »!

Fléchier et Mascaron se sont élevés, dans ce même morceau, à des beautés dignes de Bossuet lui-même.

Écoutons d'abord Fléchier :

« Qu'il est difficile, messieurs, d'être victorieux et d'être humble tout ensemble! Les prospérités militaires laissent dans l'âme je ne sais quel plaisir touchant qui l'occupe et la remplit toute entière. On s'attribue une supériorité de puissance et de force; on se couronne de ses propres mains; et lors même qu'on rend à Dieu de solennelles actions de grâces, et qu'on tend aux voûtes sacrées de ses temples les drapeaux déchirés et sanglans qu'on a pris sur les ennemis, qu'il est dangereux que la vanité n'étouffe une partie de la reconnoissance, et qu'on ne retienne au moins quelques grains de cet encens qu'on va brûler sur les autels »!

Voici Mascaron.

« Certes, s'il y a une occasion au monde où l'âme pleine d'elle-même soit en danger d'oublier son Dieu, c'est dans ces postes éclatans où un homme, par la sagesse de sa conduite, par la grandeur de son courage, par la force de son bras, et par le nombre de ses soldats, devient comme le dieu des autres hommes, et rempli de gloire en lui-même, remplit tout le reste du monde d'amour, d'admiration ou de frayeur. Les dehors même de la guerre, le son des instrumens, l'éclat des armes, l'ordre des troupes, le silence des soldats, l'ardeur de la mêlée, le commencement, les progrès et la consommation de la victoire, les cris différens des vaincus et des vainqueurs, attaquent l'âme par tant d'endroits, qu'enlevée à tout ce qu'elle a de sagesse et de modération, elle ne connaît plus ni Dieu, ni elle-même. C'est alors que les impies Salmonées sent imiter le tonnerre de Dieu, et répondre par les foudres de la terre aux foudres du ciel; c'est alors que les sacrilèges Antiochus n'adorent que leurs bras et leurs cœurs, et que les insolens Pharaon, enflés de leur puissance, s'écrient : C'est moi qui me suis fait moi-même ».

Le même orateur fait de la modestie de son héros le tableau suivant :

« Il revenoit de ses campagnes triomphantes, avec le même froideur et la même tranquillité que s'il fût revenu d'une promenade, plus vide de sa propre gloire que le public n'en étoit occupé. En vain les peuples s'empressoient pour le voir; en vain sa seule présence, sans train et sans suite, faisoit sur les âmes cette impression presque divine qui attire tant de respect, et qui est le fruit le plus doux et le plus innocent de la vertu héroïque ; toutes ces choses, si propres à faire rentrer un homme en lui-même par une vanité raffinée, ou à le faire répandre au dehors par l'agitation d'une vanité moins réglée, n'altéroient en aucune manière la situation tranquille de son âme ; et il ne tenoit pas à lui qu'on n'oubliât ses victoires et ses triomphes ».

Voici le même tableau dans Fléchier.

« Qui fit jamais de si grandes choses? qui les dit avec plus de retenue ? Remportoit-il quelque avantage : à l'entendre, ce n'étoit pas qu'il fût habile, c'est que l'ennemi s'étoit trompé. Rendoit-il compte d'une bataille : il n'oublioit rien, sinon que c'étoit lui qui l'avoit gagnée. Racontoit-il quelques-unes de ces actions qui l'avoient rendu si célèbre : on eût dit qu'il n'en avoit été que le simple spectateur, et l'on doutoit si c'étoit lui qui se trompoit ou la renommée. — Il se cache, mais sa réputation le découvre : il marche sans suite et sans équipage ; mais chacun, dans son esprit, le met sur un char de triomphe; on compte, en le voyant, les ennemis qu'il a vaincus, non les serviteurs qui le suivent : tout seul qu'il est, on se figure autour de lui ses vertus et ses victoires qui l'accompagnent. Il y a je ne sais quoi de noble dans cette honnête simplicité ; et moins il est superbe, plus il devient vénérable ».

Nous ne conduirons pas plus loin ce parallèle, dont il nous suffit d'avoir indiqué les traits principaux. Nous croyons en avoir assez dit pour éclairer le goût des jeunes gens, et déterminer leur opinion sur les trois orateurs que nous venons de parcourir avec eux.

# SECTION CINQUIÈME.

*La Tribune académique.*

## CHAPITRE PREMIER.

'Après la définition que nous avons donnée de éloquence, qui n'est autre chose que l'art de raisonner une manière persuasive et convaincante, il sembleait que nous rentrons ici dans son véritable domaine; et qu'en la suivant dans les académies, nous allons avoir sous les yeux ce que l'éloquence a jamais fait entendre e plus beau, et ce que la philosophie a jamais pensé e plus raisonnable.

Mais cet accord si précieux n'a jamais été bien duable; et Cicéron lui-même, Cicéron, qui avoit tant fait our la gloire de l'éloquence et les progrès de la philophie, ne tarda pas à voir l'une dénaturée par les délamateurs, et l'autre corrompue par les sophistes. Il en int enfin (et c'étoit l'expression vraie de la douleur de ce rand homme) à douter si, d'après cela, l'éloquence avoit it plus de bien que de mal à la société : *boni ne, an mali lus attulerit hominibus, et civitatibus copia dicendi, summum eloquentiæ studium* ( de Invent. Rhet. ib. 1 ). Qu'on ne soit donc pas étonné que, dans des mps bien postérieurs, le tableau désolant des malheurs avoit entraînés l'abus de ce qu'il y a de mieux au onde, ait fait prendre à un philosophe célèbre le rti rigoureux de se déclarer contre les sciences en néral, et contre celles en particulier qui avoient le us contribué à pervertir les lumières naturelles. Le vrai philosophe sait que la philosophie ne peut rien sans l'éloquence; *sapientiam sine eloquentiâ parùm prodesse civitatibus* ( Cic. ): parce que les matières qu'elle traite et les vérités qu'elle annonce ont besoin du charme de l'élocution, pour trouver un accès facile et se graver utilement dans les cœurs. Mais l'éloquence seule, c'est-à-dire, le luxe des mots prodigués sur un fonds vide de choses, seroit non-seulement inutile, mais pourroit même devenir dangereuse : *eloquentiam verò sine sapientiâ nimiùm obesse plerumque, prodesse nunquam* (id.)

Ce peu de mots, qui renferment le caractère de toute espèce d'éloquence, prescrivent surtout le ton et indiquent les limites de l'éloquence académique. C'est donc d'après la règle tracée par Cicéron lui-même, que nous allons examiner ici les productions académiques, considérées comme ouvrages d'éloquence ou monumens de philosophie.

Quoique le terme académie se soit génériquement étendu à toutes les associations savantes, nous n'entendons parler ici que de celles qui s'occupent spécialement des progrès et du perfectionnement de la langue et qui ont pour objet toutes les matières de grammaire de poésie et d'éloquence. Fidèles aux vœux de leur institution, les premiers académiciens se firent un devoir de le respecter, et rendirent à la langue françoise des services aussi réels que mal appréciés depuis. Renfermé uniquement dans le cercle de leurs fonctions grammaticales, ces modestes et laborieux écrivains bornoient leur gloire à épurer, à fixer la langue par de sages observations, ou par des ouvrages utiles; et lorsqu'ils proposoient des prix à l'éloquence ou à la poésie, c'étoit toujours quelque trait de morale, ou l'éloge de Louis XIV. De tels sujets pouvoient ne pas ouvrir une carrière très vaste au génie du poëte ou de l'orateur; mais ils n'offroient pas du moins à leur imagination les écarts dangereux qui devoient bientôt outrager l'éloquence la langue et la raison.

L'influence salutaire de l'académie françoise ne tarda pas à se faire remarquer ; et les progrès du langage et de l'éloquence sont déjà très-sensibles dans Pélisson, le premier orateur digne d'être cité que nous présentent les fastes académiques. Que l'on en juge par ce morceau pris au hasard dans son discours de réception.

« Il y a véritablement un petit nombre de génies extraordinaires, que la nature prend plaisir à former, qui trouvent tout en eux-mêmes, qui savent ce qu'on ne leur a jamais enseigné, qui ne suivent pas les règles, mais qui les font et qui les donnent aux autres. — Quant à nous, qui sommes d'un ordre inférieur, si nous n'avons que nos propres forces, et si nous n'empruntons rien d'autrui, quel moyen qu'avec un seul jugement et un seul esprit, qui n'ont rien que d'ordinaire et de médiocre, nous contentions tant de différens esprits, tant de jugemens divers, à qui nous exposons nos ouvrages ? Quel moyen que de nous-mêmes nous assemblions une infinité de qualités, dont les principes semblent contraires; que nos écrits soient en-même temps subtils et solides, forts et délicats, profonds et polis; que nous accordions toujours ensemble la naïveté et l'artifice, la douceur et la majesté, la clarté et la brièveté, la liberté et l'exactitude, la hardiesse et la retenue, et quelquefois même la fureur et la raison » ?

Tout le discours est écrit avec la même pureté, la même élégance : pas une expression ou une tournure qui ait vieilli, pas une dissonnance qui choque l'oreille; et quand on se reporte à l'époque où il fut composé, et qu'on le rapproche de morceaux d'une date beaucoup plus récente, on est également surpris de l'un et des autres.

## CHAPITRE II.

*Défense de Fouquet, par Pélisson.*

Mais le plus beau monument du talent oratoire de Pélisson, celui qui honorera à jamais l'éloquence et l'amitié, ce sont les Mémoires qu'il composa pour la défense du célèbre Fouquet, qui, tombé en un moment du faîte de la puissance dans la disgrâce la plus complète, inspiroit, du fond de sa prison, de beaux vers à La Fontaine, et des discours éloquens à Pélisson. C'est une époque bien glorieuse pour les lettres françoises, et qui justifie bien heureusement ce qu'un ancien a dit de l'étude des belles-lettres en général, qu'elles ne laissoient rien de barbare dans le cœur qui les aimoit :

Emollit mores, nec sinit esse feros. (Ovid.)

Tout le monde connoît la belle élégie de La Fontaine sur la disgrâce du sur-intendant : elle se trouve dans tous les recueils. Les apologies de Pélisson sont moins répandues, ou appartiennent à des recueils qui ne sont ni entre les mains, ni à la portée de tout le monde. Il est malheureux que de pareils morceaux ne puissent pas être mis plus souvent sous les yeux des jeunes gens. Ils y admireroient, malgré quelques légères imperfections, la noblesse soutenue du style, des sentimens et des idées; la force des raisonnemens, la suite et l'enchaînement des preuves; une égale habileté à faire valoir tout ce qui peut servir l'accusé, rendre ses adversaires odieux, ou émouvoir ses juges; des pensées sublimes, des mouvemens pathétiques, et surtout une péroraison adressée à Louis XIV, où le talent de l'orateur et le courage de l'ami nous paroissent également admirables. Nous nous bornerons aux traits les plus saillans.

« Nous sommes tous hommes, sire ; nous avons tous failli, nous avons tous désiré d'être considérés dans le monde; nous avons vu que sans bien on ne l'étoit pas; il nous a semblé que sans lui toutes les portes nous étoient fermées, que sans lui nous ne pouvions pas même montrer notre talent et notre mérite, si Dieu nous en avoit donné, non pas même pour servir votre majesté, quelque zèle que nous eussions pour son service. Que n'aurions-nous pas fait pour ce bien, sans qui il nous étoit impossible de rien faire » ?

Fouquet étoit réellement coupable de malversations, et même de crime d'état; il étoit difficile à l'éloquence même de pallier de semblables torts; et ce n'est pas excuser un ministre dilapidateur, que de dire que nous aimons tous le bien, et que nous sommes capables de tout pour en acquérir. Ce qui suit vaut infiniment mieux : il s'agit du code nouveau sur la comptabilité.

« Votre majesté, sire, vient de donner au monde un siècle nouveau ( et cela étoit vrai sous tous les rapports ), où ses exemples plus que ses lois même et que ses châtimens commencent à nous changer. Nous serons tous gens d'honneur, et nous courrons après la gloire, comme nous courions après l'argent, etc. Mais quant à notre conduite passée, sire, que votre majesté s'accommode, s'il lui plaît, à la foiblesse, à l'infirmité de ses enfans. Nous n'étions pas nés dans la république de Platon, ni même sous les premières lois d'Athènes, écrites de sang, ni sous celles de Lacédémone, où l'argent et la politesse étoient un crime; mais dans la corruption des temps, dans le luxe inséparable de la prospérité des états, dans l'indulgence françoise, dans la plus douce des monarchies, non-seulement pleine de liberté, mais de licence. Il ne nous étoit pas aisé de vaincre notre naissance et notre mauvaise éducation ».

Tout cela étoit vrai : et voilà en quoi consiste précisément le courage de le dire, et de le dire à Louis XIV. Rien de plus touchant et de plus noble à la fois, que l'endroit où quittant les lieux communs et les réflexions générales, l'orateur parle au nom de son client.

« Et quant au particulier de qui j'ai entrepris la défense, particulier maintenant et des moindres et des plus foibles, la colère de votre majesté, sire, s'emporteroit-elle contre une feuille sèche que le vent emporte? (Job.) Car à qui appliqueroit-on plus à propos ces paroles que disoit autrefois à Dieu même le modèle de la patience et de la misère, qu'à celui qui, par le courroux du ciel et de votre majesté, s'est vu enlever en un seul jour, et comme d'un coup de foudre, biens, honneur, réputation, serviteurs, famille, amis, santé, sans consolation et sans commerce, qu'avec ceux qui viennent pour l'interroger et pour l'accuser ?—

J'ignore ce que veulent et ce que demandent, trop ouvertement néanmoins pour le laisser ignorer à personne, ceux qui ne sont pas satisfaits encore d'un si déplorable malheur; mais je ne puis ignorer, sire, ce que souhaitent ceux qui ne regardent que votre majesté, et qui n'ont pour intérêt et pour passion que sa seule gloire. Il n'est pas jusqu'aux lois, sire, qui tout insensibles et tout inexorables qu'elles sont de leur nature, ne se réjouissent, lorsque ne pouvant se fléchir elles-mêmes, elles se sentent fléchir d'une main toute-puissante, telle que celle de votre majesté, etc. »

Cette image des lois personnifiées et le sentiment que leur prête ici l'orateur, ont quelque chose de sublime, et qui rentre essentiellement dans la manière antique. Ne croiroit-on pas, dans le reste de ce beau morceau, entendre Cicéron lui-même plaidant devant le peuple romain la cause de Milon ?

« C'est un beau nom que *la chambre de justice*; mais le temple de la clémence, que les Romains élevèrent à cette vertu triomphante en la personne de Jules-César, est un plus grand et un plus beau nom encore. Si cette vertu n'offre pas un temple à votre majesté, elle lui promet du moins l'empire des cœurs, où Dieu même désire régner et en fait toute sa gloire. Courez hardiment, sire, dans une si belle carrière; votre majesté n'y trouvera que des rois, comme Alexandre le souhaitoit, quand on lui parla de courir aux jeux olympiques. Que votre majesté nous permette un peu d'orgueil et d'audace comme elle, sire, quoique non autant qu'elle, nous serons justes, vaillans, prudens, tempérans, libéraux même; mais comme elle nous ne saurions être clémens, etc. — Si quelqu'un sire ( nous ne pouvons le penser ), s'opposoit à cette miséricorde, à cette équité royale, nous ne souhaitons pas même qu'il soit traité sans miséricorde et sans équité. Mais pour nous qui l'implorons pour M. Fouquet, qui ne l'implore pas seulement, mais qui y espère, mais qui s'y fonde, quel malheur en détourneroit les effets? quelle autre puissance si grande et si redoutable dans les états de votre majesté, l'empêcheroit de suivre et sa gloire et ses inclinations, toutes grandes et toutes royales, puisque sans leur faire violence et sans faire tort à ses sujets, elle peut exercer toutes ces vertus ensemble? L'avenir, sire, peut être prévu, réglé par de bonnes lois : qui oseroit encore manquer à son devoir quand le prince fait si dignement le sien?—Mais pour le passé, sire, il est passé, il ne revient plus, il n' se corrige plus. Votre majesté nous avoit confiés à d'autres mains que les siennes : persuadés qu'elle pensoit moins à nous, nous pensions bien moins à elle; nous ignorions presque nos propres offenses, dont elle ne sembloit pas s'offenser. C'est-là, sire, le digne sujet, la propre et véritable matière, le beau champ de sa clémence et de sa bonté ».

## CHAPITRE III.

*Discours académiques de Racine, de Voltaire et de Buffon.*

ENVISAGÉE sous ses rapports purement académiques, l'éloquence embrasse, 1.° les discours de réception; 2.° les sujets proposés; 3.° l'éloge des académiciens, prononcés dans l'académie même, par celui qui en étoit nommé secrétaire perpétuel : charge que Fontenelle honora, et que d'Alembert et Condorcet ont remplie après lui.

Les discours de réception se renfermèrent long-temps dans un cadre aussi monotone qu'étroit : l'éloge du roi, l'éloge de l'académicien auquel on succédoit, l'éloge du cardinal fondateur de l'académie; telle étoit la matière, dont Racine lui-même ne put vaincre l'aridité; et ce même homme, qui se montra si éloquent quelque temps après dans l'éloge du grand Corneille, fut sec, froid et stérile pour son propre compte, et balbutia à peine son discours de réception. Mais, soutenu par son sujet et par l'admiration sincère qu'il avoit vouée au nom et au génie de Corneille, il se surpassa lui-même, lorsqu'à la réception du frère de ce grand homme, il parla en ces termes des obligations que lui avoit la scène françoise.

« Vous savez en quel état se trouvoit la scène françoise, lorsqu'il commença à travailler. Quel désordre! quelle irrégularité! Nul goût, nulle connoissance des véritables beautés du théâtre: les auteurs aussi ignorans que les spectateurs; la plupart des sujets extravagans et dénués de vraisemblance; point de mœurs, point de caractères; la diction encore plus vicieuse que l'action, et dont les pointes et de misérables jeux de mots faisoient le principal ornement: en un mot, toutes les règles de l'art, celles même de l'honnêteté et de la bienséance partout violées. Dans cette enfance, ou, pour mieux dire, dans ce cahos du poëme dramatique parmi nous, votre illustre frère, après avoir quelque temps cherché le bon chemin et lutté, si je l'ose ainsi dire, contre le mauvais goût de son siècle, enfin, inspiré d'un génie extraordinaire, et aidé de la lecture des anciens, fit voir sur la scène la raison; mais la raison accompagnée de toute la pompe, de tous les ornemens dont notre langue est capable, accordant heureusement la vraisemblance et le merveilleux, et laissant bien loin derrière lui tout ce qu'il avoit de rivaux.

» La scène retentit encore des acclamations qu'excitèrent à leur naissance le Cid, Horace, Cinna, Pompée, tous ces chefs d'œuvres représentés depuis sur tant de théâtres, traduits en tant de langues, et qui vivront à jamais dans la bouche des hommes. A dire le vrai, où trouvera-t-on un poëte qui ait possédé à la fois tant de grands talens, tant d'excellentes parties, l'art, la force, le jugement, l'esprit? Quelle noblesse! quelle véhémence dans les passions! quelle économie dans les sujets! quelle gravité dans les sentimens! quelle dignité, et en même temps quelle prodigieuse variété dans les caractères! Combien de rois, de princes, de héros de toutes les nations ne nous a-t-il pas représentés, toujours tels qu'ils doivent être, toujours uniformes avec eux-mêmes, et jamais ne se ressemblant les uns aux autres! Parmi tout cela, une magnificence d'expressions proportionnée aux maîtres du monde, qu'il fait souvent parler; capable néanmoins de s'abaisser quand il veut, et de descendre jusqu'aux simples naïvetés du comique où il est encore inimitable; enfin, ce qui lui est surtout particulier, une certaine force, une certaine élévation qui surprend, qui enlève, et qui rend jusqu'à ses défauts, si on lui en peut reprocher quelques-uns, plus estimables que les vertus des autres. Personnage véritablement né pour la gloire de son pays! comparable, je ne dis pas à tout ce que l'ancienne Rome a eu d'excellens poëtes tragiques, puisqu'elle confesse elle-même qu'en ce genre elle n'a pas été fort heureuse, mais aux Eschyle, aux Sophocle, aux Euripide, dont la fameuse Athènes ne s'honore pas moins que des Thémistocle, des Périclès, des Alcibiade, qui vivoient en même temps qu'eux ».

# LIVRE III.

Voilà bien le langage de l'admiration sentie et raisonnée; et ce langage étoit vrai dans Racine. Personne ne rendoit plus de justice que lui au créateur de la tragédie françoise; il en répétoit sans cesse les beaux vers, en faisoit apprendre les plus belles scènes à ses enfans, leur en détailloit lui-même les endroits marquans, et ne se lassoit point de leur dire : *Corneille fait des vers cent fois plus beaux que les miens.* Le grand Corneille loué de cette manière par le plus illustre de ses rivaux, par le seul qui marchera constamment à ses côtés, étoit une époque trop brillante, pour ne pas nous y arrêter un moment.

C'est à dater de Voltaire seulement, que les discours de réception des académiciens devinrent des ouvrages vraiment utiles et vraiment éloquens. Destiné à donner en tout le ton à son siècle, c'est lui qui, le premier, osa s'affranchir de la tâche imposée jusqu'alors aux académiciens récipiendaires, et parler, dans son discours, d'autre chose que de Louis XIV et du cardinal de Richelieu. La tentative fut heureuse, et il en est résulté l'un des meilleurs morceaux de critique et de littérature que l'on puisse proposer à ceux qui ont besoin de former leur goût, et de fixer leurs idées sur le caractère de notre langue comparée aux langues étrangères.

Après un court éloge du président Bouhier, et une revue rapide de ses titres littéraires, Voltaire entre en matière :

« Pourquoi, dit-il, Homère, Théocrite, Lucrèce, Virgile, Horace, sont-ils heureusement traduits chez les Italiens et chez les Anglois *? Pourquoi ces nations n'ont-elles aucun

---

* Homère l'a été, en anglois, par Pope; Virgile, par Dryden, Pitt et Watton; Horace, par Francis; Lucrèce, par Creech; Lucain, par Rowe, etc. — En italien, Homère, par Salvini, Cerutti, Cesarotti; Virgile, par Annibal Caro; Lucrèce, par Marchetti, etc.; et toutes ces traductions sont généralement estimées. Les Anglois ont aussi une traduction complète des Métamorphoses d'Ovide. C'est la collection précieuse de tout ce qu'en avoient partiellement traduit les poëtes les plus distingués: *By most eminent hands;* c'est-à-dire, par Dryden, Pope, Adisson, Gay, Garth, etc. Mais aucun de ces grands hommes n'avoit eu la présomption

grand poëte de l'antiquité en prose ; et pourquoi n'en avons nous en ce moment aucun en vers *? Je vais tâcher d'en démêler la raison.

» La difficulté surmontée, dans quelque genre que ce puisse être, fait une grande partie du mérite. Point de grandes choses sans de grandes peines; et il n'y a point de nation au monde chez laquelle il soit plus difficile que chez la nôtre de rendre une véritable vie à la poésie ancienne. Les premiers poëtes formèrent le génie de leur langue; les Grecs et les Latins employèrent d'abord la poésie à peindre les objets sensibles de toute nature. Homère exprime tout ce qui frappe les yeux : les François, qui n'ont guère commencé à perfectionner la grande poésie qu'au théâtre, n'ont pu et n'ont dû exprimer alors que ce qui peut toucher l'âme.—Le langage du cœur et le style du théâtre ont entièrement prévalu : ils ont embelli la langue françoise, mais ils en ont resserré les agrémens dans des bornes un peu trop étroites.

» Les Grecs n'écrivirent l'histoire que quatre cents ans après Homère. La langue grecque reçut de ce grand peintre de la nature la supériorité qu'elle prit chez tous les peuples de l'Asie et de l'Europe. C'est Térence qui, chez les Romains, parla le premier avec une pureté toujours élégante : c'est Pétrarque qui, après le Dante, donna à la langue italienne cette aménité et cette grâce qu'elle a toujours conservées : c'est à Lopez Véga que l'espagnol doit sa noblesse et sa pompe : c'est Shakspeare qui, tout barbare qu'il étoit, mit dans l'anglois cette force et cette énergie qu'on n'a jamais pu augmenter depuis sans l'outrer, et par conséquent sans l'affoiblir. D'où vient ce grand effet de la poésie, de former et fixer enfin le génie des peuples et leurs langues? La cause en est bien sensible : les premiers bons vers, ceux même qui n'en ont que l'apparence, s'impriment dans la mémoire, à l'aide de l'harmonie. Leurs tours naturels et hardis deviennent familiers; les hommes, qui sont tous nés imitateurs, prennent insensiblement la manière de s'exprimer et même de penser des premiers dont l'imagination a subjugué celle des autres »..

---

de se croire capable seul d'une semblable entreprise. Son immensité effraya avec raison ; et ils avoient trop de génie pour se supposer ce qu'elle exigeoit.

* A cette époque, n'avoient point encore paru la traduction des Géorgiques par Delille, qui joint au mérite d'une élégance et d'une harmonie soutenues, celui d'une fidélité qui tient quelquefois du prodige ; sa traduction de l'Énéide, dans laquelle il y a beaucoup à reprendre, mais plus encore à admirer; son Paradis Perdu, l'une des plus belles créations de la poésie françoise.

Après un tableau rapidement esquissé de l'état de la langue françoise avant Corneille, l'orateur continue :

« La langue françoise restoit donc à jamais dans la médiocrité, sans un de ces génies faits pour changer et pour élever l'esprit de toute une nation : c'est le plus grand de vos premiers académiciens, c'est Corneille seul qui commença à faire respecter notre langue des étrangers, précisément dans le temps que le cardinal de Richelieu commençoit à faire respecter la couronne. L'un et l'autre portèrent notre gloire dans l'Europe. Après Corneille sont venus, je ne dis pas de plus grands génies, mais de meilleurs écrivains ».

Suivent les portraits de Racine et de Boileau, tracés avec cette supériorité de trait et cette vigueur de manière qui caractérisent le grand maître.

« Un homme s'éleva, qui fut à la fois plus passionné et plus correct ; moins varié, mais moins inégal ; aussi sublime quelquefois, et toujours noble sans enflure ; jamais déclamateur, parlant au cœur avec plus de vérité et plus de charmes.

» Un de leurs contemporains, incapable peut-être du sublime qui élève l'âme, et du sentiment qui l'attendrit, mais fait pour éclairer ceux à qui la nature accorda l'un et l'autre ; laborieux, sévère, pur, harmonieux, il devint le poëte de la raison : — il égala et surpassa peut-être Horace dans la morale et dans l'art poétique. Vous eûtes en tous les genres cette foule de grands hommes que la nature fit naître, comme dans le siècle de Léon X et d'Auguste. C'est alors que les autres peuples ont cherché avidement dans vos auteurs de quoi s'instruire, etc. »

Rien de plus judicieux que les raisons qu'apporte l'orateur de la décadence, déjà sensible, des lettres et du goût.

« Les grands talens sont toujours nécessairement rares, surtout quand le goût et l'esprit d'une nation sont formés. Il en est alors des esprits cultivés comme de ces forêts où les arbres pressés et élevés ne souffrent pas qu'aucun porte sa tête au-dessus des autres. Quand le commerce est en peu de mains, on voit quelques fortunes prodigieuses et beaucoup de misère ; lorsqu'enfin il est plus étendu, l'opulence est générale, les grandes fortunes rares. C'est précisément parce qu'il y a beaucoup d'esprit en France, qu'on y trouvera dorénavant moins de génies supérieurs ».

Après avoir suivi avec Voltaire la langue françoise dans ses progrès, depuis sa naissance jusqu'à l'époque déjà marquée par une décadence qu'il a plus qu'un autre contribué à ralentir, peut-être sera-t-on bien aise d'avoir, sur le style en général, des idées justes, et données par un homme dont le nom seul rappelle l'un des titres les plus brillans de notre langue à l'admiration universelle : écoutons Buffon, dans son discours de réception à l'académie françoise. C'est un grand peintre qui va parler de coloris, qui avoit fait d'avance tout ce qu'il va nous conseiller, et dont les ouvrages offroient des modèles, bien avant qu'il songeât à donner des préceptes. Ce ne sont point ici de ces leçons rebattues, prises partout et répétées jusqu'à satiété, depuis que l'on parle goût et littérature : ce sont des traits hardis détachés du grand tableau de la nature, et présentés dans toute leur force primitive, par l'homme qui a le mieux lu dans ce grand livre, et qui en a traduit avec tant de succès les pages les plus intéressantes pour nous. Nous en demandons bien pardon aux rhéteurs de tous les temps : mais il nous semble qu'aucun d'eux n'avoit défini l'éloquence, comme va le faire l'historien et le peintre de la nature.

« Il s'est trouvé dans tous les temps des hommes qui ont su commander aux autres par la puissance de la parole. Ce n'est néanmoins que dans les siècles éclairés que l'on a bien écrit et bien parlé. La véritable éloquence suppose l'exercice et la culture de l'esprit ; elle est bien différente de cette facilité naturelle de parler, qui n'est qu'un talent, une qualité accordée à tous ceux dont les passions sont fortes, les organes souples et l'imagination prompte. Ces hommes sentent vivement, s'affectent de même, le marquent fortement au-dehors ; et, par une impression purement mécanique, ils transmettent aux autres leur enthousiasme et leurs affections. C'est le corps qui parle au corps : tous les mouvemens, tous les signes concourent et servent également. Que faut-il pour émouvoir la multitude et l'entrai-

# LIVRE III.           351

…r? que faut-il pour ébranler la plupart même des autres …ommes et les persuader? Un ton véhément et pathétique, des …stes expressifs et fréquens, des paroles rapides et sonnantes.

Mais pour le petit nombre de ceux dont la tête est ferme, …goût délicat et le sens exquis, et qui comptent pour peu le …, les gestes et le vain son des mots, il faut des choses, des …ées, des raisons; il faut savoir les présenter, les nuancer, …ordonner: il ne suffit pas de frapper l'oreille et d'occuper les …eux, il faut agir sur l'âme, et toucher le cœur en parlant à …esprit ».

Rien de plus ordinaire aux jeunes gens, et à ceux …général qui se hâtent trop de produire, que de tra-…ailler au hasard sans avoir rien de préparé, rien de …ûri par la réflexion. De là, cette foule déjà prodigieuse …toujours croissante d'ouvrages, qui blessent à la fois …ordre, la liaison des idées, les règles du langage et le …oloris du style, et dont le moindre défaut est de ne …ien ajouter à la masse générale des connoissances. …coutez, jeunes écrivains, et pratiquez, s'il est possible, …es conseils fondés sur la théorie la plus saine, et appuyés …u nom le plus capable d'inspirer la confiance.

« Pourquoi, continue Buffon, les ouvrages de la nature sont-…si parfaits? C'est que chaque ouvrage est un tout, et qu'elle …availle sur un plan éternel dont elle ne s'écarte jamais. Elle …épare en silence le germe de ses productions; elle ébauche, …ar un acte unique, la forme primitive de tout être vivant; …le la développe, elle la perfectionne par un mouvement con-…nu et dans un temps prescrit. L'ouvrage étonne, mais c'est …empreinte divine dont il porte les traits qui doit nous frap-…r. L'esprit humain ne peut rien créer; il ne produira qu'a-…ès avoir été fécondé par l'expérience et la méditation; ses …nnoissances sont les germes de ses productions. Mais s'il imite …nature dans sa marche et dans son travail, s'il s'élève par la …ontemplation aux vérités les plus sublimes, s'il les réunit, s'il …enchaîne, s'il en forme un tout, un système par la réflexion, …établira, sur des fondemens inébranlables, des monumens im-…ortels.

« C'est faute de plan, c'est pour n'avoir pas assez réfléchi …r son objet, qu'un homme d'esprit se trouve embarrassé, et …sait par où commencer à écrire. Il aperçoit à la fois un …and nombre d'idées; et comme il ne les a ni comparées, ni subordonnées, rien ne le détermine à préférer les unes aux autres; il demeure donc dans la perplexité. Mais lorsqu'il se sera fait un plan, lorsqu'une fois il aura rassemblé et mis en ordre toutes les pensées essentielles à son sujet, il s'apercevra aisément de l'instant auquel il doit prendre la plume; il sentira point de maturité de la production de l'esprit; il sera pressé de la faire éclore, il n'aura même que du plaisir à écrire. Les idées se succéderont aisément, et le style sera naturel et facile; la chaleur naîtra de ce plaisir, se répandra partout, et donnera la vie à chaque expression : tout s'animera de plus en plus; le ton s'élèvera, les objets prendront de la couleur; et le sentiment, se joignant à la lumière, l'augmentera, la portera plus loin, la fera passer de ce qu'on dit à ce qu'on va dire, le style deviendra intéressant et lumineux ».

Buffon ne se borne pas à dire et à montrer ce qu'il faut faire : il indique avec le plus grand soin ce qu'il faut éviter.

« Rien n'est, dit-il, plus opposé à la véritable éloquence que l'emploi de ces pensées fines et la recherche de ces idées légères, déliées, sans consistance, et qui, comme la feuille de métal battu, ne prennent de l'éclat qu'en perdant de la solidité. Aussi, plus on mettra de cet esprit mince et brillant dans un écrit, moins il aura de nerf, de lumière, de chaleur et de style ».

« Rien, ajoute-t-il encore, n'est plus opposé au beau naturel, que la peine qu'on se donne pour exprimer des choses ordinaires ou communes d'une manière singulière ou pompeuse; rien ne dégrade plus l'écrivain. Loin de l'admirer, on le plaint d'avoir passé tant de temps à faire de nouvelles combinaisons de syllabes, pour ne rien dire que ce que tout le monde dit, etc. »

## CHAPITRE IV.

### *Thomas.*

LORSQUE l'académie adopta enfin l'orateur dont elle avoit tant de fois couronné ce que Voltaire appeloit plaisamment du *galithomas*, mot nouveau créé pour exprimer un nouveau genre de galimatias inconnu jusqu'alors, le récipiendaire prit pour sujet de son discours *l'homme de lettres citoyen*. Voici l'idée qu'il s'en forme, et de quels traits il le caractérise :

« J'aime à me peindre ce citoyen généreux méditant dans son cabinet solitaire. La patrie est à ses côtés. La justice et l'humanité sont devant lui. Les images des malheureux l'environnent ; la pitié l'agite, et des larmes coulent de ses yeux. Alors il aperçoit de loin le puissant et le riche. Dans son obscurité, il leur envie le privilége qu'ils ont de pouvoir diminuer les maux de la terre. Et moi, dit-il, je n'ai rien pour les soulager, je n'ai que *ma pensée*; ah! du moins rendons-la utile aux malheureux ! Aussitôt ses idées se précipitent en foule, et son âme se répand au dehors ».

Ce peut bien être-là le portrait de la Pythonisse s'agitant sur son trépied, pour s'élever au ton prophétique; mais ce n'est pas, à coup sûr, celui de l'homme de lettres méditant paisiblement un ouvrage utile; à moins que ce ne soit celui de Thomas lui-même. Écoutons l'historien de sa vie :

« Sa manière de travailler étoit extrêmement fatigante ; l'agitation de son esprit se communiquoit à tous les muscles de son corps ; il se levoit brusquement et se promenoit à grands pas ». ( *OEuvres posth.*, tom. 1.er, pag. 15 ).

Ce peu de mots explique parfaitement la bouffissure, et le ton ridiculement emphatique qui règnent en général dans les ouvrages de Thomas : il étoit impossible qu'il y eût rien de simple, rien de naturel dans les écrits d'un homme obligé de violenter à ce point la nature, et dont le travail étoit une convulsion perpétuelle.

Mais que résulte-t-il, que reste-t-il de ce pompeux étalage de mots, de cet entassement de phrases vides de sens? Que l'homme de lettres doit aimer son pays. Falloit-il ouvrir une bouche si grande, pour ne rien dire que ce que tout le monde sait, que ce que tout le monde suppose si naturellement ? Ne sont-ce pas bien là ces outres d'Éole, qui, gonflées de vapeurs, occupent un espace immense, et se réduisent insensiblement à rien, lorsqu'une simple piqûre d'épingle a ouvert un libre passage à l'air qui les remplissoit ? Veut-on savoir ce qu'il faut penser d'une semblable manière d'écrire ? Buffon va nous l'apprendre.

« Ces écrivains, dit-il, n'ont point de style, ou, si l'on veut, ils n'en ont que l'ombre : le style doit graver des pensées ; ils ne savent que tracer des paroles ». (*Disc. à l'académie*).

Thomas continue :

« Il (l'homme de lettres) peint les infortunés qui gémissent. Il attaque les erreurs, source de tous les maux. Il entreprend de diriger les opinions. — La gloire de l'homme qui écrit est donc de préparer des matériaux utiles à l'homme qui gouverne, etc. »

Non ; ce n'est point à l'homme de lettres à se mêler de politique : rarement il y entend quelque chose. C'est bien moins encore à lui à donner des leçons à ceux qui gouvernent : il y a un peu trop loin de la science qui étudie les hommes, du talent même qui les connoît, au grand art qui les gouverne ; et Thomas lui-même l'avoit dit : « Le philosophe, par sa vie obscure, doit mieux » juger les choses que les hommes ».

Qui ne sait, et qui peut douter à présent que la théorie la plus profonde, que les plus savantes spéculations ne peuvent remplacer, dans aucun cas, la pratique nécessaire pour bien gouverner ? Et que sont devenues les rênes de l'administration, confiées un moment à ces nouveaux Phaétons, dont la chute n'eût été que ridicule, si elle n'avoit entraîné et brisé avec elle le char qu'ils avoient entrepris de conduire ? Sans doute l'homme de lettres peut, en compassant, en analysant, *dans son cabinet solitaire*, tout ce qui a été écrit sur tel ou tel sujet, s'en former une théorie complète ; et cette manière de travailler, qui étoit surtout celle de Thomas, ne constine pas cependant l'homme profondément versé dans telle ou telle de ces parties. Rien de plus facile que d'en imposer au plus grand nombre, par cet appareil d'érudition; et, pour nous borner ici à l'exemple de Thomas, qui ne seroit tenté de le prendre, en lisant l'éloge de Maurice, pour un militaire consommé dans l'étude et la connoissance de son art? dans celui de d'Aguesseau, pour un diplomate profond? pour un politique habile, dans celui de Sully? et dans celui enfin de Descartes, pour un philosophe universel? Mais Thomas se croyoit appelé à faire une révolution dans l'éloquence; et cette révolution consistoit à substituer le jargon *philosophique* à la belle et noble simplicité dont Voltaire et Buffon viennent de nous donner des exemples; aux mouvemens de l'âme, de froides et ridicules exclamations; et le langage technique des sciences exactes à ces figures hardies ou touchantes qui donnent tant de force ou de chaleur au style. Ainsi, sécheresse et emphase, bouffissure et aridité, voilà le caractère dominant de cette éloquence prétendue philosophique. Veut-on des exemples de cet enthousiasme de commande, où l'on reconnoît l'homme qui s'est *promené à grands pas* pour s'échauffer? Écoutez:

« La vertu le réclame ( l'homme de lettres ). Elle parle à son cœur; elle lui dit : ton génie m'appartient. C'est pour moi que la nature te fit ce présent immortel. Étends mon empire sur la terre; que l'homme coupable ne puisse te lire sans être tourmenté; que tes ouvrages *le fatiguent*; qu'ils aillent dans son cœur *remuer* le remords : mais que l'homme vertueux, en lisant, éprouve un charme secret qui le console. Que Caton prêt à mourir, que Socrate buvant la ciguë, *te lisent*, et pardonnent à l'injustice des hommes, etc. » ( *Discours à l'académie* ).

Veut-on de ces apostrophes ampoulées, pleines de cette morgue que l'on appeloit de la dignité, et de ce ton pédantesque que l'on prenoit bonnement pour le sublime de la morale?

« Homme de lettres, si tu as de l'ambition, ta *pensée* devient *esclave*, et ton âme *n'est plus à toi*. Va, la richesse ne cherche pas *les hommes libres*. Elle ne pénètre pas dans les solitudes. Elle ne court pas après la vertu. Elle fuit surtout la vérité. Si tu t'occupes de fortune, tu te mets toi-même à l'enchère. — Si ton âme est noble, ta fortune est l'honneur ; ta fortune est l'estime de ta patrie, l'amour de tes concitoyens, le bien que tu peux faire. Si elle ne te suffit pas, renonce à un état que tu déshonores : tu serois à la fois vil et malheureux, tourmenté et coupable ; tu serois trop à plaindre ». (*Ibid.*)

Vous avez vu dans Voltaire et dans Fléchier la définition d'une armée : l'un l'a faite en philosophe éloquent, l'autre en orateur, et tous deux au moins vous en ont donné une idée juste. Tout cela est beaucoup trop simple pour Thomas. Aussi vous dira-t-il, que

« Cent mille hommes opposés à cent mille hommes forment des masses redoutables qui s'étudient, s'observent, *combinent* avec une sage lenteur tous leurs mouvemens, et *balancent* avec un art terrible et *profond* la destinée des états ». (*Éloge de Sully*).

Veut-on savoir comment le maréchal de Saxe se formoit au grand art de la guerre ? Rien de plus aisé à comprendre :

« Il étudioit l'art qui enseigne les propriétés du mouvement, qui mesure les temps et les espaces, qui calcule les vitesses et commande aux élémens dont il s'assujétit les forces ; l'art de faire mouvoir tous ces vastes corps, d'établir un concert et une harmonie de mouvement entre cent mille bras, de *combiner* tous les efforts qui doivent concourir ensemble, de calculer l'activité des forces et le temps de l'exécution. — Maurice *écartoit les barrières* du préjugé pour *reculer les limites* de son art : après avoir *trouvé le bien*, il cherchoit le mieux. — Il s'élançoit au-delà du cercle étroit des événemens, et créoit des *combinaisons nouvelles* ; imaginoit des *dangers* pour trouver des *ressources*; étudioit surtout la science de *fixer* la valeur *variable* et incertaine du soldat, et lui donner le plus grand degré d'activité possible ». (*Éloge de Maurice, comte de Saxe*).

S'agit-il des préjugés que Descartes avoit à vaincre

pour se former un système nouveau de connoissance? Écoutez, et comprenez, s'il est possible, quelque chose à ce qui suit :

« Comment anéantir des formes qui ne sont point notre ouvrage, et qui sont le résultat nécessaire de mille *combinaisons* faites sans nous? Il falloit, pour ainsi dire, *défaire* son âme et la *refaire*. — Tant de difficultés n'effrayèrent point Descartes : il examine tous les tableaux de son imagination, et les compare avec les objets réels : il *descend dans l'intérieur de ses perceptions* qu'il analyse. — Son entendement, *peuplé* auparavant d'opinions et d'idées, devient un *désert* immense ».
( *Éloge de Descartes* ).

« Il franchit les barrières qui sont entre l'homme et l'infini, et, le compas à la main, mesure les deux extrémités de cette grande chaîne. De ce monde intellectuel, l'histoire le ramène au sein de l'univers. Tout ce que le torrent des âges a emporté se reproduit à ses yeux. — Il voit la durée comme un espace immense, dont il n'occupe qu'un point : il calcule les jours, les heures, les momens; il en ramasse toutes les parties, etc. »

De quoi pensez-vous qu'il est question ici? De Newton calculant le système du monde, ou de Leibnitz s'élançant dans les plaines de l'infini? Point du tout, il s'agit tout simplement du chancelier d'Aguesseau étudiant et rectifiant notre ancienne jurisprudence.

Cette manière d'écrire étoit devenue si habituelle dans Thomas, que les choses les plus indifférentes ne sortoient de sa plume qu'affublées de ce ridicule accoutrement. Dans des réflexions sur la *langue poétique*, on retrouve la même pesanteur de style, la même recherche d'expressions et de métaphores, toujours empruntées d'objets qui ne pourroient être entendus eux-mêmes qu'à l'aide de métaphores. C'est là que l'on nous dit que souvent les vers de Voltaire *sortent de la ligne, pour se faire remarquer;* au lieu que dans Racine, ils *marchent* tous ensemble *sous une discipline égale,* qui ne permet à aucun de se faire remarquer *aux dépens de la troupe.* C'est là que nous apprenons que, chez Corneille, la langue poétique *ne connut pas* ce trouble et ce désordre que *répand* sur elle le *souffle* orageux des passions, etc. C'est là que l'on trouve un parallèle de Lycurgue et de Boileau, auquel on ne s'attendroit guères ; c'est là enfin que l'on dit « que Buffon, au milieu de l'immensité, n'est qu'à sa place ; que la langue sublime et *calme* qu'il emploie, *inspire*, comme le spectacle de l'univers, une *admiration tranquille* ». Voilà cependant ce que Thomas prenoit et auroit bien voulu qu'on prît pour des règles de goût et des modèles de style : présomption fondée jusqu'à un certain point, puisque chacun de ses ouvrages étoit honoré d'un triomphe public ; puisque La Harpe lui-même cet homme dont le goût est ordinairement si sûr et la critique si judicieuse, poussa la complaisance académique jusqu'à louer outre mesure les Éloges de Thomas *. Il est vrai qu'il ne s'est guère arrêté que sur celui de Marc-Aurèle, la plus passable des productions de Thomas, et la moins infectée de tous les défauts que nous venons de relever, mais bien au-dessous cependant des louanges qu'on lui prodigua dans le temps. L'on en va juger.

## CHAPITRE V.

*Analyse de l'éloge de Marc-Aurèle, par Thomas.*

La Harpe étoit trop sage dans ses compositions, trop correct dans son style, pour ne pas être révolté à chaque instant du style et de la morgue de Thomas ; et quoique La Harpe ne soit pas, comme orateur, un de nos

---

* Mais le goût de La Harpe étoit trop pur et trop sévère, pour que cette complaisance allât jusqu'à lui faire illusion sur les vices nombreux du style de Thomas. Voici comme il s'en exprime, dans un article, d'ailleurs fort indulgent, sur le meilleur ouvrage de Thomas, son Essai sur les Éloges.

« La diction de M. Thomas procède peut-être d'une manière un peu trop » uniforme : il emploie trop souvent l'analyse et l'épuise trop souvent : il se » sert quelquefois de termes de science et d'art qui présentent à l'esprit des

premiers écrivains, il y aura toujours une distance prodigieuse entre l'éloge du Dauphin, par exemple, et celui de Fénélon. On reprocha dans le temps, et avec raison, au panégyriste de ce dernier de s'être mêlé fort mal à propos de discussions théologiques, étrangères à l'éloquence, et au-dessus de la portée de l'écrivain ; et d'avoir, en général, moins fait l'éloge de Fénélon, que la satire de Bossuet. Son éloge de Racine essuya également de nombreuses critiques, et ces critiques étoient fondées. Ce qui choqua le plus, ce fut d'y trouver moins l'intention d'élever Racine, qui d'ailleurs n'avoit pas besoin d'éloge, que le projet bien formel de déprécier le grand Corneille, et d'accréditer les nouvelles hérésies littéraires qui commençoient à se répandre au sujet du père de notre tragédie. Plus heureux dans l'éloge de Voltaire, La Harpe l'a jugé en homme de goût, et la plupart de ses décisions sont devenues des arrêts dont le temps a déjà confirmé la plus grande partie. Tout ce que La Harpe a dit de Voltaire *poëte*, *littérateur* et *historien*, n'a besoin, pour être la vérité, que de quelques restrictions légères ; et si l'enthousiasme de l'amitié

---

» idées trop vagues, comme les mots de *calcul*, de *choc*, de *résistance*, de
» *frottement*, expressions qui semblent d'ailleurs un peu sèches, lorsqu'il
» s'agit de morale et de littérature. Quand il dit, par exemple, que les
» *grands hommes pèsent sur l'univers et l'univers sur eux*, cette idée, à
» force de vouloir être grande, peut n'être pas très-claire, et, présentant
» plusieurs sens, ne vous arrête sur aucun ; choisissant de préférence le
» terme abstrait, il donne trop souvent à ses phrases une forme métaphy-
» sique qui peut fatiguer l'attention du lecteur, d'autant plus que les idées
» sont accumulées ; il place quelquefois des tournures et des expressions fa-
» milières qui, entourées de phrases du ton le plus noble, ont un air étran-
» ger à sa diction, etc. »
Voilà ce que disoit La Harpe, dans un temps où la considération personnelle dont jouissoit Thomas, et le crédit que lui donnoient ses protecteurs académiques, imposoient à la critique des entraves de tous les genres.
M. le cardinal Maury n'est ni moins juste, ni par conséquent moins sévère, lorsqu'il dit, en parlant du même écrivain, que son style *effarouche et blesse, trop souvent la délicatesse du goût*. Et un peu plus loin, à propos de l'Éloge de Marc-Aurèle, « que le goût sain de l'antiquité demande-
roit que les *pénibles efforts* de l'écrivain y fussent moins visibles au lecteur, qui *regrette* de ne pas découvrir autant de *facilité* et de *naturel* dans le style qu'il admire souvent de nerf et d'élévation dans les idées ».

( *Essai sur l'Éloquence*, tom. 2, pag. 163 ).

l'a tant soit peu égaré dans l'éloge du philosophe, c'est un excès que son motif rend excusable. Il est si rare de voir un homme de lettres dignement loué par ses confrères, qu'il faut savoir pardonner quelque chose à celui qui exagère ce que tant d'autres ont la bassesse de chercher à affoiblir *. Mais revenons à l'Éloge de Marc-Aurèle.

Après un règne de vingt ans, Marc-Aurèle mourut à Vienne. Il étoit alors occupé à faire la guerre aux Germains. Son corps fut rapporté à Rome, où il entra au milieu des larmes et de la désolation publique. Le sénat en deuil avoit été au-devant du char funèbre. Le peuple et l'armée l'accompagnoient. Le fils de Marc-Aurèle suivoit le char. La pompe marchoit lentement en silence. Tout à coup un vieillard s'avança dans la foule. Sa taille étoit haute et son air vénérable. Tout le monde le reconnut : c'étoit Apollonius, philosophe stoïcien, estimé dans Rome, et plus respecté encore par son caractère que pour son grand âge. Il avoit toutes les vertus rigides de sa secte, et de plus avoit été le maître et l'ami de Marc-Aurèle. Il s'arrêta près du cercueil, le regarda tristement ; et tout à coup élevant sa voix :

« ROMAINS, dit-il, vous avez perdu un grand homme, et moi j'ai perdu un ami. Je ne viens pas pleurer sur sa cendre : il ne faut pleurer que sur celle des méchans ; car ils ont fait le mal, et ne peuvent plus le réparer. Mais celui qui a été soixante ans vertueux, et qui, vingt ans de suite, a été utile aux hommes ; celui qui, dans tout le cours de sa vie n'a point eu d'erreur, et qui, sur le trône, n'a point eu de foiblesse ; celui qui a toujours été bon, juste, bienfaisant, généreux, pourquoi le plaindre ? Romains, la pompe funèbre de l'homme juste est le triomphe de la vertu qui retourne à l'Être-Suprême ».

La simplicité noble de ce début a, dans cette simplicité même, quelque chose d'attachant, qui s'empare victorieusement de l'âme. Cette manière de transporter le lecteur sur le lieu même de la scène, de le placer au milieu des personnages intéressés à l'action, est un des secrets du style antique, et je n'en connois guère de plus beau modèle, que le début sublime des complaintes de Jérémie :

« Postquam in captivitatem redactus est Israel, et Jerusa-

---

* Voyez sur La Harpe et ses ouvrages la Note A, à la fin du volume.

» deserta est, sedit Jeremias Propheta flens, et planxit lamentione hâc in Jerusalem, et amaro animo suspirans et ejulans, vit.

» Quomodò sedet sola civitas, etc. »

Les premières paroles d'Apollonius annoncent bien ton grave et sentencieux, quelquefois même un peu dantesque, qui va régner dans presque tout le discours. C'est un philosophe qui entreprend l'éloge d'un monarque philosophe, dans la vraie signification du mot : tout doit donc porter ici le caractère de l'homme et offrir le ton du genre.

Apollonius retrace aux Romains le plan entier de l'éducation de son héros.

« Tout concourut à le former. Il reçut d'abord cette première éducation à laquelle vos ancêtres ont toujours mis un si grand prix, et qui prépare à l'âme un corps robuste et sain. Il ne fut donc point amolli en naissant par le luxe; on ne l'entoura point d'une foule d'esclaves, qui, observant ses moindres signes, se seroient honorés d'obéir à ses caprices. On lui laissa sentir qu'il étoit homme; et l'habitude de souffrir fut la première leçon qu'il reçut. La course, la lutte, les danses militaires achevèrent de développer ses forces. Il se couvroit de poussière sur ce même champ de Mars où s'étoient exercés vos Scipions, vos Marius et vos Pompées. Je vous rappelle cette partie de son éducation, Romains, parce que cette mâle institution commence à se perdre parmi vous. Déjà vous imitez ces peuples de l'Orient, chez qui la mollesse dégrade l'homme dès sa naissance; et vos âmes se trouvent presque énervées avant de se connoître. Romains, on vous outrage en vous flattant; c'est en vous disant la vérité que je vous témoigne mon respect.

» Cette première éducation n'eût fait de Marc-Aurèle qu'un soldat : on y joignit celle des connoissances. La langue de Platon lui devint familière comme la sienne; l'éloquence lui apprit à parler aux hommes; l'histoire lui apprit à les juger; l'étude des lois lui montra la base et le fondement des états : il parcourut toutes les législations, et compara ensemble les lois de tous les peuples. Il ne fut donc pas élevé comme ceux que l'on flatte déjà lorsqu'ils sont encore ignorans et foibles; un lâche respect ne craignit pas de le fatiguer par des efforts; une discipline sévère assujétit son enfance au travail; et parent du maître du monde, il fut forcé à s'éclairer comme le dernier citoyen ».

A ce premier tableau de l'éducation physique d[e] Marc-Aurèle, succède la description de son éducatio[n] morale.

« Ainsi commençoit à se former le prince qui devoit vou[s] gouverner; mais c'est l'éducation morale qui achève l'hom[me] et constitue sa grandeur : c'est elle qui a fait Marc-Aurèle. Cette éducation commença avec sa naissance : la frugalité, l[a] douceur, la tendre amitié, voilà les objets qu'il aperçut [en] sortant du berceau. Que dis-je ? on l'arracha de Rome et d[e] la cour; on craignit pour lui un spectacle funeste. Eh ! comment dans Rome, où tous les vices se rassemblent des extrémité[s] de l'univers, auroit pu se former une âme qui devoit être austère et pure ? Eût-il appris à dédaigner le faste, où le luxe corrompt jusqu'à la pauvreté ? à mépriser la richesse, où la richesse est la mesure de l'honneur ? à devenir humain, où tout ce qui est puissant écrase tout ce qui est foible ? à avoir des mœurs, où le vice a même perdu la honte ? Les dieux protecteurs de votre empire dérobèrent Marc-Aurèle à ce danger : son père le transporta, à trois ans, dans une retraite où il fut mis en dépôt sous la garde des mœurs. Loin de Rome, il apprit à faire un jour le bonheur de Rome. Loin de la cour, il mérita d'y revenir pour commander.

» Appelé à Rome du fond de la Grèce, et chargé de l'instruire, on m'ordonna de me rendre au palais. S'il n'eût été qu'un simple citoyen, je me serois rendu chez lui; mais je crus que la première leçon que je devois à un prince, étoit celle de la dépendance et de l'égalité : j'attendis qu'il vînt chez moi ».

Tout ce morceau est bien pensé, bien écrit, plein de réflexions profondes naturellement amenées, et qui font aimer à la fois le héros et le panégyriste, en inspirant une estime réelle pour l'un et pour l'autre. Mais le rhéteur académique ne sait pas se renfermer longtemps dans ces bornes respectables; et la morgue philosophique les franchira bientôt.

« J'eus moi-même la gloire (continue Apollonius)
» d'être associé à ces maîtres illustres. Appelé à Rome
» du fond de la Grèce et chargé de l'instruire, on m'or-
» donna de me rendre au palais. (Ce qui étoit tout sim-
» ple assurément). S'il n'eût été *qu'un simple citoyen,*
» *je me serois rendu chez lui;* mais je crus que *la*

*première leçon* que je devois à un prince, étoit celle de *la dépendance* et de *l'égalité :* j'attendis qu'il *vint chez moi* ».

Je laisse aux lecteurs judicieux le soin d'apprécier un pareil paragraphe : ils y reconnoîtront sans peine le principe et le terme en même temps du succès de certains ouvrages, élevés par l'esprit de parti bien au-dessus de leur valeur littéraire, et dont je ne sais quelle hardiesse, qu'il eût été facile de qualifier d'un autre nom, faisoit à peu près tout le mérite. Mais il paroissoit tout simple alors que ce fussent les rois qui *vinssent trouver* les philosophes chez eux; et quelques monarques n'ayant en effet donné le dangereux exemple, les philosophes leur prodiguèrent des leçons de *dépendance* et *l'égalité*, dont ils se ressouviendront sans doute, pour le repos du monde et le bonheur de leurs états.

Ce n'est pas que la philosophie n'ait des droits incontestables aux hommages des princes de la terre; ils ont besoin de ses lumières, comme elle a besoin de leur appui et de leur protection : mais elle ne doit approcher du trône que pour l'affermir, que pour le rendre plus vénérable; et je ne vois plus que la sédition raisonnée, dans cette audacieuse philosophie qui, sous prétexte de donner *des leçons* aux rois, relâche insensiblement tous les liens de la subordination naturelle, et ébranle par conséquent la société dans ses premiers fondemens. Thomas étoit le plus honnête, le plus vertueux des hommes; et ce même écrivain, dont la morgue et l'emphase sont, en général, les caractères distinctifs, avoit dans sa conduite et dans ses mœurs la simplicité d'un enfant. Aussi n'en devint-il que plus aisément la dupe de ceux qui l'environnoient, et qui ont plus d'une fois égaré sa candeur et son talent, en exaltant une âme et une tête également susceptibles de l'enthousiasme du bien.

Apollonius poursuit : il apprend aux Romains que c'est à la philosophie seule que Marc-Aurèle est redevable du caractère qui le distingue essentiellement entre tous les empereurs; transition un peu forcée, pour amener le morceau suivant.

« A ce mot de philosophie, je m'arrête. Quel est ce nom sacré dans certains siècles, et abhorré dans d'autres; objet tour à tour et du respect et de la haine, que quelques princes ont persécuté avec fureur, que d'autres ont placé à côté d'eux sur le trône? Romains, oserai-je louer la philosophie dans Rome, où tant de fois les philosophes ont été calomniés, d'où ils ont été bannis tant de fois? C'est d'ici, c'est de ces murs sacrés, que nous avons été relégués sur des rochers et dans des îles désertes; c'est ici que nos livres ont été consumés par les flammes; c'est ici que notre sang a coulé sous les poignards : l'Europe, l'Asie et l'Afrique nous ont vus errans et proscrits chercher un asyle dans les antres des bêtes féroces, ou condamnés à travailler, chargés de chaînes, parmi les assassins et les brigands. Quoi donc! la philosophie seroit-elle l'ennemi des hommes et le fléau des états? Romains, croyez-en un vieillard qui, depuis quatre-vingts ans, étudie la vertu et cherche à la pratiquer : la philosophie est l'art d'éclairer les hommes pour les rendre meilleurs; c'est la morale universelle des peuples et des rois, fondée sur la nature et sur l'ordre éternel. Regardez ce tombeau : celui que vous pleurez étoit un sage. La philosophie sur le trône a fait vingt ans le bonheur du monde : c'est en essuyant les larmes des nations, qu'elle a réfuté les calomnies des tyrans.

» Votre empereur, dès son enfance, fut passionné pour elle. Il ne chercha point à s'égarer dans des connoissances inutiles à l'homme : il vit bientôt que l'étude de la nature étoit un abyme, et rapporta la philosophie toute entière aux mœurs. D'abord il promena ses regards sur les différentes sectes qui étoient autour de lui; il en distingua une qui apprenoit à l'homme à s'élever au-dessus de lui-même : elle lui découvrit, pour ainsi dire, un monde nouveau, où le plaisir et la douleur sont comme anéantis, où les sens ont perdu tout leur pouvoir sur l'âme, où la pauvreté, les richesses, la vie, la mort ne sont rien, où la vertu existe seule. Romains, c'est cette philosophie qui vous a donné Caton et Brutus, c'est elle qui les soutint au milieu des ruines de la liberté; elle s'étendit ensuite, et se multiplia sous vos tyrans. Il semble qu'elle étoit devenue comme un besoin pour vos ancêtres opprimés, dont la vie incertaine étoit sans cesse sous la hache du despotisme. Dans ces temps d'opprobre, seule elle conserva la dignité de la nature humaine : elle apprenoit à vivre; elle apprenoit à mourir : et tandis que la tyrannie dégradoit les âmes, elle les relevoit avec plus de force et de andeur. Cette mâle philosophie fut faite de tout temps pour 5 âmes fortes. Marc-Aurèle s'y livra avec transport. Dès ce moment il n'eut qu'une passion, celle de se former aux vertus les plus pénibles : tout ce qui pouvoit l'aider dans ce dessein étoit pour lui un bienfait du ciel. Il remarqua comme un des jours les plus heureux de sa vie celui de son enfance où il entendit, pour la première fois, parler de Caton ; il regarda avec reconnoissance les noms de ceux qui lui avoient fait connoître Brutus et Thraséas ; il remercia les dieux d'avoir pu lire les maximes d'Epictète : son âme s'unissoit à ces âmes extraordinaires qui avoient existé avant lui. Recevez-moi, disoit-il, parmi vous ; éclairez mon esprit, élevez mes sentimens ; que j'apprenne à n'aimer que ce qui est vrai, à ne faire que ce qui est juste.

Je m'arrêterai un moment aussi, avec l'orateur philosophe, à ce mot de philosophie, pour applaudir à la définition aussi juste que sublime, que nous en donne Apollonius, et au portrait qu'il nous en trace. Mais pourquoi le rhéteur empesé prend-t-il si vite ici la place de l'orateur éloquent ? et pourquoi la manie de disserter tort et à travers, et de vouloir absolument prêcher partout, vient-elle si mal à propos refroidir la noblesse la chaleur de ce premier élan ? Que ne s'arrêtoit-il à cette belle phrase : « La philosophie sur le trône a fait vingt ans le bonheur du monde ; c'est en essuyant les larmes des nations qu'elle a réfuté les calomnies des tyrans ». Voilà qui est beau, parce que voilà ce qui est simple et vrai, surtout à l'égard de Marc-Aurèle. Mais Thomas ne s'échauffoit que difficilement, raisonnoit beaucoup, sentoit peu, et retomboit de son propre poids dans les dissertations, dans les lieux communs, où l'on peut être froid et pesant tout à son aise. Aussi ne manque-t-il jamais l'occasion de coudre, d'une manière quelconque, un lieu commun à sa narration ; et si l'on retranchoit de ses discours les plus vantés tout ce qui n'est que dissertations vagues, définitions, analyses, etc., on réduiroit à un bien petit nombre de pages la plus longue de ces productions. Rien de plus opposé au caractère de la véritable éloquence, que cette manière de procéder dans une composition oratoire; ce qui le prouve surtout, c'est qu'elle date précisémе de l'époque où l'éloquence commença à dégénérer en les mains des sophistes grecs, et finit par se perdre t à fait entre celles de Sénèque et de ses imitateurs.

L'éloge de Marc-Aurèle paroît moins entaché ce vice radical que les autres discours de Thoma c'est-à-dire, qu'il y est moins choquant; mais il n'y rè pas moins. Le sujet même de l'ouvrage, le cadre trе heureux sous certains rapports, que l'orateur avoit ado le personnage principal du tableau, tout amenoit turellement ici, ce qui eût été fort déplacé parto ailleurs; mais l'auteur n'abuse-t-il pas quelquefois d facilités même que lui donnoit son plan à cet égar et n'y trouve-t-on pas encore sur la *liberté*, l'*égalit* la *propriété*, la *vie* et la *mort*, beaucoup trop de c tirades ambitieuses et déclamatoires, où percent à tr vers le masque d'Apollonius la véritable intention propager les idées nouvelles et d'opérer, dans les têtе la révolution qui ne tarda pas à se manifester dans l choses?

Mais un morceau généralement admiré, un morce qui paraissoit avec raison à La Harpe de la plus gran beauté, c'est celui où Marc-Aurèle est représen comme prêt à abdiquer l'Empire, dont le fardeau l pouvante.

« Epouvanté de mes devoirs, je voulus connoître les moyе que j'avois pour les remplir, et mon effroi redoubla. Je v que mes obligations étoient au-dessus d'un homme, et que n facultés n'étoient que celles d'un homme. Il faudroit que l' du prince pût embrasser ce qui est à des distances immen de lui, et que tous les lieux de son empire fussent rassemblе en un seul point, sous son regard. Il faudroit que son orei pût être frappée à la fois de tous les gémissemens, de tou les plaintes, de tous les cris de ses sujets. Il faudroit que force fût aussi prompte que sa volonté, pour détruire et co battre sans cesse toutes les forces qui luttent contre le b général : mais le prince a des organes aussi foibles que le d nier de ses sujets. Marc-Aurèle, entre la vérité et toi, il

# LIVRE III.

[...]ra continuellement des fleuves, des montagnes, des mers; [sou]vent tu n'en seras séparé que par les murs de ton palais, [et] elle ne parviendra point jusqu'à toi. Tu emprunteras des [se]cours; mais ces secours ne seront qu'un remède imparfait [à] ta foiblesse : l'action confiée à des bras étrangers, ou se ra[len]tit, ou se précipite, ou change d'objet; rien ne s'exécute [com]me le prince l'a conçu; rien ne lui est dit comme il l'auroit [vu] lui-même, on exagère le bien; on diminue le mal: on jus[ti]fie le crime; et le prince, toujours foible ou trompé, exposé [à] l'infidélité ou à l'erreur de tous ceux qu'il a chargés de voir [et] d'entendre, se trouve continuellement placé entre l'impuis[s]ance de connoître et la nécessité d'agir.

» De l'examen de mes sens, je passai à celui de ma raison, [e]t je la comparai encore à mes devoirs. Je vis que, pour bien [g]ouverner, j'aurois besoin d'une intelligence presque divine, [q]ui aperçût d'un coup d'œil tous les principes et leur ap[pli]cation; qui ne fût dominée ni par son pays, ni par son [siè]cle, ni par son rang; qui jugeât tout d'après la vérité, rien [d']après les conventions. Est-ce donc là la raison d'un homme ? [Es]t-ce la mienne ?

» Enfin, je me demandai si j'étois sûr de ma volonté. De[m]ande-toi donc si tout ce qui t'environne n'a pas de prise sur [t]on âme pour corrompre ou l'égarer ? Marc-Aurèle ( et ici [A]pollonius fixa un moment les yeux sur le nouvel empereur ), [t]remble surtout quand tu seras sur le trône. Des milliers [d'] hommes chercheront à t'arracher ta volonté pour te donner [la] leur; ils mettront leurs passions viles à la place de tes [p]assions généreuses. Que seras-tu alors ? le jouet de tout. Tu [o]béiras en croyant commander : tu auras le faste d'un empe[r]eur et l'âme d'un esclave. Oui, ton âme ne sera plus à toi, [el]le sera à l'homme méprisable et hardi qui voudra s'en saisir.

» Ces réflexions me jetèrent presque dans le désespoir. O [Di]eu! m'écriai-je, puisque la race des hommes que tu as jetée [su]r la terre avoit besoin d'être gouvernée, pourquoi ne leur as-[t]u donné que des hommes pour régner sur eux ? Être bienfai[sa]nt, je réclame ici ta pitié pour les princes : ils sont peut-être [pl]us à plaindre que les peuples; car il est plus affreux sans [d]oute de faire le mal que de le souffrir. Dans ce moment, je [dé]libérai si je ne renoncerois pas à ce pouvoir dangereux et ter[r]ible; et je fus un instant résolu : oui, je fus résolu d'abdiquer [l']empire....

» Je ne m'arrêtai pas long-temps à ce projet de renoncer à [l']empire. Je vis que l'ordre des dieux m'appeloit à servir la pa[tr]ie, et que je devois obéir. Eh quoi! me dis-je, on punit de [m]ort un soldat qui quitte son poste, et toi tu quitterois le tien?

Est-ce la nécessité d'être vertueux sur le trône qui t'épouvante ? Alors je crus entendre une voix secrète qui me dit : Quoi que tu fasses, tu seras toujours un homme; mais conçois-tu bien quel degré de perfection un homme peut s'élever ? Vois la distance qui est d'Antonin à Néron. Je repris courage; et ne pouvant agrandir mes sens, je résolus de chercher les moyens d'agrandir mon âme, c'est-à-dire, de perfectionner ma raison et d'affermir ma volonté. Je trouvai ces moyens dans l'idée même de mes devoirs. Marc-Aurèle, quand Dieu te met à la tête du genre humain, il t'associe pour une partie au gouvernement du monde. Pour bien gouverner, tu dois donc prendre l'esprit de Dieu même. Élève-toi jusqu'à lui ; médite ce grand être ; va puiser dans son sein l'amour de l'ordre et du bien général ; que l'harmonie de l'univers t'apprenne quelle doit être l'harmonie de ton empire. Les préjugés et les passions qui dominent tant d'hommes et de princes s'anéantiront pour toi : tu ne verras plus que tes devoirs et Dieu, et cette raison suprême qui doit être ton modèle et ta loi; mais la volonté de la suivre en tout ne te suffit pas, il faut que l'erreur ne puisse t'égarer.

Viennent ensuite les députés de toutes les nations de l'empire, qui apportent successivement à la cendre de Marc-Aurèle les hommages des trois parties du monde.

Dans cette assemblée du peuple romain étoit une foule d'étrangers et citoyens de toutes les parties de l'empire. Les uns se trouvoient depuis long temps à Rome ; les autres avoient suivi des différentes provinces le char funèbre, et l'avoient accompagné par honneur. Tout à coup l'un d'eux ( c'étoit le premier magistrat d'une ville située au pied des Alpes) éleva voix :

« Orateur, dit-il, tu nous as parlé du bien que Marc-Aurèle a fait à des particuliers malheureux ; parlerons-nous de celui qu'il a fait à des villes et à des nations entières. Souviens-toi de la famine qui a désolé l'Italie. Nous entendions les cris de nos femmes et de nos enfans qui nous demandoient du pain. Nos campagnes stériles et nos marchés déserts ne nous offroient plus de ressource. Nous avons invoqué Marc-Aurèle, et la famine a cessé. — Alors il approcha, il toucha la tombe, et dit : J'apporte à la cendre de Marc-Aurèle les hommages de l'Italie ».

Un autre homme parut. Son visage étoit brûlé par un soleil ardent ; ses traits avoient je ne sais quoi de fier, et sa tête dominoit sur toute l'assemblée. C'étoit un Africain. Il éleva sa voix, et dit :

« Je suis né à Carthage. J'ai vu un embrâsement général de

orer nos maisons et nos temples. Echappés de ces flammes et couchés plusieurs jours sur des ruines et des monceaux de cendres, nous avons invoqué Marc-Aurèle : Marc-Aurèle a réparé nos malheurs. Carthage a remercié une fois les dieux d'être romaine. — Il approcha, toucha la tombe, et dit : J'apporte à la cendre de Marc-Aurèle les hommages de l'Afrique ».

Trois des habitans de l'Asie s'avancèrent. Ils tenoient d'une main de l'encens, et de l'autre des couronnes de fleurs. L'un d'eux prit la parole :

« Nous avons vu dans l'Asie le sol qui nous portoit s'écrouler sous nos pas, et nos trois villes renversées par un tremblement de terre. Du milieu de ces débris nous avons invoqué Marc-Aurèle, et nos villes sont sorties de leurs ruines. Ils posèrent sur la tombe l'encens et les couronnes, et dirent : Nous apportons à la cendre de Marc-Aurèle les hommages de l'Asie ».

Enfin, il parut un homme des rives du Danube. Il portoit l'habillement des Barbares, et tenoit une massue à la main. Son visage cicatrisé étoit mâle et terrible, mais ses traits à demi-sauvages sembloient adoucis dans ce moment par la douleur. Il s'avança, et dit :

« Romains, la peste a désolé nos climats. On dit qu'elle avoit parcouru l'univers, et qu'elle étoit venue des frontières des Parthes jusqu'à nous. La mort étoit dans nos cabanes; elle nous poursuivoit dans nos forêts. Nous ne pouvions plus ni chasser ni combattre; tout périssoit. J'éprouvai moi-même ce fléau terrible, et je ne soutenois plus le poids de mes armes. Dans cette désolation nous avons invoqué Marc-Aurèle : Marc-Aurèle a été notre Dieu conservateur. — Il approcha, posa sa massue sur la tombe, et dit : J'apporte à ta cendre l'hommage de vingt nations que tu as sauvées ».

Que cette cérémonie est noble et touchante en même temps ! Quel éloge pour un prince, que cet hommage solemnellement rendu à sa cendre, et combien le mouvement dramatique qui met ainsi la reconnoissance en action, ajoute encore à l'effet de ce bel épisode ! La Harpe n'approuve pas cette répétition : « J'apporte à la cendre de Marc-Aurèle, etc. » J'ose être ici d'un avis moins sévère que ce grand critique; et je trouve, au contraire, que cette formule répétée, qui confond tous les vœux, tous les cœurs, tous les sentimens, en un seul et même sentiment, qui n'a et ne doit plus avoir qu'un langage, est peut-être ce qu'il y a de plus heureusement imaginé dans cette scène, d'ailleurs si intéressante.

Le tableau de la mort de Marc-Aurèle termine l'ouvrage de la manière la plus imposante.

« Quand le dernier terme approcha, il ne fut point étonné. Je me sentois élevé par ses discours. Romains, le grand homme mourant a je ne sais quoi d'imposant et d'auguste; il semble qu'à mesure qu'il se détache de la terre, il prend quelque chose de cette nature divine et inconnue qu'il va rejoindre. Je ne touchois ses mains défaillantes qu'avec respect; et le lit funèbre où il attendoit la mort, me sembloit une espèce de sanctuaire. Cependant l'armée étoit consternée; le soldat gémissoit sous ses tentes; la nature elle-même sembloit en deuil; le ciel de la Germanie étoit plus obscur; des tempêtes agitoient la cime des forêts qui environnoient le camp, et ces objets lugubres sembloient ajouter encore à notre désolation. Il voulut quelque temps être seul, soit pour repasser sa vie en présence de l'Être Suprême, soit pour méditer encore une fois avant que de mourir. Enfin, il nous fit appeler : tous les amis de ce grand homme et les principaux de l'armée vinrent se ranger autour de lui. Il étoit pâle, les yeux presqu'éteints, et ses lèvres à demi-glacées. Cependant nous remarquâmes tous une tendre inquiétude sur son visage. Prince, il parut se ranimer un moment pour toi : sa main mourante te présenta à tous ces vieillards qui avoient servi sous lui; il leur recommanda ta jeunesse. Servez-lui de père, leur dit-il : ah! servez-lui de père! Alors il te donna des conseils, tels que Marc-Aurèle mourant devoit les donner à son fils; et bientôt après Rome et l'univers le perdirent ».

La péroraison, si l'on en croit La Harpe, est encore au-dessus de tout ce que l'on vient de voir.

Apollonius s'adresse au fils et à l'héritier de Marc-Aurèle :

« Mais toi qui vas succéder à ce grand homme, ô fils de Marc-Aurèle! ô mon fils! permets ce nom à un vieillard qui t'a vu naître et qui t'a tenu enfant dans ses bras; songe au fardeau que t'ont imposé les dieux; songe aux devoirs de celui qui commande, aux droits de ceux qui obéissent. Destiné à régner, il faut que tu sois ou le plus juste ou le plus coupable des hommes;

le fils de Marc-Aurèle auroit-il à choisir? On te dira bientôt que tu es tout-puissant; on te trompera: les bornes de ton autorité sont dans la loi. On te dira encore que tu es grand, que tu es adoré de tes peuples. Ecoute: quand Néron eut empoisonné son frère, on lui dit qu'il avoit sauvé Rome; quand il eut fait égorger sa femme, on loua devant lui sa justice; quand il eut assassiné sa mère, on baisa sa main parricide, et l'on courut aux temples remercier les dieux. Ne te laisse pas non plus éblouir par les respects. Si tu n'as des vertus, on te rendra des hommages et l'on te haïra. Crois-moi, on n'abuse point les peuples; la justice outragée veille dans tous les cœurs. Maître du monde, tu peux m'ordonner de mourir, mais non de t'estimer. O fils de Marc-Aurèle! pardonne; je te parle au nom des dieux, au nom de l'univers qui t'est confié; je te parle pour le bonheur des hommes et pour le tien. Non, tu ne seras point insensible à une gloire si pure. Je touche au terme de ma vie; bientôt j'irai rejoindre ton père. Si tu dois être juste, puissé-je vivre encore assez pour contempler tes vertus! Si tu devois un jour.... »

Tout-à-coup Commode, qui étoit en habit de guerrier, agita sa lance d'une manière terrible. Tous les Romains pâlirent. Apollonius fut frappé des malheurs qui menaçoient Rome. Il ne put achever. Ce vénérable vieillard se voila le visage. La pompe funèbre qui avoit été suspendue reprit sa marche. Le peuple suivit consterné et dans un profond silence; il venoit d'apprendre que Marc-Aurèle étoit tout entier dans le tombeau.

Quel effet, dit avec raison La Harpe, produiroit sur la toile le tableau qui termine l'ouvrage, si le pinceau d'un grand artiste l'y transportoit. Je suis même surpris qu'un pareil sujet n'ait pas encore tenté le génie de nos peintres célèbres.

Ce discours renferme, comme l'on voit, des beautés oratoires du premier ordre; et c'est à tous égards, la plus estimable des productions de Thomas, quoique les vices dominans de sa manière, l'emphase et la déclamation, l'enthousiasme factice ne s'y reproduisent encore que trop souvent: quoique des vérités communes y soient quelquefois présentées avec une prétention qui ressemble à de la morgue, et données comme des idées neuves; quoique la manie doctorale, cachet distinctif de l'éloquence philosophique, y vienne à tout moment glacer des cœurs que commençoit à échauffer la sensibilité de l'orateur. Il semble qu'il craigne de s'abandonner, et qu'un pouvoir invincible maîtrise et captive malgré lui son essor. De là, cette gêne, cette contrainte habituelle dans son style : c'est un malheureux qui se tourmente, qui s'agite au milieu de ses entraves, et qui fait trop souvent subir au lecteur le supplice qu'il éprouve lui-même.

## CHAPITRE VI.

*Analyse du discours sur l'esprit philosophique, par le P. Guénard.*

Rien de plus propre, selon moi, à mettre dans tout leur jour les vices de l'éloquence moderne, que l'excellent esprit et le style vraiment éloquent qui distinguent le discours du P. Guénard : production d'autant plus précieuse, qu'elle doit faire époque dans notre histoire littéraire, et que c'est la dernière barrière opposée par le talent et le courage aux invasions dont le mauvais goût et le mauvais esprit menaçoient déjà les lettres et les mœurs (*). Relégué jusqu'ici dans ces recueils académiques que l'on est rarement tenté de consulter, le discours dont je vais offrir l'analyse n'a pas joui de la célébrité classique dont il est si digne (**); et je me fais un devoir de réparer à cet égard l'injure des circonstances. Je connois peu de morceaux qui réunissent à un pareil degré la profondeur des idées, la justesse du sens, la clarté des raisonnemens, l'élégance et la force d'un style toujours au niveau de la matière qu'il traite.

* Le discours du P. Guénard fut couronné par l'académie françoise en 1755, c'est-à-dire, quatre ans avant l'éloge du maréchal de Saxe, duquel date la révolution opérée dans l'éloquence académique.

** Ce fut, je crois, le cardinal Maury qui appela le premier l'attention du public sur cette estimable production.

Après un court exposé du sujet, l'orateur l'aborde franchement, et définit ainsi ce que l'on doit entendre par *esprit philosophique.*

« Avant d'exposer en détail les propriétés essentielles de l'esprit philosophique, qu'il me soit permis de le définir en deux mots : le talent de penser. Cette notion me paroît juste et naturelle : ouvrons cette idée, et développons ce qu'elle renferme. Le premier trait que j'en vois sortir, c'est l'esprit de réflexion, le génie d'observation ; caractère plus grand et plus singulier qu'il ne semble d'abord, et qu'on doit regarder comme la racine même du talent de penser, comme le germe unique de la vraie philosophie ».

Il développe ensuite sa proposition, et c'est-là que commence à se déployer avec avantage le rare talent de l'écrivain pour prêter aux discussions philosophiques le charme de l'éloquence et l'intérêt du style.

« Par quel endroit l'esprit philosophique s'élève-t-il donc au-dessus de la foule, au-dessus même de tous les philosophes ordinaires? C'est par le coup-d'œil observateur, qui découvre à tout moment dans ces objets des propriétés, des analogies, des différences, un nouvel ordre de choses, un nouveau monde que l'œil du vulgaire n'aperçoit jamais ; c'est pour le talent singulier, non de raisonner avec plus de méthode, mais de trouver les principes même sur lesquels on raisonne ; non de compasser ses idées, mais d'en faire de nouvelles et de les multiplier sans cesse par une réflexion féconde : talent unique et sublime, don précieux de la nature, que l'art peut aider quelquefois, mais qu'il ne sauroit ni donner, ni suppléer par lui-même. Voilà le génie qui créa les sciences ; et lui seul pourra les enrichir, et lui seul pourra les élever à la perfection. Que sont en effet toutes les sciences humaines? Un assemblage de connoissances réfléchies et combinées. Il n'appartient donc qu'aux génies inventeurs et toujours pensans d'ajouter à ce trésor public, et d'augmenter les anciennes richesses de la raison : tous les autres philosophes, peuple stérile et contentieux, ne feront jamais que secouer, pour ainsi dire, et tourmenter les vérités que les grands génies vont chercher au fond des abîmes : ils ont un art qui les fait parler éternellement, quand d'autres ont pensé pour eux, et qui les rend tout d'un coup muets, quand il s'agit de trouver une seule idée nouvelle.

» Au génie de réflexions, comme à son principe, doit se rapporter cette liberté et cette hardiesse de penser, cette noble indépendance des idées vulgaires, qui forme, selon moi, un des plus beaux traits de l'esprit philosophique.

» Penser d'après soi-même : caractère plein de force et de grandeur; qualité la plus rare peut-être et la plus précieuse de toutes les qualités de l'esprit. Qu'on y réfléchisse; on verra que tous les hommes, à la réserve d'un très-petit nombre, pensent les uns d'après les autres, et que leur raison toute entière est en quelque sorte composée d'une foule de jugemens étrangers qu'ils ramassent autour d'eux. C'est ainsi que les opinions bizarres des peuples, les dogmes souvent absurdes de l'école, l'esprit des corps avec tous ses préjugés, le génie des sectes avec toutes ses extravagances, se perpétuent d'âge en âge, et ne meurent presque jamais avec les hommes, parce que toutes ces idées, en sortant de l'âme des vieillards et des maîtres, entrent aussitôt dans celle des enfans et des disciples, qui les transmetteront de même à leurs crédules successeurs ».

Après avoir vivement fait sentir tout le danger d'une marche routinière dans la recherche de la vérité et dans l'ordre des connoissances philosophiques, le P. Guénard franchit les temps et arrive à l'époque où Descartes fonda parmi nous le règne de la véritable philosophie, et posa en même temps les principes sûrs qui doivent diriger l'esprit humain dans l'étude de cette grande science de l'homme. Voici le portrait qu'il trace de ce père de la philosophie :

« Enfin parut en France un génie puissant et hardi qui entreprit de secouer le joug du prince de l'école. Cet homme nouveau vint dire aux autres hommes que pour être philosophe, il ne suffisoit pas de croire, mais qu'il falloit penser. A ces paroles toutes les écoles se troublèrent. Une vieille maxime régnoit encore : *ipse dixit*; le maître l'a dit : cette maxime d'esclave irrita tous les esprits foibles contre le père de la philosophie pensante : elle le persécuta comme novateur et comme impie, le chassa de royaume en royaume; et l'on vit Descartes s'enfuir, emportant avec lui la vérité qui, par malheur, ne pouvoit être ancienne tout en naissant. Cependant, malgré les cris et la fureur de l'ignorance, il refusa toujours de jurer que les anciens fussent la raison souveraine; il prouva même que ses persécuteurs ne savoient rien, et qu'ils devoient désapprendre ce qu'ils croyoient savoir. Disciple de la lumière, au lieu d'interroger les morts et les dieux de l'école, il ne consulta que les idées claires et distinctes, la nature et l'évidence. Par ses méditations profondes il tira presque toutes les sciences du chaos; et, par un coup de génie plus grand encore, il montra le secours mutuel qu'elles devoient se prêter, les enchaîna toutes ensemble, les éleva les unes sur les autres; et se plaçant ensuite sur cette hauteur, il marchoit avec toutes les forces de l'esprit humain, ainsi rassemblées, à la découverte de ces grandes vérités que d'autres plus heureux sont venus enlever après lui, mais en suivant les sentiers de lumière que Descartes avoit tracés. Ce furent donc le courage et la fierté d'esprit d'un seul homme qui causèrent dans les sciences cette heureuse et mémorable révolution, dont nous goûtons aujourd'hui les avantages avec une superbe ingratitude. Il falloit aux sciences un homme de caractère, un homme qui osât conjurer tout seul, avec son génie, contre les anciens tyrans de la raison; qui osât fouler aux pieds ces idoles que tant de siècles avoient adorées. Descartes se trouvoit enfermé dans le labyrinthe avec tous les autres philosophes; mais il se fit lui-même des ailes et s'envola, frayant ainsi de nouvelles routes à la raison captive ».

Un trait manque encore, pour achever de caractériser l'esprit philosophique.

« Je le trouve dans le talent de saisir les principes généraux, et d'enchaîner les idées entr'elles par la force des analogies : c'est véritablement le talent de penser en grand. Ce brillant caractère me frappe d'abord dans tous les ouvrages marqués au coin de la vraie philosophie : je sens un génie supérieur qui m'enlève au-dessus de ma sphère; et qui, m'arrachant aux petits objets, autour desquels ma raison se traînoit lentement, me place tout d'un coup dans une région élevée, d'où je contemple ces vérités premières, auxquelles sont attachées, comme autant de rameaux à leur tige, mille vérités particulières, dont les rapports m'étoient inconnus : il me semble alors que mon esprit se multiplie et devient plus grand qu'il n'étoit. Les philosophes d'un génie vulgaire sont toujours noyés dans les détails : incapables de remonter aux principes d'où l'on voit sortir les conséquences, comme une eau vive et pure de sa source, ils se fatiguent à suivre le cours de mille petits ruisseaux qui se troublent à tout moment, qui les égarent dans leurs détours, et les abandonnent ensuite au milieu d'un désert aride. Ces esprits étroits et rampans prennent toujours les choses une à une, et ne les voient jamais comme elles sont, parce qu'ils n'ont pas saisi l'ensemble qui montre clairement l'usage et l'harmonie des parties différentes : science confuse, amas de poussière, qui ne fait qu'aveugler la raison, et la charger d'un poids inutile. Jetons hors de notre âme cette foule de petites idées, et voyons, s'il est possible, comme le vrai philosophe, par ces grandes vues qui embrassent les rapports éloignés, et décident à la fois une infinité de questions, en montrant l'endroit où mille objets viennent se toucher en secret par un côté, tandis que, par un autre, ils paroissent s'éloigner à l'infini, et ne pouvoir jamais se rapprocher. Il n'appartient qu'à ces génies rapides qui s'élancent tout d'un coup aux premières causes, de traiter les sciences, les arts et la morale, d'une manière également noble et lumineuse. Ecartant avec dédain toutes ces minuties scolastiques qui remplissent l'esprit sans l'éclairer, ils vous porteront d'abord au centre où tout vient aboutir, et vous mettront à la main le nœud, pour ainsi dire, de toutes les vérités de détail, lesquelles, à le bien prendre, ne sont réellement vérités que pour ceux qui en connaissent l'étendue et les affinités secrètes : aussitôt toutes vos observations s'éclairent mutuellement, toutes vos idées se rassemblent en un corps de lumière ; il se forme de toutes vos expériences un grand et unique fait, et de toutes vos vérités une seule et grande vérité qui devient comme le fil de tous les labyrinthes. Nous le voyons, c'est un petit nombre de principes généraux et féconds qui a donné la clef de la nature, et qui, par une mécanique simple explique l'ordre de l'architecture divine. Voilà le sceau de l'esprit philosophique ».

L'éloquent défenseur de la vraie philosophie va concentrer maintenant en un seul et même point tous les traits de lumière dispersés jusqu'ici dans la première partie de son discours. Quelle force et quel éclat ils vont emprunter de cette réunion !

« Rassemblons ici toutes les qualités essentielles. Un esprit vaste et profond, qui voit les choses dans leurs causes, dans leurs principes ; un esprit naturellement fier et courageux, qui dédaigne de penser d'après les autres ; un esprit observateur qui découvre des vérités partout, et les développe par une réflexion continuelle : telles sont les propriétés du sublime talent de penser ; tels sont les grands caractères qui distinguent l'esprit philosophique de toute autre sorte d'esprit ».

On ne sauroit trop regretter, avec M. le cardinal Maury, que l'écrivain, beaucoup trop resserré dans les bornes d'une demi-heure de lecture, ne les ait pas franchies, au lieu de sacrifier son sujet à cette loi du concours, et qu'il se soit réduit à une ébauche, en appliquant uniquement les rapports de l'esprit philosophique à la religion, à l'éloquence et à la poësie, tandis qu'il auroit dû en étendre les effets à l'agriculture, aux beaux-arts, à l'administration, à la société, enfin à tous les autres objets scientifiques, moraux, politiques, littéraires, etc., sur lesquels s'exerce visiblement son influence.

Mais cette esquisse rapide n'en offre pas moins un riche et vaste répertoire d'idées fécondes en résultats profonds et lumineux; mais cette ébauche imparfaite d'un grand ouvrage, n'en contient pas moins des pages achevées, que le cri seul de l'admiration peut louer d'une manière digne d'elles.

Quel morceau, par exemple, que celui-ci, sur l'accord de la philosophie avec la la poësie et l'éloquence!

« Si j'osois dire que le génie des beaux-arts est tellement ennemi de l'esprit philosophique, qu'il ne peut jamais se reconcilier avec lui, combien d'ouvrages immortels où brille une savante raison, parée de mille attraits enchanteurs, élèveroient ici la voix de concert, et pousseroient un cri contre moi? Je l'avouerai donc: les grâces accompagnent quelquefois la philosophie, et répandent sur ses traces les fleurs à pleines mains; mais qu'il me soit permis de répéter une parole de la sagesse au philosophe sublime qui possède l'un et l'autre talent : craignez d'être trop sage; craignez que l'esprit philosophique n'éteigne, ou du moins n'amortisse en vous le feu sacré du génie. Sans cesse il vient accuser de témérité, et lier par de timides conseils la noble hardiesse du pinceau créateur : naturellement scrupuleux, il pèse et mesure toutes ses pensées, et les attache les unes aux autres par un fil grossier qu'il veut toujours avoir à la main; il voudroit ne vivre que de réflexions, ne se nourrir que d'évidence; il abattroit, comme ce tyran de Rome, la tête des fleurs qui s'élèvent au-dessus des autres : observateur éternel, il vous montrera tout autour de lui des vérités, mais des vérités sans corps, pour ainsi dire, qui sont uniquement pour la raison, et qui n'intéresseroient ni les sens ni le cœur humain. Rejetez donc ces idées, ou changez-les en images, donnez-leur une teinture plus vive. Libre des opinions vulgaires, et pensant d'une manière qui n'appartient qu'à lui seul, il parle un langage, vrai dans le fond, mais nouveau et singulier, qui blesseroit l'oreille des autres hommes; vaste et profond dans ses vues, et s'élevant toujours par ses notions abstraites et générales, qui sont pour lui comme des livres abrégés, il échappe à tout moment aux regards de la foule, et s'envole fièrement dans les régions supérieures. Profitez de ses idées originales et hardies, c'est la source du grand et du sublime; mais donnez du corps à ces pensées trop subtiles; adoucissez par le sentiment la fierté de ses traits; abaissez tout cela jusqu'à la portée de nos sens : nous voulons que les objets viennent se mettre sous nos yeux; nous voulons un vrai qui nous saisisse d'abord, et qui remplisse toute notre âme de lumière et de chaleur. Il faut que la philosophie, quand elle veut nous plaire dans un ouvrage de goût, emprunte le coloris de l'imagination, la voix de l'harmonie, la vivacité de la passion: les beaux-arts, enfans et pères du plaisir, ne demandent que la fleur, et la plus douce substance de votre sagesse.

» Mais si la nature, en vous accordant le talent de penser en philosophe, vous a refusé cette heureuse sensibilité qui saisit le beau avec transport, et le reproduit avec force; si vous n'êtes qu'un esprit toujours réfléchissant, la règle devient plus sévère à votre égard, et vous bannit de l'empire du goût; éloignez-vous : la raison séparée des grâces, n'est qu'un docteur ennuyeux qu'on laisse tout seul au milieu de son école. Vous n'apportez que des vérités tranquilles, un tissu de réflexions inanimées : cela peut éclairer l'esprit; mais le cœur qui veut être remué, l'imagination qui veut être échauffée, demeurent dans une triste et fatigante inaction : une poésie morte et des discours glacés, voilà tout ce que l'esprit philosophique pourra tirer de lui-même : il enfante, et ne peut donner la vie.

» Quel est ce philosophe téméraire qui ose toucher avec le compas d'Euclide la lyre délicate et sublime de Pindare et d'Homère? Blessée par une main barbare, cette lyre divine, qui renfermoit autrefois dans son sein une si ravissante harmonie, ne rend plus que des sons aigres et sévères : je vois naître des poëmes géométriquement raisonnés, et j'entends une pesante sagesse chanter en calculant tous ses tons. Nouveau délire de la philosophie! Elle chausse le brodequin, et montant sur un théâtre consacré à la joie, où Molière instruisoit autrefois toute la France en riant, elle y va porter de savantes analyses du cœur humain, des sentences profondément réfléchies, un traité de morale en dialogue ».

Mais ce qui me semble au-dessus de tout par la vigueur de la dialectique, et l'éloquente énergie de la diction, ce sont les dernières pages de ce même discours. Elles rappellent les écrits polémiques de Bossuet: c'est le plus grand éloge que l'on en puisse faire, et elles le méritent.

« La sagesse incarnée n'est pas venue défendre à l'homme de penser, et elle n'ordonne point à ses disciples de s'aveugler eux-mêmes : aussi réprouvons-nous ce zèle amer et ignorant qui crie d'abord à l'impiété, et qui se hâte toujours d'appeler la foudre et l'anathème, quand un esprit éclairé, séparant les opinions humaines des vérités sacrées de la religion, refuse de se prosterner devant les fantômes sortis d'une imagination foible et timide à l'excès, qui veut tout adorer, et, comme dit un ancien, mettre Dieu dans les moindres bagatelles. Croire tout sans discernement, c'est donc stupidité? Je l'avoue; mais un autre excès plus dangereux encore, c'est l'audace effrénée de la raison, cette curiosité inquiète et hardie, qui n'attend pas, comme la crédulité stupide, que l'erreur vienne la saisir; mais qui s'empresse d'aller au-devant des périls; qui se plait à rassembler des nuages, à courir sur le bord des précipices, à se jeter dans les filets que la justice divine a tendus, pour ainsi dire, aux esprits téméraires : là, vient ordinairement se perdre l'esprit philosophique.

» Libre et hardi dans les choses naturelles, et pensant toujours d'après lui-même; flatté depuis long-temps par le plaisir délicat de goûter les vérités claires et lumineuses qu'il voyoit sortir, comme autant de rayons, de sa propre substance, ce roi des sciences humaines se révolte aisément contre cette autorité, qui veut captiver toute intelligence sous le joug de la foi, et qui ordonne aux philosophes mêmes, à bien des égards, de redevenir enfans : il voudroit porter dans un nouvel ordre d'objets sa manière de penser ordinaire : il voudroit encore ici marcher de principe en principe, et former de toute la religion une chaîne d'idées générales et précises que l'on pût saisir d'un coup d'œil; il voudroit trouver, en réfléchissant, en creusant en lui-même, en interrogeant la nature, des vérités que la raison ne sauroit révéler, et que Dieu avoit cachées dans les abimes de sa sagesse; il voudroit même ôter, pour ainsi dire, aux événemens leur propre nature, et que des choses dont l'histoire seule et la tradition peuvent être les garans, fussent revêtues d'une espèce d'évidence dont elles ne sont point susceptibles ; de cette évidence toute rayonnante de lumière qui brille à l'aspect d'une idée, pénètre tout d'un coup l'esprit, et l'enlève rapidement. Quelle absurdité ! quel délire ! mais c'est une raison ivre d'orgueil qui s'évanouit dans ses pensées, et que Dieu livre à ses illusions. Craignons une intempérance si funeste, et retenons dans une exacte sobriété cette raison qui ne connoît plus de retour quand une fois elle a franchi les bornes.

» Quelles sont donc, en matière de religion, les bornes où doit se renfermer l'esprit philosophique ? Il est aisé de le dire : la nature elle-même l'avertit à tout moment de sa foiblesse, et lui marque, en ce genre, les étroites limites de son intelligence. Ne sent-il pas, à chaque instant, quand il veut avancer trop avant, ses yeux s'obscurcir et son flambeau s'éteindre ? C'est là qu'il faut s'arrêter. La foi lui laisse tout ce qu'il peut comprendre ; elle ne lui ôte que les mystères et les objets impénétrables. Ce partage doit-il irriter la raison ? Les chaînes qu'on lui donne ici sont aisées à porter, et ne doivent paroître trop pesantes qu'aux esprits vains et légers. Je dirai donc aux philosophes : Ne vous agitez point contre ces mystères que la raison ne sauroit percer ; attachez-vous à l'examen de ces vérités qui se laissent approcher, qui se laissent en quelque sorte toucher et manier, et qui vous répondent de toutes les autres : ces vérités sont des faits éclatans et sensibles, dont la religion s'est comme enveloppée tout entière, afin de frapper également les esprits grossiers et subtils. On livre ces faits à votre curiosité : voilà les fondemens de la religion ; creusez donc autour de ces fondemens, essayez de les ébranler. Descendez avec le flambeau de la philosophie jusqu'à cette pierre antique, tant de fois rejetée par les incrédules, et qui les a tous écrasés ; mais lorsqu'arrivés à une certaine profondeur, vous aurez trouvé la main du Tout-Puissant, qui soutient, depuis l'origine du monde, ce grand et majestueux édifice toujours affermi par les orages même et le torrent des années, arrêtez-vous enfin et ne creusez pas jusqu'aux enfers. La philosophie ne sauroit vous mener plus loin sans vous égarer : vous entrez dans les abîmes de l'infini ; elle doit ici se voiler les yeux comme le peuple, adorer sans voir, et remettre l'homme avec confiance entre les mains de la foi. La religion ressemble à cette nuée miraculeuse qui servoit de guide aux enfans d'Israël dans le désert : le jour est d'un côté et la nuit de l'autre. Si tout étoit ténèbres, la raison, qui ne verroit rien, s'enfuiroit avec horreur loin de cet affreux objet ; mais on vous donne assez de lumière pour satisfaire un œil qui n'est pas curieux à l'excès : laissez donc à Dieu cette nuit profonde où il lui plaît de se retirer avec sa foudre et ses mystères ».

Je ne ferai aucune remarque sur les beautés de détail qui étincellent en foule dans cette étonnante production : elles sont de nature à frapper tous les yeux, à parler à toutes les âmes, et n'appartiennent en rien à la critique littéraire. Quelle perte pour l'éloquence, que le silence d'un homme qui s'étoit annoncé avec un aussi grand talent, et quel effet il eût produit, de quelle réputation il eût joui dans le siècle des Pascal, des Bossuet et des Bourdaloue !

## CHAPITRE VII.

### *Fontenelle.*

Fidèles à notre plan, qui est de mettre le plus qu'il est possible nos préceptes en exemples, et les exemples eux-mêmes en opposition, nous allons rapprocher ici deux hommes d'une tournure d'esprit tout à fait différente, et qui, en portant malgré eux cet esprit dans leurs ouvrages, ont également contribué à corrompre et à perdre enfin l'éloquence académique : c'est Fontenelle et Thomas. Le premier est jugé il y a long-temps ; l'autre commence à l'être. On leur a trouvé à tous deux des défauts, mais on n'a pas vu ou dit encore que ces défauts, en apparence si opposés, sont exactement les mêmes, et tiennent, dans l'un comme dans l'autre écrivain, à la manie de sortir du ton de son sujet.

Thomas affecte de n'emprunter ses métaphores que des arts les moins connus du commun des lecteurs. Il multiplie à tous propos les *masses*, les *calculs*, les *forces*, les *plans*, les *ressorts*, etc. ; c'est à tout moment la *chaîne des devoirs*, la *chaîne des idées*, la *chaîne des temps*, la *chaîne des êtres*, etc.; le *monde physique*, le *monde moral*, le *monde intellectuel*, etc. Et c'est dans l'éloge d'un guerrier, d'un magistrat, d'un ministre, que ce jargon scientifique est prodigué sans mesure comme sans raison.

Fontenelle, au contraire, qui avoit à parcourir le vaste domaine des sciences, crut faire disparoître l'aridité de la matière, en y semant les agrémens prétendus d'un style qui semble se jouer de son sujet. Ainsi, l'un et l'autre se sont plus ou moins écartés du véritable but de l'art d'écrire, où l'on ne parvient qu'en sachant prendre le ton et garder la couleur de son sujet. Un exemple va venir à l'appui de ce que nous avançons.

Voici comme Thomas décrit les devoirs et les travaux de l'homme d'état :

« Il doit gouverner comme la nature, par des principes invariables et simples; bien *organiser* l'ensemble, pour que les détails *roulent* d'eux-mêmes : pour bien juger d'un seul *ressort*, regarder la *machine* entière, calculer l'influence de toutes les parties les unes sur les autres, et de chacune sur le tout; saisir la multitude des *rapports* entre des intérêts qui semblent *éloignés*; faire concourir *les divisions* même à l'harmonie *du tout*; veiller sans cesse à *retrancher* de la *somme* des maux qu'entraînent l'embarras de chaque jour, le tourment des affaires, le choc et le contraste éternel de ce qui seroit possible *dans la nature*, et de ce qui cesse de l'être *par les passions* ». (*Éloge de Sully*).

Voici comme Fontenelle décrit le goût d'un célèbre naturaliste pour la botanique :

« On n'aura point de peine à s'imaginer qu'il s'occupoit avec plaisir de tout ce qui avoit du rapport avec *l'objet de son amour*. Cet amour cependant n'étoit pas si *fidèle* aux plantes, qu'il ne se portât presqu'avec la même ardeur à toutes les autres curiosités de la physique. — Il est vrai que du nombre de ces sortes d'*infidélités*, on en pourroit excepter son goût pour les pierres, etc ». (*Éloge de Tournefort*).

Voilà deux morceaux d'un caractère de style bien différent; et tous deux cependant sont également videux, parce que l'emphase pédantesque du premier est aussi ridicule que l'afféterie déplacée du second.

Disons-le cependant à la louange de Fontenelle : cet abus de l'esprit n'est pas ce qui constitue essentiellement sa manière d'écrire. Ce sont à la vérité des taches, et des taches beaucoup trop nombreuses dans ses éloges académiques; mais il étoit aisé de les faire disparoître; et quand il veut s'interdire ces écarts d'imagination, personne ne l'égale dans l'art de rendre non-seulement intelligibles, mais agréables, des matières regardées jusqu'alors comme inabordables aux esprits ordinaires. Otez, au contraire, à Thomas les échâsses sur lesquelles il est toujours monté, et vous le verrez bientôt tomber pour ne se relever que difficilement. Ce qui assure encore à Fontenelle une supériorité marquée sur ses nombreux et mal-adroits imitateurs, c'est qu'il possédoit à fond tous les sujets qu'il a traités; c'est que bien loin d'affecter l'érudition, il répand sans affectation les connoissances les plus variées; c'est que l'astronome comme le moraliste, le médecin comme le géomètre, le philosophe comme l'homme d'état, reconnoissent dans Fontenelle l'homme versé dans chacune de leurs parties, comme s'il eût consacré sa vie à l'étudier.

Veut-on voir Descartes et Newton comparés par un écrivain capable de les entendre, et de les apprécier par conséquent? Écoutons Fontenelle :

« Tous deux ont été des génies du premier ordre, nés pour dominer sur les autres esprits, et pour fonder des empires; tous deux, géomètres excellens, ont vu la nécessité de transporter la géométrie dans la physique; tous deux ont fondé leur physique sur une géométrie qu'ils ne tenoient presque que de leurs propres lumières. Mais l'un, prenant un vol hardi, a voulu se placer à la source de tout, se rendre maître des premiers principes, par quelques idées claires et fondamentales, pour n'avoir plus qu'à descendre aux phénomènes de la nature, comme à des conséquences nécessaires. L'autre, plus timide ou plus modeste, a commencé sa marche par s'appuyer sur les phénomènes, pour remonter aux principes inconnus, résolu de les admettre, quels que les pût donner l'enchaînement des conséquences. L'un part de ce qu'il entend nettement, pour trouver la cause de ce qu'il voit; l'autre part de ce qu'il voit, pour en trouver la cause, soit claire, soit obscure. Les principes évidens de l'un ne le conduisent pas toujours aux phénomènes tels qu'ils sont; les phénomènes ne conduisent pas toujours l'autre à des principes assez évidens. Les bornes qui, dans ces deux routes contraires, ont pu arrêter deux hommes de cette espèce, ce ne sont pas les bornes de leur esprit, mais celles de l'esprit humain ». (*Éloge de Newton*).

Voilà ce qu'est Fontenelle, quand son sujet l'exige, et qu'il veut commander à la démangeaison de prodiguer partout ce qu'il croit de l'esprit.

Ecoutons maintenant le déclamateur qui s'efforce de masquer par de grands mots le vide des connoissances qui lui manquent, et dont il veut cependant étaler la prétention.

« Newton, tout grand qu'il étoit, a été obligé de *simplifier* l'univers pour le calculer. Il a fait mouvoir tous les astres dans des espaces libres : dès-lors plus de fluide, plus de résistances, plus de frottemens; les liens qui unissent ensemble toutes les parties du monde, ne sont plus que des rapports de gravitation, des êtres purement mathématiques. Il faut en convenir, un tel univers est bien plus aisé à calculer que celui de Descartes, où toute action est fondée sur un mécanisme. Le newtonien, tranquille dans son cabinet, calcule la marche des sphères d'après un seul principe, qui agit toujours d'une manière uniforme. Que la main du génie qui préside à l'univers saisisse le géomètre, et le transporte tout à coup dans le monde de Descartes : viens, monte, franchis l'intervalle qui te sépare des cieux; approche de Mercure, passe l'orbe de Vénus, laisse Mars derrière toi, viens te placer entre Jupiter et Saturne; te voilà à quatre-vingt mille diamètres de ton globe. Regarde maintenant; vois-tu ces grands corps qui de loin te paroissent mûs d'une manière uniforme? Vois leurs agitations et leurs balancemens, semblables à ceux d'un vaisseau tourmenté par la tempête, dans un fluide qui presse et qui bouillonne; vois, et calcule, si tu peux, ces mouvemens. Ainsi, quand le système de Descartes n'eût point été aussi défectueux, ni celui de Newton aussi admirable, les géomètres devoient par préférence embrasser le dernier; et ils l'ont fait ». (THOMAS, *Éloge de Descartes*).

Encore une citation et ce sera la dernière, mais elle

est indispensable à la confirmation de nos preuves et à la conclusion que nous en voulons tirer, pour terminer ce chapitre.

On connoît le parallèle de Pierre 1.ᵉʳ et du roi de Suède, par Voltaire; on sait que c'est un des morceaux brillans de l'histoire de Charles XII. Ce même parallèle s'offroit naturellement à Fontenelle, dans l'éloge académique du czar, et voici comme il s'en est tiré :

« En 1700, le czar, soutenu de l'alliance d'Auguste, roi de Pologne, entra en guerre avec Charles XII, roi de Suède, le plus redoutable rival de gloire qu'il pût jamais avoir. Charles étoit un jeune prince, non pas seulement ennemi de toute mollesse, mais amoureux des plus violentes fatigues et de la vie la plus dure; recherchant les périls par goût et par volupté; invinciblement opiniâtre dans les extrémités où son courage le portoit; enfin, c'étoit Alexandre, s'il eût eu des vices et plus de fortune. On prétend que le czar et lui étoient encore fortifiés par l'erreur spéculative d'une prédestination absolue.

» Il s'en falloit beaucoup que l'égalité qui pouvoit être entre les deux souverains ennemis, se trouvât entre les deux nations. Des Moscovites qui n'avoient encore qu'une légère teinture de discipline, nulle ancienne habitude de valeur, nulle réputation qu'ils craignissent de perdre, et qui leur enflât le courage, alloient trouver des Suédois exactement disciplinés depuis long-temps, accoutumés à combattre sous une longue suite de rois guerriers, leurs généraux animés par le seul souvenir de leur histoire. Aussi le czar disoit-il, en commençant cette guerre : Je sais bien que mes troupes seront long-temps battues; mais cela même leur apprendra enfin à vaincre. Il s'armoit d'une patience plus héroïque que la valeur même, et sacrifioit l'intérêt de sa gloire à celui qu'avoient ses peuples de s'aguerrir ».

Il n'y a là, comme on voit, ni antithèses, ni jeux de mots, ni prétention quelconque à la finesse ou à l'esprit; c'est la simplicité noble du style de l'histoire, et l'imposante gravité qui lui convient. Écoutons à présent l'historien de Charles XII.

« Ce fut le 8 juillet de l'année 1709 que se donna cette bataille décisive de Pultava, entre les deux plus singuliers monarques qui fussent alors dans le monde : Charles XII, illustre par neuf années de victoires; Pierre Alexiowitz, par neuf années de peines prises pour former des troupes égales aux troupes suédoises; l'un glorieux d'avoir donné des états, l'autre d'avoir civilisé les siens; Charles aimant les dangers, et ne combattant que pour la gloire; Alexiowitz ne fuyant point le péril, et ne faisant la guerre que pour ses intérêts : le monarque suédois libéral par grandeur d'âme; le Moscovite ne donnant jamais que par quelque vue ; celui-là d'une sobriété et d'une continence sans exemple, d'un naturel magnanime, et qui n'avoit été barbare qu'une fois; celui-ci n'ayant pas dépouillé la rudesse de son éducation et de son pays, aussi terrible à ses sujets qu'admirable aux étrangers, et trop adonné à des excès qui ont même abrégé ses jours. Charles avoit le titre d'*invincible*, qu'un moment pouvoit lui ôter; les nations avoient déjà donné à Pierre Alexiowitz le nom de *grand*, qu'une défaite ne pouvoit lui faire perdre, parce qu'il ne le devoit pas à des victoires ».

(VOLTAIRE.)

Tous les compilateurs n'ont jamais manqué de citer ce morceau, et de se récrier d'admiration en le citant. Les partisans un peu sévères du bon goût l'ont constamment rejeté parmi ces modèles qu'il faut soigneusement écarter d'un livre classique, parce que le brillant en impose ici sur la solidité, et qu'il est à craindre qu'il ne reste de tout ce fracas d'antithèses plus d'apparence que de réalité, et plus de bruit dans la tête des jeunes gens, que d'idée de la véritable harmonie oratoire. Ce dernier jugement a besoin de restriction : sans doute, dans toute autre circonstance, un pareil morceau pourroit être déplacé, et dégraderoit peut-être la majesté de l'histoire; mais a-t-on fait attention qu'entraîné par la marche des événemens, l'historien met réellement ici ses héros en présence, et que plus il les rapproche, plus les traits qui leur sont communs ou différens, doivent se rapprocher aussi de l'œil du spectateur. Puisque l'histoire est et doit être un tableau, l'historien doit donc observer les règles de la perspective; et c'est ce qu'a fait Voltaire.

Ainsi, quoiqu'il y ait des principes généraux, dont on ne sauroit trop recommander l'observation, il se trouve néanmoins dans le style, comme partout ailleurs, des beautés et des défectuosités purement relatives : c'est à les distinguer que s'attache la saine critique, et à les sentir que le goût doit s'exercer.

## CHAPITRE VIII.

### *L'éloquence militaire.*

Simpliciora militares decent. (QUINT.)

Il faut prévenir encore l'inexpérience des jeunes gens, qu'il est aussi impossible d'établir les préceptes de l'éloquence militaire, qu'il seroit ridicule de prétendre deviner et de vouloir régler l'inspiration du moment.

Qu'ils apprennent donc à distinguer ces traits de caractère, ces expressions échappées à l'âme d'un grand homme, dans un moment décisif, ou dans une circonstance importante, de ces harangues composées à loisir, et placées par le poëte ou par l'historien dans la bouche d'un héros.

L'histoire nous a conservé, et la poésie a mis habilement en œuvre une foule de ces traits précieux, de ces mots vraiment éloquens, puisqu'ils n'ont jamais manqué de produire de grands effets.

Arrivé aux bords du Rubicon, César balance un instant ; enfin, le sentiment des injures qu'il a reçues et l'ambition surtout, l'emportent sur toute autre considération : il s'élance dans le fleuve. *Marchons*, dit-il, *où nous appellent et les présages des Dieux, et l'injustice de mes ennemis. Le sort en est jeté, marchons. Eamus*, inquit, *quò Deorum ostenta et iniquitas inimicorum vocat : jacta alea, esto.* (Suet. in Cæs. cap. 32).

Voilà l'historien. Ecoutons le poëte :

Hic, ait, hic pacem, temerataque jura relinquo :
Te, fortuna, sequor : procul hinc jam fœdera sunto.

Credidimus fatis ; utendum est judice bello.
Sic fatus, etc. (Luc. *Phars.* Lib. 1).

C'est ici que j'abjure et les lois et la paix ;
Je te suis, ô fortune, et j'attends tes bienfaits,
Dit César; il n'est plus ni traité, ni refuge.
Ce fleuve traversé, le glaive est notre juge.
Il dit, etc. (La Harpe).

On voit qu'il suffit quelquefois du trait historique pour constituer une véritable beauté poétique ; et Lucain, qui vient de nous en fournir un exemple, n'a pas toujours été aussi sage, il s'en faut de beaucoup. Quelquefois encore les propres expressions du héros qu'on fait parler, sont tellement consacrées par la reconnoissance ou par l'admiration, que ce qu'il reste de mieux à faire au poëte ou à l'historien, c'est de les rapporter textuellement.

Tout le monde connoît la harangue de Henri IV à son escadron, avant la bataille d'Ivri :

« Mes compagnons, si vous courez aujourd'hui ma fortune, je cours aussi la vôtre. Je veux vaincre ou mourir avec vous. Gardez bien vos rangs, je vous prie : si la chaleur du combat vous les fait quitter, pensez aussitôt au ralliement, c'est le gain de la bataille : et si vous perdez vos enseignes, cornettes ou guidons, ne perdez point de vue mon panache blanc ; vous le trouverez toujours au chemin de l'honneur et de la victoire ».

Voltaire avoit trop de goût et le tact trop sûr, pour ne pas sentir que les plus beaux vers du monde resteroient infailliblement au-dessous d'une pareille prose. Ce morceau, d'ailleurs, étoit trop célèbre, pour chercher seulement à l'altérer : aussi l'a-t-il fait passer dans les vers suivans aussi littéralement que le pouvoit permetre la différence des deux styles.

Vous êtes nés Français, et je suis votre roi,
Voilà vos ennemis, marchez et suivez moi.
Ne perdez point de vue, au fort de la tempête,
Ce panache éclatant qui flotte sur ma tête ;
Vous le verrez toujours au chemin de l'honneur.

(*Henriade*, ch. 8).

Souvent un mot inspiré par la circonstance agit plus puissamment sur la multitude, que ne le pourroit faire le discours le mieux étudié.

*Dérar est mort!* s'écrient les Arabes. *Qu'importe que Dérar soit mort?* reprend un de leurs chefs; *Dieu est vivant et vous regarde.* Il les ramène au combat; et ces mêmes hommes qui fuyoient éperdus, remportent une victoire complète.

Un Cimbre est envoyé pour tuer Marius dans sa prison. *Misérable! oseras-tu bien tuer Caius Marius!* lui dit d'une voix terrible l'illustre proscrit; et le soldat s'enfuit épouvanté, en répétant: *Je ne puis tuer Caius Marius.*

L'histoire moderne nous offre le même trait. Un ligueur va tuer le cardinal de Retz: *Ah! malheureux, si ton père te voyoit!* dit le cardinal; et ces mots désarment l'assassin.

*Mes enfans, les blancs vous regardent,* dit le marquis de Saint-Pern, à Crevelt, aux grenadiers français, et les grenadiers restent exposés au feu du canon.

*Amis, souvenez-vous de Rocroi, de Fribourg et de Nortlingue!* Voilà la harangue du grand Condé à ses soldats, avant la fameuse bataille de *Lens,* et Condé remporte la victoire.

Un héros plus voisin de nous, et qui a plus d'un rapport avec les grands hommes que nous venons de citer, a déployé, dans une foule de circonstances, cette concision énergique, premier caractère du génie, qui compte les mots pour prodiguer les pensées. Voyez sa proclamation à l'armée, en arrivant en Egypte:

« Soldats! vous allez entreprendre une conquête dont les effets sur la civilisation et le commerce du monde sont incalculables. Vous portez à l'Angleterre le coup le plus sûr et le plus sensible, en attendant que vous puissiez lui donner le coup de la mort ».

Ailleurs :

« Nous ferons quelques marches fatigantes; nous livrerons plusieurs combats; nous réussirons dans toutes nos entreprises; les destins sont pour nous ».

Et plus loin :

« Le pillage n'enrichit qu'un petit nombre d'hommes : il nous déshonore, il détruit nos ressources, il nous rend ennemis des peuples qu'il est de notre intérêt d'avoir pour amis, etc. »

C'est à ce même héros qu'on attribue un mot sublime sur les Pyramides : *Du haut de ces Pyramides, quarante siècles nous contemplent.*

A son retour d'une expédition, dont l'idée seule annonçoit un homme supérieur, il voit, juge et peint l'état de la France.

« Dans quel état j'ai laissé la France ! Dans quel état je la retrouve ! Je vous avois laissé la paix, et je retrouve la guerre ! je vous avois laissé des conquêtes, et l'ennemi passe vos frontières ! j'ai laissé vos arsenaux garnis, et je n'ai pas trouvé une arme ! Vos canons ont été vendus; le vol a été érigé en système; les ressources de l'état sont épuisées : on a eu recours à des moyens vexatoires, réprouvés par la justice et le bon sens : on a livré le soldat sans défense. Où sont-ils, les braves, les cent mille camarades que j'ai laissés couverts de lauriers ? Que sont-ils devenus? Ils sont morts! etc. »

Il promet, dans un discours aux Anciens assemblés, de sauver la république et la liberté. *Qui nous le garantira?* s'écrie une voix. *Grenadiers,* reprend le guerrier orateur, *dites si je vous ai jamais trompés, quand je vous ai promis la victoire ?*

Dans le moment même où il substituoit une forme de gouvernement à tous les désordres de l'anarchie la plus complète, on lui objecte *la constitution.*

« La constitution ! vous convient-il de l'invoquer? qu'est-elle autre chose à présent qu'une ruine? N'a-t-elle pas été successivement le jouet de tous les partis? ne l'avez-vous pas foulée aux pieds le 18 fructidor, le 22 floréal, le 28 prairial? La constitution! n'est-ce pas en son nom qu'on a organisé toutes les tyrannies depuis qu'elle existe? A qui désormais peut-elle offrir une garantie réelle? Son insuffisance n'est-elle pas attestée par les nombreux outrages que lui ont prodigués ceux mêmes qui lui jurent une fidélité dérisoire? Tous les droits du peuple ont été indignement violés; et c'est à les rétablir sur une base immuable qu'il faut de suite travailler, pour consolider enfin dans la France la liberté et la république ».

Il nous seroit facile de multiplier ces citations; mais il est des hommes, dont il n'est pas plus aisé de rapporter tout ce qu'ils ont dit de beau, que de citer tout ce qu'ils ont fait de grand.

Nous en avons dit assez pour accoutumer les jeunes gens à distinguer, dans l'art oratoire, ce qui appartient au génie, de ce qui est le résultat de la méditation et de l'application raisonnée des règles. L'éloquence, dit Voltaire, est née avant les préceptes de la rhétorique, et Voltaire a raison : il en est de même en tout genre; c'est d'après les modèles que les leçons ont été tracées, comme l'on tire, sur le vêtement déjà fait, le patron destiné à en faire d'autres. Admirons donc le génie; mais respectons et pratiquons les règles : c'est toujours honorer le génie.

*Fin du Livre troisième.*

# LIVRE QUATRIÈME.

*De la disposition oratoire, ou de l'Ordre mécanique du discours.*

Après avoir, dans la section précédente, traité avec l'étendue convenable chacune des grandes parties de l'art oratoire, il faut parler maintenant de ce qui est commun à toutes : l'ordre et la disposition du discours en général.

## CHAPITRE PREMIER.

Quel que soit l'objet du discours, celui qui parle doit commencer par une espèce d'introduction, qui prépare l'esprit des auditeurs : il établit ensuite l'état de la question, expose celui des faits, et les appuie de preuves propres à fortifier l'opinion qu'il a de la bonté de sa cause, et à détruire les raisons de son adversaire. C'est là qu'il déploie, s'il y a lieu, les grands moyens que lui fournit la rhétorique, pour mettre de son parti les passions émues à propos. Après avoir dit enfin tout ce qu'il a jugé convenable, il termine son discours par un résumé succinct de tout ce qu'il a déployé de moyens, de ce qu'il a exposé de plus capable de laisser dans les esprits une impression profonde.

Telle est la marche naturelle et la division plus ou moins sensible de toute espèce de discours. Nous allons voir ce que l'art a fait pour diriger vers un but vraiment utile, un plan si positivement indiqué par la nature elle-même.

## 1.º *De l'Exorde.*

C'est de toutes les parties du discours celle qui quelquefois doit le plus à l'art, et celle cependant qui paroît plus dans la nature. Lorsque nous avons en effet des conseils à donner ou des réprimandes à faire à quelqu'un, les simples lumières du bon sens nous indiquent qu'il y a certaines précautions à prendre; et ces précautions, que nous prenons si naturellement, deviennent des préceptes de l'art, auxquels nous nous conformons, sans nous douter le plus souvent que cet art existe, et qu'il faut bien du temps et bien des soins, pour apprendre à faire méthodiquement ce que la nature fait si heureusement à notre insu. C'est elle qui nous montre le chemin que nous devons prendre pour porter l'émotion dans les cœurs, ou la conviction dans les esprits; et c'est d'après elle que les Aristote et les Cicéron ont établi en principe que le but de l'exorde soit de gagner la bienveillance, de captiver l'attention, et de s'assurer la docilité de l'auditeur : *Reddere auditores benevolos, attentos, dociles* (Cic.)

Quant aux moyens d'y parvenir, rien de plus juste et de plus sage que les réflexions d'Aristote et de Cicéron à cet égard. (Arist. *Rhet.* lib. III, cap. 14; Cic. *ad Herenn.* lib. 1). Ces grands critiques distinguent aussi deux sortes d'introductions : l'exorde et l'insinuation. Dans l'exorde, l'orateur se borne à indiquer clairement l'objet de son discours. L'insinuation suppose, au contraire, la nécessité de détruire, dans l'esprit des auditeurs, des dispositions peu favorables à la cause que l'on entreprend de défendre. Il faut tout l'art possible pour dissiper sans effort, mais avec succès cependant, ces préventions fâcheuses, et amener insensiblement l'auditeur à nous entendre, non-seulement avec attention, mais avec cette portion d'intérêt qui est d'avance un présage certain du gain de la cause.

Le second discours de Cicéron contre Rullus, nous

offre un modèle accompli de ce genre d'introduction. Il s'agissoit de la loi agraire, proposée par ce Rullus, alors tribun du peuple ; et c'est devant le peuple, que Cicéron vient combattre un projet si propre à séduire une multitude toujours facile à égarer, quand on flatte ce qu'elle croit ses intérêts. On sent tout ce qu'un pareil sujet présentoit d'obstacles à l'orateur, et tout ce qu'il falloit d'art pour les surmonter avec le succès qui couronna le discours de Cicéron. Le grand point étoit d'en venir à l'objet même de la question : que de passions à faire taire, avant de mettre les esprits en état de voir et de sentir la vérité ! Que de précautions à prendre, pour que cette vérité n'eût rien d'amer, rien de repoussant, et qu'elle servît par le fait l'intérêt général, sans paroître blesser celui de tant de particuliers ! Que fait l'habile orateur ? Il commence par l'énumération des faveurs qu'il a reçues du peuple : il reconnoît qu'il lui doit tout, et que personne ne peut avoir plus de motifs que lui pour défendre ses intérêts. Il déclare qu'il se regarde comme le consul du peuple, et qu'il se fera toujours une gloire du titre de magistrat populaire. Mais c'est là qu'il commence à observer avec la plus grande adresse, et les ménagemens les plus délicats, que l'on donne à la popularité des acceptions bien étranges quelquefois, et bien éloignées surtout de la véritable qu'il n'y voit, lui, qu'un zèle sincère pour les intérêts du peuple ; mais que d'autres la faisoient servir de masque à leur ambition personnelle, etc. C'est ainsi qu'il aborde peu à peu la proposition de Rullus, mais avec beaucoup de réserve, comme l'on voit, et de circonspection. Un éloge pompeux des Gracques fortifie, dans l'idée du peuple, son opinion sur la popularité, et sur les lois agraires en général : il ajoute enfin, qu'ayant entendu parler du projet de Rullus, il se disposoit à l'appuyer de toutes ses forces ; mais qu'un mûr examen lui ayant démontré combien ce projet étoit contraire aux intérêts du peuple, il se voyoit obligé de leur mettre sous les yeux les motifs qui l'avoient déterminé à le rejeter.

malgré tant de précautions si adroitement prises, l'orateur ne se croit pas assez maître encore des esprits de ses auditeurs, et il termine son exorde, en déclarant qu'il va exposer les motifs de son opinion, mais que s'ils paroissent insuffisans à ceux qui l'écoutent, il est tout prêt à renoncer à son avis, pour adopter celui du plus grand nombre. On sent bien que le discours est fait, après un pareil exorde, et que, quels que soient la nature, le nombre et la force des preuves, l'orateur est sûr de diriger à son gré un auditoire si heureusement disposé. Mais, ces cas exceptés, l'exorde doit, en général, être simple et naturel, et sortir sans effort du sujet même : *Floruisse penitùs ex re de quâ tùm agitur.* (Cic.) Un vice essentiel, et très-ordinaire cependant dans ces orateurs prétendus qui prennent le bavardage pour de l'éloquence, c'est de fonder leurs exordes sur des lieux communs qui n'ont pas le moindre rapport avec l'objet dont il est question. Quelque achevés que puissent être ces morceaux, ils n'en sont pas moins des hors-d'œuvre très-déplacés, quand ils ne sont pas souverainement ridicules. Le meilleur moyen d'obvier à un semblable inconvénient, c'est de subordonner l'exorde au plan général du discours, et de ne s'en occuper qu'en dernier lieu. La méthode opposée jette indispensablement dans les lieux communs, et dans la nécessité de faire le discours pour l'exorde, au lieu d'adapter, comme on le doit, l'exorde lui-même au reste du discours.

La correction du style et la justesse de l'expression, sont une des parties qu'il faut le plus soigner dans l'exorde, et cette précaution est fondée sur l'état où se trouve alors l'auditeur. Qu'il n'y ait cependant, dit Quintilien, rien de trop hardi dans l'expression, rien de trop figuré, rien qui sente trop l'art. La raison qu'il en donne est excellente. L'orateur n'est pas encore introduit dans l'âme de ses auditeurs ; l'attention, qui ne fait que de naître, l'observe de sang-froid ; on lui permettra davantage, quand les esprits seront échauffés. Liv. IV, c. 1 ).

La modestie est encore l'un des caractères distinctif d'un exorde bien fait. Si l'orateur s'annonce, dès l début, par un ton de supériorité et d'arrogance affectée, il réveille, il révolte l'amour-propre des auditeurs qui le suivent, dans le reste de son discours, avec l'œi soupçonneux de la malveillance. Il faut à la modesti de l'expression joindre encore celle des regards, d geste et du ton de voix. Rien ne flatte plus l'auditoire que ces marques de déférence, que cette respectueus timidité, qui ne doivent pas exclure cependant un certain sentiment de dignité, que donne à l'orateur la conviction intime de la justice ou de l'importance de sa cause.

Rarement la chaleur et la véhémence peuvent trouver leur place dans un exorde. C'est par gradations qu'il faut préparer l'auditeur à ces secousses violentes, à ces grands mouvemens toujours sans effet quand ils sont prodigués. Il faut que de pareils débuts soient commandés par les circonstances. C'est Catilina, par exemple, qui entre tout à coup dans le sénat Romain; et Cicéron, indigné de son audace, s'écriera : *Quò usquè tandem, Catilina, abutere patientiá nostrá ?* etc.; et tout le reste du discours sera de cette force véhémente, parce que le sentiment qui a inspiré cet exorde, ne sera que s'enflammer encore dans l'âme de l'orateur.

Les rhéteurs anglois citent avec les plus grands éloges, le début d'un sermon de l'évêque Atterbury. Il avoit pris pour son texte ces paroles de J.-C. : *Heureux celui qui ne se scandalisera point à mon sujet !* Eh ! qui donc, ô Jésus ! s'écrie l'orateur, pourroit être scandalisé d'une vie toute divine ! etc. ; et cette apostrophe sublime, qui tient lieu d'exorde, conduit l'éloquent pasteur jusqu'à la division de son discours. Mais ces exemples sont rares ; et l'on doit se permettre ces sortes d'introductions avec d'autant plus de réserve, qu'elles promettent une chaleur et une véhémence qu'il est difficile de soutenir dans le reste du discours, et que tout ce qui n'ajoute pas à ce premier effet, l'affoiblit nécessairement.

## 2.º *De la Narration.*

Quand l'exorde a suffisamment préparé l'auditoire à ce qui doit être le sujet du discours, il faut lui indiquer positivement ce dont il est question, et lui faire l'exposé des faits sur lesquels il va avoir à prononcer : c'est l'objet de la *Narration.* Quintilien veut qu'elle soit courte, claire et probable : *lucidam, brevem, verisimilem.* Elle sera courte, s'il n'y a rien d'inutile ; car dans le cas même où vous aurez beaucoup de choses à dire, si vous ne dites rien de trop, vous ne serez jamais trop long. *Nos autem brevitatem in hoc ponimus, non ut minùs, sed ne plus dicatur quàm oporteat.* Elle sera claire, si vous ne vous servez pour chaque chose que du mot propre, et si vous distinguez nettement les temps, les lieux et les personnes. Il est alors si important d'être entendu, que la prononciation même doit être soignée de manière à ne rien faire perdre à l'oreille du juge. *Erit autem narratio aperta atque dilucida, si fuerit primùm exposita verbis propriis, et significantibus et non sordidis quidem, non tamen ab usu remotis : tàm distincta rebus, personis, temporibus, locis, causis, ipsá etiam pronunciatione in hoc accomodatá, ut judex, quæ dicuntur, facillimè accipiat.* Elle sera probable enfin, si vous assignez à chaque chose des motifs plausibles et des circonstances naturelles. *Credibilis autem erit narratio antè omnia, si priùs consuluerimus nostrum animum, ne quid naturæ dicamus adversum.* ( QUINT. lib. IV, c. 2 ).

Dans l'éloquence de la chaire, l'explication du sujet que l'on va traiter, remplace la narration judiciaire, et exige à peu près les mêmes qualités : clarté et précision dans les choses, élégance et correction dans le style.

Mais au barreau la narration est une partie essentielle du discours, et celle peut-être qui demande le plus d'attention. L'avocat ne doit dire que la vérité mais il doit éviter cependant de rien laisser échapper qui puisse nuire à sa cause. Les faits qu'il rapporte sont la base nécessaire des raisonnemens qu'il établira dans la suite. Il faut donc autant d'intelligence que de talent et d'adresse, pour se renfermer dans les bornes scrupuleuses de la vérité, et présenter néanmoins les faits sous le jour le plus favorable à sa cause, pour faire ressortir les circonstances avantageuses, et pour affoiblir d'avance l'effet de celles qui pourroient servir la partie adverse. Mais en remplissant cette tâche délicate, l'orateur ne doit pas oublier que le point essentiel, que le comble de l'art est ici de faire disparoître entièrement l'art. Le juge est tellement attentif, tellement sur ses gardes pendant cette partie du discours, que le moindre doute sur la sincérité de l'orateur entraîneroit infailliblement la perte de sa cause. C'est ce que Quintilien rappelle si formellement à ses jeunes élèves : *Effugienda . in hâ præcipuè parte, omnis calliditatis suspicio : neque enim se usquàm magis custodit judex, quàm cùm narrat orator; nihil tùm videatur fictum; nihil sollicitum; omnia potiùs à causâ, quàm ab oratore, profecta videantur*. (Lib. IV).

Aucun orateur n'a porté ce grand art plus loin que Cicéron; et il n'y a presque pas une de ses narrations oratoires qui ne soit un modèle à citer. Mais nous nous arrêterons de préférence à celle du discours pour Milon, lorsque, dans le résumé qui va suivre ces notions générales, nous chercherons dans ce magnifique plaidoyer les preuves de ce que nous avançons ici, et de l'incontestable supériorité du plus grand des orateurs.

Reprenons l'ordre et l'analyse des autres parties du discours.

### 5.° *De la Confirmation.*

L'ordre naturel des idées amène immédiatement la confirmation à la suite de la narration. Il faut prouver en effet ce que l'on vient d'avancer. *Probanda sunt quæ propter hoc exposuimus.* (QUINT. lib. IV, c. 3).

Les preuves sont ou de raison ou de sentiment, et doivent toucher le cœur par leur pathétique, ou convaincre l'esprit par leur solidité. De là l'argumentation, qui est la partie technique du raisonnement, ou, si l'on veut, le *corps* de la preuve; et le pathétique, qui en est l'âme, et qui achève victorieusement sur les cœurs, ce que l'argumentation a commencé sur les esprits. La confirmation se propose deux objets différens, mais dont le but et le résultat sont absolument les mêmes. Car il s'agit ou de prouver que ce que l'on a dit est vrai, et c'est *confirmer* l'auditeur dans l'opinion que nous lui avons déjà donnée de la cause; ou il est question de démontrer la fausseté des faits avancés par la partie adverse, et c'est ce qu'on appelle la *réfutation*. Toute cette partie de l'art oratoire appartient au raisonnement; et c'est là que l'avocat doit se montrer logicien aussi profond qu'orateur habile. Mais la réunion de ces deux qualités est indispensable pour le triomphe de sa cause. S'il n'est que raisonneur exact ou logicien subtil, il sera sec et froid, et pourra bien convaincre, mais jamais entraîner l'auditeur. Or, quelles que soient la force de la vérité et la légitimité des droits qu'elle défend, il faut quelque chose de plus pour vaincre au barreau, et pour agir efficacement sur une multitude quelconque. Il faut, ce que l'art ne donnera jamais, ce qu'Aristote, Cicéron et Quintilien n'enseignent point et ne peuvent enseigner, une chaleur, une impétuosité de sentiment, qui entraînent impérieusement, et conduisent, malgré lui, l'auditeur au but où celui qui parle veut le conduire. Mais il faut observer que cette chaleur même doit être subordonnée à la raison, et que celui qui s'y livreroit inconsidérément pourroit bien étonner un moment, mais ne persuaderoit personne, parce qu'il faut que l'esprit soit convaincu, pour que le cœur se laisse persuader; et que la règle générale est que :

L'esprit n'est point ému de ce qu'il ne croit pas. (BOILEAU).

Il seroit trop long et trop fastidieux de suivre, dans les rhéteurs, le système beaucoup trop compliqué de l'argumentation oratoire; de remonter avec eux à la source des diverses sortes de preuves, d'ajouter des divisions, et des distinctions à des distinctions sans nombre. C'est le moyen infaillible d'ôter au discours tout sa gravité; c'est le hacher plutôt que le séparer, et amener enfin la confusion et l'obscurité, par la méthode même inventée pour les prévenir.

Mais Quintilien, qui fait cette remarque judicieuse et qui proscrit si positivement l'abus, ne laisse pas d'établir partout la nécessité de l'usage, et d'observer qu'il faut posséder la dialectique en philosophe, et l'employer en orateur.

Le devoir du philosophe-orateur est donc de prouver, et son mérite, de le faire avec un ordre qui permette de le suivre pas à pas sans trouble et sans confusion, et une clarté qui ne laisse rien perdre de la force et de la valeur de ses argumens. Pour y parvenir, il ne s'arrêtera point indistinctement à la foule d'argumens qui se présentent quelquefois, au premier coup-d'œil, pour appuyer ou développer une preuve : mais il choisira, et son choix ne se déterminera que pour ceux qui vont directement au but; et il aura soin d'observer, dans leur disposition, la gradation qu'indique la nature elle-même. Elle veut, dit Quintilien, que l'on procède d'une chose à une autre; cette méthode aide beaucoup à la mémoire de celui qui parle, et soutient l'attention de celui qui écoute. Les argumens doivent donc être en petit nombre; mais il faut qu'ils rachètent en force ce qu'ils perdent en quantité, et que leur liaison ajoute à leur solidité.

Quant à leur force graduelle, la règle générale veut que l'on procède du plus foible au plus fort; et cette marche est excellente toutes les fois que l'orateur, convaincu de la bonté de sa cause, ne voit aucune espèce d'obstacle à en démontrer l'évidence. Mais, dans le cas contraire, il doit frapper d'abord les grands coups, et placer les premiers ses argumens les plus forts, afin de disposer favorablement l'auditoire à l'infériorité des preuves subséquentes. Lorsque dans un grand nombre d'argumens, il s'en trouve un ou deux qui sont plus foibles que les autres, Cicéron conseille de les placer au milieu de ce corps de preuves, parce que leur foiblesse y sera bien moins sensible qu'au commencement où à la fin de la confirmation. Mais quand tous les argumens sont également forts, également satisfaisans ; quand chacun d'eux, placé dans tout son jour, est capable de produire l'effet que l'on en attend, il est bon de les séparer par une distance raisonnable, pour laisser à l'auditeur le temps d'en apprécier la valeur. Sont-ils foibles ou seulement douteux : il faut les serrer étroitement, et en former, pour ainsi dire, une phalange, où la foiblesse individuelle emprunte de la réunion une force que l'on étoit bien loin de leur supposer.

Mais quels que soient le nombre, la forme et la distribution des preuves dans le discours, l'orateur n'a rempli que la moitié de son objet, si, content d'avoir convaincu les esprits, il ne cherche pas à émouvoir les cœurs, en *touchant à propos la passion*. Mais c'est là que les règles se taisent, que les conseils sont inutiles ou insuffisans, et que l'orateur ne doit écouter que son génie, et ne suivre que l'impression du moment. Alors il deviendra pathétique, parce qu'il sera vrai; ses moyens seront victorieux, parce qu'ils seront naturels, et que l'on n'attaque jamais en vain le cœur des autres, quand on est fortement pénétré soi-même du sentiment que l'on exprime. Mais voilà l'essentiel, le difficile, le rare, et l'indispensable cependant : *Summa enim circà movendos affectus, in hoc posita est, ut moveamur ipsi.* (Quint. lib. vi. c. 3).

## 4.º *De la Péroraison.*

C'est surtout dans la conclusion du discours que se développoient avec succès, chez les anciens, les grandes ressources du pathétique. C'est là que l'orateur, rassemblant toutes ses forces, frappoit les derniers coups avec une énergie à laquelle rien ne résistoit; c'étoit le triomphe de l'éloquence judiciaire, chez des peuples dont les tribunaux, entourés d'une foule innombrable de peuple, offroient un vaste théâtre à l'action oratoire. Mais c'est dans l'éloquence de la tribune et dans celle de la chaire, où le but principal est d'intéresser et d'émouvoir, que la péroraison est la partie essentielle du discours. Elle est loin d'avoir au barreau la même importance : ici, c'est la loi qui prononce; c'est donc bien moins la volonté du juge, que son opinion qu'il s'agit de déterminer. Comme cependant ce juge est un homme, il ne sera jamais inutile de l'intéresser en faveur de l'innocence et de la foiblesse, de la justice et de la vérité. Ce que la nature a mis de sensibilité dans le cœur du juge, est le commentaire heureux du texte impassible de la loi. Une péroraison pathétique n'est indigne de l'éloquence, que dans le cas où l'on s'en serviroit pour faire triompher le crime ou le mensonge.

Dans nos plaidoyers modernes, qui ne sont le plus souvent que des discussions arides, où le sentiment ne sauroit être pour rien, la péroraison doit uniquement consister dans le résumé clair et rapide de la cause. C'est un épilogue qui réunit tous les moyens épars et développés dans le cours du discours, pour leur donner une nouvelle force en les présentant tous à la fois. Il ne peut y avoir lieu ici aux mouvemens oratoires : un raisonnement pressé, mais lumineux, des conséquences justes et exactement déduites; voilà tout le mérite de ces sortes de péroraisons, qui ont l'avantage de réunir, sous un seul et même point de vue, l'état général de la cause, les lois dont elle s'appuie, et les moyens que l'on a employés pour la défendre. Aussi la règle prescrite à cet égard par Cicéron, est-elle de donner à chacun de ces points intéressans le plus de force, avec le moins d'étendue possible : c'est une récapitulation pour soulager la mémoire de celui qui écoute, et non un morceau d'apparat pour faire briller le talent de celui qui parle : *ut memoria, non oratio, renovata videatur.* (Cic.)

Mais si la nature de la cause donne lieu à une éloquence véhémente, le résumé doit être suivi d'un mouvement oratoire, qui sera ou d'indignation ou de commisération. Mais dans l'un ou l'autre cas, il faut savoir s'arrêter à propos, et dans le dernier principalement; car, suivant la remarque du rhéteur Apollonius, citée par Cicéron et Quintilien, rien ne sèche si vite que les larmes : *nec sine causâ dictum est nihil faciliùs quàm lacrymas inarescere.* (Quint. lib. vi. c. 1). Du moment que l'on s'aperçoit que tous les cœurs sont émus, gardons-nous d'insister sur les plaintes; ne laissons pas à l'auditeur le temps de se refroidir, et ne nous flattons pas surtout que personne pleure long-temps des infortunes qui lui sont étrangères.

Quintilien conseille encore, avec sa sagesse ordinaire, de mesurer ses forces avant d'essayer le pathétique, et de ne point manier ce ressort puissant, mais délicat, si l'on ne se sent pas tout le talent nécessaire pour l'employer avec succès. Comme il n'y a point, en effet, d'impression plus forte, lorsqu'on parvient à la produire, il n'y en a point qui refroidisse davantage, quand l'effet est manqué. Il vaudroit beaucoup mieux alors laisser les juges à leurs propres dispositions; car ici les grands efforts, les grands mouvemens, sont tout près du ridicule; et ce qui ne fait pas pleurer, fait nécessairement rire : *nihil habet ista res medium; sed aut lacrymas meretur aut risum.* (Quint. lib. vi. c. 2).

C'est ce qu'Aristote sans doute a voulu nous faire entendre, lorsqu'il nous a donné le conseil et le modèle à la fois de la plus courte et de la meilleure peut-être des conclusions, pour le plus grand nombre des plaidoyers : *j'ai dit, vous m'avez entendu, vous connaissez l'affaire; prononcez.* Εἴρηκα, ἀκηκόατε, ἔχετε, κρίνατε. (Rhét. lib. iii. 19).

## CHAPITRE II.

*Application du chapitre précédent au discours de Cicéron pour Milon.*

Au lieu de morceler, suivant l'usage, différens discours, pour en extraire des exemples à l'appui des principes que nous venons d'établir, nous avons préféré de les réunir dans un chapitre particulier, et de les tirer surtout d'un seul et même discours, où chacun d'eux fût traité avec une égale supériorité. Persuadés qu'il n'y a pas la moindre comparaison à faire entre des passages isolés, quelque bien choisis qu'ils puissent être, et ces mêmes passages placés dans leur cadre naturel, nous avons mieux aimé offrir l'ordonnance imposante d'un grand tableau, que d'en montrer quelques personnages détachés, sans attitude, sans physionomie et sans expression. Nous nous sommes arrêtés à celui de tous les discours qui pouvoit le mieux remplir notre objet : le plaidoyer de Cicéron pour Milon, que l'on peut regarder comme le chef-d'œuvre de l'éloquence latine, et peut-être de tout le genre judiciaire.

La nature et les circonstances du fait, le caractère de l'accusé et la forme du jugement, tout se réunit pour faire de cette cause, vraiment célèbre, la plus importante qui ait jamais été plaidée. Si Milon et Clodius n'eussent été que de simples particuliers, la question se réduisoit aux termes ordinaires, et les tribunaux compétens en pouvoient connoître sans difficulté. Mais il s'agissoit des chefs de deux factions qui, depuis long-temps, déchiroient la république, qui s'étoient juré une haine mortelle, et dont les partisans étoient bien résolus à continuer cette lutte terrible, jusqu'à ce que l'un ou l'autre parti fût totalement anéanti. Milon demandoit le consulat, et Clodius la préture : et ce dernier, qui avoit tant d'intérêt à ne pas voir son ennemi revêtu d'une magistrature supérieure, avoit dit, avec son audace ordinaire, que dans trois jours Milon ne seroit pas en vie. Milon, de son côté, paroissoit bien déterminé à ne pas l'épargner davantage; et quand les choses en sont arrivées, de part et d'autre, à ce point d'acharnement, on sent qu'il est difficile de rien attribuer au hasard des événemens subséquens. Ce fut lui cependant qui amena la rencontre où périt Clodius. Il revenoit de la campagne avec une suite d'environ trente personnes ; il étoit à cheval ; et Milon, qui alloit à Lanuvium, étoit dans un chariot avec sa femme ; mais sa suite étoit plus nombreuse et mieux armée. La querelle s'engagea : Clodius blessé, et se sentant le plus foible, se retira dans une hôtellerie, comme pour s'en faire un asyle; mais Milon ne voulut pas manquer une si belle occasion : il ordonna à ses gladiateurs de forcer la maison, et de tuer Clodius. Son corps est porté à Rome par ses partisans, qui le présentent au peuple, dans la place publique. On dresse à la hâte un bucher près de la salle où le sénat s'assembloit : la flamme se communique à cette salle, et la consume avec d'autres édifices publics. Cependant Milon est accusé, et ce procès devient, comme tout le reste, une affaire de parti. Pompée, qui n'étoit pas fâché qu'on l'eût défait de Clodius, mais qui eût été bien aise aussi qu'on le défît de Milon, dont l'inflexible fermeté ne pouvoit que déplaire à quiconque affectoit la domination, voulut donner à ce jugement l'appareil le plus capable d'en imposer. Il porta une loi, en vertu de laquelle on devoit connoître extraordinairement du crime de Milon, et former une commission spéciale devant laquelle Milon seroit accusé. Le peuple étoit monté jusque sur les toits, pour assister à ce jugement : Pompée lui-même y parut, environné d'une garde publique, et après avoir fait placer des soldats autour du tribunal et en divers endroits du Forum.

Cicéron, qui défendoit la cause de la raison, de la justice et de l'amitié, ne pouvoit manquer de profiter habilement de toutes les circonstances favorables à l'orateur ou à l'ami.

Celle d'un tribunal si extraordinaire, et de formes si nouvelles, si étrangères aux formes habituelles du barreau, devoient inspirer naturellement quelque défiance au défenseur de Milon; et c'est de cette crainte même, dont il ne peut se défendre entièrement, que l'orateur a su tirer ce bel exorde.

### 1.º *Exorde.*

\* « Etsi vereor, Judices, ne turpe sit, pro fortissimo viro dicere incipientem, timere; minimèque deceat, quùm T. Annius ipse magis de reipublicæ salute, quàm de suâ perturbetur, me ad ejus causam parem animi magnitudinem afferre non posse; tamen hæc novi judicii nova forma terret oculos, qui, quocumque inciderint, veterem consuetudinem fori et pristinum morem judiciorum requirunt. Non enim coronâ consessus vester cinctus est, ut solebat; non usitatâ frequentiâ stipati sumus.

» Nam illa præsidia quæ pro templis omnibus cernitis, etsi contra vim collocata sunt, non afferunt tamen oratori aliquid, ut in foro et in judicio, quamquam præsidiis salutaribus et necessariis septi sumus, tamen non timere quidem sine aliquo timore possimus ».

Tout ceci n'étoit pas un vain étalage de phrases étudiées; c'étoit le véritable état de l'âme de Cicéron; et Plutarque rapporte que Milon, qui connoissoit la ti-

---

\* « Je crains avec raison, Messieurs, qu'il n'y ait de la honte pour moi à laisser entrevoir quelque crainte, en commençant de parler pour le plus courageux des hommes; et quand Milon, tranquille sur son sort, n'est alarmé que pour celui de l'état, je devrois, je le sens, montrer en le défendant la même fermeté. L'avouerai-je, cependant? cette forme nouvelle d'un tribunal si nouveau jusqu'ici m'intimide malgré moi; de quelque côté que se promènent mes regards, ils ne rencontrent de toutes parts qu'un appareil inouï, et cherchent en vain les formes accoutumées du barreau. Ce n'est plus en effet, cette multitude qui environne habituellement vos siéges; ce n'est plus ce concours de citoyens avides de nous entendre. Ces soldats placés devant tous les temples, quoique destinés à prévenir la violence, ne laissent pas d'effrayer l'orateur; et quoique leur présence soit utile, nécessaire même à la sûreté commune, elle inspire je ne sais quelle terreur, dont il est impossible de se défendre entièrement ».

midité naturelle de son ami, lui avoit conseillé de se faire apporter en litière dans le Forum, et d'y rester tranquille jusqu'à ce que les juges fussent assemblés. Malgré toutes ces précautions, Cicéron fut réellement troublé, à l'aspect des soldats qui remplissoient le Forum, parce qu'il vit, dans cette mesure, l'intention bien prononcée de Pompée, et qu'il craignit dès-lors que son discours ne blessât le consul, sans sauver son ami.

C'est ce qui lui inspira, sans doute, le passage, suivant, où l'on remarque autant d'art que de délicatesse :

\* « Quæ si opposita Miloni putarem, cederem tempori, Judices, nec inter tantam vim armorum existimarem oratori locum esse. Sed me recreat et reficit Cn. Pompeii, sapientissimi viri, consilium ; qui profectò nec justitiæ suæ putaret esse, quem reum sententiis judicum tradidisset, eumdem telis militum dedere; nec sapientiæ, temeritatem concitatæ multitudinis auctoritate publicâ armare ».

Remarquez avec quelle adresse, en supposant à Pompée ces intentions généreuses, l'orateur lui fait indirectement une loi de ne pas s'en écarter. Aussi cet appareil formidable, ces forces militaires, qui étoient, il n'y a qu'un moment, le motif de ses craintes, vont-ils devenir celui de sa confiance.

\*\* « Quamobrem illa arma, centuriones, cohortes, non periculum nobis, sed præsidium denuntiant; neque solùm ut quieto, sed etiam ut magno animo simus hortantur; neque auxilium modo defensioni meæ, verùm etiam silentium pollicentur ».

---

\* « Si je croyois ces mesures dirigées contre Milon, je céderois aux circonstances, bien convaincu que l'orateur doit se taire au milieu du tumulte des armes. Mais je m'en repose pleinement sur la prudence, la sagesse et l'équité d'un homme tel que Pompée. Il est trop juste pour abandonner au fer des soldats un accusé remis à la décision des tribunaux, et trop sage, pour armer de l'autorité publique l'audace d'une multitude effrénée ».

\*\* « Ainsi ces armes, ces centurions, ces cohortes, nous tranquillisent, au lieu de nous effrayer : c'est un appui, et non un danger qu'ils nous annoncent; et j'y vois avec plaisir le garant, non-seulement de la sûreté, mais du silence même dont j'ai besoin pour me faire entendre ».

Un autre motif anime et soutient encore le courage de Cicéron : la multitude des auditeurs, et le concours nombreux des citoyens, dont la plus grande partie étoit entièrement dévouée à Milon et à son défenseur :

* « Reliqua verò multitudo, quæ quidem est civium, tota nostra est, neque eorum quisquam, quos undique intuentes, unde aliqua pars fori adspici potest, et hujus exitum judicii exspectantes videtis, non quùm virtuti Milonis favet, tum de se, de liberis suis, de patriâ, de fortunis hodierno die decertari putat.

» Unum genus est adversum, infestumque nobis, eorum, quos P. Clodii furor rapinis, et incendiis, et omnibus exitiis publicis pavit; qui hesternâ etiam concione incitati sunt, ut vobis voce præirent, quid judicaretis : quorum clamor, si quis fortè fuerit, admonere vos debebit, ut eum civem retineatis qui semper genus illud hominum, clamoresque maximos pro vestrâ salute neglexit ».

Vous voyez par quelle éloquente gradation l'orateur s'élève insensiblement au-dessus des considérations qui sembloient devoir l'arrêter, il n'y a qu'un moment. Bientôt ce même homme, timide, presque découragé au commencement de son discours, va se sentir assez de courage pour en communiquer aux juges eux-mêmes, et dissiper les craintes que la plupart d'entre eux partageoient vraisemblablement avec lui.

** « Quamobrem adeste animis, Judices, et timorem, si quem

---

* « Quant au reste des auditeurs (et je parle ici des vrais citoyens), tous nous sont favorables ; et dans cette multitude nombreuse de Romains, dont les regards viennent de tous les points du Forum se fixer sur vous, et qui attendent avec tant d'impatience l'issue de cette affaire, il n'en est pas un qui n'applaudisse au courage de Milon, et qui ne pense que ce jour va décider de son sort, de celui de ses enfans, de celui, enfin, de la patrie elle-même. Qui donc avons-nous à combattre ici ? Des hommes que la fureur de Clodius a nourris de rapines, d'incendies et de tous les désastres publics ; ces mêmes hommes que l'on excita, dans l'assemblée d'hier, à vous dicter impérieusement le jugement que vous deviez prononcer. Leurs cris, s'ils osent en faire entendre aujourd'hui, seront un motif de plus pour vous, de conserver un citoyen qui brava constamment, pour votre salut, et cette classe méprisable, et ses insolentes clameurs ».

** « Prêtez-nous donc toute votre attention, Messieurs, et bannis

## LIVRE IV.

habetis, deponite. Nam, si umquam de bonis et fortibus viris ; si umquam de bene meritis civibus potestas vobis judicandi fuit ; si denique umquam locus amplissimorum ordinum delectis viris datus est, ubi sua studia erga fortes et bonos cives, quæ vultu et verbis sæpe significassent, re et sententiis declararent; hoc profectò tempore eam potestatem omnem vos habetis, ut statuatis, utrùm nos, qui semper vestræ auctoritati dediti fuimus, semper miseri lugeamus; an diù vexati a perditissimis civibus, aliquando per vos, ac vestram fidem, virtutem, sapientiamque recreemur ».

Ici commence le rôle si noble par lui-même, et que Cicéron va rendre si intéressant dans le reste du plaidoyer, d'un ami courageusement dévoué à la cause de son ami, ne séparant plus ses intérêts des siens et bravant, sans balancer, toute la rigueur du sort qui l'attend.

\* « Quid enim nobis duobus, Judices, laboriosius? quid magis sollicitum, magis exercitum, dici aut fingi potest, qui spe amplissimorum præmiorum ad rempublicam adducti, metu crudelissimorum suppliciorum carere non possumus? Equidem cæteras tempestates et procellas in illis duntaxat fluctibus concionum semper putavi Miloni esse subeundas, quòd semper pro bonis contra improbos senserat : in judicio verò, et in eo

---

sez les craintes qui pourroient vous rester encore ; car si jamais, dans une seule cause, vous eûtes à prononcer sur tous les gens de bien à la fois, sur tous les hommes animés d'un zèle courageux pour la patrie ; si jamais des juges, choisis dans les premiers ordres de l'état, eurent occasion de manifester, par des actions et par des suffrages, l'affection que leurs visages et leurs discours témoignèrent si souvent aux bons citoyens, c'est aujourd'hui surtout qu'elle se présente, cette occasion ; aujourd'hui que vous allez décider si nous serons condamnés à des larmes éternelles, nous les partisans sincères et constans de votre autorité; ou si, persécutés si long-temps par les citoyens les plus pervers, nous devrons enfin le repos et le bonheur à votre équité et à votre sagesse ».

\* « Où trouver, en effet, un mortel plus malheureux que Milon et moi? Est-il une existence au monde plus traversée, plus tourmentée que la nôtre? Entraînés dans le torrent des affaires publiques par l'espoir des plus grandes récompenses, nous sommes réduits aujourd'hui à redouter les plus cruels supplices. Que Milon, ce défenseur intrépide des bons, cet irréconciliable ennemi des méchans, ait été constamment en butte aux orages, aux tempêtes soulevées, dans ces assemblées tumultueuses, par le vent des différentes factions, c'est ce que j'avois facilement prévu ; mais j'étois bien loin de croire que dans un jugement, dans un tribunal où siégent les prin-

concilio in quo ex cunctis ordinibus amplissimi viri judicarent, numquam existimavi spem ullam esse habituros Milonis inimicos, ad ejus non salutem modò exstinguendam, sed etiam gloriam per tales viros infringendam ».

L'orateur expose ensuite le véritable point de vue de la question, et il la réduit aux termes les plus clairs et les plus simples : Milon a usé de son droit en tuant Clodius; et ce droit étoit fondé sur la nécessité de la défense personnelle. Il s'agit donc de prouver, 1.° que Clodius a été l'agresseur, et que c'est lui qui a tendu des embûches à Milon, Cicéron le prouve, par le récit même du fait, par ce chef-d'œuvre de narration dont nous avons déjà parlé, et qu'il nous tardoit de mettre sous les yeux de nos lecteurs.

## 2.° *Narration.*

\* « Interim quùm sciret Clodius (neque enim erat difficile scire) iter solemne, legitimum, necessarium, ante diem XIII Calendas Feb. Miloni esse Lanuvium ad flaminem prodendum, quòd erat dictator Lanuvii Milo; Româ subitò ipse profectus pridie est, ut ante suum fundum (quod re intellectum est) Miloni insidias collocaret : atque ita profectus est, ut concionem turbulentam in quâ ejus furor desideratus est, quæ illo

---

cipaux personnages des premiers ordres de l'état, les ennemis de Milon pussent concevoir l'espérance, je ne dis pas de consommer sa ruine, mais de porter la plus légère atteinte à sa gloire, par le ministère de juges tels que vous ».

\* « Cependant Clodius est instruit (et il n'étoit pas difficile de l'être) qu'en qualité de dictateur de Lanuvium, Milon devoit s'y rendre le 20 janvier, pour la nomination d'un pontife. Ce voyage étoit indispensable, et son époque ne pouvoit varier: Clodius le savoit. Il part brusquement de Rome la veille, afin de disposer devant sa terre le piège où il attendoit Milon; l'événement le prouva. Il part donc, et abandonne une assemblée tumultueuse où sa fureur laissa un vide immense; assemblée qui se tint ce jour-là même, et qu'il n'eût certes pas abandonnée, si, tout plein de son projet, il n'eût voulu prendre toutes les mesures capables d'en assurer l'exécution. Milon, au contraire, se rendit au sénat ce même jour, comme à l'ordinaire, et y resta jusqu'à la fin de la séance. Il revint chez lui, changea de vêtement et de chaussure, attendit, suivant l'usage, que sa femme

# LIVRE IV.

ipso die habita est, relinqueret, quam, nisi obire facinoris locum tempusque voluisset, numquam reliquisset.

« Milo autem, quùm in senatu fuisset eo die : quoad senatus dimissus est, domum venit, calceos et vestimenta mutavit : paulisper, dum se uxor, ut fit, comparat, commoratus est; deinde profectus est id temporis quùm jam Clodius, si quidem eo die Romam venturus erat, redire potuisset. Obviam fit ei Clodius expeditus in equo, nullâ rhedâ, nullis impedimentis, nullis Græcis comitibus, ut solebat; sine uxore, quod numquam ferè : quùm hic insidiator, qui iter illud ad cædem faciendam apparasset, cum uxore veheretur in rhedâ, penulatus, magno et impedito et muliebri ac delicato ancillarum, puerorumque comitatu.

« Fit obviam Clodio ante fundum ejus horâ ferè undecimâ, aut non multò secus : statim complures cum telis in hunc faciunt de loco superiore impetum : adversi rhedarium occidunt. Quùm autem hic de rhedâ, rejectâ penulâ, desiluisset, seque acri animo defenderet; illi, qui erant cum Clodio, gladiis eductis partim recurrere ad rhedam, ut a tergo Milonem adorirentur : partim, quod hunc jam interfectum putarent, cædere incipiunt ejus servos, qui post erant : ex quibus, qui animo fideli in dominum et præsenti fuerunt, partim occisi sunt, partim, quum ad rhedam pugnari viderent, et domino succurrere prohiberentur, Milonemque occisum etiam ex ipso Clodio audirent, et ita esse putarent; fecerunt id servi Milonis (dicam enim non derivandi criminis causâ, sed ut factum est)

---

eût fait tous ses préparatifs, et partit si tard enfin, que Clodius eût pu facilement être de retour, si son dessein eût été de revenir ce jour-là.

» Clodius se présente à Milon dans un équipage leste, à cheval, sans voiture, sans bagage, sans aucun des Grecs qui le suivent habituellement, sans son épouse même, ce qui ne lui arrivoit presque jamais; tandis que Milon, cet assassin prétendu, qui ne voyageoit que pour commettre un meurtre prémédité; Milon, enfermé dans une litière, ayant sa femme à ses côtés, enveloppé d'un ample manteau, traînoit après lui le long et embarassant attirail de jeunes esclaves et de timides servantes.

» Il rencontre Clodius devant sa terre, sur les cinq heures du soir, ou à peu près. Aussitôt une foule d'hommes armés fondent sur lui d'un lieu élevé, arrêtent la litière, en tuent le conducteur. Milon quitte son manteau, s'élance de sa voiture, et se défend vigoureusement. Ceux qui suivoient Clodius se partagent; les uns enveloppent la voiture et attaquent Milon par derrière; les autres le croient déjà mort, et se mettent à égorger les esclaves qui arrivoient les derniers. Ces serviteurs fidèles, pleins de zèle et de courage, ou périrent en défendant leur maître, ou voyant que le fort de l'attaque étoit autour de sa voiture, qu'on les empêchoit de le secourir; entendant Clodius lui-même crier que Milon étoit tué, et le croyant en effet.....; les esclaves de Milon firent (car je ne veux ni éluder l'accusation, ni altérer

neque imperante neque sciente, neque præsente domino, quod suos quisque servos in tali re facere voluisset ».

Cette célèbre tournure, si heureusement employée pour adoucir ce que la chose pouvoit avoir d'odieux, appartient à l'orateur Lysias, qui, le premier, en avoit fait usage dans un plaidoyer sur le meurtre d'Eratosthène; ce qui ne diminue en rien le mérite de Cicéron, et prouve seulement avec quel succès il savoit imiter ceux que sa modestie appelle si fréquemment ses maîtres, dans ses ouvrages sur la rhétorique. Mais ce dont ce grand homme n'avoit trouvé le modèle nulle part, c'est l'art admirable qui règne dans cette narration. Comme toutes les circonstances y sont habilement saisies et présentées ! Comme les plus petites choses y sont heureusement tournées à l'avantage de la cause, et quelle masse imposante de preuves résultent déjà de ce simple exposé ! Il n'y a pas de doute maintenant sur le véritable agresseur, et il est évident que c'est Clodius qui a dressé des embûches à Milton. Mais quels étoient ses motifs pour le faire ? L'orateur va les développer.

### 3.° *La Confirmation.*

Les motifs qu'avoit Clodius pour dresser des embûches à Milon et le faire périr, étoient :
1.° Son intérêt ;
2.° La haine qu'il portoit à Milon ;
3.° Sa violence connue ;
4.° L'impunité qu'il se promettoit.

1.° *Son intérêt.* Clodius eût été préteur après la mort de Milon. (N.os 32, 33, 35).

2.° *Sa haine.* Clodius haïssoit surtout, dans Milon, le défenseur de Cicéron, le fléau des crimes, son accusateur, etc. Milon n'avoit pour Clodius que la haine que lui portoit tout le monde. (N.° 36).

---

les faits) ce que chacun de vous voudroit que fissent pour lui les siens, en pareille occasion ».

# LIVRE IV. 413

5.° *Sa violence ordinaire.* Clodius a souvent eu recours à la force; Milon a toujours dédaigné un pareil moyen. Exemples. (N.ᵒˢ 37, 39, 41, 42).

4.° *L'impunité*, enfin. Cet espoir d'impunité est confirmé par les propres paroles et les aveux même de Clodius. (N.° 45).

Ainsi, il est démontré que Clodius avoit des motifs pour dresser des embûches à Milon; qu'il l'a fait; et que Milon, se trouvant dans le cas de la défense naturelle, a pu et dû tuer Clodius.

Mais non-seulement Milon a pu et dû tuer Clodius; il lui est encore glorieux de l'avoir fait, parce qu'il a délivré la patrie d'un scélérat reconnu, et d'un citoyen pernicieux à la république. Arrêtons-nous un moment à la belle prosopopée, dans laquelle l'orateur introduit Milon lui-même se glorifiant de la mort de Clodius, et s'écriant :

\* « Occidi, occidi, non Sp. Mælium, qui annonâ levandâ, jacturisque rei familiaris, quia nimis amplecti plebem putabatur, in suspicionem incidit regni appetendi : non Tib. Gracchum, qui collegæ magistratum per seditionem abrogavit; quorum interfectores impleunt orbem terrarum nominis sui gloriâ : sed eum, (auderet enim dicere, quum patriam periculo suo liberasset, cujus nefandum adulterium in pulvinaribus santissimis nobilissimæ feminæ comprehenderunt). Eum, cujus supplicio senatus solemnes religiones expiandas sæpe censuit : eum, quem cum sorore germanâ nefarium stuprum fecisse L. Lucullus juratus se, quæstionibus habitis, dixit comperisse : eum, qui civem, quem senatus, quem po-

---

\* « J'ai tué; oui, Romains, j'ai tué, non un Spurius Mélius, qui encourut le soupçon d'aspirer à la royauté, pour avoir, dans un moment de disette, sacrifié tout son bien à la classe indigente du peuple; non un Tiberius Gracchus, dont le crime étoit d'avoir soulevé la multitude pour faire déposer un de ses collègues : et cependant les meurtriers de ces deux grands hommes ont rempli l'univers de la gloire de leur nom. J'ai tué, moi ( car il oseroit le dire, après avoir délivré la patrie au péril de ses jours ); j'ai tué celui que des femmes de la première distinction ont surpris voulant souiller, par un adultère infâme, les plus saints des mystères; celui que le sénat a plus d'une fois résolu de punir de mort, pour expier, par son supplice, la profanation de nos cérémonies religieuses; celui qui, à la tête de vils esclaves, a chassé de Rome un citoyen que le sénat, que le peuple, que toutes

pulus, quem omnes gentes urbis ac vitæ civium conservato-
tem judicabant, servorum armis exterminavit : eum, qui re-
gna dedit, ademit, orbem terrarum, quibuscum voluit, par-
titus est : eum, qui, plurimis cædibus in foro factis singulari virtute et gloriâ civem domum vi et armis compulit:
eum, cui nihil umquam nefas fuit nec in facinore, nec in
libidine : eum, qui ædem Nympharum incendit, ut memoriam publicam recensionis, tabulis publicis impressam extin-
gueret :

» Eum denique, cui jam nulla lex erat, nullum civile
jus, nulli possessionum termini : qui non calumniâ litium, non
injustis vindiciis ac sacramentis alienos fundos, sed castris,
exercitu signis inferendis petebat : qui non solùm Etruscos,
etc. ».

Ce qui suit est bien plus fort et bien plus beau
encore :

* « Quamobrem, si cruentum gladium tenens clamaret T.
Annius, Adeste, quæso, atque audite, cives : P. Clodium
interfeci; ejus furores, quos nullis jam legibus, nullis judi-
ciis frenare poteramus, hoc ferro et hâc dexterâ a cervicibus
vestris repuli; per me unum effectum est ut jus, æquitas,
leges, libertas, pudor, pudicitia in civitate manerent : esset
verò timendum, quonam modo id ferret civitas : nunc enim
quis est, qui non probet ? qui non laudet » ?

Comme notre admiration sincère pour tout ce qui
est grand et vraiment beau, nous paroît suffisamment
établie dans le cours de cet ouvrage, nous devons à la
vérité et à Cicéron lui-même, de dire ici que cette seconde partie de la confirmation est évidemment inférieure
à la première. Plus riche d'ornemens oratoires, elle est

---

les nations regardoient comme le conservateur de Rome, et le sauveur de
toutes les nations ; celui qui donnoit et ôtoit les royaumes, qui distribuoit
à son gré toute la terre ; celui, etc. ».

* « Si donc, Milon, tenant son épée sanglante, s'écrioit : Venez, citoyens, écoutez-moi ; j'ai donné la mort à Clodius ; les fureurs de ce pervers,
que la crainte des lois et des jugemens ne pouvoient plus réprimer, ce bras
et ce fer les ont repoussées de vos têtes ; si les lois, si la justice, si les tribunaux, si la liberté, la pudeur et la chasteté ne sont point bannis de Rome,
c'est à moi, citoyens, à moi seul qu'on en est redevable ».

bien moins forte en raisonnemens; et les plus belles figures, les mouvemens les plus heureux, n'en trahissent que plus les efforts de l'orateur, qui s'est trop avancé en s'engageant à démontrer à la fois la légitimité, le mérite et la gloire même du meurtre de Clodius; car l'on pouvoit dire à Cicéron: que Milon se soit défendu quand on l'attaquoit, rien de plus juste; que l'agresseur ait succombé, rien de mieux encore: mais parce que Clodius est un homme dangereux, s'en suit-il que le droit de le tuer appartienne au premier citoyen qui voudra s'en saisir, pour venger des injures personnelles? Dans un état tranquille et policé, dit La Harpe, ce meurtre n'auroit pas été excusable; il ne l'est pas plus dans les temps d'anarchie; et où en a-t-on été, grand Dieu! quand l'insuffisance présumée, ou le sommeil affecté des lois, ont fait rentrer chacun dans ces droits prétendus de défense naturelle, qui n'a plus été que l'assassinat organisé? C'est donc évidemment ici l'un des cas où l'on ne prouve rien, en voulant trop prouver; et il n'est pas hors de vraisemblance que cet endroit du discours (s'il faisoit partie de celui qui fut réellement prononcé) dut faire plus de tort que de bien à la cause de Milon.

### 4°. *Péroraison.*

Il n'en est pas ainsi de la péroraison: elle passe généralement pour la plus belle que Cicéron ait faite: et il y a d'autant plus de mérite à avoir si bien réussi, que le caractère et la conduite de l'accusé rendoient cette partie du discours plus difficile à traiter. L'objet de la péroraison est, comme l'on sait, d'exciter la pitié des juges en faveur de l'accusé, qui, pour seconder de son côté les efforts de son défenseur, paroissoit en habits de deuil à la séance, et dans l'extérieur le plus suppliant. Mais le fier, l'intrépide Milon, avoit dédaigné toutes ces formes humiliantes; il ne témoignoit aucune crainte, et n'avoit fait aucune sollicitation. Il y avoit là sans doute de quoi déranger le pathétique d'un orateur vulgaire. Eh bien ! cette sécurité même, si semblable à l'orgueil, et si capable, par conséquent, d'en disposer le tribunal, est précisément le motif dont Cicéron va se servir pour émouvoir la pitié des juges.

* « Nolite, si in nostro omnium fletu nullam lacrimam adspexistis Milonis : si vultum semper eumdem, si vocem, si orationem stabilem ac non mutatam videtis, hoc minùs ei parcere atque haud scio, an multò etiam sit adjuvandus magis. Etenim si in gladiatoriis pugnis, et in infimi generis hominum conditione atque fortunâ, timidos et supplices, et ut vivere liceat obsecrantes, etiam odisse solemus; fortes et animosos, et se acriter ipsos morti offerentes, servare cupimus, eorumque nos magis miseret, qui nostram misericordiam non requirunt, quàm qui illam efflagitant; quantò hoc magis in fortissimis civibus facere debemus » ?

Milon étoit trop fier pour s'abaisser à des supplications ; Cicéron va prendre pour lui ce rôle si difficile à concilier avec son caractère ! Et quelle fierté noble dans les sentimens qu'il prête à son client, dans le langage qui les exprime !

** « Me quidem, Judices, exanimant, et interimunt hæ voces Milonis, quas audio assiduè, et quibus intersum quotidie. Valeant, inquit, cives mei, valeant : sint incolumes, sint florentes

---

* « Si vous ne l'avez pas vu mêler une larme à toutes celles qu'il nous fait répandre ; si vous n'avez remarqué aucun changement dans sa contenance ni dans ses discours, est-ce une raison, citoyens juges, pour vous inspirer moins d'intérêt ? N'en est-ce pas une plutôt pour vous intéresser davantage ? Ah ! si dans les combats des gladiateurs, quand il s'agit du sort de ces hommes de la dernière classe, nous n'avons que du mépris, de l'aversion même, pour ces timides combattans qui demandent lâchement la vie ; si, au contraire, nous nous intéressons tous à la conservation de ces généreux athlètes qui présentent fièrement la gorge à l'épée du vainqueur, si nous leur accordons si volontiers une pitié qu'ils ne réclament point, combien plus forte raison ne la devons-nous pas, cette pitié, quand il s'agit de nos meilleurs citoyens » !

** « Ils pénètrent, ils déchirent mon cœur, ces discours que Milon ne cesse de me répéter. Que mes concitoyens, dit il, que mes concitoyens soient heureux; qu'ils vivent dans la paix et dans la sécurité; que la république soit florissante ! Elle me sera toujours chère, de quelque manière

na, sint beati : stet hæc urbs præclara, mihique patria carissima, quoquo modo merita de me erit : tranquillâ republicâ cives mei, quoniam mihi cum illis non licet, sine me ipsi, sed per me tamen, perfruantur : ego cedam, atque abibo : si mihi republicâ bonâ frui non licuerit, at carebo malâ : et quam primum tetigero bene moratam et liberam civitatem, in eâ conquiescam.

» O frustra, inquit, suscepti mei labores ! ô spes fallaces ! ô cogitationes inanes meæ ! Ego quum tribunus plebis, republicâ oppressâ, me senatui dedissem, quem extinctum acceperam ; equitibus Romanis, quorum vires erant debiles; bonis viris, qui omnem auctoritatem Clodianis armis abjecerant ; mihi unquam bonorum præsidium defuturum putarem » ?

On sait avec quelle chaleur Milon s'étoit employé pour le rappel de Cicéron : c'est de cette circonstance mémorable que l'orateur va emprunter la fin de cette touchante péroraison.

\* « O me miserum ! ô me infelicem ! revocare tu me in patriam, Milo, potuisti per hos : ego te in patriâ per eosdem retinere non potero ? quid respondebo liberis meis, qui te parentem alterum putant ? quid tibi, Q. Frater, qui nunc abes, consorti mecum temporum illorum ? me non potuisse Milonis salutem tueri per eosdem per quos nostram ille servasset ? At in quâ causâ non potuisse ? quæ est grata gentibus. A quibus non potuisse ? ab iis, qui maximè P. Clodii morte acquierunt. Quo deprecante ? me.

» Quid me reducem esse voluistis ? an ut, inspectante me,

---

qu'elle paie mes services. Si je ne puis jouir avec elle du repos que je lui ai procuré, qu'elle en jouisse sans moi et par moi. Je me retire, je pars ; si je n'ai pas l'avantage de vivre au sein d'une patrie heureuse, je ne la verrai pas du moins dans le trouble; et la première ville où j'aurai trouvé des mœurs et de la liberté, c'est là que je fixerai mon asile. Espérances trompeuses, ajoute-t-il ! inutiles projets ! travaux mal récompensés ! Moi qui, dans ces temps déplorables, marqués par les attentats de Clodius, quand le sénat étoit dans l'abattement, la république dans l'oppression, les chevaliers romains sans pouvoir, tous les bons citoyens sans espérance, leur ai consacré tout ce que le tribunat me donnoit de puissance, me serois-je attendu à être un jour abandonné par ceux que j'avois défendus » ?

\* « Malheureux que je suis ! Eh quoi ! c'est par le secours de ces mêmes Romains, ô Milon, que tu as pu me rappeler dans Rome ; et ils ne pourront m'aider à t'y retenir ! Que répondrai-je à mes enfans, qui te regardent comme un second père ! que dirai-je à mon frère Quintus, mainte-

expellerentur, per quos essem restitutus? Nolite, obsecro vos, pati, mihi acerbiorem reditum esse, quàm fuerit ille ipse discessus : nam qui possum putare me restitutum esse, si distrahor ab iis, per quos restitutus sum?

» O terram illam beatam, quæ hunc virum exceperit : hanc ingratam, si ejecerit; miseram, si amiserit! Sed finis sit; neque enim præ lacrymis jam loqui possum; et hic se lacrymis defendi vetat. Vos oro, obtestorque, Judices, ut in sententiis ferendis, quod sentietis, id audeatis. Vestram virtutem, justitiam, fidem, mihi credite, is maximè probabit, qui in judicibus legendis optimum, et sapientissimum, et fortissimum quemque legit ».

Il est impossible de relire cette admirable harangue, sans être de l'avis de Milon, et sans penser comme lui, que si en effet Cicéron s'étoit montré, dans cette cause, aussi ferme qu'il avoit coutume de l'être, s'il ne s'étoit pas laissé intimider par les clameurs de la faction de Clodius, il l'auroit emporté sur toutes les considérations timides ou intéressées qui pouvoient agir contre l'accusé, et que Milon n'auroit pas mangé des huîtres à Marseille.

Au surplus, il porta dans son exil le courage qu'il avoit déployé pendant son tribunat, et durant le cours de son procès; et se montra digne, jusqu'à la fin, de ce que Cicéron pensoit, et avoit dit de lui.

---

nant absent, à ce tendre frère, qui a si douloureusement partagé mes malheurs! Je leur dirai donc que je n'ai rien pu pour ta défense, auprès de ceux qui t'ont si bien secondé pour la mienne! Et dans quelle cause? dans celle qui excite un intérêt général. Auprès de quels juges? auprès de ceux à qui la mort de Clodius a été le plus utile. Avec quel défenseur? avec Cicéron! — Pourquoi m'avez-vous rappelé dans ma patrie? Est-ce pour en chasser sous mes yeux ceux qui m'y ont rétabli! O trop heureuse la ville qui recevra Milon! O Rome ingrate, si elle le bannit! malheureuse, si elle le perd....! Je m'arrête; mes larmes m'empêchent de poursuivre, et Milon ne veut pas être défendu par des larmes. Tout ce que je vous demande, Messieurs, c'est d'oser, en donnant votre suffrage, n'en croire que vos sentimens. Croyez que celui qui a choisi pour juges les hommes les plus justes et les plus fermes, s'est engagé d'avance plus particulièrement que personne, à approuver ce que vous auront dicté la justice, la patrie et la vertu ».

*Fin du Livre quatrième.*

# LIVRE CINQUIÈME.

*De l'Éloquence des Livres saints.*

Cedite, Romani scriptores, cedite Graii :<br>
Nescio quid majus nascitur! (Prop.)

La théologie a répondu, il y a long-temps, aux objections des incrédules sur la divine authenticité des livres saints. Ce n'est point d'ailleurs dans les écoles où la jeunesse se forme à l'étude des lettres, que s'élèvent d'ordinaire les discussions de ce genre. Ce n'est donc ici le cas, ni de défendre ce qui n'a pas besoin de l'être, ni de réfuter ce qu'on ne nous objecte pas.

Mais il entre dans notre plan, et nous croyons de notre devoir de prouver,

1.º Aux amateurs éclairés des anciens, et aux jeunes gens qui s'instruisent et commencent à les goûter, que c'est dans les écrivains sacrés qu'ils trouveront le modèle de ce vrai beau poétique qui les enchante dans Homère, dans Virgile, et dans ceux de leurs imitateurs qui s'en sont approchés de plus près.

2.º A ceux qui, sans contester le mérite poétique et littéraire de la Bible, lui refusent du moins celui des choses; que c'est là cependant qu'il faut chercher les grandes pensées, les conceptions sublimes de tous les genres, et puiser les leçons de la vraie philosophie, qui n'est et ne peut être autre chose que la sagesse divine, daignant descendre de son trône éternel pour instruire, consoler et diriger les hommes dans les routes pénibles de la vie.

Ainsi, sublime de diction et de pensées; chaleur et véhémence dans les sentimens; force et solidité dans les preuves; clarté toujours soutenue dans le raisonnement, voilà le génie des écrivains sacrés et le caractère particulier de leur éloquence. Nous allons développer chacune de ces assertions, et l'appuyer d'exemples qui ne nous laisseront que l'embarras du choix, et la difficulté de prononcer sur leur degré respectif de supériorité.

# CHAPITRE PREMIER.

## *Beautés de détail.*

Nous avons vu quel charme empruntoient les poésies d'Homère et de Virgile de l'heureuse variété de figures dont ces grands hommes savent enrichir si à propos leur diction. Mais les poëtes sacrés sont des peintres bien autrement sublimes! C'est là que tout est vraiment grand, parce qu'il n'y a aucune trace sensible de prétention à la grandeur. Nous avons admiré le dieu d'Homère, qui, du seul mouvement de ses sourcils, ébranle l'Olympe; c'est en effet nous donner d'un seul trait l'idée la plus complète de la puissance du Jupiter poétique. Dans un autre endroit de l'Iliade (liv. 1.$^{er}$), ce même Jupiter dit à son épouse que *tous les Dieux réunis ne la sauveroient pas de son ressentiment,* etc. Tout cela est grand, sans doute; mais qui ne reconnoît, à ces traits, le dieu sorti de l'imagination du poëte, qui, rassemblant en un seul et même être toutes les idées particielles de la grandeur et de la puissance, en a formé ce que la pensée de l'homme peut concevoir de plus sublime et de plus au-dessus des idées ordinaires. Cet être-là sera le dieu d'Homère ou de Virgile, mais ne sera pas à coup sûr celui de David, d'Isaïe, de la nature. Veut-on l'idée de sa puissance?

Il voit comme un néant tout l'univers ensemble.

(Racine, *Esther*).

La mesure de sa bonté?

> Aux petits des oiseaux il donne leur pâture,
> Et sa bonté s'étend sur toute la nature. (RACINE, *Athalie*).

C'est ainsi que peignent et s'expriment les prophètes, et ceux que pénètre et inspire leur esprit. Il n'y a là rien de fantastique, rien d'idéal : ce n'est point ici une création humaine divinisée; c'est la divinité peinte de ses propres traits. Quel immense intervalle, de ce comble de la puissance à ces plus petits détails de la bonté prévoyante! Il n'y a qu'un Dieu qui puisse le remplir, et ce n'est qu'en parlant de ce Dieu-là que l'on peut s'élever à un pareil langage.

Nous admirons Homère, quand il fait descendre Apollon de l'Olympe, pour venger l'injure faite à son prêtre Chrysès.

> Dans les airs agités, qui devant lui s'ouvrirent,
> Les traits de son carquois sur son dos retentirent.
> Il arrive, pareil à la plus sombre nuit,
> S'assied près des vaisseaux, tend son arc; le trait fuit, etc.
> (ROCHEFORT).

Voilà tout ce que le génie du grand poëte a pu faire, pour nous donner une idée de la colère d'un Dieu, et de la vengeance terrible qu'il s'apprête à exercer. L'ensemble de ce tableau est magnifique dans l'original : on voit le dieu s'avancer, on entend sonner ses traits dans son carquois; mais le poëte, épuisé par le luxe des détails, arrive presque sans force à l'objet principal de la description. C'est que, vide d'idées, et se bornant à agrandir l'homme, sans jamais créer le dieu, la mythologie s'arrête nécessairement où commence la grande, l'éternelle vérité. Écoutez le véritable poëte :

\* « Tetendit arcum suum, firmavit dexteram suam quasi hostis; et occidit omne quod pulchrum erat visu in taberna-

---

\* « Le Seigneur a tendu son arc; il a appuyé sa main, comme l'enne-

culo filiæ Sion, effudit quasi ignem indignationem suam ».
(*Lament.* Jerem. cap. 2).

Les poëtes anciens ont beau tout remplir de leur Jupiter, *Jovis omnia plena*, l'idée de l'immensité les accable, et leur génie étonné s'y perd. Cela est si vrai, que le plus sublime de tous, celui qui a le plus approché de ce qui étoit accessible au génie poétique humain, Homère, ne concevant pas un être capable de tout remplir de sa présence en même temps, est contraint, pour la peindre, de redescendre bientôt de la hauteur fictive où il venoit de s'élever avec son dieu, et de laisser à ses coursiers tout l'honneur du sublime dans cette circonstance.

> Autant qu'un homme assis au rivage des mers
> Voit, d'un roc élevé, d'espace dans les airs,
> Autant des immortels *les coursiers intrépides*
> *En franchissent d'un saut.* (*Il.* Liv. v. v. 770).

Longin, qui cite cet exemple, ne manque pas de se récrier sur la majesté avec laquelle Homère peint ses Dieux. Il nous semble cependant que l'idée de l'immensité remplie par un Dieu, est bien mieux rendue dans le passage suivant du psalmiste :

« Si ascendero in cœlum, tu illic es; si descendero in infernum, ades ». (*Ps.* 138. v. 6).

> Irai-je pour te fuir jusqu'au plus haut des airs?
> A mes regards le ciel te montre.
> Descendrai-je dans les enfers?
> Dans les enfers je te rencontre. (Rocher).

Quelle sera donc l'exagération du poëte mythologue, quand il fera agir ses dieux, puisqu'il les annonce avec tant d'emphase ? « Voyez aussi, dit Longin,
» voyez, mon cher Terentianus, la terre ouverte jus-

---

mi qui attaque : il a tué tout ce qu'il y avoit de beau dans le sanctuaire de la fille de Sion, et sa colère s'est répandue comme un feu dévorant ».
(Jérémie).

» qu'à son centre, l'enfer prêt à paroître, et toute la
» machine du monde sur le point d'être détruite et
» renversée, pour montrer que dans ce combat le ciel,
» les enfers, les choses mortelles et immortelles, tout
» enfin combattoit avec les dieux, et qu'il n'y avoit
» rien dans la nature qui ne fût en danger ». Ce passage d'Homère est en effet admirable, et nous l'avons fait voir, chap. III de notre ouvrage, en parlant du sublime dans les compositions littéraires. Mais qu'est-ce que la foudre de Jupiter, qu'est-ce que le trident de Neptune, en comparaison du souffle de Jéovah? Qu'est-ce que des Dieux qu'il faut armer de la sorte, en comparaison de celui qui n'a besoin que de se montrer pour ébranler la terre jusque dans ses fondemens * ; de celui qui, de son souffle seul, terrasse des armées innombrables ?

** « Dixit inimicus persequar, et comprehendam : dividam spolia, implebitur anima mea. Evaginabo gladium meum; interficiet eos manus mea. Flavit spiritus tuus, et operuit eos mare ». ( *Cantic. Mos.* v. 8 ).

Un écrivain du plus grand mérite, l'auteur du *Génie du Christianisme*, a rapproché plusieurs morceaux d'Homère et de la Bible, et cet endroit n'est pas le moins intéressant de son ouvrage. Il a très-bien vu et parfaitement établi les différences sensibles qui mettent un si prodigieux intervalle entre ces deux monumens, l'un du génie de l'homme, l'autre de l'esprit divin. Il a fait sentir pourquoi Homère et les prophètes ne sont jamais plus différens que lorsqu'ils semblent le plus se rapprocher par le fond ou les détails du sujet qu'ils traitent; et nous ne saurions trop inviter les maîtres et les disciples à se pénétrer de l'esprit qui a dicté le Génie du Christianisme, le plus beau trophée que le

---

* A facie Domini mota est terra. (*Ps.* 113).

** « Il a dit l'ennemi: Je les poursuivrai, je les saisirai, je partagerai leurs dépouilles. — Mon glaive sortira du fourreau, et ma main les immolera. L'esprit du Seigneur a soufflé, et la mer les a engloutis ».

génie de la sensibilité et l'enthousiasme du vrai beau aient élevé depuis long-temps à la morale et à la religion. On a pu relever, sans doute, quelques défauts dans ce bel ouvrage : pour nous, qui l'avons lu comme il a été composé, avec l'âme seulement, et qui n'avons pas le malheur de chercher à raisonner ce qui ne doit être que senti, nous y avons trouvé une imagination brillante, et plutôt au-delà qu'au-dessous de son sujet, une intarissable fécondité de sentimens tendres ou sublimes, de réflexions pieuses ou touchantes; et quelques taches nous ont facilement échappé, perdues au milieu de tant de beautés d'un ordre si nouveau et d'un rang si supérieur. Mais nous reviendrons à M. de Châteaubriand : poursuivons notre analyse *.

Ce qu'on n'a peut-être point assez observé dans Homère, c'est que l'homme y est en général beaucoup plus grand, beaucoup plus parfait que le dieu; qu'il s'y montre plus intéressant, y étale des sentimens plus nobles et plus vrais. C'est qu'Homère pouvoit avoir l'idée de la perfection morale de l'homme, mais que le secret des perfections divines étoit un mystère inexplicable pour lui. Aussi rions-nous, et les Grecs eux-mêmes durent rire quelquefois de la plupart de ses dieux; tandis qu'ils admiroient, et que nous admirons encore les actions et les discours de ses héros.

L'homme est à peu près dans les anciens ce qu'il peut, ce qu'il doit être, soit que le poëte décrive, ou que le philosophe analyse les orages de son cœur, ou les bizarreries de son caractère. Qu'il y a cependant loin encore du pinceau d'Homère au burin énergique de Moïse, et quelle différence de l'homme poétiquement parfait, à la conception divine du créateur; différence qui tient surtout à l'infériorité du trait primitif! Qu'est-ce en effet que ce premier principe, ce dieu créateur des poëtes? Ils n'en savent rien eux-mêmes :

. . . . Quisquis fuit ille Deorum. ( Ovid. )

---

* Voyez la Note B, à la fin du volume.

Et quand Ovide, d'après toutes les cosmogonies existantes, nous dira que cet être, quel qu'il fût, fit l'homme à l'image des dieux,

> Finxit in effigiem moderantûm cuncta Deorum,

il s'en suit que la copie d'un modèle qui n'existe que dans le vague, et qui est tout ce que l'on veut qu'il soit, ne peut être que quelque chose de fort imparfait, et qui laisse toujours beaucoup à désirer. De là ces contrastes nombreux, ces contradictions perpétuelles qui défigurent plus ou moins tout ce qui est de l'homme, et dont Homère et Virgile ne sont pas exempts eux-mêmes, parce que tout ce qui ne porte pas l'empreinte de la vérité première, tout ce qui n'émane pas directement de la source unique du beau, ne saurait l'être ni long-temps, ni constamment. Homère et Virgile ne charment pas toutes les classes de lecteurs : ce sont des mœurs nouvelles à étudier; des caractères, des intérêts trop éloignés des nôtres ; on s'y trouve, en un mot, trop dépaysé. Peu importe d'ailleurs en général qu'Achille s'appaise ou non ; qu'Énée ou Turnus obtienne Lavinie. Mais partout où nous retrouvons le vrai, nous retrouvons aussi notre sensibilité émue; Achille, Andromaque, Priam, Hector, Didon, Hécube, etc., ne manquent jamais de nous intéresser toutes les fois qu'ils sont ce que nous sommes, qu'ils éprouvent et expriment ce que nous avons éprouvé cent fois nous-mêmes, et ce que notre nature nous met dans le cas d'éprouver tous les jours. Voilà des traits qui ne varient point, et c'est du plus ou moins de fidélité à nous les reproduire, que dépendent le mérite de l'ouvrage, et le plaisir que nous en peut faire la lecture.

Or ce charme, le plus puissant, le plus sûr de tous, qui le possède à un plus haut degré que la Bible, qui seule nous offre le modèle de tous les genres de beautés poétiques, morales, sentimentales et philosophiques? beautés qui n'appartiennent point exclusivement, comme l'Iliade ou l'Enéide, à telle ou telle contrée, mais qui sont le patrimoine universel du genre humain, parce qu'Abraham, Jacob, Joseph, sont des hommes : au lieu qu'Achille, Hector, Priam, Ulysse, Agamemnon, sont des Grecs : beautés qui ne tiennent point absolument à l'idiome primitif, puisqu'elles sont belles et attachantes dans tous les idiomes ; au lieu qu'une grande partie du charme des poëtes anciens dépend de l'harmonie du vers et du choix heureux de l'expression, mérite qui disparoît presque entièrement dans une traduction, quelque bien faite qu'elle soit d'ailleurs.

On reproche au style de la Bible, 1.° ses répétitions: il y en a bien plus dans Homère, et on les y admire quelquefois ; 2.° le vague de ses descriptions : on verra jusqu'à quel point le reproche est fondé ; 3.° la monotonie de ses métaphores et de ses comparaisons, constamment empruntées de circonstances locales peu intéressantes, ou d'objets absolument étrangers à nos goûts et à nos mœurs. Il est certain que les poëtes hébreux ont fait ce que font, ce que doivent faire les écrivains qui transportent dans leurs ouvrages la nature telle qu'elle s'offre à leurs yeux, et font, dans ce qui les environne, le choix des accidens les plus heureux, des rapports les plus harmoniques. Ainsi chaque contrée aura des métaphores, des comparaisons particulières, un style figuré qui lui sera propre; et qui, toujours emprunté des scènes de la nature, nous offrira une espèce de topographie poétique, qui n'est ni sans charme, ni sans intérêt. Mais on conçoit que ces sortes de beautés ne peuvent être bien jugées, que vues à leur place ; et qu'il faut se transporter au milieu même des objets décrits, pour apprécier le mérite ou les défauts de la description. La Judée, par exemple, dont il est question ici, ne présente partout qu'un sol aride, coupé de ravins, hérissé de rochers : pendant les chaleurs de l'été, la terre étoit impitoyablement dévorée de l'ardeur du soleil ; la privation d'eau y étoit donc le plus grand malheur que l'on eût à redouter, et la découverte d'une source ou d'un petit ruisseau changeoit pour un moment la face entière de la nature, et ramenoit aux idées douces de plaisir et de bonheur. De là ces allusions si fréquentes, dans les livres saints, à une terre aride et brûlante, où il n'y a point d'eau, pour peindre l'excès du malheur : de là ces métaphores empruntées d'une rosée qui tombe du ciel, d'une source imprévue qui s'échappe du sein d'un rocher, pour décrire le passage du malheur à la prospérité, etc. Voilà ce qu'offroit au poète judaïque une nature stérile et bornée. Quelle sera donc la supériorité de son mérite, si le climat heureux de la Grèce, si le beau ciel de l'Italie n'ont rien inspiré qui surpasse, rien qui égale les accords des chantres de Sion, soit qu'ils soupirent ses revers, soit qu'ils célèbrent ses triomphes! Il est temps de nous en convaincre par des exemples.

## CHAPITRE II.

*De l'emploi des figures dans les écrivains sacrés.*

Nous distinguerons d'abord, dans les écrivains sacrés, l'emploi judicieux des figures qui contribuent le plus à rendre la diction vraiment poétique ; et nous nous arrêterons spécialement à celles que nous avons fait connoître dans le cours de notre ouvrage, et que nous avons appuyées des exemples les plus célèbres dans les poètes anciens.

### La Comparaison.

Le but de toute espèce de comparaison est de faire ressortir les objets les uns par les autres ; de donner plus de développement à la pensée, en la rendant sensible sous tous les rapports, ou de répandre seulement plus d'agrément et de variété dans le discours. Mais son objet principal, celui que l'écrivain doit avoir surtout en vue, est de mettre sa pensée dans tout son jour; et peu importe alors de quels objets la comparaison est tirée : elle est heureuse, toutes les fois qu'elle est juste, et la propriété est surtout ce que l'on a droit d'exiger ici.

Ainsi Homère et Virgile ont pu, sans blesser la majesté épique, comparer tantôt le nombre, l'ardeur et l'impatience des Grecs ou des Troyens à des essaims d'abeilles : tantôt redescendre à des détails petits en apparence, et relever cette petitesse prétendue par la noblesse d'une comparaison.

Voltaire, qui écrivoit dans un temps et chez un peuple observateur bien plus scrupuleux des bienséances, n'a pas craint de comparer, dans sa Henriade, les troupes françoises à une meute de chiens : sûr de la justesse de la comparaison et du rapport vrai des idées, il ne restoit plus qu'à ennoblir les détails par la richesse et l'harmonie de la diction; et c'est l'art des grands poëtes. Aussi, bien loin de nous choquer, ces sortes de comparaisons nous plaisent-elles dans leurs ouvrages; et nous les regardons avec raison comme un de ces ornemens indispensables, sans lesquels

La poésie est morte ou rampe sans vigueur. (BOILEAU).

Rien de plus vulgaire, en apparence, et, tranchons le mot, de plus trivial au premier coup-d'œil, que la comparaison suivante employée par Isaïe, qui fait parler en ces termes le roi d'Assyrie :

\* « Et invenit quasi nidum manus mea fortitudinem populorum; et sicut colliguntur ova, quæ derelicta sunt, sic universam terram ego congregavi; et non fuit qui moveret pennam, et aperiret os, et ganniret ». (Is. chap. 10. v. 14).

---

\* « Les peuples les plus redoutables ont été pour moi comme un nid de petits oiseaux, qui s'est trouvé sous ma main : j'ai réuni sous ma puissance tous les peuples de la terre, comme on ramasse quelques œufs que la mère a abandonnés; et il ne s'est trouvé personne qui osât seulement agiter son aile, ou faire entendre un foible cri ».

On ne nous reprochera sans doute pas de chercher à faire illusion à nos lecteurs sur le fonds des idées ou sur les expressions originales; nous traduisons littéralement, et laissant de côté toute espèce d'embellissement poétique, nous nous bornons à la simplicité éloquente du texte. Que l'on réfléchisse maintenant sur la justesse de la comparaison que nous venons de citer, et que l'on dise si le prophète pouvoit nous donner une idée plus vraie, et plus poétiquement exacte, de l'abus de la puissance qui opprime, et de l'excès de la foiblesse opprimée !

Tous ceux qui ont fait quelques études, savent par cœur, et nous citent déjà cet admirable tableau d'une des plus belles comparaisons de Virgile :

Qualis populeâ mœrens Philomela sub umbrâ, etc.

Telle sur un rameau, durant la nuit obscure, etc.

Tout ce morceau est charmant, respire la plus douce sensibilité, et le trait *implumes* qui complète le tableau et arrête si délicieusement le cœur sur l'image la plus intéressante, nous paroît au-dessus de l'éloge. Nous croyons cependant bien supérieure encore la comparaison suivante : c'est toujours le prophète Isaïe que nous citons.

« Et dixit, Sion : dereliquit me Dominus, et Dominus oblitus est meî. — Numquid oblivisci potest mulier infantem suum, ut non misereatur filio uteri sui? et si illa oblita fuerit, ego tamen non obliviscar tui ». ( Is. c. 49. v. 14 et 15).

On sent qu'il n'y a qu'un Dieu, ou celui qu'il inspire, qui puisse parler un tel langage : et que c'est bien moins ici deux objets rapprochés à dessein, pour faire une comparaison, qu'une seule et même chose, Dieu et la nature : la tendresse divine, et la tendresse mater-

---

\* « Cependant Sion a dit : le Seigneur m'a abandonnée, le Seigneur m'a oubliée ! — Voici la réponse du Seigneur : Une mère peut-elle oublier l'enfant qu'elle allaite, et n'avoir point de compassion du fils qu'elle a porté dans son sein? Mais quand même elle l'oublieroit, pour moi, je ne vous oublierai jamais ».

nelle. Malgré la mélodie enchanteresse et l'accent vraiment sentimental du Cygne de Mantoue, il y aura toujours aussi loin de son style à celui d'Isaïe, que de sa mythologie à l'ineffable grandeur du Dieu des prophètes.

Ce qui est essentiellement grand ne peut donc être dégradé dans aucun cas, par sa comparaison avec un objet évidemment inférieur. Lorsqu'il s'agit au contraire de relever un objet petit par lui-même, on ne sauroit mettre trop de noblesse dans la comparaison, trop de grandeur dans les images que l'on emploie. Ainsi Virgile, qui sera toujours le modèle du goût, comme Homère celui du sublime, se plaît à relever les travaux de ses abeilles, en les comparant à ceux des cyclopes forgeant les foudres de Jupiter. Il environne son héros d'une majesté nouvelle, en le comparant à Apollon lui-même conduisant, sur les sommets du Cynthus, les chœurs de danses célébrées en son honneur (*Ænéid.* 4, v. 143). Homère et Virgile, à son exemple, pour nous donner une idée de deux héros qui s'avancent fièrement au combat l'un contre l'autre, les comparent au dieu Mars et à l'Épouvante, s'élançant du fond de la Thrace contre les peuples (*Il.* liv. 13. v. 298. *Ænéid.* liv. 12. v. 331). Voltaire pousse plus loin encore la hardiesse de la comparaison, en assimilant deux armées qui en viennent aux mains, à l'effort de deux vents opposés qui se disputent l'empire des airs.

Rien de tout cela dans les poëtes sacrés. C'est sans efforts et sans étude qu'ils embellissent tout ce qu'ils touchent; les circonstances les plus simples, les choses les plus ordinaires empruntent de leur plume une grâce qui nous enchante, ou une audace d'expression qui nous transporte.

S'agit-il de la prospérité temporelle du juste ?

*« Justus ut palma florebit; sicut cedrus Libani multiplicabitur ». (*Ps.* 81. v. 12).

---

* « Il fleurira comme le palmier ; il se multipliera comme le cèdre du Liban ».

# LIVRE V.

Écoutons Isaïe; rien n'égale la grandeur de ses idées et la justesse de ses comparaisons.

* « Væ multitudini populorum multorum, ut multitudo maris sonantis, et tumultus turbarum, sicut sonitus aquarum multarum. Sonabunt populi sicut sonitus aquarum inundantium, et increpabit eum, et fugiet procul, et rapietur sicut pulvis montium a facie venti et sicut turbo coràm tempestate ».

(Is. cap. 17. v. 12 et 13).

Les Syriens ont conspiré la perte du royaume de Juda.

« A cette nouvelle, Achaz frémit; son cœur fut saisi de crainte et son peuple trembla, comme les arbres des forêts qui frissonnent à l'approche de la tempête ** ».

Les comparaisons du genre gracieux ne sont ni moins fréquentes, ni moins heureuses dans les livres saints. L'image de l'homme vertueux et l'heureuse influence des bons exemples qu'il donne à la terre, pouvoit-elle nous être présentée sous des traits plus justes et plus capables de la faire sentir, que dans la comparaison suivante :

> Tel un arbre que la nature
> Plaça sur le courant des eaux,
> Ne redoute pour ses rameaux
> Ni l'aquilon ni la froidure :
> Dans son temps il donne des fruits,
> Sous une éternelle verdure
> Par la main de Dieu reproduits. (LEFRANC).

Voyez comme chacun des traits de ce petit tableau a son caractère de justesse et de vérité : comme cette image est naturelle, et comme les circonstances qui

---

* « Malheur à cette multitude nombreuse, dont le bruit ressemble à celui de la mer; à ces voix tumultueuses, qui retentissent comme le bruit des grandes eaux. Les peuples frémiront comme des eaux impétueuses. Dieu s'élévera contre eux, et les fera fuir bien loin : ils seront dissipés devant lui, comme la poussière que le vent enlève sur les montagnes, et comme un tourbillon de poudre, emporté par la tempête ».

** Isaïe.

la développent concourent à en rendre l'effet plus touchant !

Nous avons vu Homère donner à l'éloquence de Nestor la douceur du miel, et nous avons admiré l'harmonie imitative du beau vers qui exprime cette idée. Voici maintenant comment Moïse, plus grand poëte encore qu'Homère, va rendre cette même pensée, et faire une beauté de sentiment de ce qui n'est, dans l'écrivain profane, qu'une simple beauté de diction.

\* « Concrescat ut pluvia doctrina mea, fluat ut ros eloquium meum, quasi imber super herbam, et quasi stillæ super gramina ». (*Deut.* c 32. v. 2).

Quand la tendre sollicitude d'un père et ses soins multipliés pour ses enfans ont-ils été rendus par des images plus vraies et sous des traits plus touchans que ce qu'on va lire ?

\*\* « Sicut aquila provocans ad volandum pullos suos, et super eos volitans, expandit alas suas, et assumpsit eum, atque portavit in humeris suis ». (*Ibid.* v. 11).

## Les Allégories.

En supposant, ce qui n'est pas, ce qui ne sauroit pas être, les beautés d'ailleurs égales, il y auroit toujours, en faveur des poëtes sacrés, une raison constante de supériorité que les autres ne leur disputent que par intervalle : c'est ce ton de sentiment et d'onction qui se fait remarquer partout, et qui indique à chaque instant le génie divin qui a présidé à l'ouvrage, animé l'es-

---

\* « Puisse ma parole féconder vos cœurs comme une pluie bienfaisante, mon discours les pénétrer, comme la douce rosée qui humecte et rafraîchit le tendre gazon ».

\*\* « Comme un aigle excite ses petits à voler, et voltige doucement au-dessus d'eux, le Seigneur a de même étendu ses ailes ; il a pris son peuple sur lui, et l'a porté sur ses ailes ».

prit et dirigé la plume de l'écrivain. Nous avons annoncé déjà la belle allégorie où le psalmiste présente, sous l'emblême d'une vigne, l'histoire des revers et des infidélités du peuple de Dieu. Nous allons la mettre sous les yeux du lecteur, en nous servant de la belle traduction de Lefranc de Pompignan, dont le nom ne rappelle à bien des gens qu'une des nombreuses victimes immolées aux sarcasmes de Voltaire, mais dont les vers retracent souvent l'harmonie et l'enthousiasme vraiment lyriques de J. B. Rousseau.

> \* Comme une vigne transplantée
> Qui va fleurir sous d'autres cieux,
> Par toi-même dans ces beaux lieux
> Ta nation fut transportée.
> Pour nous ta voix ouvrit les mers :
> Tu fis devant nous dans les airs
> Marcher la flamme et les nuées ;
> Et des barbares légions
> A leurs faux dieux prostituées
> Tu nous livras les régions.
>
> Du milieu des vastes campagnes,
> Cette vigne que tu chéris
> Elève ses pampres fleuris
> Jusques au faîte des montagnes.
> Les cèdres rampent à ses pieds ;
> Ses rejetons multipliés
> Bordent au loin les mers profondes :
> Le Liban nourrit ses rameaux,
> Et l'Euphrate roule ses ondes
> Sous l'ombrage de leurs berceaux.
>
> \*\* Mais que dis-je ? ta vigne sainte
> N'est plus qu'un stérile désert,
> Qu'un verger aux passans offert,
> Dont toi-même as détruit l'enceinte.
> Livrée à des coups assassins,
> Le voyageur de ses larcins
> Y laisse d'horribles vestiges ;
> Et par la vengeance conduit,
> Un monstre en a brisé les tiges,
> Dévoré la feuille et le fruit.

---

\* Vineam de Ægypto transtulisti; ejecisti gentes et plantasti eam. Dux itineris fuisti in conspectu ejus, et implevit terram. Operuit montes umbra ejus, et arbusta ejus cedros Dei. Extendit palmites suos usque ad mare ; et usque ad flumen propagines ejus. (Ps. 89).

\*\* Ut quid destruxisti maceriam ejus, et vindemiant eam omnes qui prætergrediuntur viam? Exterminavit eam aper de sylvâ; et singularis ferus depastus est eam. (*Ibid.*)

> \* Souverain roi de la nature,
> Permets-tu que des furieux
> Anéantissent sous tes yeux
> Le tendre objet de ta culture?
> Rends-lui tes premières faveurs, etc.

Le traducteur ne borne point ici son mérite à une fidélité pleine d'élégance et d'harmonie : il ajoute quelquefois à la force de l'expression originale, et tire souvent une image magnifique d'un trait qui n'était qu'indiqué en passant.

Si le prophète dit, par exemple : *Qui sedes super Cherubim, vous qui êtes assis sur les Chérubins,* l'âme du poëte traducteur s'échauffe, son imagination s'enflamme, et il dira :

> Toi dont l'aile des Chérubins
> Soutient le trône inébranlable.

Il en est de même de cet autre trait, dont l'idée est si grande, et présentoit au poëte une si belle image : *Ab increpatione vultûs tui peribunt : ils périront par les regards menaçans de votre visage.* Voici comme s'exprime le traducteur :

> Que l'ennemi de tes autels
> Ouvre l'œil, t'envisage et meure.

Presque tout est allégorique dans les psaumes et dans les prophètes. Partout, à côté du sens littéral, se présente le sens mystique ; et ce voile allégorique est partout si facile à percer, les événemens obscurément indiqués ou clairement prédits ont si complètement justifié le prophète, ou plutôt le génie qui l'inspiroit, qu'il ne reste pas plus de doute sur le fond même des choses, que sur la manière sublime dont elles sont annoncées. Nous nous bornerons à un exemple, et nous le tirerons du psaume 2.e, aussi impor-

---

\* Deus virtutum convertere, respice de cœlo et vide, et visita vineam istam ; et perfice eam quam plantavit dextera tua. (*Ibid.*)

tant par son objet, qu'admirable par le ton qui y règne d'un bout à l'autre, par la grandeur des images et la richesse des expressions.

David, qui en est l'auteur, y remplit à la fois deux personnages également faciles à distinguer. Il y peint et ce que Dieu avoit daigné faire pour le maintenir sur son trône, en dépit de ses nombreux ennemis, et ce que ce même Dieu se proposoit de faire, pour établir un jour l'empire du Christ, et pour assurer son église sur des bases inébranlables. Ces deux grands objets ont entre eux une si merveilleuse conformité, se prêtent mutuellement une force si admirable, qu'il seroit impossible de songer à les séparer, sans vouloir les affoiblir. Appliqué à David seulement, ce psaume est de la fidélité la plus historique : transporté à la personne de J.-C., l'Evangile en confirme jusqu'aux moindres circonstances ; si l'on y cherche enfin la prédiction et l'histoire détaillée des persécutions et des triomphes de l'église, la vérité est si frappante, que la mauvaise foi la plus décidée à tout nier, ne sauroit se refuser à l'évidence des preuves. Entrons dans le détail de tant de beautés réunies.

> \* Pourquoi les peuples de la terre
> Forment-ils ce concours soudain ?
> Pourquoi tous ces conseils de guerre
> Où tant de rois parlent en vain ?
> \*\* ... Celui qui fait sa demeure
> Dans les royaumes éternels ;
> Qui suit en tous lieux, à toute heure,
> Les pas incertains des mortels :
> Celui qui leur envoie un maître,
> Ce dieu qu'ils osent méconnoître,
> Ou qu'ils feignent de mépriser,
> Entend les blasphèmes frivoles
> Dont ils amusent les idoles
> Sur eux prêtes à s'écraser.
>
> \*\*\* Fils éternel comme ton père,
> Je t'engendrai pour les humains.

---

\* Quare fremuerunt gentes et populi meditati sunt inania? (*Ps.* 2).
\*\* Qui habitat in cœlis irridebit eos : et Dominus subsannabit eos. (*Ibid.*)
\*\*\* Filius meus es tu, ego hodie genui te. (*Ibid.*)

Dépositaire de ma foudre,
Maître de punir et d'absoudre,
Leur sort est remis dans tes mains.

* J'ai désigné ton héritage
Avant les siècles et les temps ;
L'univers te promet l'hommage
Et les vœux de ses habitans.
** Tu briseras comme l'argile
Le trône odieux et fragile
Des tyrans que vomit l'enfer.
Protecteur des peuples fidèles,
Tu fera plier les rebelles
Sous le poids d'un sceptre de fer.

*** Mortels qui jugez vos semblables,
Rois qu'à la terre j'ai donnés,
Rois devenus si formidables
Par vos projets désordonnés ;
Instruisez-vous dans ma justice,
Si vous voulez que j'affermisse
Vos droits par la révolte enfreints ;
Pour mériter que l'on vous aime,
Aimez, servez, craignez vous-même
Le Dieu par qui vous êtes craints. (LEFRANC).

Nous complèterons cette magnifique allégorie par les passages suivans du psaume 72.º, où la grandeur future de Salomon est décrite avec une pompe qui désigne évidemment le règne et la gloire du Messie.

**** Ainsi du plus haut des montagnes
La paix et tous les dons des cieux,
Comme un fleuve délicieux,
Viendront arroser nos campagnes.
Son règne à ses peuples chéris
Sera ce qu'aux champs défleuris
Est l'eau que le ciel leur envoie ;
Et tant que luira le soleil,
L'homme plein d'une sainte joie
Le bénira dès son réveil.

***** Son trône deviendra l'asile
De l'orphelin persécuté.

---

† Dabo tibi gentes hæreditatem tuam.
** Reges eos in virgâ ferreâ, et tanquam vas figuli confringes eos.
*** Et nunc reges intelligite ; erudimini qui judicatis terram.
**** Suscipiant montes pacem populo, et colles justitiam. (Ps. 72).
***** Judicabit pauperes populi et salvos faciet filios pauperum. (Ibid.

Son équitable austérité
Défendra le foible pupille.
Le pauvre, sous ce défenseur,
Ne craindra plus que l'oppresseur
Lui ravisse son héritage :
Et le champ qu'il aura semé
Ne deviendra plus le partage
De l'usurpateur affamé.

* Ses dons versés avec justice,
Du pâle calomniateur,
Ni du servile adulateur,
Ne nourriront point l'avarice.

** Alors sa juste renommée
Répandue au-delà des mers,
Jusqu'aux deux bouts de l'univers
Avec éclat sera semée.
*** Ses ennemis humiliés
Mettront leur orgueil à ses pieds ;
Et des plus éloignés rivages,
Les rois frappés de sa grandeur,
Viendront par de riches hommages
Briguer sa puissante faveur.

De ses triomphantes années
Le temps respectera le cours,
Et d'un long ordre d'heureux jours
Ses vertus seront couronnées.

**** Tel qu'on voit la tête chenue
D'un chêne, autrefois arbrisseau,
Égaler le plus haut rameau
Du cèdre caché dans la nue :
Tel croissant toujours en grandeur,
Il égalera la splendeur
Du potentat le plus superbe ;
Et ses redoutables sujets
Se multiplieront comme l'herbe
Autour des humides marais.

***** Qu'il vive, et que dans leur mémoire
Les rois lui dressent des autels ;
Que les cœurs de tous les mortels
Soient les monumens de sa gloire, etc.

(J.-B. Rousseau).

---

* Et humiliabit calumniatorem. (*Ibid.*)
** Et dominabitur à mari usque ad mare ; et à flumine usque ad terminos terræ. (*Ibid.*)
*** Coràm illo procident Æthiopes et inimici ejus terram lingent. (*Ibid.*)
**** Et erit firmamentum in terrâ in summis montium ; superextolletur super Libanum fructus ejus. (*Ibid.*)
***** Sit nomen ejus benedictum in sæcula : antè solem permanet nomen ejus. (*Ibid.*)

Voici un monument bien singulier et bien éminemment poétique du génie allégorique des prophètes : c'est le morceau où Ezéchiel prédit le terme de la captivité des Juifs à Babylone.

> \* Dans une triste et vaste plaine
> La main du Seigneur m'a conduit.
> De nombreux ossemens la campagne étoit pleine ;
> L'effroi me précède et me suit.

Comme ce début grave et solennel s'empare d'abord de l'attention, et répand dans l'âme je ne sais quelle religieuse terreur qui la prépare à quelque chose d'extraordinaire ! Ce qui suit y ajoute encore :

> Je parcours lentement cette affreuse carrière,
> Et contemple en silence, épars sur la poussière,
> Ces restes desséchés d'un peuple entier détruit.

Le Seigneur commande au prophète d'ordonner à ces os desséchés de retourner à la vie, et le prophète leur dit, de la part du Seigneur :

> \*\* Écoutez, ossemens arides,
> Écoutez la voix du Seigneur.
> Le Dieu puissant de nos ancêtres,
> Du souffle qui créa les êtres,
> Rejoindra vos nœuds séparés.
> Vous reprendrez des chairs nouvelles :
> La peau se formera sur elles :
> Ossemens secs, vous revivrez.

Le prophète continue sa narration :

> \*\*\* Il dit ; et je répète à peine
> Les oracles de son pouvoir,
> Que j'entends partout dans la plaine

---

\* Facta est super me manus Domini, et eduxit me in spiritu Domini ; et dimisit me in medio campi, qui erat plenus ossibus, etc. (Ézech. cap. 37. v. 1).

\*\* Ossa arida, audite verbum Domini : hæc dicit Dominus Deus ossibus his : Ecce ego intromittam in vos spiritum, et vivetis. (Ibid.)

\*\*\* Factus est autem sonitus, prophetante me, et ecce commotio ; et accesserunt ossa ad ossa, unum quodque ad juncturam suam. Et vidi, et ecce super ea nervi et carnes ascenderunt ; et extenta est in eis cutis desuper, et spiritum non habebant. (Ibid. v. 7).

Ces os avec bruit se mouvoir.
Dans leurs liens ils se replacent,
Les nerfs croissent et s'entrelacent,
Le sang inonde ses canaux;
La chair renaît et se colore;
L'âme seule manquoit encore
A ces habitans des tombeaux.

Mais le Seigneur se fit entendre,
Et je m'écriai plein d'ardeur:
Esprit, hâtez-vous de descendre,
* Venez, esprit réparateur;
Soufflez des quatre vents du monde,
Soufflez votre chaleur féconde
Sur ces corps prêts d'ouvrir les yeux.
Soudain le prodige s'achève,
Et ce peuple de morts se lève,
Étonné de revoir les cieux, etc.

Le Seigneur daigne donner lui-même à son prophète le véritable sens de cette sublime allégorie.

** Ces os, dit le Seigneur, qu'en mon nom tu ranimes,
Sont tous les enfans d'Israël.
Notre espoir a péri, disoient-ils; et nos crimes
Ont mérité ce sort cruel.

Les neveux de Jacob ne sont plus sur la terre
Qu'un amas d'ossemens blanchis,
Qui du joug de la mort accablés par la guerre,
N'en seront jamais affranchis.

Non, mon peuple chéri, etc. ( LEFRANC)

Voici un autre exemple de la hardiesse des allégories employées par Ezéchiel. Il s'agit de prouver à ses concitoyens qu'ils ont mérité tous les maux qu'ils éprouvent; et voici le tour éloquent et poétique dont il se sert pour faire l'énumération de leurs crimes. On va voir si Eschyle lui-même, le sombre, le tragique Eschyle a des conceptions plus fortes; et si jamais le génie de la terreur a rien inspiré aux poëtes d'aucun temps, qui puisse

---

* A quatuor ventis veni spiritus, et insufla super interfectos istos, et reviviscant. (*Ibid.* v. 9).
** Fili hominis, ossa hæc universa, domus Israel est; ipsi dicunt aruerunt ossa nostra, et periit spes nostra, et abscissi sumus. (*Ibid.* v. 11).

approcher, même de loin, du tableau que nous allons mettre sous les yeux du lecteur.

Dieu transporte le poëte de Babylone à Jérusalem.

* « En la sixième année, le cinquième jour du sixième mois, comme j'étois assis dans ma maison, et que les anciens de Juda y étoient rassemblés avec moi, la main du Seigneur tomba tout à coup sur moi... Quelqu'un me parut comme un feu ardent : depuis les reins jusqu'au bas, ce n'étoit qu'une flamme; et depuis les reins jusqu'en haut, c'étoit un airain mêlé d'or, étincelant de lumière. Je vis en même temps comme une main qui me vint prendre par les cheveux de ma tête : l'esprit m'enleva entre la terre et le ciel, et me transporta à Jérusalem, à l'entrée de la porte septentrionale du parvis intérieur, où étoit placée l'idole de Jalousie, etc. »

Le Seigneur fait voir à Ezéchiel, dans l'intérieur de chaque maison, les divers attentats qui s'y commettent, et lui dit, à chaque nouvelle scène d'horreur : *Tourne les yeux, et tu verras des abominations plus grandes encore.* Le Seigneur s'écrie alors d'une voix terrible : *Ceux qui doivent visiter la ville sont proches, et chacun d'eux porte un instrument de mort.* Dans le même instant, paroissent six hommes qui portent la mort entre leurs mains : au milieu d'eux marche un septième vêtu de lin ; à son côté est suspendu un vase rempli d'encre. Dieu lui commande d'aller dans la ville marquer au front le très-petit nombre de ceux qui n'ont point prévariqué. L'homme aux habits de lin se retire, et les six ministres de la mort reçoivent à leur tour l'ordre de frapper quiconque ne portera point le sceau de la fidélité. Ils sortent pour obéir, et bientôt après reparoît l'homme vêtu de lin, qui ne profère que ces mots : *J'ai fait ce que tu m'as ordonné* **.

Nous pensons qu'il suffit d'être de bonne foi, et d'avoir le sentiment ou l'idée seulement du vrai poé-

---

* Ezéchiel, ch. 8. v. 2, 3 et suivans.
** Feci, sicut præcepisti mihi. (Ezech. ch. 9. v. 11).

tique et du sublime de conception, pour apprécier l'effet de semblables tableaux. Quant à ceux qui se prosterneroient devant ces sortes de beautés, si elles appartenoient à Homère, à Young ou à Ossian, mais qui ont bien formellement résolu de ne rien admirer dans les écrivains sacrés, nous n'avons rien à leur opposer : nous nous bornons à les plaindre, d'interdire à leur imagination le plaisir que lui procureroient de pareilles lectures ; et à leur âme, le charme consolant qu'elles ne manqueroient pas d'y répandre.

### *La Prosopopée.*

Il seroit difficile de trouver dans toute l'antiquité, si riche cependant en fictions morales, une prosopopée plus heureuse, plus noble et plus belle, sous tous les rapports, que celle de la Sagesse, personnifiée par Salomon, et si souvent introduite dans ses ouvrages. Il ne se borne point à nous la représenter comme le guide fidèle de l'homme sur la terre, la dispensatrice des honneurs, des richesses, de la vraie félicité : il nous montre en elle l'élève, la compagne chérie du créateur tout-puissant, l'âme de tous ses conseils et de ses prodigieux travaux.

Écoutons-la faire elle-même, et dans un style digne d'elle, l'énumération de ses titres nombreux à nos respects et à notre amour.

* Compagne du Seigneur, j'étois avant les âges.
  Je marchois devant lui, quand, porté sur les flots,
  Il en couvroit la face et parloit au chaos.
  Je posois avec lui les fondemens du monde ;
  Je séparois les cieux des abimes de l'onde :
  Je conduisois sa main, lorsqu'il pesoit les airs,
  Qu'il décrivoit l'enceinte et les bornes des mers.

---

* Quando præparabat cœlos, aderam ; quando certâ lege et gyro vallabat abyssos ; quando æthera firmabat sursum, et librabat fontes aquarum ; quando circumdabat mari terminum suum, et legem ponebat aquis, ne transirent fines suos ; quando appendebat fundamenta terræ. (*Prov.* ch. 8. v. 27).

> *J'étois devant ses yeux, j'arrangeois ses travaux,
> Quand il dit aux saisons de partager l'année;
> Quand des êtres divers réglant la destinée,
> A tout dans la nature il assigna son lieu,
> Et que l'homme naquit pour ressembler à Dieu. (LEFRANC).

Voyons agir maintenant cette même Sagesse, que nous venons d'entendre parler:

** « Clara est, et quæ nunquam marcessit Sapientia, et facile videtur ab his qui diligunt eam, et invenitur ab his qui quærunt illam. — Qui de luce vigilaverit ad illam, non laborabit: assidentem enim illam foribus suis inveniet ».

(*Sap*. cap. 6, v. 13).

Comme il n'y a point de figure qui caractérise mieux que la prosopopée cet état d'exaltation de l'âme, où tout ce qui lui échappe est nécessairement sublime, il n'en est point qui soit plus familière aux poëtes inspirés, qui se place plus naturellement sous leur plume, et dont ils tirent un parti plus brillant. « Ici, la Dou- » ceur et la Vérité ont volé à leur rencontre mutuelle: » la Justice et la Paix se sont embrassées comme deux » sœurs ». (*Ps*. 35, v. 11).

Là, la Peste précède la marche de Jéhova, vengeur. (HABAC. 3, v. 5). Dans le livre de Job, la Mort et la Perdition parlent entre elles de la Sagesse, et disent qu'elles ne la connoissent que de nom. (JOB. 28, 82). Dans Isaïe, enfin, l'Orcus ouvre avidement sa gueule immense pour engloutir les habitans de la terre. (Is. 5, 14).

Nous ne taririons pas sur les exemples.

Les écrivains de la Bible ne se contentent pas de

---

* Cum eo eram cuncta componens, et delectabar per singulos dies ludens coram eo omni tempore. (*Ibid*. v. 30).

** « La Sagesse est pleine de lumière, et sa beauté ne se flétrit point. Ceux qui l'aiment, la découvrent aisément, et ceux qui la cherchent la trouvent. — Celui qui veille dès le matin pour la posséder, n'aura pas de peine, parce qu'il la trouvera assise à sa porte. — Elle prévient ceux qui la désirent, et elle se montre à eux la première ».

prêter des sentimens ou des discours sublimes aux êtres moraux qu'ils ont personnifiés; ils donnent la vie et le mouvement aux êtres même inanimés : tout s'anime, respire, s'enflamme à leur voix.

« Tu commanderas à la foudre, et elle marchera et elle te dira : Me voici ». ( Job. 38, 55 ).

Glaive du Seigneur ! quand t'arrêteras-tu ? Rentre dans le fourreau, et restes-y en silence.—Comment le glaive s'arrêterait-il quand Jéhova lui a commandé de marcher, quand il a dévoué à sa fureur Ascalon et le rivage des mers » !
(Jérémie, 47 ).

Ils avoient lu, ils sentoient le mérite de pareils traits, les écrivains qui nous les ont si heureusement reproduits dans leurs ouvrages.

» Glaive du Seigneur, quel coup vous venez de frapper » !
( Bossuet ).

Qu'à la fureur du glaive on le livre avec elle. ( Racine ).

Mais si l'on veut avoir une idée complète de tout l'effet que peut produire la plus belle des figures, employée par le plus sublime poëte, il faut la chercher dans le chant triomphal d'Isaïe, sur la chute et la mort du tyran de Babylone.

Après avoir prédit aux Juifs la fin de leur captivité et leur retour dans leur patrie, le poëte les introduit eux-mêmes, célébrant par des chants de victoire la ruine du barbare qui les avoit opprimés si long-temps *. Quel enthousiasme vraiment sacré vous saisit, vous transporte malgré vous, dès le début de ce poëme magnifique ! Voyez comme la nature entière est appelée à se réjouir de la chute du tyran :

En le voyant tomber ce farouche tyran,
La terre tout à coup frémit d'un doux tumulte :

---

* Isaïe, cap. 14. v. 4, 17.

> Le Pin s'en réjouit, et le Cèdre l'insulte,
> Tranquille au sommet du Liban.

L'Enfer personnifié excite et anime contre lui les ombres des rois et des princes : toutes se lèvent à la fois, et vont au-devant du roi de Babylone.

> Eh! quoi donc! comme nous te voilà, disent-elles!
> Dans la foule des morts tu descends confondu!
> Te voilà sans flatteurs, sans cortége, et perdu
> Dans les ténèbres éternelles!

Les Juifs reprennent la parole, et insultent, par cette ironie amère, à l'auteur de leurs maux :

> Comment es-tu tombé de ton char radieux,
> Brillant fils du matin! Tu versois la lumière,
> Et tu dors maintenant éteint dans la poussière!
> Comment es-tu tombé des cieux!

Ils répètent ensuite les discours que lui dictoit son orgueil :

> ... Tu disois : « Au-dessus des nuages,
> » Je veux, le sceptre en main, pareil à Dieu m'asseoir.
> » Cieux! vous serez mon trône! astres! je veux vous voir
> » M'apporter vos humbles hommages ».
> Tu le disois : l'enfer dévore tes desseins, etc.

On seroit tenté de croire que l'essor lyrique ne peut plus s'élever au-dessus de ces dernières images : le poëte sacré va prouver le contraire, et de nouveaux personnages vont figurer encore dans son poëme. Ce sont des voyageurs à qui le hasard fait rencontrer le cadavre du tyran; il est si défiguré, qu'à peine ils le reconnoissent, et s'écrient à son aspect :

> Est-ce lui, dont la voix commandoit à la guerre!
> Lui, qui d'or et de sang épuisoit les états;
> Et, potentat vainqueur des plus fiers potentats,
> En désert transformoit la terre?

> Les marbres, les parfums, et les hymnes pieux,
> Des rois les plus obscurs honorent la mémoire;
> Et même les tyrans n'arrivent pas sans gloire
> Au sépulcre de leurs aïeux.

Cruel! toi seul privé des pompes funéraires,
Tu seras le butin du vorace corbeau.
Non, tu ne joindras point tes pères au tombeau :
Ta cendre outrageroit tes pères. (ROUCHER).

Quel mouvement! quelle variété, quelle pompe de style! quelle heureuse réunion des pensées les plus fortes et des images les plus poétiques. Nous ne connoissons rien à opposer à un tel morceau, si ce n'est peut-être, et toujours à la distance convenable, ce chant de Fingal, sur la ruine de Balclutha.

Elle n'est plus cette cité superbe,
Dont la splendeur remplissoit nos déserts.
Le sommet de ses tours s'élançoit dans les airs,
Et maintenant elle languit sous l'herbe!

Le deuil, le désespoir, les cris
Habitent son morne rivage;
J'ai vu moi-même ses débris :
Partout croît la mousse sauvage;
Partout au souffle des autans
Frémit le chardon solitaire.
Quelques chênes encor vivans
Versent une ombre funéraire
Sur l'écume des noirs torrens.

Quelle fatale erreur t'entraîne,
Homme foible et présomptueux?
Pourquoi ces palais fastueux?
Le temps, dans sa course incertaine,
Traverse tes soins et tes vœux.
Aujourd'hui rayonnant de joie,
Du haut de tes superbes tours,
Ton regard au loin se déploie,
Et de ta plaine immense embrasse les contours ;
Du voile des sombres années
Demain tu dormiras couvert,
Et dans ces tours abandonnées
Sifflera le vent du désert.

Braves guerriers, où sont vos pères?
Dans les combats ces astres ont brillé ;
Et maintenant, ombres légères,
De sa splendeur leur front est dépouillé, etc. (LOMIAN).

La muse céleste d'Isaïe, c'est-à-dire, l'esprit divin qui l'inspire lui-même, abaisse son vol sans effort des pensées les plus sublimes et des images les plus terribles, aux images les plus riantes, aux idées les plus douces.

Nous en avons un grand exemple dans toute la prophétie qui a pour objet la naissance de J.-C., morceau vraiment magnifique, qui a fourni à Virgile son *Pollion*, à Pope sa belle églogue du *Messie*, et dont Racine le fils a réuni les traits principaux dans les vers suivans :

>Aux champs, déshonorés par de si longs combats,
>La main du laboureur rend leurs premiers appas :
>Le marchand, loin du port, autrefois son asyle,
>Fait voler ses vaisseaux sur une mer tranquille.
>
>Il est venu ce temps, l'espoir de nos aïeux,
>Où le fer, dont la dent rend les guérets fertiles,
>Sera forgé du fer des lances inutiles.
>La Justice et la Paix s'embrassent devant nous :
>Le glaive étincelant d'un royaume jaloux
>N'ose plus aujourd'hui s'irriter contre un autre.
>Le bonheur des humains nous annonce le nôtre.
>Sous un joug étranger nous avons succombé ;
>Et des mains de Juda notre sceptre est tombé.
>Mais notre opprobre même assure notre gloire :
>Des promesses du ciel rappelons la mémoire, etc.
>
>(*Religion*, ch. 4).

## CHAPITRE III.

### *Beautés de sentiment.*

L'ADJECTIF *sentimental*, que notre langue a emprunté de celle des Anglois, est un de ces mots que l'on prodigue d'autant plus volontiers, qu'il a toujours l'air de signifier quelque chose, et qu'il couvre heureusement le vide absolu d'idées, et le défaut de justesse dans l'application. Il ne sera pas hors de propos de remarquer ici que la fortune de tous ces grands mots qui disent tant en apparence, pour signifier quelquefois si peu dans le fond, date précisément de l'époque où l'on a commencé à substituer le jargon au raisonnement suivi, et l'emphase des mots au sentiment, qui s'exprime toujours d'autant plus simplement, qu'il est plus vrai. Ainsi, plus on s'est, en tout sens, éloigné de la nature, plus on a mis d'affectation à avoir sans cesse son nom à la bouche, ce qui est en effet beaucoup plus commun que de la connoître, et plus facile surtout que de l'imiter. Ainsi, tout est devenu sentimental, à mesure que toute espèce de sentiment s'est éteint; et l'on a donné en mots la valeur fictive de choses qui n'existoient plus en réalité.

Que les jeunes gens, qu'abuse si facilement tout ce qui a l'air de la grandeur ou de la vérité, apprennent et observent de bonne heure, que trois sortes de néologisme défigurent successivement les langues : celui d'abord qui introduit sans nécessité des mots nouveaux : celui qui donne aux mots anciens une acception qu'ils n'avoient pas; et ici commence la dépravation du jugement et le désordre dans les idées : mais celui de tous qui est le plus dangereux, celui qu'il faut fuir avec le plus de soin, c'est celui, sans doute, qui familiarise insensiblement avec l'habitude de donner tout aux mots, et rien au sentiment; de se faire un jargon aussi ridicule que barbare, où l'âme et le cœur ne sont et ne peuvent être pour rien, puisqu'il n'offre ni idées, ni sentimens, et que la langue seule en fait les frais. Si cette espèce de néologisme se bornoit à dénaturer le langage seulement, la contagion seroit moins rapide, et ses effets moins multipliés; les esprits justes et les personnes instruites seroient à l'abri du ravage, ou échapperoient sans effort à la séduction. Mais il n'en est point ainsi : le ton sentimental en impose à l'ignorance et subjugue l'innocente crédulité : ce détestable verbiage est inintelligible : c'est pour cela même qu'il réussit; et les mœurs gémissent tous les jours sur plus d'un naufrage, qui n'a souvent eu d'autre cause, que le prestige des grands mots prodigués par la sottise ou la fausseté, et accueillis sans méfiance par l'ingénuité et la candeur.

Revenons donc à la vérité, à la nature, et l'ordre rentrera dans nos idées, et les mots diront ce qu'ils doivent dire. Nous ne serons obligés de recourir ni à des tournures bizarres, ni à des expressions nouvelles, parce que nous n'aurons jamais à rendre qu'une certaine suite d'idées, dans un ordre simple et lumineux; et notre style sera clair, notre langage pur, parce que nos idées seront justes et nos sentimens vrais. Nous saurons rappeler chaque terme à sa signification primitive, et le conduisant graduellement à son acception actuelle, nous ne courrons jamais le danger de parler sans nous entendre, parce que nous ne parlerons qu'en vertu d'un raisonnement. Quant aux mots que la mode ou le besoin ont introduits dans le discours et que l'usage a consacrés, nous les réduirons à leur juste valeur, en ne les plaçant qu'à propos, et en les rapprochant toujours le plus qu'il sera possible de leur véritable origine.

Ainsi disparoîtra du langage ce vague où l'esprit se perd avant d'avoir pu saisir la pensée de celui qui parle; les mots n'en imposeront plus, et l'on saura, par exemple, qu'une beauté est sentimentale, quand elle réunit tout ce qui est capable de réveiller en nous le sentiment du beau. Or, comme cette idée générale du beau est elle-même quelque chose de vague, il faut savoir parfaitement distinguer ce qui constitue l'espèce de beauté relative à l'objet auquel on l'applique; nous nous sommes assez étendus sur cet article au commencement de l'ouvrage, pour nous dispenser d'y revenir. Poursuivons notre objet.

Nous avons appelé sentimentales les beautés qui excitent ou réveillent en nous l'idée que nous nous sommes formée, et le sentiment que nous avons du beau; ainsi les beautés de tous les genres pourroient être des beautés sentimentales. Mais nous entendons spécialement ici ces traits qui émeuvent puissamment la sensibilité, qui vont au cœur, parce qu'ils en sont partis, et qui nous affectent à proportion que nous y retrouvons plus ou moins l'expression vraie de nos propres sentimens.

Voilà pourquoi ces sortes de beautés sont plus fréquentes dans les poëtes sacrés, qui, peignant des mœurs plus vraies et écrivant sous la dictée de l'auteur même de la nature, n'ont cédé qu'à l'impression de leur âme, sans chercher jamais à affoiblir par des beautés étudiées ce qui étoit essentiellement beau. Aussi les affoiblit-on nécessairement, quand on s'efforce de les embellir; et c'est un caractère de mérite qui les distingue bien particulièrement de tous les autres écrivains. Dans quelque langue que ce soit, Homère, Virgile, Horace, Le Tasse, Milton, etc., ne seroient pas supportables, littéralement traduits. Ils ne doivent la réputation dont ils jouissent chez tous les peuples, qu'au talent des traducteurs, qui ont tous cherché, et souvent réussi à les embellir: les traductions médiocres n'ont jamais eu un moment de succès. La Bible, au contraire, est tellement vraie, les sentimens en sont si naturels, que trop d'embellissement poétique les défigure, et tombe devant l'auguste simplicité de la version littérale.

### De l'Élégie sacrée.

Les règles, dans tous les arts de l'imagination, sont le résultat de l'étude raisonnée des grands modèles: c'est l'Iliade et l'Odyssée sous les yeux; c'est l'OEdipe et l'Electre à la main, qu'Aristote donnoit les règles du poëme épique et de la tragédie; aussi rien de plus judicieux que ces règles tracées par la nature elle-même, pour diriger le génie de Sophocle et d'Homère. Il est donc probable que nous aurions également la poétique de l'élégie, si Aristote et Horace eussent trouvé le véritable type de ce genre de poésie, dans les ouvrages de leurs contemporains ou de leurs devanciers. Eh bien! ils existent ces monumens sacrés de l'antique et auguste douleur des premiers temps; ces modèles achevés des chants religieux consacrés aux grandes infortunes des puissans de la terre; et eux seuls vont nous donner l'idée et les règles de l'élégie, non point de cette élégie prétendue, qui

Flatte, menace, irrite, appaisé une maîtresse;

mais de la véritable, de la plaintive élégie, qui sait, les cheveux épars, gémir sur la tombe des princes ou des héros ; sur celle de Saül et de Jonathas, si tendrement pleurés par David, au second livre des Rois, ch. 1er., v. 17\*; monument précieux, où le mélange des idées religieuses et guerrières, admirablement fondues et abimées dans le sentiment d'une grande douleur, porte à la fois dans l'âme l'attendrissement et la consolation, l'amertume des regrets et le courage de l'espoir.

Tous les amateurs de la poésie françoise connoissent le cantique d'Ezéchias traduit par Rousseau, et il faut convenir que la plupart des strophes en sont admirables. Mais en l'examinant de plus près, en le rapprochant surtout du texte d'Isaïe, on voit que le cantique françois doit une partie de son mérite au choix de l'expression, à l'harmonie des vers, à l'heureuse symétrie des ri-

---

\* Voici la paraphrase latine de cette sublime élégie, par le docteur Lowth, auquel la poésie sacrée a d'ailleurs tant d'autres obligations :

> Ergone magnanimi heroes, decus Israelis,
>   Proh! dolor! in patriis occubuére jugis?
> Fama Philistæas, ah! ne pertingat ad urbes,
>   Neu Gatham tantæ nuntia cladis eat ;
> Hostis ut invisos agitet sine more triumphos,
>   Judaicisque nurus barbara læta malis.
> Triste solum, Gilboa! tuis ne in montibus unquàm
>   Vel ros, vel pluviæ decidat imber aquæ!
> Nulla ferat primos aris tua messis honores ;
>   De grege lecta tuo victima nulla cadat!
> Quâ scuta heroum, quâ Sauli parma relicta est,
>   Nec quicquam heu! sacrum caput unxit onyx.
> Non sine cæde virûm Sauli prius hasta redibat ;
>   Non Jonathani expers sanguinis arcus erat :
> Nobile par, quos jungit amor, quos gloria junxit,
>   Unaque nunc fato junxit acerba dies.
> Ut acres visere aquilas, validosque leones,
>   Viribus et cursu bella ciere pares!
> At vos, o Saulum Solymeæ flete puellæ,
>   Qui dites vobis rettulit exuvias ;
> Qui collo gemmas, qui textile vestibus aurum,
>   Coccina qui Tyriâ tincta bis atro dedit.
> Heu quianam heroum bello periit irrita virtus!
>   Montibus in patriis, ah Jonathane, jaces!
> Tu mihi, tu æterno flendus, Jonathane, dolore
>   Occidis! heu misero frater adempte mihi!
> Heu pietas, heu rara fides, et dulcia fesso
>   Alloquia! heu sanctæ fœdus amicitiæ!
> Quæ mihi in adversis tolerat nova gaudia rebus ;
>   Gaudia fæmineus quæ dare nescit amor.
> Proh dolor! heu quianam duro in certamine belli
>   Fracta virûm virtus, irritaque arma jacent!

mes, etc. On admire Rousseau, mais on pleure avec Isaïe : on admire l'imitateur, mais on cherche en vain chez lui ce pathétique vrai, ce ton de sensibilité douce qui caractérisent l'original, et que voici :

* « J'ai dit : Au milieu de ma carrière, j'irai au séjour de la mort. En vain j'ai cherché le reste des années qui m'étoient comptées, et je me suis dit : Je ne verrai plus le Seigneur dans la terre des vivans, je ne verrai plus l'homme mon semblable, ni l'habitant de la terre du repos.

» Mes jours se sont enfuis, ma demeure s'est éloignée de moi, comme la demeure roulante du pasteur. On a coupé le fil de mon existence dans le temps même où j'en ourdissois la trame.

» O mon Dieu! d'une aurore à l'autre tu termineras ma vie. En vain ai-je fait entendre les cris de l'hirondelle, les gémissemens de la colombe, et mes yeux se sont fatigués, constamment élevés vers le ciel.

» Seigneur, me suis-je écrié, le mal m'accable : daigne, daigne répondre pour moi.

» Que dirai-je maintenant, qu'il a daigné remplir sa promesse à mon égard? Je lui consacrerai tous les jours qu'il me laisse, après ces jours d'amertume. Oui, mon Dieu, tu as sauvé mon âme de la mort qui la menaçoit, tu as rejeté mes fautes derrière toi.—Le Seigneur m'a sauvé : aussi son temple saint retentira tous les jours de ma vie des chants de ma reconnoissance ».

Voyons maintenant l'imitateur françois.

> J'ai vu mes tristes journées
> Décliner vers leur penchant :
> *Au midi de mes années*
> *Je touchois à mon couchant.*
> La Mort, déployant ses ailes,
> Couvroit d'ombres éternelles
> La clarté dont je jouis ;
> Et dans cette nuit funeste,
> Je cherchois en vain le reste
> De mes jours évanouis.

Tout cela est sans doute très-poétiquement beau. Mais c'est aux âmes sensibles à nous dire si la vraie douleur s'exprime avec cette recherche élégante ; si ce style

---

* Isaïe. (Ch. 38, v. 10 et suivans).

brillant et semé d'antithèses est bien son langage, et si enfin les derniers accens, où s'exhale l'âme entière d'un mourant, sont bien ceux que le poëte prête ici à Ezéchias. Les deux derniers vers de la strophe sont ce qu'ils doivent être, parce qu'ils traduisent exactement le texte. Poursuivons.

> Mon dernier soleil se lève ;
> Et votre souffle m'enlève
> De la terre des vivans,
> Comme la feuille séchée,
> Qui de sa tige arrachée
> Devient le jouet des vents.

Cette dernière comparaison n'est point dans l'original ; mais elle est si bien dans la manière antique, elle se reproduit si fréquemment dans les écrivains sacrés, qu'elle n'a point ici l'air étrangère, et qu'elle est bien loin de défigurer ce beau morceau.

> Je disois à la nuit sombre :
> O nuit ! tu vas dans ton ombre
> M'ensevelir pour toujours.
> Je redisois à l'Aurore :
> Le jour que tu fais éclore
> Est le dernier de mes jours.

Bien, très-bien pour le poëte. Mais où est le trait essentiel, le cri du sentiment, l'accent vrai de la douleur, presque abattue par le désespoir, et si bien exprimée dans ce peu de mots : *du matin au soir, tu vas finir mon existence ; de manè usque ad vesperam finies me.* (v. 13).

> Son secours me fortifie
> Et me fait trouver la *vie*
> Dans les horreurs du *trépas.*
>
> Vous ne m'avez fait *la guerre*
> Que pour me donner *la paix.*
>
> Heureux l'homme
> Qui
> Trouve *la santé de l'âme*
> Dans *les souffrances du corps.*

J'irai, Seigneur, dans vos temples,
*Réchauffer* par mes exemples
Les mortels *les plus glacés*, etc.

Loin de nous la pensée de chercher à affoiblir aux yeux de nos lecteurs le mérite du plus grand lyrique de la France \*. Mais si dans l'un de ses plus beaux ouvrages, dans celui qu'il a peut-être le plus soigné, il est resté cependant si inférieur à son modèle, par les efforts même qu'il fait pour s'en rapprocher, il faut bien qu'il y ait une raison de cette différence. Cette raison, c'est l'impossibilité totale de traduire le sentiment. Les pensées les plus sublimes, les plus grandes images, ne sont point inaccessibles au talent du traducteur habile; ses efforts même peuvent être quelquefois très-heureux, et nous en avons vu des exemples. Mais comment rendre ce qu'un autre a éprouvé, à moins de l'éprouver soi-même, à moins de s'identifier avec celui qui souffre et se plaint, afin de souffrir et de se plaindre comme lui? Or, voilà ce qui est difficile, et rare par conséquent; et plus le sentiment est profond ou délicat, plus il est vraisemblable qu'il sera mal ou foiblement rendu. Indépendamment du génie qui présidoit aux compositions hébraïques, il faudroit le concours des mêmes circonstances, la sup-

---

\* En vain lui voudroit-on opposer Lebrun, dont les ouvrages sont le combat perpétuel du bon et du mauvais principe poétique. Partout de grandes beautés et de grandes taches de diction; des vers magnifiques et des vers ridicules; souvent enfin de belles strophes, et rarement une belle ode. Partout on reconnoît l'homme vraiment formé à la bonne école, mais jaloux aussi d'établir la sienne et de prendre sur notre Parnasse un rang particulier : la postérité le lui assignera. Il y a dans toutes ces pièces des traits qui décèlent le grand poète; des strophes entières qui sont sublimes de pensée ou d'expression; mais ces beautés mêmes ne font qu'ajouter aux regrets de retrouver dans ses meilleures odes, plus ou moins de traces de ce néologisme poétique, dont il avoit contracté l'habitude, et qu'il avoit le malheur de regarder comme le premier caractère de son talent, et le mérite principal de ses productions. Ce qui rend ces regrets plus vifs encore, c'est qu'il est impossible de se dissimuler que Lebrun eût pu faire à notre poésie un honneur immortel; c'est qu'il est pur, naturel, harmonieux sans effort, quand il a voulu l'être; qu'il eût vraiment fait faire à la langue poétique un pas de plus, et qu'il a le premier essayé de plier au ton didactique sa dédaigneuse inflexibilité.

position du même degré de talent, pour qu'il y eût une espèce d'égalité de mérite entre le texte et la traduction.

S'il est, dans notre histoire moderne, une époque qui puisse se comparer à celle où les Hébreux captifs gémissoient sur un sol étranger, ce sera celle, sans doute, où des milliers de François, exilés de leur patrie par la force des circonstances, allèrent porter leurs talens, leur fortune et surtout leurs regrets dans les contrées lointaines. Qu'on leur prête maintenant le sentiment qui animoit le peuple hébreu ; qu'un poëte distingué, qui fasse partie lui-même de l'exil, prenne alors la lyre, se transporte sur les rives de l'Euphrate, et ne voie plus dans les François ses frères, que les tristes Israélites, nous pourrons avoir une idée du *Super flumina Babylonis*, etc. ; c'est-à-dire, de la plus belle élégie connue, du morceau le plus touchant que nous offre l'antiquité *.

Les circonstances ont été ce que nous venons de dire ; voyons si le poëte justifiera le reste du parallèle :

> Voyez le triste Hébreu, sur des rives lointaines,
> Lorsqu'emmené captif chez un peuple inhumain,
> A l'aspect de l'Euphrate il pleure le Jourdain :
> Ses temples, ses festins, les beaux jours de sa gloire,
> Reviennent tour à tour à sa triste mémoire :
> Et les maux de l'exil et de l'oppression
> Croissent au souvenir de sa chère Sion.
> Souvent, en l'insultant, ses vainqueurs tyranniques
> Lui crioient : «Chantez-nous quelqu'un de ces cantiques
> » Que vous chantiez aux jours de vos solennités!
> » — Ah! que demandez-vous à nos cœurs attristés?
> » Comment chanterions-nous aux terres étrangères?
> » Répondoient-ils en pleurs. O berceau de nos pères!
> » O ma chère Sion! si tu n'es pas toujours
> » Et nos premiers regrets et nos derniers amours,
> » Que nous restions sans voix ; que nos langues séchées
> » A nos palais brûlans demeurent attachées!
> » Sion! unique objet de joie et de douleurs,
> » Jusqu'au dernier soupir, Sion chère à nos cœurs!
> » Quoi! ne verrons-nous plus les tombes paternelles,
> » Tes temples, tes banquets, tes fêtes solennelles?

---

* Ce beau sujet a successivement tenté toutes les muses qui ont consacré leurs chants à la religion : il a été traité par Racine le fils, par MM. de Pompignan et de Bologne.

» Ne pourrons-nous jamais, unis dans le saint lieu,
» Du retour de tes fils remercier ton Dieu »?
Ainsi pleuroit l'Hébreu, etc. (M. DELILLE. *La Pitié*, ch. 4) *.

Il ne restoit au poëte Gray qu'un pas à faire, pour nous laisser le modèle accompli de *l'élégie sacrée et héroïque;* et les tombes royales de Westminster étoient dignes d'inspirer celui qui avoit dit aux humbles sépultures de l'homme champêtre les chants de paix et de consolation.

Gray méritoit de faire des imitateurs; il en trouva. L'auteur du Poëme des *Jardins;* celui de *la Chartreuse* et de *la Fête des Morts* ** prêtèrent à notre poésie ce charme rêveur, cette teinte de mélancolie douce, mais profonde, premier caractère de l'élégie sacrée, qui nourrie tour à tour de sentimens tendres et de pensées sublimes, doit s'adresser alternativement au cœur et à l'imagination, frapper et émouvoir tour à tour.

Nous n'avions cependant rien à opposer encore aux grands, aux vrais modèles que j'ai cités plus haut, lorsque M. Treneuil fit paroître *les Tombeaux de Saint-Denis.*

Ce que l'on admire principalement dans cette belle production, c'est la grande pensée de la religion, qui

---

\* C'est dans cette pieuse et belle élégie que se trouvent, au jugement de La Harpe, vingt des plus beaux vers de la langue française. Les voici:

O moment solennel ! ce peuple prosterné,
Ce temple dont la mousse a couvert les portiques,
Ses vieux murs, son jour sombre et ses vitraux gothiques;
Cette lampe d'airain, qui, dans l'antiquité,
Symbole du soleil et de l'éternité,
Luit devant le Très-Haut, jour et nuit suspendue ;
La majesté d'un Dieu parmi nous descendue,
Les pleurs, les vœux, l'encens qui montent vers l'autel,
Et de jeunes beautés, qui, sous l'œil maternel,
Adoucissent encor par leur voix innocente
De la religion la pompe attendrissante;
Cet orgue qui se tait, ce silence pieux,
L'invisible union de la terre et des cieux,
Tout enflamme, agrandit, émeut l'homme sensible :
Il croit avoir franchi ce monde inaccessible,
Où sur des harpes d'or l'immortel séraphin
Au pied de Jéhovah chante l'hymne sans fin.
Alors de toutes parts un Dieu se fait entendre;
Il se cache au savant, se révèle au cœur tendre :
Il doit moins se prouver qu'il ne doit se sentir.
(M. DE FONTANES).

\*\* Voyez sur M. Delille la Note C, à la fin du volume.

domine dans tout l'ouvrage, qui en rattache toutes les parties au but que l'auteur se propose, celui de montrer la main d'un Dieu même conduisant tous ces grands mouvemens, et de nous ramener aux éternelles vérités de la foi et de la raison, à travers les ruines même entassées par le génie de l'irréligion et de l'erreur. C'est ainsi qu'élevé d'abord par son sujet, l'auteur s'élève bientôt au-dessus de son sujet lui-même, par la manière de l'envisager. Voilà ce que ne me paroissent pas avoir senti ceux qui, en touchant à ces grandes plaies de l'humanité, n'ont pas connu quel baume ils devoient y verser; et combien la présence consolante d'un Dieu contribuoit efficacement à adoucir le tableau des misères humaines. C'est à l'école de Bossuet que M. Treneuil me semble avoir contracté cette élévation habituelle de style et de pensée; et comme Bossuet, dit-on, lisoit Homère pour échauffer son imagination, il est probable aussi que M. Treneuil lit et relit Bossuet pour enflammer sa verve. Ainsi l'éloquence rend à la poésie ce qu'elle en a reçu, et l'avantage reste égal de part et d'autre.

On retrouve, dans cette élégie, le style des prophètes dans sa majestueuse simplicité, ou revêtu de toute sa pompe orientale.

> Le jour que, dans son vol, doit s'arrêter le temps,
> Dieu dira : Levez-vous, arides ossemens !
> Et vos corps glorieux, rappelés à la vie,
> Renaîtront, possesseurs d'une heureuse patrie,
> Toujours inaccessible aux tempêtes du sort,
> Aux traits de la douleur, à la faulx de la mort.
> Honneur à Jéhovah, dont la toute-puissance
> Des corps ressuscités épurant la substance,
> Élève jusqu'à lui la foible humanité,
> Et la revêt de gloire et d'immortalité !

Ne croit-on pas ailleurs entendre l'Aigle de Meaux lui-même, dans cette belle et éloquente tirade ?

> Oui, malgré les clameurs de l'incrédulité,
> Disois-je, ce tombeau touche à l'éternité;
> Et ces rois, maintenant éteints dans la poussière,
> S'éveilleront un jour rendus à la lumière.

> Oui, ces restes sans nom que, d'un bras impuissant,
> Le temps et les mortels poussent vers le néant,
> Plus que tous les soleils semés dans l'étendue,
> Fixeront du Très-Haut l'infatigable vue,
> Jusqu'au jour de colère, où sa tonnante voix
> Jugera ces brigands et vengera nos rois.

Voyez dans un autre endroit, comme au seul nom de Bossuet, l'enthousiasme du poëte s'anime, et de quel ton il parle de lui!

> Ici, j'entends crier les murs, le sanctuaire,
> Les caveaux dépeuplés, la prophétique chaire
> D'où le grand Bossuet, aigle de l'Éternel [*],
> Élevoit, dans son vol, la terre jusqu'au ciel.
> Sublime Bossuet! aux éclats de ta foudre,
> Quand on croyoit des rois voir tressaillir la poudre,
> Et de leurs descendans chanceler la grandeur,
> L'avenir t'ouvroit-il sa noire profondeur?
> Y lisois-tu qu'un jour, etc.

Comme Bossuet encore, M. Treneuil a bien conçu tout le parti qu'un écrivain pouvoit retirer de l'étude et de la connoissance des livres saints, sources toujours fécondes, toujours ouvertes à quiconque y voudra puiser le vrai beau. Combien de traits sublimes, de comparaisons heureuses, de mouvemens pleins d'énergie ou de sensibilité elles peuvent fournir au poëte ou à l'orateur capable d'en profiter! Mais c'est moins encore par les beautés de détails, par des traits épars et isolés, que cette étude peut influer sur une composition quelconque; c'est par le ton général, par la couleur religieuse qu'elle prête au style, par l'onction dont elle pénètre les sentimens, par la grandeur enfin qu'elle donne aux pensées. C'est là ce qui constitue la véritable originalité; ce qui fait d'un écrivain un homme à part, et donne à toutes ses productions un caractère particulier.

---

[*] Voltaire avoit très-bien caractérisé Bossuet en l'appelant *l'aigle de Meaux*. C'est sans doute une fort belle figure; qu'elle est foible, cependant, auprès de celle qui, en l'appelant *l'aigle de l'Éternel*, place sa chaire dans le ciel, et n'entend plus, dans son éloquence, que la foudre même de Dieu éclatant sur les mortels!

Je crois, par exemple, que l'esprit seul des livres saints pouvoit inspirer le morceau suivant :

> Digne prix de ma foi, quelle auguste merveille
> Vint charmer tout à coup ma vue et mon oreille !
> Frappé d'un jour nouveau, je vis du haut des cieux
> Les immortels descendre et planer sur ces lieux :
> De leurs corps transparens, vêtus de légers voiles,
> Où l'or parmi l'azur rayonnoit en étoiles,
> Le soleil nuançoit l'ondoyante vapeur ;
> Ils suspendent leur vol ; et, réunis en chœur,
> Ils chantent à l'envi ces puissantes prières
> Qui soulagent des morts les peines passagères ;
> Ils consolent nos rois chassés de leurs tombeaux,
> Et souhaitent que Dieu pardonne à leurs bourreaux.

Voilà, je crois, des beautés réelles, des beautés qui seront de tous les temps, mais dont il est juste de rapporter, en partie du moins, l'honneur aux sources qui les ont fournies. Tout le monde, il est vrai, n'en eût peut-être pas fait l'usage de M. Treneuil ; mais il est rare qu'on les interroge sans fruit ; et telle est leur abondance, que les derniers venus y trouveront encore de nouvelles richesses.

## *De l'Églogue sacrée.*

Florian, qui a laissé très-peu de vers, qui est presque sans nom en poésie, nous a donné, dans son églogue de Ruth, le modèle le plus accompli de ce genre d'écrire, le tableau le plus touchant de l'innocence des mœurs patriarchales, et l'imitation enfin la plus heureuse de la candeur, de la simplicité sentimentale du style sacré, admirable partout, mais au-dessus de nos éloges quand il peint les douces affections de l'âme. C'est que, pénétré des charmes de son sujet, qui le transportait au milieu des sentimens qui lui étaient les plus chers et les plus familiers, Florian s'est abandonné à l'impulsion de son âme, et n'a fait, en traduisant la Bible, qu'épancher ses propres sentimens. De là cette délicieuse onction qui coule avec les vers du poëte, et qui ne trouveroit pas insensible le cœur le plus étranger aux émotions de la nature.

# LIVRE V.

Le poëme champêtre de Ruth repose tout entier sur un seul et même sentiment, la tendresse filiale. Florian en prend occasion d'entrer en matière par quelques réflexions sur la nature et le charme de ce sentiment; réflexions qui seroient froides et arides sous la plume d'un autre, ou sèchement sentencieuses, et qui prennent naturellement ici le ton et la couleur du sujet.

> Le plus saint des devoirs, celui qu'en traits de flamme
> La nature a gravé dans le fond de notre âme,
> C'est de chérir l'objet qui nous donna le jour.

Ce ton de simplicité douce annonce bien heureusement celui qui va régner dans le reste de l'ouvrage. Ecoutons maintenant le commentaire que l'auteur va trouver dans son âme :

> Qu'il est doux à remplir ce précepte d'amour!
> Voyez ce foible enfant que le trépas menace,
> Il ne sent plus ses maux quand sa mère l'embrasse :
> Dans l'âge des erreurs, ce jeune homme fougueux
> N'a qu'elle pour ami, dès qu'il est malheureux :
> Ce vieillard, qui va perdre un reste de lumière,
> Retrouve encor des pleurs en parlant de sa mère.
> Bienfait du créateur, qui daigna nous choisir,
> Pour première vertu notre plus doux plaisir!

Que l'on mette ici, à la place de l'écrivain sensible, un de nos enjoliveurs modernes, ou l'un de ces graves et lourds prédicateurs de perfection morale, qui se croient bonnement appelés à convertir le genre humain, dont ils ont, et à qui ils inspirent une égale pitié, et l'on aura des mots harmonieusement cadencés, des vers étincelans d'antithèses et d'esprit, ou des *phrases* prodiguées sans mesure, et des sentences, des maximes étalées avec prétention. Mais le cœur, mais le sentiment n'y trouveront rien, absolument rien, et n'en reviendront qu'avec plus de plaisir au morceau délicieux que nous venons de citer.

Après ce court préambule, Florian commence sa narration :

> \* Lorsqu'autrefois un juge, au nom de l'Éternel,
> Gouvernoit dans Maspha les tribus d'Israël,
> Du coupable Juda Dieu permit la ruine.
> Des murs de Bethléem chassés par la famine,
> Noémi, son époux, deux fils de leur amour,
> Dans les champs de Moab vont fixer leur séjour.
> Bientôt de Noémi les fils n'ont plus de père :
> Chacun d'eux prit pour femme une jeune étrangère,
> Et la mort les frappa.

Noémi, sans époux, sans enfans, veut retourner mourir dans sa patrie, et presse ses filles Ruth et Orpha de la laisser suivre son projet. Quelle tendre chaleur met la sensible Ruth, dans les instances qu'elle fait à sa mère pour obtenir d'elle la permission de ne la point quitter !

> \*\* Ah ! laissez-moi vous suivre.
> Partout où vous vivrez, Ruth près de vous doit vivre.
> N'êtes-vous pas ma mère, en tout temps, en tous lieu ?
> \*\*\* Votre peuple est mon peuple, et votre Dieu mon Dieu.
> La terre où vous mourrez verra finir ma vie ;
> Ruth dans votre tombeau veut être ensevelie :
> Jusque-là vous servir sera mes plus doux soins ;
> Nous souffrirons ensemble et nous souffrirons moins.

Ce dernier trait est charmant; celui de l'original est cependant encore au-dessus : « Voilà ce que je demande au ciel, dit Ruth ; et puisse-t-il y ajouter le bienfait de ne point séparer l'instant de notre mort ! *Hæc mihi faciat Dominus ; et hæc addat, si non sola mors me et te separaverit* » ! (v. 17). Quelle délicatesse dans ce sentiment, qui suppose autant d'amour dans la mère que la fille lui en a voué, et la même impossibilité de survivre à sa perte !

Noémi cède, et toutes deux retournent aux champs paternels. C'étoit le temps de la moisson : *hordea metebantur* (v 22). Réduite à aller glaner pour vivre, Ruth se dévoue courageusement à ce genre nouveau de fatigue ; il s'agit de sa mère, tout est oublié :

---

\* In diebus unius judicis, etc. (Ch. 1 v. 1).
\*\* Ne adverseris mihi, ut relinquam te et abeam. (*Ibid.* v. 16).
\*\*\* Populus tuus, populus meus ; et Deus tuus, Deus meus. (*Ibid.*)

## LIVRE V.

    Le jour à peine luit,
 Qu'au champ du vieux Booz le hasard la conduit.

\* Étrangère, timide, elle se trouve heureuse
De ramasser l'épi qu'un autre a dédaigné.

Ses grâces, sa douceur charment bientôt et le maître du champ et les moissonneurs : l'heure du repas arrive, ils lui font une place au milieu d'eux, partagent leur festin champêtre avec elle;

  Et Ruth, riche des dons que lui fait l'amitié,
  Songeant que Noémi languit dans la misère,
\*\* Pleure, et garde son pain pour en nourrir sa mère.

Booz engage l'aimable Ruth à revenir glaner dans son champ, tant que durera la moisson. Elle revient le matin suivant, et trouve le vieillard endormi au milieu de ses serviteurs :

  Des gerbes soutenoient sa tête vénérable.
  Ruth s'arrête : « O vieillard, soutien du misérable,
  » Que l'ange du Seigneur garde tes cheveux blancs!
  » Dieu, pour se faire aimer, doit prolonger tes ans.
  » Quelle sérénité se peint sur ton visage!
  » Comme ton cœur est pur, ton front est sans nuage!
  » Tu dors, et tu parois méditer des bienfaits.
  » Un songe t'offre-t-il les heureux que tu fais?
  » Ah! s'il parle de moi, de ma tendresse extrême,
  » Crois-moi, ce songe, hélas! c'est la vérité même »!

Aux accens de cette voix enchanteresse, Booz s'éveille; Ruth se fait connoître pour sa parente; et, conformément à la loi de Moïse, le respectable vieillard la prend pour épouse, et lui fait l'abandon de ses biens.

    « Je vous donne à jamais,
  » Et ma main et ma foi; le plus saint hyménée
  » Aujourd'hui va m'unir à votre destinée.
  » . . . . . . . . . . . . . . . . . . . . . . .
  » Et vous, Dieu de Jacob! seul maître de ma vie,
  » Je ne me plaindrai point qu'elle me soit ravie:
  » Je ne veux que le temps et l'espoir, ô mon Dieu!
\*\*\* » De laisser Ruth heureuse, en lui disant adieu ».

---

\* Colligebat spicas post terga metentium. (Ch. 2. v. 3).
\*\* Comeditque . . . . et tulit reliquias. (Ibid.)
\*\*\* Tulit itaque Booz Ruth, et accepit uxorem. (Ch. 4. v. 13).

Il manqueroit quelque chose à ce tableau divin, si le bonheur de la bonne Noémi n'en terminoit agréablement la perspective. Et quel bonheur plus doux, pour une mère représentée aussi sensible, que celui de se voir renaître dans la jeune postérité de ses enfans ?

> Le Dieu qui les bénit,
> Aux désirs de Booz permet que tout réponde.
> Belle comme Rachel, comme Lia féconde,
> Son épouse eut un fils ; et cet enfant si beau
> Des bienfaits du Seigneur est un gage nouveau :
> \* C'est l'aïeul de David. Noémi le caresse ;
> Elle ne peut quitter ce fils de sa tendresse,
> Et dit, en le montrant sur son sein endormi :
> Vous pouvez maintenant m'appeller Noémi !

Nous nous sommes fait un devoir, comme on a pu l'observer, de rapprocher le texte de la traduction, afin de bien convaincre le lecteur, que ce qu'il y a de plus attendrissant dans l'ouvrage de Florian, appartient exclusivement à la beauté de l'original, et que ces traits n'ont besoin, pour être admirés et sentis, que de passer sans altération d'une langue dans une autre. Il y a plus : l'auteur françois cesse d'être tendre, affectueux et intéressant, dès l'instant qu'il quitte le ton et le style antiques, pour leur substituer le style et le ton modernes. Cette méprise est rare chez lui ; mais elle a produit cependant quelques disparates que nous sommes obligés de relever. Le vieux Booz dit à Ruth :

> Je crains que mes vieux ans n'effarouchent votre âge.
> Au mien l'on aime encor, près de vous je le sens :
> Mais peut-on jamais plaire avec des cheveux blancs ?
>
> A cette fête, hélas ! nous n'aurons pas l'amour ;
> Mais l'amitié suffit pour en faire un beau jour.

Il n'y a rien de tout cela dans le texte, on le conjecture aisément ; et ce n'est certes pas l'embellir, que de lui prêter de pareils ornemens. Ce langage, qui seroit

---

\* Susceptumque Noemi puerum posuit in sinu suo, et nutricis ac gerulae fungebatur officio. (Ch. 4. v. 16).

même déplacé dans une pièce profane, est quelque chose de plus dans un morceau de la nature de celui-ci, et nous sommes étonnés que Florian se soit permis un tel écart. Le goût peut se faire illusion, sans doute; mais comment une belle âme se peut-elle tromper en fait de sentimens?

Thompson a transporté, dans son beau poëme des Saisons, l'histoire de Ruth, et en fait l'épisode du chant de l'automne. Le fond et les détails principaux sont restés exactement les mêmes; les noms seuls et le lieu de la scène sont changés : c'est Lavinie et Palémon, au lieu de Ruth et de Booz; quant au lieu de la scène, il est partout où l'on voudra, et ce vague qui prive le sujet de l'intérêt attaché aux circonstances locales, ces noms, ces personnages d'idée, qui ne tiennent à rien, qui ne se lient à aucun peuple, à aucune époque historique, rejettent nécessairement cet épisode dans la classe des morceaux qui plaisent plus à l'esprit qu'ils ne peuvent toucher le cœur.

Il n'en est pas ainsi de la pièce suivante, la seule qui m'ait paru digne par son objet, et par certaines parties de son exécution, d'entrer un moment en parallèle avec la touchante églogue de Florian, à laquelle elle eut l'honneur de disputer, en 1784, le prix de l'académie française. Voici ce morceau, d'autant plus précieux, qu'il est rare, et qu'il se trouve offert pour la première fois ici à l'étude des jeunes gens.

## LE PATRIARCHE, OU LE VIEUX LABOUREUR.

Un vieillard, révéré dans son hameau champêtre,
En avoit vu la race et s'éteindre et renaître.
Au labourage instruit par soixante moissons,
Il aimoit d'*en* donner à son tour des leçons.
Les jeunes métayers à ses conseils utiles
Recouroient chaque jour; et, disciples dociles,
A son gré déposoient ou *ceignoient* le semoir.

Par son âge, au travail à regret inhabile,
Il presseroit en vain le soc d'un bras débile;
Mais il ne peut languir dans un repos oisif:
D'une épine noueuse aidant son pied tardif,

Il va, des bords du champ, voir avancer l'ouvrage.
Sa voix, des bras lassés ranime le courage,
Et jusque pour la brute aux maux compatissant,
Il retient sur le bœuf l'aiguillon menaçant.
Admis au sanctuaire, et du hameau l'exemple,
Sa voix résonne encor sous les voûtes du temple ;
Et souvent sa ferveur, aux marches des autels,
Va se rassasier du pain des immortels.

Mais lorsque s'emparant de la voûte azurée,
Le nébuleux décembre allongeoit la soirée,
Un jeune enfant, docile aux soins de son *aïeul*,
De nos fastes sacrés prenoit le saint *recueil*,
Mais non sans le baiser ; sa main respectueuse
L'approchant des lueurs d'une mèche onctueuse,
Il lit, d'abord timide, et bientôt enhardi.
Autour de lui soudain un cercle est arrondi :
L'un debout, l'autre assis, tous, fervent auditoire,
En extase écoutoient la vénérable histoire.
Appliquant un cristal sur ses yeux obscurcis,
Et du jeune lecteur dirigeant les récits,
Le vieillard lui disoit : Lisez ces pages saintes ;
Abel, le juste Abel, de son sang les a teintes.
Où peut d'un frère aller la jalouse fureur ?
Pourquoi le meurtrier fut-il un laboureur !

C'étoit les soirs encor, que des hameaux rustiques
Le vieillard rappeloit souvent les mœurs antiques :
Quel luxe, disoit-il, étonne ici mes yeux !

D'où naquit tant d'orgueil dans nos humbles bocages ?
Et quel changement même en nos nymphes volages ?
Vous voyez leurs cheveux avec art retroussés ;
Les rubis sur leurs doigts dans l'or sont enchâssés ;
Le père en ses atours ne connoît plus sa fille,
Et sur des fronts hâlés le ruban partout brille.
O Nymphes de ces lieux, pour vos simples appas,
N'éclôt-il pas assez d'ornemens sous vos pas ?
Vous, mes filles, gardez les mœurs de votre mère ;
C'est non par des atours qu'elle avoit su me plaire.
Nul ruban ne chargea son front enorgueilli ;
Un bouquet l'ornoit mieux, quand je l'avois cueilli.
Fuyez une parure aux hameaux étrangère,
La toison des brebis convient à la bergère.

C'étoient-là du vieillard les dernières leçons.
Déjà sa voix rappelle en vain ses derniers sons.
La nature en Damon succombe au poids de l'âge ;
De deux bras vainement sa marche se soulage ;
Il sent fléchir sous lui ses genoux affoiblis ;
Et bientôt, étendu sur son humble châlis,
Ne se déguisant point son atteinte mortelle,
Des ministres sacrés fait prévenir le zèle.

Les larmes cependant coulent de tous les yeux :
Vingt cris mal étouffés troublent les rits pieux ;

L'effort de la douleur rompt toutes les barrières,
Et les sanglots confus sont mêlés aux prières.
Seul, morne, et l'œil aride, accablé sous le poids,
L'aîné des fils restoit sans larmes et sans voix.
Mais l'azime céleste, et les onctions saintes,
Au mourant ont rendu ses facultés éteintes;
Et lui-même, étonné de ses nouveaux accens:
« Calmez, dit le vieillard, vos cris attendrissans;
» Prêts à nous séparer que la foi nous soutienne,
» Et pleurez en chrétiens, si ma mort est chrétienne.
» Pourquoi vivrois-je encore! Inutile ici bas,
» Ma vieillesse est déjà l'image du trépas.
» Mon long pèlerinage enfin touche à son terme;
» Sans appeler la mort, je l'attends d'un cœur ferme.
» Je suis pécheur; mais Dieu, s'il juge, est père aussi,
» Et je sais qu'aisément un père est adouci.
» Mais quoiqu'il me fût doux d'exercer la clémence,
» Mon amour fut borné, quand le sien fut immense.
» De nos toits indigens gardez les simples mœurs;
» Aimez-vous, servez Dieu, vos souverains. . . . Je meurs ». *

---

* Cette pièce qui renferme, au milieu de ses incorrections, des beautés du premier ordre, est d'un religieux nommé D. Gérard, qui désira, en mourant, qu'elle fût mise au concours, et destinoit aux pauvres les fruits de sa victoire, dans le cas où l'académie auroit couronné son ouvrage.

## CHAPITRE IV.

*Beautés morales et philosophiques.*

Laissons encore une fois de côté tout ce qu'il y a de divin dans l'écriture ; et si, indépendamment de cette raison, qui n'en est malheureusement pas une pour tous les lecteurs, nous y trouvons autant de vraie philosophie et de bonne morale, que nous y avons admiré jusqu'ici de poésie et de sentiment, il faudra bien convenir que la Bible est l'ouvrage le plus étonnant, la conception la plus merveilleuse dont l'esprit humain puisse se faire une idée.

Les écrits saints ont un avantage bien marqué sur ce que nous offrent de mieux les philosophes profanes : c'est qu'on n'y trouve aucun précepte de conduite, aucune leçon utile, qui ne soient incontestablement vrais, et d'une application également facile et salutaire pour tous les peuples du monde, pour tous les états de la vie. Ici, la morale est puisée à sa véritable source ; et le suprême législateur qui en donne des leçons si précieuses, par l'organe des écrivains sacrés, n'a pas voulu le bonheur seulement de telle ou telle peuplade en particulier, mais il embrasse l'univers dans l'immensité de son amour, comme il le créa et le protège par l'immensité de sa puissance. Ouvrez, au contraire, les philosophes dont l'antiquité s'honore le plus : qu'y trouverez-vous la plupart du temps? Une morale systématique, qui avoit ses partisans et ses antagonistes, comme s'il y avoit, comme s'il pouvoit y avoir deux manières d'être bons et vertueux. Les uns mettent la vertu à une hauteur si décourageante, qu'elle rebute les efforts du zèle le plus affermi, et ne permet son accès qu'à l'orgueil du sophiste qui cherche moins à valoir en effet mieux que ses semblables, qu'à les écraser de sa prétendue supériorité. Les autres débarrassent si complètement la morale de tout ce qu'elle pourroit avoir de sévère, ils l'accommodent si bien à la foiblesse de l'homme et à la multitude de ses passions, que l'on ne sait s'ils ont voulu faire l'apologie du vice ou celle de la vertu. Ces extrêmes ne se rencontrent point dans la philosophie divine des livres saints : la morale y est ce qu'elle doit être, douce et consolante, jamais pénible, toujours tirée de la nature de l'homme et fondée sur ses intérêts les plus chers. Ce n'est pas que quelques étincelles de cette céleste lumière ne sortent par intervalles des écrits des philosophes anciens : mais ce ne sont que des lueurs fugitives, qui éclairent un moment, pour replonger bientôt le malheureux qui les suit dans les horreurs de ténèbres inexplicables. On pourroit être étonné des nombreuses contradictions, des inconséquences multipliées qui échappent à ces précepteurs fameux du genre humain, si ce défaut même de liaison dans leurs idées et de consistance dans leur doctrine, ne prouvoit la nécessité d'un maître plus habile et d'un philosophe plus éclairé. Or, si tout ce qui manque en ce genre à la doctrine philosophique des temps anciens, les philosophes sacrés le réunissent au plus haut degré, il faut bien que celui qui les a inspirés soit ce maître plus habile, ce philosophe plus éclairé, dont nous venons de parler. Cela ne peut pas plus être l'objet d'une question, que la matière d'un doute.

Un très-grand poëte, qui étoit philosophe dans le sens et avec les restrictions où il est permis et possible de l'être, Racine le fils, a fait, dans son poëme de la Religion, un rapprochement très-ingénieux de ce que les anciens ont dit de mieux et pensé de plus juste en fait de morale.

> « De Jupiter partout l'homme est environné.
> » Rendons tout à celui qui nous a tout donné ;
> » Jetons-nous dans le sein de sa bonté suprême :
> » Je suis cher à mon Dieu beaucoup plus qu'à moi-même.
> »  . . . . . . . . . . . . . . . . . . . . . . .
> » Un cœur juste, un cœur saint, voilà ce qu'il demande.
> » A l'un de ses côtés, la Justice debout
> » Jette sur nous sans cesse un coup d'œil qui voit tout;

» Et le glaive à la main demandant ses victimes,
» Présente devant lui la liste de nos crimes.
» Mais de l'autre côté la Clémence à genoux,
» Lui présentant nos pleurs, désarme son courroux ».
(*Religion*, ch. 6).

Voilà certes une des plus grandes idées de la morale, présentée sous une des plus belles formes que la poésie ait jamais employées. Mais le psalmiste avoit dit tout cela, et l'avoit dit avec cette énergique concision qui caractérise le sublime de pensée, et qui, écartant nécessairement de l'esprit du lecteur toute idée de recherche dans les figures, et d'ambition dans la manière de les exprimer, ne donne et ne laisse que l'idée simple, mais vraie, d'une image presque au-dessus de la pensée, et inaccessible aux efforts de la diction la plus étudiée, ou la plus naturellement pittoresque : *Justitia et judicium correctio sedis ejus* (Ps.)

Personne n'admire plus que nous la riche profusion des allégories morales répandues dans Homère ; mais nous n'en sommes pas moins persuadés qu'une religion toute idéale, comme celle des Grecs et des Romains ; qu'une religion qui dit tout à l'esprit, sans presque jamais parler au cœur, ne peut offrir qu'un système de morale très-incomplet ; et nous admettrons toujours une prodigieuse différence entre la vérité symbolique qui a tant de voiles à percer pour arriver jusqu'à nous, et la vérité première, qui s'élance de sa source avec la rapidité, et frappe avec l'éclat de la lumière.

Ce n'est pas que les esprits bien faits n'aient senti et vu dans tous les temps à peu près de la même manière, et que les grands traits, les traits primitifs de la morale universelle n'aient été exposés par eux dans toute leur native simplicité. Reprenons notre analyse poétique, et suivons, avec Racine, l'examen du code moral de l'antiquité.

« Le monde à mes regards n'offre rien que j'admire.
» Libre d'ambition, de soins débarrassé,
» Je me plais dans le rang où le ciel m'a placé :
» Et, pauvre sans regret, ou riche sans attache,
» L'avarice jamais au sommeil ne m'arrache.

» Je ne vais point, des grands esclave fastueux,
» Les fatiguer de moi, ni me fatiguer d'eux.
» Faux honneurs, vains travaux ! vrais enfans que vous êtes !
» Que de vide, ô mortels ! dans tout ce que vous faites » !

Rien de mieux jusqu'ici : voilà ce que l'expérience apprend tous les jours à l'homme sensé, et ce que la mauvaise humeur fait dire au philosophe, qui n'affiche souvent tant de mépris pour les honneurs et ceux qui les dispensent, que parce qu'il n'a pu ni aborder les uns, ni obtenir les autres. Aussi, à l'ambition trompée va succéder bientôt la misantropie, qui n'est qu'un égoïsme plus ou moins déguisé.

« Dégoûté justement de tout ce que je voi,
» Je me hâte de vivre, *et de vivre avec moi.*
» Je demande, et saisis avec un cœur avide
» Ces momens que m'éclaire un soleil si rapide ;
» Dons à peine obtenus qu'ils nous sont emportés ;
» Momens que nous perdons, et qui nous sont comptés.
» L'estime des mortels *flatte peu* mon envie :
» J'évite leurs regards et leur cache ma vie.
» Que mes jours, pleins de calme et de sérénité,
» Coulent dans le silence et dans l'obscurité.
» Ce jour même des miens est le dernier peut-être :
» Trop connu de la terre, on meurt sans se connoître.
» Je l'attends cette mort, sans crainte, sans désir :
» Je ne puis l'avancer, je ne puis la choisir, etc. » (*Ibid.*)

Ainsi s'exprime le philosophe ancien, qui, détrompé des faux biens dont la poursuite lui semble trop pénible ou lui devient fastidieuse, se replie sur lui-même et se renferme dans la nullité de son indolence. Mais qui ne reconnoît à son langage, à ce mélange éternel de morgue et d'apathie, la sécheresse d'une âme absolument vide, et qui ne trouve rien en elle qui la puisse dédommager des vanités qu'elle regrette d'autant plus vivement, qu'elle affecte davantage de les mépriser ? Ah ! c'est qu'il faut en effet quelque chose de plus à l'homme pour remplir l'abîme de son cœur : c'est que les biens fragiles et la gloire périssable du monde n'y portent que du trouble, et n'y laissent que l'ennui qui suit la satiété : c'est qu'enfin cette amertume qui les accompagne entre dans les desseins éternels de la providence, et n'a d'autre motif que de nous forcer de recourir à ce quelque chose de plus réel et de plus solide.

Il le savoit bien aussi, le sage de l'écriture; il l'avoit éprouvé, que tout est vain ou faux ici-bas : mais il savoit aussi qu'il y a une compensation à tout cela, et qu'il faut bien qu'il en soit ainsi. Aussi, après avoir successivement parcouru tout ce qui peut faire sur la terre la gloire, le plaisir ou le bonheur de l'homme; après avoir vu que toutes ces prérogatives brillantes se réduisoient au même néant : *Omnia vanitas*, il trouve cependant une exception à cette grande vanité des choses terrestres; et cette exception, toute philosophique (dans le sens où la philosophie est la sagesse), établit d'un seul trait toute la différence qui existe en effet entre ce qu'un Dieu a dicté, et ce que l'homme imagine. Quelle est donc la compensation que trouve l'Ecclésiaste pour remplacer, dans un cœur fatigué de tout, le vide qu'y a laissé la jouissance de tout ce qu'il croyoit capable de le remplir? Quelle est la seule réalité, au milieu de tant d'illusions qui nous abusent et d'ombres qui nous échappent? et quelle conclusion le philosophe sacré tirera-t-il de toutes les vérités qu'il vient d'établir? Une seule, qui les renferme toutes par son importance : Craignez Dieu et suivez sa loi; car voilà TOUT L'HOMME : *Deum time, et mandata ejus observa; hoc est enim omnis homo* (c. 12. v. 13). Ainsi, gloire, félicité, TOUT L'HOMME enfin repose sur la conviction et consiste dans la pratique d'une seule et même vérité. Quelle doit donc être la religion fondée sur une pareille base, et qui a tellement perfectionné ce grand principe, qu'il semble impossible, même à la bonté toute-puissante, de rien ajouter maintenant à son excellence!

Mais recueillons, il en est temps, ces hautes leçons de la bouche même de la sagesse.

<pre>     * Dans ma bouillante jeunesse
       J'ai cherché la volupté;</pre>

---

* *Dixi ego in corde meo : vadam et affluam deliciis, et fruar bonis; et vidi quòd hoc quoque esset vanitas.* (Ch. 2. v. 1).

# LIVRE V.

J'ai savouré son ivresse :
De mon bonheur dégoûté,
Dans sa coupe enchanteresse
J'ai trouvé la vanité.

Le grandeur et la richesse
Dans l'âge mûr n'ont flatté :
Les embarras, la tristesse,
L'ennui, la satiété,
Ont averti ma vieillesse
Que tout étoit vanité.

J'ai voulu de la science
Pénétrer l'obscurité.
O nature! abîme immense!
Tu me laisses sans clarté ;
J'ai recours à l'ignorance,
Le savoir est vanité.

\* J'ai cherché ce bonheur qui fuyoit de mes bras,
Dans mes palais de cèdre, au bord de mes fontaines :
Je le redemandois aux voix de mes syrènes ;
Il n'étoit point dans moi, je ne le trouvois pas.

Je me suis fait une étude
De connoître les mortels :
J'ai vu leurs chagrins cruels
Et leur vague inquiétude,
Et la secrète habitude
De leurs penchans criminels.

\*\* J'entends siffler partout les serpens de l'envie ;
Je vois par ses complots le mérite immolé :
L'innocent confondu traîne une affreuse vie ;
Il s'écrie en mourant : Nul ne m'a consolé.

\*\*\* Le sage et l'imprudent, et le foible et le fort,
Tous sont précipités dans les mêmes abîmes :
Le cœur juste et sans fiel, le cœur pétri de crimes,
Tous sont également les vains jouets du sort.

Cependant l'homme s'égare
Dans ses travaux insensés ;

---

\* Magnificavi opera mea, ædificavi mihi domos, et plantavi vineas, etc. Et omnia, quæ desideraverunt oculi mei, non negavi eis. Quumque me convertissem ad universa opera, quæ fecerant manus meæ, vidi in omnibus vanitatem et afflictionem animi. (Ch. 2. v. 4-11).

\*\* Vidi calumnias, quæ sub sole geruntur, et lacrymas innocentium, et neminem consolatorem : nec posse resistere eorum violentiæ, cunctorum auxilio destitutos. (Ch. 4. v. 1).

\*\*\* Eo quod universa æquè eveniant justo et impio, bono et malo, mundo et immundo, immolanti victimas et sacrificia contemnenti. Sicut bonus, sic et peccator : ut perjurus, ita est ille qui verum dejerat. (C.9.v.2).

Les biens dont l'Inde se pare
Avec fureur amassés,
Sont vainement entassés
Dans les trésors de l'avare.

\* Ce monarque ambitieux
Menaçoit la terre entière :
Il tombe dans sa carrière,
Ce géant sourcilleux ;
Ce front qui touchoit aux cieux,
Est caché dans la poussière.

Ainsi tout se corrompt, tout se détruit, tout passe.
Mon oreille bientôt sera sourde aux concerts :
La chaleur de mon sang va se tourner en glace :
D'un nuage épaissi mes yeux seront couverts.
\*\* Usez, n'abusez point : ne soyez point en proie
Aux désirs effrénés, au tumulte, à l'erreur.
Vous m'avez affligé, vains éclats de la joie ;
Votre bruit m'importune, et le rire est trompeur.

Dieu nous donna des biens ; il veut qu'on en jouisse ;
Mais n'oubliez jamais leur cause et leur auteur.
Et lorsque vous goûtez sa divine faveur,
O mortels ! gardez-vous d'oublier sa justice.

Aimez ces biens pour lui, ne l'aimez point pour eux :
Ne pensez qu'à ces lois ; car c'est là tout votre être.
Grand, petit, riche, pauvre, heureux ou malheureux,
Étranger sur la terre, adorez votre maître. (VOLTAIRE).

Quel qu'ait été le motif de Voltaire en traduisant ce précis de l'Ecclésiaste, nous ne lui en avons pas moins l'obligation de lire en beaux vers des vérités aussi sublimes qu'intéressantes pour nous, et de compter, parmi les monumens distingués de notre poésie, le morceau le plus philosophique, et le plus précieux, sous ce rapport, de toute l'antiquité. Il est fâcheux seulement que les opinions du philosophe aient nui ici au talent du poëte, et l'aient empêché de s'arrêter avec un

---

\* Vir cui dedit Deus divitias et substantiam, et honorem, et nihil deest animæ suæ ex omnibus quæ desiderat : nec tribuit ei potestatem Deus ut comedat ex eo, sed homo extraneus vorabit illud. Hoc vanitas et miseria magna est. ( Ch. 6. v. 2 ).

\*\* Lætare ergo, juvenis, in adolescentiâ tuâ, et in bono sit cor tuum in diebus juventutis tuæ, et ambula in viis cordis tui, et in intuitu oculorum tuorum : et scito quòd pro omnibus his adducet te Deus in judicium. (Ch. 11. v. 9).

égal intérêt sur les endroits de l'Ecclésiaste qui établissent d'une manière si positive l'immortalité de l'âme, et la certitude de son rappel au lieu de son origine. Où seroit donc l'espoir et la consolation de l'homme? Où se trouveroit donc l'utilité sublime des conseils de l'écrivain sacré, si, après nous avoir si pleinement convaincus du néant de tout ce qui pourroit nous séduire ici-bas; après nous avoir démontré si complètement que rien de tout cela ne peut être le bonheur, il ne plaçoit sous nos yeux une perspective plus consolante, et n'encourageoit la patience du juste, en lui montrant d'avance la récompense qui attend ses efforts pour les couronner? Sans cela, n'auroit-il pas rendu à l'homme le plus déplorable des services, en lui ôtant jusqu'aux illusions qui amusent son infortune réelle? et le livre précieux que nous venons de parcourir ne deviendroit-il pas nécessairement la théorie du desespoir et le manuel du suicide?

Mais il n'en est point ainsi : « Souvenez-vous de votre » créateur, dans les jours de votre jeunesse, dit l'Ecclé- » siaste, avant que votre poussière retourne à la terre, » d'où elle est sortie, et que votre âme revienne au » Dieu qui vous l'a donnée ». *Antequàm.... revertatur pulvis in terram suam unde erat, et spiritus redeat ad Deum qui dedit illum.* (c. 12. v. 7).

Voici maintenant le commentaire poétique de ce texte consolant :

> Bientôt vos yeux éteints ne verront plus le jour :
> Sur vos fronts sillonnés la pesante vieillesse
> Imprimera l'effroi, gravera la tristesse :
> Ses frimats détruiront vos cheveux blanchissans :
> Vous perdrez le sommeil, ce charme de vos sens :
> Les mets n'auront pour vous que des amorces vaines :
> Vous serez sourds au chant de vos jeunes syrènes :
> Vos corps appesantis, sans force et sans ressorts,
> Feront pour se traîner d'inutiles efforts :
> La Mort, d'un cri lugubre, annoncera votre heure ;
> L'éternité, pour vous, ouvre alors sa demeure.
> On verse quelques pleurs, suivis d'un prompt oubli :
> Le corps né de la fange y rentre enseveli ;
> Et l'esprit, remonté vers sa source divine,
> Va chercher son arrêt où fut son origine. (Pompignan).

De tout temps il s'est élevé des hommes qui, mettant

sans façon leur sagesse prétendue à la place de la sagesse éternelle, ont soumis sans pudeur ses œuvres à leur examen, et ses jugemens à leurs jugemens. L'éternel lui-même s'est fait un jeu d'abandonner un moment son ouvrage à la puérilité de leurs discussions: *Tradidit mundum disputationi eorum* ( Ecc. )

Veut-on savoir ce que pensoit l'Ecclésiaste de cette espèce de philosophie?

> De l'être souverain nous jugeons par nous-mêmes.
> Les mœurs, l'esprit, les lois, tout est mis en systèmes;
> Tout système a son cours, ses progrès, son déclin:
> Une secte s'élève où l'autre prend sa fin.
> Chaque chose a des mots et des sens arbitraires;
> L'univers retentit de sentimens contraires.
> Le grand homme du jour rit des siècles passés.
> Quels flots d'opinions l'un par l'autre chassés!
> On raisonne, on dispute, on remplit les écoles
> Du souffle de l'erreur et du bruit des paroles.
> Cependant la mort vient; le temps finit pour toi;
> Présomptueux sophiste! est-ce là ton emploi?
> Tu prétends réformer les décrets de ton maître,
> Tu ne te connois pas, et tu veux le connoître!

C'est d'après sa propre expérience, que parloit ainsi l'Ecclésiaste. Séduit lui-même un instant par cette ambition de tout connoître et de tout vouloir juger, il avoit abordé l'école des sophistes, et en avoit rapporté la conviction de leur vanité et de son insuffisance.

> * Trop frappé cependant d'une fausse lumière,
> J'ai long-temps ignoré cette vertu première,
> Cette docilité d'un cœur humble, ingénu,
> Et qui dans son néant ne s'est point méconnu.
> Je voyois du méchant prospérer la malice,
> Le juste abandonné périr dans sa justice,
> Et ma raison prenant un vol audacieux,
> Osoit dans leur conseil interroger les cieux.
> Terrible égarement d'un esprit qui s'oublie!
> L'abus de la raison dégénère en folie.
> Je jugeois la Justice et lui faisois la loi;
> Ainsi que la Sagesse elle étoit loin de moi.
> Je me crus *philosophe* en cessant d'être *sage*.

Ce passage rappelle un morceau célèbre de Claudien,

---

* Cuncta tentavi in sapientiâ. Dixi: sapiens efficiar; et ipsa longius recessit a me. (Ch. 7. v. 2{ et seq).

que nous allons rapporter ici, quoiqu'il se trouve partout, parce qu'il peut nous fournir quelques réflexions utiles, sur la diversité des conséquences que l'on peut tirer d'un seul et même principe, diversement envisagé. Il s'agit de Rufin, l'un des principaux ministres de l'empereur Théodose. C'étoit un de ces favoris insolens, qui, parvenus à force de bassesses au faîte du pouvoir, ne s'y maintiennent qu'à force de crimes et d'attentats; et qui, après avoir fait gémir la terre de leur élévation, lui donnent par leur chute un moment de consolation.

> Sæpè mihi dubiam traxit sententia mentem
> Curarent superi terras, an nullus inesset
> Rector, et incerto fluerent mortalia casu.
> . . . . . . . . . . . . . . . . . . . . .
> Abstulit hunc tandem Rufini pœna tumultum
> Absolvitque deos. Jam non ad culmina rerum
> Injustos crevisse queror : tolluntur in altum ,
> Ut lapsu graviore ruant, etc. ( Cl. *in Ruf.* Lib. 1 ).

> Dans le doute où flottoit mon esprit incertain,
> Je me suis demandé quelle invisible main
> Dirigeoit, dans leur cours, les choses de ce monde ;
> Ou si rien ne régloit leur marche vagabonde,
> Que le caprice vain d'un aveugle hasard.
> A ce désordre affreux le ciel n'a point de part,
> Et du lâche Rufin la ruine exemplaire
> Prouve qu'il est des dieux, les absout et m'éclaire.
> Mes yeux sont dessillés ; je saurai désormais
> Des dieux sur le méchant respecter les décrets :
> Ils n'élèvent si haut sa fortune trompeuse,
> Que pour rendre bientôt sa chute plus affreuse. (M. Amar).

Ainsi il faut donc nécessairement que la chute complète du méchant justifie la providence aux yeux de l'homme; et Claudien restoit invinciblement dans son scepticisme, si Rufin n'avoit conspiré contre Stilicon, et si sa conspiration découverte n'eût ouvert les yeux de l'Empereur, et entraîné la ruine et la mort du favori. Où en seroit le philosophe chrétien avec une pareille conséquence? Combien de méchans vivent tranquilles et meurent après avoir insulté toute leur vie à la probité de l'homme de bien, et avoir joui, avec une apparente sécurité, du ciel même qu'ils irritoient? Où seroit donc le prix de la vertu, et que deviendroient les espérances du juste, si ce triomphe momentané du méchant n'étoit pas déjà un dédommagement pour l'homme vertueux, qui n'y voit autre chose que la certitude d'un avenir où tout rentrera à sa place?

Telle est la conclusion de l'Ecclésiaste, et telle a été celle de tous les philosophes anciens qui raisonnoient d'après le cri unanime de la nature entière, et non d'après les absurdes hypothèses du matérialisme *.

Le livre *des Proverbes* est un monument plus curieux encore et plus étonnant que l'Ecclésiaste. L'auteur de ce dernier ouvrage ne s'est occupé que de la recherche

---

* Cette grande vérité d'un avenir, cette base immuable sur laquelle reposent à jamais la morale et la vertu, a été établie par tous les moralistes, chantée par tous les poëtes anciens et modernes. Mais aucun d'eux ne l'a sentie aussi profondément qu'Young, et ne l'a revêtue d'images plus propres à la faire vivement sentir à d'autres. C'est l'âme de son beau poëme des nuits; c'est cette touche d'originalité divine qui en a fait un ouvrage à part, qui n'avoit point de modèles, et qui ne trouvera point de rivaux : c'est enfin le génie de l'immortalité chrétienne qui inspiroit Young, comme c'est le sentiment et le désir de la gloire qui inspire les autres poëtes. Pénétré de la lecture des livres saints, enthousiasmé de tous les genres de beautés qui y brillent, le poëte anglois y a puisé cette force de pensées qui nous semblent quelquefois gigantesques, parce que nous les mesurons sur la portée ordinaire de nos idées : cette hardiesse de figures qui nous étonne, et cette chaleur vraiment sentimentale, qui nous subjugue et nous entraîne malgré nous. Pourquoi ces larmes délicieuses que nous versons, avec Young, sur la tombe de Narcisse et de Philandre? D'où vient cet intérêt si vif accordé à des calamités qui nous sont étrangères, à des personnages qui nous sont inconnus? C'est qu'il nous est impossible de séparer nos destinées des leurs; c'est que leurs misères deviennent les nôtres, ainsi que leurs espérances; c'est que l'auteur a peint à grands traits l'homme présent et l'homme futur, et que les couleurs sont si vraies, la ressemblance si frappante, que nous nous y reconnoissons malgré nous. Que l'on essaie maintenant d'appuyer cette morale sublime, cette grande doctrine des tombeaux sur une base purement mythologique, et bientôt la voix éloquente d'Young se perdra stérilement dans le néant, avec les ombres auxquelles s'adresse sa douleur.

Mais sa douleur nous touche, parce qu'il pleure des êtres vertueux; et ses espérances nous enflamment, ses idées d'immortalité nous transportent, parce que ses espérances et ses idées sont fondées, comme les nôtres, sur l'évidence de la morale évangélique, et que cette morale et cette évidence-là ne laissent lieu ni au doute, ni au désespoir qui le suit nécessairement. C'est que dans tous les écrivains qui ont parlé avec la conviction des vérités qu'ils annonçoient, la parole divine a vraiment la chaleur pénétrante et l'activité du feu: *Sermo Dei ignitus*. Et nous leur devons les armes puissantes que nous trouvons dans cette même parole, contre les attaques multipliées qui assiégent et menacent à chaque instant notre fragilité : *Clypeus est sperantibus in se*. (Prov. c. 30. v. 5).

et de la démonstration d'une seule vérité, qui, il est vrai, devient le principe de beaucoup d'autres. Ici, au contraire, c'est le code le plus complet, le plus détaillé de tout ce qu'il est indispensable de faire et utile d'éviter, pour travailler à son propre bonheur, puisqu'il est impossible qu'il se trouve ailleurs que dans l'accomplissement de ses devoirs. Il faut donc les rendre, autant que possible, d'une exécution assez facile, pour qu'ils ne rebutent point la foiblesse, et qu'ils laissent la mauvaise volonté sans excuse comme sans objection. C'est le mérite particulier de la philosophie de l'Ecriture sainte : nous l'avons déjà dit, et nous allons continuer de le prouver par le livre même des Proverbes, où le charme de la forme se joint admirablement à l'utilité réelle du fond des choses.

Ce que l'antiquité nous a laissé de plus estimable en ce genre, ce sont, sans contredit, les Pensées d'Épictète et les Réflexions de Marc-Aurèle. Mais, indépendamment de différences plus importantes dont nous parlerons bientôt, qu'il y a loin de la morgue pédantesque du maître qui vous dit : « Faites cela, parce que cela » est bon ; et cela est bon, parce que je l'ai fait », au style affectueux d'un père qui presse, qui conjure ses enfans de mettre en pratique les conseils qu'il leur prodigue pour leur bien! Ce doux titre de père est celui que prend Salomon dans le livre des Proverbes, et ce titre est justifié à chaque page, à chaque mot, par la nature même des choses, et par la manière dont elles sont exprimées.

A la sécheresse habituelle et souvent rebutante de leur ton, les philosophes anciens joignent un autre genre de pédantisme, que les sophistes modernes ont fidèlement copié; c'est la manie d'annoncer avec emphase des vérités communes, d'embrouiller les plus simples et d'obscurcir les plus claires, par l'appareil fastueux des mots ; c'est bien le style et le ton de l'importance qu'on veut se donner, mais ce n'est pas toujours le garant de celle que l'on mérite en effet : nous en avons des preuves.

La vraie philosophie n'a pas plus besoin du prestige des mots, que les idées vraiment grandes, vraiment sublimes, n'ont besoin, en poésie, du luxe et de la pompe de l'expression, pour produire leur effet. Nous retrouvons donc nécessairement ici, entre les philosophes profanes et les philosophes sacrés, la différence que nous avons remarquée entre les poëtes anciens et les écrivains de la Bible. Toujours simples, parce qu'ils sont toujours grands, et cédant au besoin de se rendre utiles, bien plus qu'au désir de se voir célèbres, ils n'ont pu voir et n'ont dû nous dire que ce qu'il y avoit de mieux. Aussi résulte-t-il de leur comparaison avec les moralistes les plus accrédités, que ce qui se rencontre de bon dans ceux-ci ne sauroit être meilleur que ce qu'on trouve dans ceux-là, et que tout le reste leur est évidemment inférieur.

Arrêtons-nous, pour le prouver, à quelques exemples choisis dans celui de tous les anciens qui a dit le plus de grandes choses avec le moins de prétention, et qui a donné à la morale la plus sèche les formes les plus aimables. On voit bien qu'il s'agit d'Horace, et c'est annoncer l'homme qui joignoit le goût le plus pur, le tact le plus fin et le plus délicat, à l'imagination la plus brillante. Avec tout cela, on peut tenir un rang distingué parmi les poëtes; mais il faut plus pour briller parmi les philosophes; il faut un esprit essentiellement juste, un coup d'œil pénétrant, et c'est ce qu'Horace possédoit dans un degré supérieur. Aussi est-il, sous plus d'un rapport, l'homme le plus étonnant peut-être de toute l'antiquité; et nous a-t-il laissé, dans ses seuls ouvrages, des modèles achevés de plus d'un genre de poésie, des préceptes infaillibles en matière de goût, et un cours de morale d'autant plus utile, d'autant plus susceptible de le devenir, que toute l'amertume des leçons y est heureusement déguisée par la douceur du style et les grâces de l'enjouement.

Mais comme il faut que tout ce qui n'est que de l'homme porte inévitablement le caractère de l'insuffisance; comme il faut bien qu'il y ait une distance sensible à tous les yeux, entre les leçons de la sagesse divine, et celles de la sagesse humaine, ce même Horace, si admirable quelquefois dans ses réflexions morales, tombe le moment d'après dans tous les excès de la dépravation la plus complète, et ce philosophe si sage n'est plus qu'un cynique effronté, sans frein, comme sans pudeur, et dont Quintilien lui-même disoit qu'il seroit bien fâché de le faire voir tout entier à ses élèves : *Horatium in quibusdam nolim interpretari.* Laissons de côté, si l'on veut, ces écarts dangereux, et ne voyons que ce qu'il a écrit de respectable, puisqu'il n'y a que cela qui puisse approcher (de bien loin encore) du texte qui nous occupe.

L'inconstance de l'homme dans ses goûts, les peines qu'il se donne pour tourmenter sa vie, pour accumuler de vains trésors dont il ne veut ou ne sait pas jouir, ont fourni à l'auteur des *Proverbes* le sujet et la matière de ces excellentes réflexions :

>Le riche est le jouet de sa propre fortune :
>C'est un tyran cruel, dont le joug l'importune.
>Tourmenté de désirs, de besoins déchiré,
>De rivaux, de jaloux, d'ennemis entouré,
>Ses biens sont au pillage et ses jours à l'enchère ;
>Son bonheur est plus triste encor que la misère ;
>Lui-même il se déchire, et devient tour à tour
>De son cœur inquiet la proie et le vautour.
>
> (*Prov.* ch. 13).

Voici maintenant le riche d'Horace.

> Congestis undique saccis
> Indormis inhians, etc. (*Satir.* Lib. 1).

>Sur ces sacs entassés que jour et nuit tu gardes,
>Tu dors les yeux ouverts, et tu ne les regardes
>Que comme une peinture ; ils sont sacrés pour toi.
>Ignores-tu de l'or et le prix et l'emploi ?
>. . . . . . . . . . . . . . . . . . . . . . . . . . . .
>Eh quoi ! toujours veiller demi-mort de frayeur,
>Redouter ses valets, la flamme, le voleur !
>Si ce sont les plaisirs que l'on doit aux richesses,
>O dieux ! épargnez-moi vos fatales largesses.
>
> (P. Daru).

L'auteur des *Proverbes* s'adresse au riche :

>Je déplore l'erreur où ton orgueil te livre,
>Riche voluptueux ! que l'abondance enivre !
>Sottement abusé, tu les crois tes amis,
>Ces convives nombreux à tes festins admis :
>Ce flatteur assidu de tes vagues caprices,
>Qui, l'encensoir en main, courbé devant tes vices,
>Caresse tes erreurs, et se croit trop heureux,
>Quand tu laisses sur lui d'un regard dédaigneux
>S'échapper, au hasard, la faveur passagère.
>Mais ne t'y trompe pas ; il rugit de colère,
>Et sous de vains dehors masquant sa lâcheté,
>Percera, tôt ou tard, le cœur qu'il a flatté.
>                        (*Prov.* chap. 15);

Horace :

>. . . . Frères, sœurs, voisins, maîtresse et femme,
>Tout, jusques à tes fils, te détestent dans l'âme.
>Faut-il s'en étonner ? Quand tu n'aimes que l'or,
>A l'amitié d'autrui peux-tu prétendre encor ?
>Crois-tu la conserver sans soins ? etc.
>                        (P. Daru. *Ibid.*)

Rien de plus judicieux, rien de plus raisonnable que tout cela ; et ce qui le prouve surtout, c'est l'exacte conformité entre ces passages, textuellement suivis par les deux traducteurs. Les simples lumières du bon sens indiquoient à tout le monde de pareils abus ; aussi, à la différence près du ton, qui est grave et imposant d'un côté, léger et frivole de l'autre, les deux philosophes se rencontrent-ils fréquemment. Mais c'est aux conséquences déduites de ces principes, que l'on va remarquer la différence de l'esprit qui les dictoit. Horace s'arrête précisément où devoit commencer l'excellence de la leçon. Il place et laisse son sage à ce point central, à ce juste milieu, qu'il est aussi rare d'atteindre, que difficile de conserver, et qui n'est après tout, que le froid repos de l'égoïsme philosophique.

>            Non ego avarum,
>Cùm veto te fieri, vappam jubeo ac nebulonem. (*Ibid.*)

« N'entassez point votre or ; ne le jetez jamais ».

Qu'en faut-il faire donc, puisque vous condamnez avec

autant de force que de raison la conduite insensée de l'avare, qui en paralyse l'usage?

> Panis ematur, olus, vini sextarius: adde
> Queis humana sibi doleat natura negatis. ( *Ibid.* )

« Achète un peu de pain, de vin, et te procure
» Ces *plaisirs* innocens qu'*exige* la nature ».

Ainsi perce à travers le manteau du philosophe le courtisan adroit, qui vouloit bien tonner contre le vice en général, mais qui eût été bien fâché cependant que sa morale effarouchât la mollesse ou blessât l'orgueil de ses riches et efféminés protecteurs. Sans doute Mécène et tous les grands de Rome devoient s'accommoder d'une philosophie douce et complaisante, dont la base étoit de vivre pour soi, et qui se proposoit seulement de raffiner les jouissances, et non pas de les diminuer. La politique exigeoit alors, comme elle l'a toujours exigé depuis dans les grands états, que les richesses circulassent, pour alimenter le luxe, qui excite et alimente, à son tour, l'industrie commerciale. Il falloit sans doute condamner l'avarice, qui tarit dans sa source la prospérité publique; mais il falloit prescrire un autre cours à l'opulence, et c'est ce que va faire une philosophie bien supérieure à celle d'Horace.

> Riches, soyez humains, tendres et généreux.
> Quel bien vaut le bonheur de rendre un homme heureux!
> C'est le plaisir du juste, et le plus digne usage
> Des fragiles trésors qu'il reçut en partage.
> Il prospère, il jouit des bienfaits qu'il répand.
> . . . . . . . . . . . . . . . . . . . . .
> Tels ces arbres heureux et du ciel protégés,
> Que l'humide Aquilon n'a jamais outragés,
> Conservent la fraîcheur de leur feuille odorante;
> En vain sous les frimas la terre est expirante,
> Leurs fertiles rameaux de leurs fruits sont couverts,
> Et leurs riches parfums étonnent les hivers.
> ( *Prov.* ch. 11. v. 2, 4 et suiv.)

Cette comparaison est un de ces traits charmans, si fréquens et toujours si heureusement appliqués dans la Bible, et qui n'y sont jamais des ornemens prodigués par l'esprit, mais une effusion nouvelle des sentimens de l'âme. Tout est chaleur et mouvement dans ces écrivains, parce que tout y est vérité et sentiment. Quelle véhémence dans cette dernière apostrophe aux riches, qui, stupidement éblouis pour la plupart de l'éclat qui les environne, ne savent pas que le premier charme du bienfait est de perdre jusqu'à l'apparence d'un don!

> O riches de la terre! eh! pourquoi l'indigence
> Voit-elle avec horreur votre altière opulence?
> De vos propres faveurs, cruels, vous abusez;
> Vous secourez le pauvre et le tyrannisez.
> De son dur bienfaiteur l'aspect le décourage.
> Malheur à tout mortel que votre main soulage:
> Que vos plus doux regards sont encor rebutans,
> Et que vous vendez cher vos bienfaits insultans!
> (*Prov.* ch. 23. v. 7).

Mais ce même écrivain qui sait déployer à propos cette chaleur éloquente, sait tempérer aussi, par les images les plus douces et le coloris le plus gracieux, l'austérité de ces conseils, ou la monotonie naturellement inséparable d'une longue suite de préceptes. C'est un art absolument étranger aux sophistes, qui sont ou froidement sentencieux, ou ridiculement emphatiques. Mais ici l'âme du sage se répand, se fond insensiblement dans ses discours, et leur prête toute la variété des sentimens qu'il éprouve. S'agit-il de rappeler l'homme à l'étude de la nature, à l'admiration de ses bienfaits et à la culture de ses trésors? le sophiste déclamera longuement des lieux communs, rebattus cent fois, sur le sort de l'habitant des campagnes, sur les charmes de la nature: il analysera les sensations qu'elle donne, et prodiguera les définitions, les descriptions, etc.; ce qui est beaucoup plus facile, que de faire passer dans les autres le sentiment profond de la reconnoissance que le spectacle de la nature inspire pour son auteur. Le sage trouve tout cela dans son âme, et il est difficile au lecteur de ne pas ouvrir la sienne à ses discours:

> Heureux qui de ses mains cultive les sillons
> Où son champêtre aïeul planta ses pavillons,

> Qui demande à la terre un tribut légitime,
> Pour nourrir les mortels, l'épuise et la ranime,
> Et par l'utile effort d'un soin toujours nouveau,
> En devient l'économe et non pas le fardeau.
>
> (*Prov.* ch. 28. v. 9).

Voilà ce qui se trouve partout, ce qu'Horace, Virgile et beaucoup d'autres ont dit en vers magnifiques. Mais qu'on relise avec attention ces belles descriptions qui nous enchantent, où trouvera-t-on le rapport moral et religieux qui fait un tout si sublime du grand système de la nature, parce qu'il en attache toutes les parties à un seul et même principe, la présence et l'action d'un Dieu, que cet heureux cultivateur retrouve et adore partout :

> Tantôt dans ses guérets, tantôt dans son bercail,
> Il rend hommage au ciel des fruits de son travail. (*Ibid.*)

C'est-là précisément ce qui manque aux descriptions dont nous venons de parler, et ce qui donne un si grand avantage à la simplicité touchante du philosophe chrétien, sur toute la pompe poétique de l'écrivain profane. Le philosophe Horace fait aussi un éloge pompeux de la vie champêtre et de ses douceurs ; mais savez-vous pourquoi il soupire si ardemment après cette délicieuse retraite ? c'est pour s'y bercer voluptueusement d'idées agréables, pour s'y abandonner sans obstacle à sa chère paresse :

> Ergo ubi me in montes et in arcem ex urbe removi,
> Nec mala me ambitio perdit, nec plumbeus Auster,
> Autumnusque gravis, Libitinæ questus acerbæ,
> Quid priùs illustrem satyris, musâque pedestri ?
> (Horat. Lib. 2, sat. 6).

> Loin des ambitieux, de Rome et du fracas,
> A l'abri de ces vents qui portent le trépas,
> Retiré dans mon fort, qu'ai-je *de mieux à faire*
> Que d'égayer un peu ma muse familière ? ( P. Daru ).

C'est pour fuir le bruit et le tracas des affaires ; et ( ce qui caractérise surtout l'égoïsme le mieux prononcé ), pour se dérober philosophiquement à la fatigue de faire quelque chose pour ses semblables.

> . . . Romæ sponsorem me rapis. Eia!
> Ne prior officio quisquam respondeat, urge:
> Sive Aquilo radit terras, seu bruma nivalem
> Interiore diem gyro trahit, ire necesse est.
> Post modò, quid mi obsit, clarè certumque locuto,
> Luctandum in turbâ; facienda injuria tardis.
> Quid vis, insane, et quas res agis? Improbus urget
> Iratis precibus. Tu pulses omne quod obstat,
> Ad Mæcenatem memori si mente recurras. (*Ibid.*)

> A Rome, *il faut courir* devant les magistrats,
> *Pour répondre* de tel que je ne connois pas.
> Vite, courons, de peur que l'on ne nous prévienne.
> Il n'est grêle, ni vent, ni froidure qui tienne,
> Et puis sitôt que j'ai prononcé sans retour
> Ce grand mot, *dont je dois me repentir un jour,*
> Il faut fendre la presse et s'entendre maudire.
> « Voyez ce fou : quelle est l'affaire qui l'attire ?
> » Il renverse les gens ; pourquoi ? pour arriver
> » Chez son ami Mécène, à l'heure du lever ». (P. Daru).

On conçoit que tout cela est beaucoup trop pénible, et qu'il vaut infiniment mieux s'éloigner des hommes, et se condamner à la nullité la plus absolue. De là, cette exclamation qui porte bien tous les caractères de la vérité du sentiment, parce qu'elle est le vœu bien sincère du poëte à qui elle échappe :

> O rus ! quando ego te aspiciam, quandoque licebit,
> Nunc veterum libris, nunc *somno* et *inertibus horis*
> Ducere *sollicitæ* jucunda *oblivia vitæ* ! (*Ibid.*)

Il y a là un charme d'abandon et de sensibilité, bien heureusement rendu par M. Delille, dans les vers suivans :

> O champs ! ô mes amis ! quand vous verrai-je encore ?
> Quand pourrai-je, tantôt goûtant un doux sommeil,
> Et des bons vieux auteurs amusant mon réveil,
> Tantôt ornant sans art mes rustiques demeures,
> Tantôt laissant couler mes indolentes heures,
> Boire l'heureux oubli des soins tumultueux,
> Ignorer les humains, et vivre ignoré d'eux !
> (*L'Homme des Champs*, ch. 4) *.

Rien de plus doux que ce style, rien de plus séduisant que cette perspective. Mais ce sommeil, ces heures paresseuses, cet oubli si complet de la nature entière

---

* Voyez sur M. Delille et ses ouvrages la Note C, à la fin du volume.

sont-ils bien le rôle et le devoir de l'homme sur la terre?
et que deviendroit la société, si cette étrange philosophie étoit celle de tous ceux qui peuvent se rendre utiles
à leurs semblables? Où conduit-elle nécessairement?
le sage va nous l'apprendre :

> Par le sommeil du cœur les yeux appesantis
> N'ont pour les biens réels, pour le bonheur solide,
> Q'une vue incertaine et qu'un regard stupide.
> (*Prov.* ch. 6. v. 9).

Et cela est rigoureusement vrai. Conclusion : rien de
plus admirable, dans la spéculation, que la morale des
anciens : rien de plus stérile dans la pratique; et il
falloit bien qu'il en fût ainsi, puisqu'elle se réduit à cet
axiome qui met le bonheur dans l'impassibilité absolue :

> « Nil admirari propè res est una, Numici,
> » Solaque, quæ possit facere, et servare beatum ».
> (Horat. *Epist.* lib. 1, ep. 6).

Ainsi, pour être heureux, il faudra étouffer, d'après
cela, la sensibilité, le zèle et le courage qui enfantent et
utilisent presque toutes les vertus.....? C'est la doctrine
et le bonheur du néant. Le philosophe de l'Écriture
ne ressemble guère à celui-là, il en faut convenir.
C'est celui

> . . . . . Dont l'activité sage
> Agrandit lentement un modique héritage,
> Et qui surmonte enfin sa médiocrité,
> A force d'industrie et de sobriété.
> Il garde sans remords ce qu'il gagna sans crime.
> Sa fortune est durable autant que légitime,
> Elle passe aux neveux du fortuné vieillard;
> Tandis que les enfans du crime et du hasard,
> Ces hommes sans pitié que les pleurs endurcissent,
> Et que les maux publics en un jour enrichissent,
> Dépouillés tout à coup d'un éclat passager,
> Ne sortent du néant que pour s'y replonger.

Une comparaison d'autant plus sublime, qu'elle rend
plus sensible et plus vraie l'application des vers précédens, termine ce beau morceau :

> Semblables aux torrens dont la fange et les ondes
> Ravageoient avec bruit les campagnes fécondes,

Et qui, formés soudain, mais plus vite écoulés,
Se perdent dans les champs qu'ils avoient désolés.

(*Prov.* ch. 13. v. 11, ch. 28. v. 22).

## CHAPITRE V.

### *Beautés oratoires.*

Les grands traits de sagesse et de politique qui brillent dans la conduite de Moïse avec les Hébreux; le code le plus heureusement adapté aux circonstances locales, au caractère et aux mœurs du peuple auquel il étoit destiné, ont fait constamment regarder cet homme prodigieux comme le législateur le plus habile et le moraliste le plus profond qui ait jamais donné des lois ou des leçons au genre humain. Ceux même qui lui ont contesté avec le plus d'acharnement la divinité de sa mission, n'ont jamais songé à lui disputer le grand art de savoir conduire les hommes; et cet art-là tient nécessairement du prodige, quand on songe à ce qu'étoit le peuple hébreu, lorsque Moïse conçut le projet de le réduire en corps de nation, et l'espérance de voir cette nation tenir un jour un rang distingué.

Il étoit impossible qu'un homme d'un génie aussi supérieur à son siècle et à ses contemporains, n'eût pas fréquemment de ces beaux mouvemens de l'éloquence que les circonstances inspirent, et dont nous avons cité et admiré déjà plusieurs traits. Il n'y a, jusque-là, rien que de très-simple et d'assez ordinaire.

Mais ce qui nous surprendra davantage dans un siècle aussi reculé, dans un climat presque barbare, et chez des peuples à peine sortis des mains de la nature, c'est de trouver des discours dans la force du terme, des harangues de longue haleine, et qui paroissent avoir été le fruit de la réflexion et du travail, tant on y remarque l'art de mettre à profit toutes les circonstances

possibles, de ne dire que ce qu'il faut, et de le dire
précisément comme il doit être dit pour produire l'effet
que l'on en attend. Chef de la religion et des armées,
dépositaire et organe de toutes les lois, Moïse a su
prendre tous les tons et remplir tous les devoirs que lui
imposoient ces fonctions diverses ; mais il ne s'agit ici
que de l'orateur. Voici une de ses harangues militaires :

« Audi, Israël : tu transgredieris hodie Jordanem, etc.
( *Deut.* c. 9. v. 6. )

« Ecoutez, Israël ! vous traverserez aujourd'hui le Jourdain, pour vaincre des nations qui vous passent en nombre
et en force, pour prendre des villes dont les remparts s'élèvent jusqu'aux cieux. Vous le vaincrez, ce peuple terrible,
ces enfans d'Enacim, dont vous avez entendu parler, et qui
n'ont point encore trouvé de vainqueurs.
» Sachez que le Dieu qui vous conduit marchera lui-même devant vous, comme un feu dévorant qui consume tout
sur son passage. Conformément à sa promesse, il dissipera,
il terrassera vos ennemis.
» Mais gardez-vous de penser, et tremblez de dire après
la victoire : C'est pour prix de nos vertus que le Seigneur
nous a livré la terre promise. Non : ce ne sont point vos
vertus, ce sont leurs propres impiétés qui vont attirer sur
ces peuples le poids terrible des vengeances du Seigneur. Rappelez-vous, et ne l'oubliez jamais, combien de fois vous avez
provoqué dans le désert la colère de votre Dieu. Vos nombreuses infidélités datent du jour où vous sortites de l'Égypte,
etc. » Le reste du discours est consacré à remettre sous les yeux
des Israélites tout ce que le Seigneur avoit opéré jusqu'alors de
prodiges en leur faveur, et cette pompeuse énumération est terminée par des conseils donnés avec la tendresse d'un père et
l'autorité d'un maître.

Le Deutéronome, qui nous a fourni le morceau
qu'on vient de lire, contient plusieurs autres monumens de l'éloquence de Moïse. Nous nous arrêterons
au discours fameux, où l'orateur expose aux Israélites ce qu'ils ont à espérer de leur fidélité à la loi,

et ce qu'ils doivent redouter de l'infraction de cette même loi.

« Si autem audieris vocem Domini Dei tui, etc. (*Deut.* c. 28. v. 1 et seq.) »

« Si, dociles à la voix du Seigneur, vous observez fidèlement les lois que je vous ai dictées de sa part, sa bonté toute-puissante vous élèvera au-dessus de tous les peuples de la terre. Il livrera en votre pouvoir les ennemis qui vous bravent ; ils tomberont anéantis à votre aspect : un seul chemin les avoit guidés vers vous, et ils n'en trouveront point assez pour fuir votre vengeance. Si vous marchez constamment dans le sentier de la loi divine, le Seigneur fera de vous un peuple saint, un peuple à part : il vous l'a juré, et sa parole est inviolable. Et les peuples de la terre trembleront devant vous, parce que ce n'est point en vain que vos prières réclameront l'appui du Tout-Puissant. Il vous comblera de tout ce qui peut faire le bonheur de l'homme sur la terre. Environnés d'une nombreuse famille, vous verrez tout prospérer autour de vous. Le Ciel ouvrira tous ses trésors ; il versera les pluies dans le temps favorable, et la terre se couvrira des plus riches moissons. Vous marcherez toujours dans votre liberté, et jamais votre tête ne se courbera sous le joug de l'étranger.

» Mais si, sourds à la voix de votre Dieu, rebelles à ses lois et parjures à vos sermens, vous violez ses commandemens, la malédiction du ciel vous poursuivra, vous atteindra partout, vous frappera dans tout ce qui vous est cher. La famine et le désespoir habiteront les lieux que vous habitez, et la peste désolera d'avance ceux où vous voudrez vous réfugier. Pour vous, le ciel deviendra d'airain, la terre sera de fer ; et la main vengeresse du père que vous aurez offensé, vous saisira pour vous livrer, chargés de fer, à vos plus cruels ennemis. Un seul chemin vous guidoit vers eux, et vous n'en trouverez plus assez pour échapper à leur fureur; et vos cadavres resteront en proie aux oiseaux du ciel, sans que personne daigne les couvrir seulement d'un peu de poussière. Le Seigneur vous frappera de l'esprit de vertige ; et, dans l'excès de votre fureur, vous irez heurter, comme l'aveugle, les arbres de la voie publique. Vos fils et vos filles seront traînés captifs chez les peuples étrangers : vos yeux le verront, et vous n'aurez ni la force ni le courage de les défendre. Les moissons que vous aurez semées, les fruits que vos mains auront cultivés, deviendront la proie de nations que vous ne connaissiez pas même de nom ; et vous serez vous-mêmes, avec votre roi, conduits chez des barbares, qui vous forceront d'adorer leurs dieux, vains simulacres de pierre et de bois !

» Ce même Dieu, qui s'étoit plu à réunir sur vous ses faveurs les plus chères, ses bénédictions les plus précieuses, se fera un plaisir alors de vous punir et de vous effacer du nombre des vivans. Errans et dispersés d'un bout de l'univers à l'autre, vous ne trouverez de repos et de paix nulle part, et le terme de votre course fuira sans cesse loin de vous ; sans cesse votre vie sera suspendue devant vous à un fil léger. La terreur assiégera vos jours et vos nuits : à peine croirez-vous à votre existence. Enfin, le Seigneur vous ramènera aux lieux même dont sa bonté vous avoit tirés : là, vous serez vendus comme de vils troupeaux, et vous ne trouverez pas même d'acheteurs ».

Nous ne connoissons, dans aucun orateur grec ou romain, françois ou étranger, rien de comparable à ce beau discours, pour la force ou la véhémence. Sans parler ici de son mérite principal, celui de renfermer une prophétie terrible, dont l'accomplissement non moins effrayant frappe journellement nos yeux, qui pourroit s'empêcher de reconnoître, à ce style entraînant, à cette impétuosité irrésistible, l'enthousiasme vrai de l'inspiration, et la chaleur d'un sentiment bien supérieur à nos affections ordinaires? Que sera-ce donc, si l'on prend la peine de réfléchir que ce que nous venons d'offrir au lecteur, n'est que la traduction de la version latine faite sur le grec des Septante, et qu'il y a aussi loin du grec à l'hébreu, sous le rapport de la force des mots et de l'énergie des images, qu'il y a loin de notre françois au grec d'Homère ou de Démosthène ? Quel incalculable degré de supériorité ne sera-t-on pas forcé alors d'accorder au texte original, puisqu'il conserve encore tant de nerf et de vigueur, malgré les versions successives qui ont dû l'affoiblir ou le défigurer dans une proportion plus ou moins sensible !

Voilà cependant ce dont il faut que l'on convienne, à moins que l'on n'ait pris le parti bien formel de ne rien voir que son opinion, ou celle plutôt d'après laquelle on s'en est fait une. Car, il est bon de le faire remarquer ici aux jeunes gens; la presque totalité de ces gens qui parlent et prononcent avec un ton si décisif, qu'il ne permet pas même une modeste objection, ne prononcent et ne parlent jamais que d'après un thême fait d'avance, ou d'après un auteur adoptif qui règle leurs opinions comme il dirige leurs sentimens, et le tout aux dépens de la raison (dans leur sens); donc ils ne peuvent avoir tort : la conséquence est juste, et il n'y a rien à répondre à cela, parce qu'il n'y a rien à gagner sur de tels esprits.

Si on leur racontoit, par exemple, que le plus bel exorde que l'on connoisse, et qui a produit le plus beau mouvement oratoire que l'on puisse citer, a été fourni par le hasard à un malheureux que l'on traînoit au tribunal assemblé pour le condamner; si l'on ajoutoit que ce tribunal étoit l'Aréopage, et que sa sagesse fut étonnée, confondue par l'éloquence de l'orateur, avec quel empressement on attendroit, avec quel enthousiasme ne liroit-on pas le discours suivant ?

### Discours à l'Aréopage.

« Præteriens enim, et videns simulachra vestra, inveni et aram, etc. (*Act. ap.* c. 17, v. 23 et seq.)

« Athéniens, en traversant vos murs, j'ai remarqué un autel sur lequel se lisait cette inscription : AU DIEU INCONNU ! Eh bien ! ce Dieu que vous adorez sans le connoître, c'est celui qui a fait le monde et tout ce qu'il renferme. Maitre absolu des cieux et de la terre, il n'habite point les temples que la main de l'homme a élevés; et celui qui dispense à tout ce qui respire la vie et la lumière, n'a pas besoin des sacrifices de l'homme, etc. »

Dans le reste de ce discours, saint Paul expose en peu de mots, mais avec la force de la vérité, quelques-uns des dogmes de la religion; et son éloquence est si entrainante, ses preuves paroissent si lumineuses, que tout l'Aréopage, à moitié convaincu déjà, lui rend sa liberté d'une voix unanime, en se proposant bien de l'entendre de nouveau sur ce sujet intéressant : *audiemus te de hoc iterùm.* ( *Ibid.* v. 32 ).

Ce même homme qui nous transporte d'admiration, soit qu'il étonne la sagesse de l'Aréopage, soit qu'il réfute ses accusateurs à Césarée, ou qu'il confonde le prince des prêtres à Jérusalem, sait encore nous pénétrer des émotions les plus douces et nous faire partager l'attendrissement des fidèles de Milet, lorsque, prêt à les quitter pour ne plus les revoir, il leur fait ces touchans adieux :

### *Adieux aux Habitans de Milet.*

« Vos scitis à primâ die, etc. ( *Act.* c. 20. v. 18. )

» Vous savez de quelle manière je me suis conduit avec vous, depuis mon arrivée dans l'Asie. J'ai constamment servi le Seigneur dans l'humilité, dans les larmes, et au milieu des persécutions que ne cesse de me susciter la haine des Juifs. Vous savez si j'ai rien épargné, rien négligé, pour vous prodiguer l'instruction publique et particulière, pour prouver à ces mêmes Juifs et aux Gentils la nécessité du retour à Dieu et de la foi en J. C.

» Je pars pour Jérusalem : j'ignore quel y sera mon sort ; la seule chose dont je sois sûr, c'est que les fers et les tribulations m'y attendent. Mais je les crains peu, et je saurai sacrifier ma vie pour arriver au but glorieux qui m'est proposé, pour remplir jusqu'à la fin le ministère sacré de la parole divine. Adieu, vous ne me reverrez plus !...... Je vous afflige, je le vois, en vous tenant ce langage, parce que vous connoissez mon cœur ; vous savez qu'il est pur du sang qui a été versé, et que les pusillanimes considérations du danger ne m'ont jamais empêché de vous dire la vérité.

» Recevez, avec mes adieux, mes dernières exhortations. Veillez sur vous et sur le troupeau confié à vos soins. A peine vous aurai-je quittés, que des loups ravisseurs se glisseront parmi vous : au milieu de vous s'élèveront de ces faux esprits qui, mettant une doctrine subtile et erronée à la place des vérités de sentiment, s'efforceront d'entraîner sur leurs pas les disciples de l'évangile. Veillez donc, je vous le répète ; et rappelez-vous sans cesse les avis que je vous ai donnés ces trois derniers jours, en confondant mes larmes avec les vôtres.

Je vous recommande à Dieu et à la parole de sagesse de celui qui peut seul bénir vos travaux et vous en donner le prix, en vous réservant une portion de l'héritage promis à ses saints ».

Plaignons, et plaignons bien sincèrement ceux pour qui de semblables morceaux perdroient de leur mérite réel, par cela seul qu'ils appartiennent à la religion, qu'ils la prouvent, et qu'ils sont d'un de ses plus illustres fondateurs.

Pour vous, jeunes gens! à qui nous avons cru plus utile encore de donner des leçons de morale, que de citer des modèles d'éloquence, apprenez de bonne heure et n'oubliez jamais, que l'esprit est essentiellement faux, le goût essentiellement dépravé, quand le cœur est corrompu; et le cœur est corrompu, quand rien de bon ou d'utile n'y a germé dans l'enfance, ou que ces germes précieux ont été tristement étouffés, dans la suite, par la séduction des mauvais exemples et l'empire des mauvaises habitudes. Nous avons tâché de vous prouver, dans le cours de cet ouvrage, que les progrès du goût et de l'éloquence étoient nécessairement attachés à ceux de la morale, et que la ruine de l'une entraînoit la décadence inévitable de l'autre : nous vous avons montré que les plus beaux morceaux, que l'on pût offrir à votre admiration, étoient ceux où respire le sentiment de la vertu, la haine du vice ou l'amour éclairé de la patrie ; que tout ce qui ne porte pas ces grands caractères du vrai beau, ne peut qu'être froid, languissant, inanimé; et qu'enfin, en tout genre comme en tout sens, dans la conduite, comme dans les ouvrages,

L'esprit se sent toujours des bassesses du cœur.
( BOILEAU )

FIN.

# NOTES.

J'ai pensé que des hommes tels que MM. de La Harpe, Delille et Châteaubriant méritoient, dans un ouvrage de la nature du mien, une distinction particulière. Ce sont des noms devenus classiques parmi nous, et que nos jeunes gens doivent s'accoutumer à ne prononcer qu'avec respect; mais il faut, pour cela, qu'ils aient une idée juste de leur mérite respectif, et c'est l'objet spécial des notes suivantes.

### A. — *Sur M. de La Harpe.*

Il est peu d'écrivains qui aient été jugés avec plus de sévérité, ou exaltés avec plus d'enthousiasme que M. de La Harpe; et l'exagération a été aussi odieuse d'un côté que ridiculement affectée de l'autre; en sorte que l'on peut dire de lui que le zèle indiscret de ses amis n'a pas moins contribué à troubler son repos, que l'acharnement de ses ennemis. Comment discerner, entre deux extrêmes aussi opposés, le point juste d'où l'on peut apprécier cet homme vraiment célèbre, qui a rendu de grands services à notre littérature, et qui s'est distingué surtout par une justesse de principes et une sûreté de goût, qui ont placé pour toujours son nom à côté de celui de Quintilien? Il me semble que l'on peut remarquer, dans la carrière de M. de La Harpe, trois époques bien distinctes, qui pourront servir à diriger l'opinion que l'on doit avoir de ses talens et de sa conduite littéraire. La première de ces époques sera celle où, dans le feu de sa première jeunesse, et trop ébloui peut-être par le grand succès de Warvick, il afficha sans détour des prétentions qui blessent dans l'homme supérieur, et qui doivent révolter dans celui qui n'a pas fait encore tout ce qu'il faut pour les justifier. La seconde, celle où, rebuté, aigri même par trois chutes consécutives au théâtre, il porta dans la critique littéraire l'amertume d'un ton dur et tranchant, peu propre à lui ramener ceux que ses premiers succès avaient indisposés contre lui. La troisieme et derniere époque enfin, sera celle où une nouvelle manière de voir, en matières plus graves, eut sur sa morale littéraire et sur son style même, une influence marquée, et que la postérité appréciera. Il est difficile qu'un écrivain conserve le même ton, le même caractère dans ses ouvrages, à des époques et dans des circonstances aussi différentes que celles que nous venons d'assigner. Elles expliquent au contraire, de la manière la plus simple, les variations que l'on a pu reprocher aux jugemens de M. de La Harpe, qui, sans fléchir jamais sur la sévérité de ses principes en matière de goût, sans jamais s'écarter de la route tracée par les grands maîtres, a voulu concilier quelquefois deux choses naturellement inconciliables, son respect pour les anciens, et sa complaisante admiration pour quelques modernes, qui connoissoient peu ou jugeoient mal ces mêmes anciens. Mais, rendu tout entier, sur la fin de sa vie, aux excellens principes que sa jeunesse avoit reçus, il n'a pas craint de revenir sur ses pas, de juger ses propres jugemens, et de réparer avec éclat le petit scandale de ses injustices littéraires. Peut-être les critiques sévères ne trouvent-ils pas encore la réparation assez complète ; mais que l'on rapproche un moment la manière un peu légère dont il avoit parlé d'abord de J.-B. Rousseau, entre autres, et du grand Corneille, du ton sage, mesuré, respectueux même, qu'il adopta depuis dans le *Cours de littérature,* et l'on sentira tout ce que peut l'empire de la raison dans un esprit bien fait, sur la force des préjugés, et sur les illusions même de l'amour-propre. Telle est en effet l'inappréciable avantage des bonnes études ; elles impriment au goût une direction, et aux idées un caractère de justesse, qui ne manquent jamais de ramener tôt ou tard vers le but, dont on avoit pu s'écarter un moment.

Le public a fixé pour toujours le rang que tiendra sur notre Parnasse l'auteur de Warvick et de Mélanie, comme poëte dramatique; et s'il nous étoit permis d'ajouter une opinion à la décision générale, ce seroit celle de M. de La Harpe lui-même, qui se rendoit franchement la justice de n'avoir pas contribué, du moins, à la décadence du bel art de la tragédie, parmi nous *. Et cela étoit rigoureusement vrai : mais il ne l'étoit pas moins qu'il n'avoit rien fait non plus pour étendre son domaine; et que, sagement renfermé dans les bornes de son talent, il n'a jamais tenté de s'élever à ces beautés neuves et hardies, qui supposent un génie, et exigent des forces qu'il ne se sentoit pas. Il n'y a pas une de ses tragédies qui n'offre des traits vigoureusement prononcés, des conceptions heureuses, des scènes, des actes même d'un bel effet : toutes se distinguent par une diction pure, mais froidement correcte, qui ne tombe jamais, il est vrai, dans la boursouflure gigantesque de Dubelloy, ni dans la dureté tudesque de Lemierre, mais qui n'étincelle pas, comme celle de ces deux poëtes (si loin d'ailleurs de M. de La Harpe), de cette foule de beaux vers, de grandes idées, de traits imprévus, et d'autant plus précieux, qu'il faut les payer plus cher, et les attendre plus long-temps.

Heureux une fois, dans la conception d'un rôle éminemment dramatique, celui d'un grand homme aigri par le sentiment d'une grande injustice, il fit de cette idée qui lui avoit si bien réussi, l'âme de son théâtre tragique, et s'attacha de préférence aux sujets qui lui en offroient les développemens les plus favorables. Ainsi Coriolan, Philoctète, Icilius (dans Virginie) ont tous avec Warvick, ce trait premier de ressemblance qui

---

* Voyez le Cours de Littérature, tome 16, deuxième partie, dans la notice.

tient à l'idée générale du rôle; et malgré les efforts de l'auteur pour graduer les nuances qui devoient les différencier, tous ces personnages ont un défaut commun, l'exagération du sentiment de l'injure, plus de roideur que de véritable force, et d'âpreté que d'énergie. On voit que l'auteur s'est cru obligé d'exalter cette passion au-delà des bornes vraisemblables, pour s'élever à la hauteur tragique. Le seul Philoctète est dans la nature, parce que les suites de l'injure cruelle qu'il a éprouvée, l'ont livré à toutes les horreurs de la souffrance et du besoin, et qu'il n'y a plus alors d'expressions trop fortes pour suffire à l'explosion d'une haine aussi profonde, d'une rage si long-temps concentrée. Aussi M. de La Harpe n'a-t-il jamais été plus loin que dans ce rôle de Philoctète où, soutenu par le génie de Sophocle, il surpassa ce même Warvick qui avoit été le présage, et fut long-temps le terme de ses succès dramatiques.

Les triomphes académiques consolèrent quelque temps M. de La Harpe de ses disgrâces théâtrales; mais ces triomphes mêmes devinrent souvent pour lui une source nouvelle de chagrins et de persécutions. Il faut convenir que tout le tort n'étoit pas ici du côté de ses ennemis; et que le ton d'aigreur, et l'affectation de supériorité qui perçoient toujours dans ces sortes d'ouvrages; que le choix même des sujets, abandonné le plus souvent à la disposition des concurrens, indiquoient dans M. de La Harpe celui de tous les égoïsmes que l'on pardonne le moins, l'habitude et l'exagération de la plainte, qui supposent la conviction intime d'une supériorité de mérite, que l'on pardonne bien moins encore. Un tort plus réel dans M. de La Harpe, fut la franchise courageuse avec laquelle il s'annonça dans la carrière de la critique, la seule pour laquelle il eût en effet une vocation déterminée, et la seule qu'il ait parcourue avec des succès incontestables. Soit qu'il fût persuadé que l'on ne doit pas plus composer avec le faux goût qu'avec les mauvaises mœurs, soit que le ton dur et tranchant tînt essentiellement à son caractère ou à l'inexpérience de l'âge, il crut qu'il suffisoit d'avoir raison, et ne songea qu'à le prouver, insensible d'ailleurs, ou complètement sourd aux clameurs qu'il ne pouvoit manquer d'exciter autour de lui. Il avoit été sévère pour les autres; on fut injuste à son égard : on lui demanda impérieusement ses titres, et lorsqu'il les compta par des succès, on lui nia ses succès mêmes avec une fureur qui les prouvoit, comme il l'a dit lui-même, mais qui les empoisonna cruellement. Peut-être aussi M. de La Harpe attachoit-il à ces pièces de concours plus d'importance qu'elles n'en comportoient naturellement; et personne n'a mieux senti, dans un âge plus avancé, que s'il n'est pas absolument nécessaire d'avoir produit soi-même des chefs-d'œuvres, pour avoir un avis sur ceux des autres, il ne faut pas, du moins, que la foiblesse réelle des ouvrages du critique contraste trop sensiblement avec la sévérité d'une censure qui n'épargne rien. Or, il est impossible de se dissimuler, à cet égard, que M. de La Harpe étoit loin de donner ici (ce que cependant on affectoit d'exiger de lui), le précepte et l'exemple à la fois; et ses adversaires abusèrent trop, sans doute, de l'avantage qu'il leur donnoit sur lui dans cette circonstance. Ses pièces académiques roulent presque toutes sur des sujets trop vagues ou trop étendus pour être traités avec avantage dans les bornes que les convenances académiques imposent à ces sortes de compositions. L'auteur n'y tourne guère que dans un cercle d'idées communes et cent fois rebattues, exprimées le plus souvent avec cette pureté froide qui repousse également la louange et la critique, parce que l'une seroit sans fruit, et l'autre sans objet.

Au reste, M. de La Harpe paroît avoir réduit cette portion de ses œuvres à sa juste valeur, puisqu'il n'a conservé, dans l'édition actuelle, que quatre de ces discours en vers. Nous lui savons quelque gré de n'avoir point enveloppé dans la proscription le discours sur les Grecs anciens et modernes. Ce grand contraste offroit un tableau qui appartenoit de droit à la poésie; aussi est-ce dans le rapprochement de mœurs et de temps si contraires que brille surtout le talent du poëte, quoiqu'il s'en faille de beaucoup encore que la diction de M. de La Harpe soit ici à la hauteur d'un pareil sujet.

En général, M. de La Harpe ne paroît pas avoir toujours assez sagement consulté la mesure et l'étendue de ses forces poétiques : de là ses chutes fréquentes et l'inégalité constante d'un vol dont on n'a calculé ni la durée, ni la hauteur.

C'est, par exemple, avec plus de courage que de bonheur et de succès qu'il entreprit une traduction de Lucain. Il seroit difficile de marquer entre deux auteurs un contraste plus frappant que celui qui s'offre naturellement ici entre Lucain et M. de La Harpe. L'un est aussi sage, aussi méthodique, que l'autre est fougueux et déréglé dans sa marche ; le premier est aussi impétueux, entraînant dans sa diction inégale, mais souvent sublime, que l'autre est froid, sec et compassé dans la monotone médiocrité de sa version. L'on sait cependant (et qui le savoit mieux que M. de La Harpe)? que la plus indispensable des dispositions dans un traducteur, est cette espèce d'analogie naturelle qui le rapproche, à son insu, du modèle qu'il se propose d'imiter, qui établit d'avance entre eux un rapport de goût et de sentimens, sans lequel le traducteur, quel que soit d'ailleurs son talent, restera toujours infiniment au-dessous de son auteur. Voilà quant aux dispositions générales : le plus ou moins de succès dans l'exécution dépendra ensuite du plus ou moins de talent dans l'écrivain traducteur ; mais il faut observer que le mérite même d'une exécution parfaite ne compensera jamais que foiblement ce défaut d'harmonie première qui a dû exister entre l'original et son imitateur, et qui a déterminé le choix du dernier. Voyez avec quelle constance M. Delille a lutté pendant quinze ans contre les beautés, inimitables pour tout autre, des Géorgiques de Virgile : cette constance même ne prouvet-elle pas la force irrésistible de la vocation particulière qui l'appeloit à ce genre, dans lequel il nous a donné depuis de si aimables preuves de sa fécondité? Les amateurs d'anecdotes littéraires n'ont point oublié que Brébeuf avoit d'abord commencé la traduction de l'Enéide, et que, fatigué à chaque instant par les contrariétés que lui faisoit éprouver la dissonance perpétuelle de son ton boursoufflé, avec la douce mélodie et le charme continu de l'expression de Virgile, il alla confier son embarras à Ségrais son ami, qui, de son côté, suait sang et eau pour se monter au ton de Lucain qu'il essayait de traduire, et que les deux amis se proposèrent et firent un échange, dont les deux poëtes latins n'eurent guère à s'applaudir, mais dont Virgile surtout se trouva fort mal. Il est vrai qu'il en a été bien vengé depuis par les beaux vers de M. Delille, et par les efforts heureux de M. Gaston; mais Lucain attend, et attendra long-temps encore un vengeur parmi nous : ce n'est pas du moins l'essai de M. de Laurès, qui cependant n'était pas totalement dénué de mérite; ce sera moins encore l'esquisse de M. de La Harpe, qui feront goûter Lucain à des lecteurs françois, parce qu'il faut, pour le goûter, le voir tel qu'il est, et que c'est le seul peut-être de tous les auteurs anciens, dont les défauts tiennent si essentiellement au caractère de son génie, qu'il est presqu'impossible de lui ôter une tache sans lui faire perdre une beauté. Je ne connois, parmi les modernes, que l'anglois Shakespeare qui soit exactement dans le même cas : ce sont des productions informes, sans doute, mais auxquelles il faut laisser leur inculte énergie : il faut les voir ce qu'elles sont, pour les apprécier ce qu'elles valent.

La langue italienne est si belle, si harmonieuse, si facile en apparence; l'attrait du Tasse en particulier est si puissant, qu'il faut pardonner à la médiocrité de ses traducteurs (en vers françois) d'avoir trop aisément cédé à l'enthousiasme qu'inspire ce grand poëte : c'est une erreur de sentiment, bien plus encore qu'une illusion de l'amour-propre, qui a égaré sur ses pas cette foule malheureuse d'imitateurs. Ils avoient senti vivement le charme constamment répandu dans la Jérusalem, et ils se sont crus capables de le faire sentir aux autres : le Tasse a été pour eux un véritable enchanteur; ils se sont oubliés et méconnus dans son poëme, comme Renaud dans les jardins d'Armide. Mais la critique leur a présenté bientôt le bouclier d'Ubalde; et ils se sont vus tels qu'ils étoient, c'est-à-dire, de très-foibles imitateurs du poëte sans contredit le plus riche, le plus fécond, le plus varié des modernes, et le seul d'entre eux qui ait pris à jamais sa place à côté d'Homère pour l'invention, mais à une grande distance de Virgile, pour le fini des détails et le charme continu de la diction.

> Le vieillard, qui d'Achille a chanté le courroux,
> S'il eût été moins grand, alloit être jaloux.
> Combien il admira ces traits, ces caractères,
> Ces âmes de héros si tendres et si fières;
> Ces tableaux tour à tour et touchans et pompeux;
> Leur accord, leur contraste également heureux :
> Du féroce Aladin la sombre tyrannie,
> Et la rage d'Argant dans le sang assouvie;
> Ce superbe sultan qui, seul et détrôné,
> Vers le ciel ennemi lève un front indigné;
> Et Renaud, si brillant dans sa fougue indocile,
> Le foudre de la guerre et le rival d'Achille!
>
> . . . . . . . . . . . . . . . . . . . . . . . . . . . . . . .
> La guerre est loin de moi; la flûte pastorale,
> De l'épaisseur des bois qui répète ses sons,
> Vient rassurer mes sens au bruit des chansons.
> La Discorde tonnoit; c'est l'amour qui soupire.
> Je vois ses tendres jeux et son fatal délire.
> Il s'endort sur les fleurs, il sourit; et soudain
> Le glaive à son réveil étincelle en sa main.
>
> (DE LA HARPE, *Épître au Tasse*).

Ces vers annonçoient un admirateur sincère du Tasse, mais ne promettoient pas un poëte capable de le traduire, et M. de La Harpe a rencontré en lui un rival plus redoutable encore que Lucain; dans la supposition même du degré de talent qu'exige une pareille entreprise, ce n'est point à l'époque où la tenta M. de La Harpe qu'il pouvoit se flatter de l'achever

avec succès. Nous avons vu que dans la force même
de l'âge, qui doit être celle du talent, M. de La Harpe
s'élevoit rarement et se soutenoit avec peine à une certaine hauteur de pensée ou d'expression : comme le
genre et le style tempérés étoient essentiellement les
siens, il n'en sort guère que par des efforts d'autant
plus pénibles pour le lecteur, qu'il s'aperçoit davantage de ce qu'ils ont coûté. Il est cependant plus facile
encore de feindre une certaine exaltation d'esprit (parce
que la grandeur peut être factice, et qu'il est dans les
mots, ainsi que dans les choses, une espèce de majesté
d'emprunt), que de descendre à propos aux grâces légères et faciles, de parcourir successivement tous les
tons, et de traiter tous les genres avec le style et les
ornemens qui leur sont propres. C'est le grand mérite
du Tasse, et l'une des causes qui en rendront toujours
la traduction si difficile en vers françois. Ajoutons à
cette première difficulté le mélange, ou plutôt l'accord
constant dans ce beau poëme, de tout ce que l'antique
a de plus simple et de plus beau, avec tout ce que la
galanterie moderne offre de plus élégant et de plus
raffiné. Le poëte qui réuniroit tout ce qu'il faut de
mobilité d'imagination, de flexibilité et d'abondance
dans le style, pour traduire dignement le Tasse, seroit
un homme presque aussi admirable que le Tasse lui-
même ;

Et cet heureux phœnix est encor à trouver.

Soyons donc moins surpris que M. de La Harpe soit
resté quelquefois si loin de son modèle, et gardons-nous
surtout de juger à la rigueur ce qui ne peut être considéré que comme un simple essai, où l'on rencontre
néanmoins de beaux vers, des morceaux assez heureux,
et des corrections même qui décèlent partout le grand
sens et le goût exquis du traducteur. Le Tasse, il est
vrai, reste encore à traduire :

Exoriare aliquis !

C'est une opinion assez généralement reçue parmi les gens de lettres, que la prose de M. de La Harpe est infiniment supérieure à ses vers, c'est-à-dire, qu'elle offre au premier coup d'œil des disparates moins frappantes peut-être, et que sa médiocrité est plus constamment soutenue. Mais elle manque, ainsi que sa poésie, de nerf et de chaleur; elle est froide, parce qu'il entroit dans la manière de l'auteur d'aimer à disserter, et de disserter longuement; elle est sèche, parce que le ton et le style didactiques étoient naturels à M. de La Harpe; de là ces lieux communs que l'on rencontre si fréquemment dans ses discours académiques, et qui n'appartiennent pas plus au style qu'au genre oratoire.

Au surplus, ce n'est pas sur ses éloges académiques que se fonde la gloire littéraire de M. de La Harpe; son véritable titre à la célébrité est dans son Cours de Littérature, monument précieux dans tous les temps, et plus estimable encore par les circonstances où il a paru, mais qui cependant n'est pas totalement exempt de reproches. Le plus grave de tous ceux qu'on peut lui faire, c'est d'attacher trop d'importance à des choses qui méritoient à peine d'être citées, et de glisser trop rapidement sur des objets essentiels dont le développement indispensable étoit commandé par la nature même du plan de l'auteur. On est fâché, par exemple, que l'article d'Homère soit presqu'entièrement employé à réfuter Lamotte, dont les paradoxes ne peuvent être bien dangereux aujourd'hui. On a vu avec peine quelques pages seulement renfermer l'analyse de tout Molière, et un demi-volume consacré à Beaumarchais; deux volumes à l'analyse de quelques tragédies de Voltaire; un gros volume, à l'examen de quelques opéras-comiques que personne n'a jamais songé à lire, etc. On a été également surpris de retrouver ici, au sujet de Corneille, de Crébillon et de J.-B. Rousseau, quelques traces de ces opinions erronées auxquelles M. de La Harpe ne devoit plus tenir, même en les modifiant, dans un ouvrage destiné à faire époque, et où l'on veut trouver des règles générales, et non pas des manières de voir particulières.

Mais où le professeur du lycée est vraiment un homme supérieur, c'est dans l'analyse et l'application des règles du goût et d'une critique toujours juste, toujours capable de diriger utilement le jugement des autres, quand il explique et commente les anciens, et quand il parle de ceux des modernes sur lesquels son opinion n'a jamais varié. Ce seroit louer trop foiblement un pareil ouvrage, que de le mettre simplement au-dessus de ce que nous avions de mieux en ce genre : il faut dire franchement que nous ne connoissons point de code aussi complet, en fait de goût et de littérature, et qui soit en général aussi bien exécuté. Il eût été seulement à désirer que l'auteur vécût assez pour en voir une seconde édition : il eût sans doute élagué bien des superfluités, donné une juste étendue aux articles faits pour tenir dans son ouvrage un rang distingué, et rédigé le tout sur un meilleur plan. C'est le vœu que formoit Quintilien à l'égard de Sénèque, et ses paroles s'appliquent d'elles-mêmes à M. de La Harpe et au Cours de littérature : *Multa enim probanda in eo, multa etiam admiranda sunt; eligere modò curæ sit; quod utinàm ipse fecisset.*

B. — *Sur M. de Châteaubriant.*

Le style de M. de Châteaubriant est un mélange de tous les tons, de tous les styles; c'est tour à tour, Homère, les Pères, Virgile, le Tasse, Milton, etc. Il faut établir le principe de ces fréquentes inégalités; faire voir en quoi consistent précisément ces beautés et ces défauts : et s'il reste démontré que leur imitation introduiroit parmi nous une école d'autant plus dangereuse qu'elle s'appuieroit d'un grand nom et d'exemples séduisans, il en faudra bien conclure que M. de Châteaubriant occupe et conservera un rang à part, et qu'il a traité un genre dans lequel il n'est point à désirer qu'il fasse des imitateurs. Mais, me dira-t-on, imite-t-on le génie? Non, sans doute, on n'imite point le génie des choses; mais il n'est que trop facile de singer celui de l'expression : il n'est que trop facile, et surtout trop commun, de se croire sublime, parce qu'on prodigue de grands mots; et profond, parce qu'on s'enveloppe à dessein de ténèbres épaisses. Il faut donc ouvrir les yeux des jeunes gens sur les vices brillans d'une composition dont l'éclat leur déguise le danger, et leur prouver que le génie du style est un don particulier de la nature, aussi admirable et plus rare encore que le génie des choses.

C'est en cela que Buffon a eu raison de dire que le style étoit tout l'homme. Mais n'a-t-on pas un peu trop abusé de cette phrase célèbre? et l'ambition ou plutôt la manie de se faire un style à soi, pour être aussi un homme à part, n'a-t-elle pas égaré plus d'une fois dans de fausses routes, le talent le plus capable de suivre avec succès celles que lui avoit tracées le génie des Pascal, des Bossuet, des Buffon et des J.-J. Rousseau? Quelquefois aussi ( et il seroit injuste de ne pas en convenir d'abord ) des circonstances impérieuses ont exercé sur ce même talent une influence dont il n'a pas été le maître d'éluder entièrement le despotisme. Un nouvel ordre de choses comporte un autre ordre d'idées, qui déterminent à leur tour de nouvelles formes de style. Reportons-nous un moment à l'époque où l'auteur d'Atala s'annonça avec tant d'éclat dans la carrière des lettres; rappelons-nous le triste et long silence des muses françoises, et nous concevrons, nous excuserons même l'enthousiasme avec lequel fut accueillie la première production de M. de Châteaubriant. Elle réunissoit éminemment tout ce qu'il falloit pour produire alors une grande sensation, et elle la produisit. Des émotions fortes, des tableaux absolument neufs, de nouveaux cieux, une terre nouvelle, un langage et des sentimens qui ne ressembloient à rien de ce que l'on avoit senti, voilà ce qu'offroit l'épisode d'Atala ; et voilà ce qu'il falloit pour donner à l'âme, de ces distractions puissantes qui l'arrachent malgré elle au charme douloureux de ses souvenirs, et même aux illusions de ses espérances. Le mérite de l'ouvrage fut contesté ; le succès fut général. Mais au milieu des critiques et des éloges également exagérés de part et d'autre, l'observateur impartial put remarquer dans Atala tout ce qui caractérise la marche du génie. L'ouvrage enfin fut reçu et traité par les appréciateurs éclairés, avec cette espèce de vénération qu'inspireroit un beau monument échappé aux ravages de la barbarie, et retiré avec peine du milieu des cendres et des ruines.

Peu de temps après, le Génie du christianisme étonna par la grandeur de son objet et la richesse d'un plan qui embrassoit sans effort une prodigieuse variété de connoissances en tout genre : on y admira surtout le parti que l'imagination et la sensibilité de l'auteur avoient su tirer d'un sujet qui sembloit ne devoir offrir que des discussions arides, que des raisonnemens secs et abstraits; et on lui sut gré de nous avoir donné un cours presque complet d'histoire naturelle, de poésie, d'éloquence, une poétique enfin de tous les beaux arts, au lieu de traités théologiques sur la nécessité et la vérité de la religion chrétienne. Cette grande et belle idée de s'adresser d'abord au cœur de l'homme, pour convaincre ensuite sa raison, de mettre ses passions même dans les intérêts de la vérité, pour qu'elle triomphe de lui malgré lui, et presqu'à son insu, étoit une idée aussi nouvelle, aussi heureuse en morale, que féconde en poésie ; et si l'imagination n'eût point entraîné quelquefois M. de Châteaubriant au-delà des justes bornes ; si un goût toujours sage, toujours pur eût présidé constamment à la distribution des richesses que la nature de son plan mettoit à sa disposition, il eût mérité, sans doute, que l'on dît de lui : les autres théologiens prouvent la religion, mais M. de Châteaubriant la fait aimer. Le succès de son ouvrage eût alors été incontestable, et les gens de lettres eussent applaudi au talent, comme les personnes religieuses aux intentions de l'auteur.

Un ouvrage aussi extraordinaire, et qui constituoit, à proprement parler, un nouvel ordre de choses poétiques, trouva, comme Atala, des censeurs trop rigoureux et de trop faciles apologistes ; il faut convenir que les nombreuses beautés et les taches non moins nombreuses de cette singulière production motivoient, à bien des égards, la sévérité des uns et l'extrême complaisance des autres. Mais qu'est-il résulté d'une opposition aussi marquée dans les jugemens ? Que, malgré des articles très-bien faits de part et d'autre, l'ouvrage ne fut point mis, et n'est pas encore à sa place. Trop haut dans l'opinion des uns, infiniment trop bas dans celle des autres, c'est du temps qu'il doit attendre et qu'il obtiendra son véritable rang. Mais en attendant cette décision, qui sera plus ou moins prompte, plus ou moins honorable, au gré de la direction que pourront prendre les opinions religieuses et littéraires, le Génie se soutiendra par des beautés réelles qui sont de tous les temps, de tous les lieux et de toutes les opinions : il n'y en a qu'une sur le mérite prodigieux de certaines parties de l'ouvrage ; mais elle varie sur les taches, que tous les lecteurs ne voient pas des mêmes yeux, et n'aperçoivent pas dans les mêmes endroits. Les défauts cependant, ainsi que les beautés, appartiennent dans M. de Châteaubriant à une seule et même cause, qui me paroît avoir échappé aux critiques qui m'ont précédé. Détracteurs et panégyristes se sont également arrêtés sur les détails, avec l'intention louable de trouver des beautés, ou le plaisir malin de révéler des fautes : mais l'ensemble de cette composition d'un ordre et d'un style tout particuliers, le genre auquel il faut rapporter un ouvrage à la fois théologique, moral, littéraire et poétique, sans être rigoureusement rien de tout cela, voilà des points qui devoient, ce me semble, être discutés d'abord, et à la faveur desquels on eût peut-être expliqué les écarts fréquens de l'auteur, et les nombreuses disparates d'un style, dont rien n'approche quand il s'élève, et qui reste au-dessous de bien des écrivains, quand il tombe. J'ai assez étudié M. de Châteaubriant, je fais de son rare talent un cas assez distingué, et j'estime assez sa personne pour me permettre de hasarder ici quelques idées que je soumets à mon tour à sa critique.

Deux choses inconciliables de leur nature, ou que l'on ne concilie du moins qu'aux dépens l'une de l'autre, l'allure fière, libre et indépendante du génie qui invente, et la contrainte toujours pénible du talent qui imite ; cette lutte presque continuelle de deux principes évidemment opposés, me sembleroit assez bien caractériser la manière habituelle de M. de Châteaubriant : il trouve fréquemment de grandes pensées, frappantes d'énergie et de vérité; mais il cherche (et l'on s'en aperçoit) une tournure énergique, une expression forte ou pittoresque, pour ajouter à la force ou à l'éclat de la pensée. Quelquefois aussi il semble affecter de prêter aux grandes choses une tournure simple et familière, comme de relever les petites par la pompe et le fracas des grands mots. Tous ces petits artifices de style sont sans doute très-légitimes ; ils sont un des principes, ou plutôt un des secrets de l'art, et je ne sais même si celui de tous nos prosateurs qui a le moins connu et recherché l'art en écrivant, si le grand Bossuet ne s'est pas permis à dessein quelquefois ces trivialités qui échappent de temps en temps à sa plume. Mais pardonnons à ce fleuve majestueux, de mêler de temps en temps quelques grains de sable à l'or pur qu'il roule habituellement, et n'imitons point les défauts de Bossuet, ou plutôt ne cherchons jamais à suivre le vol de cet aigle infatigable : bornons-nous à en mesurer de loin la hauteur; cela même ne suppose point une force vulgaire.

Il est facile de voir combien M. de Châteaubriant s'est pénétré de la lecture de Bossuet et d'admiration pour ses beautés. C'est lui surtout qu'il prend pour modèle ; c'est sur ses ailes qu'il s'élève à la majesté d'un style qui égale quelquefois le sublime de la pensée. Au surplus, ce que je dis ici de Bossuet, on peut le dire également des grands classiques de tous les temps et de tous les pays : la Bible, Homère, les anciens, les modernes, M. de Châteaubriant a tout lu, tout dévoré avec l'insatiable avidité d'une âme ardente, qui cherche et veut trouver partout des alimens. Mais plus je relis moi-même l'auteur des Martyrs, plus je me croirois fondé à penser que ces lectures ont été faites dans un âge où l'on sent trop vivement pour méditer beaucoup ; où le désir de réparer des années perdues fait courir rapidement, et par toutes les routes à la fois, vers le but qu'on se propose d'atteindre, ce qui n'est pas toujours le plus court moyen d'y arriver ; étonné, ébloui de tant de richesses littéraires, que de nouvelles lectures, augmentent encore tous les jours, l'imagination échauffée tour à tour, quelquefois en même temps, par les beautés sublimes des Prophètes, d'Homère, de Virgile, de Milton, du Dante, etc., etc., comment se faire un emploi sage et judicieux de ces nombreux trésors qui se pressent et s'accumulent sous vos mains ? Comment se créer un style, un genre, une manière au milieu de tant de manières, de genres et de styles différens ? Que sera-ce si, porté par les circonstances sous d'autres cieux, l'aspect et l'étude d'une nouvelle nature viennent exalter encore une imagination déjà enflammée par tant d'objets réunis ? On conçoit aisément que rien de commun, rien d'ordinaire ne peut sortir d'une réunion de circonstances extraordinaires, et que tout doit porter, dans les productions d'un tel écrivain, un caractère d'originalité qui peut faire époque, mais qui ne doit point servir d'exemple. Il faut dire pourquoi.

Ce n'est point assez, pour se placer au rang des modèles, d'ouvrir une route nouvelle ; il faut voir où cette route peut conduire les imitateurs tentés de la suivre : il ne suffit pas de créer un nouveau genre, il faut examiner si ce genre nouveau est une richesse littéraire de plus : c'est peu enfin d'introduire dans le style, des formes qu'il ne connoissoit pas, et dont Fénélon, Voltaire, Buffon et Rousseau n'ont pas eu besoin pour assurer à notre langue l'empire qu'elle exercera à jamais sur toutes les langues modernes; sans quoi l'on appauvrit la langue, au lieu de l'enrichir.

Craignons donc de laisser ou de voir s'établir une école nouvelle, qui, en confondant tous les genres et tous les styles, prêteroit indiscrètement à la théologie le langage de la poésie, et à la poésie le style et les formes théologiques : craignons d'adopter une poétique qui constitueroit les fautes en principes, et qui poseroit pour règle première la violation de la plus essentielle des règles, l'accord indispensable des choses et du style; et cette précieuse unité, sans laquelle le vrai et le beau n'existent plus dans les ouvrages de l'imagination. On n'imitera que trop facilement les défauts de M. de Châteaubriant : mais aura-t-on son génie, pour les compenser comme lui par des beautés du premier ordre?

## C. — *Sur M. Delille et ses ouvrages.*

Racine avoit ouvert et fermé en même temps sa brillante école, en plaçant l'art des vers à une hauteur désespérante : le plus ingénieux, le plus redoutable de ses successeurs, le prodigieux Voltaire, après avoir infructueusement lutté contre une perfection qu'il ne pouvoit atteindre, se fraya une route particulière, où il courut rapidement suivi d'un peuple d'imitateurs, tandis que Racine et Boileau avoient péniblement gravi le sommet du Parnasse par un sentier étroit, escarpé, hérissé d'obstacles, environné de précipices, où personne enfin n'avoit pu les suivre. La langue poétique y perdit, il est vrai, quelque chose de la correction difficile et de la sévère élégance où elle étoit parvenue; mais elle étendit le cercle de ses attributions; elle tenta d'exprimer, et elle exprima avec succès des choses rebelles jusqu'alors à la poésie. On admira, dans la Henriade, des descriptions qui eussent étonné Boileau par leur justesse et par la poésie de leur expression. Les physiciens entendirent avec surprise la poésie leur parler leur langue, publier leurs découvertes; et peut-être les systèmes mêmes du grand Newton, jusqu'alors peu connus en France, durent-ils aux beaux vers de Voltaire une partie de leur célébrité.

Ainsi une nouvelle manière introduisit un nouveau genre; la poésie quitta un moment la scène, pour y reporter bientôt des idées nouvelles, une pompe plus théâtrale, des mœurs que l'on n'y avoit jamais étalées, et des maximes qui n'y avoient point encore été entendues. Mais la première base d'un traité quelconque, est que les intérêts des parties contractantes soient également respectés de part et d'autre. Or, dans cette alliance de la philosophie et de la poésie, le traité ne fut pas maintenu long-temps dans son intégrité; et le médiateur lui-même donna l'exemple de l'infraction. La philosophie usurpa le territoire de la poésie; et bientôt les limites respectives furent tellement confondues, l'anarchie devint si complète, qu'il n'y eut plus ni philosophie dans les vers, ni poésie dans les poëmes philosophiques. On sait trop quel jargon scientifique, quelle morale sèche et guindée remplacèrent le langage de la raison et de la science; et quelle langue barbare, quel néologisme ridicule succédèrent au langage harmonieux que la poésie avoit prêté un moment aux sciences naturelles. Voltaire s'en plaignit amèrement; il n'étoit déjà plus temps.

C'est au milieu de ces idées nouvelles, ou plutôt de ce chaos de toutes les idées, que s'élevèrent deux hommes, MM. Lebrun et Delille, dont le beau talent naturel dut se ressentir plus ou moins de l'influence des circonstances. Partisans tous deux de la bonne école, et admirateurs passionnés des grands maîtres; ayant puisé tous deux d'excellentes leçons dans la société de Louis Racine; partis enfin des mêmes principes, et presque du même point, ils ont suivi l'un et l'autre une carrière différente, mais également distinguée par des succès honorables. M. Delille fixa tous les regards par son coup d'essai; et la traduction des Géorgiques plaça dès lors son auteur au rang qu'il occupe depuis quarante ans sur le Parnasse et dans l'estime publique.

De tous les jugemens portés sur cette belle production, celui qui la caractérise le mieux, est celui du grand Frédéric ; il appeloit la traduction des Géorgiques un ouvrage original ; il avoit raison. Tout y respire en effet la liberté d'une composition originale; il n'est donc pas surprenant que les critiques qui se sont obstinés à chercher et à retrouver Virgile dans cet ouvrage, en aient été pour les frais de leurs recherches; mais il est étonnant que leur attente trompée soit devenue de l'humeur et souvent de la mauvaise foi. Il étoit plus juste et plus simple en même temps de ne voir dans cette traduction qu'un beau poëme françois, sur le même sujet qui avoit inspiré à Virgile un beau poëme latin. Le comble de l'art et le prodige du talent, dans le traducteur, étoit d'avoir fait lire et aimer Virgile, de ceux qui le connoissoient à peine de nom ; et d'avoir placé sur la toilette et entre les mains des belles, celui de tous les ouvrages anciens qui devoit, par la nature même de son sujet, prétendre le moins à cet honneur. Les pédans crièrent à l'insulte, à la profanation : mais les gens du monde applaudirent, et s'empressèrent d'ouvrir leurs cercles au poëte distingué qui leur rappeloit déjà la touche brillante, et, jusqu'à un certain point, le coloris de Voltaire.

C'est en effet la manière de ce grand coloriste, que l'on retrouve dans celle de M. Delille ; mais sa manière perfectionnée, dans les Géorgiques, par une étude plus profonde de notre alexandrin, par des combinaisons plus savantes du rythme dont il est susceptible ; par des coupes nouvelles, heureusement hasardées; et surtout par une concision nerveuse que Voltaire n'a point connue, et que la traduction d'un ouvrage didactique commandoit impérieusement à M. Delille.

Racine, qui avoit également bien étudié et le génie de la langue et le caractère de la nation françoise, sentit que le seul moyen de donner des ailes à notre poésie, si lourde, si rampante jusqu'à lui, et qui ne s'étoit encore élevée que dans quelques stances de Malherbe, étoit de la débarrasser de ces mots auxiliaires, de ces particules traînantes qui donnent à la versification la marche de la prose ; de l'attirail des prépositions, des circonlocutions, etc., etc. Il fit donc de l'ellipse la figure dominante dans son style ; et c'est à son emploi, aussi sage qu'heureux, qu'il fut redevable de ses principales beautés de diction ; c'est ainsi qu'il posa la borne qui sépare à jamais la prose de la poésie.

Mais l'emploi même de cette figure supposoit un travail réfléchi, qui ne pouvoit s'accorder avec l'infatigable mobilité de l'imagination de Voltaire, avec cette avidité de succès qui embrassoit et traitoit à la fois la tragédie, la comédie, la physique, l'histoire, les contes, les romans, etc. Il lui falloit une manière expéditive, et il la contracta. Il partit donc d'un principe tout opposé à celui qui avoit si bien dirigé Racine : il établit, comme maxime fondamentale, que des vers, pour être bons, doivent avoir la correction grammaticale et la simplicité élégante d'une bonne prose. Pour donner cependant à cette prose correcte et élégante un certain vernis poétique, il fallut bien recourir à l'usage des figures; et l'antithèse dans les choses et dans les mots devint le cachet particulier du style de Voltaire. Il emprunta de plus du célèbre Pope la manière brillante de faire contraster ensemble les deux hémistiches du même vers, de sorte qu'il en résulte une espèce de choc, d'où jaillit nécessairement une étincelle; mais cette étincelle, trop fréquemment répétée, ne tarde pas à fatiguer les yeux après les avoir éblouis un moment. Ce qu'il y a de pis, c'est que Pope, et Voltaire à son exemple, appliquèrent à tous les genres et à tous les sujets, ce même système de versification. Aussi le docteur Bentley, disoit-il à Pope, à propos de sa traduction d'Homère : « C'est un bien joli poëme, M. Pope ; mais, pour Dieu, n'appelez point cela Homère »! *It is a pretty poem, M. Pope ; but you must not call it Homer.* Ainsi, auroit-on pu dire à M. Delille : Vos Géorgiques sont un bien joli poëme ; mais ce ne sont point celles de Virgile. Ainsi l'on avoit dit et redit à Voltaire : Votre Henriade est un bien joli poëme ; mais n'appelez point cela un poëme épique, car il n'y a rien d'épique ici, à commencer par le style, qui est souvent l'opposé du genre.

Mais ce style étoit précisément celui du genre vers lequel M. Delille se sentoit irrésistiblement entraîné ; et l'essai brillant qu'il venoit d'en faire dans les Géorgiques, lui réussit également dans le poëme des Jardins, ouvrage qu'il n'a jamais surpassé quant aux ornemens de détail et à la poésie du style. Mais ce genre excita lui-même de nombreuses et vives contestations parmi les gens de lettres ; nous ne les réveillerons point ici : un seul mot d'ailleurs décide la question. Qu'il s'élève des poëtes descriptifs, didactiques, philosophiques, comme on voudra les appeler, qui parcourent, avec la grâce et la facilité de M. de Delille, la chaîne immense des êtres ; qui décrivent et peignent tout

De l'insecte invisible à l'immense baleine :

De l'énorme éléphant jusqu'à l'humble ciron.

(*Les trois Règnes*, chap. 6).

avec autant de bonheur que de justesse ; qui donnent à des vers charmans, à des tableaux pleins de mouvement et de variété, l'exactitude d'une prose rigoureusement didactique, et personne ne leur contestera sans doute le titre de poëtes : on ne leur interdira pas plus un rang au Parnasse qu'un genre dans les poétiques élémentaires. Quant à ceux, je le répète encore, qui, pour avoir mis en vers secs, décousus et froidement corrects quelques lambeaux d'un dictionnaire de physique ou d'histoire naturelle, prétendent aussi à l'honneur du genre, il est incontestable qu'ils en ont un; mais il est bien plus sûr encore que ce n'est pas celui de M. Delille. Pourquoi d'ailleurs envier au second versificateur qui nous a donné Virgile, la gloire de nous rendre Lucrèce, mais Lucrèce dépouillé de ses vieilles erreurs de physique, et consacrant ses beaux vers à des découvertes importantes, à des vérités de tous les temps?

Il est vrai que ceux qui n'ont pas voulu reconnoître Virgile dans les Géorgiques de M. Delille, ne l'ont pas retrouvé davantage dans son Énéide : mais cette riche et brillante paraphrase n'en sera pas moins une portion durable de la gloire de son auteur, et un monument qui honore à la fois et les Muses du Tibre et celles de la Seine. La critique a dû relever, dans ce grand ouvrage, bien des morceaux foibles et négligés, des transitions malheureuses, des vers prosaïques, des endroits indiscrètement paraphrasés, d'autres resserrés mal à propos, etc. etc. Mais quelle profusion de beautés, quelles richesses de détail couvrent et font pardonner ces fautes! quel torrent de poésie roule à travers tout l'ouvrage, entraîne le lecteur, et le critique lui-même, qui s'attache en vain à quelque faute un peu grave, pour échapper au prestige qui le séduit et le désarme malgré lui!

Il s'est élevé depuis, entre l'Énéide de M. Delille et une autre traduction rivale, une contestation semblable à peu près à celle qui divisa autrefois l'Angleterre au sujet du fameux Dryden et de Christophe Pitt. L'un et l'autre avoient traduit l'Énéide : le premier s'étoit abandonné, comme M. Delille, à l'impétuosité de sa verve, et avoit donné par conséquent une paraphrase, quelquefois très-belle, le plus souvent négligée, foible et prosaïque; le second s'étoit piqué de cette correction sage, mais froide, de cette fidélité infidèle, qui compte les vers et presque les mots de l'original, et attache une gloire puérile à n'en pas excéder le nombre. Voici le jugement que portoit de ces deux traducteurs comparés le La Harpe de la littérature angloise, le célèbre Johnson : « Si l'on compare, dit-il, ces deux versions, le résultat sera que Dryden subjugue, entraîne le lecteur par la vigueur et par la véhémence qui dominent en général dans son style, et que Pitt force quelquefois ce même lecteur de s'arrêter pour admirer tel ou tel vers en particulier ; que les fautes de Dryden se perdent, englouties dans un océan de beautés réelles, et que les beautés de Pitt sont à peine sensibles pour un lecteur glacé par le froid mortel d'une correction trop étudiée ; que Pitt pourra plaire à certains critiques, mais que Dryden a pour lui le peuple des lecteurs ; que Pitt enfin est cité, mais que Dryden est et sera lu ». (*Johnson, Vie de Pitt*).

C'est au lecteur de faire maintenant l'application de ce passage, et au temps de fixer aux Énéides françoises le rang qu'elles auront mérité. Il a déjà marqué celui que conservera la plus étonnante des productions de M. Delille, sa traduction du Paradis perdu de Milton. Ce bel ouvrage n'a point été apprécié parmi nous ; et le peu d'estime dont y jouissoit l'original, n'a pas médiocrement nui aux succès complets de l'imitation. « Les François, dit Voltaire, ne s'imaginoient pas que l'on pût faire, sur un pareil sujet, autre chose que des vaudevilles ». Ce n'étoit pas un préjugé favorable pour le poëme épique ; et malheureusement ce poëme étoit surchargé de tout ce qu'une imagination en délire peut concevoir de plus bizarre et de plus monstrueux : mais à côté de ces étranges fictions, se trouvoient des beautés du premier ordre ; des tableaux charmans contrastoient avec les peintures les plus hideuses ; les sentimens les plus vrais, les plus naïvement exprimés, avec des discours insensés et des actions analogues à ces discours. Jamais poëte ne s'étoit élevé si haut pour retomber si bas l'instant d'après ; et peu de lecteurs françois s'étoient senti le courage de chercher quelques beautés dans cet amas de folies dégoûtantes ou d'horreurs absurdes. Le style même de Milton étoit encore un obstacle à sa popularité littéraire parmi nous ; et ceux qui ont le plus étudié l'anglois et se flattent de le mieux posséder, sont loin et bien loin de Milton, dont les commentateurs anglois les plus célèbres n'ont point encore éclairci tous les nuages, applani toutes les difficultés. On peut dire de lui ce que Jonhson disoit de Spencer, qu'il n'avoit point écrit une langue, mais employé ce que Buttler appeloit un dialecte babylonien (par allusion à la tour de Babel). Ses fréquens jeux de mots, ses équivoques, l'emploi ridiculement affecté des termes techniques; l'habitude qu'il s'étoit faite de créer au besoin des mots, et de les emprunter tantôt du grec ou de l'hébreu, tantôt du latin ou de l'italien, hérissent son style de difficultés, qui arrêtent à chaque pas les Anglois eux-mêmes. On a beau dire avec Addisson, qu'il trouva la langue angloise au-dessous de son sujet: *Our language sunk under him*, il ne s'en suit pas moins qu'il n'a créé qu'un idiôme barbare, et que notre Chapelain, de gothique mémoire, est par fois un écrivain élégant, harmonieux, en comparaison de Milton.

On ne se douteroit guère de tout celà, quand on le lit dans la belle traduction de M. Delille. C'est, l'anglois sous les yeux, qu'il faudroit la parcourir, si l'on veut apprécier à la fois et le talent du poëte traducteur, et l'étendue des services qu'il rend à son original. On ne sauroit croire avec quel art il saisit un trait heureux, une belle image, une grande pensée, quand elle se présente, pour la développer et l'étendre en vers harmonieux*; avec quel goût il passe légèrement sur des détails qui répugneroient à notre délicatesse françoise; avec

---

* Je ne puis résister au plaisir de le prouver en passant, et je citerai d'abord ce début du onzième livre.

Ainsi que la rosée en nos champs répandue,
Du sein de l'Éternel la grâce descendue,
Au couple infortuné, touché de ses erreurs,
Avoit rendu l'espoir, le remords et les pleurs.
Soumis, agenouillés, ils prioient; leur prière
Franchissant d'un plein vol les champs de la lumière,
Malgré les vents jaloux, sur des ailes de feu,
Part, vole, monte, arrive aux portes du saint lieu;
Là, du temple divin le pontife suprême,
Heureux médiateur, fils de Dieu, Dieu lui-même,

quel bonheur il rend supportable ce qu'il lui est impossible de supprimer tout à fait ; rien, enfin, n'égale son attention scrupuleuse à faire valoir tout ce que son auteur a de bon, à pallier adroitement tout ce qu'il offre de défectueux. Ajoutez à cela le mérite d'un style plein de force et de véhémence dans les harangues des premiers chants ; de grâce, de mollesse et d'abandon, dans les amours d'Adam et d'Eve ; de vigueur et d'énergie, dans la description des combats, et vous aurez une idée juste d'une traduction évidemment supérieure à l'original. J'ignore quel rang M. Delille, que je n'ai point l'honneur de connoître, donne à ses productions, dans son estime particulière ; mais je suis bien sûr que son Milton n'y occupe pas la dernière place.

Des vastes champs qu'il venoit de parcourir avec Virgile et Milton, M. Delille s'élança sur leurs pas aux sources où eux-mêmes avoient puisé, et il chanta l'Imagination. Cette brillante déesse qui l'avoit si souvent et si bien inspiré, n'abandonna pas son poëte dans cette nouvelle carrière, et l'on sait tout le parti qu'il tira d'un sujet stérile pour tout autre par sa fécondité même, et d'autant plus périlleux que l'éclat en couvroit mieux le danger. Ce poëme est apprécié et jugé depuis long-

---

Sur l'autel d'or où fume un encens éternel,
La bénit et la porte aux pieds de l'Éternel.

J'engage ceux de mes lecteurs à qui la poésie angloise est familière, à rapprocher ici la traduction du texte original ; ils verront que le germe de ces vers admirables se trouve dans l'anglois, comme l'Apollon étoit dans la carrière.

Veut-on voir maintenant un morceau qui avoit rebuté les traducteurs, même en prose, de Milton : c'est celui où le Péché ( dont M. Delille a fait la Révolte ) raconte ses horribles amours avec le Trépas, son fils.

Je fuyois, mais en vain ; il poursuivit sa mère ;
Plus brûlant de débauche encor que de colère,
M'atteignit, m'accabla d'embrassemens affreux,
Moi sa mère ! de là tous ces monstres hideux,
Qui, sans cesse conçus, et reproduits sans cesse,
Exercent contre moi leur fureur vengeresse.
Du sein qui les fit naître à peine ils sont lancés,
Dans ce sein malheureux tout à coup renfoncés,
Ils rongent, en hurlant, leur déplorable mère :
Ce flanc est leur berceau, ce flanc est leur repaire,
Et, de leur faim cruelle éternel aliment,
Comme pour leur fureur, renait pour mon tourment. ( Liv. II ).

temps; on y admira, surtout, ce que n'avoient point encore offert les poëmes de M. Delille, la métaphysique, la morale, la politique, etc., revêtues des plus belles couleurs de la poésie, et parlant son langage, sans déroger à la gravité du leur. On frissonna à l'épisode des Catacombes; et l'on reconnut, dans une foule d'autres morceaux, que le talent de l'auteur se fortifioit au lieu de décliner dans sa marche; qu'il n'étoit plus rien que la langue poétique ne pût exprimer sous sa plume, et qu'il se faisoit un plaisir de se créer des difficultés, pour se faire bientôt un jeu de les vaincre.

Nous ne nous arrêterons pas sur les poëmes de l'Homme des champs et de la Pitié, productions estimables qui ne pouvoient manquer leur effet, quand elles parurent, mais que l'on distingue à peine aujourd'hui à côté des grands ouvrages dont nous venons de parler.

Ce n'est pas que ces nombreux triomphes de M. Delille n'aient été mêlés de quelque amertume : l'envie a rigoureusement levé sur lui le tribut qu'elle impose à tous les grands hommes. On sent bien que je ne parle point ici de ces misérables pamphlets replongés à l'instant dans la fange d'où ils étoient sortis : je parle de cette critique aveugle ou malveillante qui ferme les yeux sur les beautés, parce qu'elle ne les voit pas, ou qu'elle ne veut pas les voir, et qui exagère les fautes, parce qu'elle ne cherche et ne veut trouver que les fautes. Après avoir attaqué le genre que M. Delille affectionne particulièrement, par la raison bien simple qu'il y réussit le mieux, on attaqua sa manière; on lui reprocha de procéder trop souvent par les mêmes formes périodiques ; de ne point assez connoître le grand art des transitions ; de recourir trop fréquemment aux mêmes périphrases, aux mêmes figures; de s'attacher à quelques épithètes de prédilection, qui reparoissent à tout moment dans ses vers, et l'on en concluoit que cette facture si brillante et si vantée ne sauvoit pas encore à notre poésie le reproche de monotonie qu'on lui fait depuis long-temps. La prodigieuse facilité du poëte offrit encore des armes, ou plutôt des prétextes à la critique. On ne vit que la succession rapide de plusieurs grands ouvrages, dans le court espace de quelques années ; mais l'on ne voulut point voir que ces diverses productions avoient été conçues, méditées, travaillées à loisir pendant un silence de plus de vingt ans. Quant aux reproches rapportés plus haut, ils sont fondés jusqu'à un certain point, il faut l'avouer, et la critique a pu craindre la contagion d'un exemple aussi séduisant ; car c'en est fait de notre poésie, et nous retombons au-dessous des Ronsards et des Dubartas, si cette manière, si heureuse entre les mains de M. Delille, devient jamais l'école dominante. Mais que la critique se rassure ; ce genre, quelque facile qu'il puisse paroître, n'est pas aussi accessible que l'on le croit à la médiocrité. Il faut un grand talent pour en faire supporter la sécheresse, et le public a déjà fait justice de plus d'un imitateur malheureux ou maladroit. Quant au pinceau de M. Delille, c'est une baguette vraiment magique qui pourra se briser entre ses doigts, mais qui ne passera pas aisément en d'autres mains.

FIN DES NOTES.

# TABLE DES MATIÈRES CONTENUES DANS CET OUVRAGE.

## LIVRE PREMIER.

|  | Pag. |
|---|---|
| Élémens généraux du goût et du style | 1 |
| CHAPITRE I<sup>er</sup>. Du goût. | ibid. |
| CHAPITRE II. Du sublime dans les choses | 7 |
| CHAPITRE III. Du sublime dans les compositions littéraires. | 10 |
| CHAPITRE IV. Du beau et des plaisirs du goût. | 22 |
| CHAPITRE V. Du style en général et de ses qualités. | 29 |
| CHAPITRE VI. De l'harmonie du style | 42 |
| CHAPITRE VII. De l'harmonie imitative. | 50 |
| CHAPITRE VIII. Des figures en général. | 62 |
| CHAPITRE IX. De quelques autres figures qui appartiennent plus particulièrement à l'éloquence oratoire. | 101 |

## LIVRE SECOND

|  |  |
|---|---|
| Définition et devoir de la rhétorique. — Histoire abrégée de l'éloquence chez les anciens et chez les modernes. | 111 |
| CHAPITRE I<sup>er</sup>. Idée générale de l'éloquence. | ibid. |
| CHAPITRE II. De l'éloquence chez les Grecs. | 115 |
| CHAPITRE III. De l'éloquence chez les Romains. | 122 |
| CHAPITRE IV. De l'éloquence chez les modernes. | 129 |

# TABLE.

## LIVRE TROISIÈME.

Des trois genres principaux d'éloquence. . . . . . 134

### SECTION PREMIÈRE.

La tribune politique . . . . . . . . . . . . . . . ibid.
CHAPITRE Ier. . . . . . . . . . . . . . . . . . . ibid.
CHAPITRE II. *Application des principes à la première Philippique de Démosthène, et à la seconde Catilinaire de Cicéron.* . . . . . . . . . . . . . 139
CHAPITRE III. *De la partie oratoire dans les historiens anciens.* . . . . . . . . . . . . . . . . . . 164
CHAPITRE IV. *Continuation du même sujet.* . . . . 183
CHAPITRE V. *De l'éloquence politique chez les François.* 204

### SECTION DEUXIÈME.

La tribune du barreau . . . . . . . . . . . . . . 211
CHAPITRE Ier. *Objet du genre judiciaire.* . . . . . ibid.
CHAPITRE II. *Qualités et devoirs de l'orateur du barreau.* . . . . . . . . . . . . . . . . . . . 217
CHAPITRE III. *Analyse et extrait des harangues d'Eschine et de Démosthène, pour et contre Ctésiphon.* 221
CHAPITRE IV. *Analyse et extraits du plaidoyer de Cicéron pour Sextius.* . . . . . . . . . . . . . 234
CHAPITRE V. *Barreau françois. — Le Normant et Cochin.* . . . . . . . . . . . . . . . . . . . . 244
CHAPITRE VI. *D'Aguesseau et Séguier.* . . . . . . 247

### SECTION TROISIÈME.

La tribune sacrée. . . . . . . . . . . . . . . . . 252
CHAPITRE Ier. *Objet de l'éloquence de la chaire* . . ibid.
CHAPITRE II. *Études du prédicateur.* . . . . . . . 257
CHAPITRE III. *Idée de l'éloquence des Saints-Pères.* 259
CHAPITRE IV. *Prédicateurs françois.* . . . . . . . 264

# TABLE.

Chapitre V. *Des sermons de Bossuet* . . . . . . . 266
Chapitre VI. *Massillon.* . . . . . . . . . . . 272

## SECTION QUATRIÈME.

*Du genre démonstratif. — Les Panégyriques.* . . . 285
Chapitre Iᵉʳ. *Apologie de Socrate par Platon* . . . ibid.
Chapitre II. *Éloge de Démosthène par Lucien* . . . 292
Chapitre III. *Éloges de Pompée et de César par Cicéron* . . . . . . . . . . . . . . . . . 295
Chapitre IV. *Éloge de Trajan par Pline le jeune.* . 306
Chapitre V. *Panégyrique de Louis XV par Voltaire.* 309
Chapitre VI. *Des éloges funèbres.* . . . . . . . 313
*Éloge des Athéniens morts dans la guerre du Péloponèse.* ibid.
Chapitre VII. *Éloge funèbre des officiers morts dans la guerre de 1744, par Voltaire* . . . . . . . 318
Chapitre VIII. *De l'oraison funèbre.* . . . . . . 322
Chapitre IX. *Parallèle des oraisons funèbres de Condé, par Bossuet; et de Turenne, par Fléchier et Mascaron.* . . . . . . . . . . . . . . . . . 332

## SECTION CINQUIÈME.

*La Tribune académique* . . . . . . . . . . . 339
Chapitre Iᵉʳ. . . . . . . . . . . . . . . . . ibid.
Chapitre II. *Défense de Fouquet, par Pélisson.* . . 341
Chapitre III. *Discours académiques de Racine, de Voltaire et de Buffon* . . . . . . . . . . . . 345
Chapitre IV. *Thomas.* . . . . . . . . . . . . 352
Chapitre V. *Analyse de l'éloge de Marc-Aurèle, par Thomas* . . . . . . . . . . . . . . . . 360
Chapitre VI. *Analyse du discours sur l'esprit philosophique, par le P. Guénard* . . . . . . . . . 372
Chapitre VII. *Fontenelle.* . . . . . . . . . . 381
Chapitre VIII. *L'éloquence militaire.* . . . . . . 387

## LIVRE QUATRIÈME.

Pag.

*De la disposition oratoire, ou de l'ordre mécanique du discours* . . . . . . . . . . . . . . 392
CHAPITRE I<sup>er</sup>. . . . . . . . . . . . . . . ibid.
CHAPITRE II. *Application du chapitre précédent au discours de Cicéron pour Milon* . . . . . . . . 404

## LIVRE CINQUIÈME.

*De l'éloquence des livres saints.* . . . . . . . . 419
CHAPITRE I<sup>er</sup>. *Beautés de détail* . . . . . . . 420
CHAPITRE II. *De l'emploi des figures dans les écrivains sacrés.* . . . . . . . . . . . . . 427
CHAPITRE III. *Beautés de sentiment.* . . . . . 446
CHAPITRE IV. *Beautés morales et philosophiques.* . 466
CHAPITRE V. *Beautés oratoires* . . . . . . . 486
*Notes sur M. de La Harpe.* . . . . . . . . . 493
—— *sur M. de Châteaubriand.* . . . . . . . 503
—— *sur M. Delille et ses ouvrages.* . . . . . 509

Fin de la Table des Matières.

IMPRIMERIE DE FAIN, RUE SAINT-HYACINTHE, n.° 25.

www.ingramcontent.com/pod-product-compliance
Lightning Source LLC
Chambersburg PA
CBHW051353230426
43669CB00011B/1623